children

应用型学前教育专业系列教材

丛书主编　蔡迎旗

本书是国家卓越幼儿园教师培养计划改革项目“中澳合作办学——国际性卓越幼儿园教师培养模式探索”的研究成果

幼儿教师信息技术应用

主　编　盘　华　杜　轶
副主编　朱　虹
参　编　黎文芳　洪　湲　向　英
　　　　杨建萍　易　茜　杨欢欢
　　　　张天玲　李　亚　宋　伟
　　　　林小燕　李　翔　余　懿
　　　　张立龙　邱　萌

WUHAN UNIVERSITY PRESS
武汉大学出版社

编写委员会名单

总　序

幼儿教师是幼儿学习与发展的支持者、促进者与引导者。幼儿教师的素质直接决定着我国幼教机构的办学水平，也是保障我国适龄儿童接受基本而有质量的学前教育的关键性因素。而高质量的幼教师资来源于高水平的学前教师教育。为顺应我国学前教育事业发展的迫切需求，2011 年至 2012 年，我国先后颁布了《教师教育课程标准（试行）》和《幼儿园教师专业标准（试行）》，幼儿园教师资格制度和聘任制度也随之进行了一系列急剧变革与转型。

我国教师职前教育倡导育人为本，要求准教师们树立正确的儿童观、学生观、教师观与教育观；奉行实践取向，引导未来教师主动建构教育知识，掌握必备的专业知识与技能，发展实践能力，学会发现和解决实际问题，形成个人的教学风格和实践智慧；要求他们终身学习，树立正确的专业理想，养成独立思考和自主学习的习惯，加深专业理解，形成终身学习和应对挑战的能力。

我国学前教师教育课程改革既具有一般教师教育所具有的共性，也具有鲜明的学前教育特色，这彰显了学前儿童的年龄特征和我国独树一帜的学前教师教育的传统与积淀。当前，我国学前教师教育课程已呈现如下五种趋势：

第一，生动多样的师德与理念教育。除必要的公共政治课程以外，国家要求各级各类幼师院校突出师德修养教育，采取多种生动活泼的教育教学方式，提升准幼儿教师的师德修养。如开设幼儿园教师专业特点与道德规范、中国名师风采录、幼儿教师生涯讲座、学前教育政策法规、现代幼儿园教师职业风范与专长成长等课程。

第二，保教相融的课程体系。依据幼儿园教师专业标准，遵循教师培养和发展规律，以加强专业理想、专业基础、实践能力、反思与研究能力为核心，构建保育与教育相融合、幼儿园与家庭和社区教育相结合、幼儿生活与游戏和学习于一体的课程体系，用以培养准幼儿教师的保教一体化的能力。

第三，全面平衡的课程结构。我国正通过幼儿园教师资格制度、聘任制度、评优评先制度等的改革，倒逼各级各类幼师院校与专业，促使其纠正以往过分偏重艺术技能而相对忽视人文科学类课程、教育素养类课程的倾向，注意课程结构中的师德理念、人文素养、科学素养、信息素养、教育素养、艺体素养、科研素养等的协调与平衡。

第四，实践取向的课程内容。为培养准幼儿教师的教育教学能力，许多幼师院校与专业开设了大量务实的实践取向课程。如幼儿园五大领域的活动设计和案例分析类课程、幼儿园环境布置与玩教具制作、动漫画设计技术、音乐、美术、戏剧等方面的课程。

第五，模块式的课程设计。我国各类幼师院校与专业正竭力打破学前教育学、学前心理学、幼儿园各科教学法“老三门”的课程结构体系，开设模块化的、开放的、专题性的学前教育课程。基于学前教育专业各类人才培养目标，合理配置各课程模块，如音乐教育模块、美术教育模块、健康教育模块、特殊教育模块等。通过设先行课，将学生导入不同模块课程，引导学生多样化、有个性地发展。

以上学前教师教育课程改革已对我国原有的传统意义上的大中专学校的教材和教辅资料提出了严峻挑战，要求学前教育同仁务必更新教学资源观、教师教育观和学前教师观，依据我国幼儿园教师专业标准和教师教育课程标准，遴选课程并合理设计教材。

本套基于《教师教育课程标准（试行）》的应用型学前教育专业系列教材，正是应我国学前教师教育改革的时势而生，充分体现了以上提及的学前教师教育课程改革的五种发展趋势。适用于大中专学校的课程与教学，也可作为学前教育爱好者、相关工作人员的专业拓展学习。本丛书涵盖了学前教育大中专学校绝大多数专业课程；内容具有一定的理论性，更具有实践应用的特征；编写规范与设计务实活泼，知识点和案例穿插其中；丛书的编委遍及全国；作者主要来自华中和华南地区的本、专科院校，他们均具有丰富的教学经验和较好的研究基础。

在丛书的编写过程中，我们参阅、借鉴和引用了国内外许多同行的观点与成果。各位同仁的研究奠定了本丛书的学术基础，在此一并感谢。另外，受水平和时间所限，书中难免有疏漏和不当之处，敬请读者批评指正。

最后，我谨代表丛书的所有编委和作者，衷心感谢本丛书的策划者谢群英编辑和武汉大学出版社有关领导。他们对学前教育满腔热情，对丛书的未来充满信心，极度地敬业与审慎。出版丛书虽是一项浩大而艰苦的工作，但有谢群英编辑和武汉大学出版社相伴而行，相信梦想终会成真。

蔡迎旗

2015 年 5 月

武汉桂子山 · 华中师范大学教育学院

前　　言

“人生百年，立于幼学”。随着信息技术在教育领域的发展，学前教育领域的学习环境、学习资源、学习方式也随之发生了重大变革。教育部在《教育信息化十年规划纲要（2011—2020）》中明确了教育信息化的各项要求，其中对幼儿园的信息化建设要求是到2020年所有幼儿园要配备多媒体教室，幼儿园要成为绿色、安全、可管、可控的数字化校园，要充分利用网络技术，实现丰富的教学资源和智力资源的共享与传播，使每所学校实现教育教学、教育管理和服务信息化，促进教育公平，提高教育质量和效益。

事实上，在全球化和信息化的时代境遇中，当下的教师对信息技术的渴望和依恋似乎成为他们心中挥之不去的心结。信息技术大踏步地进入课堂，人们的视野不再仅仅停留在课堂的物理空间上，课堂逐步成为一个具有“叠加共识”的功能体。信息技术颠覆了以往的静态、封闭的教学“场域”的流程式教育，开启了迈向更加动态和开放的态势，在预设性和生成性构成的教育双重性中，培养个性。信息技术所具有的多媒体化、智能化、动态性、共享性的特点，不仅仅在为教师们提供海量资源、减轻备课负担，同时更为积极主动调动幼儿各种感官参与活动，唤醒幼儿自我存在的意识，激发幼儿自觉的潜能。因此，加强幼儿园管理信息化水平，加强幼儿教师信息技术素养，提高幼儿教师信息技术应用能力，是学前教育信息化的必然选择。于是，我们为幼儿园教师和幼儿园管理人员编写了《幼儿教师信息技术应用》。

本书主要根据幼儿园教育信息化的特点，介绍了幼儿园教学活动中常见的硬件和软件设备，并对其原理及应用进行了阐述，详细讲解了幼儿园行政、后勤管理中常用的信息技术、信息道德、信息安全等方面的问题，旨在提高幼儿园管理信息化水平，满足幼儿园教育信息化的需求。

作为一本指导用书，理论联系实际，看得懂、学得会是本书最大的特色。本书的体系结构基于教科书的章节体系，通过文献资料和实践经验相结合的方式进行编写；在理论叙述上尽量突出内容的通俗性和实用性，在应用讲解上尽量通过幼儿园教师常见的案例深入浅出地进行难点化解。我们相信通过本书的学习，对您在幼儿园进行信息化管理，开展教育信息化活动会提供积极有效的帮助。

在本书的编写过程中，编者们虽然付出了辛苦的劳动，但难免会有一些不尽如人意之处，在此，恳请同行和教师们提出宝贵意见。

最后，特别感谢华中师范大学儿童数字化学习研究中心的内容指导，感谢武汉华大天童教育科技有限公司的技术支持，感谢华中师范大学幼儿园田莉园长、刘玉平副园长、刘桂兰副园长在本书编写过程中为我们提出了宝贵的意见和建议。

盘华

2015 年 11 月 8 日

目　录

第一章　信息技术与学前教育

进入21世纪，信息技术越来越深入地渗透到社会的各个领域，在教育领域引发了大变革。教育信息化的发展，为教学工作开辟了新的道路，指引着教育未来的发展方向。学前教育是人终身教育的起始阶段，随着社会对学前教育重要性认识的不断提高，学前教育的定位已从过去的“学校教育的预备阶段”提升为“基础教育的重要组成部分，是我国学校教育和终身教育的奠基阶段”。实现信息技术与学前课程教学的整合是学前教育的趋势和方向。

第一节　信息技术对学前教育的意义

现代社会处在一个信息爆炸时代，社会发展迅猛，信息技术和教育作为推动社会经济文化发展的动力，大力发展信息技术教育，既是当前社会的需要，也是国家发展的需要。社会信息化进程的加快，对幼儿园信息教育提出了新的要求。儿童是祖国的未来，在学前教育阶段开展信息技术教育活动，更具有重要意义。

一、相关概念

（一）信息技术的含义

信息技术，从广义上来说，是指能够支持信息的获取、传递、加工、再生和利用的各种技术。

本书中，信息技术主要阐述信息的传输和处理两个方面，主要是指现实生活中与学前教育相关的各种信息传播媒体，以及常用的正在学前教育中日益普遍的信息处理工具，如计算机、网络等。

（二）教育技术的含义

对于教育技术，一般存在着两种理解：一种是较广义的，认为自从有了教育就有了教育技术，没有一定的教育技术教育活动就无法开展。这种意义上的教育技术并不特别强调各种硬件技术的应用，而是被看作解决问题的方法和过程。另一种是较狭义的，主要是指20世纪以来，随着幻灯片、投影仪、无线电广播、电影、电视及计算机和网络等媒体技术在教育领域中的应用而逐渐发展起来的一个专门领域。本书所涉及的“教育技术”指的是后者。

（三）信息素养的含义

信息素养这一概念最早是由美国信息产业协会主席保罗·泽考斯基（Pual Zurkowski）于1974年在美国全国图书馆与情报科学委员会上提出来的，他将其定义为：利用大量的信息工具和信息权解答问题时所利用信息的技术与技能，后来又进一步解释为人们在解答问题时利用信息的技术和技能。1989年，美国图书馆协会下属的信息素养总统委员会正式给信息素养做出定义，即要成为一个具有信息素养的人，他必须能够确定何时需要信息，并进行检索、评价和有效使用信息的能力。从此，这一概念迅速跨越了图书情报界，扩展到教育界及社会各界，并引起了广泛关注。

信息素养是传统文化素养的延伸和拓展，主要由信息意识与信息伦理道德、信息知识以及信息能力组成。信息能力是信息素养的核心，它包括信息的获取、信息的分析、信息的加工。提高了人的信息素养就培养了人的独立自主学习的态度和方法，使之具有批判精神以及强烈的社会责任感和参与意识，具有追求新信息、运用新信息的意识和能力，善于运用科学的方法，从瞬息万变的事物中捕捉信息，从容易被人忽视的现象中引申、创造新信息的能力。

因此，幼儿园教师信息技术应用不仅是对技术层面的掌握，也是幼儿园教师信息素养的提高。

二、信息时代学前教育的发展

学前教育是幼儿离开家庭接受正式教育的起步阶段，对幼儿的发展至关重要。近年来，我国政府加强了对学前教育的重视，并逐渐把学前教育视为我国基础教育的重要组成部分。而学前教育的发展恰逢我国信息技术快速发展的时期，因此，信息技术运用于学前教育是当今学前教育的必然发展趋势。

（一）信息技术在教学和管理中的应用

1. 信息技术在教学中的作用

信息技术能够使幼儿较直观地获取知识，信息技术的视听语言能够很好地展示事物的动态性，将文字、语言、图像等事物以最直接的方式展示给幼儿，这种直观式教学方式更符合幼儿的年龄特征和智力发展特点。

此外，将信息技术融入学前教育，使得学前教育环境更加丰富。通过信息技术使学前教育的教学设计和组织形式更加多样化，能有效调动幼儿学习的热情和积极性。而形式多样的教学方式，也能够增进师幼之间的互动与交流。

2. 信息技术在幼儿园园务管理中的应用

信息技术的发展让人们认识到其对幼儿园园所管理信息化的可行性和益处，虽然这方面的研究还不够深入和完善，但利用先进的网络技术和多媒体元素处理技术，服务幼儿园管理已在悄然进行。早在2003年，就有研究者（袁汉学，王莉《建立学前档案有利孩子成长》）研究运用信息技术建立学前音像档案，记录幼儿在园成长，变革了幼儿园教育管理理念，也受到了家长和社会的欢迎和好评。

（二）信息技术对学前教育的作用

信息技术与学前教育的融合，为幼儿发展提供了一个了解外部世界的平台，推动了学前教育信息化的进程。将信息技术运用于学前教育，对我国学前教育事业的发展而言，其发挥的作用是多方面的，也是不言而喻的。

1. 提供多样化的资源、环境，提高教学效率

媒体和技术参与到教育教学中来，首先，让教学资源更丰富、多样；其次，营造更具立体感、真实感的视、听等环境氛围，让幼儿大开眼界，视野更开阔；最后，信息技术能够使教学模式的改进过程更加简单，通过互联网技术教师可以获取更多的教学资源，可以更多地采用教学形式活跃教学活动。信息技术的应用带来了丰富的教学资源和立体真实的教育环境，大大丰富了教学方式的多样性和教学的直观性，符合学前幼儿学习认知的特点，极大提高了教学的效率和有效性。

2. 有利于体现幼儿学习的主体性

通过文字、图片向幼儿传递学习内容的方式是一种单向性的教学方式，运用信息技术开发的软件和课件，使教学具有了交互性，这个过程是双向的，幼儿不仅能够接收信息还可以做出相应的反馈。同时，交互式教学形式丰富活泼，也能更好地满足幼儿的学习需求。幼儿通过视频、图像等技术，可以真切地获取更加形象的图画信息，还可以多感官参与，这样便最大限度地调动了幼儿参与学习的主动性，使教学过程变得丰富多彩。

3. 有利于幼儿教师综合素质的提升

随着信息技术不可阻挡地参与到学前教育之中，对幼儿教师就必然有了新的要求，幼儿教师的综合素质提升也就必然包括了幼儿教师的信息技术应用能力。幼儿教师除了要能够熟练地运用互联网查阅各种教育资源之外，还要学会运用计算机技术、多媒体技术等对各种教育信息进行分析、加工以及储存等操作。教师在运用信息技术进行教学和管理时，还要充分考虑到幼儿的身心发展特点，善于选择适合幼儿的教育内容。当然，幼儿教师在应用信息技术时也不能流于形式，要把握好度。

第二节　幼儿教师运用信息技术的能力

幼儿教师的信息技术水平的提升，是学前教育信息化发展的核心。加强幼儿教师队伍信息技术应用能力的建设，提高幼儿教师的信息技术素养是学前教育信息化的必然

选择。

一、幼儿教师掌握信息技术应用能力的必要性

在教学和管理过程中，教师对信息技术的运用能力会直接影响教学效果和管理水平。因此，幼儿教师要想使用好信息技术，必须掌握好信息技术。

（一）我国学前教育信息化的要求

2002 年，我国教育部颁布了促进教师提高信息技术水平和信息化教育的文件，文件特别强调要以信息化促进教育的现代化，大力促进教师信息技术水平的提高。2003 年，教育部专门成立了关于教育信息化的专家委员会。2006 年，国家颁布了《2006—2020 年国家信息化发展战略》，从国家角度对我国信息化发展战略做出指示，要提高国民信息技术应用能力，造就信息化人才队伍，其中明确提出要普及中小学信息技术教育。2010 年 11 月颁布的《国务院关于当前发展学前教育的若干意见》中强调要把发展学前教育摆在更加重要的位置，要多种形式扩大学前教育资源，多种途径加强幼儿教师队伍建设。同时，《幼儿园教育指导纲要（试行）》指出，全面提高幼儿教师的信息素养是 21 世纪国家社会发展的需要，要把“信息化从教能力”的培养放在核心的位置上。《国务院关于加强教师队伍建设的意见》也提出要推进信息技术与教师教育的深度融合。2012 年，教育部又颁布《教育信息化十年发展规划（2011—2020 年）》，对教师队伍建设提出要求，文件提出队伍建设是发展教育信息化的基本保障，因此要提高教师应用信息技术水平，建立和完善各级各类教师教育技术能力标准，要采取多种方法和手段帮助教师有效应用信息技术，更新教学观念，改进教学方法，提高教学质量。这些相继出台的国家文件和教育规章为我国教育信息化的发展提供了良好的外部环境和政策支持，国家对教师信息技术水平的重视也可见一斑。

信息时代的幼儿教师，是幼儿信息化学习道路的引路人。因此，抓住契机加强自身信息素养建设成为现代幼儿教师的必备素质之一。幼儿教师作为教师队伍中的重要力量，掌握好信息技术，并将信息技术与教学紧密融合服务教育教学和管理，是不断满足社会发展需求的表现，是幼儿教师专业化成长的重要一步。

（二）教师专业化成长发展的要求

在信息化社会，信息技术与教师的专业能力发展密不可分。2012 年《国务院关于加强教师队伍建设的意见》，颁布了实施幼儿园教师、小学教师、中学教师专业标准和教师教育课程标准，并特别提及通过建立教师学习培训制度，推动信息技术与教师教育深度融合，改进教师教学方式。随后，教育部印发了《幼儿园教师专业标准（试行）》，以加强幼儿教师队伍建设，提高幼儿教师队伍的整体素质。信息技术、信息素养作为时代特征越来越多地走进教育教学，成为衡量教师专业资质和发展的标准和依据。因此，信息素养作为教师专业化成长的重要部分也是包括幼儿教师在内的教师人员亟待建设和加强的方面。

此外，在知识爆炸、科技日新月异的时代，学会学习是一种基本的能力。人们需要不断学习，与时俱进。幼儿教师作为幼儿知识的传授者、启蒙教育的引路人，其自身的学习能力不容忽视。在信息化环境下，知识和技术更新换代的速度极快，教师已有的信息和知识储备要及时得到补充和完善才能应对瞬息变幻的世界，才能满足幼儿的发展需要。而信息技术作为信息时代基础的能力，人们终身学习的一种手段，能够拓展学习的渠道，帮助教师获取更多的学习资源。幼儿教师可以凭借信息技术等更好地进行自我导向学习，比如根据自我诊断有目的有选择地进行自我指导和自我学习，丰富自身知识体系，更有针对性地掌握相关专业技能和知识，扩大幼儿教师的知识面。因此，幼儿教师加强自身信息素养是提升自身专业化能力的途径。

（三）当今幼儿成长发展的需要

目前，信息化正逐渐渗透到社会发展的各个领域，具备良好的信息素养将成为考量人才的重要标准。教育的目的是培养适应未来社会的主人，当今社会的主流如此，幼儿教育作为人才培养的起点理应顺应社会的发展趋势。全美幼教协会（National Association for the Education of Young Children，简称 NAEYC）曾在 1996 年发布了《技术与儿童 3—8 岁》这一报告，主要阐述了全美幼教协会有关信息技术应用于早期教育的基本立场：在早期教育中适当利用计算机技术，能够促进儿童的认知发展和社会性发展。全美幼教协会提倡将适宜的计算机技术整合到常规的学习环境中，使之成为众多支持儿童学习的方式之一。

信息和科技的发展，革新了人们的生活方式、学习方式，越来越多的数字化产品走进寻常百姓的家庭。当然，社会环境对家庭生活带来的影响也辐射到了幼儿，幼儿身边也不乏信息产品和数字设备，比如幼儿喜欢玩的智能手机，等等。幼儿与数字产品接触的过程实际上就是幼儿主动探索、发现学习的机会，将信息技术引入到幼儿教育中来，开展学前阶段的信息化教学是幼儿学习方式的变革，能为幼儿提供一个良好的互动体验平台，满足当今幼儿身心发展的需要。而幼儿教师作为幼儿入园后的主要教育者，应当具备良好的信息素养，拥有合理获取教学信息、使用媒体进行教学的能力。

此外，幼儿身心发展的特点也需要信息技术提供更好的发展环境。学前阶段的幼儿注意力保持时间比较短，其思维特点以具体形象思维为主，图形、图像、音频以及视频等媒介适合幼儿直观感受和学习，信息技术的介入可以为学前教学提供大量的教学素材，开发适宜幼儿学习发展的教学环境，为幼儿创造充满趣味的学习机会，支持幼儿全面和谐的成长。幼儿教师只有自觉提升自身信息素养，在教学实践中充分利用现代信息技术，给幼儿提供更多的教学资源，才能更好地满足幼儿发展的需要，提高教学质量，做幼儿和谐发展的支持者。

二、幼儿教师信息技术水平现状

当前，学前教育的发展已然是国家关注的重点，尤其是在《国家中长期教育改革与规划纲要（2010—2020）》颁布之后，而发展学前教育的关键则是加强幼儿教师师资队伍建设。《幼儿园教师专业标准（试行）》从三个维度十四个领域对幼儿教师的基本素质进行了规范和说明，其中在通识知识领域中明确规定幼儿教师应“具有一定的现代信息技术知识”，可见，信息技术知识已经作为幼儿教师一项最基本的能力，并在标准中明文规定了。那么，目前幼儿教师的信息意识和信息技术水平现状如何呢？

（一）信息意识水平较高

随着科技和经济的发展，计算机走进了千家万户。信息技术的发展，网络覆盖范围的扩大，为幼儿教师使用计算机提供了便利条件。大部分幼儿教师能够认识到信息技术的重要性，有学习信息技术的意愿和态度，能够意识到网络上丰富的信息和资源对自身工作和生活的帮助，有信息化教学的情感意愿，愿意利用信息技术获取资源组织教学活动。同时，大部分幼儿教师具有一定的信息道德和安全意识。因此，总体来说幼儿教师信息意识水平比较高。

（二）信息知识与技能有待加强

信息基础理论指导人们的实践，学习并掌握信息知识对幼儿园教师来说也必不可少。幼儿园教师信息知识水平偏低，总的来说，幼儿教师了解信息基础理论的总体情况并不乐观，对于信息技术的专业术语不了解，但对计算机各硬件的功能与连接方法以及常见的媒体设备使用方法比较了解，这反映出教师对信息基础理论中的基本知识缺乏必要的认识，但对与应用接轨的理论了解情况相对较好。

大多数幼儿教师都具备一定的多媒体素材获取能力，在各种获取途径中，网络下载是使用最多的，其次是通过拍摄设备获取，这说明幼儿教师具备一定的多媒体素材采集能力。但是采集到的多媒体素材要能用于教学，发挥其教育功能，往往还需要对其进行编辑处理。部分幼儿教师具备使用简单软件处理声音和图片的能力，但对于专业处理软件掌握得不是太好。而对视频软件，大部分教师表示不会使用。整体而言，幼儿教师信息化技能较低，大多数幼儿教师的计算机水平只有初级。同时，幼儿教师对网络获取与交流信息的技能较低；对多媒体素材的获取能力较弱，对声音、图像、视频的处理能力更弱。

（三）运用信息技术教学和管理的能力

运用计算机、网络为核心的信息技术搜集、处理、生成、交流信息，是信息时代教师必备的技能。对于非计算机专业毕业的幼儿教师来说，学习计算机、多媒体技术、网络技术的主要目的是改进工作、提高教学效果。目前，大多数幼儿教师已经能够使用基本的计算机、投影等多媒体设备，能够使用办公自动化相关软件进行教学，能够利用多种渠道查询、获取所需教学资源。但是，目前大多数幼儿教师基本上还是拿来主义，对于教育软件的二次修改加工较少。信息技术不应仅成为教师演示的教学工作，更应该成为用来创设教学情境、组织幼儿思考、促进幼儿认知发展的工具之一。总的来说，大部分幼儿教师能够利用信息技术进行教学活动和相关事务的管理，但在如何根据需要改编信息资源以及将信息资源与教学活动的有效融合方面还有待学习和加强。

总而言之，幼儿教师信息素养水平还需提高，特别是信息知识、信息技能以及与课程的整合方面。

三、我国幼儿教师信息技术水平提高的措施

根据幼儿教师信息素养现状，本书从幼儿教师职前、职后两个阶段讨论、分析一些切实可行的措施和建议，以提高幼儿园教师的信息技术水平。

（一）职前

1. 强化信息意识，深化课程融合

大部分幼儿教师来自于幼儿师范学校和高等院校，因此，长远来看，提高幼儿教师信息素养从准幼儿教师着手是可行策略。

准幼儿教师在校学习期间大多以修习文化课和专业技能为主，对计算机课程不够重视，其课程意识需进一步加强。加强准幼儿教师的信息课程意识，可以组织在职幼儿教师进校园与准幼儿教师进行交流，通过前人的经验让准幼儿教师们感受到信息时代自身信息素养提升的重要性和紧迫性。在条件允许的情况下，可以组织幼儿教师进入信息化程度较好的幼儿园进行现场观摩学习和实践，以真实的情境激发幼儿教师的学习兴趣和动力。

此外，虽然大部分幼儿师范学校和高等院校都开设了信息技术相关课程，但作为一门公共课，该课程主要侧重于计算机基础知识的讲授，课程的实用性不强，与学前教育专业融合不够，尤其对准幼儿教师而言，信息技术与幼儿教育还是“两张皮”，课程之间的整合不够深入，准幼儿教师难以很好地利用所学进行专业领域的实践。因此，要深化信息技术与幼儿教育之间的融合，如开展以任务为导向的学习模式学习相关信息技能，将具体的学习内容与所学的信息技能关联起来，学以致用。

2. 开发学前教育专业信息技术教材

准幼儿教师在校学习的信息技术与入职后幼儿园教学、管理中实际需要的知识、技能相比显得比较宽泛。因此，为了减少所学与所用之间的矛盾，相关部门可以编纂适合准幼儿教师学习使用的信息技术教材，帮助准幼儿教师有针对性地加强相关信息技能的学习。目前，在全国范围内专门针对学前教育专业学生使用的信息技术教材还十分鲜见，大部分高校所用的教材如《计算机文化基础》、《现代教育技术基础》等均为大学生的公共必修课，与学前教育专业、学前教育专业学生的特点的相关性不大。“工欲善其事必先利其器”，可见，开发适合学前教育专业学生学习使用的信息技术教材是十分必要的，对从源头上加强幼儿教师信息素养的培养十分有益。

（二）职后

在职教师可以从在职培训和教师自修两个角度加强自身信息素养建设。

1. 在职培训

目前现有的信息技术培训更侧重于技术层面的学习，强调文字、图片、声音等信息

工具的使用能力，对幼儿教学中信息技术整合等方面涉及较少，可见，现有的培训对幼儿教师的实际需求分析不够，致使教师在培训中学习的知识与技能无法与教师的教学很好结合，学到的信息知识与技能无法得到更好的巩固和复习。同时需要注意的是，幼儿教师因个人条件不同，信息素养水平层次亦不同，因此对于在职幼儿教师的信息素养培训不能“一风吹、一刀切”。

针对在职培训，需注意以下几个方面：

首先，培训前期做好教师需求调查分析。培训前对幼儿教师做调查分析，包括教师已有的知识水平、信息技术水平、培训需求和期待，等等，依据对教师的调查情况安排培训课程。同时，因教师年龄、受教育水平等因素影响，教师间存在水平差异，为了更有针对性地提高教师的信息素养，可以依据调查结果将教师进行适当地分层或分组，这样做是基于两个方面的考虑：一方面满足了幼儿教师的实际需求；另一方面，有的放矢地进行辅导和学习可以激发幼儿教师参与培训的积极性，保证良好的培训效果。

其次，培训内容与教师教学要紧密相关。短期内掌握大量技术是比较困难的，因此在有限的培训时间内要集中资源做最需要的事，与幼儿园教学紧密联系。对幼儿教师的培训不能当成纯粹的技术培训，信息理论知识、信息道德和安全意识也十分必要。

最后，完善培训考核制度。为确保培训效果，不让培训流于形式，应制定明确、具体的考核制度。例如，制定实例任务考核参训教师，让教师在具体的任务操作中将所学技术运用于实际教学，让幼儿教师真正体验到培训的意义，优化自身知识结构，在教师专业化发展的道路上更进一步。

在职培训可将集中培训与园本培训相结合。集中培训可能只有部分教师有机会参与，不能辐射所有的幼儿教师，因此配合集中培训可以开展以幼儿园为单位的园本培训。在园本培训中，发挥信息技术骨干教师的辐射能力，以“结对子”等传帮带形式组织教师们之间的互补学习。

2. 教师自修

终身教育和终身学习是当代教师自身成长和职业发展的必由之路，是教师教育发展的要求。幼儿教师可根据自身信息素养情况进行自主学习和研修，如借助网络平台进行网上学习，购买信息技术相关书籍自学，或者与同行业的幼儿教师交流学习等，来提高自己的信息素养。

然而，无论是职前幼儿教师信息技能培养，还是职后幼儿教师信息技术水平的提升，都离不开信息技术课程这一载体，本书试从幼儿园教学和管理这两个角度，对幼儿教师在园工作所需的信息技能展开论述，以期学前教育专业的学生和积极进修的幼儿园教师能有所收获，从中受益。

幼儿教师信息素养水平的提升不是一蹴而就的事情，它是一个长期的系统工程。除了以教师为中心进行职前、职后两个时期的培训学习以外，幼儿教师信息素养水平的提升也离不开各方面的支持和配合：在国家层面，需要教育主管部门重视和扶持，幼儿教师需要大量的国家培训计划和项目，教师信息素养的建设也需要相关部门出台具体的教师信息素养标准等；社会层面，幼儿教育服务产业可以开发优质的数字化课程资源，为幼儿教师的信息化教学提供优质教学资源，同时为教师信息技术能力的提高开发一些培训课程等；在园所层面，园长和相关管理者对待学前教育信息化的态度决定着一所幼儿园的信息化发展的成败，因此，园所管理者要树立良好的信息意识，有条件的幼儿园可增加一些信息化基础设施，实现学前教育信息化“园园通”、“班班通”，同时，幼儿园可以建立一些奖励机制鼓励幼儿教师将信息技术与幼儿园课程整合教学，推动园所教学信息化发展。

总之，幼儿教师信息素养的培养和建设需要多方的协同合作。信息技术成为幼儿教师一日教育生活的常态，还有一段任重道远的路程要走，而幼儿教师信息素养的培养则是其中重要的环节。

第二章　幼儿园教育信息化

当今社会，信息技术的广泛应用为教育信息化的变革带来了机遇。所谓教育信息化是指在教育领域全面深入地运用现代信息技术来促进教育改革与发展的过程。其技术特点是数字化、网络化、智能化和多媒体化，基本特征是开放、共享、交互、协作。①

教育信息化的发展，带来了教育形式和学习方式的重大变革，从而促进教育改革。对传统的教育思想、观念、模式、内容和方法产生了巨大冲击。以教学信息化为例，与传统教学相比，教学信息化具有灵活多变，可控性和交互性强等特点，将教学素材化静为动、化远为近、变小为大、声像并茂，改变了过去只利用挂图、图片等呆板、单一的表现形式，使一些在日常生活中很难呈现或不易观察到的过程形象地展现出来，大大提高了幼儿的学习兴趣和活动效果，扩展了幼儿的信息量。

当前，幼儿园教育信息化，越来越受到相关部门的重视，也得到了极大的推广和应用。但是，教育信息化作为一种新的幼儿园教学形式和管理手段，在广大幼教工作者教学中还未得到广泛的推广和应用。如何在幼儿园教育信息化过程中正确合理地掌握和应用相关信息化技术，就成了每一位幼教工作者都很关心的问题。本章节通过对幼儿园信息技术常用硬件和软件的介绍，帮助教师对其加深理解，并在实际操作中正确应用，不断提高信息技术素养。

第一节　幼儿园多媒体教学常用硬件设备及应用

一、常用硬件设备

（一）办公网络系统：计算机、打印机、路由器、交换机

活动目标

认识办公系统中的设备并将这些设备连接构建成一个计算机局域网络，以此实现文

① 百度百科，http://baike.baidu.com/.

件、打印机设备和 Internet 资源共享。同时，掌握相应的计算机操作方法及操作系统安装。

活动分析

1. 活动计划

① 构建简单的计算机局域网络，使各台计算机之间可以实现互相访问并测试连通性。

② 安装计算机操作系统 Windows 7 和硬件设备驱动程序。

③ 与外接设备打印机实现连接，完成驱动程序的安装并共享打印机。

④ 计算机系统基础操作，文件目录的建立、搜索与查找，共享设置并在其他计算机上访问。

⑤ Internet 的连接与测试。

2. 相关技能

① 简单的计算机局域网络搭建方法。

② 网络跳线的制作方法。

③ 计算机操作系统的安装与设置方法。

④ 计算机名称与 IP 地址的设置方法。

⑤ 计算机文件目录的创建及命名方法，文件与文件夹的查找、复制、移动、粘贴和共享设置方法。

⑥ 安装打印机与设置共享的方法。

⑦ 网络连接的测试方法。

方法与步骤

1. 办公局域网的建设

（1）网络规划前的准备工作

● 确认计算机网络信息点的位置和数量：依据幼儿园现有办公地点，为每台计算机设置一个信息点，位置上要考虑今后可能使用的办公地点，以备不时之需。

● 确认中心节点的位置：现在办公局域网络大多采用星型网络拓扑结构，即用一个节点作为中心节点，其他节点直接与中心节点相连构成的网络。常见的中心节点为集线器或交换机。星型拓扑结构的网络属于集中控制型网络，整个网络由中心节点执行集中式通行控制管理，各节点间的通信都要通过中心节点，因此中心节点的位置应该设置在连接到所有其他节点相对集中的位置。

星型连接所需设备为集线器（HUB）、网卡和网线（双绞线）（见图 2-1-1）。

（2）进行网络布线

当前常用的网络布线产品有非屏蔽双绞线、屏蔽双绞线、光缆等。简易办公网络可采用超五类非屏蔽的双绞线（即超五类线）来布线（见图 2-1-2）。

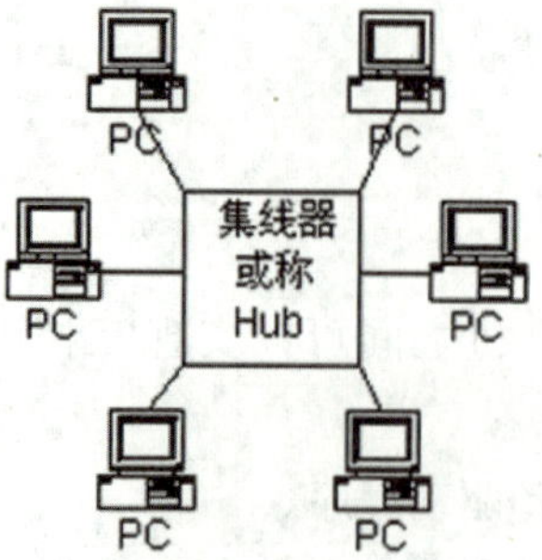

图 2-1-1 星型网络拓扑结构示意图

图 2-1-2 超五类非屏蔽的双绞线

1）网线制作

● 准备工具：双绞线压线钳、双绞线测试仪（见图 2-1-3 和图 2-1-4）。

图 2-1-3 双绞线压线钳

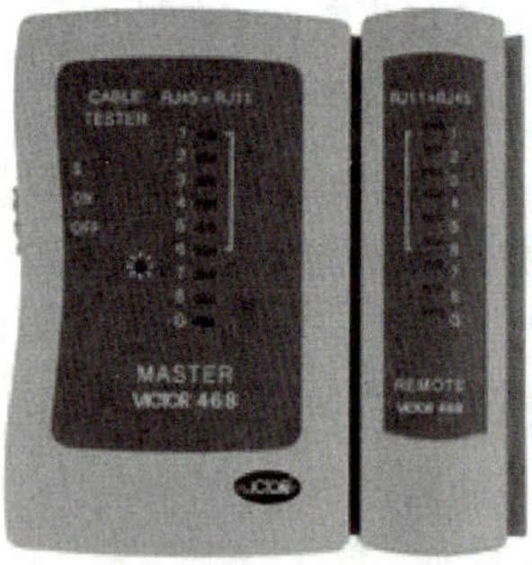

图 2-1-4 测线仪器

● 网线制作：双绞线两端通过 RJ-45 水晶头连接网卡和集线器，需用压线钳在双绞线两端压制水晶头，每条双绞线的长度不超过 100 米。8 根线，要严格根据颜色一一对应，否则信息将无法传输。

为了保持最佳的兼容性，建议采用 EIA/TIA 568B 标准来制作网线。

● 568B 标准线序：橙白—1，橙—2，绿白—3，蓝—4，蓝白—5，绿 6，棕白—7，棕—8。

（“橙白”是指浅橙色，或者白线上有橙色的色点或色条的线缆，绿白、棕白、蓝白亦同。）

双绞线的顺序与 RJ45 头的引脚序号要一一对应。

● 网线测试：用双绞线测试仪测试所制作双绞线的连通性。

将网线两端的水晶头分别插入主测试仪和远程测试端的 RJ45 端口，将开关拨到“ON”（S 为慢速档），这时主测试仪的指示灯应该从 1 到 8 逐个顺序闪亮，而远程测试端的指示灯也应该从 1 到 8 逐个顺序闪亮。如果是这种现象，说明直通线的连通性没问题，否则就得重做。

2）连接网络设备

在局域网络中，常用的网络连接设备主要有集线器、交换机、路由器等（见图 2-1-5）。一般选择交换机作为简易办公网络的连接设备。

图 2-1-5　网络交换

交换机是网络中最常见的网络设备，不同端口数量和端口速率的交换机用于不同规模的网络需求，主要规格及参数有 8、16、24、48 口 RJ-45 端口，端口速率有 10Mbps、100Mbps、1000Mbps。在简易办公网络的应用中选择市场主流的速率为 100Mbps 的交换机。

路由器是互联网的主要节点设备，它伴随着宽带的普及应运而生。多数路由器采用高度集成设计，集成 10/100Mbps 宽带以太网 WAN 接口，并内置多口 10/100Mbps 自适应交换机，方便多台机器连接内部网络与 Internet。

无线路由器就是带有无线覆盖功能的路由器，它主要应用于用户上网和无线覆盖（见图 2-1-6）。

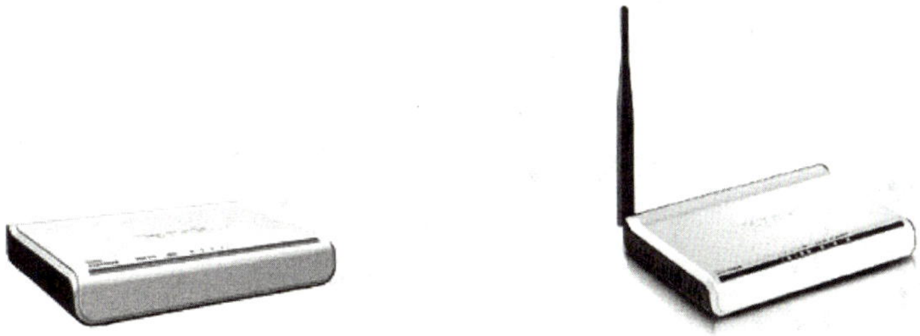

图 2-1-6　路由器

确认网络设备后，现在我们来连接计算机与网络设备，即通过两端装有 RJ-45 连接器的双绞线与网络中计算机上安装的网卡相连，使连接的计算机能够通信。

当连接的计算机越来越多时，则需要使用更多的交换机来连接，这就是交换机级联技术。所谓级联，是指使用普通的网线，将交换机的端口连接在一起，实现连接在不同交换机上的计算机相互之间的通信（见图 2-1-7）。

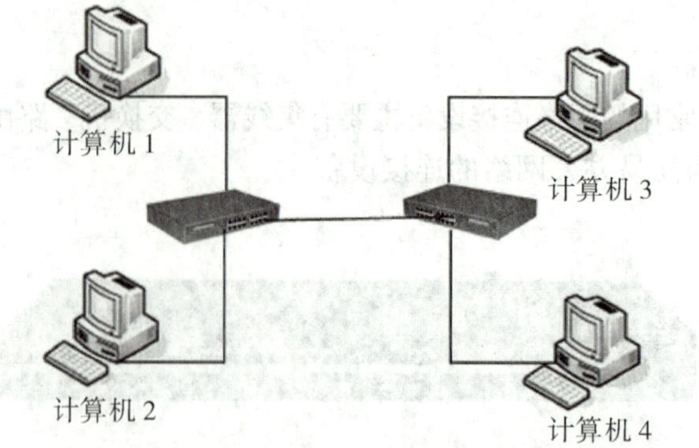

图 2-1-7　交换机级联拓扑图

（3）计算机系统配置

当局域网所有设备连接好后，需要对计算机网络进行配置后才能使计算机相互通信。

● 计算机名称和工作组的配置：

为保证系统的安全，有必要设置系统的计算机名称，在局域网中不同计算机之间实现互相访问和共享文件操作，也需要设置工作组名称。由于在简易办公网络系统中计算机的数量不是非常多，为了方便，只需建立一个工作组。计算机默认的工作组是WORKGROUP，使用计算机用户名称的汉语拼音命名其计算机名称。

计算机名称的设置方法：

①【开始】菜单右键点击【计算机】，选择【属性】（见图 2-1-8）。

② 点击【高级系统设置】（见图 2-1-9）。

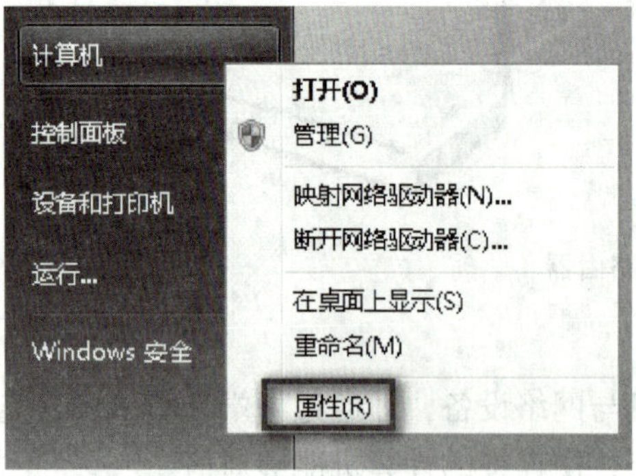

图 2-1-8　选择【属性】

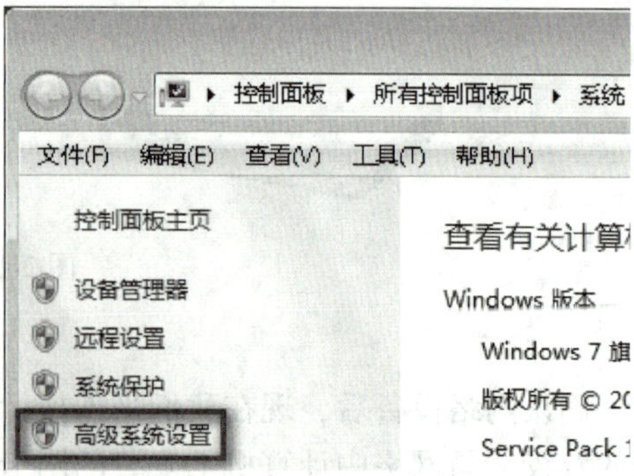

图 2-1-9　点击【高级系统设置】

③ 选择左上角【计算机名】中右下角的【更改】（见图 2-1-10）。

④ 查看及更改计算机名和工作组（见图 2-1-11）。

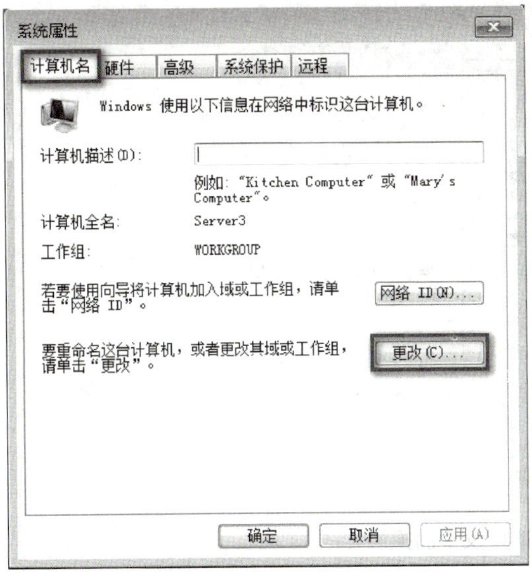

图 2-1-10　【计算机名】中右下角的【更改】

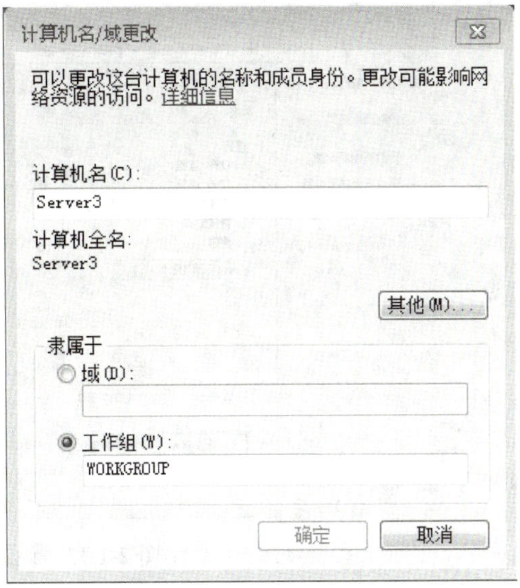

图 2-1-11　更改计算机名和工作组

提示： 设置完计算机名或工作组后需要重启计算机才会生效。

● 计算机网络地址的配置：

当局域网搭建好后，最重要的一件事就是让其相互连接。在 Windows 7 中，网络的连接变得更加容易、更易于操作，它将几乎所有与网络相关的向导和控制程序聚合在“网络和共享中心”中，通过可视化的视图便可以轻松连接到网络中。

网络连接设置方法：

① 左键单击桌面【网络】图标，在弹出的菜单中选择【打开网络和共享中心】(见图 2-1-12)。

图 2-1-12　打开网络和共享中心

② 打开【本地连接】→【属性】，双击【Internet 协议版本 4（TCP/IP4）】，选择【使用下面的 IP 地址】，填写上 IP 地址及子网掩码（见图 2-1-13 和图 2-1-14）。

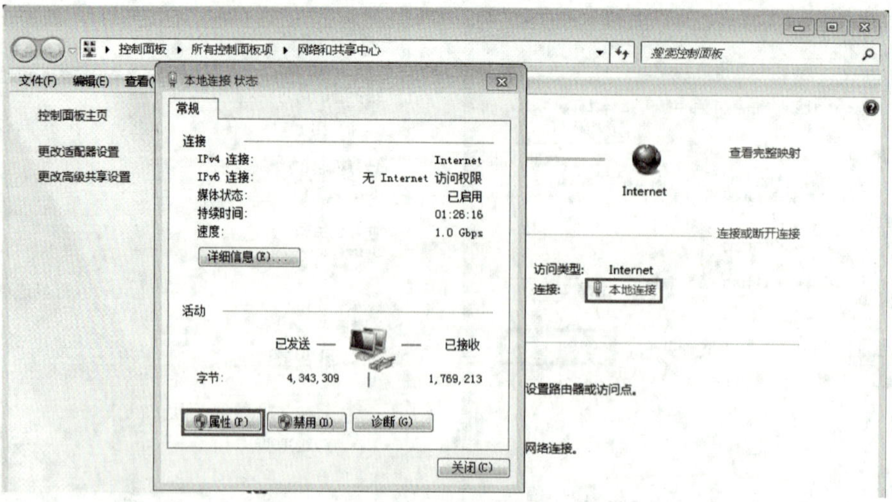

图 2-1-13　设置 IP 地址及子网掩码

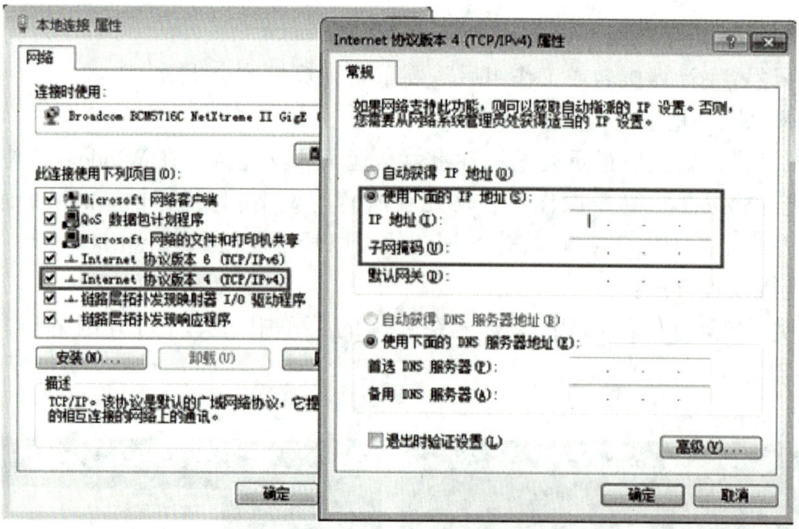

图 2-1-14　设置 IP 地址及子网掩码

IP 地址可以设置为 192.168.1.X，子网掩码设置为 255.255.255.0，其中 X 的取值范围为 1~254，并确保该地址在这个网络内的唯一性。

● 测试计算机网络连接：

在完成计算机名、工作组和 IP 地址配置之后，可通过计算机命令对计算机间的相互连接进行测试。

测试方法：

例如，两台计算机的 IP 地址分别为 192.168.1.2、192.168.1.3，要测试两台计算机之间网络的连通性，在 Windows 7 中，使用 ping 命令操作如下：

● 在 IP 地址为 192. 168. 1. 2 的计算机上打开【开始】菜单，输入“cmd”命令并回车，进入命令模式（见图 2-1-15）。

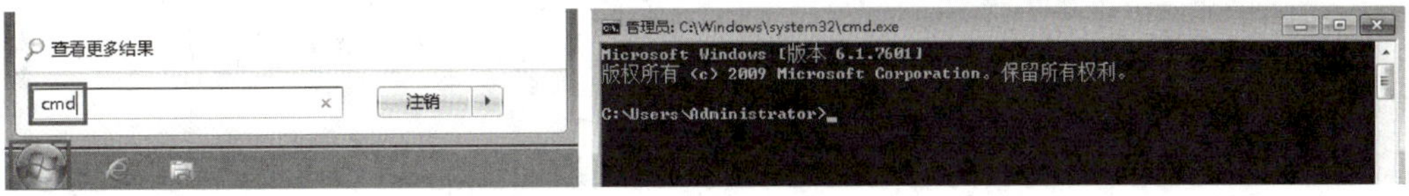

图 2-1-15　进入命令模式

● 输入 ping<对方 IP 地址>，例如：ping 192. 168. 1. 3 并回车，将显示命令的运行结果。

如果网络连接成功，将得到正确的反馈信息（见图 2-1-16）。

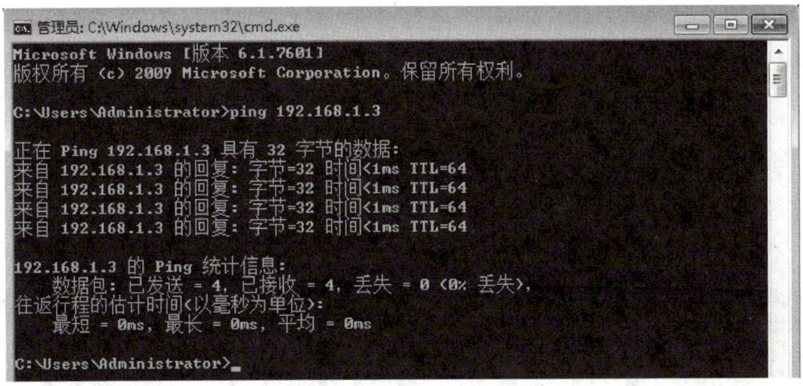

图 2-1-16　网络连接正确的反馈信息图

如果网络连接故障，将得到错误反馈信息（见图 2-1-17）。

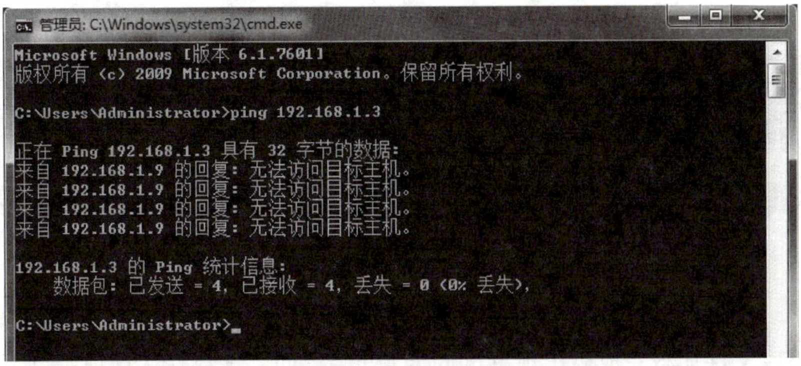

图 2-1-17　网络连接故障的反馈信息图

2. 操作系统的安装

（1） Windows 7 操作系统的安装

1）安装前的准备工作

- Windows 7 操作系统版本：

Windows 7 操作系统有 32 位与 64 位两个版本。在内存超过 4GB 时，请安装 64 位版本；内存刚好是 4GB 时，安装哪个版本区别不大。

- 驱动程序：为了使计算机各硬件能够正常使用，请准备好对应计算机的驱动。这些驱动可以根据硬件配置，自行到官方网站搜索下载，或者选择带有万能网卡驱动的“驱动精灵”、“驱动人生” 等工具。只要保证网卡先正常工作，其余驱动可由工具下载（在无法找到合适驱动的时候才建议以上操作）。

安装系统需要对硬盘进行格式化操作，为了避免重要数据的丢失，请提前把硬盘上的重要数据进行备份。

2）安装 Windows 7 操作系统步骤

将 Windows 7 安装光盘放入光驱，在计算机启动时进入 BIOS，并把第一启动设备设置为光驱启动，按 F10 键保存设置并退出 BIOS。

开机启动选择“CD/DVD（代表光驱的一项）”，按下回车键（Enter）确定。几秒后，屏幕上会出现“Press any key to boot from cd...”的字样，此时需要按下键盘上的任意键以继续光驱引导（见图 2-1-18）。

图 2-1-18 光驱引导

光驱启动后会开始加载安装程序文件（见图 2-1-19）。

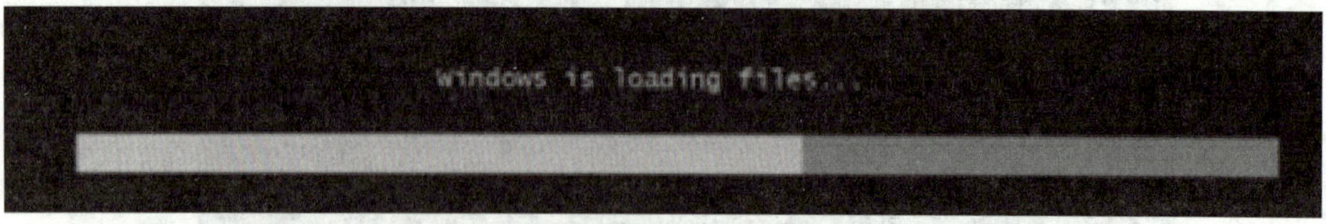

图 2-1-19 加载安装程序文件

安装程序文件加载完成后出现 Windows 7 安装界面。全部默认选项，点下一步。点击【现在安装】按钮开始安装（见图 2-1-20）。

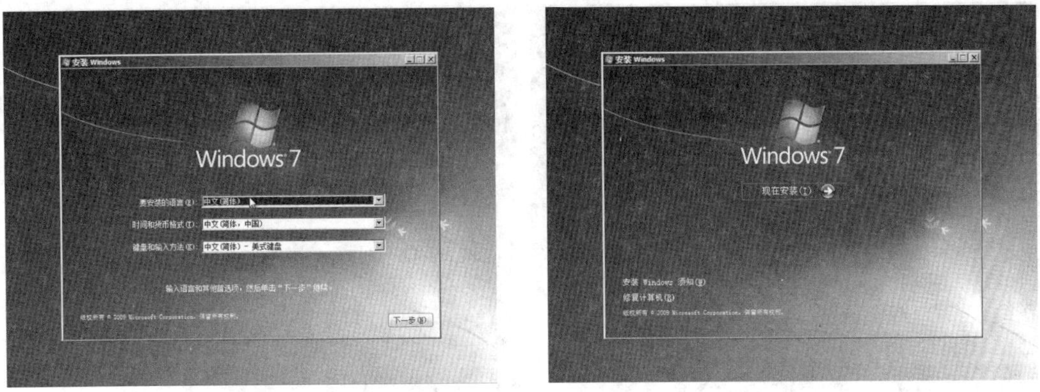

图 2-1-20　开始安装

出现许可协议条款，在“我接受许可条款”前面打钩，进行下一步。出现安装类型选择界面，因为不是升级，所以选择自定义（高级）选项（见图 2-1-21）。

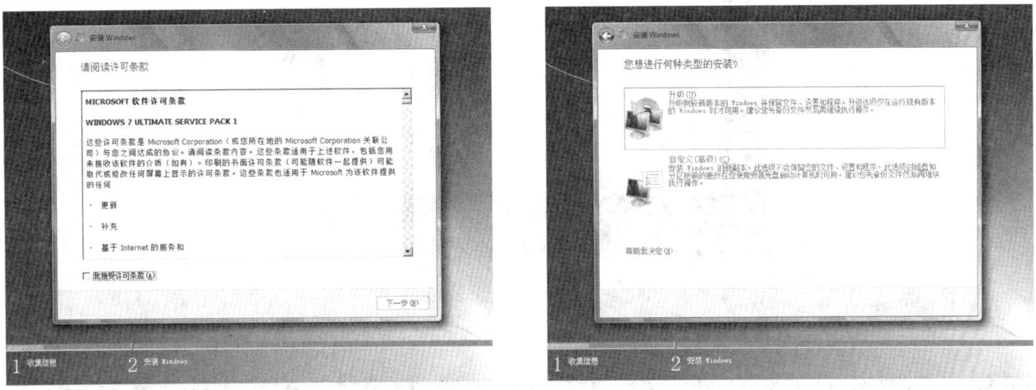

图 2-1-21　选择安装类型

出现安装位置选择界面，在这里选择安装系统的分区，如果要对硬盘进行分区或格式化操作，点击驱动器选项（高级）。

这里可以对硬盘进行分区，也可对分区进行格式化。选择好安装系统的分区后，点击【下一步】。由于 Windows 7 在安装时会自动对所在分区进行格式化，所以这里可以无需对系统的分区进行格式化（见图 2-1-22）。

Windows 7 开始安装，在安装过程中，系统可能会有几次重启，但所有的过程都是自动的，并不需要我们进行任何操作（见图 2-1-23 和图 2-1-24）。

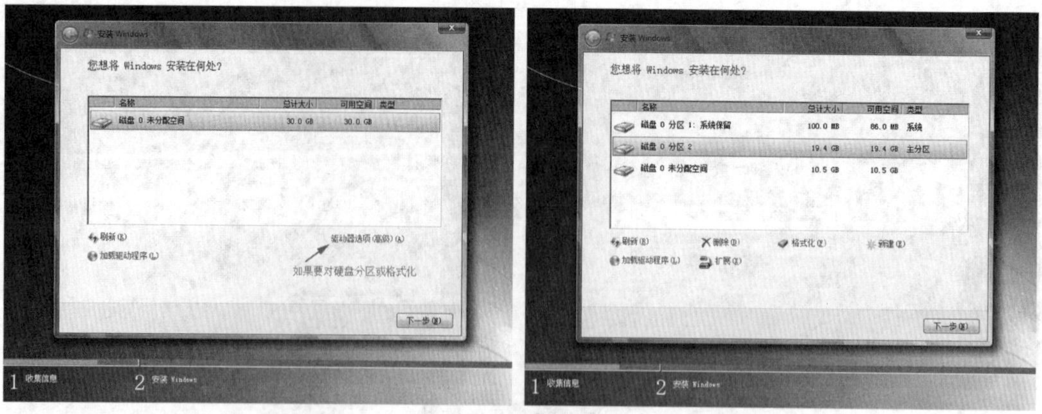

图 2-1-22　硬盘分区格式化

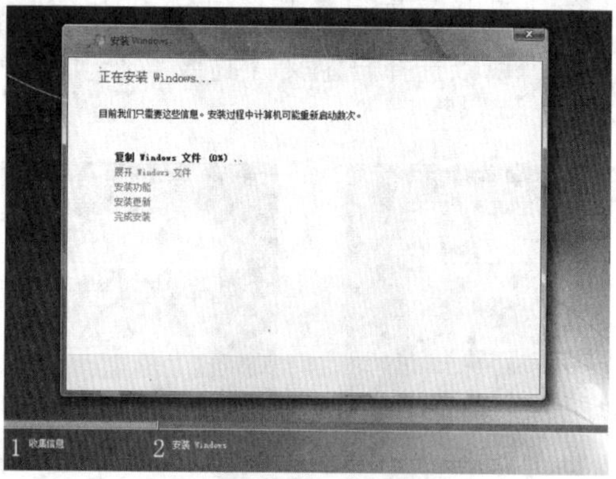

图 2-1-23　系统安装进度

图 2-1-24　系统正在初始化安装

对即将安装完成的 Windows 7 进行基本设置，首先系统会提示创建一个账号，以及设置计算机名称，完成后点击【下一步】（见图 2-1-25）。

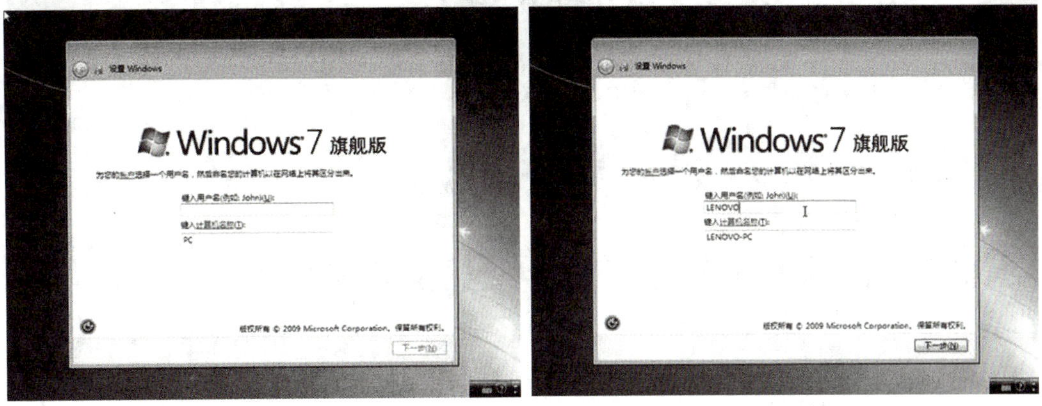

图 2-1-25 设置用户账号和计算机名称

创建账号后需要设置一个账号密码，也可以直接单击【下一步】，这样密码即为空（见图 2-1-26）。

输入 Windows 7 的产品序列号，暂时可以不填，直接单击【下一步】，等安装完成后再激活 Windows 7（见图 2-1-27）。

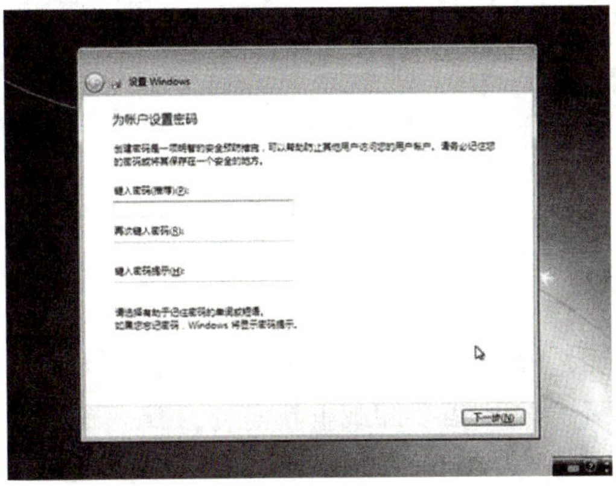

图 2-1-26 设置账号密码

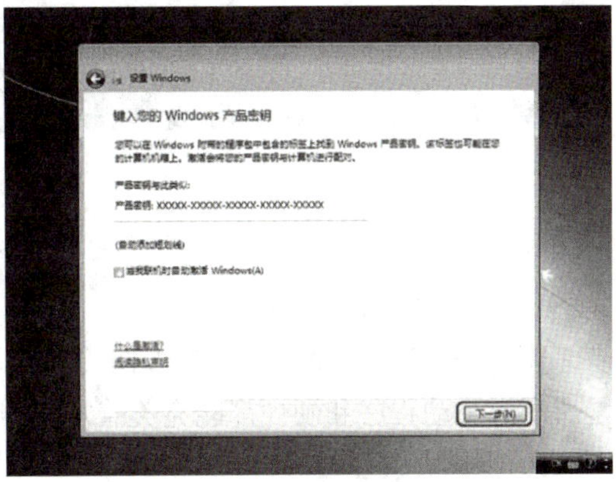

图 2-1-27 输入产品序列号

接下来选择 Windows 7 自动更新的方式，建议选择“使用推荐设置”来保证 Windows 系统的安全（见图 2-1-28）。

时区就是我们所使用的北京时间，校对过时间和日期后，点击【下一步】继续（见图 2-1-29）。

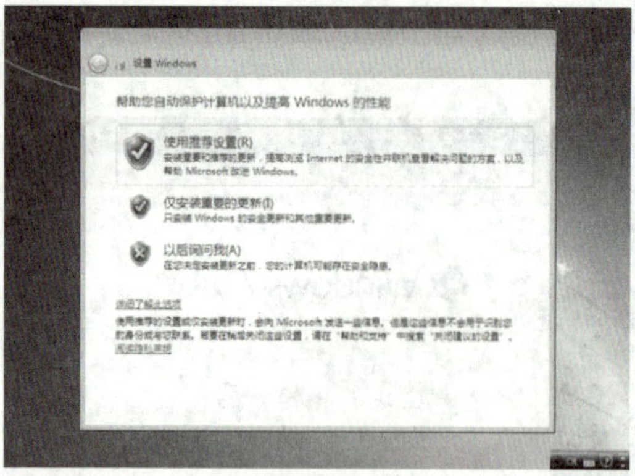

图 2-1-28　选择更新的方式

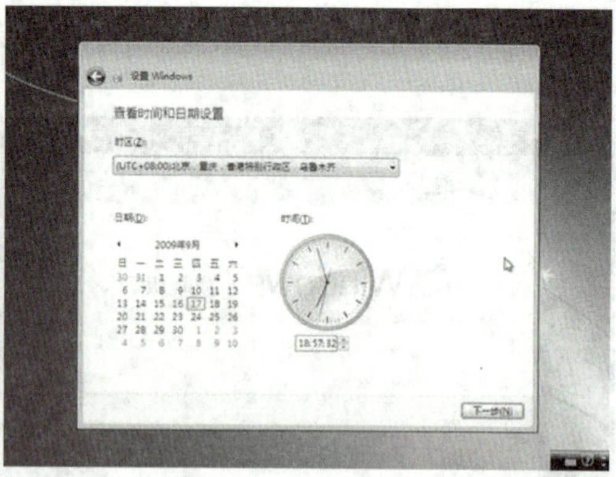

图 2-1-29　设置时区

设置网络位置，有“家庭”、“工作”和“公用”三个选项，其中家庭网络最宽松，公用网络最严格，根据自己的实际情况进行选择。

系统开始完成设置，并启动进入系统桌面（见图 2-1-30）。

图 2-1-30　系统开始完成设置

（2）驱动程序的安装

Windows 7 系统是非常智能方便的操作系统，可以自动安装硬件驱动程序。但并不是所有的驱动程序和硬件都能完美兼容，如果不合适则需要卸载重新安装。

1）手动安装驱动程序

先关闭系统自动安装驱动程序功能，然后按如下步骤进行操作：

点击 Windows 7 桌面左下角的圆形【开始按钮】，打开【设备和打印机】（见图 2-1-31）。右键设备中类似计算机的图标，选择【设备安装设置】（见图 2-1-32）。

按下图操作，选择“否”，然后点击“保存更改”即可（见图 2-1-33）。

如需由系统自行安装，只需要按上面步骤操作选择“是”，则开启这个功能了。

图 2-1-31　打开【设备和打印机】

图 2-1-32　选择【设备安装设置】

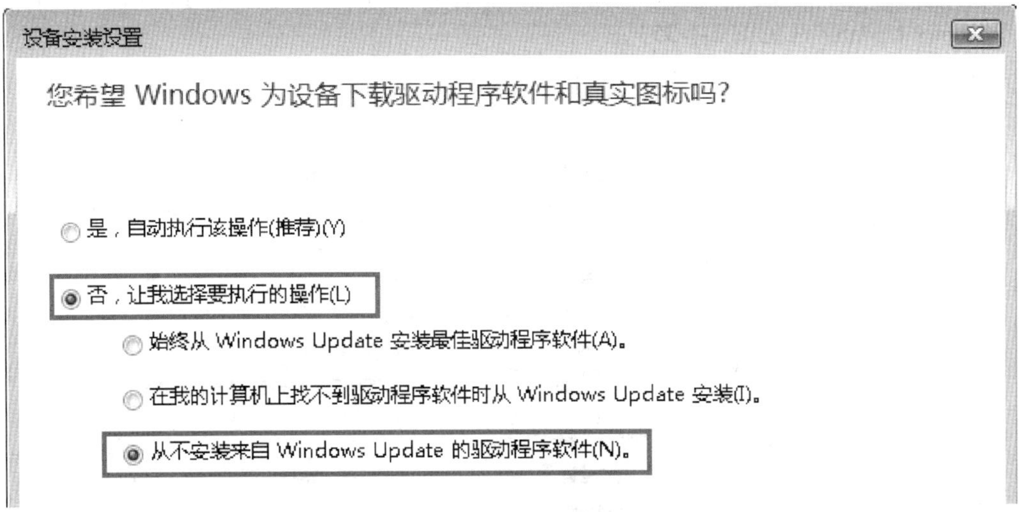

图 2-1-33　设置“驱动不由系统自行安装”

3）自动安装驱动程序

所谓自动，就是使用 Windows Update 的方法进行安装驱动。

打开“设备管理器”，右键点击【计算机】→【管理】，找到左边的【系统工具】→【设备管理器】，发现有两个设备驱动未正常安装（见图 2-1-34）。

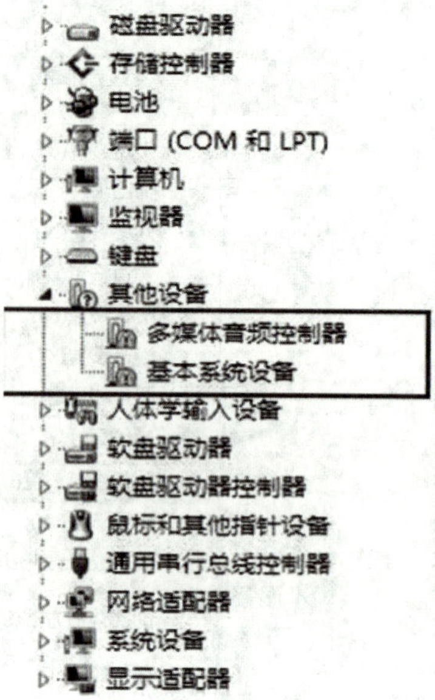

图 2-1-34 打开设备管理器

打开 Windows Update 功能，右键点击【计算机】→【属性】，找到左下角“Windows Update”（见图 2-1-35）。

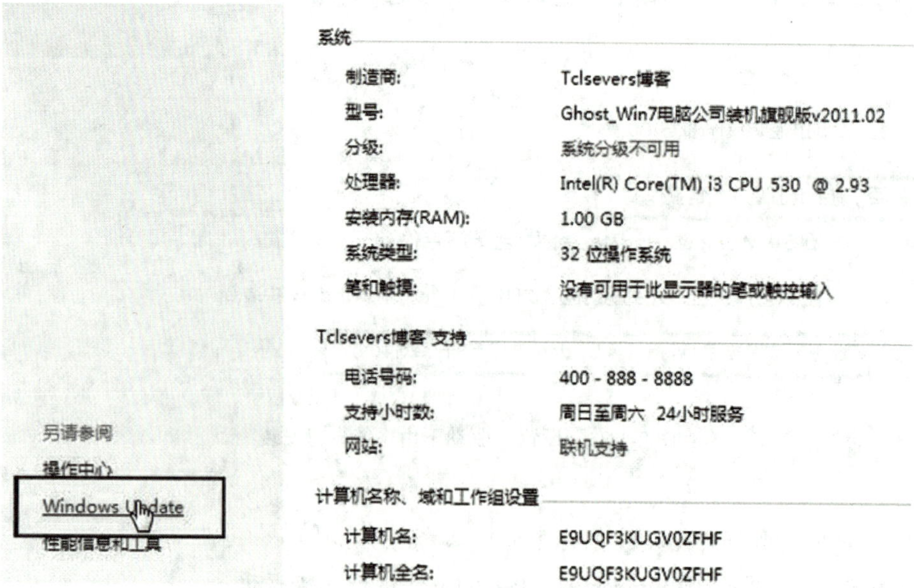

图 2-1-35 打开 Windows Update 功能

在系统操作页面上打开“自动更新”（见图 2-1-36）。

图 2-1-36　打开“自动更新”

Windows 7 系统安装重要更新，点击【4 个重要更新可用】，因为未安装的硬件驱动更新在里面（见图 2-1-37）。

图 2-1-37　点击【4 个重要更新可用】

可以看到 4 个重要更新，其中第一个是未安装的声卡驱动（见图 2-1-38）。

图 2-1-38　第一个是未安装的声卡驱动

点击【安装更新】按钮开始更新（见图 2-1-39）。

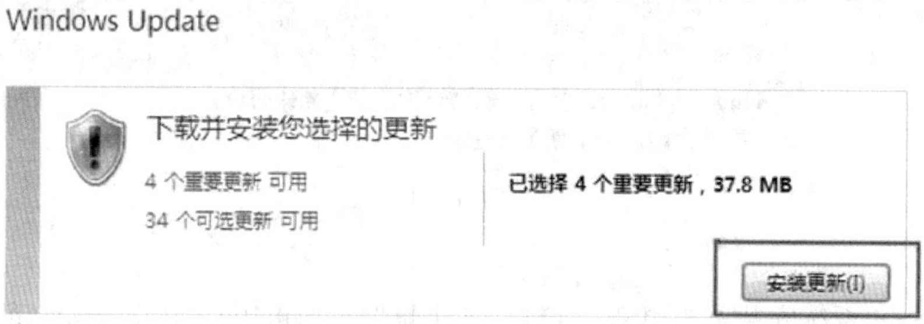

图 2-1-39　安装更新

更新速度由网速决定（见图 2-1-40）。

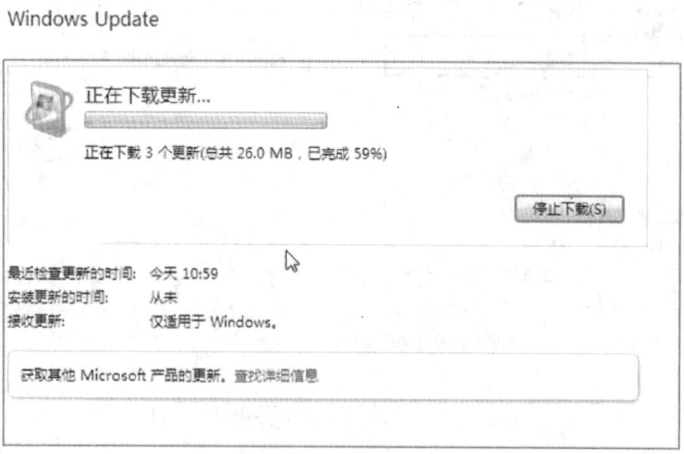

图 2-1-40　下载更新

完成更新，点击【立即重新启动】按钮完成更新或安装（见图 2-1-41）。

图 2-1-41　立即重新启动

复查系统设备管理器，刚才未安装的声卡驱动现在已成功安装（见图 2-1-42）。

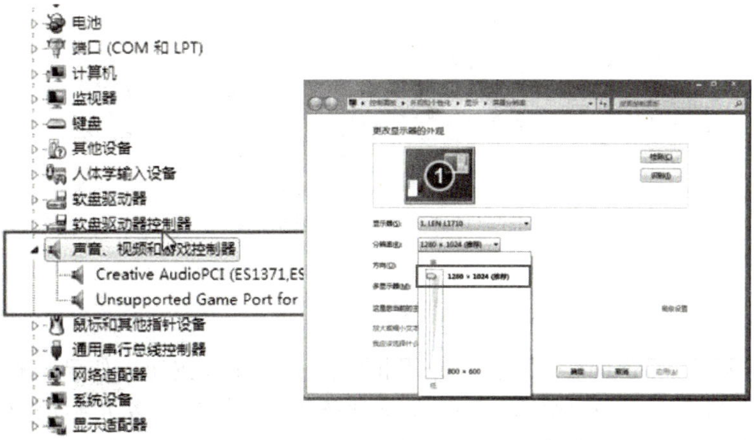

图 2-1-42　复查系统设备管理器

提示：Windows 系统在更新时会上网下载更新包，只要网卡工作正常且可以上网，直接可以通过安全更新的方法安装驱动。

3. 计算机系统基础使用

（1） Windows 7 系统的基本设置

1）桌面

● 屏幕分辨率：如何找到屏幕分辨率呢？

图 2-1-43　屏幕分辨率设置

方法：在桌面右键菜单中选择【屏幕分辨率】，点击分辨率下拉箭头，拖动滑块即可（见图 2-1-43）。

● 桌面图标：在默认状态下，Windows 7 安装之后桌面上只保留了回收站图标，如何找回桌面上“我的计算机”和“我的文档”图标呢？

方法：在桌面右键菜单中选择【个性化】，点击左边的【更改桌面图标】（见图 2-1-44），将窗口中的“计算机”和“用户的文件”打钩。

桌面图标设置：在桌面上可以尝试一下 Windows 7 酷炫的 128 * 128 大图标效果。在桌面上点击右键，选择菜单项【查看】→【大图标】即可看到效果。

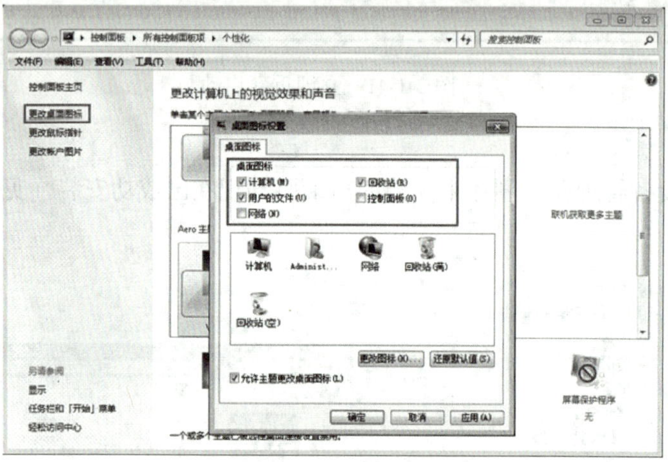

图 2-1-44　更改桌面显示图标

2）任务栏

● 预览窗口：Windows 7 默认会分组相似活动的任务按钮，如已经打开了多个 IE 浏览器窗口，在任务栏中只会显示一个活动任务按钮。将鼠标移动到任务栏的活动任务按钮上稍微停留，就可以方便预览各个窗口内容，并进行窗口切换（见图 2-1-45）。

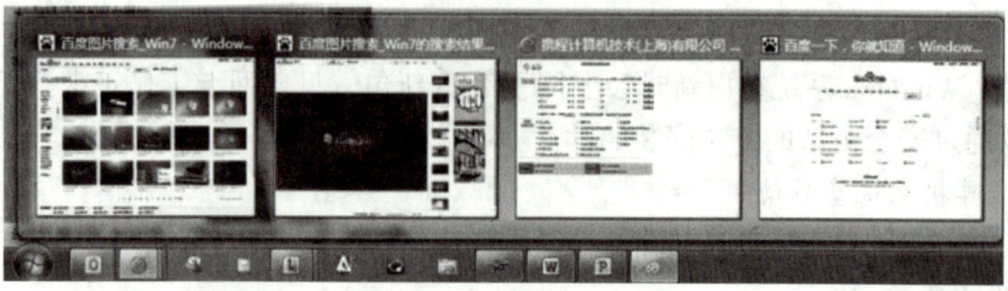

图 2-1-45　任务栏预览效果

如果把打开的多个 IE 浏览器窗口关掉，那么 IE 按钮图标就变成了快速启动按钮，而快速启动按钮是没有层叠凸起的样子的（见图 2-1-46）。

图 2-1-46　识别不同的任务按钮

● JumpLists：资源管理器的 JumpLists 菜单中的“已固定”列表中有一项叫做“PPT 模板”的文件夹（见图 2-1-47 和图 2-1-48），那么如何固定到这里呢？

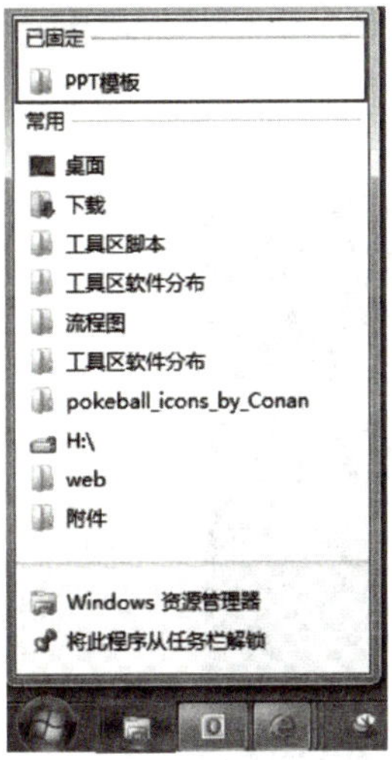

图 2-1-47　固定“PPT 模板”的文件夹

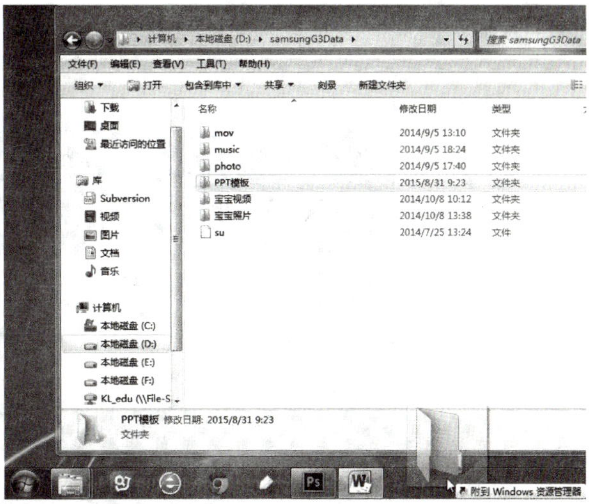

图 2-1-48　“附到 Windows 资源管理器”的提示

方法：将目标文件夹直接拖动到任务栏区域，任务栏会出现“附到 Windows 资源管理器”的提示。

这样我们就可以快速访问该文件夹，其他快速启动项目也是同样的操作。

● 通知区域：Windows 7 任务栏的通知区域（即系统托盘区域）在默认状态下，大部分的图标都是隐藏的，如果要让某个图标始终显示，只要点击通知区域的倒三角按钮，选择【自定义】，在弹出的窗口中找到要设置的图标，选择【显示图标和通知】即可（见图 2-1-49）。

● 显示桌面：在 Windows 7 中，过去所熟悉的【显示桌面】按钮已“进化”成任务栏最右侧的那一小块半透明的区域。它的作用不仅仅是点击后即可显示桌面、最小化所有窗口。当鼠标移动到上面后，即可透视桌面上所有的东西，查看桌面的情况，鼠标离开后即可恢复原状（见图 2-1-50）。

● 时钟：任务栏的时钟，延续了 Windows Vista 的多时钟功能，可以附加时钟，来添加另外两个不同时区的时钟（见图 2-1-51）。

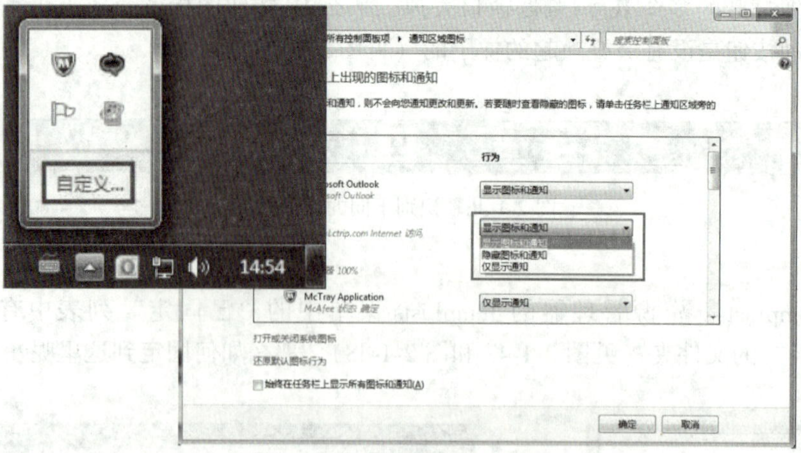

图 2-1-49 设置【通知区域图标】

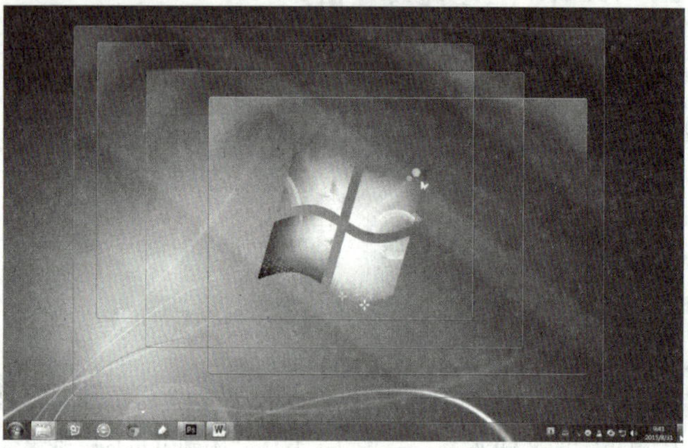

图 2-1-50 透视桌面所有内容

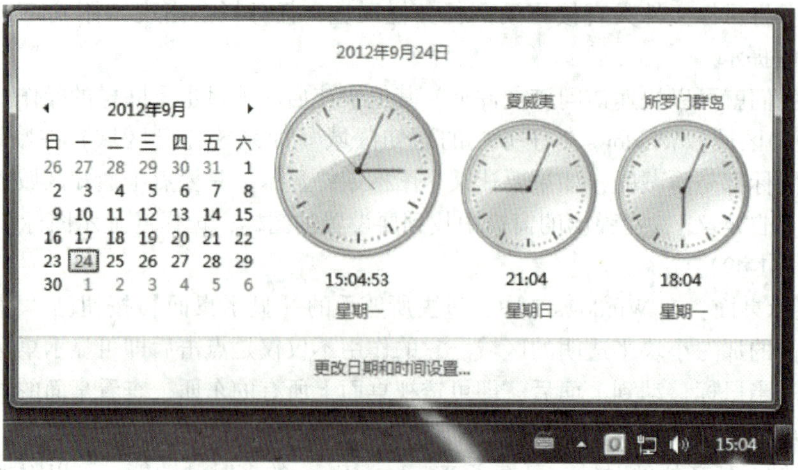

图 2-1-51 Windows 7 支持多时区时钟功能

3）开始菜单

● JumpLists：任务栏中介绍的“JumpLists”功能同样存在于开始菜单中，我们来看看开始菜单中的“JumpLists”。单击【开始】按钮，这里记录着最近运行的程序，将鼠标移到程序上，右侧显示使用该程序最近打开的文档列表，点击其中的文档即可快速打开该文件（见图 2-1-52）。

图 2-1-52　固定最近打开的文档

当鼠标指向某个文件时，可以看到其右侧会有一个图钉的按钮，点击该按钮即可将该文件“附加到列表”，也就是固定在列表的顶端。

● 固定常用程序：在【开始】菜单中，最近运行的程序列表是会变化的，但是如果有一些经常使用的程序，也可以将其固定在【开始】菜单上。

方法：在程序上点击鼠标右键，选择菜单项【附到开始菜单】即可（见图 2-1-53）。

操作完成之后，这个程序的图标就会显示在开始菜单的顶端区域，如图中的 IE 浏览器的图标一样。

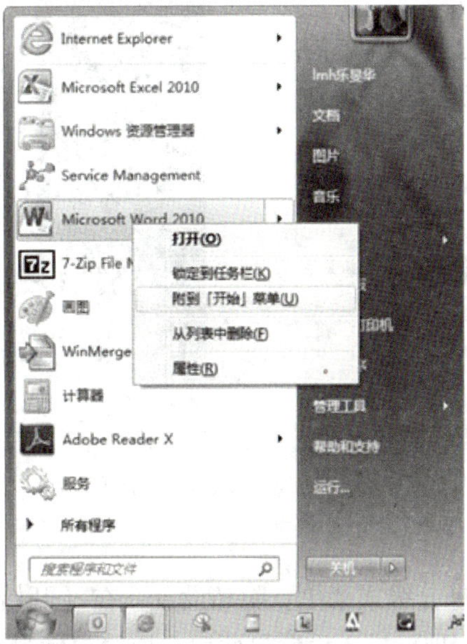

图 2-1-53　将程序快捷方式附加到【开始】菜单上

● 程序菜单：点击【所有程序】，Windows 7 将所有内容添加到【开始】菜单中，通过点击【所有程序】来进行切换（见图 2-1-54）。

● 关机按钮与搜索：点击【关机】按钮右侧的扩展按钮，就可以快速地让计算机重启、注销、进入睡眠状态，同时也可进入到 Windows 7 的“锁定”状态，以便临时离开计算机时保护个人信息（见图 2-1-55）。

在【开始】菜单下方的搜索框中依次输入“int”……这时面板中开始会显示相关的程序、控制面板项以及文件，且搜索的速度较快（见图 2-1-56）。

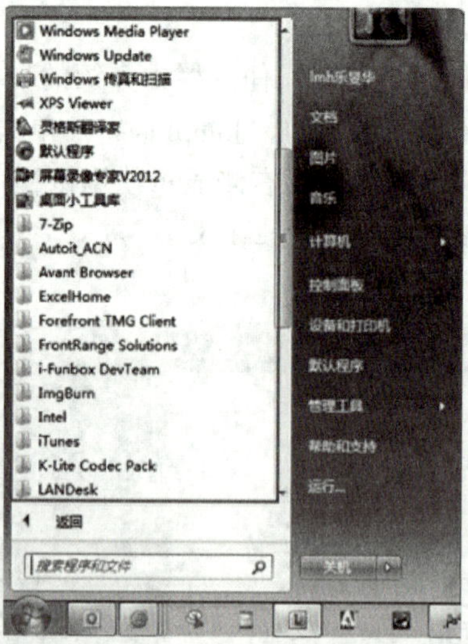

图 2-1-54 Windows 7 开始菜单的程序列表

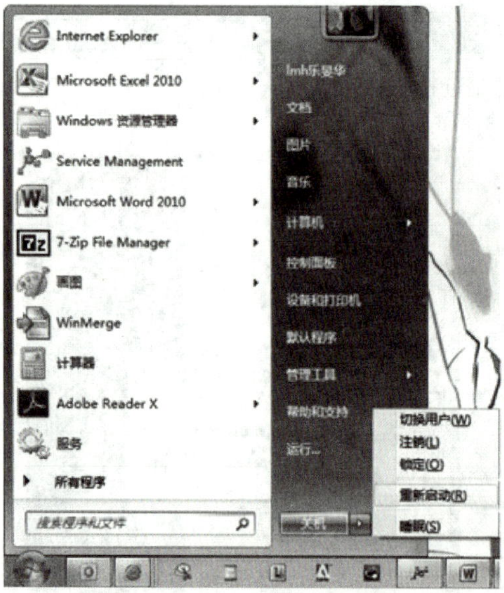

图 2-1-55 Windows 7 的关机按钮

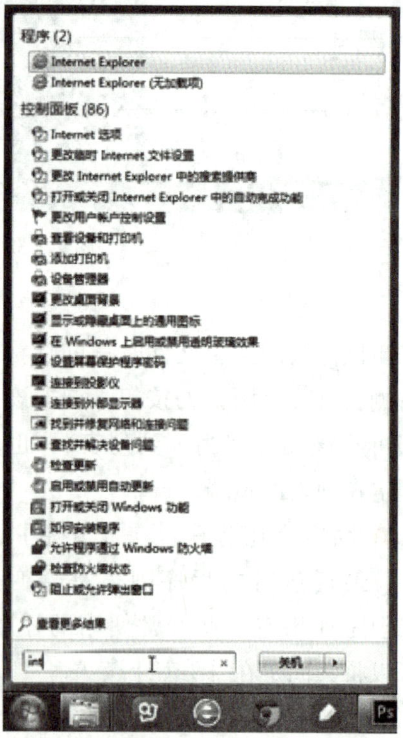

图 2-1-56 开始菜单中置入了强大的搜索框

● 分级式菜单：隐私设置：在【开始】菜单上点击右键，打开【属性】→【开始菜单】项，进入设置界面后，取消显示最近打开的程序和文件列表。

【开始】菜单显示方式：在这个界面上点击【自定义】，将“计算机”设置为“显示为菜单”，回到【开始】菜单中，就可以看到下图的显示效果——“计算机”选项后多了二级菜单，可以直接进入各个分区（见图 2-1-57）。

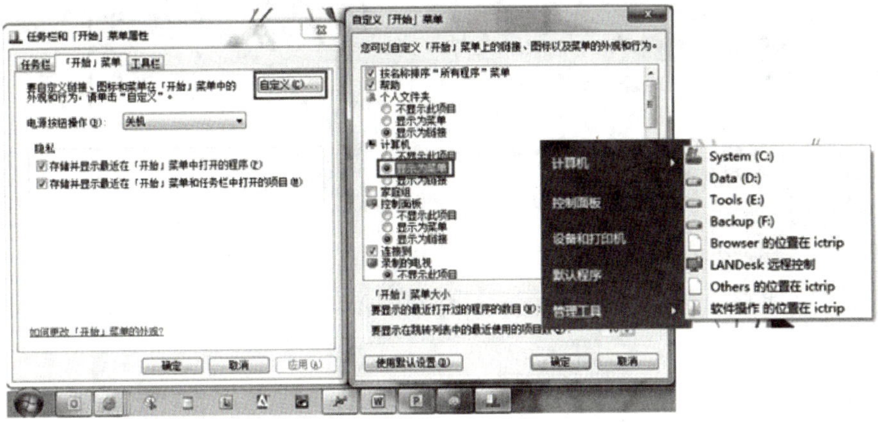

图 2-1-57　【自定义开始】菜单

● 运行命令：在【自定义开始菜单】界面中，将滚动条拉到最下方，勾选“运行命令”选项后可在【开始】菜单中重现“运行”选项（见图 2-1-58）。

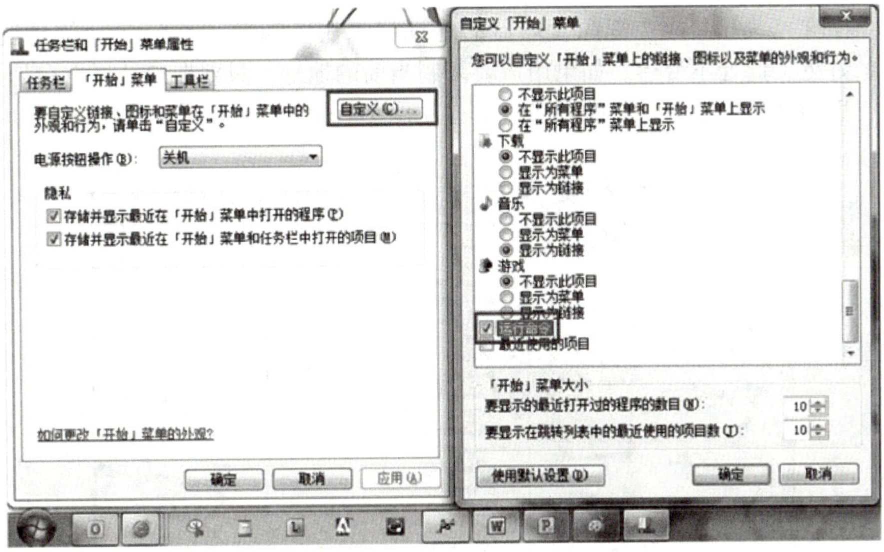

图 2-1-58　找回“运行”选项

4）资源管理器

● 分类：Windows 7 资源管理器被划分为五大类：收藏夹、库房、家庭网组、计算机和网络。例如，在收藏夹下“最近访问的位置”中可以查看最近打开的文件和系统功能，方便我们再次使用；在网络中，可以直接在此快速组织和访问网络资源（见图 2-1-59）。

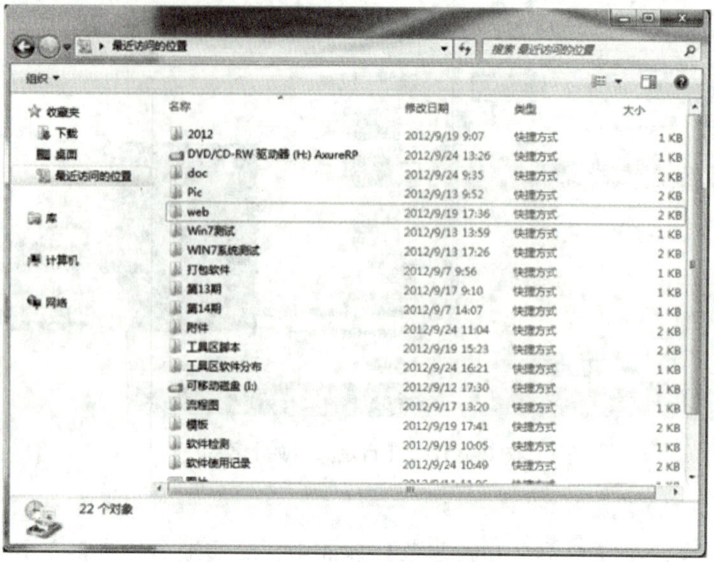

图 2-1-59 最近访问位置

● 地址栏：Windows 7 资源管理器的地址栏采用了叫做“面包屑”的导航功能。关于它的好处，此处不赘述。如果用户要复制当前的地址，只要在地址栏空白处点击鼠标左键，即可让地址栏以传统的方式显示（见图 2-1-60）。

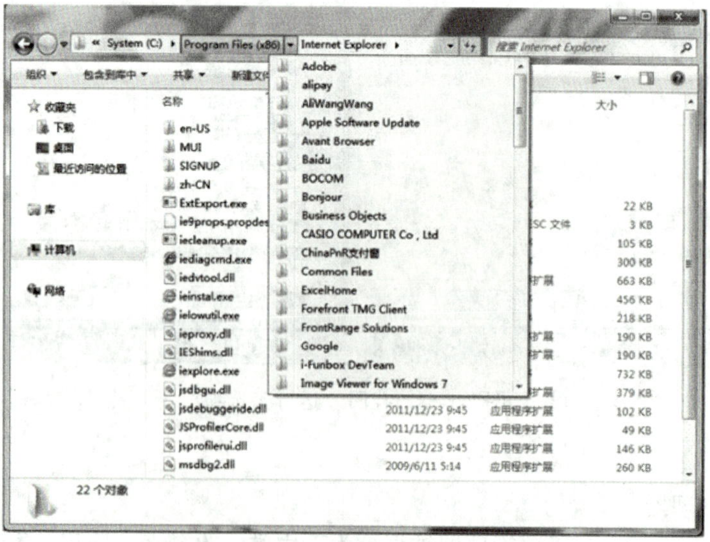

图 2-1-60 Windows 7 资源管理器的地址栏

● 菜单：Windows 7 的组织方式发生了很大变化，一些功能被直接作为顶级菜单而置于菜单栏上，如共享、新建文件夹等（见图 2-1-61）。

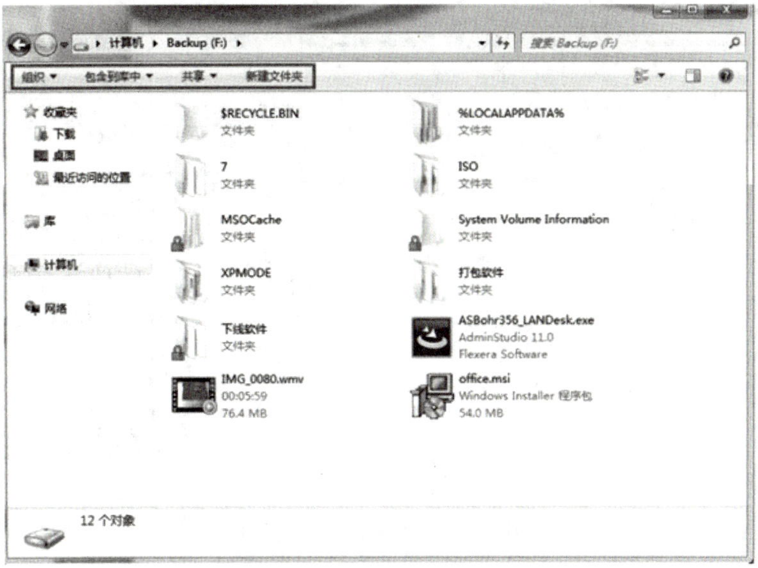

图 2-1-61　Windows 7 的菜单

● 搜索：在地址栏右侧的搜索框中输入搜索关键词后按回车键，立刻就可以在资源管理器中得到搜索结果（见图 2-1-62）。

图 2-1-62　Windows 7 的搜索

● 预览：按键盘快捷键 Alt+P 或者点击菜单栏的按钮，即可隐藏或显示预览窗口（见图 2-1-63）。

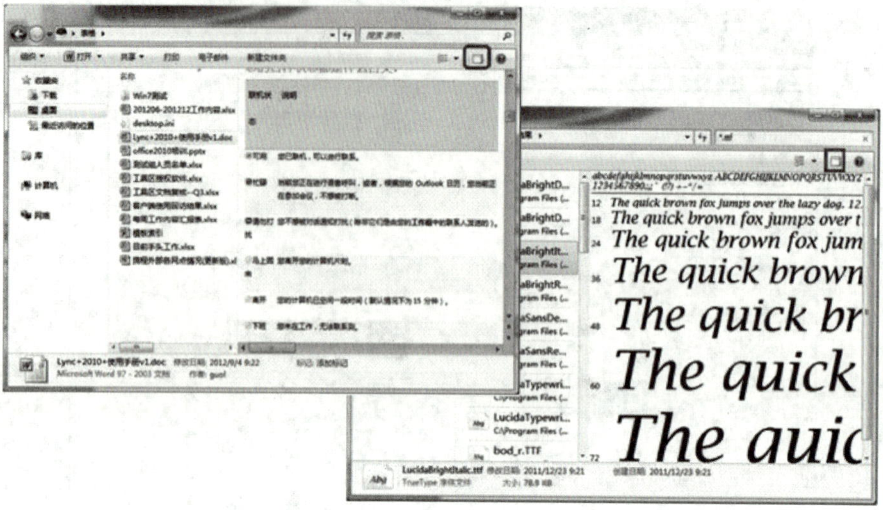

图 2-1-63　Windows 7 的预览

5）网络连接

● 网络信息：点击右下角的网络图标，打开【打开网络和共享中心】便可看到带着可视化视图的界面。通过形象化的映射图了解网络状况，还可以进行各种网络设置（见图 2-1-64）。

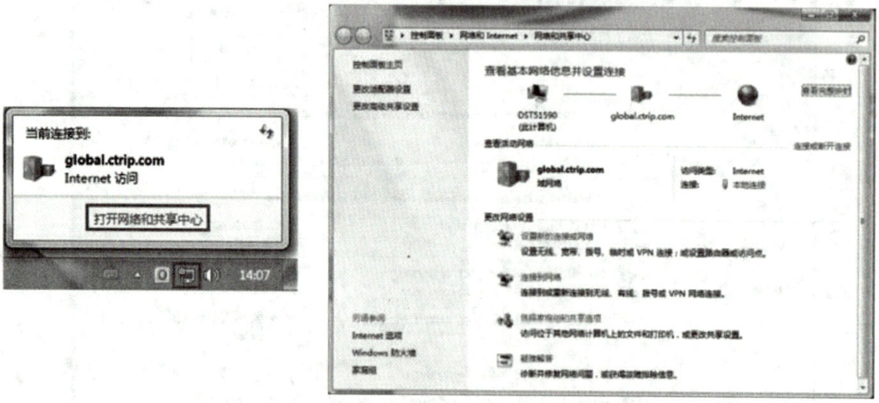

图 2-1-64　打开网络和共享中心

● IP 地址查看：在网络和共享中心窗口中点击相应的网络连接，在弹出的窗口中点击【详细信息】按钮就可以看到当前使用的 IP 地址信息了（见图 2-1-65）。

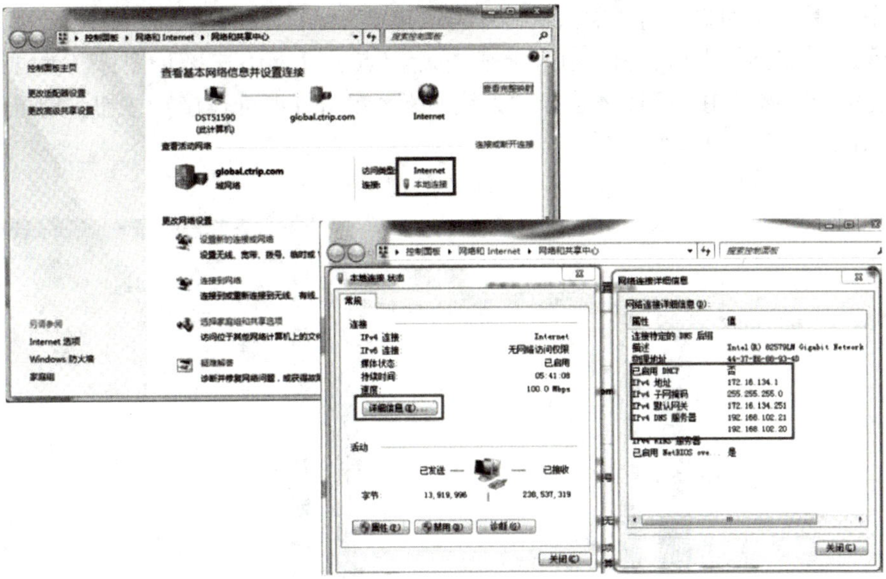

图 2-1-65　查看 IP 地址

● 视图界面：如果要更改 Windows 7 网络和共享中心的映射图为传统方式，点击左侧的“更改适配器设置”即可（见图 2-1-66）。

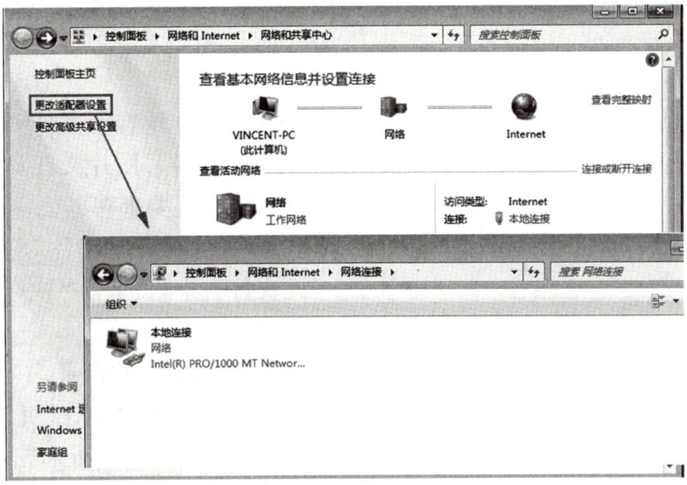

图 2-1-66　更改适配器设置

● 无线网络：当用户启用无线网卡后，鼠标左键点击系统任务栏托盘区域网络连接图标，系统会自动搜索附近的无线网络信号，所有搜索到的可用无线网络就会显示在下方的小窗口中。

点选要连接的无线网络，然后点击【连接】按钮，稍等片刻，就可以开始联网了。如果连接的是加密网络，需要输入密码才可以连接。

当无线网络连接上后，再次在任务栏托盘上点击【网络连接】图标，就可以看到“当前连接到”区域中多个刚才选择的无线网络。单击【断开连接】按钮，即可断开网络（见图 2-1-67）。

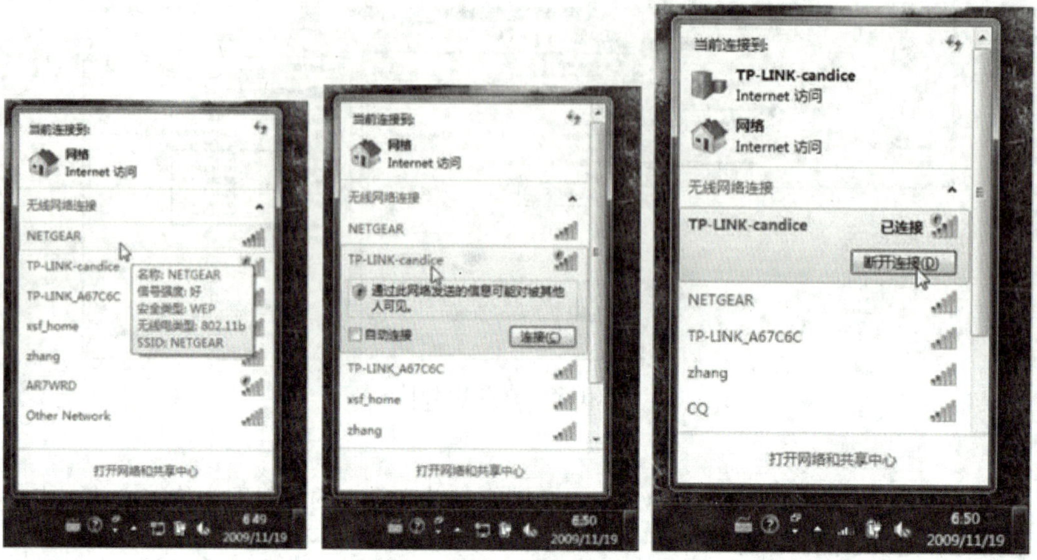

图 2-1-67 无线网络连接与查看

（2）计算机文件的管理

某幼儿园即将举办大班毕业典礼，资料收集整理的工作落在了办公室小宋身上。保存的资料包含即将毕业的大班所有幼儿各个学期的视频文件、图片文件及有关文档，另外，园长还要求在办公室计算机 D 盘中创建“大班毕业典礼”文件夹，并在此文件夹中再创建“视频”、“图片”、“文档”和“其他”4 个子文件夹。

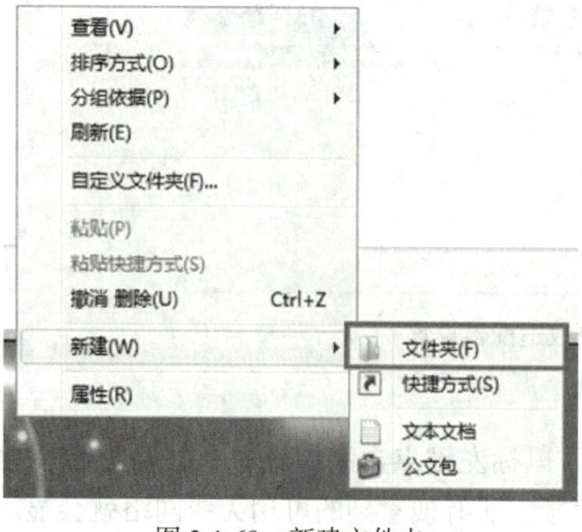

图 2-1-68 新建文件夹

① 创建文件目录。

打开桌面“计算机”中的 D 盘，在窗口内容区空白处右击，在弹出的快捷菜单中选择【新建】→【文件夹】命令（或在组织管理界面单击【新建文件夹】按钮），在高亮显示状态下直接输入文件夹名“大班毕业典礼”，按回车键结束（见图 2-1-68）。

双击新建的“大班毕业典礼”文

件夹，按照以上操作，分别新建子文件夹“视频”、“图片”、“文档”和“其他”（见图 2-1-69）。

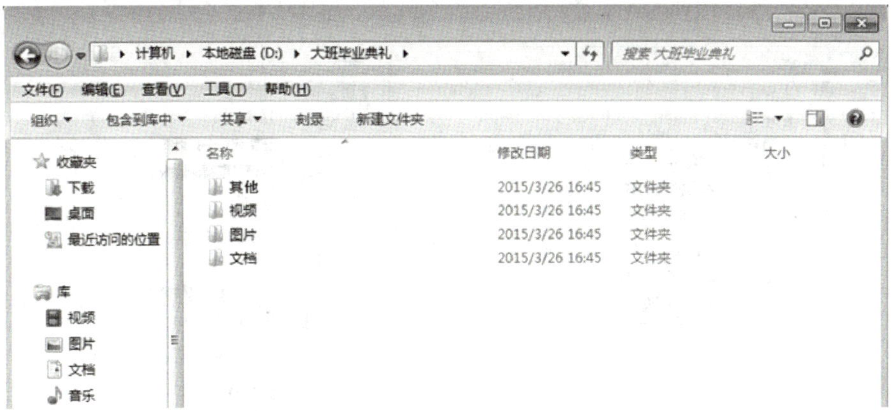

图 2-1-69　新建子文件夹

② 查找相关资料，并进行复制与移动操作。

因为查找的资料在各班教师的计算机内，将通过访问共享来查找相关资料。访问共享操作请查看资源共享的“设置文件夹共享”。

打开桌面上的“网络”，在窗口中找到“daban”计算机的名称，双击进入共享的文件夹。在窗口右上方框输入“日期”（方法：单击方框处，点击修改日期（见图 2-1-70）。

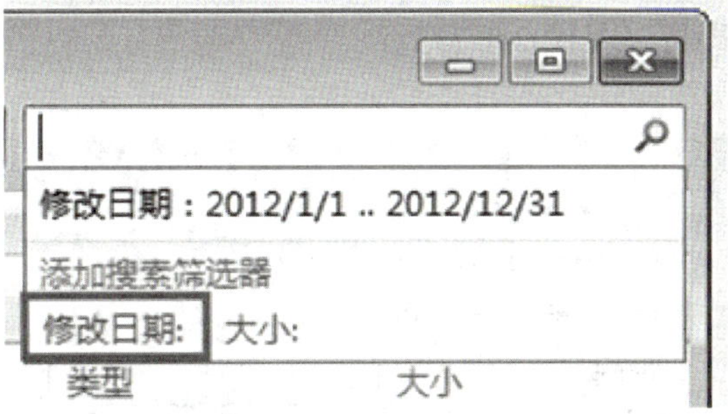

图 2-1-70　设置搜索日期

选择区间日期，这样可以把一学期的资料全部搜索出来，单击需要的文件，同时按快捷键 Ctrl+C 复制，然后在办公室计算机的大班毕业典礼的图片文件夹下按快捷键 Ctrl +V 粘贴，计算机目录为：“D：\ 大班毕业典礼 \ 图片”，将此文件复制到该文件夹中。

文件夹的复制与移动操作和文件复制与移动操作方法一样。

文件夹与文件的命名方法：选择需要重命名的文件或文件夹，单击右键，选择

【重命名】命令后回车即可（见图 2-1-71）。

③ 删除文件或文件夹。

选定单个文件或文件夹，右键选择【删除】命令即可删除（见图 2-1-72）。

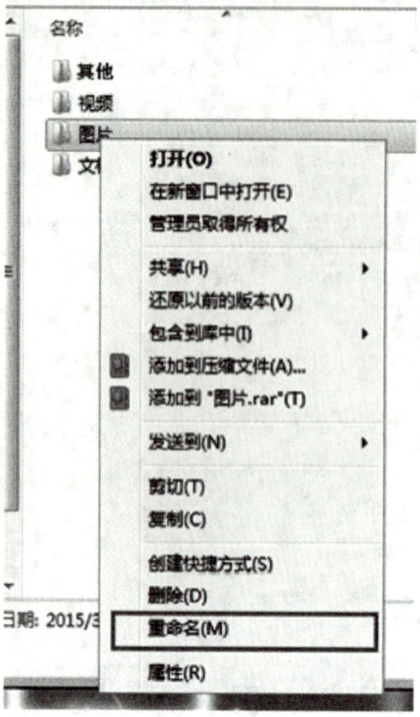

图 2-1-71　重命名操作

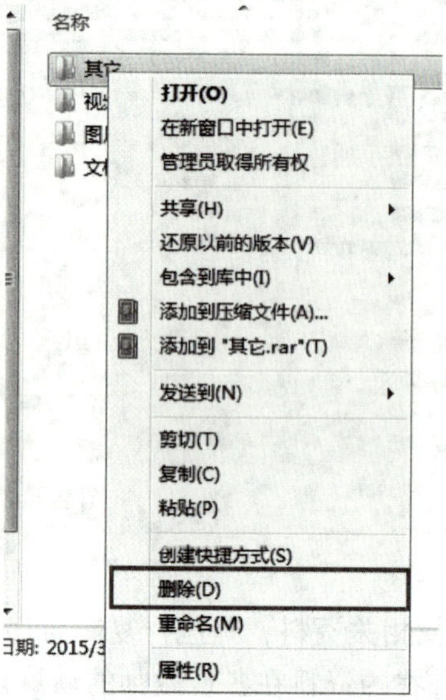

图 2-1-72　删除文件夹

这里的删除操作是直接将文件或文件夹删除到回收站，如果要找回被删除的文件可以在回收站中找回。

找回被删除文件的方法：在桌面上打开回收站，选择需要找回的文件或文件夹，右键单击【还原】命令即可（见图 2-1-73）。

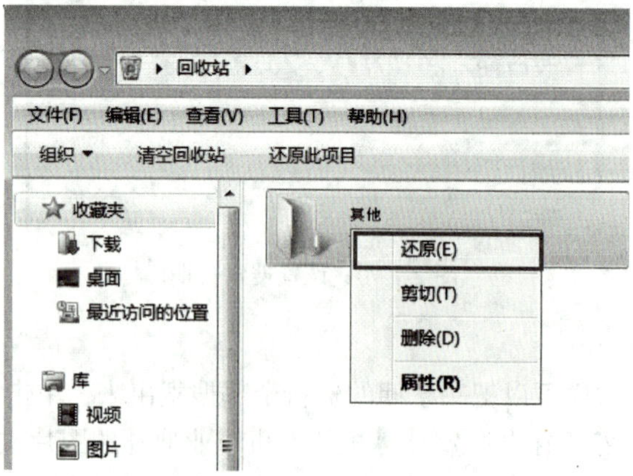

图 2-1-73　还原文件夹

4. 打印机的安装与共享设置

打印机是计算机常见的设备。随着科技的进步，打印机的作用也随之日益凸显，Windows 7 系统用户如果需要使用打印机往往需要先通过添加打印机才能正常使用。

添加打印机，推荐使用打印机自带的驱动安装程序来完成。

手动安装打印机的步骤：

① 打开【开始】菜单中的【设备和打印机】进入设置页面，也可以通过【控制面板】中【硬件和声音】中的【设备和打印机】进入（见图 2-1-74）。

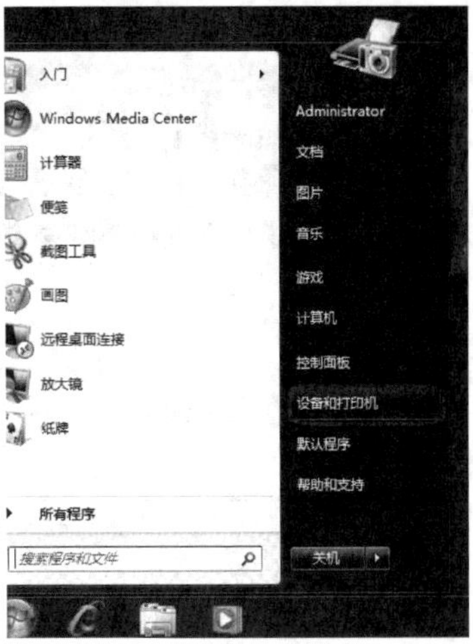

图 2-1-74　打开【设备和打印机】

② 在【设备和打印机】页面，选择【添加打印机】（见图 2-1-75）。

③ 选择【添加本地打印机】后，会进入到选择打印机端口类型界面，选择本地打印机端口类型后点击【下一步】（见图 2-1-76）。

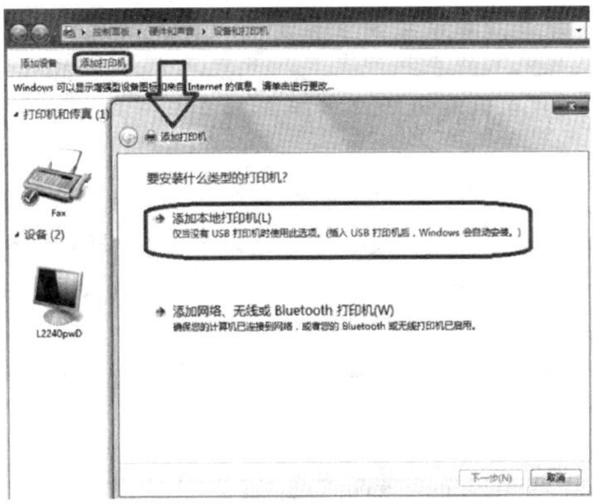

图 2-1-75　选择【添加打印机】

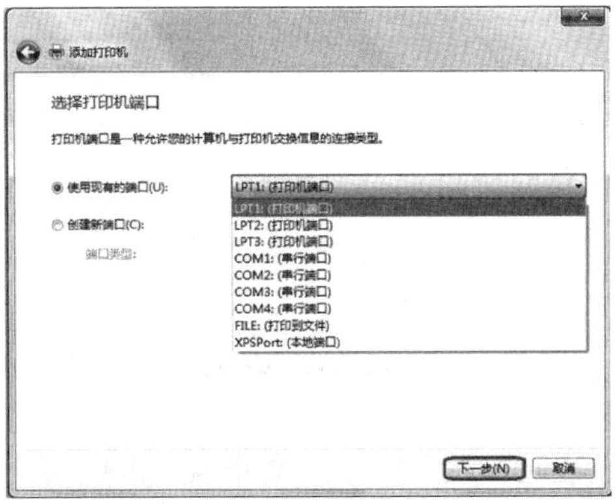

图 2-1-76　选择打印机端口

④ 此页面需要选择打印机的“厂商”和“打印机类型”，如果 Windows 7 系统在列表中没有显示用户打印机的类型，可以【从磁盘安装】中添加打印机驱动（见图 2-1-77）。

⑤ 系统会显示用户所选择的打印机名称，确认无误后，点击【下一步】进行驱动安装（见图 2-1-78）。

⑥ 驱动安装完成后，系统会出现是否共享打印机的界面，可以选择【不共享这台打印机】或【共享此打印机以便网络中的其他用户可以找到并使用它】。如果选择共享此打印机，需要设置共享打印机名称（见图 2-1-79）。

图 2-1-77　【从磁盘安装】驱动

图 2-1-78　安装打印机驱动

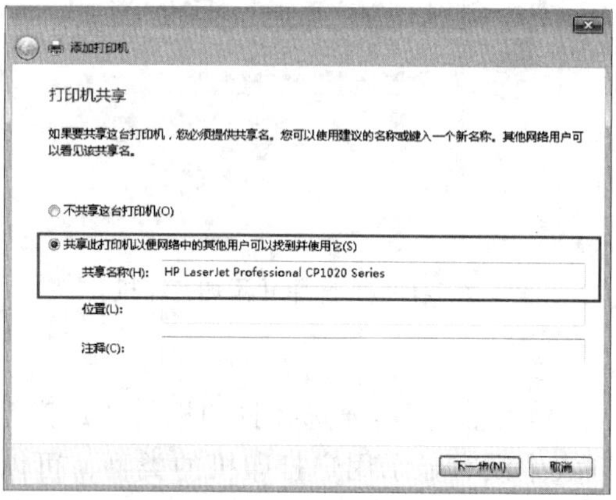

图 2-1-79　共享打印机

⑦ 点击【下一步】，添加打印机完成，【设备和打印机】窗口会显示所添加的打印机。通过【打印测试页】按钮检测设备是否可以正常使用（见图 2-1-80 和图 2-1-81）。

图 2-1-80　安装完成的打印机图标

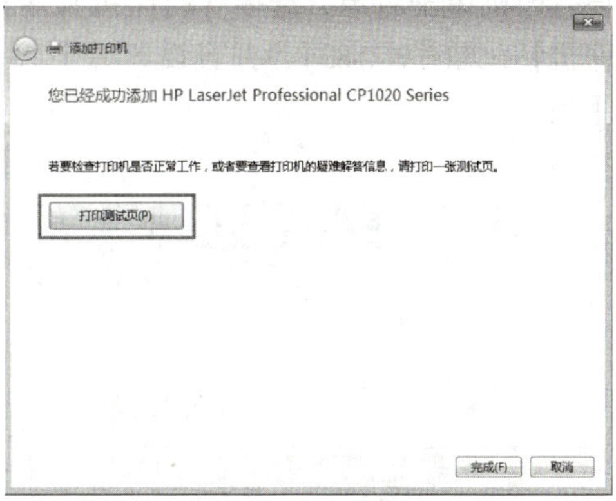

图 2-1-81　打印测试页

5. 资源共享

（1）设置文件夹共享

选择“计算机”中需要共享的文件夹，右键【属性】→【共享】→【高级共享】→勾选【共享此文件夹】，点击【权限】，添加 Everyone 用户并按照图上设置权限，设置完成后确定（见图 2-1-82）。

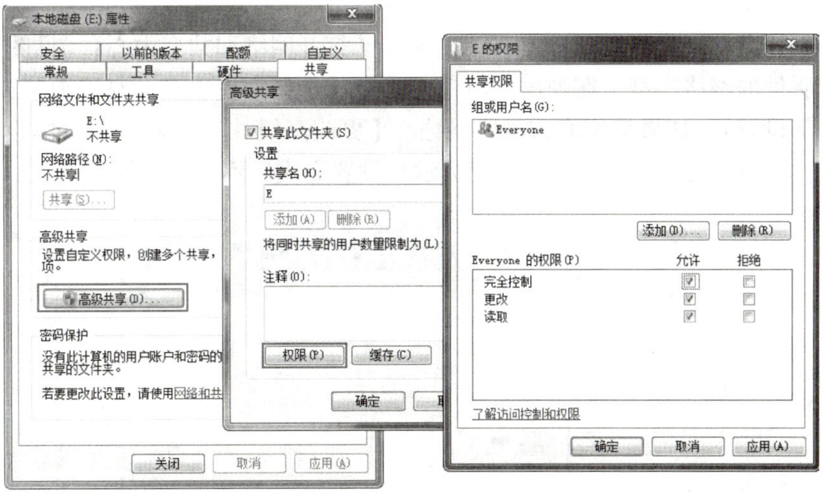

图 2-1-82　文件共享设置方法

其他计算机访问共享文件夹，打开【网上邻居】，找到共享的计算机名称并双击打开共享的文件夹。（关于共享无法打开等故障请参考常见故障处理中的网络故障。）

（2）设置共享打印机

1）打开控制面板中的【设备和打印机】

在窗口中找到需共享的打印机（前提是打印机已正确连接，驱动已正确安装），在该打印机单击右键，选择【打印机属性】，切换到【共享】选项卡，勾选【共享这台打印机】（见图 2-1-83），并且设置一个共享名称（请记住该共享名，后面的设置可能会用到）。

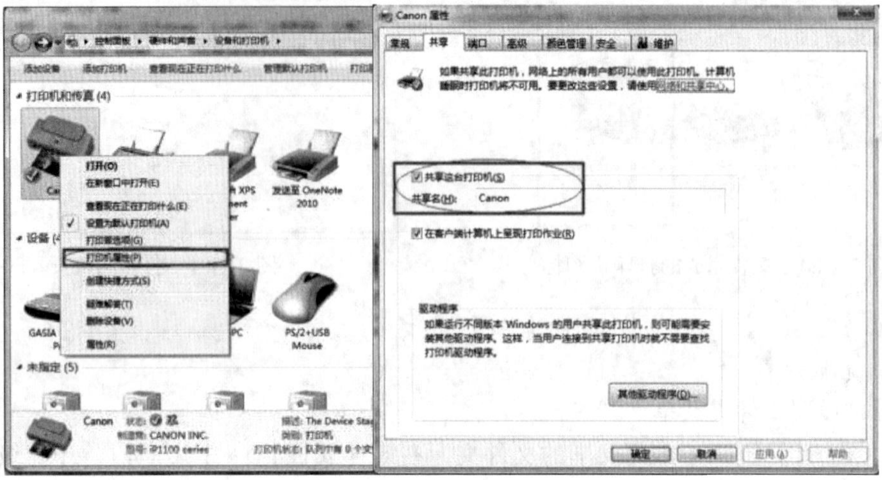

图 2-1-83　打印机共享设置图

2）高级共享设置

在系统托盘的网络连接图标上右键，选择【打开网络和共享中心】（见图 2-1-84）。

记住所处的网络类型，在弹出的窗口中单击【选择家庭组和共享选项】，单击【更改高级共享设置】。如果是家庭或工作网络，【更改高级共享设置】的具体设置可参考图 2-1-84，其中的关键选项已经用红圈标示，设置完成后不要忘记保存修改。

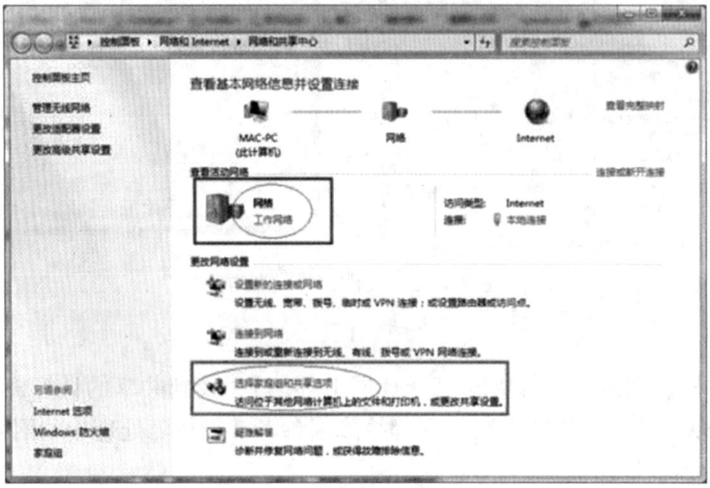

（a）打开网络和共享中心

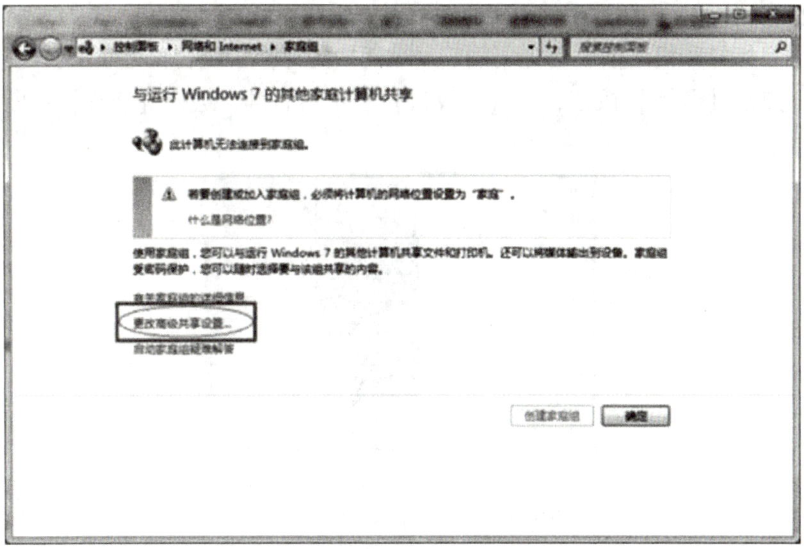

（b）更改高级共享设置

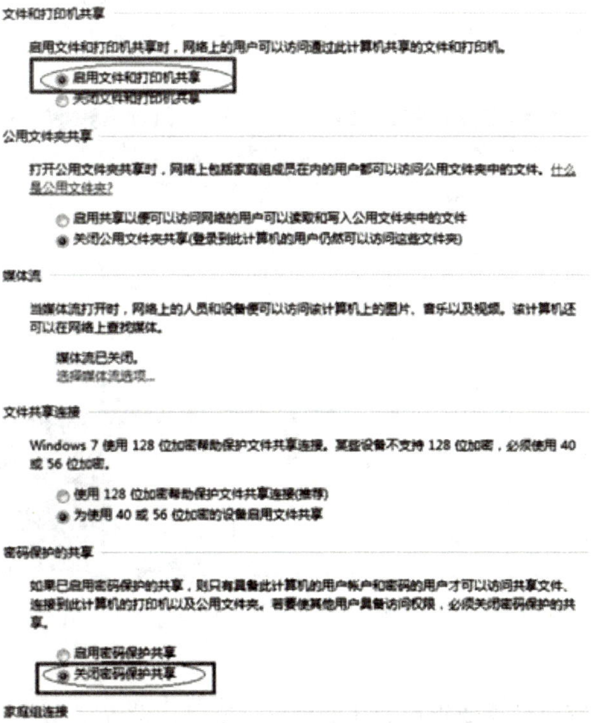

（c）启用文件和打印机共享高级共享设置过程

图 2-1-84

提示：如果是公共网络，具体设置和上面的情况类似。

3）设置工作组

在添加目标打印机之前，首先要确定局域网内的计算机是否都处于一个工作组，具体过程如下：点击【开始】按钮，在【计算机】上单击右键，选择【属性】（见图 2-1-85）。

图 2-1-85　打开计算机属性

在弹出的窗口中找到工作组，如果计算机的工作组设置不一致，点击【更改设置】，如果一致可以直接退出（见图 2-1-86）。（请记住计算机名，后面的设置会用到。）

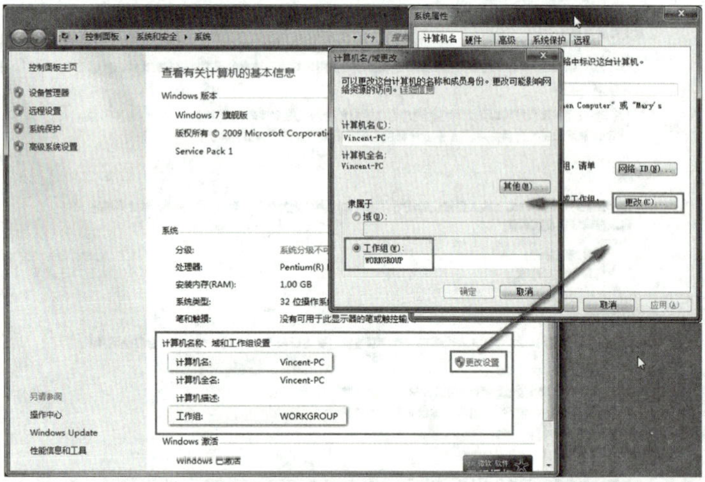

图 2-1-86　设置工作组

提示：修改计算机名需要重启后才能生效，所以在设置完成后不要忘记重启一下计算机，使设置生效。

4）在其他计算机上添加目标打印机

添加的方法有多种，此处只介绍其中的两种：

无论使用哪种方法，都应先进入【控制面板】，打开【设备和打印机】窗口，并点击【添加打印机】，接下来，选择【添加网络、无线或 Bluetooth 打印机】，点击【下一步】，系统会自动搜索可用的打印机（见图 2-1-87）。

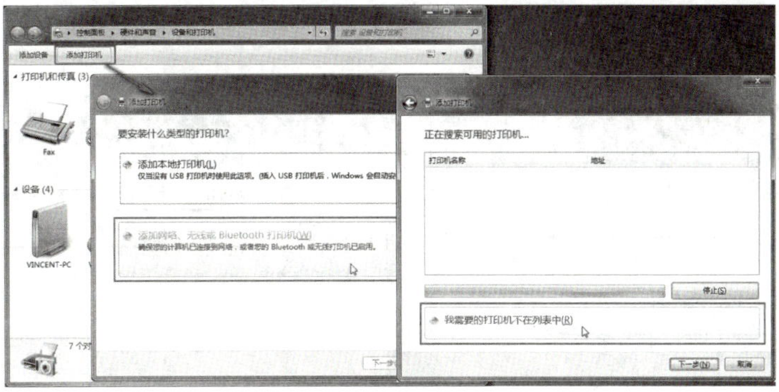

图 2-1-87　添加网络打印机

接下来根据计算机的提示进行操作即可。如找不到所需要的打印机，点击【我需要的打印机不在列表中】，然后点击【下一步】，接下来的设置就有多种方法了。

方法一：

选择【浏览打印机】，点击【下一步】，找到连接着打印机的计算机，选择目标打印机（注意打印机名称），点击【选择】，接下来的操作比较简单，系统会自动找到该打印机的驱动并安装好，至此，打印机已成功添加（见图 2-1-88）。

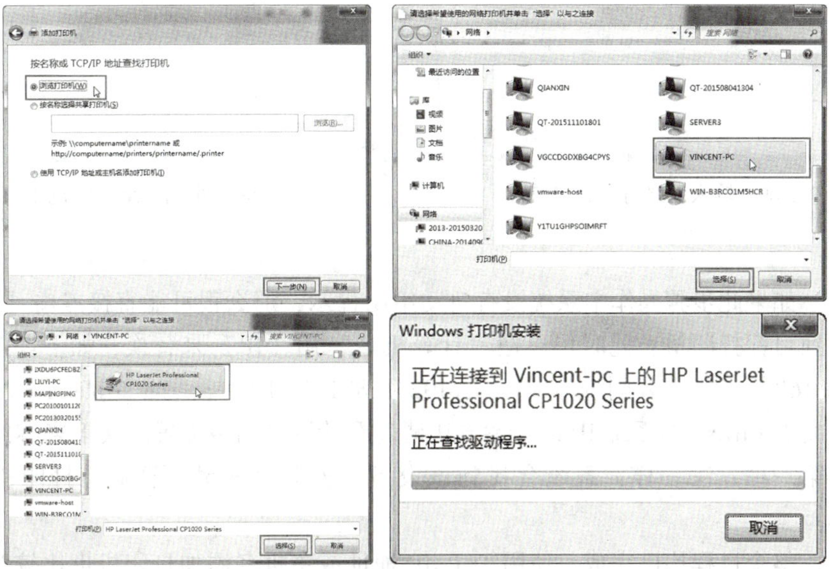

图 2-1-88　浏览网络打印机

方法二：

在【添加打印机】窗口中选择【按名称选择共享打印机】，并且输入“\\计算机名称\打印机名称”（计算机名称和打印机名称在上文中均有提及，不清楚的可查看本章前文的有关设置）。如果前面的设置正确的话，当输入完成时，系统就会给出提示，接着点击【下一步】（见图 2-1-89 和图 2-1-90）。

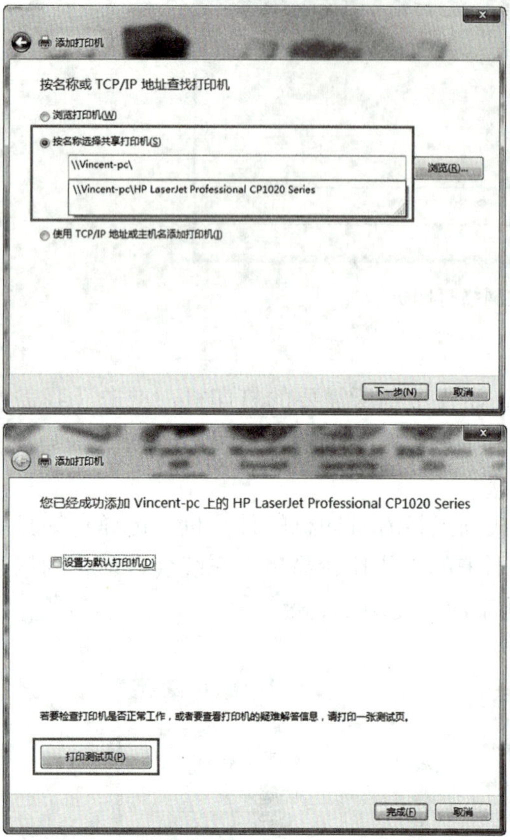

图 2-1-89　输入网络打印机名称

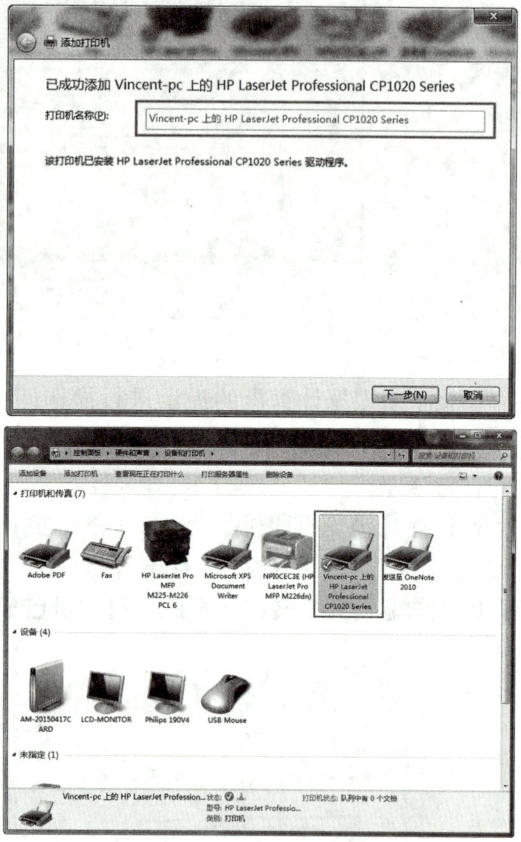

图 2-1-90　添加网络打印机步骤图

提示：如果此步骤操作中系统没有自动给出提示，那么很可能直接点击【下一步】会无法找到目标打印机，此时可以把“计算机名”用“IP”来替换，如下：PRINT 的 IP 为 192. 168. 1. 6，那么则应输入“\\192. 168. 1. 6\HP LaserJet Professional CP1020 Series”。关于 PRINT 的系统 IP 的获悉方法请查看计算机网络配置。接下来继续前面的步骤，与第一种方法一样，系统会找到该设备并安装好驱动，至此，打印机已添加完毕。

至此，整个过程均已完成，使用 TCP/IP 地址或主机名添加打印机也比较简单，过程类似，这里不再赘述。

5）观察 Print 上的打印机是否工作

在已经安装好共享打印机的计算机上打开一个文件，点击【打印】，观察 Print 上的打印机是否工作。

提示：如果第四步的设置无法成功，那么很有可能是防护软件的问题，可对防护软件进行相应的设置或把防护软件关闭后再尝试添加。

（二）影像系统：相机、摄像机、投影仪、展示台、影碟机

活动目标

今天是幼儿园家长开放日，记录并保存今天的活动情况，作为幼儿园大事记活动资料之一；同时让家长及时了解幼儿在幼儿园的表现以及幼儿园的活动状况。

活动分析

1. 活动计划

① 使用相机、摄像机记录幼儿与家长们的互动环节。

② 使用投影仪播放幼儿日常生活中的精彩片段。

③ 使用展示台分享幼儿平时的精彩杰作。

④ 园区活动营造氛围播放轻松欢快的音乐。

2. 相关技能

① 掌握相机、摄像机简单的操作方法。

② 投影仪设备的打开与关闭操作方法。

③ 视频展示台的操作方法。

④ 影碟机的使用方法。

方法与步骤

1. 准备工作

开放日在即，为了保证活动顺利进行，需要提前检查相关设备的运行情况。

（1）相机

① 安装好电池、存储卡；开机后，设置时间和日期、设置照片的格式和品质、设置液晶屏亮度、设置分辨率、调整白平衡、设置感光度等。

② 在设置完成后，根据拍摄需要，确定拍摄姿势、取景、调整焦距、运用景深、曝光控制等进行试机。

（2）摄像机

① 检查摄像机镜头是否清洁，不洁的镜头对所拍摄的图像质量影响很大。检查摄

像机各开关按钮和拨盘功能是否正常。

② 认真检查电池的类型是否满足摄像机规定的使用类型，电池电压是否满足摄像机规定的电压值。

③ 认真检查存储卡是否符合要求。一般情况下主要检查存储卡是否为重复使用的，只要购买正确，一般不会有问题。

④ 使用中观察摄像机各部件运转是否正常，有无异常声响和异常气味，机器的温度是否异常，等等。发现异常现象或局部温度过高，应立即关闭电源，卸电池，然后查找故障部件和原因。

（3）投影仪、展示台、影碟机

① 以上设备主要检查连接线的接头有没有破损，连接情况是否完好，将该设备打开试机即可。

② 投影仪使用一段时间后，要清理进风口和散热孔过滤网的灰尘，要保证畅通无阻。

2. 相机的使用

（1）相机的功能介绍

这里以佳能单反相机（Canon 450D）为例。

1）相机各部分名称

在开始使用数码单反相机进行拍摄之前，首先来了解相机各部分的名称。正确掌握相机各部分的名称和功能，是提高摄影水平的第一步。（见图 2-1-91，图 2-1-92，图 2-1-93，图 2-1-94，图 2-1-95，图 2-1-96，图 2-1-97）

图 2-1-91 正面图

图 2-1-92　背面图

图 2-1-93　上面图

图 2-1-94 底面图

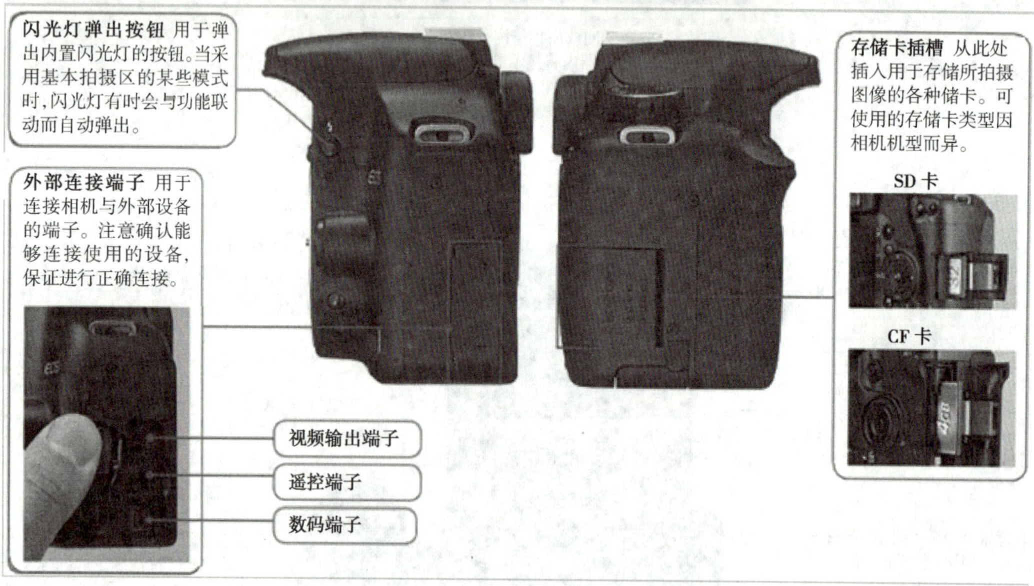

图 2-1-95 侧面图

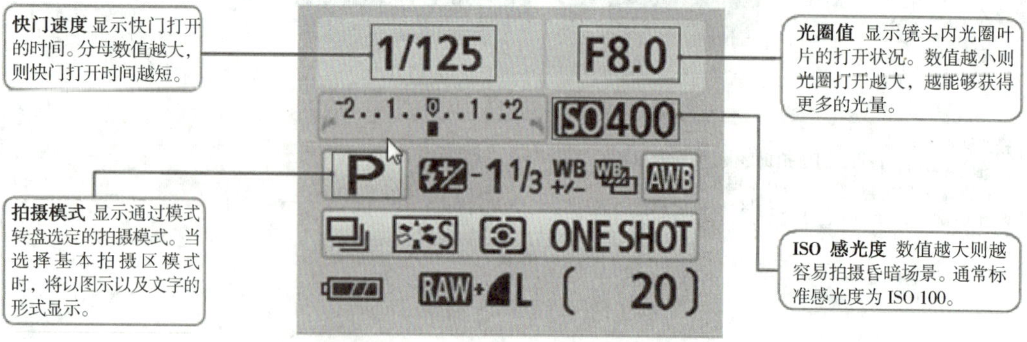

图 2-1-96 液晶监视器拍摄设置显示

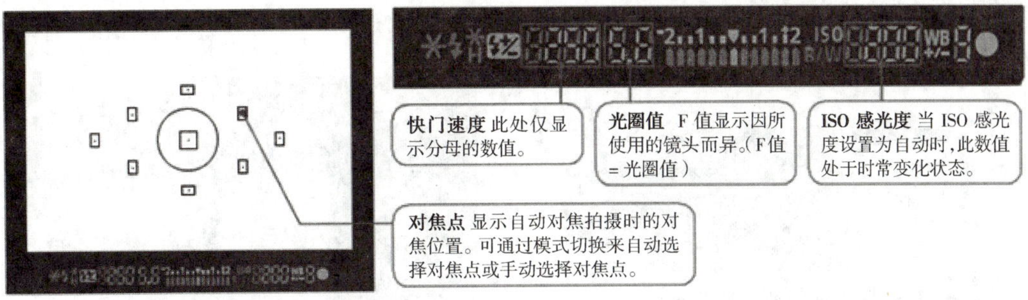

图 2-1-97　取景器内的显示

2）拍摄之前的准备工作

在掌握了相机的各部分名称之后，终于可以开始准备进行实际拍摄了。我们应在检查确认相机各部分功能的同时，对各部分进行调节以保证使用时的舒适。

① 检查相机包装套件：

a. 检查包装内容物是否齐全，保管好产品保修卡（见图 2-1-98）。

b. 存储卡请另行购买（见图 2-1-99）。

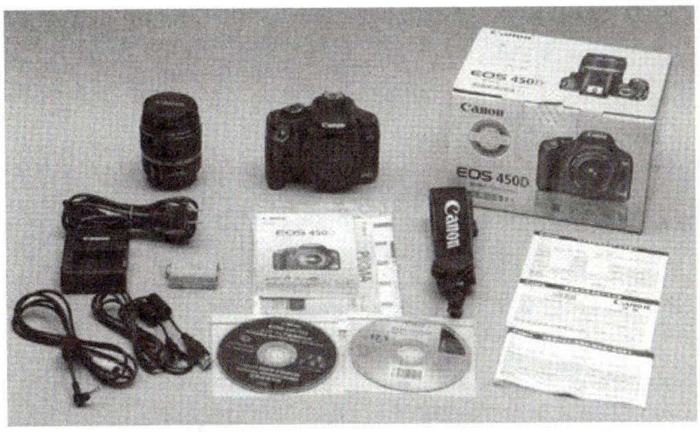

图 2-1-98　相机包装套件

图 2-1-99　存储卡

② 准备好电池：

a. 将电池装入充电器（见图 2-1-100），插入插座进行充电（见图 2-1-101）。

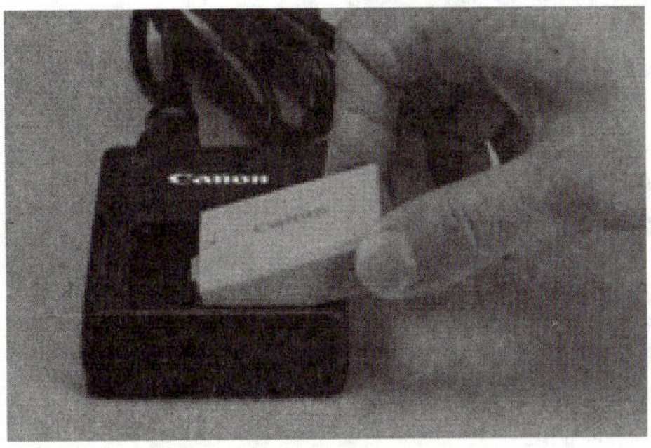

图 2-1-100　充电器

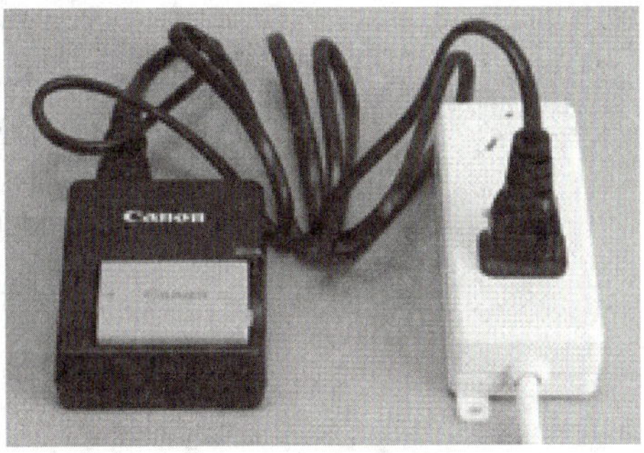

图 2-1-101　插座

b. 充电完成后（见图 2-1-102），将电池插入相机（见图 2-1-103）。

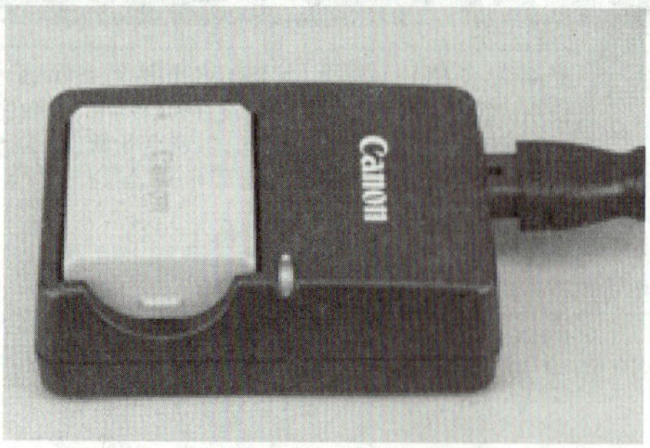

图 2-1-102　充电完成

图 2-1-103　电池插入相机

③ 安装镜头：

a. 取下镜头盖。取下机身盖和镜头的后盖，准备安装镜头。安装过程中应注意避免灰尘进入相机内部（见图 2-1-104）。

b. 对准镜头安装标志嵌入。将镜头的白色标志与机身的白色标志对齐，缓慢平衡地将镜头安装于机身。安装时应注意避免镜头倾斜（见图 2-1-105）。

图 2-1-104　取下机身盖和镜头的后盖

图 2-1-105　安装镜头

c. 旋转镜头锁紧。镜头插入机身后，沿顺时针方向旋转将镜头锁定。旋转镜头直至听到固定锁到位的声音（见图 2-1-106）。

图 2-1-106　锁紧镜头

④ 进行相机的初始设置：

a. 打开电源。装好电池和镜头后，就可以打开相机电源了。电源开关的位置因机型不同而异，应仔细确认（见图 2-1-107）。

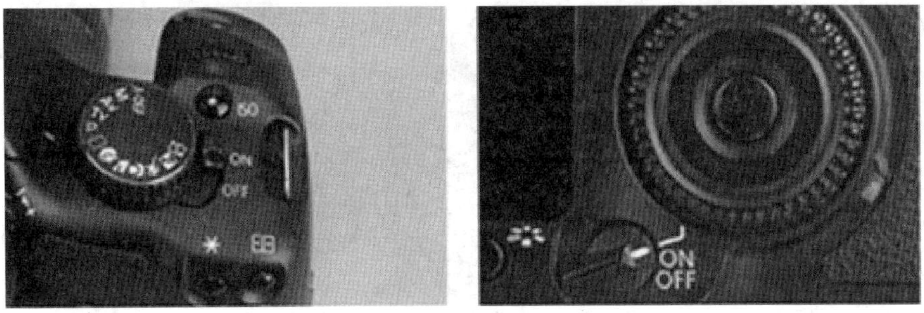

图 2-1-107　不同机型的相机电源开机位置

b. 设置日期和时间。启动相机后应首先设置当前的日期和时间。正确输入当前日期、时间，这会使以后的照片整理工作变得非常轻松（见图 2-1-108）。

图 2-1-108　设置日期和时间

c. 按下 MENU 按钮，显示菜单。完成日期和时间设置后，可按下 MENU 按钮，显示设置菜单。所有设置操作均通过相机屏幕画面进行（见图 2-1-109）。

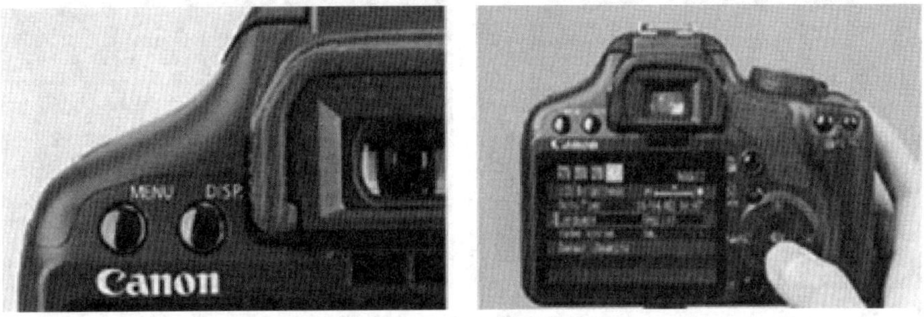

图 2-1-109　菜单键按钮位置

d. 设置语言。将语言设置改为中文。相机购入时的默认语言为英语，所以应从“Language（语言）”设置菜单项目中选择“简体中文”。选定后所有的文字显示将改为简体中文显示（见图 2-1-110）。

图 2-1-110　设置相机语言操作图

⑤ 插入存储卡，进行格式化：

a. 关闭电源。插入存储卡之前，应首先关闭相机电源（见图 2-1-111）。

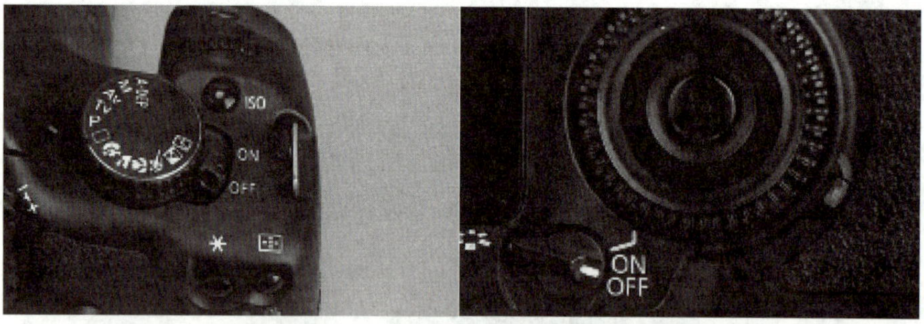

图 2-1-111　不同机型的相机电源关机位置

b. 将存储卡插入存储卡插槽内（注意方向）。将相机适用的储存卡按正确方向插入。存储卡贴有标签的一面朝向自己插入相机（见图 2-1-112）。

图 2-1-112　插入存储卡

c. 关闭存储卡插槽盖，打开电源。将存储卡完全插入存储卡插槽内，关闭插槽盖。注意确定插槽盖已关紧（见图 2-1-113）。

d. 按下 MENU 按钮，显示菜单。打开电源开关启动相机后，按下 MENU 按钮使菜单显示。在初始画面中使用十字键选择功能进行设置（见图 2-1-114）。

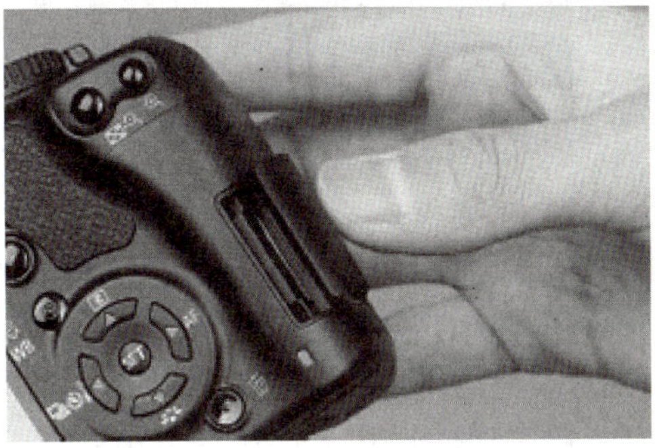

图 2-1-113　关闭插槽盖

图 2-1-114　设置菜单项

e. 从菜单中选择“格式化”。使用十字键从“设置”菜单中选择“格式化”。向下移动选择框时也使用十字键（见图 2-1-115）。

f. 选择“确定”。将选择框移至“确定”，按下十字键中央部分的“SET”按钮，进行格式化。在格式化过程中，绝对不可拔出存储卡（见图 2-1-116）。

图 2-1-115　设置菜单项——格式化存储卡

图 2-1-116　设置菜单项——确定格式化存储卡

g. 格式化完成。当进度指示条消失、返回菜单画面后，即完成了格式化。格式化操作所需的时间因存储卡的容量和型号不同而略有不同（见图 2-1-117）。

提示：用于记录像机拍摄图像的存储卡易被损坏，需要多加注意，以免丢失所存储的图像数据，甚至是存储卡的损坏。

⑥ 调节取景器屈光度：

a. 观察取景器（见图 2-1-118）。相机购入时未进行屈光度调节，可能因使用者的视力情况差异而导致取景器显示模糊，应根据自己的视力进行调节。

图 2-1-117 设置菜单项——格式化存储卡进度

图 2-1-118 观察取景器

b. 用屈光度调节旋钮进行调整（见图 2-1-119）。在观察取景器的同时，旋转屈光度调节旋钮，寻找显示最清晰的位置。

c. 可将取景器下部的信息显示是否清晰可见作为标准来进行调整。当眼睛疲劳时视力可能出现变化，所以应牢记调整的操作方法，随时进行调节（见图 2-1-120）。

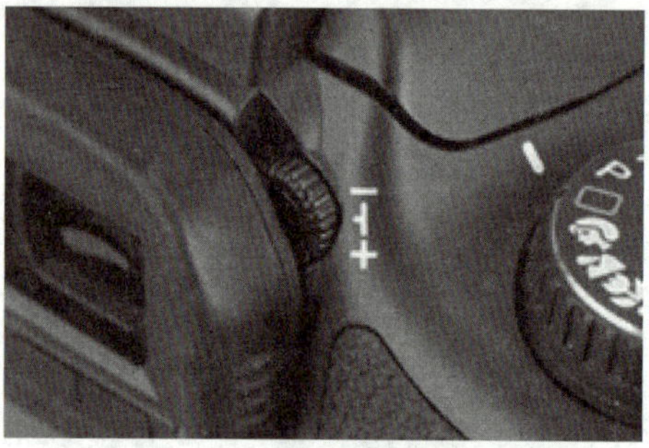

图 2-1-119 调节取景器效果方法

图 2-1-120 取景器清晰度显示

⑦ 安装背带：

a. 将背带穿过机身和背带环。将背带的前部从背带环的外侧穿入并抽出，再穿过用于固定的四方固定环（见图 2-1-121）。

b. 放松背带锁扣部分，使背带从上端穿入。将背带锁扣的背带稍微放松，留出一定空间，将背带端部从背带锁扣内侧上端穿入（见图 2-1-122）。

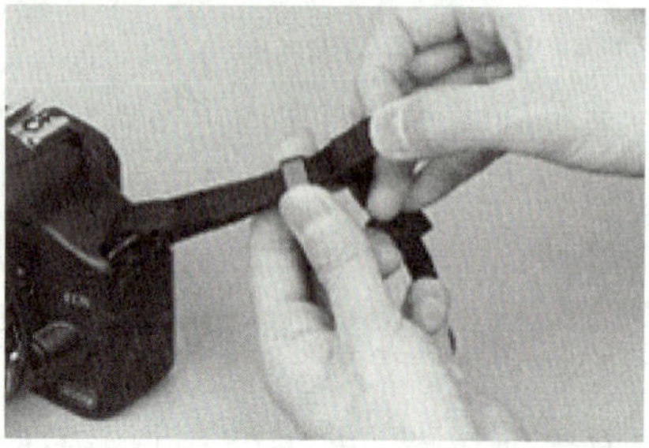

图 2-1-121 安装背带一

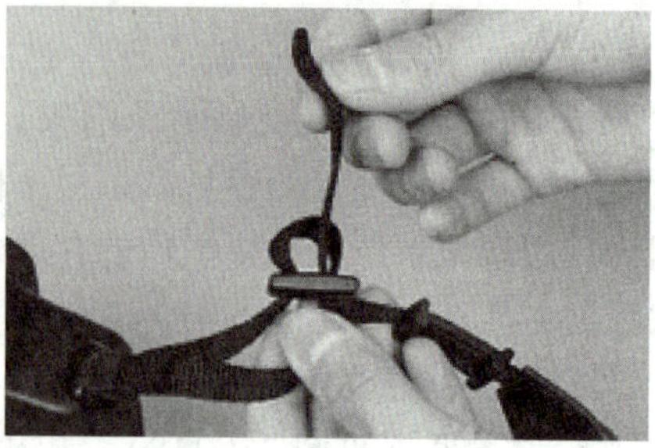

图 2-1-122 安装背带二

c. 在背带锁扣内侧折回。稍微拉出穿过背带锁扣的背带部分，将背带回折穿出背带锁扣下侧（见图 2-1-123）。

d. 拉紧背带。在完成长度调整后，拉紧背带，用四方固定环固定三折背带，操作结束（见图 2-1-124）。

图 2-1-123　安装背带三

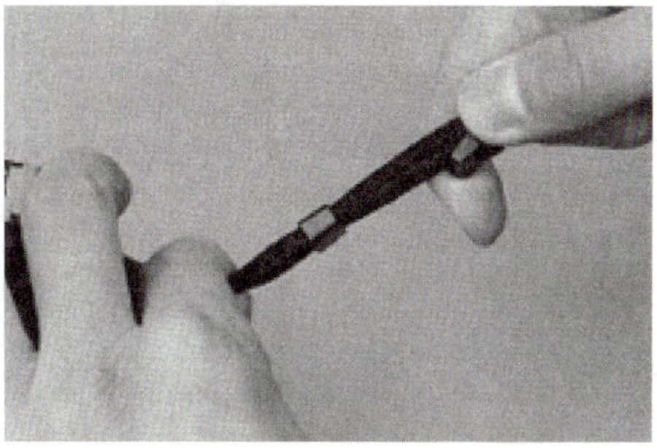

图 2-1-124　安装背带四

（2）如何进行拍摄

只要掌握了基础知识，就会发现使用数码单反相机拍摄其实并不像想象中那么难。正确对焦并按下快门按钮，一个崭新的世界就将展现在你的面前。

① 尝试自动模式进行拍摄。

旋转模式转盘，将标记对准全自动模式。所谓的全自动模式，是指所有功能都将由相机自动设置的非常方便易用的拍摄模式（见图 2-1-125）。

② 将镜头对焦模式设置为“AF”。

检查镜头上的对焦模式开关，将标记对准“AF”。这样自动对焦功能就能起作用了（见图 2-1-126）。

图 2-1-125　调整为自动

图 2-1-126　调整为对焦

③ 取下镜头盖。

取下镜头前盖，完成拍摄准备。镜头盖为弹簧式，按下两端的锁定部分就可以取下镜头盖（见图 2-1-127）。

④ 将相机对准被摄体。

用右眼观察取景器，对准希望拍摄的对象。观察取景器时，不应远离取景器，应使眼眶贴紧取景器进行观察（见图 2-1-128）。

图 2-1-127 取下镜

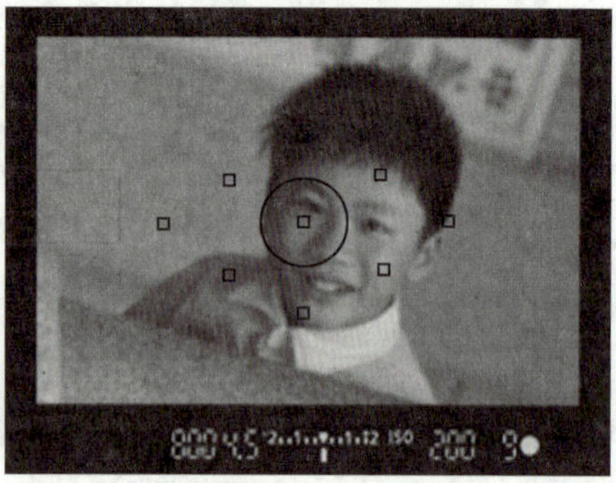

图 2-1-128 相机镜头对准

⑤ 半按快门按钮，进行对焦。

当希望拍摄的对焦基本进入取景器内之后，轻轻半按下快门按钮，启动自动对焦功能进行对焦（见图 2-1-129）。

⑥ 合焦于被摄体。

在能够看清被摄体的同时，相机发出“噼噼”提示音（见图 2-1-130）。

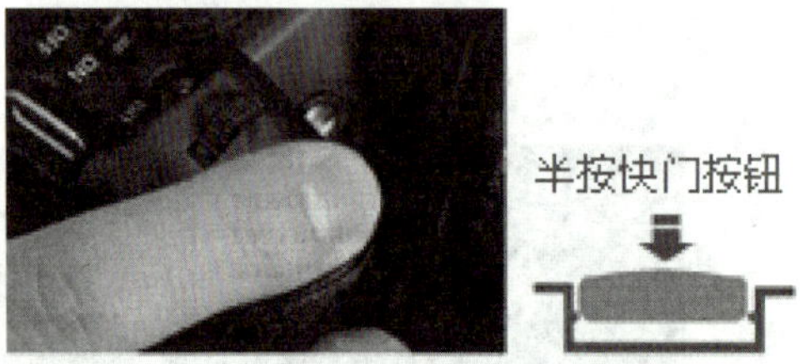

图 2-1-129 快门按钮对焦

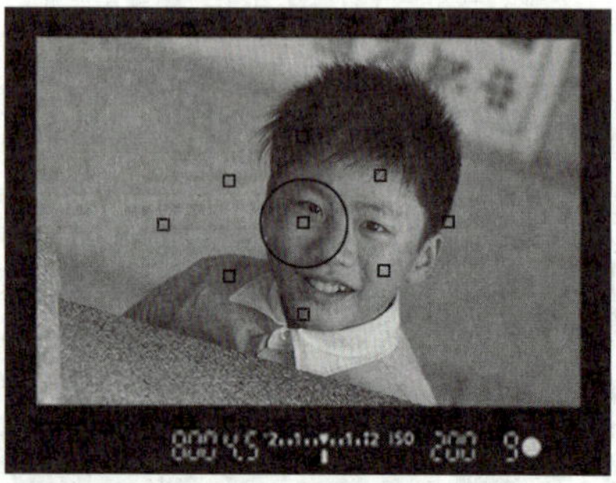

图 2-1-130 观察取景器效果

⑦ 完全按下快门按钮，进行拍摄。

在半按快门的状态下调整构图，然后完全按下快门按钮（见图 2-1-131）。

在完成拍摄之后，在液晶监视器上将显示刚拍摄到的图像。预览图像在显示一段时间后将消失，此时图像数据已被记录到存储卡内（见图 2-1-132）。

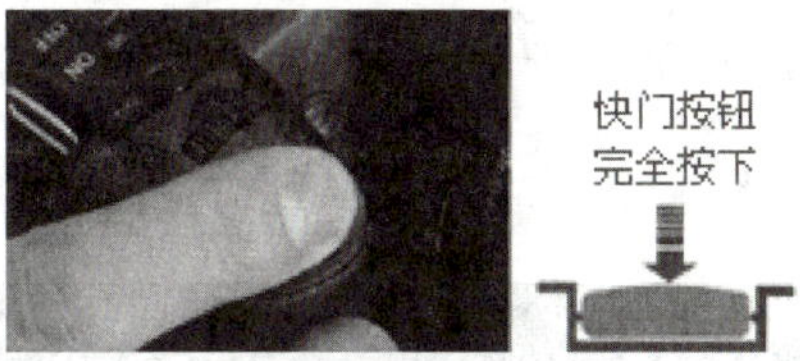

图 2-1-131　按下快门按钮

图 2-1-132　拍摄完成后取景器显示效果图

提示：昏暗场景下，闪光灯将自动闪光。

（3）观看所拍摄的照片

① 按下回放按钮进行回放。

拍摄完成后可按下回放按钮观看所拍摄的图像，回放图像时将首先显示最新拍摄的照片（见图 2-1-133）。

② 使用十字键，切换照片。

如果希望对之前的某张图像进行确认，可使用十字键的左右键进行切换。向左选择之前的图像，向右选择之后的图像（见图 2-1-134 和图 2-1-135）。

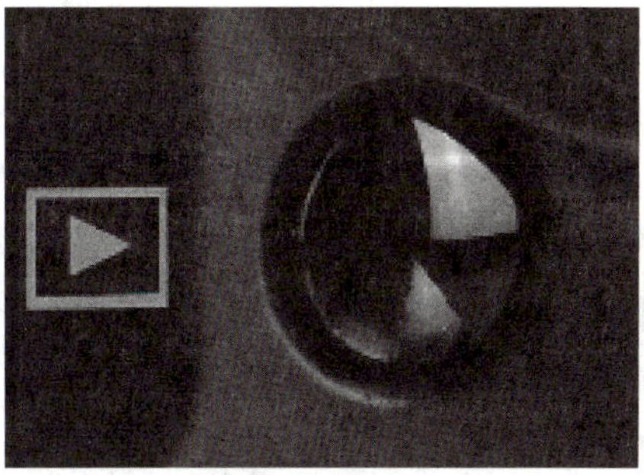

图 2-1-133　回放照片按钮

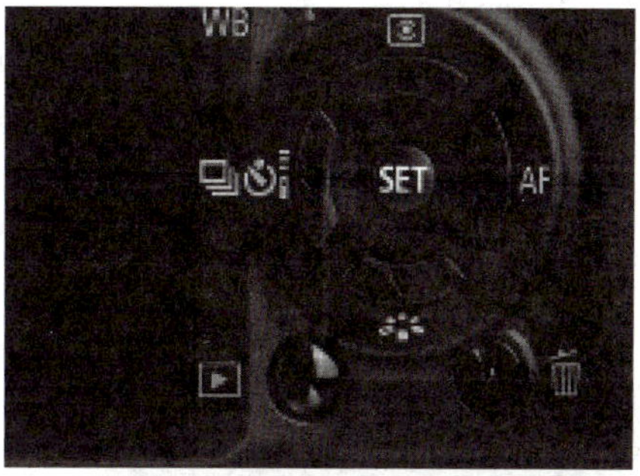

图 2-1-134　使用十字键翻阅照片操作

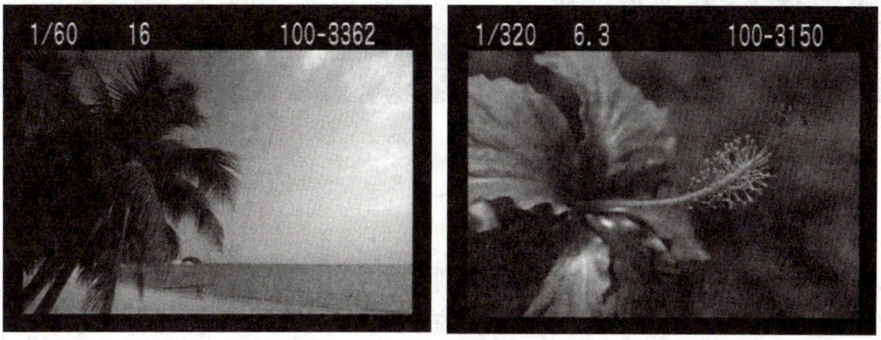

图 2-1-135　使用十字键翻阅照片效果

③ 放大显示并移动显示位置。

希望放大显示拍摄的图像时，可按下放大镜标志的放大按钮进行放大。放大位置可通过十字键或多功能控制按钮（因机型而异）进行移动（见图 2-1-136 和图 2-1-137）。

图 2-1-136 放大按钮和缩小按钮

图 2-1-137 放大或缩小拍摄的图像

④ 删除照片。

当希望删除照片时，可在显示该照片状态下按下“删除”按钮，然后使用十字键等选择“删除”。按下“SET”按钮后，确认删除（见图 2-1-138、图 2-1-139）。

图 2-1-138 删除照片按钮

图 2-1-139 删除照片时取景器中的显示

（4）相机的持机方法

采用正确的姿势持机不仅能够保证顺利完成拍摄，而且会极大地影响所拍照片的质量。为了防止出现手抖动，应该掌握正确的相机持机方法（见图 2-1-140）。

图 2-1-140　正确持机姿势

（5）数据记录画质

所谓画质，是指影像处理器所生成图像数据的大小和质量。影响处理器对图像感应器传送来的数据，按照指定形式进行加工，获得符合使用需求的质量。

RAW：影像处理器对图像感应器所得到的数据不进行加工，而进行保存的存储记录形式，需要使用计算机对画质进行调整。

JPEG：将图像数据压缩为一定的大小进行保存的存储记录形式。由影像处理器进行处理，不需要使用计算机进行加工。

示例：EOS 450D 的记录画质（有效像素数量 1220 万）

记录画质模式	记录像素数	用途
JPEG 大/优	4272×2848 像素	A3+打印
JPEG 大/普通	4272×2848 像素	A3+打印
JPEG 大/优	3088×2056 像素	A4 打印
JPEG 大/普通	3088×2056 像素	A4 打印
JPEG 大/优	2256×1504 像素	L 尺寸打印
JPEG 大/普通	2256×1504 像素	L 尺寸打印
RAW	4272×2848 像素	后期处理
RAW+JPEG 大/优	4272×2848 像素	后期处理

（注：图像画质记录模式的各类以及记录像素因机型不同而异）

（6）手动拍摄模式

① 拍好人物照——人像模式。

采用人像模式可以轻松拍摄出漂亮的人物照片。相机不仅会自动选择对焦点，而且画质也被设置为更加适于拍摄人物的模式。

与常规的全自动模式相比，人像模式的相机设置有两大特征：一是利用光圈效果虚化背景。人像模式的光圈值自动设置为接近使用镜头的最小光圈值（光圈叶片完全打开，通过光是最多的状态）。通过光圈效果提高背景虚化程度，以凸显人物，使人物更加醒目。二是利用照片风格对照片进行调整，使肌肤质地更加柔和。另外，曝光也相对偏亮，使皮肤显得更加白皙。虽然色调并未发生大变化，但人物肌肤会略带粉色，使人物显得更加健康、更具有活力。

图 2-1-141　模式转盘的设置位置

模式转盘的设置位置（见图 2-1-141）。

人物模式的特征见图 2-1-142 和图 2-1-143。在进行人像摄影的构图时，最重要的是将人物布置在画面内的哪个位置。另外，如何截取人物也是一个让人头疼的问题。如果采用普通的拍摄方式，就很容易落入类似证件照的刻板模式。所以应大胆进行裁剪，或者仔细寻找合适的拍摄角度，尝试用艺术风格来拍摄人物。

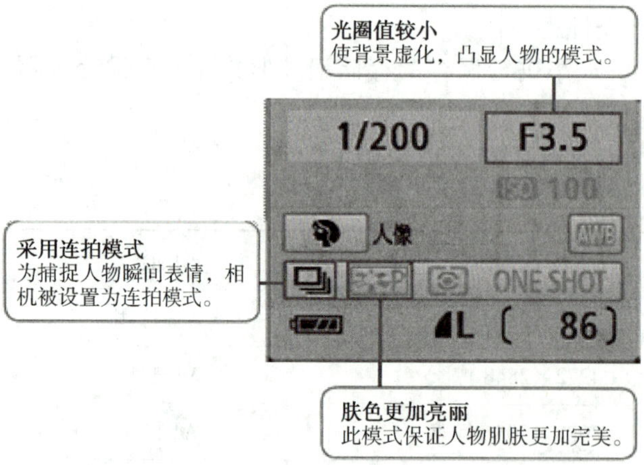

图 2-1-142　人物模式液晶面板参数

图 2-1-143　人像模式拍摄效果

拍摄特写时可将头顶截掉。拍摄特定时，如将头的上部剪裁掉可以更加突出人物的表情。同时应在左边或右边留出一定余白，这样可以使构图更加协调。留余白的方式没有固定要求，但最好是在人物面部侧向的一边留出余白，以获得更加自然的效果（见图 2-1-144）。

采用低角度仰拍变化构图。采用低角度仰拍人物，这也是一个不错的创意。可以获得充满艺术性的效果。如果配合使用广角镜头会更加有效（见图 2-1-145）。

图 2-1-144　人物模式拍摄参照效果图（1）

图 2-1-145　人物模式拍摄参照效果图（2）

② 使风景显得更加鲜明——风光模式。

采用风光模式时，相机设置保证了能够对由近及远的大范围景物进行锐利的成像。同时还具有使绿色、红色更加鲜艳的特征，使照片整体印象更加清晰、锐利（见图 2-1-146）。

图 2-1-146　风光模式拍摄参照效果图

光圈效果使画面整体锐利鲜艳地再现风景。风光模式下的相机设置，光圈值略大（光圈叶片横向关闭），可使近景到远景全部合焦。光圈与合焦范围的关系将在后面的内容中详细介绍，此处只要知道这是光圈所具有的特性就可以了，可以得到与人像模式下的光圈效果完全相反的效果。在画质方面，不仅提高了锐利度，还能够对细节部分进行细致表现，并且加强了绿色、红色、蓝色等色彩的色调，使天空和树木等显得更加鲜艳。基于以上原因，即使是在略有阴云天气情况下也能够拍出比实际视觉所见更清晰的照片。虽然采用的是比较大的光圈值（光量较少），但由于 ISO 感光度被设置为自动，相机会自动对感光度进行调整，所以通常能够以合适的快门速度进行拍摄。但是在黄昏等场景下，由于光线不足，可能会产生手抖动，此时应使用三脚架，才能充分发挥出风光模式的效果。另外，在此模式下，不管环境有多暗，内置闪光灯都不会自动闪光。一切拍摄设置都是针对风光摄影的。

模式转盘的设置位置见图 2-1-147。运动模式的特征见图 2-1-148。风光摄影的构图基本要求是保持水平。在进行风光摄影时，需要特别注意画面是否倾斜。但通过取景器来判断画面是否倾斜是一件非常困难的事，如果再加上如广角镜头可能导致的变形，甚至连水平的图像都无法得到。这时候应该使用三脚架内置的水平仪等来保证画面的水平。

图 2-1-147　模式转盘的设置位置

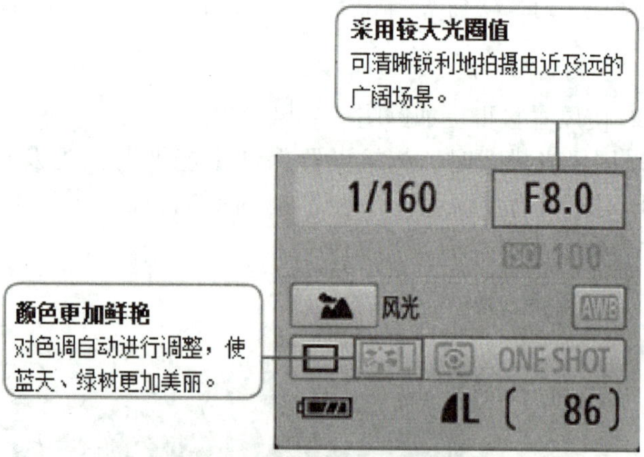

图 2-1-148　运动模式液晶面板参数

图 2-1-149　模式转盘的设置位置

在谈论构图之前应首先保证画面的水平，这一点非常重要。

③ 放大拍摄微小物体——微距模式。

微距模式的设置便于拍摄各种微小被摄体。可应用于拍摄花草、昆虫以及身边的各种微小物体等，是一种可以广泛应用的便捷拍摄模式。

模式转盘的设置位置见图 2-1-149。

微距模式的特征见图 2-1-150 和图 2-1-151。

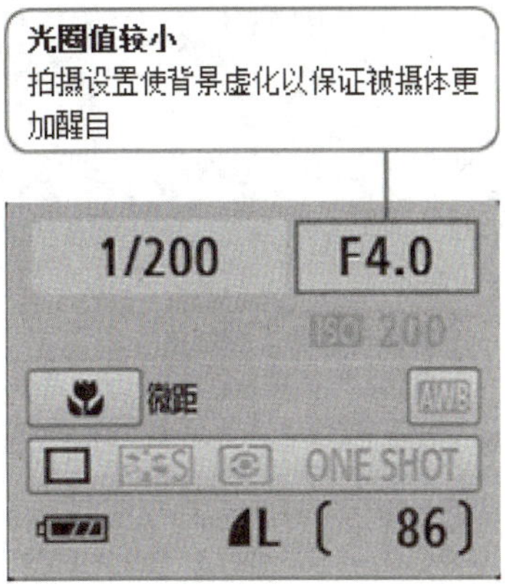

图 2-1-150　微距模式液晶面板参数

图 2-1-151　微距拍摄参照效果图

④ 拍摄高速运动物体——运动模式。

运动模式组合了适于拍摄高速运动物体的各种功能，是可以让任何人都能享受到运动摄影拍摄模式的乐趣。可用于所有运动物体，所以也适于拍摄儿童或宠物（见图 2-1-152）。

图 2-1-152　运动模式参照效果图

模式转盘的设置位置见图 2-1-153。运动模式的特征见图 2-1-154。

图 2-1-153　运动模式转盘的设置位置

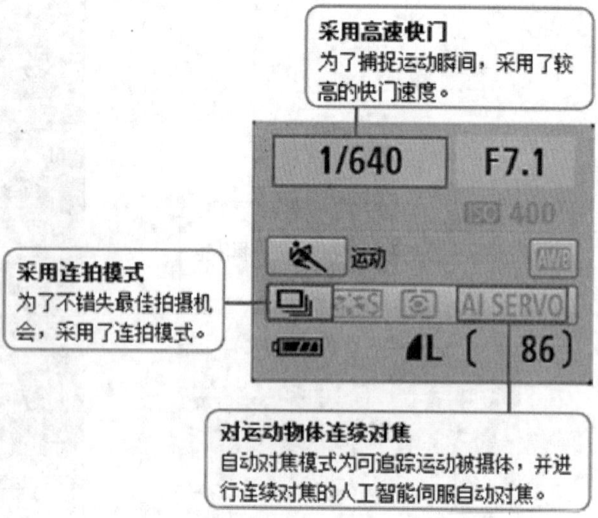

图 2-1-154　运动模式液晶面板参数

为了保证对运动物体进行稳定连续对焦，需要让被摄体始终处于画面的中央位置。可将被摄体略微拉近放大以提高多个对焦点的反应能力，从而提高自动对焦系统的捕捉能力（见图 2-1-155）。

图 2-1-155　运动模式取景时液晶面板的显示

所有机型的自动对焦传感器都是中央的精度最高，所以使用取景器中央部分追踪被摄体将会更容易合焦。

⑤ 拍摄夜景与人物夜景——人像模式。

人像模式是融合了夜景摄影与人像摄影这两种不同类型的摄影技术的一种拍摄模式。可同时对人物和背景进行明亮成像，可避免通常的闪光拍摄时出现的背景完全变黑的弊端（见图 2-1-156）。

图 2-1-156　夜景人像模式参照效果图

模式转盘的设置位置见图 2-1-157。夜景人像模式的特征见图 2-1-158。

图 2-1-157　夜景人像模式转盘的设置位置

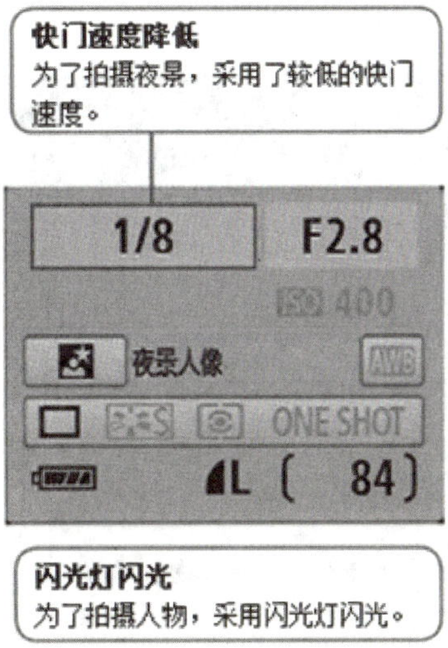

图 2-1-158　夜景人像模式液晶面板参数

夜景人像模式拍摄见图 2-1-159。

由于相机试图对背景光源进行正确补偿，导致被闪光灯照亮的人物面部略带蓝白色。可选择白平衡拍摄，见图 2-1-160。在预设的白平衡选项中选择“闪光灯”模式。

这样就保证了人物的色调正常。虽然背景的色调略带红色，但人物色调非常自然。

图 2-1-159　效果图

图 2-1-160　效果图

⑥ 自动曝光模式—— Av \ Tv \ P 模式。

相机的各种优先自动曝光模式和程序自动曝光模式是能够自动计算出适当曝光量的模式。由复杂的算法计算出合适的曝光量，可以帮助我们轻松地拍摄。

● Av 光圈优先自动曝光：首先由拍摄者确定光圈值，然后再由相机根据该设置值自动决定快门速度。适于拍摄非运动被摄体（见图 2-1-161）。

● Tv 快门速度优先自动曝光：与光圈优先自动曝光相反，首先由拍摄者确定快门速度，然后由相机决定光圈值。适于需要在画面中表现动感时使用（见图 2-1-162）。

图 2-1-161　适合被摄体——人物、风光

图 2-1-162　适合被摄体——运动、动物

● P 程序自动曝光：相机自动确定快门速度和光圈值组合的拍摄模式。组合值的计算是根据被摄体的亮度和使用镜头的种类进行的（见图 2-1-163）。

用模式转盘进行变更见图 2-1-164。采用模式转盘对模式进行变更，仅需对准 Av、Tv、P 等位置即可。

图 2-1-163　适合被摄体——日常抓拍、纪念照

图 2-1-164　模式转盘

液晶监视器显示见图 2-1-165。采用主拨盘改变设置值见图 2-1-166。

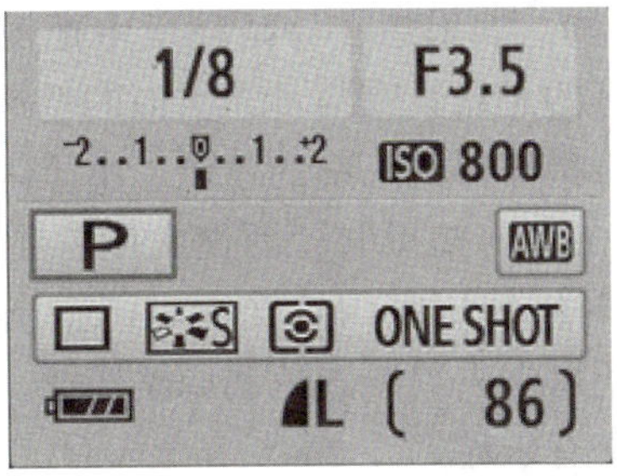

图 2-1-165　将显示在液晶监视器此位置上

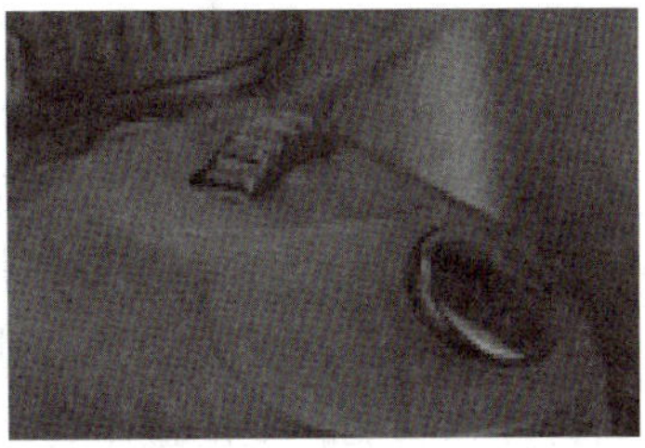

图 2-1-166　主拨盘

在各种优先模式下，可使用主拨盘对光圈值或快门速度等进行变更。

而手动曝光模式是由拍摄者根据自身判断确定快门速度和光圈值的拍摄模式。在使用大型闪光灯对光线进行调整的摄影棚及不希望受相机内置测光表影响的情况下使用。一般也经常应用于夜景摄影和运动摄影。

（7）使用闪光灯进行拍摄

对数码单反相机来说，闪光灯就像“第二个太阳”，与相机的特性匹配非常良好。闪光灯在照亮被摄体的同时，还具有很多其他的功能。

● 使用闪光灯（见图 2-1-167）：使用闪光灯进行拍摄，不仅被摄体变得明亮了，还减少出现被摄体抖动的可能，从而获得更加锐利的成像。程序自动曝光（F5.6，1/60 秒）/白平衡：自动/ISO 200。

● 不使用闪光灯（见图 2-1-168）：经常会发现在本来感觉很明亮的室内所拍摄的照片却是昏暗的，而且因为快门速度较低，出现被摄体抖动的可能性也更高。程序自动曝光（F5.6，1/13 秒）/白平衡：自动/ISO 200。

图 2-1-167 使用闪光灯

图 2-1-168 不使用闪光灯

● 利用闪光灯的光线获得正确的亮度和色调：如果想在昏暗环境中把被摄体拍得明亮，使用闪光灯是最理想的拍摄方法。闪光灯的光线具有与日光类似的色调，在照亮被摄体的同时，还能凭借其纯净的光质来保证被摄体得到正确的色调。由于闪光灯闪光时间很短，还能起到凝固被摄体运动的作用。在室内拍摄时，即使人眼看上去足够明亮，但实际拍摄到的照片经常会比较昏暗，有时候使用室内灯光很难调整出合适的色调。而使用闪光灯在轻松照亮被摄体的同时，还可省去繁杂的色调调整作业。如果掌握了闪光灯的特性和功能，室内摄影将变得更加富有乐趣。

闪光摄影的操作步骤：

a. 选择拍摄模式。如果拍摄者是有意图地想让闪光灯闪光，应选择创意拍摄区（见图 2-1-169）。

b. 按下闪光灯弹出按钮。在创意拍摄区的各模式下，如果按下闪光灯弹出按钮，闪光灯将弹出（见图 2-1-170）。

图 2-1-169 选择拍摄模式

图 2-1-170 闪光灯弹出按钮

c. 闪光摄影准备完成。在闪光灯弹出状态下，拍摄时将进行闪光（见图 2-1-171）。

d. 结束闪光摄影。要想结束闪光摄影，可按下闪光灯进行关闭（见图 2-1-172）。

图 2-1-171

图 2-1-172

● 在窗边等逆光环境中充分利用闪光灯：闪光灯不仅可以作为室内摄影时的主要光线，还可以作为逆光或窗边等场景下的辅助光源。在逆光条件下，曝光经常会受背景亮度的影响，导致被摄体变暗。当然我们可以采用曝光补偿来使被摄体变亮，但这样可能会导致快门速度明显降低。在这样的场景下，与采用曝光补偿来勉强获得明亮效果的做法相比，使用与背景光线等同强度的辅助光（闪光灯）进行照射的拍摄方法更适合一些。这种方法在逆光的室外场景也很有效，在保持背景亮度的同时可对面前的被摄体进行完美成像。这是在风景区等处拍摄纪念照的技巧之一。

a. 使用闪光灯（见图 2-1-173）。在窗边拍摄时如使用闪光灯，人物将不会变暗。与背景光的平衡得到了自动计算。程序自动曝光（F5.6，1/60 秒）/白平衡：自动/ISO 200。

b. 不使用闪光灯（见图 2-1-174）。 因强逆光导致人物变暗。虽然可通过曝光补偿

图 2-1-173　使用闪光灯

图 2-1-174　不使用闪光灯

提高亮度，但在明暗差较大的情况下背景会出现高光溢出。程序自动曝光（F4，1/60秒）/白平衡：自动/ISO 200。

● 调整闪光灯亮度：调整闪光灯光量会给画面亮度带来明显变化。在将闪光灯作为主光源进行拍摄时，被摄体的亮度取决于闪光灯的闪光量。如果试拍后回放时发现过于昏暗或明亮，不应使用相机的曝光补偿对亮度进行调整，应通过对闪光灯的光量进行增减（闪光曝光补偿）来对被摄体受光量进行调整。曝光补偿虽然也有一定的调整效果，但由于是与各种程序模式联动，其效果不是很理想。调整闪光灯光量作用更直接，而且亮度变化更明显。

从相机“拍摄”菜单中选择“闪光曝光补偿”，按下“SET”按钮（见图 2-1-175 和图 2-1-176）。

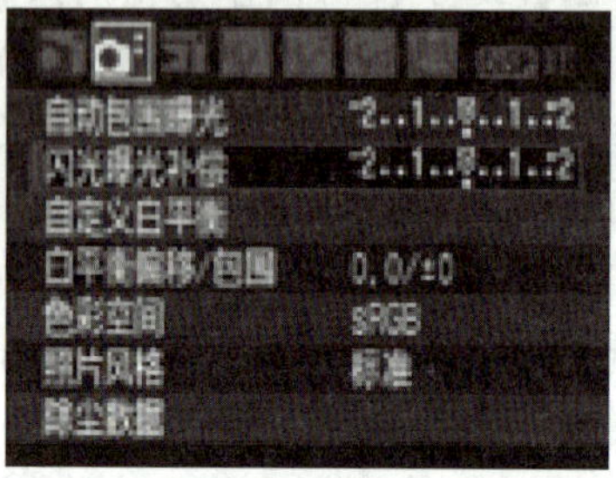

图 2-1-175 闪光曝光补偿设置 1

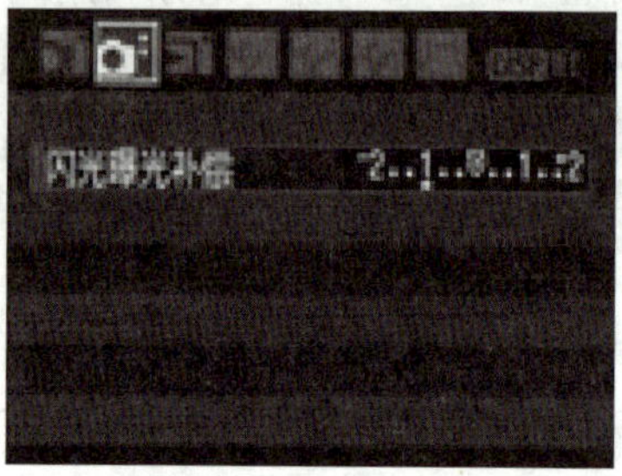

图 2-1-176 闪光曝光补偿设置 2

使用十字键对补偿量进行调整，按下“SET”按钮（见图 2-1-177）。按下闪光曝光补偿按钮。在液晶显示屏内将显示闪光曝光补偿标识（见图 2-1-178）。

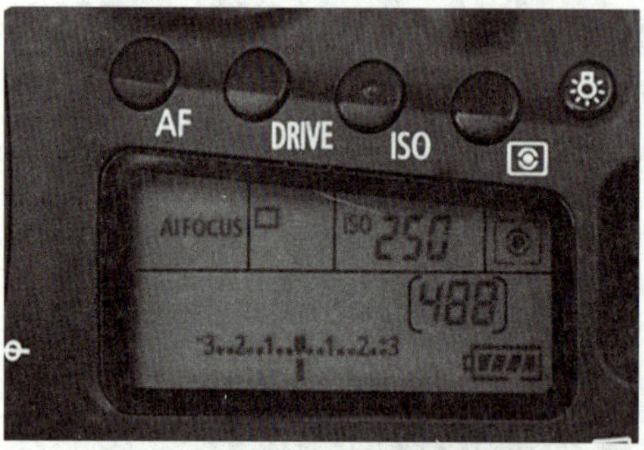

图 2-1-177 EOS 60D 等中级机型

图 2-1-178 闪光曝光补偿按钮

使用速控转盘进行调整。顺时针旋转闪光量增大，逆时针旋转闪光量减小（见图 2-1-179）。

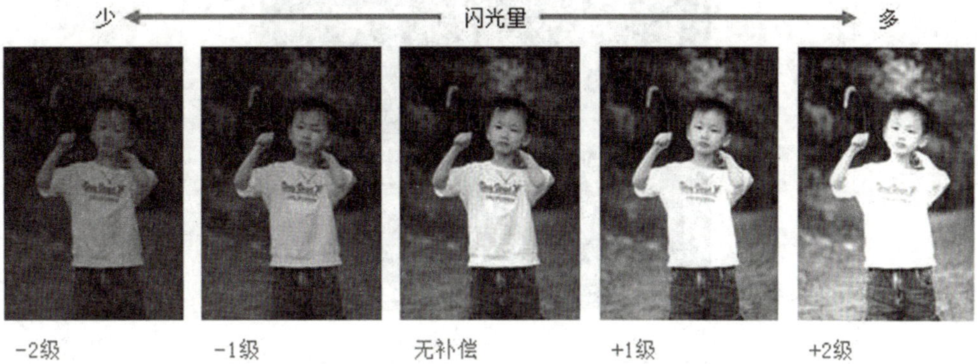

图 2-1-179　使用速控转盘调整

闪光摄影时的亮度调整应通过闪光曝光补偿来进行。根据背景的反射和被摄体的亮度等情况选择适当数值。

（8）将照片导入计算机妥善保存

拍摄完毕后，可使用计算机将拍好的照片进行保存，浏览和整理。

① 连接相机与计算机（见图 2-1-180）。

② 点击“Canon EOS Utility”（见图 2-1-181）。此时自动弹出新窗口，单击“从 EOS 相机下载图像”，再单击【确定】按钮。下次连接相机时计算机将自动启动 Canon EOS Utility。

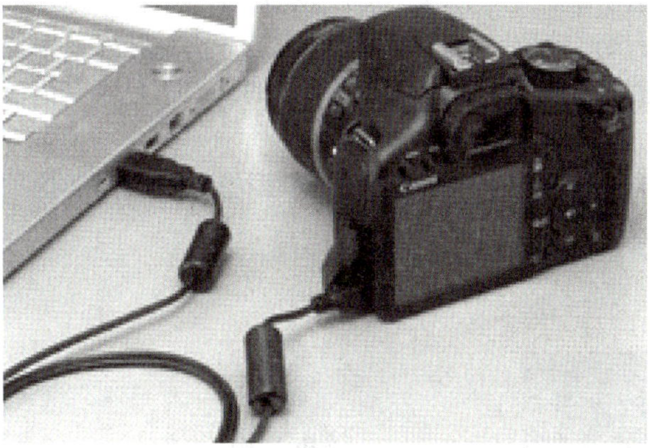

图 2-1-180　连接相机与计算机

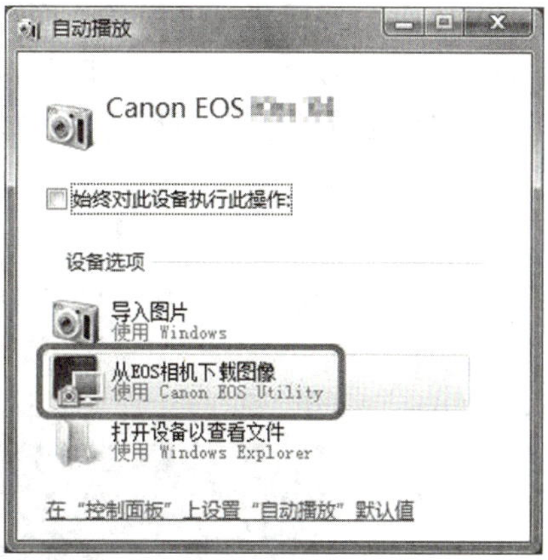

图 2-1-181　点击“从 EOS 相机下载图像”

导入图像（见图 2-1-182）。单击相机操作中的“开始图像下载”，拍摄的全部图像将自动导入计算机。

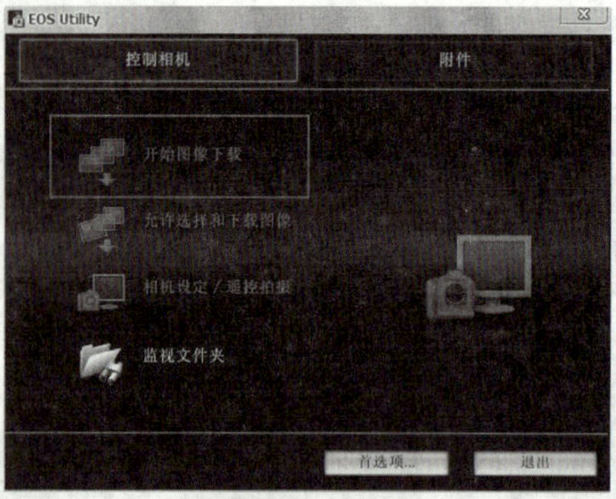

图 2-1-182

3. 摄像机

摄像机已成为大家出游以及记录生活不可或缺的数码装备（见图 2-1-183）。摄像机拍摄的视频由于后期制作的门槛比较高，所以对前期的要求比较高，想要拍摄出比较美的视频还是需要下一些工夫。前期构图或者色彩不好的照片，可以在后期进行 PS，而视频想要 PS，估计很多朋友就要抓耳挠腮了。所以掌握一定的 DV 使用技巧还是有必要的，这样才能使拍摄出来的片子有较高的使用价值。

以下就对摄像机拍摄视频的技巧进行介绍。

① 画面稳定是 DV 拍摄的核心。

对于大多数家用数码摄像机，不少朋友在使用的时候单手持握，这样虽然方便了，但是拍摄的稳定性可想而知。有的机器带防抖功能，可以随便拍，没错，摄像机防抖功能基本上已经成了标准配备，而在一些高端的机器中还引入了一些新技术来增强摄像机的光学防抖效果，例如在走路的时候提供比较稳定的拍摄环境。但这并不意味着单手持握的摄像机就可以随便拍摄了，要知道拍摄的视频最后是要被观赏的，而不是仅仅记录一下就结束了。

三脚架才是最稳定的方案，拍摄 DV 保证稳定才是根本之道，而稳定的画面能让拍出来的片子更加出彩（见图 2-1-184）。

图 2-1-183　摄像机

图 2-1-184　三脚架

② 保持画面的水平。

在拍摄过程中，应确保取景中的水平线（如地平线）及垂直线（如电线杆、大楼）和取景器或液晶屏的边框保持平行（见图 2-1-185）。

图 2-1-185　保持画面水平符合客观事实

③ 拍摄时间的把握。

拍摄视频要分镜头来拍，同样一个动作或者是一个场景通过几段甚至十几段几秒钟的视频连续展出出来就会生动很多。

通过拍摄多段视频，最后剪辑在一起形成一个完整的镜头。例如，可以将时间进行如下安排：特定镜头控制在 2~3 秒，中近景 3~4 秒，中景 5~6 秒，全景 6~7 秒，大全景 6~11 秒，而一般镜头拍摄以 4~6 秒为宜。按照这样的时间控制拍摄，才能让后期的制作及观看者明白拍摄者的意图及看清楚拍摄的场景。

④ 保证构图平衡，拍摄出独特视角。

构图比较考验内功，好的构图需要长时间练习才能悟出来（见图 2-1-186）。

图 2-1-186　构图参照效果图

构图的关键在于“平衡”。在拍摄自然风光时，地平线要尽量避免处在画面的等比线上，因为这样做会把画面均分两半，给人一种呆板的感觉。地平线处在画面下方，会给人以宁静的感觉，而处于上方，给人的感觉则是活泼、有力的。多数摄像机内部都有九宫格标识，如果不是非常熟练的话，可以在屏幕上将九宫格调出来，这样就能保证基本的构图，对于新手来讲非常有用。

在拍摄过程中使用不同的拍摄机位可以轻松获得不同的视角，营造出不同的镜头气氛。镜头由下往上拍摄主体，可以突出被摄体的高大形象；镜头由上往下拍摄主体，可使得被摄体变得渺小而产生戏剧性的效果。所以，各种环境的构图法则需要拍摄者多看，只有这样才能轻松熟练地应对各种环境，保证拍摄的视频生动活泼。

⑤ 尽量避免逆光拍摄。

顺光能使拍摄物体更清晰，绝大部分情况下，应使拍摄物体处于充分的光线强度下。而逆光拍摄因为摄像机宽容度不足，在高反差的情况下很容易使高光部分过曝，阴影部分又看不清楚，结果细节全部丢失，画面没有任何美感可言。所以尽量采用顺光拍摄，除非是拍摄夕阳剪影（见图2-1-187），否则不要轻易尝试逆光拍摄视频。有一种说法：好的摄影者，永远让太阳在自己的背后，说的就是这个道理。

图 2-1-187　夕阳拍摄参照效果图

⑥ 如何获得平稳的摇镜头。

手持摄像机拍摄时，要注意的基本姿势是：首先将两脚分开约50厘米站立，脚尖稍微朝外呈“八”字形，再摇动腰部。这样可以使得摇摄的动作进行得更为平稳。不管是上下摇摄还是左右摇摄，动作应该做得平稳滑顺，画面流畅，中间无停顿，更不能忽快忽慢。

镜头摇摄过去就不要再摇摄回来，只能做一次左右或上下的全景拍摄。

摇镜头还要注意的一点就是要保证画面的稳定，这就回到了之前所说的保持稳定了。要知道一个轻微的晃动反映到最终的视频上都会出现晃动，对观看就有影响，所以摇镜头一定要保证画面稳定。

⑦ 夜景拍摄。

在拍摄夜景的时候，由于光线比较暗，所以摄像机会自动增加曝光，这一增加，画面整体就被提亮了，所以会出现惨白一片的问题，这时候就需要手动控制曝光。一般情况下，手动曝光以亮处的曝光为主（见图 2-1-188）。

图 2-1-188　夜景拍摄参照效果图

此外，如果你不会手动控制的话，可以启用夜间摄像功能。方法很简单：启动摄像机的夜景拍摄功能，这是目前摄像机都具有的功能。

⑧ 白平衡的掌握。

在拍摄过程中，身处的场景往往是瞬息万变的，这一刻是室外的阳光明媚，下一刻可能就是室内的光影交错。一般摄像机的自动白平衡基本可以自动适应。在大多数情况下，白平衡不需要我们过多的干预，因为拍摄机会自动调整，并且不会出现太大的偏差。就算是追求效果，也可以使用摄像机内置的白平衡，如室内室外等，最高阶的就是手动设置。

入门级用户可以忽略白平衡，高阶用户可活用白平衡。准确地设置白平衡或是活用白平衡可让视频非常出彩。另外，如果是使用自动白平衡，在从室外进入室内的时候，要把摄像机关掉重开一次，让白平衡启动自动调整。

4. 投影仪

投影仪的使用方法：

● 看灯了解投影仪的状态（见图 2-1-189 和图 2-1-190）：

图 2-1-189　投影仪

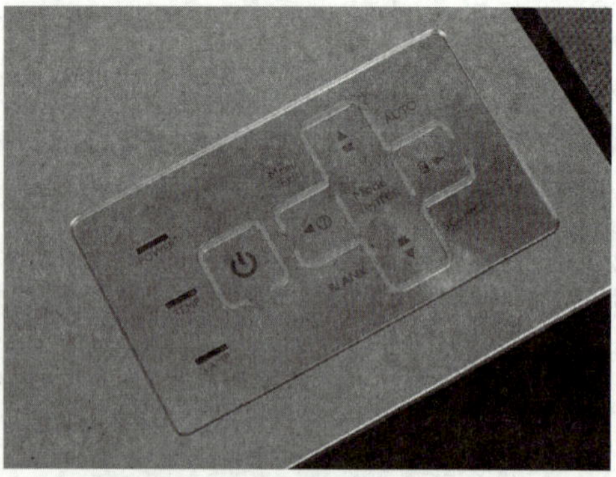

图 2-1-190　投影仪面板指示灯和按钮

由于目前各单位使用的投影仪不少是几年前采购的产品，即便是按下开机键，投影仪从开机到出现投射画面也需要一段时间（通常在 30 秒到 1 分钟左右），而此时我们除了等待，还可以通过投影仪上的指示灯来了解投影仪是否正常运转。通常，按下电源键后，电源指示灯（power 灯）会由红变绿，表明投影仪已经开机，操作者只需要等待就好了，如果是指示灯仍然是红色，说明还未进入开机状态。同时也要观察投影的灯泡指示灯（lamp），如果变为绿色，同样表明灯泡已经正常工作，正常情况下，不足 1 分钟投影仪就会点亮，而如果灯泡指示灯始终是红色，那么说明灯泡出现了问题，可能需要送修检测。

● 正确的开关机方法：

接通电源，按下开关键，就可以等待投影仪自动开机了。这里只需要注意不要让投影仪突然断电就可以，因为很多老式的产品并没有设计自动断电保护的功能，在开机过程中突然断电可能会导致投影仪灯泡电压瞬间变化，易出现炸灯。

使用完投影仪，关机的步骤很重要。不正确的关机方法会导致投影仪出现故障，从而影响正常使用。正确的关机步骤应该是按下电源关机键（有的投影仪会在按下关机键后画面上出现关机确认，此时需要再次按下关机键才算正式关机，否则贸然断电同样会给灯泡带来伤害，甚至炸灯），等待投影仪风扇停止运转，灯泡指示灯熄灭，电源按键的指示灯由绿色变为橙色或者红色方可断电。现今部分厂商为了防止错误操作，在他们的产品中加入了直接关机的功能。这种直接关机的功能是通过断电保护的形式实现的。如果在风扇没有停止运转的时候就搬动投影仪，加上散热不充分，会导致内部元件在高温影响下过早老化，从而缩短投影仪使用寿命。因此，投影仪的关机非常重要，大家使用过程中必须注意。

5. 展示台

随着多媒体技术的不断发展和完善，多功能视频展台在日常教学活动中越来越发挥重要作用。首先，它可以完全取代普通教学投影仪的全部功能，如各式投影片的放映。另外，它的实物投影功能是普通的教学投影仪无法实现的。例如，将教学中用到的各种实物模型放大后投射到大屏幕或在大型彩色电视机上播放，使学生们可以看得更清楚；同样教师在进行实验演示操作时，可利用视频展示台将全部的操作过程放大后清楚地再现出来（见图 2-1-191 和图 2-1-192）。

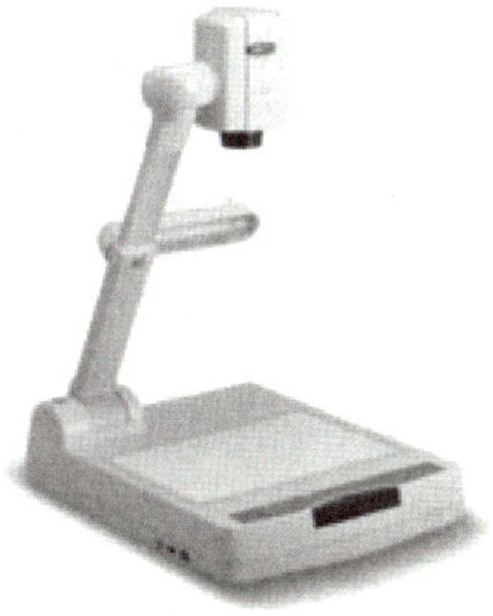

图 2-1-191　展示台实物图

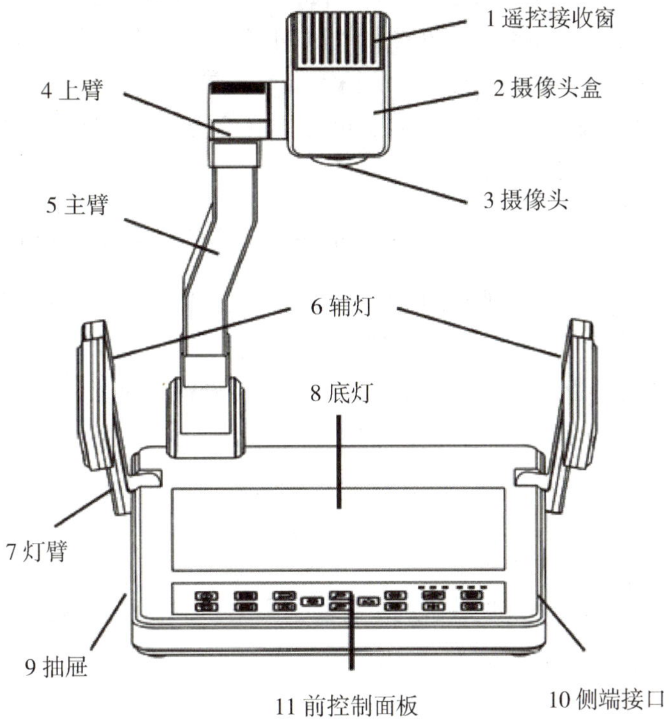

图 2-1-192　展示台结构图

通常在展示台上可以展示的实物为图片、文字资料、一些简单模型和教具等。首先将视频展示台的电源（POWEER（I/O））打开，将灯光处理转换开关置于 ARM LIGHT ON 状态，并将展示台上方的（ARM LIGHT）灯管进行适当的旋转，调整到最佳角度，以增加实物的光线，增强放映图像的清晰度。将切换信号按钮——（VIDEO IMAGER / A/V1/ A/V2）中的“VIDEO IMAGER”按钮按下，确保展示台输出信号是投影信息。然后，把投影片放在载物台上，调整镜头使之对准投影片，用手指轻触镜头上的“IN”或“OUT”按钮，适当调整投影片的放大倍数，使其在屏幕上处于最清楚的状态。如果打在屏幕上的图像没有放正，可以旋转投影片来进行适当的调整。另外，还可以转动镜头上的图像转向旋钮来调整图像的方向。

某些时候可能需要用展示台来放映录像或影碟等音像节目。这就要事先把来自录像机的输出信号输入到视频展示台的某一 A/V 输入端口，需要信号切换的时候，根据音像信号的输入位置将相应的切换信号按钮“A/V1”或“A/V2”按下。这样，展示台输出的信号便被切换为相应的音像信号了。

在使用过程中应该尽量避免直接用笔在载物台上书写，这样做主要是防止用笔不当造成载物台台面的划坏。当需要直接在载物台上书写文字时，最好在载物台上铺一张干净的白纸，然后在白纸上书写。

频繁地开关电源对视频展示台是相当不利的，这将会在很大程度上降低展示台的使用寿命。如果不希望展示台上的信息一直停留在屏幕上，而稍后还要继续使用展示台，可以选择没有信息输入的输入端口，并将其对应的切换按钮按下（例如切换信号“A/V1”或“A/V2”按钮），屏幕上就不会再出现展示台上的信息，如果继续使用展示台时，再切换回来即可。

（三）多媒体系统：液晶触摸一体机、功放、音箱、无线话筒

随着教学改革的不断深入和计算机技术的快速发展，多媒体技术作为一种全新的先进教学手段，已经深入到教育的每个角落。多媒体技术集图、文、声、像于一体，其传输信息的方式突破了传统媒体的线性方式，创设高质平台，优化教学过程，是教育现代化的重要手段。因此，运用现代化教育设备是提高教师们教学水平的必经之路。

活动目标

为顺利开展教研观摩活动，调试 LED 触摸一体机等多媒体设备。

活动分析

1. 活动计划

① 利用 LED 触摸一体机等设备，使教研活动顺利进行。

② 掌握 LED 触摸一体机等设备的使用和连接方法。

2. 相关技能

① 认识 LED 触摸一体机等设备。

② 掌握 LED 触摸一体机等设备简单的操作方法。

③ 掌握投影仪设备的打开与关闭操作方法。

方法与步骤

1. LED 触摸一体机

LED 触摸一体机是集电视机、投影仪、电子白板、音箱、计算机、教学软件于一体的电子产品。本书以 CX47B 教学一体机为例介绍其使用方法（见图 2-1-193）。

图 2-1-193　CX47B 教学一体机

（1）打开 LED 触摸一体机

① 将本机电源插头插在 220V 电源插座上。电源插座在本机右下侧 AC 220V 标示处（见图 2-1-194）。

图 2-1-194　电源接入接口

② 打开本机电源开关，在本机右下角透光镜内有红色指示灯亮，表示电源接通本机。注意电源开关在本机右侧（整机开关）标示位置（见图 2-1-195）。

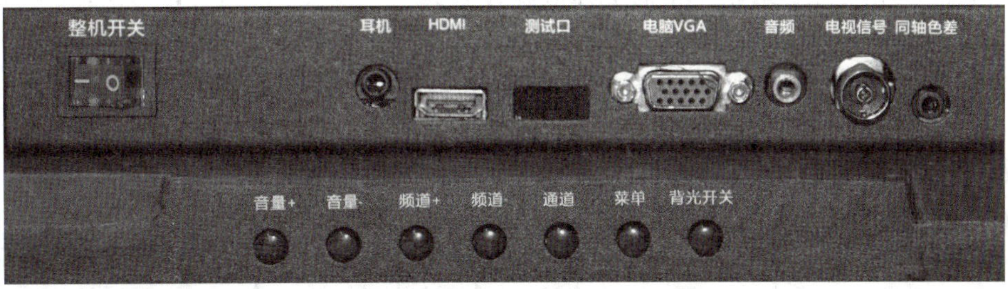

图 2-1-195　电源开关在本机右侧

本机已设置打开电源开关就可启动计算机。启动成功就可看到计算机画面。若计算机关机了，重新打开计算机，按下“POWER”键即可打开计算机（见图 2-1-196）。

图 2-1-196　计算机开关位置

③ 切换信号源。按遥控器上“通道”键，弹出“信号源”菜单画面，选择“HDMI2”项，并按“确定”键，再按主机开机键，个别机型按遥控器上的“计算机”键，进入计算机画面（见图 2-1-197）。

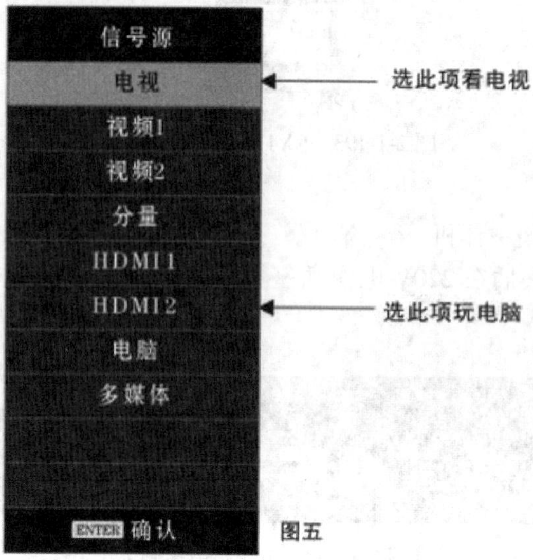

图 2-1-197　信号切换图

（2）关闭 LED 触摸一体机

关机时，先关闭计算机，最后关掉电源开关。

（3）触摸功能

本功能只有进入计算机桌面才有效，可直接在计算机桌面操作。

触摸功能可等效鼠标各按键：

① 在触摸屏短时点击图标等效点击鼠标左键，表示选择。

② 长按触摸屏直到圆圈出现离开等效点击鼠标右键，弹出功能菜单。

③ 连续点击触摸屏上图标等效双击鼠标左键，表示打开文件。

④ 按住图标拖动等效按住鼠标左键拖动图标。

⑤ 点空白区域从一点拦到另一点，出现选定框覆盖相关图标表示框选区域内的图标。

（4）触摸屏调试方法

一体机出厂已调试好，出现触摸异常时才使用此方法。

校准设置步骤：

① 点击 Windows 的徽标按钮，在弹出的列表中点击“控制面板”（见图 2-1-198）。

② 在“控制面板”中点选“Tablet PC 设置”（见图 2-1-199）。

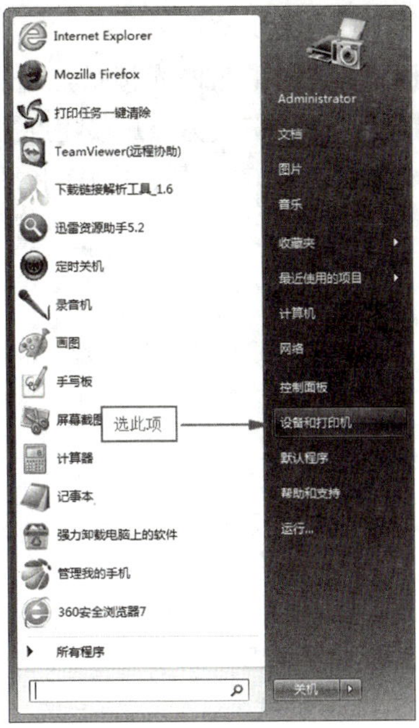

图 2-1-198　打开“控制面板”

图 2-1-199　点选“Tablet PC 设置”

③ 在弹出的对话框中点击“重置”并按“确定”，在随后出现的画面中再按“确定”（见图 2-1-200）。

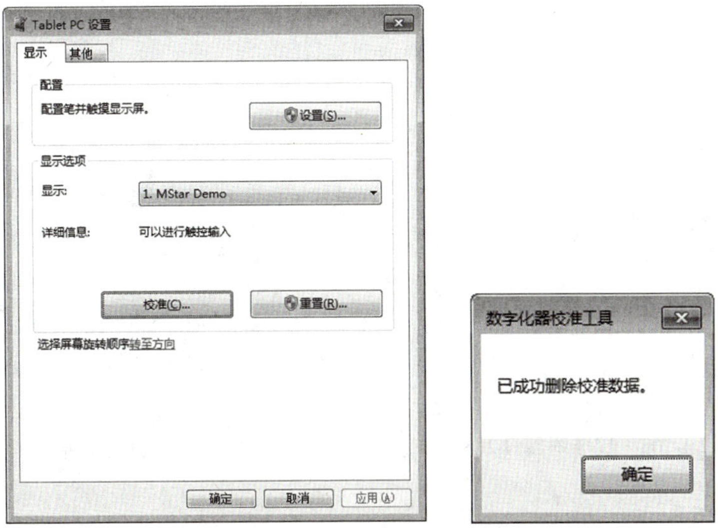

图 2-1-200　重置“Tablet PC 设置”

④ 重置后画面返回“Tablet PC 设置”对话框，按“校准”键进入校准画面（见图 2-1-201）。

⑤ 点击左上角的十字光标，光标移动跟随点击，直到右下角的光标被点击返回，在弹出的画面中，再次点击“校准”键；再次点击左上角的十字光标，并跟随点击，直到右下角的光标被点击，按“是”保存校准返回（见图 2-1-202、图 2-1-203 和图 2-1-204）。

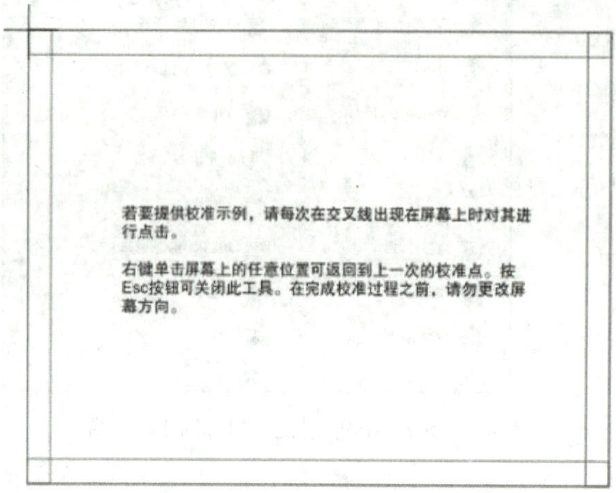

图 2-1-201 校准画面（1）

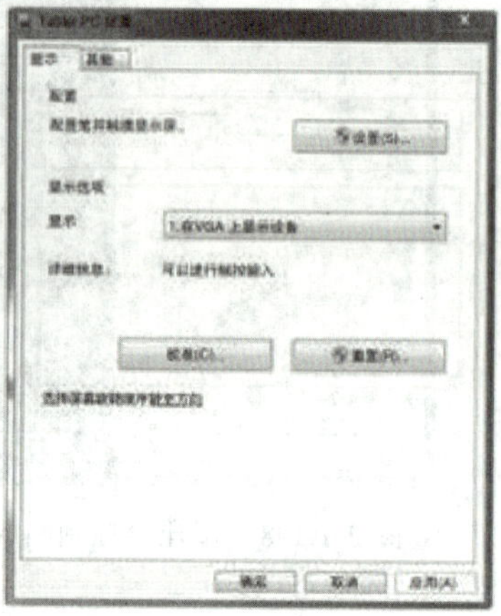

图 2-1-202 “Tablet PC 设置”

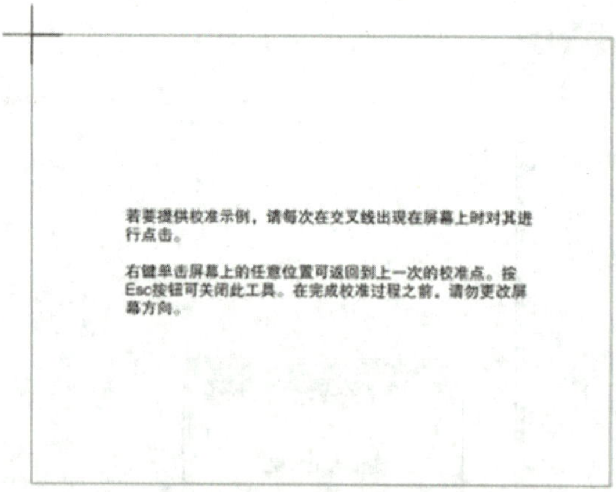

图 2-1-203 校准画面（2）

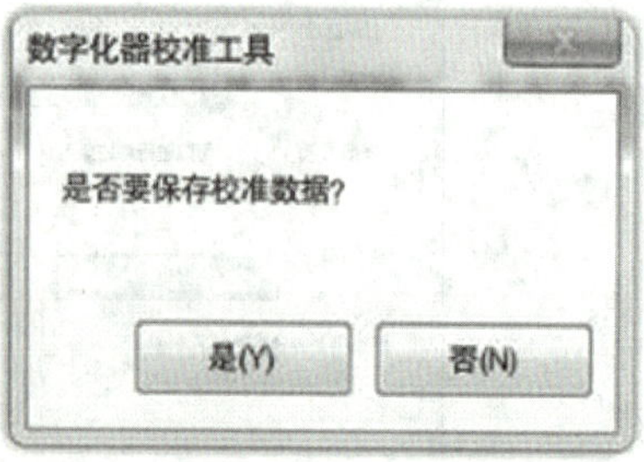

图 2-1-204 确定是否保存校准数据窗口

（5）故障排除

1）开机无反应

① 检查电源是否接好。

② 一体机的整机电源是否打开。

2）开机蓝屏但计算机无反应

① 检查计算机主机有无风扇响声，若没有按下计算机主机开关。

② 信号源是否切换为计算机信号。

3）开机后计算机进入自动修复程序

① 接上键盘，重新开机，在“启动修复（推荐）”和“正常启动 Windows”中选择“正常启动 Windows”。

② 取消系统自动修复功能，联系一体机技术人员。

2. 功放音箱、无线麦克风

（1）功放音箱

带功放的音箱，叫有源音箱，不带功放的就叫音箱。有源音箱连接计算机的方法是：用一根两头分别是“3. 5 插头”和“双莲花插头”的连线，3. 5 头插在计算机的音频输出上，双莲花头插在有源音箱的音频输入端，将音箱的电源接通，调整音箱的音量旋钮就能控制音量大小（见图 2-1-205）。不带功放的音箱音量很小，不能直接连接在耳机的输出上。

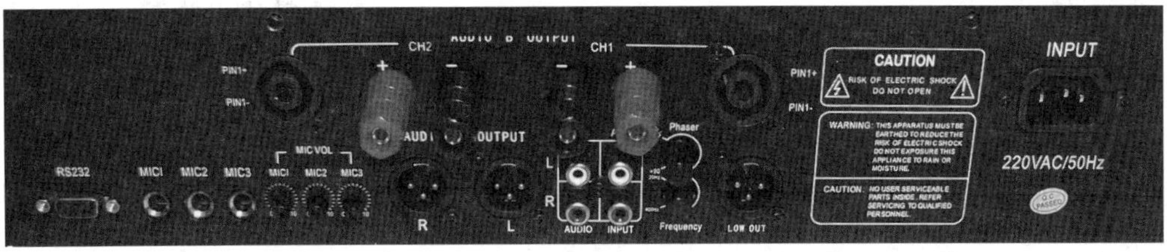

图 2-1-205　功放后面板接口图

莲花接口接计算机端的音频线，中间是压线夹子接口，这个接专用音箱（见图 2-1-206）。

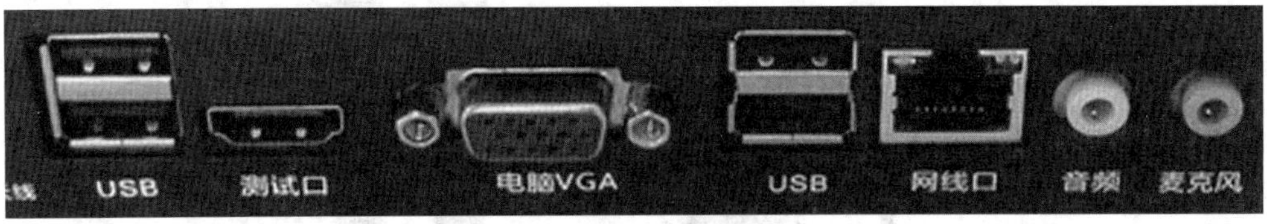

图 2-1-206　计算机接口图

（2）无线麦克风

无线麦克风（见图 2-1-207 和图 2-1-208）都是成套的，一个是话筒（里面有音头和发射器电池），另外一个是接收机，这两样东西必须是一套的（见图 2-1-209）。

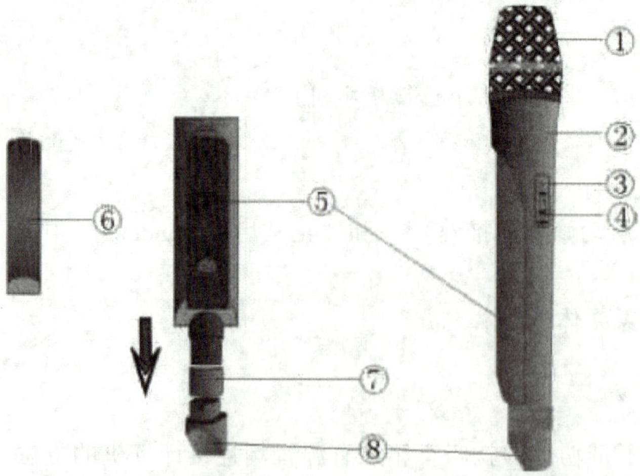

① 音头/网头； ② 手持管体； ③ 电池状态及电源指示灯，打开电源开关后，指示灯随之闪亮。当电池电压低于标准工作电压时，此灯变为常亮，此时应尽快更换电池； ④ 电源开关； ⑤ 电池盒，用以盛装电池，电池电力不足时要及时按开更换； ⑥ 电池盖； ⑦ 可更换橡胶色带； ⑧ 可拆管尾

图 2-1-207 手持式无线麦克风

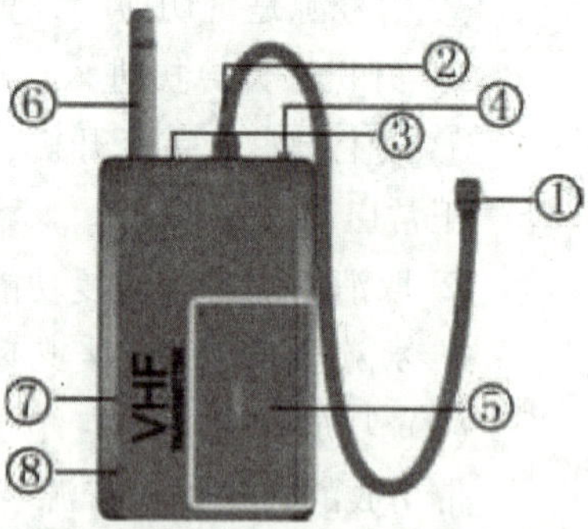

① 受音头； ② 音头插座；
③ 电源指示灯； ④ 电源开关；
⑤ 电池盒； ⑥ 发射天线；
⑦ 频道转换开关； ⑧ 增益调节

图 2-1-208 腰挂式无线麦克风

手持麦克风操作说明：

① 打开电池盒盖，装入 2 节 1.5V 电池，注意电池的正负极不能接反。

② 拨电源开关到“NO”，如果接收机没有接收到信号，应检查电池电压是否不足或电池极性是否接反。

③ 拨动音频静音开关到“MUTE”（中间档）时，接收机将切断音频输出，抑制噪音通过接收机。

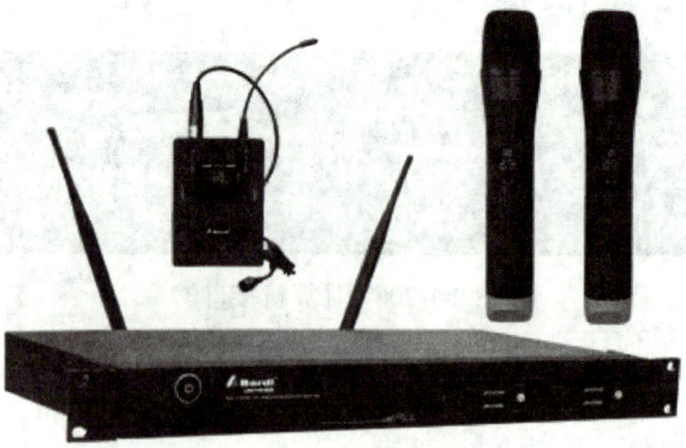

图 2-1-209 无线麦克风套装

连接过程如下：把接收机用一根音频线（随机会赠送一根）接到音响（一般是功放）的麦克风插口上（见图 2-1-210）。

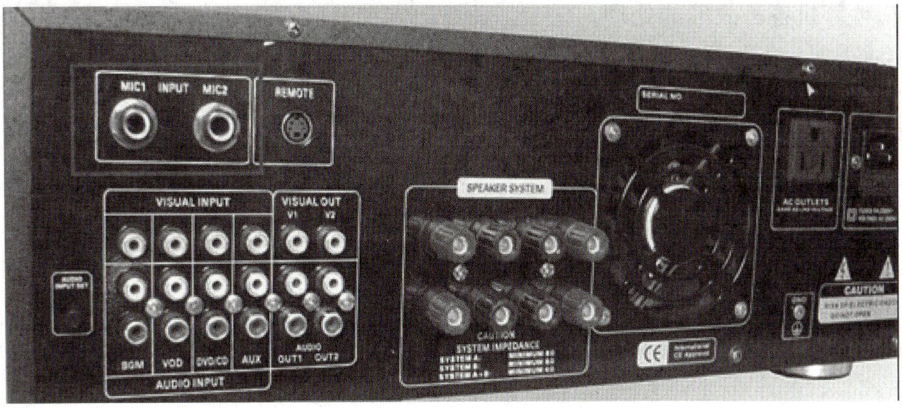

图 2-1-210　接无线话筒接口

接收机的安装注意事项：离地面要高于一米；距离面要大于一米；天线要全部拉出，否则将会影响收讯效果。

二、常见故障处理

计算机在人们日常生活和工作中的地位越来越重要，随着计算机使用频率的大幅上升，计算机出问题的几率也在增大。当计算机出现故障时，应分析计算机产生故障的原因，并迅速排除故障。

常见的计算机故障分为三类：计算机故障、网络故障、外接设备故障。

（一）计算机故障

活动目标

① 认识常见的计算机故障类型。

② 掌握常见的计算机故障解决办法。

活动分析

1. 活动计划

① 了解计算机维修的基本方法。

② 判断各种类型的计算机故障。

③ 简单的计算机故障排除方法。

2. 相关技能

① 计算机故障类型的判断。

② 计算机各种故障的处理。

方法与步骤

1. 了解计算机维修的基本情况

(1) 初步判断

了解故障发生前后的情况，进行初步的判断。

(2) 复现故障

● 观察所报修的故障现象是否存在，并对所见现象进行初步的判断，确定下一步的操作。

● 检查是否还有其他故障存在。

(3) 判断、维修

即对所见的故障现象进行判断、定位，找出产生故障的原因，并进行修复。

(4) 检验

维修后必须进行检验，确认所复现或发现的故障得到解决，且该计算机不存在其他可见的故障。

2. 计算机故障类型及处理方法

● 故障一：计算机总是热启动。

故障现象：计算机在启动后，运行一段时间就会慢下来，而且经常出现无故死机和自动重启的现象。

处理方法：在排除了病毒和使用不当的原因后，应检查一下 CPU 和内存。CPU 的性能是引起死机的一个常见的原因。如果 CPU 的温度过高就会引起死机或自动重启的现象，可考虑更换一个优质的散热风扇解决 CPU 工作时温度过高的情况。

● 故障二：开机工作时，机箱内发出“嚓嚓”的碰撞声，时有时无。

故障现象：开机工作时，机箱内发出“嚓嚓”的碰撞声，时有时无。

处理方法：从现象分析，应该是 CPU 的散热风扇在转动过程中碰到了机箱中的数据线。打开机箱，将机箱中的电源线和数据线进行整理，并且用扎带或卡子将数据线和电源线分组扎在一起，不要碰到 CPU 的风扇。

● 故障三：系统时钟经常变慢。

故障现象：计算机时钟出现变慢现象，经过校正，但过不久又会变慢。

处理方法：出现时钟变慢的情况，大多数是主板上 CMOS 电池电量不足造成的。如果换电池后没有解决问题，就要检查主板的时钟电路了。用无水酒精谨慎清洁主板电路后若故障还在，只能找商家修理。

● 故障四：开机后屏幕显示“CMOS Battery State Low”，然后死机。

故障现象：开机后屏幕显示“CMOS Battery State Low”，有时提示后能够启动计算机，但过一段时间后，还会发生死机现象。

处理方法：更换一块新的 CMOS 电池。

● 故障五：在 USB 移动硬盘中读写数据时蓝屏。

故障现象：使用 USB 移动硬盘，读写较大数据时出现蓝屏或者提示“设备无法正常工作”。

处理方法：首先检查 USB 移动硬盘的驱动程序是否已正确安装。如果驱动程序没有问题，则是 USB 接口供电不足导致的。可尝试将 USB 设备连接到其他 USB 接口上，这种问题经常出现在将 USB 设备连接到机箱的前端 USB 接口时。

● 故障六：主板损坏导致黑屏。

故障现象：计算机开机后，显示器没有显示，也没有报警声音。

处理方法：系统不自检，首先要考虑是不是电源问题，如果不是电源问题，则可能是主板上的一些部件有问题。使用拔插法将各个板块依次拔下，并分别开机进行检测，如果仍然没有发现问题，则可以断定是主板的问题。对主板先清洁，如果不能解决问题，就只有更换主板了。

● 故障七：主板的线路板受潮，腐蚀发生故障。

故障现象：计算机打开后系统自检完成，显示器没有显示，发出一长两短的报警声。

处理方法：根据故障现象，可以初步判断是内存或主板出现了问题。先对内存进行检修，将其换到另一台运行的计算机上。如一切正常，没有发现内存故障，继续检查主板，仔细地检查插槽及线路板，如发现线路板有腐蚀的地方，请专业人员维修。

● 故障八：内存条未插紧导致开机报警。

故障现象：添加一条内存条后，开机时出现长声的报警声音，系统无法启动。

处理方法：均匀用力地将内存正确插入插槽即可。

（二）网络故障

活动目标

在幼儿园的日常工作中，教师在办公室备课准备的教学课件等资源需要复制到教室的计算机中，并在上课时使用。以往都是通过移动磁盘（U 盘、移动硬盘等）来进行，现在有了网络，教师可通过网络将办公室计算机中存放教学课件资源的文件夹复制到教室的计算机中。在搜索网络资源时，如果中途发生网络故障该如何处理呢？

活动分析

1. 活动计划

① 了解网络故障分类。

② 网络中常见故障。

2. 相关技能

① 网络故障的排除方法。

② 网络故障的排查工具。

③ 网络故障的分类处理。

方法与步骤

1. 网络故障分类

虽然有各式各样的网络故障，但所有的故障总体可分为物理类故障与逻辑类故障，也就是通常所说的硬件故障与软件故障。

(1) 物理类故障

物理类故障一般是指线路或设备出现问题的物理故障或硬件故障，具体又分为线路故障、端口故障、集线器故障或路由器故障、主机物理故障等。

1) 线路故障

判断网线好坏的简单方法是将该网线一端插入一台确定能够正常连入局域网的主机RJ45插座内，另一端插入确定正常的集线器端口，然后测试从主机的一端到另一端主机或路由器的连接（执行 Ping 命令，根据通断来判断即可）。如果线路较长或者网线不方便调动，可用网线测试器测量网线的好坏。如果线路很长，比如由电信部门等供应商提供的，就需通知线路提供商检查线路，看是否线路中间被切断。

2) 端口故障

端口故障通常包括插头松动和端口本身的物理故障。

排查方法：此类故障通常会影响到与其直接相连的其他设备的信号灯，因为信号灯比较直观，由信号灯的状态可大致判断故障的发生范围和可能的原因。也可以尝试使用其他端口判断能否连接正常。

3) 集线器或路由器故障

集线器或路由器故障是指物理损坏，无法工作，导致网络不通。

排查方法：通常最简易的方法是替换排除法，即用通信正常的网线和主机来连接集线器（或路由器），如能正常通信，集线器或路由器正常；否则再转换集线器端口排查是端口故障还是集线器（或路由器）的故障。很多时候，集线器（或路由器）的指示灯也能提示其是否有故障，正常情况下对应端口的灯应为绿灯。如若始终不能正常通信，则可认定是集线器或路由器出现故障。

4) 主机物理故障

网卡故障，在这里归为主机物理故障，因为网卡多装在主机内，靠主机完成配置和通信，即可看作网络终端。此类故障通常包括网卡松动、网卡物理故障、主机的网卡插槽故障和主机本身故障。

排查方法：主机本身的故障在这里就不再赘述了，此处只介绍主机与网卡无法匹配工作的情况。对于网卡松动、主机的网卡插槽故障最好的解决办法是更换网卡插槽。对于网卡物理故障的情况，如若上述更换插槽始终不能解决问题的话，就拿到其他正常工作的主机上测试网卡，如若仍无法工作，则可以认定是网卡物理损坏，更换网卡即可。

（2）逻辑类故障

逻辑类故障中最常见的情况就是网络协议问题或因为网络设备的配置原因而导致的网络异常或故障。

路由器逻辑故障通常包括路由器端口参数设定有误，路由器路由配置错误、路由器CPU利用率过高和路由器内存余量太小等。路由器的配置参数一般由此路由器品牌的提供商配置。

在这里主要介绍主机逻辑类故障。主机逻辑类故障所造成的网络故障率是较高的，通常包括网卡的驱动程序安装不当、网卡设备有冲突、主机的网络地址参数设置不当、主机网络协议或服务安装不当和主机安全性故障等。

1）网卡的驱动程序安装不当

网卡的驱动程序安装不当，包括网卡驱动未安装或安装了错误的驱动出现不兼容的情况，这些都会导致网卡无法正常工作。

排查方法：在设备管理器窗口中，检查网卡选项，看是否驱动安装正常，若网卡型号前标示出现“！”或“×”，表明此时网卡无法正常工作。解决方法很简单，只要找到正确的驱动程序安装即可。

2）网卡设备有冲突

网卡设备与主机其他设备有冲突，会导致网卡无法工作。

排查方法：磁盘中大多附有测试和设置网卡参数的程序，分别查验网卡设置的接头类型、IRQ、I/Q端口地址等参数。若有冲突，只要重新设置（有些必须调整跳线），或者更换网卡插槽，让主机认为是新设备重新分配系统资源参数，一般都能使网线恢复正常。

3）主机的网络地址参数设置不当

主机的网络地址参数设置不当是常见的主机逻辑故障。例如，主机配置的IP地址与其他主机相冲突，或IP地址根本就不存在于网络范围内，这将导致该主机不能连接。

排查方法：查看网上邻居属性中连接属性窗口，查看TCP/IP选项参数是否符合要求，包括IP地址、子网掩码、网关和DNS参数，进行设置。

4）主机网络协议或服务安装不当

主机网络协议或服务安装不当也会出现网络无法连通。主机安装的协议必须与网络上的其他主机相一致，否则就会出现协议不匹配，无法正常通信，还有一些服务如“文件和打印机共享服务”，不安装会使自身无法共享资源给其他用户，“网络客户端服务”不安装会使自身无法访问网络其他用户提供的共享资源。

排查方法：在“网上邻居”属性或在“本地连接”属性窗口查看所安装的协议是否与其他主机是相一致的，如TCP/IP协议，NetBEUI协议和IPX/SPX兼容协议等。

5）主机安全性故障

主机故障的另一种可能是主机安全故障。通常包括主机资源被盗、主机被黑客控制、主机系统不稳定等。

排查方法：主机资源被盗，主机没有控制其上的finger，RPC，rlogin等服务。攻击者可以通过这些进程的正常服务或漏洞攻击该主机，甚至得到管理员权限，进而对磁盘所有内容拥有任意复制和修改的权限。还需注意的是，不要轻易共享本机硬盘，因为这将导致恶意攻击者非法利用该主机的资源。

主机被黑客控制，会导致主机不受操纵者控制，通常是由于主机被安置了后门程序所致。发现此类故障一般比较困难，一般可以通过监视主机流量、扫描主机端口和服务、安装防火墙和加补系统补丁来防止可能的漏洞。

主机系统不稳定，往往是由于黑客的恶意攻击或者主机感染病毒造成的。通过杀毒软件进行查杀病毒，排除病毒的可能。或重新安装操作系统，并安装最新的操作系统的补丁程序和防火墙、防黑客软件和服务来防止可能的漏洞所造成的恶性攻击。

2. 常见的计算机局域网共享故障解决思路

（1）“网上邻居”中看不见其他所有主机

如果打开计算机的“网上邻居”图标之后只能看见本机自身，但上网没有什么问题的话，那就意味着本机的计算机浏览器服务没有正常运行或没有开启（注：计算机浏览器服务的作用就是随时探测和维护局域网内计算机列表）。开启这个服务的方法：打开“控制面板”，双击“管理工具”图标，再双击启动“服务”控制台并启动里面的“Computer Browser”服务。如果启动失败的话，建议重装系统（见图 2-1-211）。

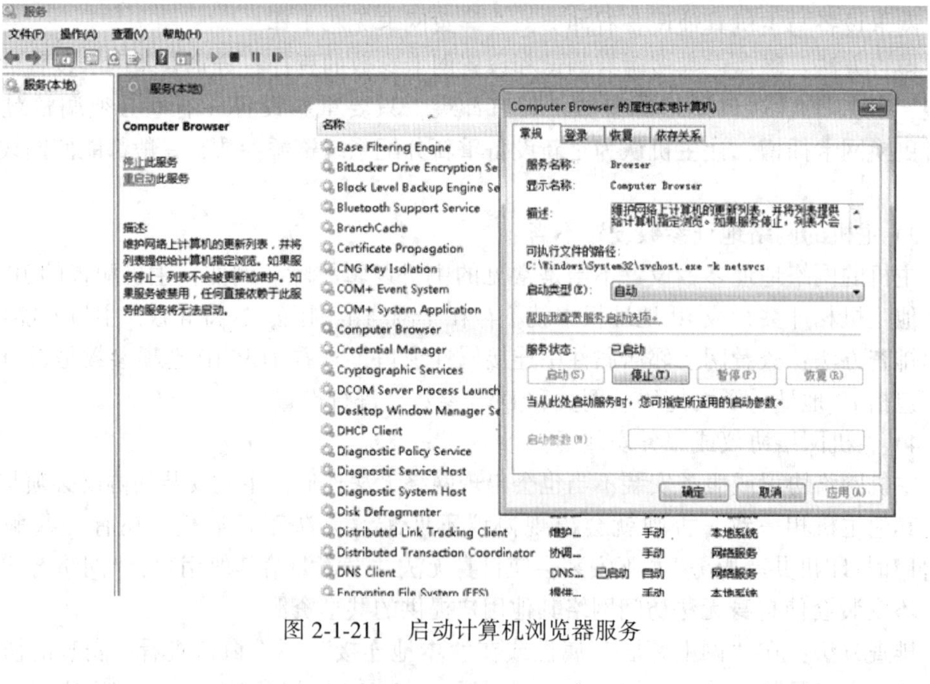

图 2-1-211　启动计算机浏览器服务

（2）网上邻居中看不见某台特定主机

“网上邻居”中偏看不见自己要连接的那台计算机，直接输入 IP 连接又显示“无法找到网络路径”。这种症状通常是由对方计算机上的防火墙或子网掩码设置出错导致的。Windows 防火墙和某些防火墙软件都很有可能将所有共享通通过滤掉，将它们暂时关掉或重新配置下就可以了。关掉网络防火墙的方法：打开控制面板，双击启动“Windows 防火墙”图标，选择“打开或关闭 Windows 防火墙”，设置关闭 Windows 防火墙。

子网掩码错误则比较隐蔽。例如，假设局域网包括“192. 168. 0. ＊”和“192. 168. 1. ＊”两段地址，那么子网掩码就应该设置为“255. 255. 254. 0”。倘若有人将 IP 为 192. 168. 0. 2 的子网掩码设置成了“255. 255. 255. 0”，那么这台计算机就只能被“192. 168. 0. ＊”段 IP 的计算机们在网上邻居中找到了。不过这个问题很容易排除，只需要按照网管的要求检查子网掩码就行了。

设置 IP 和子网掩码的方法：打开控制面板中的“网络和共享中心”，在查看活动网络中找到并打开“本地连接”，选择“属性”按钮，随后在打开的选项中选择“Internet 协议版本 4（TCP/IPv4）”，点击“属性”，选择“使用下面的 IP 地址”填上即可（见图 2-1-212）。

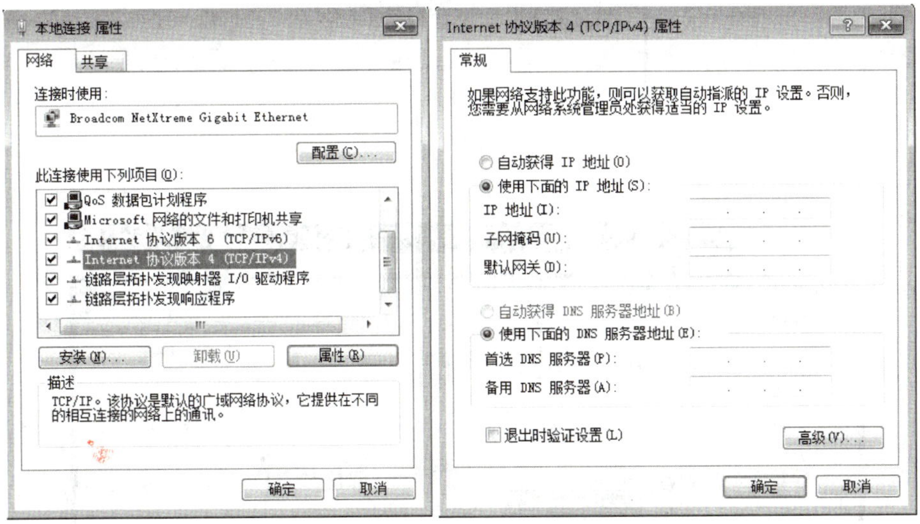

图 2-1-212　设置 IP 和子网掩码

（3）网上邻居能看见但显示“无法找到网络名”

现在系统优化软件比较多，大家在优化系统时往往也就顺便把默认共享关掉了。这就会导致其他计算机在网上邻居中能找到本机但连接时显示“无法找到网络名”的错误。

解决这个问题需要进行两步操作：首先需要重装“Microsoft 网络文件和打印机共享”：在控制面板中打开“网络和共享中心”，在查看活动网络中找到并打开“本地连接”，选择【属性】按钮，随后在打开的选项中选择【安装】按钮，单击【服务】，然后单击【添加】；在“网络服务”列表中，单击“Microsoft 网络的文件和打印共享”，然后单击【确定】（见图 2-1-213）。

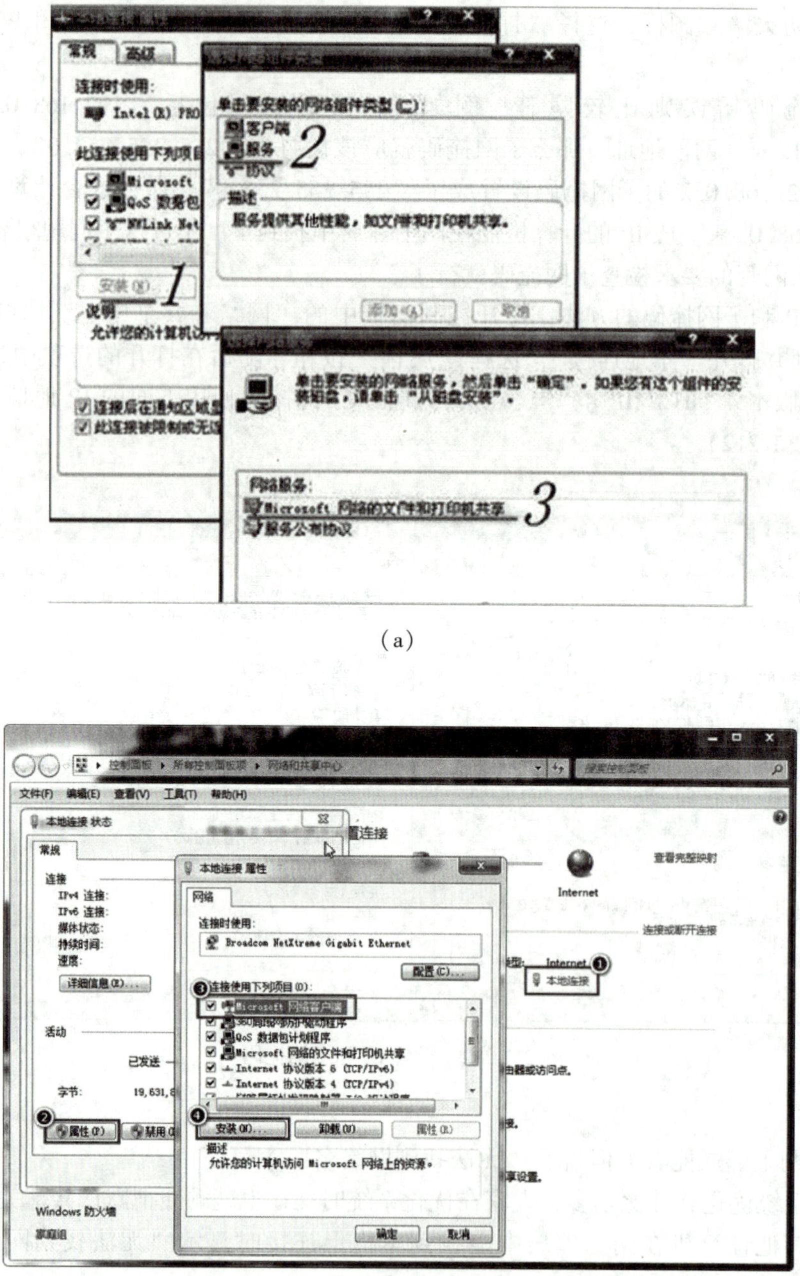

（a）

（b）

图 2-1-213　重新安装 Microsoft 网络文件和打印机共享服务

如果已经安装“Microsoft 网络的文件和打印共享”功能，需检查 Windows 防火墙有没有阻止：在控制面板中打开“Windows 防火墙”，打开“允许程序或功能通过 Windows 防火墙”，找到并勾选“文件和打印机共享”，确定即可（见图 2-1-214）。

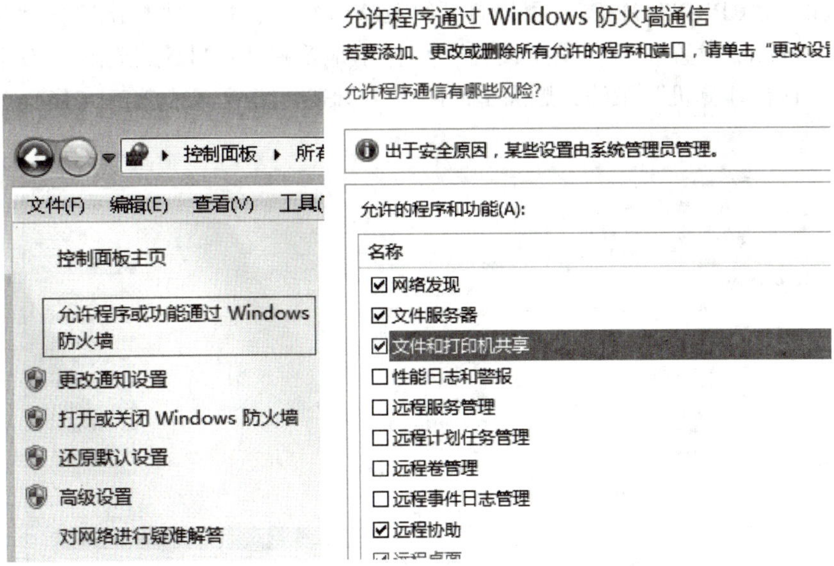

图 2-1-214　允许“文件和打印机共享”通过防火墙

安装完成之后，还需要在“开始菜单”中点击“运行”按钮，在弹出的小窗口中输入“net share IPC ＄”随后回车，这样本机的默认共享就成功恢复了。

（4）网上邻居能看见但显示“未授权用户请求登录类型”

据 Windows 系统的规定，系统中提供给“网上邻居”服务使用的 Guest 用户默认密码为空。出现“未授权用户请求登录类型”的提示有三种可能原因：系统管理员禁用了 Guest 用户、Guest 的远程登录权限被禁用、空密码用户的登录权限被禁用。

要启用 Guest 用户，需要在“控制面板”中点击“用户账户”图标，然后点击“管理其他账户”，启用 Guest 用户账户即可（见图 2-1-215）。

图 2-1-215　启用来宾账户

启用 Guest 用户的远程权限：点击“开始菜单”中的“运行”按钮，在“运行”对话框中输入“GPEDIT. MSC”，可以打开组策略编辑器；接下来依次选择“计算机配置”→“Windows 设置”→“安全设置”→“本地策略-用户权限指派”，双击“拒绝从网络访问这台计算机”策略，删除里面的“GUEST”账号（见图 2-1-216）。

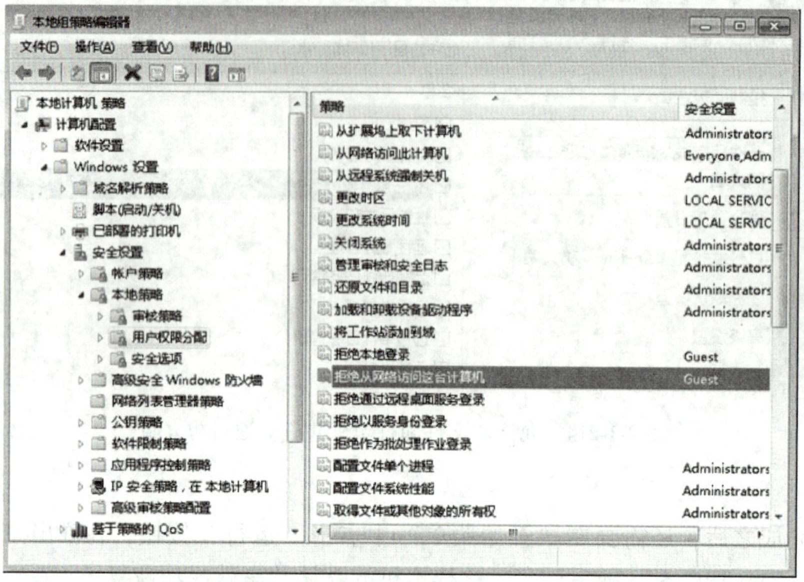

（a）

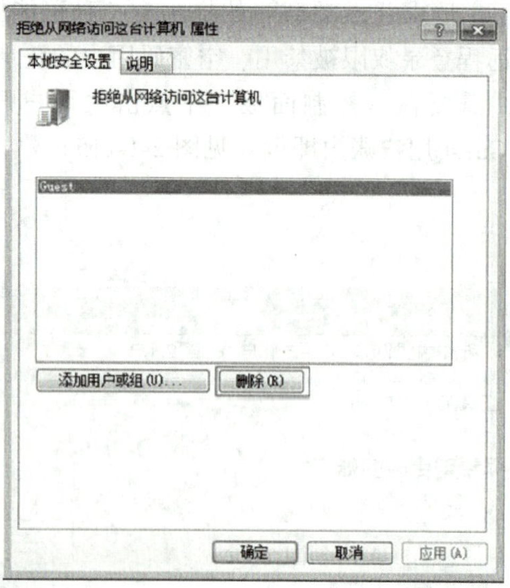

（b）

图 2-1-216　修改组策略 Guest 的远程登录权限

最后我们在组策略编辑器中依次选择“计算机配置”→“Windows 设置”→“安全设置”→“本地策略”→“安全选项”，可以看见有个策略是“使用空白密码的本地账户只允许进行控制台登录”。现在将它设置成启用，就可以解决问题了（见图 2-1-217）。

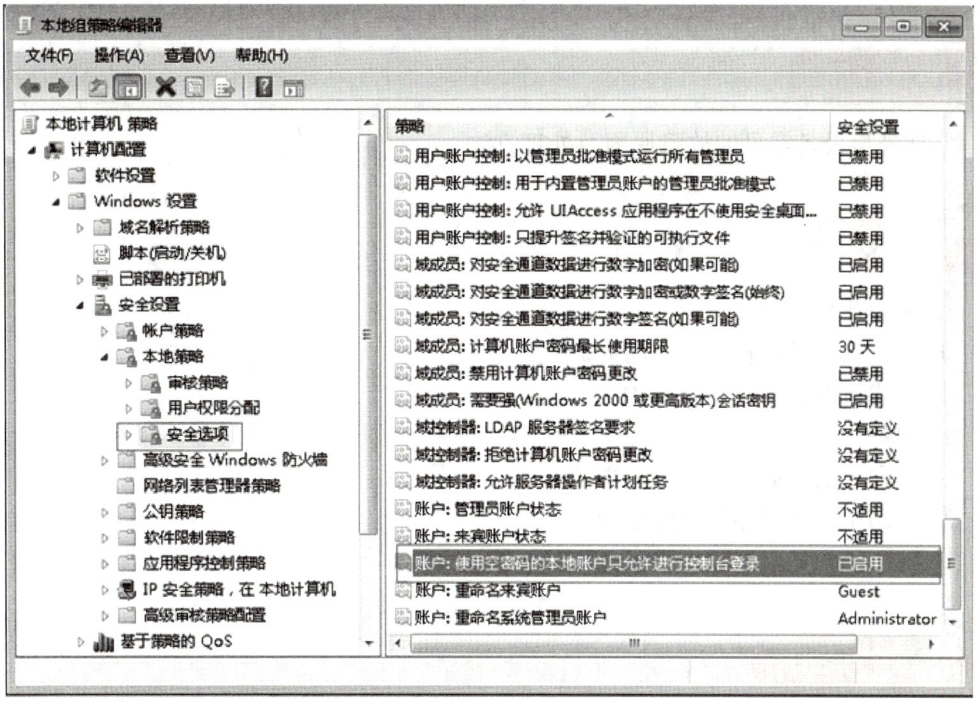

（a）

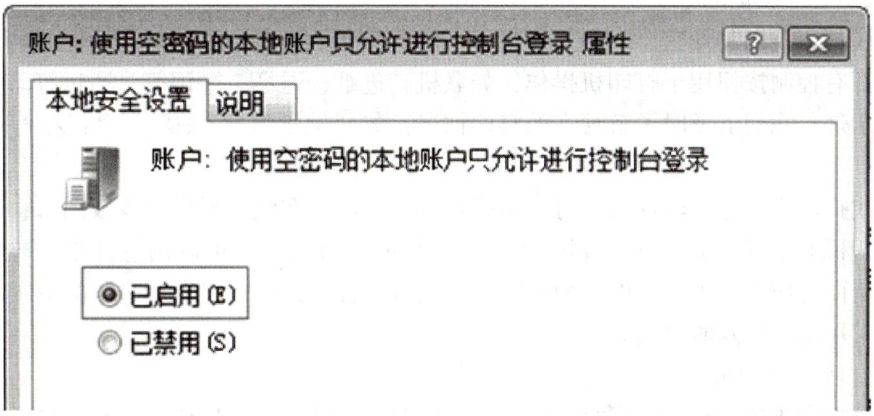

（b）

图 2-1-217　修改组策略保证空密码用户的登录权限

以上为大家介绍了几种常见的局域网共享故障类型，其实它们解决起来还是相当简单的。具体情况不同，故障产生的原因和症状也是千差万别的，只要仔细认真地一步步检查到位，大多数问题都可以迎刃而解。

（三）外接设备故障

活动目标

掌握外接设备常见的故障原因及处理方法。

活动分析

1. 活动计划

① 了解打印机设备类型及功能。

② 打印机的设备使用与维护。

2. 相关技能

① 打印机的常见故障和处理方法。

② 打印机无法打印的故障处理。

③ 打印机常见卡纸故障原因分析和解决。

方法与步骤

1. 打印机分类

打印机有三种，针式打印机、喷墨打印机和激光打印机。

（1）针式打印机

针式打印机以其便宜、耐用、可打印多种类型纸张等原因，普遍应用在多个领域。面板上都有控制按钮用于打印机操作，如联机、进纸、退纸、微调等，通过打印机面板上的指示灯，我们能及时了解现在的打印情况，如“缺纸”、“联机”、“正在打印”等状态。

针式打印机通过打印针头击打色带把色带上的墨打在纸上形成文本或图形，现在的针式打印机通常都是24针打印机（即打印针头有24根针），可以调整打印头与纸张的间距，从而适应打印纸的厚度，而且可以改变打印针的力度，以调节打印的清晰度，但注意色带用旧了要及时更换。

（2）喷墨打印机

喷墨打印机的价格也较便宜，而且它打印时噪音较小，图形质量较高。它适合打印单页纸，它的打印质量在很大程度上决定于纸张的质量。

喷墨打印机的墨盒用完了也要及时更换，但相对于针式打印机来说消耗较高。

彩色喷墨打印机除了有黑色墨盒外，还有彩色墨盒。

喷墨打印机在安装了新的墨盒后，一般需要清洗打印头才能正常打印，在打印机的面板上通常都会有一个“清洗”打印头的按钮，现在的喷墨打印机在更换了新墨盒后都会自动进行清洗。

（3）激光打印机

激光打印机更趋于智能化，比如 HP6L 打印机，它没有电源开关，平时自动处于关机状态，当有打印任务时自动激活，它有自己的内存和处理器，能单独处理打印任务，大大减轻了计算机的负担。

激光打印机的分辨率很高，有的能达到 600DPI 以上，打印效果精美细致，但其价格较高，所以常用于办公室应用。它的操作简单，需要人为设置或操作的很少，一般只要接上电源，用打印电缆线连接到计算机主机就行了。但在装纸时应该注意每次打印后取出所有完成打印的纸张；加纸前，先取出所有的纸张对齐，加纸后，要调紧纸夹，只要把纸张安好，打印机会自行处理其他的打印工作。

激光打印机的耗材是硒鼓，当硒鼓中的碳粉消耗尽后，打印出来的文字就不清晰了，这时就要更换硒鼓。更换方法比较简单，断开电源，打开打印机的外壳，捏住硒鼓上的手柄，将其拔出，然后将新硒鼓上的封条抽出，安装上即可。

对比来说，在针式、喷墨、激光打印机中，激光的效果最好，喷墨其次，而且这两种打印机的噪音都很小，针式打印机的噪音相对较大，但它可以打印多层纸，而且消耗材料相对较便宜，所以针式打印一般用于发票打印。

常见故障与解决方法

下面我们依次介绍三款打印机的常见故障与解决方法。

1. 针式打印机常见故障与解决方法

● 故障一：打印机不走纸。

首先确认打印机纸张是否正确安装在链式走纸器上或正确放在走纸平台上；如果都正常，再检查打印模式选择的是单页还是连续模式。

● 故障二：打印机走空白纸。

其原因可能是色带干涸或未卡入正确位置，也可能是纸厚调节杆所设置的数字过大，影响了打印头与压纸卷筒的接触，普通纸应将位置调成“1”。

● 故障三：打印字符不全或字符不清晰或字迹偏淡。

打印色带使用时间过长，可换新色带。

打印头有断针、驱动电路故障，可先调节打印头与打印辊间的间距，如仍不正常请联系专业人士维修。

● 故障四：打印头移动受阻，停下长鸣或在原处震动。

打印头导轨因长时间未滑动变得干涩，打印头移动时就会受阻。可以用洁净的纸或布擦去打印导轨上的灰尘，然后用手来回移动打印头，看能否正常移动。也可能是色带卡死，使打印头无法移动，此时应立刻关机检查。

● 故障五：打印内容出现乱码。

大多是由于打印机与计算机主机并口的接线接触不良造成的，遇到此类故障，插紧打印机和主机接线。也可能是驱动程序安装错误，请选择正确驱动程序安装。还有可能是带电插拔了打印机和主机连接线，导致打印机主板损坏。

● 故障六：发送打印任务后，打印机不打印。

查看打印机是否处于联机状态，正常情况下打印机面板上的联机灯应处于常亮状态。如果该指示灯不亮，则说明联机不正常，请检查：① 打印机电源是否接通；② 打印机电源开关是否打开；③ 打印机电缆是否正确连接；④ 纸张是否被正确装入。

查看该台打印机是否设置为默认打印机：点击【开始】→【设置】→【打印机】，检查当前使用的打印机图标上是否有黑色小勾。

2. 喷墨打印机的常见故障与解决方法

● 故障一：打印时墨迹稀少，字迹无法辨认。

该故障多数是由于打印机长期未用或其他原因，造成墨水输送系统障碍或喷头堵塞。

排除方法：如果喷头堵塞得不是很厉害，那么直接执行打印机上的清洗操作即可。如果多次清洗后仍没有效果，则可以取出墨盒（对于墨盒喷嘴非一体的打印机，需要取出喷嘴，但需要仔细），把喷嘴放在温水中浸泡一会，注意一定不要把电路板部分也浸在水中，否则后果不堪设想。用吸水纸吸走沾有的水滴，装上后再清洗几次喷嘴就可以了。

● 故障二：更换新墨盒后，打印机在开机时面板上的“墨尽”灯亮。

正常情况下，当墨水已用完时“墨尽”灯才会亮。更换新墨盒后，打印机面板上的“墨尽”灯还亮，发生这种故障，一是有可能墨盒未装好，二是在关机状态下自行拿下旧墨盒，更换上新的墨盒。

解决方法：打开电源，将打印头移动到墨盒更换位置。将墨盒安装好后，让打印机进行充墨，充墨过程结束后，故障排除。

● 故障三：检测墨线正常而打印精度明显变差。

喷墨打印机在使用中会因使用的次数及时间的延长而打印精度逐渐变差。喷墨打印机喷头也是有寿命的。一般一只新喷头从开始使用到寿命完结，如果不出什么故障较顺利的话，也就是 20~40 个墨盒的用量寿命。如果你的打印机已使用很久，现在的打印精度变差，可以用更换墨盒的方法来试试。如果换了几个墨盒，其输出打印的结果都一样，那么这台打印机的喷头将要更换了。如果更换墨盒以后有变化，说明可能使用的墨盒中有质量较差的非原装墨水。

如果打印机是新的，打印的结果不能令人满意，经常出现打印线段不清晰、文字图形歪斜、文字图形外边界模糊、打印出墨控制同步精度差，这说明可能买到的是假墨盒或者使用的墨盒是非原装产品，应当对其立即更换。

● 故障四：打印机清洗泵嘴的故障。

打印机清洗泵嘴出毛病是较多的，也是造成堵头的主要因素之一。打印机清洗泵嘴对打印机喷头的保护起决定性作用。喷头小车回位后，要由清洗泵嘴对喷头进行弱抽气处理，对喷头进行密封保护。在打印机安装新墨盒或喷嘴有断线时，机器下端的抽吸泵要通过它对喷头进行抽气，此嘴的工作精度越高越好。但在实际使用中，它的性能及气密性会因时间的延长、灰尘及墨水在此嘴的残留凝固物增加而降低。如果使用者不对其经常进行检查或清洗，打印机喷头就会不断出些故障。

养护此部件的方法：将打印机的上盖卸下移开小车，用针管吸入纯净水对其进行冲洗，特别要对嘴内镶嵌的微孔垫片充分清洗。在此要特别提醒一下，清洗此部件时，千万不能用乙醇或甲醇对其进行清洗，这样会造成此组件中镶嵌的微孔垫片溶解变形。另外，喷墨打印机要尽量远离高温及灰尘的工作环境，只有良好的工作环境才能保证机器长久正常的使用。

● 故障五：行走小车错位碰头。

喷墨打印机行走小车的轨道是由两只粉末合金铜套与一根圆钢轴的精密结合来滑动完成的。虽然行走小车上设计安装有一片含油毡垫以补充轴上润滑油，但因我们生活的环境中到处都有灰尘，时间一久，会因空气的氧化，灰尘的破坏使轴表面的润滑油老化而失效，这时如果继续使用打印机，就会因轴与铜套的摩擦力增大而造成小车行走错位，直至碰撞车头造成无法使用。

解决的办法：一旦出现此故障应立即关闭打印机电源，用手将未回位的小车推回停车位。找一小块海绵或毡，放在缝纫机油里浸泡油，用镊子夹住在主轴上来回擦。最好是将主轴拆下来，洗净后上油，这样的效果最好。

另一种小车碰头是因为器件损坏所致。打印机小车停车位的上方有一只光电传感器，它是向打印机主板提供打印小车复位信号的重要元件，如果因灰尘太大或损坏，打印机的小车会因找不到回位信号而碰到车头，从而导致无法使用，一般出此故障时需要更换器件。

● 故障六：卡纸。

出现这种故障时，操作面板上指示灯会发亮，并向主机发出一个报警信号。出现这种故障的原因有很多，例如，纸张输出路径内有杂物、输纸辊等部件转动失灵、纸盒不进纸、传感器故障等，排除这种故障的方法十分简单，只需打开机盖，取下被卡的纸即可，但要注意必须按进纸方向取纸，不能反方向转动任何旋钮。

● 故障七：经常卡纸。

检查进纸通道，清除输出路径的杂物，纸的前部边缘要刚好在金属板的上面。检查出纸辊是否磨损或弹簧松脱，压力不够，即不能将纸送入机器。出纸辊磨损，一时无法更换时，可用缠绕橡皮筋的办法进行应急处理。缠绕橡皮筋后，增大了搓纸摩擦力，能使进纸恢复正常。此外，装纸盘安装不正常或纸张质量不好（过薄、过厚、受潮）也会造成卡纸或不能取纸的故障。

● 故障八：打印乱码现象。

这种情况大多是由于打印接口电路损坏或主控单片机损坏所致，而在实际检修中发现，打印机接口电路损坏的故障较为常见。由于接口电路采用微电源供电，一旦接口带电拔插产生瞬间高压静电，就很容易击穿接口芯片，一般只要更换接口芯片，该类故障即可排除。另外，字库还没有正确载入打印机也会出现这种现象。

● 故障九：打印纸上重复出现污迹。

这可能是墨水盒或输墨管漏墨所致。当喷嘴性能不良时，喷出的墨水与剩余墨水不能很好断开而处于平衡状态，也会出现漏墨现象；当打印头移动受阻，停下长鸣或在原处震动，也是由于墨水盒或输墨管漏墨所致。

3. 激光打印机常见问题解决

● 故障一：卡纸。

卡纸故障很常见，出现卡纸现象时，不要急躁，可以采用手工的方式，双手轻轻拽着被卡住的纸张，顺着走纸的方向，缓慢地将卡纸从打印机中取出来。（在取出的过程中，应尽量先关闭打印机电源）。卡纸故障原因一般是盛纸盘安装不正，软件的设置有问题也会造成卡纸，比如在软件设置中设定的是 A4 尺寸的纸张，但纸盒里却装了其他尺寸的纸张，就会发生卡纸现象；取纸辊磨损导致压力不够同样也会造成卡纸。更换新的取纸辊可排除卡纸故障，如一时无法更换时，也可用缠绕橡皮筋的办法进行应急处理，从而使进纸恢复正常。另外，正确的选用打印纸，卡纸情况的发生几率也会大大降低。

● 故障二：无法打印。

用户首先要确认激光打印机的电源是否打开，电源线和电源插头以及电源插座是否良好，检查激光打印机是否已处于联机状态，然后再检查激光打印机是否为系统默认的打印机设备。但有些软件会虚拟一个默认打印机设备，这时用户只要在“打印机”文件夹内进行属性的更改就可以了。如果还不行，用户可以检查一下打印机的驱动程序是否安装错误或已经损坏或丢失，也可以通过自检打印，如果不能打印出来就证明可能是打印机内部电路有损坏的部分了。

● 故障三：内部温度过高。

当打印机温度过高时，甚至会出现纸张进入机内，打印件却出不来的情况，而计算机却显示打印完毕的情况。这是由于打印机内温度过高，当纸张向外传送时，纸的前端被高温烫软，无法向前运动，出现这种情况时，应立即停止打印并关机，打开打印机的所有外盖，将打印机放置在通风条件良好的地方，让打印机充分散热后再工作。

● 故障四：打印件输出空白。

造成这种故障的原因可能是显影辊未吸到墨粉，也可能是感光鼓未接地，由于负电荷无法向地泄放，激光束不能在感光鼓上起作用，因而鼓在纸上也就无法印出文字来。另外感光鼓不旋转，也不会有影像生成并传到纸上，故必须确定感光鼓能否正常转动。如果墨粉不能正常供给或激光束被挡住，也会造成白纸。因此，应检查墨粉是否用完、墨粉盒是否正确装入机内、密封胶带是否已被取掉或激光照射通道上是否有遮挡物。要注意检查时一定要将电源关断，因为激光束可能会损伤操作者的眼睛。

● 故障五：打印图文过淡。

出现这种现象时，用户首先应观察碳粉盒内的碳粉是否过少，如果过少可以取出碳粉盒并轻轻摇动使剩余的碳粉均匀分布或更换新的碳粉盒。另外，纸张比较潮湿，打印纸装反或质量太差不能满足打印要求，省碳模式被打开了也会出现这种现象。如果是省碳模式被打开，只需通过软件的设置关闭此模式即可。

第二节　幼儿园信息技术常用软件及应用

一、Word 文档处理

Office 办公软件是用于处理办公过程中的文字和数据信息的软件，包括文字处理、表格处理、幻灯片处理和简单的数据处理等功能。在 Office 中用于处理文字的软件是 Word，其最大特点是功能多，易操作，可进行文字处理、表格制作、图片处理和版式设置等。

Word 是幼儿园教师日常工作中经常会用到的一款软件。本书以幼儿亲子活动为例，分亲子运动会方案、亲子运动会安全预案、亲子运动会邀请函、亲子运动会新闻稿四个板块来介绍 Word 的基本操作。本书以美国微软公司最新版本 Word 2010 为例进行讲解。

（一）亲子运动会方案

活动目标

学会 Word 文档的基本操作与编辑。

活动重点

- Word 2010 的启动和退出；
- 认识 Word 2010 操作界面；
- 新建、打开、保存文档；
- 输入文本；
- 选择文本；
- 移动与复制文本；
- 撤销与恢复操作。

活动设计

亲子运动会方案

一、活动时间

2014 年 11 月 21 日上午 9：30—11：10。

二、活动地点

幼儿园户外操场。

三、活动目标

1. 使幼儿体验到运动的快乐，培养幼儿自信、大胆、勇于竞争的品质及活泼开朗的个性。

2. 树立家庭运动是孩子成长的重要元素的观点，增强家长与孩子之间的情感交流。

3. 创造机会让家长、教师和孩子之间有更多的交流，让家长进一步感悟我园的教育理念，更好地促进家园双沟通。

四、活动准备

1. 示范用舞台：体智能教师在上面展示动作时使用（3×3 米）。

2. 桁架及喷绘。

3. 即撕贴地贴：每个幼儿一张，定位用（各班教师准备）。

4. 手举班牌：每个班一个。

5. 空气棒：每个幼儿一个。

6. 移动音响。

7. 礼物：为每个幼儿准备一个奖牌（80 个），为教师家长准备参与奖（48 份）。

8. 家长胸贴。

9. 80 张活动用名牌贴。

五、人员安排

1. 主持人：××。

2. 拍照：××。

3. 现场协调：××、××、××。

4. 发放奖牌、食物：各班教师。

六、活动过程

1. 幼儿入场（5 分钟）。

由××组织幼儿有序入场。

2. 开场（朱聪主持）。

3. 园长讲话、家长代表讲话（5 分钟）。

4. 教师开场舞表演（5 分钟）。

5. 体智能教师徒手带动（5 分钟）。

6. 幼儿进行操节的表演（5 分钟）。

a. Wish your hands。

b. 器械操《嗒嗒嗒》。

7. 体智能教师组织操节表演（5 分钟）。

音乐：《小猴子的勇敢军队》、《欢乐天使 GO》。

8. 家长入场（3 分钟）。
由××教师组织家长有序入场。
9. 徒手亲子游戏（20 分钟）。
（1）口令带动。
（2）亲子游戏。
① 小闹钟摆动；
② 冲天炮把小朋友向上抛；
③ 火箭发射小朋友举高；
④ 变变变（变成小猴子爬树）。
（3）亲子音乐游戏《比比看》。
① 推掌比赛；
② 斗牛比赛；
③ 拔河比赛。
10. 器材亲子游戏——空气棒（30 分钟）。
（1）骑马跳跃；
（2）上下蹲起；
（3）拔河；
（4）烤香肠；
（5）上传下接；
（6）武林 PK；
（7）五彩世界。
11. 家长与教师的竞技比赛（15 分钟）。
撕名牌（12 名教师，36 名家长），幼儿在场边为大人加油。
12. 放松运动——全体家长与幼儿（5 分钟）。
音乐：《手牵手》。
13. 活动结束。
每位幼儿发一块运动会奖牌，活动结束。

方法与步骤

1. *启动和退出* Word 2010
（1）启动 Word 2010
启动 Word 2010 的常用方法如下：
⊙ 通过【开始】菜单启动：单击桌面【开始】按钮，选择【所有程序】→【Microsoft Office】→【Microsoft Word 2010】即可启动（见图 2-2-1）。

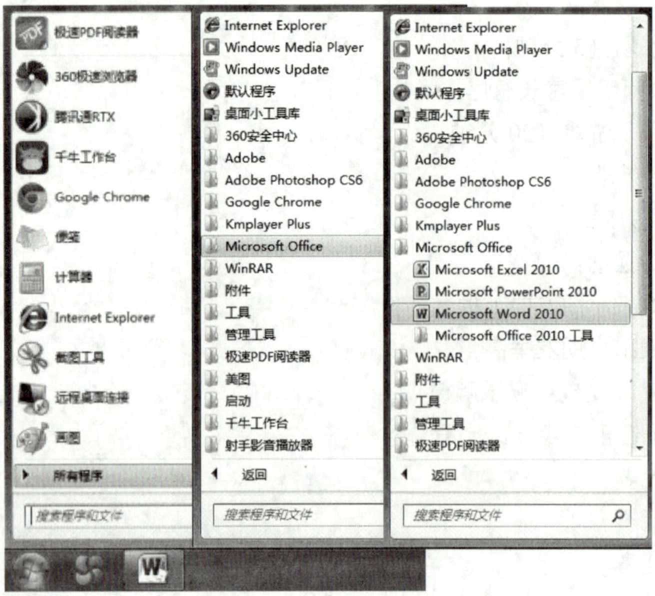

图 2-2-1　通过【开始】菜单启动

⊙ 通过快捷方式启动：找到桌面图标为 Word 2010 的快捷方式，双击图标即可启动（见图 2-2-2）。

⊙ 通过 Word 文档启动：双击后缀名为 . docx 的文件即可启动（见图 2-2-3）。

图 2-2-2　通过快捷方式启动

图 2-2-3　通过 Word 文档启动

（2）退出 Word 2010

⊙ 单击标题栏右上角的关闭按钮。

⊙ 双击标题栏左上角的程序控制按钮。

⊙ 选择【文件】→【退出】命令。

⊙ 按“Ctrl+F4”组合键。

提示：退出 Word 时，会弹出对话框询问是否保存当前操作。

2. 认识 Word 2010 操作界面

Word 2010 的操作界面由【文件】菜单、快速访问工具栏、标题栏、功能区、编辑区、状态栏和视图栏、标尺等组成（见图 2-2-4）。

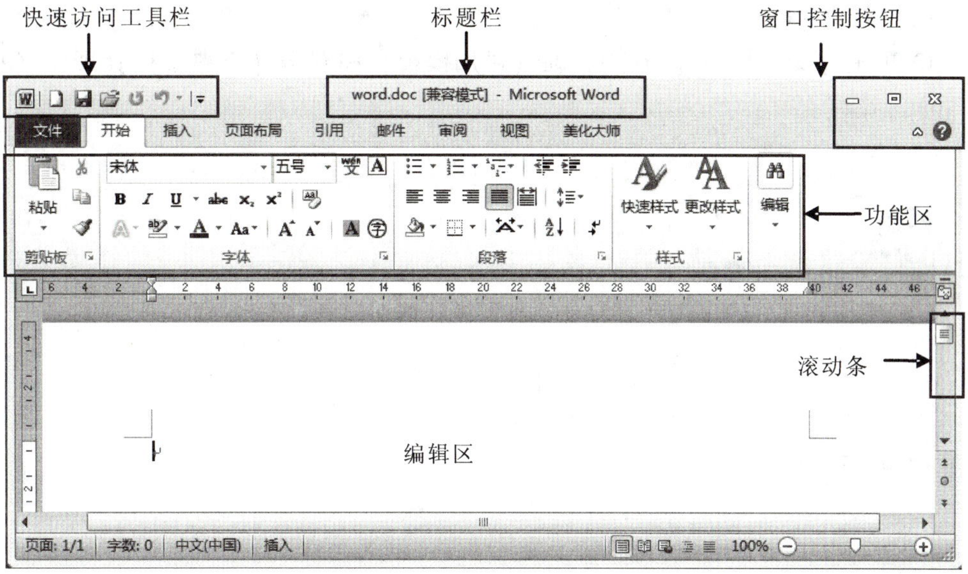

图 2-2-4　Word 2010 操作界面

⊙【文件】菜单：位于界面左上角，单击【文件】菜单，在菜单中可进行打开、新建、保存和打印等基本操作。

⊙ 快速访问工具栏：位于界面顶部，单击快速访问工具栏中的按钮，可将常用工具添加到快速访问工具栏中。

⊙ 标题栏：显示文档名称和 Office 应用程序名称。

⊙ 功能选项卡：包含【开始】、【插入】、【页面布局】等选项卡。

⊙ 功能区：由对话框、组和命令组成（见图 2-2-5）。

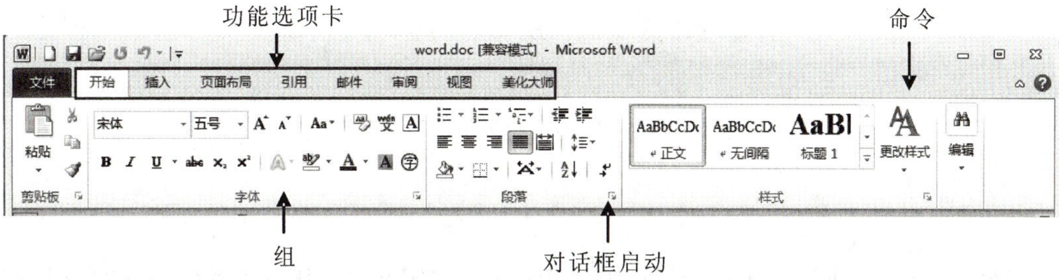

图 2-2-5　功能区

⊙ 编辑区：文档输入、编辑区。

⊙ 状态栏：位于界面底端，显示当前页面、字数等信息；提供了 5 种视图方式，可单击按钮进行不同视图版式间的切换。

3. 新建、打开和保存文档

（1）新建文档

⊙ 单击【文件】→【新建】，在【可用模板】中双击【空白文档】即可（见图 2-2-6）。

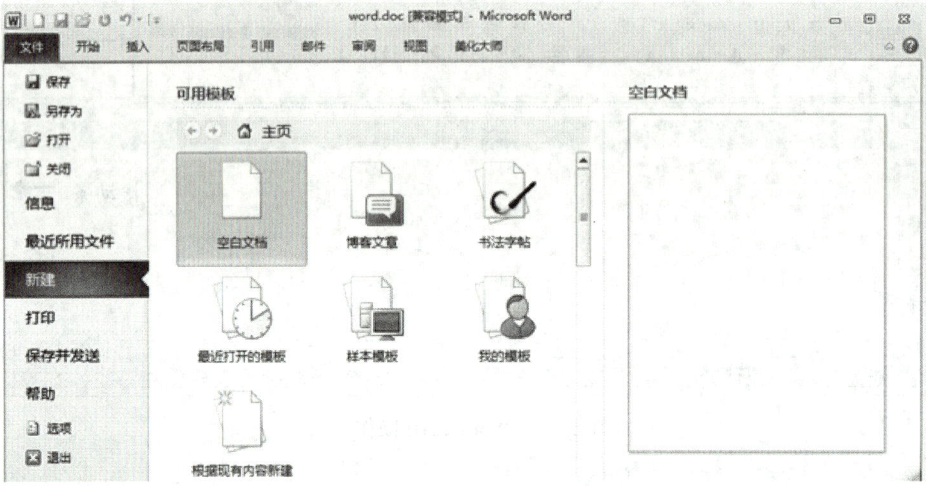

图 2-2-6　新建文档（1）

⊙ 按“Ctrl+N”组合键。

⊙ 在自定义快速访问工具栏中添加【新建】功能后单击按钮（见图 2-2-7）。

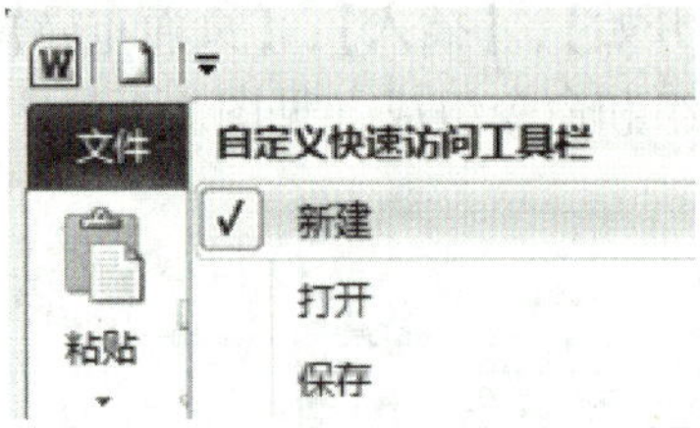

图 2-2-7　新建文档（2）

（2）打开文档

⊙ 单击【文件】→【打开】选项，或者单击自定义快速访问工具栏中【打开】按钮，在弹出的【打开】对话框顶端选择文档所在的位置，在文件列表中选择需打开的文档（见图 2-2-8）。

图 2-2-8　新建文档（3）

⊙ 按“Ctrl+O”组合键。

（3）保存文档

新建文档编辑后应及时保存，以免造成不必要的损失。保存文档的方式如下：

① 保存新建的文档。

第一次保存新建文档时，需要选填文件名称、保存路径和保存格式等信息。

⊙ 单击【文件】→【保存】按钮，弹出【另存为】对话框；在【另存为】对话框的顶端列表框中选择保存位置；【文件名】列表框中输入要保存的文件名“亲子运动会方案”；在【保存类型】列表框中选择“Word 文档（＊. docx）”后，点击【保存】即可（见图 2-2-9）。

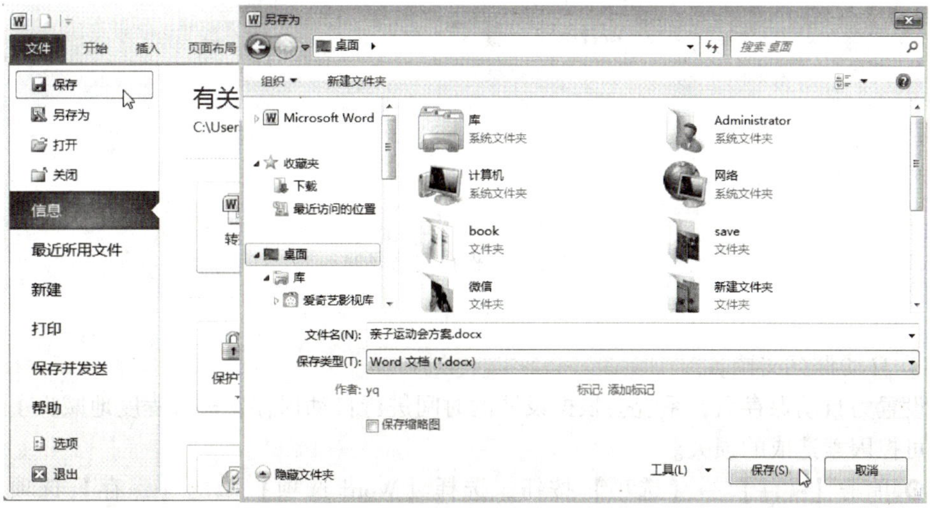

图 2-2-9　保存文档（1）

② 保存已保存过的文档。

保存已保存过的文档时，系统将不会弹出【另存为】对话框，直接按上次设置的名称、路径等信息进行保存。

提示：⊙ 保存类型选择“Word97-2073 文档（ *. doc）”，即可转换为较低版本，便于其他电脑上未安装 2010 版 Word 的使用者操作。

⊙ 保存类型选择“PDF（ *. pdf）”，即可转换为 PDF 格式，PDF 具备只读功能，不可直接进行编写，需用其他软件进行处理。打开 PDF 格式文件需要 PDF 阅读器，如“Adobe Reader”。

⊙ 对已保存过的文档进行保存，可单击【文件】→【保存】按钮。

⊙ 单击快速访问工具栏上的【保存】按钮。

③【另存为】方式保存文档。

对于之前保存过的“亲子运动会方案”，想更改文件名、保存位置、保存类型或者进行备份，可使用【另存为】操作，不会破坏原来的文档。

⊙ 单击【文件】→【另存为】按钮，弹出【另存为】对话框；在【另存为】对话框的顶端列表框中选择保存位置；【文件名】列表框中输入要保存的文件名“亲子运动会方案”；在【保存类型】列表框中选择“Word 文档（ *. docx）”后，点击【保存】即可（见图 2-2-10）。

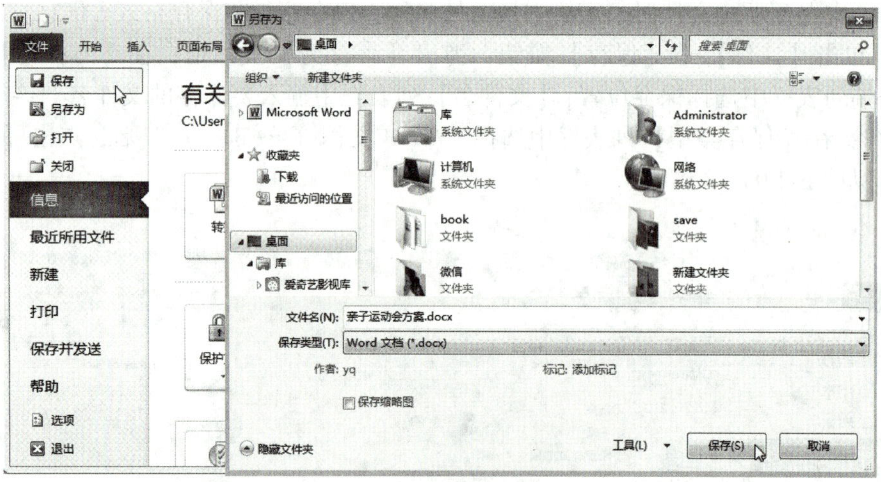

图 2-2-10　保存文档（2）

④ 自动保存文档。

设置为自动保存后，系统会根据设置的时间进行自动保存，极大程度地减少了断电等不可控因素造成的损失。

⊙ 单击【文件】→【选项】按钮，选择【Word 选项】中的【保存】选项，在【保存自动恢复信息时间间隔】选项前打钩，若在后面输入数值 10，系统则会每 10 分钟进行一次自动保存（见图 2-2-11）。

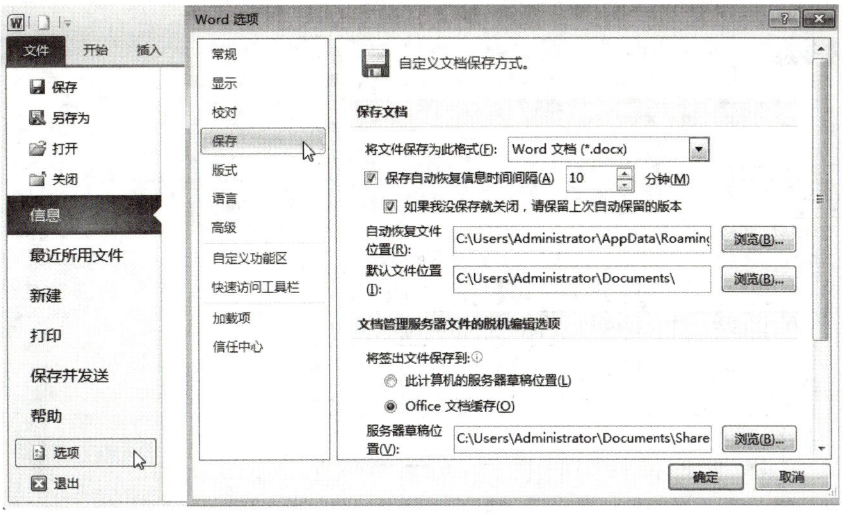

图 2-2-11　保存文档（3）

⑤ 直接按快捷键“Ctrl+S”组合键。

4. 输入文本

（1）光标的使用

⊙ 在需要输入文本或图形的地方单击鼠标，鼠标光标所在的位置为插入点，定位插入点后即可输入中文、英文、数字等。

⊙ 使用键盘快捷键移动光标。

方向键：光标按上下左右四个方向移动。

Home 键：光标移动到行首位置；End 键：光标移动到行尾位置。

“Ctr +Home”组合键：光标移动到文档开头位置；“Ctrl+End”组合键：光标移动到文档末尾位置。

PageUp 键：光标移动到上一个页面；PageDown 键：光标移动到下一个页面。

（2）输入中英文

⊙ 输入文本后有自动换行功能，按【Enter】键开始下一段。

⊙ 常用的输入法有搜狗输入法、智能 ABC 输入法等。

“Ctrl+Space ”组合键：启动汉字输入法。

“Ctrl+Shift”组合键：切换不同的输入法。

⊙【Caps Lock】键：切换英文字母的大小写格式；按【Shift】键的同时按字母键，可输入英文大写字母；按【Shift】键的同时按双字符键，可输入双字符键上的字符。

（3）插入特殊符号

⊙ 单击【插入】→【Ω 符号】→【其他符号】按钮，或者单击鼠标右键，选择【插入符号】，弹出【符号】对话框。在弹出的对话框中选择所需字符，单击【插入】→【关闭】按钮（见图 2-2-12）。

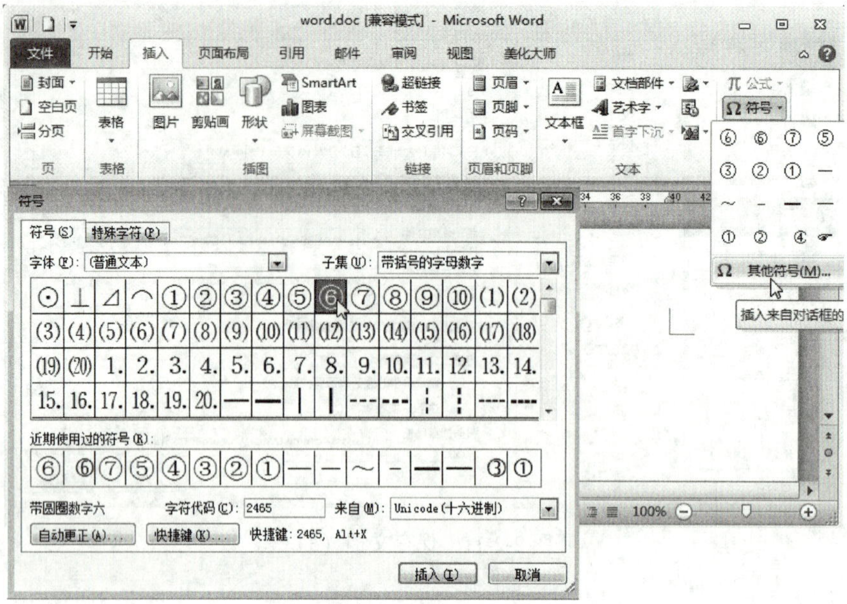

图 2-2-12　插入特殊符号

(4) 插入日期和时间

⊙ 单击【插入】→【日期和时间】按钮，弹出【日期和时间】对话框。在对话框的左侧选择所需格式，右上角可选择中英文模式（见图 2-2-13）。

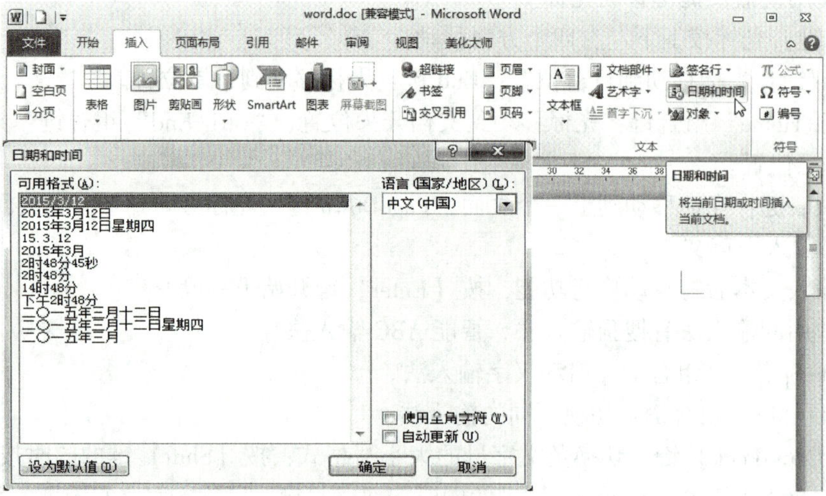

图 2-2-13　插入日期和时间

5. 选择、修改文本

(1) 选择文本

⊙ 选择一部分文本：按住鼠标左键拖动至目标位置，即可选择文本（见图 2-2-14）。

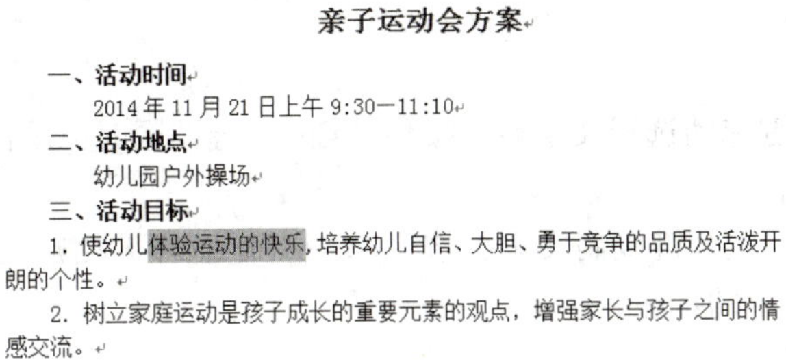
亲子运动会方案

一、活动时间

2014 年 11 月 21 日上午 9:30—11:10

二、活动地点

幼儿园户外操场

三、活动目标

1. 使幼儿体验运动的快乐，培养幼儿自信、大胆、勇于竞争的品质及活泼开朗的个性。

2. 树立家庭运动是孩子成长的重要元素的观点，增强家长与孩子之间的情感交流。

图 2-2-14

⊙ 选择非连续的部分文本：按住鼠标左键拖动选择一部分文本后，按住“Ctrl”键，再选择其他文本（见图 2-2-15）。

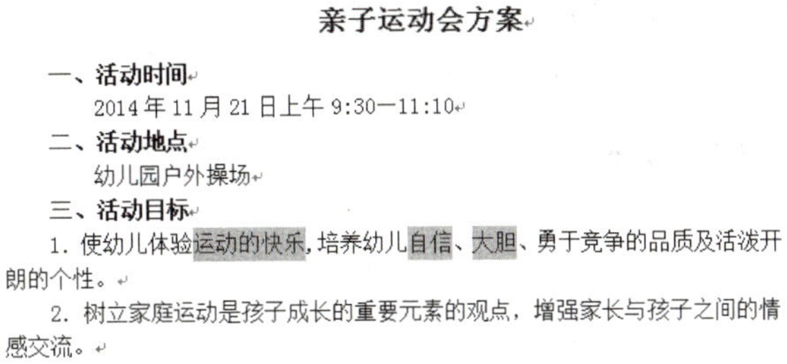
亲子运动会方案

一、活动时间

2014 年 11 月 21 日上午 9:30—11:10

二、活动地点

幼儿园户外操场

三、活动目标

1. 使幼儿体验运动的快乐，培养幼儿自信、大胆、勇于竞争的品质及活泼开朗的个性。

2. 树立家庭运动是孩子成长的重要元素的观点，增强家长与孩子之间的情感交流。

图 2-2-15 选择性连续的部分文本

⊙ 选择全部文本：按“Ctrl+A”组合键（见图 2-2-16）。

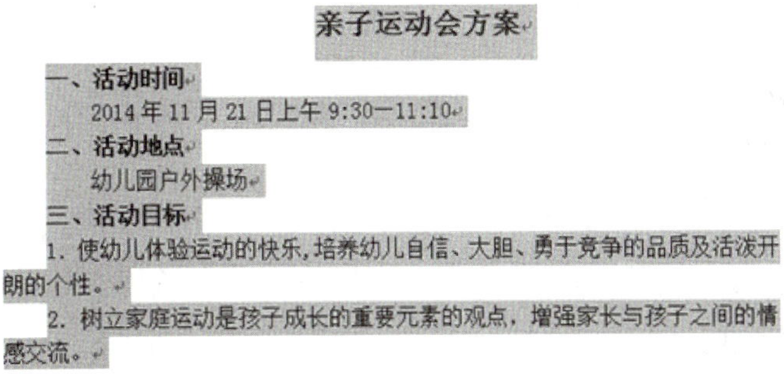
亲子运动会方案

一、活动时间

2014 年 11 月 21 日上午 9:30—11:10

二、活动地点

幼儿园户外操场

三、活动目标

1. 使幼儿体验运动的快乐，培养幼儿自信、大胆、勇于竞争的品质及活泼开朗的个性。

2. 树立家庭运动是孩子成长的重要元素的观点，增强家长与孩子之间的情感交流。

图 2-2-16 选择全部文本

（2）修改文本

⊙ 选择文本后直接输入修改后的内容。

⊙ 将鼠标光标定位到需要删除的文本后，按“BackSpace”键删除文本后，输入正确的内容。

6. 移动与复制文本

（1）移动文本

单击鼠标左键拖动选择文本后，按住鼠标左键不放，将所选文本拖放至目标位置即可。

（2）复制文本

⊙ 单击鼠标左键拖动选择文本后，按住“Ctrl”键的同时，单击所选文本将其拖放至目标位置即可。

⊙ 按“Ctrl+C”组合键复制文本，按“Ctrl+V”组合键粘贴文本，或者单击右键【粘贴选项】中的按钮。

7. 撤销与恢复操作

（1）撤销操作

单击快速访问工具栏中的【撤销】按钮，或者按“Ctrl+Z”组合键可撤销最后一次操作，再按一次可撤销倒数第二次操作。

（2）恢复操作

单击快速访问工具栏中的【撤销】按钮，或者按“Ctrl+Y”组合键可恢复倒数第二次操作，再按一次可恢复最后一次操作。

（二）亲子运动会安全预案

活动目标

Word 文档排版和表格制作。

活动重点

- 设置文本格式；
- 设置段落格式；
- 使用格式刷；
- 设置边框和底纹；
- 创建表格；
- 编辑表格；
- 设置表格格式。

活动设计

华中师范大学附属铁桥幼儿园
第一届亲子运动会安全预案

为确保本次运动会的安全、顺利召开，幼儿园成立安全领导小组，并制定安全应急预案：

一、安全领导小组成员

组长：××

副组长：××、××、××

小组成员：××、××、××、××、××、××

二、应急预案具体措施

（一）在运动会前一周向全园家长发布活动通知，便于家长为幼儿做好各方面的准备。

（二）提前开会使各班明确活动程序和规则，向家长提出活动中的各项规定，请家长和小朋友配合执行。

（三）要求参与运动会的家长不要把车辆停放在幼儿园大门区域，以保证安全通道畅通。

（四）活动开始前幼儿园大门关闭，安保人员看管好园门，9：00 准时开门，家长持卡进入。

（五）活动过程中防止幼儿自行出园。如有提前离园幼儿必须由班级教师陪同方可出园。幼儿不能自行出园。

（六）保健医全程备好消毒、包扎药物，做好外伤急救准备。

（七）活动结束幼儿必须回教室，教师清点人数后由家长陪同幼儿离园。

（八）若突发不安全事件，全小组成员要在各自岗位听组长统一指挥，保证幼儿人身安全。

安排表格

时间	工作任务	责任人
7：30—9：00	舞台、布景、器械	
	早班、保育员打扫院内清洁	
	关闭园门	
9：00—9：30	现场家长秩序	
	播放音乐	
	晨检	
9：30—11：00	运动会现场	
	安全巡视	
10：40	颁奖、准备领餐	
11：00	离班	
	离园	
11：30	整理会场后用餐	
	整理班级，关闭门窗	

华中师范大学附属铁桥幼儿园

2014 年 11 月 21 日

方法与步骤

1. 设置文本格式

(1) 设置字体、字号

① 先选取“华中师范大学附属铁桥幼儿园第一届亲子运动会安全预案”文本，打开【开始】选项卡，在【字体】组的【字体】列表中选择字体，如“宋体”。在【字号】列表中选择字体大小，如“小三”号（见图 2-2-17）。

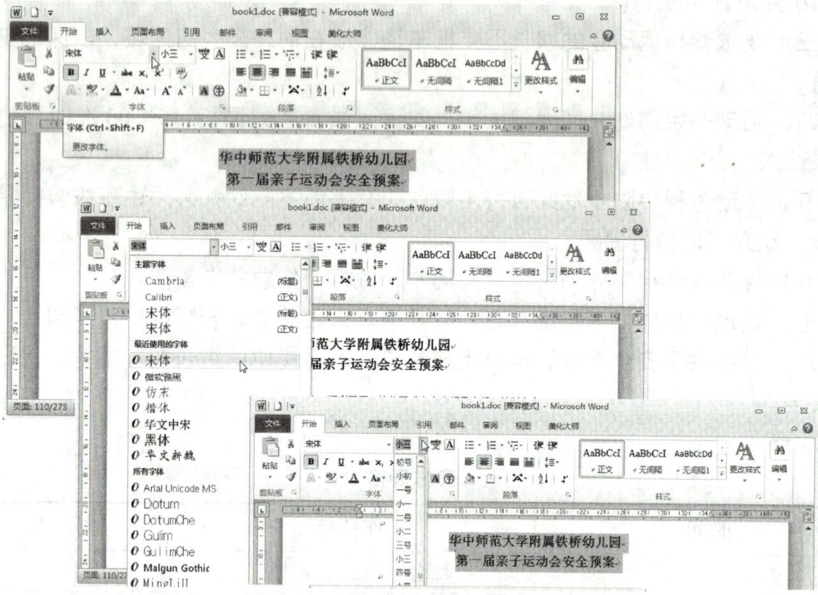

图 2-2-17　设置字体、字号（1）

② 选取“华中师范大学附属铁桥幼儿园第一届亲子运动会安全预案”文本，单击鼠标右键，选择【字体】选项，弹出【字体】对话框。在【中文字体】、【字号】中选择所需格式（见图 2-2-18）。

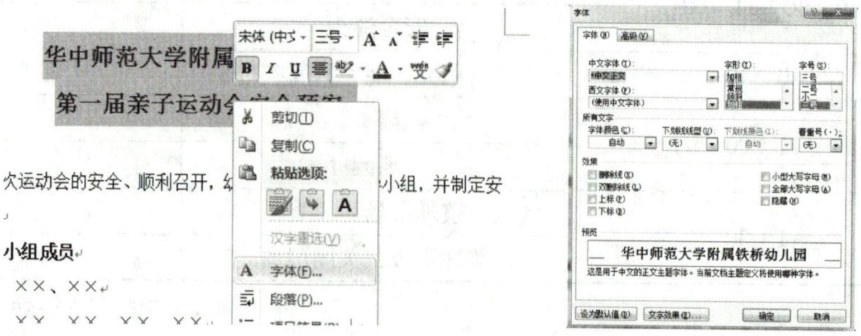

图 2-2-18　设置字体、字号（2）

③ 选取“华中师范大学附属铁桥幼儿园第一届亲子运动会安全预案”文本，右上角会出现浮动工具栏，选择【字体】选项，弹出【字体】对话框。在【中文字体】、【字号】中选择所需格式。

提示：Word 中有两种标准表示字体的大小，一种是中文，最大的是初号，数字越大，文字越小；另一种是西文，最大的是 72 号，数字越大，文字越大。

为了突出某些字，可以改变字形。Word 中的四种字形分别是“常规”、“倾斜”、“加粗”、“加粗倾斜”，默认字形是“常规”。选取需更改文本，点击其中按钮来达到所需效果。

（2）设置字体颜色

选取“华中师范大学”文本，单击【字体颜色】按钮，选择文字的颜色，如红色（见图 2-2-19）。

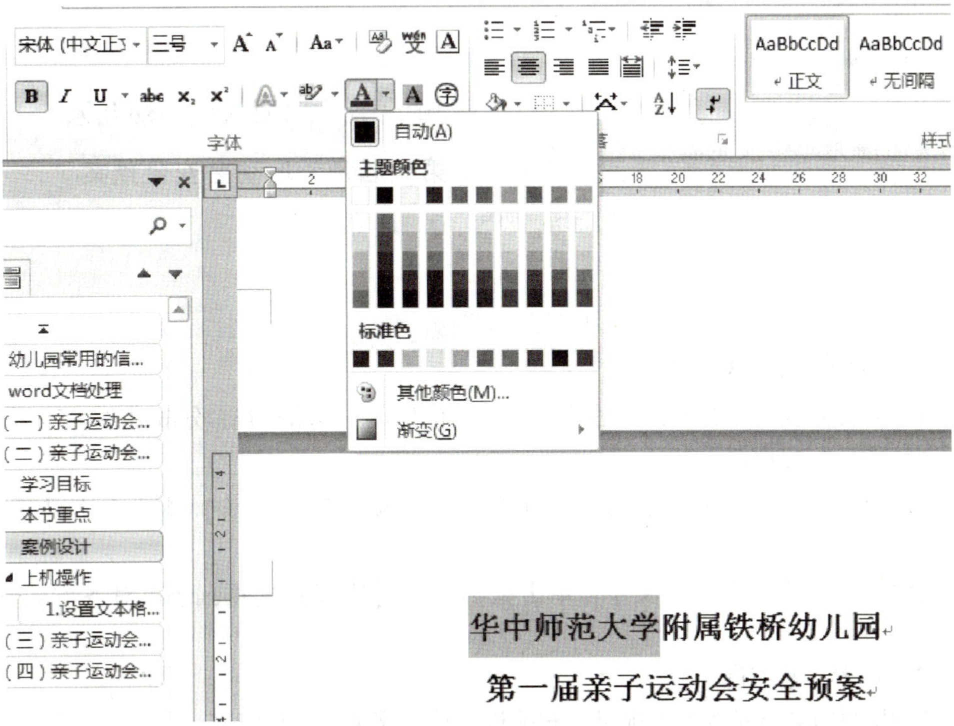

图 2-2-19 设置字体颜色（1）

选取“华中师范大学”文本，点击鼠标右键，选择【字体】选项，弹出【字体】对话框，选择字体颜色，如果没有合适的颜色，点【其他颜色】按钮，选择所需颜色（见图 2-2-20）。

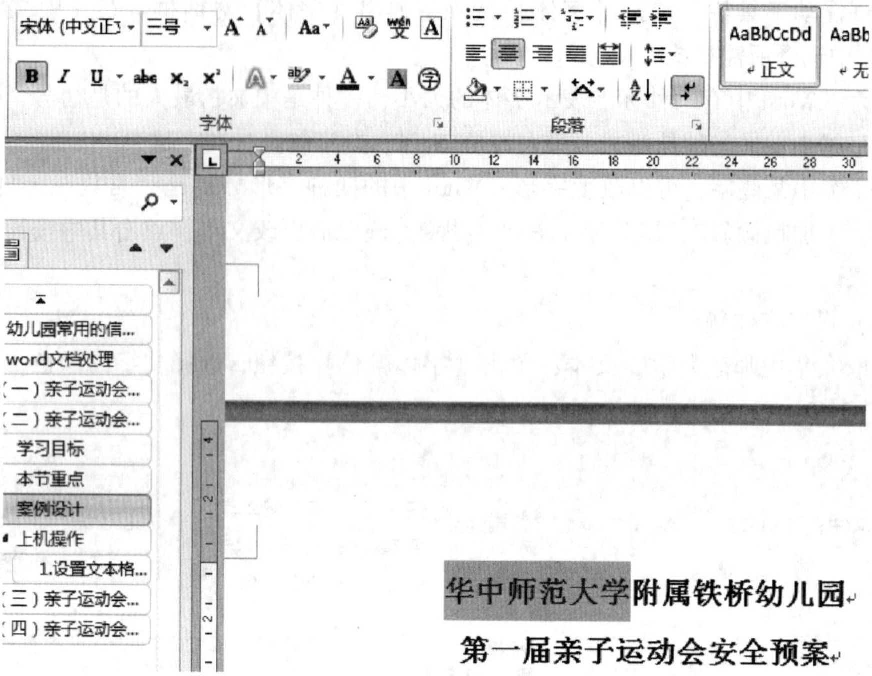

图 2-2-20　设置字体颜色（2）

2. 设置段落格式

（1）设置段落对齐方式

段落的对齐方式有五种：左对齐、居中、右对齐、两端对齐、分散对齐，对应的按钮分别是 。

选取“华中师范大学”文本，在【开始】选项卡的【段落】组中点击【居中】按钮。

选取“华中师范大学”文本，单击鼠标右键【段落】选项，选择对齐方式【居中】。

（2）设置段落缩进

四种所见方式分别为：左缩进、右缩进、首行缩进、悬挂缩进。

选取段落文本后，在【开始】选项卡的【段落】组中点击按钮 来增加或减少文本的缩进量。

选取段落文本后，单击鼠标右键，在浮动工具栏中选择按钮 来增加或减少文本的缩进量。

选取段落文本，单击鼠标右键【段落】选项，弹出【段落】选项框，选择【缩进和间距】→【特殊格式】选项中的【首行缩进】按钮，磅值设置为“2 字符”（见图 2-2-21）。

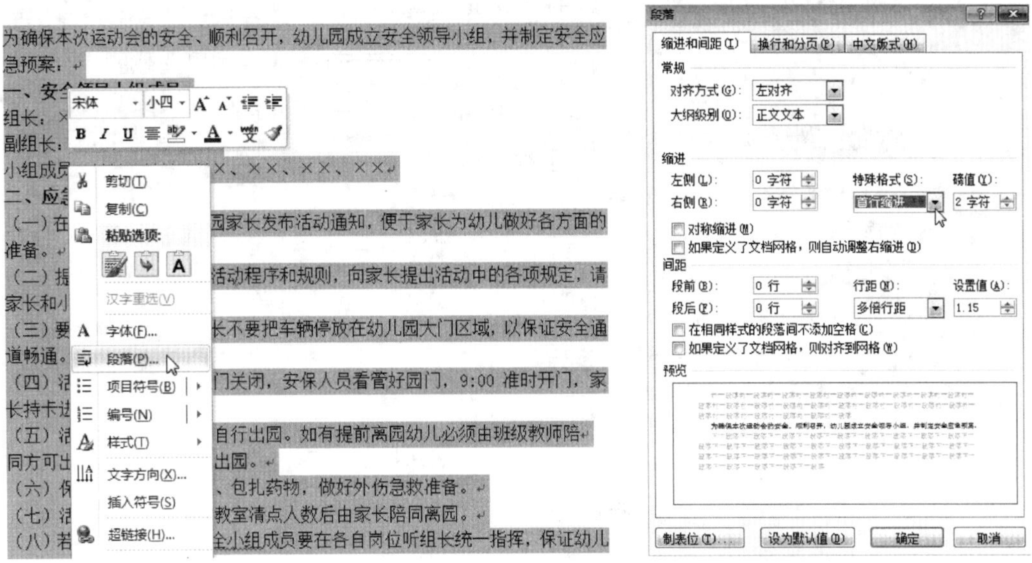

图 2-2-21　设置段落格式

(3) 设置段落间距

1) 设置字符间距

选取段落文本，单击鼠标右键，选择【字体】选项，弹出【字体】对话框。单击【高级】选项卡，在【间距】列表中选择“加宽”或“紧缩”，设置完磅值后点击“确定”。

2) 设置行间距和段落间距

选取段落文本，单击鼠标右键，选择【段落】选项，弹出【段落】对话框，在【段前】、【段后】的选项后输入数值；在【行距】选项的列表中选择所需的方式，并输入数值，如“多倍行距”、“1.15”。

3. 使用格式刷

编辑文本时会遇到不同的文本需设置相同的格式，这时就会用到格式刷。格式刷可以用于复制格式。

选取文本，点击【开始】→【段落】组中的【格式刷】按钮，待光标变为刷子形状，将鼠标定位到需更改格式的文本前，按住鼠标左键拖动选取文本即可。

4. 设置边框和底纹

(1) 设置边框

1) 为文字或段落设置边框

点击【开始】选项卡→【段落】组中的【下框线】下拉按钮，单击【边框和底纹】，在弹出的【边框和底纹】对话框中选择【设置】、【样式】、【颜色】、【宽度】、【应用于】选项（见图 2-2-22）。

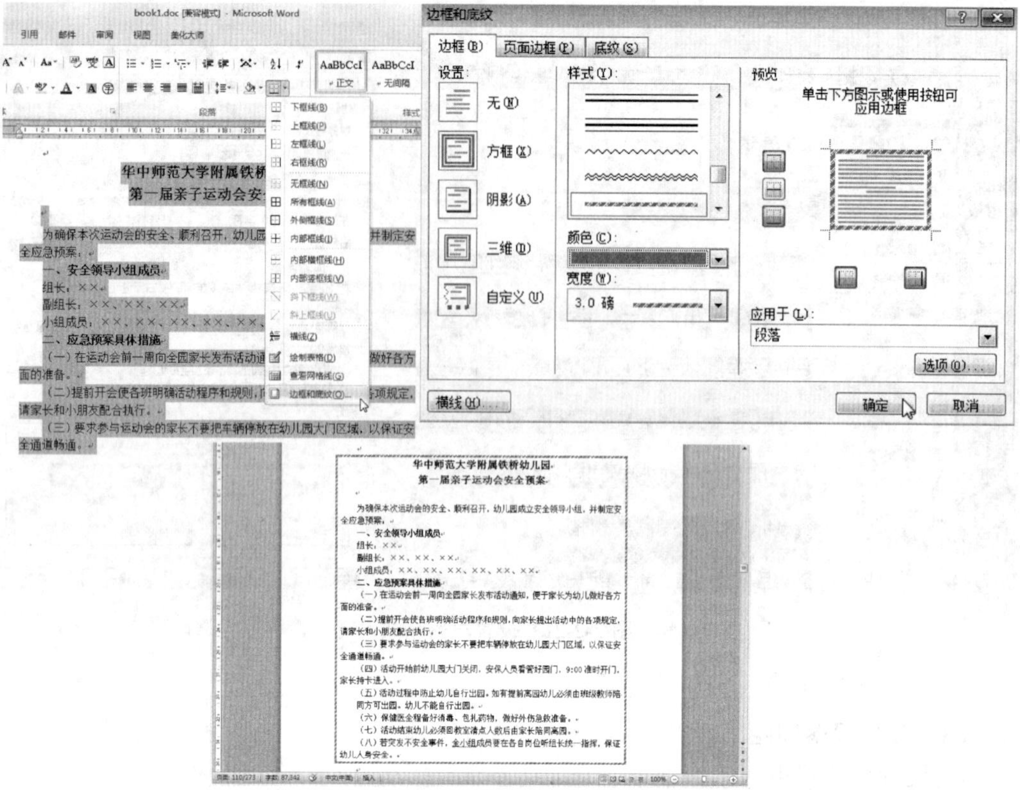

图 2-2-22　为文字或段落设置边框

2）为页面设置边框

点击【开始】选项卡→【段落】组中的【下框线】下拉按钮 →【边框和底纹】，在弹出的【边框和底纹】对话框中选择【页面边框】选项卡，选择【艺术型】、【宽度】等选项（见图 2-2-23）。

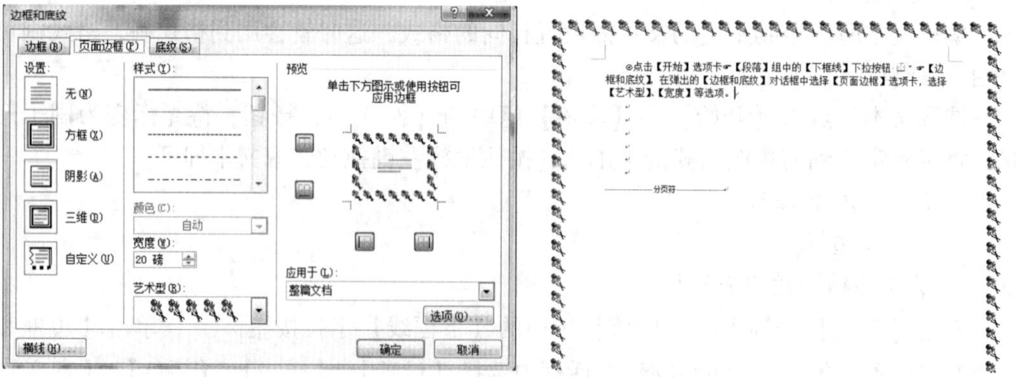

图 2-2-23　为页面设置边框

（2）设置底纹

打开【边框和底纹】对话框，选择【底纹】选项卡，设置【填充】、【样式】、【颜色】选项。

5. 创建表格

（1）插入表格

点击【插入】选项卡→【表格】选项→选择【插入表格】中的网格框，如“3＊2”（见图 2-2-24）。

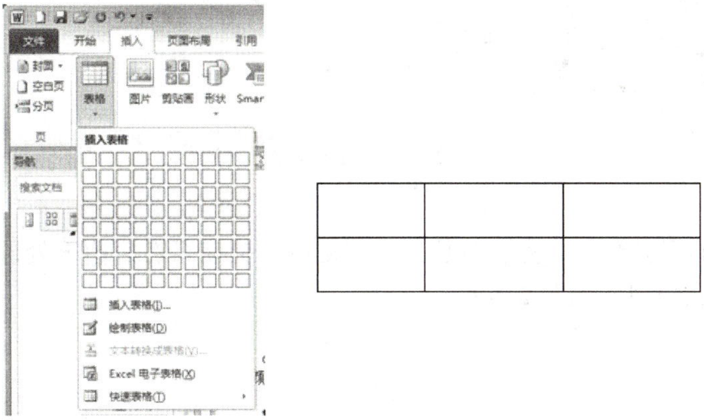

图 2-2-24　创建表格（1）

点击【插入】选项卡→【表格】选项→选择【插入表格】选项，在【列数】和【行数】中输入数值，如列数与行数“3＊14”（见图 2-2-25）。

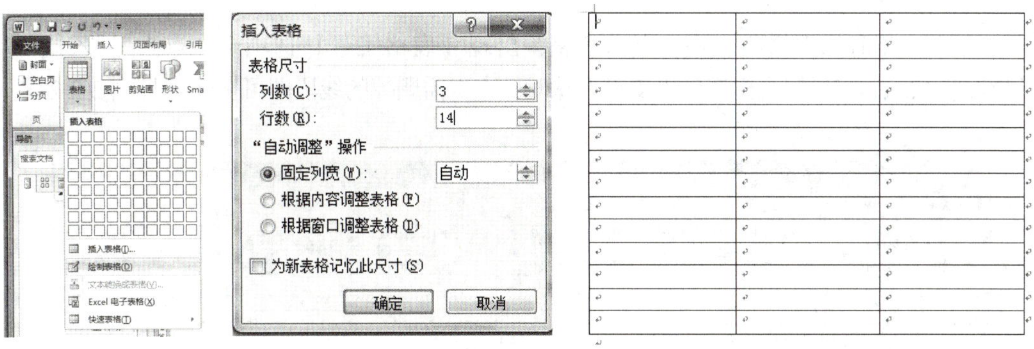

图 2-2-25　创建表格（2）

（2）绘制表格

点击【插入】选项卡→【表格】选项→选择【绘制表格】选项，鼠标光标变成笔形状，按住鼠标左键不放，拖动鼠标，会出现虚线框，拖至合适位置释放鼠标即可

（见图 2-2-26）。

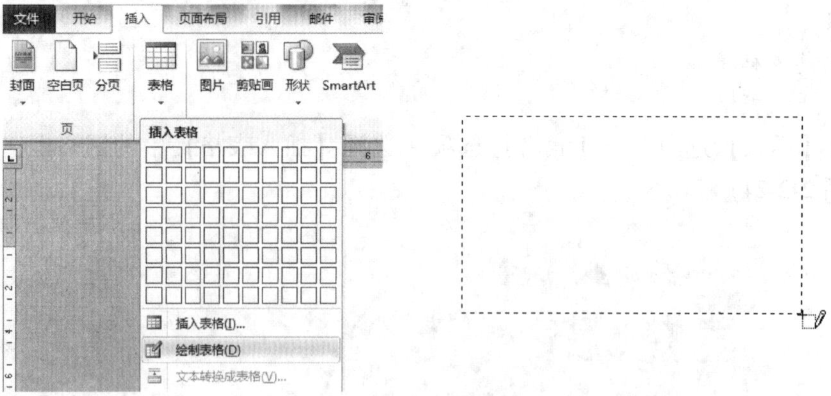

图 2-2-26　绘制表格（1）

在左边边框处定位插入点，按住鼠标左键向右拖动至右边边框处即可绘制出横线，绘制竖线的方式类似（见图 2-2-27）。

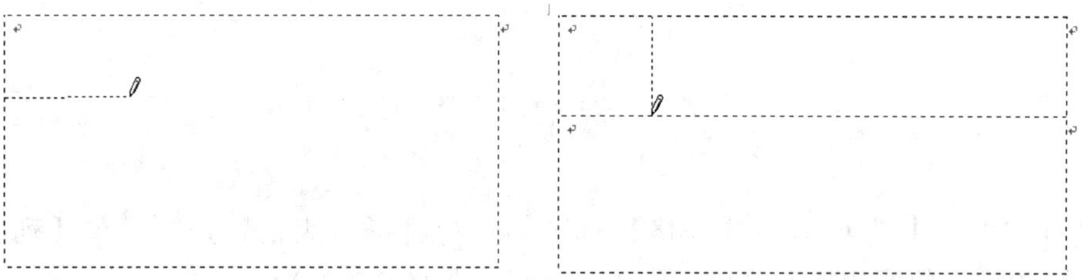

图 2-2-27　绘制表格（2）

绘制表格时如需修改表格，点击表格，出现【表格工具】选项卡，点击【设计】→【擦除】按钮，当鼠标光标变成橡皮擦形状时，点击需删掉的线段即可擦除（见图 2-2-28）。

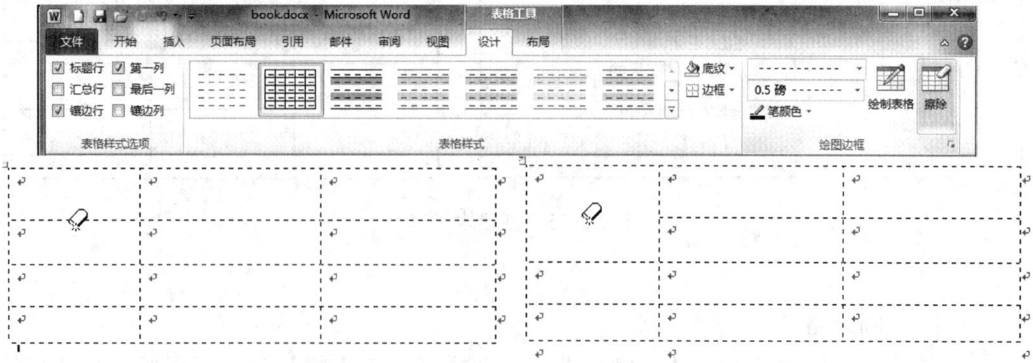

图 2-2-28　修改表格

(3) 插入 Excel 表格

点击【插入】选项卡→【表格】选项→选择【Excel 电子表格】即可插入，编辑表格完成后点击文档空白处即可。

6. 编辑表格

(1) 选择单元格、行、列和表格

1) 选择单元格

点击表格后，选择【表格工具】选项卡→【布局】选项，将插入点定位到需选取的单元格中，单击【选择】选项→【选择单元格】即可（见图 2-2-29）。

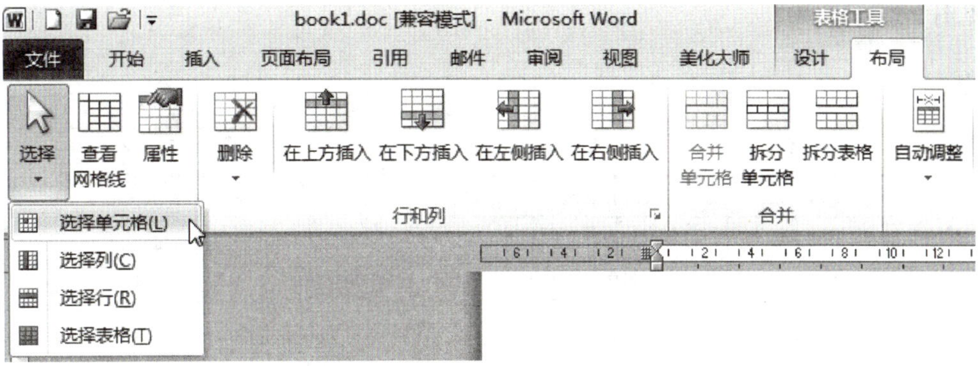

图 2-2-29　选择单元格

选择一个单元格：将插入点移动到任一单元格的左侧边框处，当鼠标光标变为黑色箭头，单击鼠标左键即可（见图 2-2-30）。

选择多个单元格：选择一个单元格后，按住鼠标不放，将鼠标拖动到目标位置即可（见图 2-2-31）。

时间	工作任务
7:30—9:00	舞台、布景、器械
	早班、保育员打扫院内清洁
	关闭园门
9:00—9:30	现场家长秩序
	播放音乐
	晨检

图 2-2-30　选择一个单元格

时间	工作任务
7:30—9:00	舞台、布景、器械
	早班、保育员打扫院内清洁
	关闭园门
9:00—9:30	现场家长秩序
	播放音乐
	晨检

图 2-2-31　选择多个单元格

选择多个不连续单元格：选取一个单元格后，按住 Ctrl 键不放，选取其他单元格。

2）选择行

点击表格后，选择【表格工具】选项卡→【布局】选项，将插入点定位到需选择的行中任一单元格中→单击左上角【选择】选项→【选择行】即可。

将插入点移动到需选取的行左侧，当鼠标光标变为白色箭头，单击鼠标左键即可（见图 2-2-32）。

3）选择列

点击表格后，选择【表格工具】选项卡→【布局】选项，将鼠标光标定位到需选择的列中任一单元格中，单击【选择】选项→【选择列】即可。

将插入点移动到需选择的列上方，当鼠标光标变为黑色箭头，单击鼠标左键即可（见图 2-2-33）。

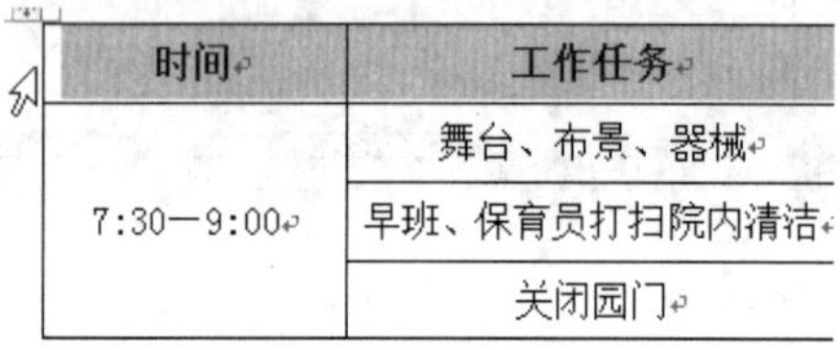

图 2-2-32　选择行

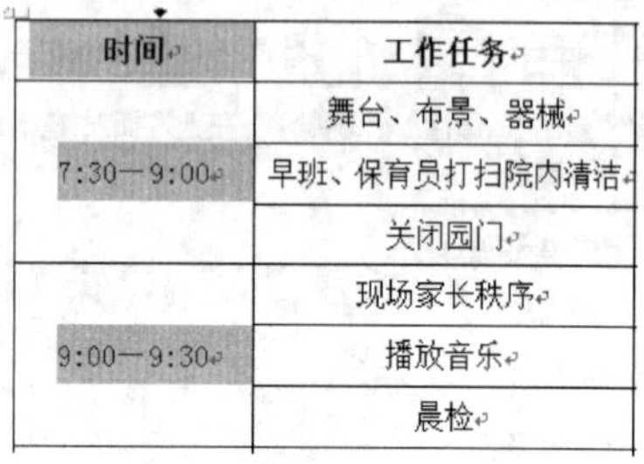

图 2-2-33　选择列

4）选择表格

点击表格后，选择【表格工具】选项卡→【布局】选项，将鼠标光标定位到需选择的单元格中，单击【选择】选项→【选择单元格】即可。

将鼠标移动到表格内，表格的左上角和右上角会出现两个图标，单击任何一个图标即可。

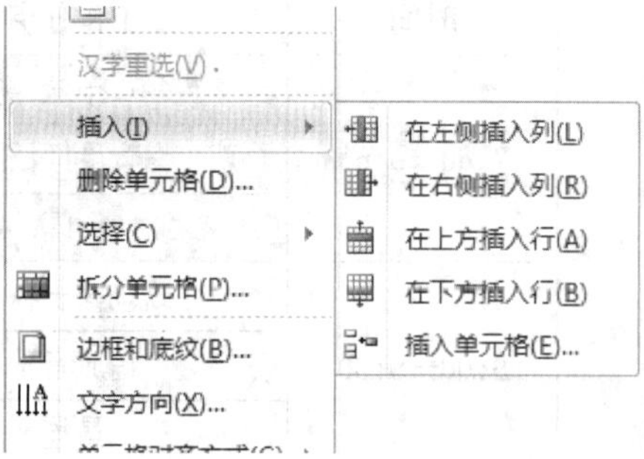

图 2-2-34　插入单元格

（2）修改表格

1）插入单元格、行和列

将插入点定位至需插入的地方，单击右键，选择【插入】选项卡→【插入单元格】，在弹出的对话框中选择某种方式即可（见图 2-2-34）。

将插入点定位至需插入的地方，单击右键，选择【插入】选项卡→根据需要选择【在上方插入行】或【在下方插入行】或【在左侧插入列】或【在右侧插入列】。

将插入点定位至表格末尾的箭头处，按【Enter 键】插入一行或者单击表格最后一个单元格，按【Tab 键】即可插入新的一行。

2）删除单元格、行和列

将插入点定位至需删除的地方，单击右键，选择【插入】选项卡→根据需要选择某种方式即可。

（3）合并与拆分单元格

选取需合并的单元格，单击鼠标右键，选择【合并单元格】即可；或者点击表格后，选择【表格工具】选项卡→【布局】选项，选取需合并的单元格，单击【合并单元格】按钮即可（见图 2-2-35）。

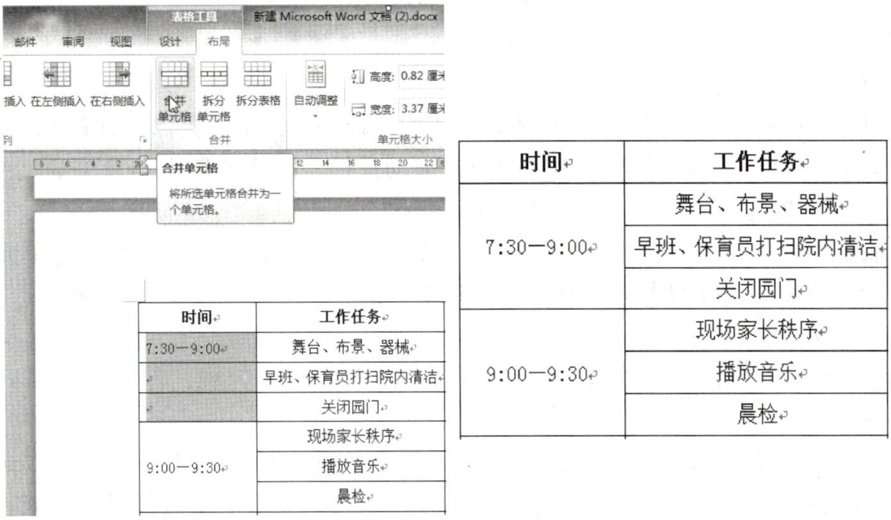

图 2-2-35　合并单元格

选取需拆分的单元格，单击鼠标右键，选择【拆分单元格】，在弹出的对话框中设置行数和列数即可；或者点击表格后，选择【表格工具】选项卡→【布局】选项，选择需拆分的单元格，单击【拆分单元格】按钮即可。

（4）拆分表格

将鼠标光标定位至拆分后形成的第二个表格的第一行，选择【表格工具】选项卡→【布局】选项→【拆分表格】按钮即拆分为两个表格。

提示：当表格内容比较多，占两个或以上页面时，需要在下一页面的表格中设置标题行，使表格更加清晰明了。将鼠标定位至表格首行任一单元格中，选择【表格工具】选项卡→【布局】选项→数据组中的【重置标题行】按钮即可在后续的页面中显示标题行。

7. 设置表格格式

（1）调整表格格式

1）调整表格大小

将鼠标光标移动到表格上，表格右下角会出现方框图标，鼠标光标移至图标处，待光标变成白色箭头，单击并拖动鼠标来调整表格大小（见图 2-2-36）。

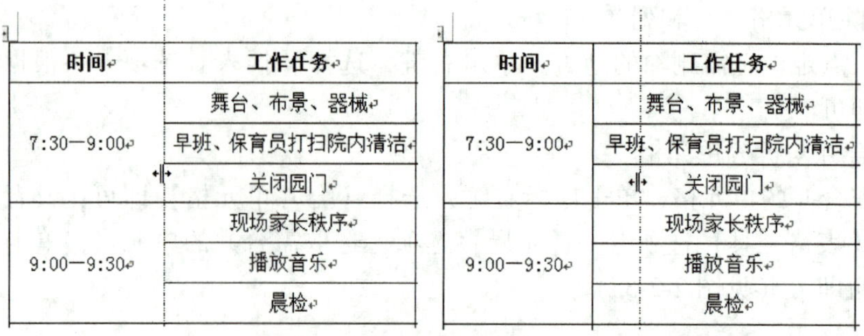

图 2-2-36　调整表格大小

2）调整行高和列宽

将鼠标光标移动到分割线上，待光标变为双向箭头时，单击鼠标不放会出现一条虚线，拖动至目标处。按住【Shift 键】的同时拖动鼠标，表格整体大小发生变化；按住【Ctrl 键】的同时拖动鼠标，表格整体大小不变化。

选取需调整的行或列，点击【表格工具】选项卡→【布局】选项→【单元格大小】组的【高度】、【宽度】选项中输入合适的数值。

（2）设置表格对齐方式

单击表格中的单元格可直接输入文字，为使表格更加美观，需对文本格式进行调整。

选择单元格或表格，点击【表格工具】选项卡→【布局】选项→【对齐方式】组中的按钮或者点击右键→在弹出的【单元格对齐方式】选项卡中选择对齐方式。下图（图 2-2-37）为标题行设置居中格式，选中标题行后点击【居中】按钮。

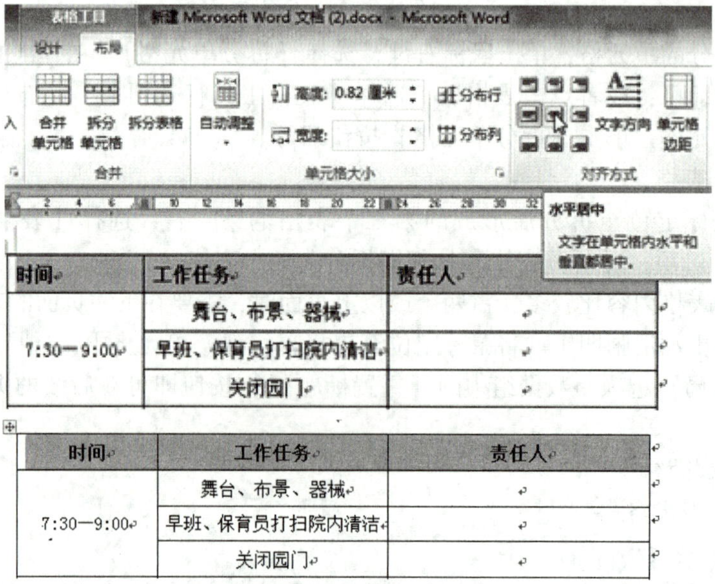

图 2-2-37　设置表格对齐方式

(3) 设置边框和底纹

选择表格，单击鼠标右键→【边框和底纹】选项→在弹出的对话框的【边框】选项中选择所需功能（见图 2-2-38）。

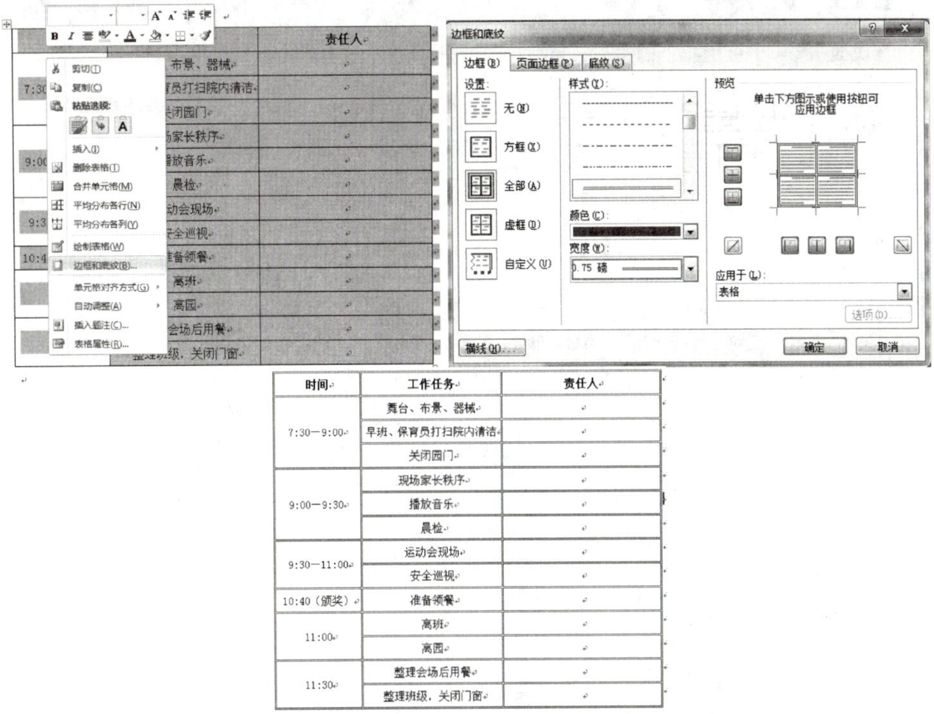

时间	工作任务	责任人
7:30—9:00	舞台、布景、器械	
	早班、保育员打扫院内清洁	
	关闭园门	
9:00—9:30	现场家长秩序	
	播放音乐	
	晨检	
9:30—11:00	运动会现场	
	安全巡视	
10:40（颁奖）	准备领餐	
11:00	离班	
	离园	
11:30	整理会场后用餐	
	整理班级，关闭门窗	

图 2-2-38 设置边框

选择表格，单击鼠标右键→【边框和底纹】选项→在弹出的对话框【底纹】选项中选择所需功能（见图 2-2-39）。

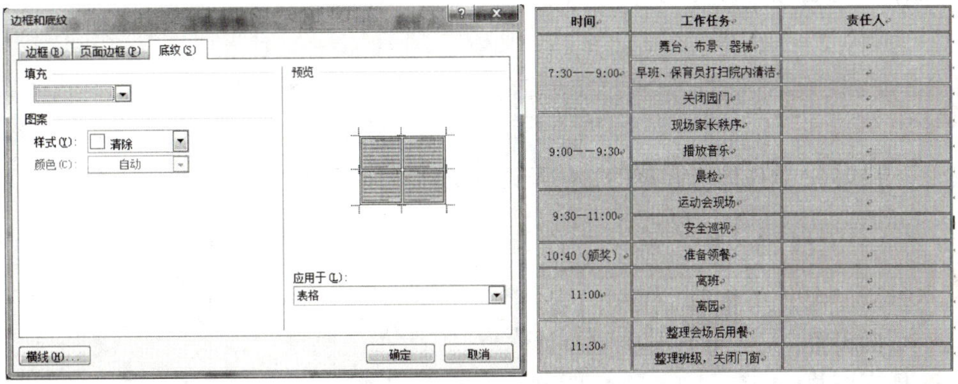

图 2-2-39 设置底纹

（4）套用表格样式

选择表格，单击【表格工具】选项卡的【设计】选项→在【表格样式】组中单击【其他选项】展开列表，选择表格样式（见图 2-2-40）。

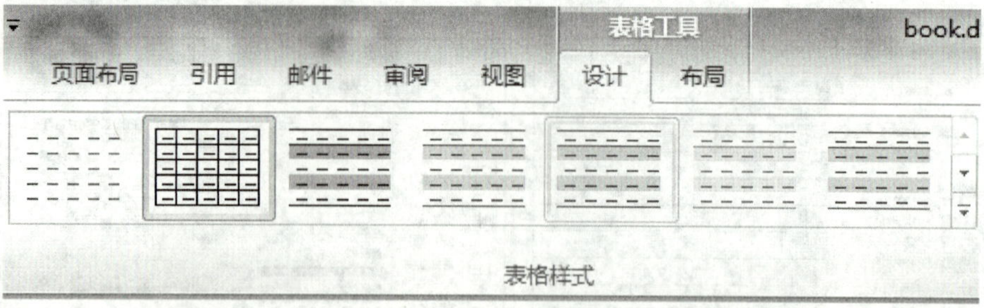

时间	工作任务	责任人
7:30——9:00	舞台、布景、器械	
	早班、保育员打扫院内清洁	
	关闭园门	
9:00——9:30	现场家长秩序	
	播放音乐	
	晨检	
9:30—11:00	运动会现场	
	安全巡视	
10:40（颁奖）	准备领餐	
11:00	离班	
	离园	
11:30	整理会场后用餐	
	整理班级，关闭门窗	

图 2-2-40

（三）亲子运动会新闻稿

活动目标

学会用 Word 制作图文并茂的文档及设计文档页面版式。

活动重点

- 页面设置；
- 插入图片；
- 使用艺术字；

- 使用文本框；
- 分栏排版；
- 设计页眉和页脚；
- 插入页码。

活动设计

“大手牵小手　健康好未来”

——华中师范大学附属铁桥幼儿园第一届亲子运动会隆重举行

最甜的彩梦在金秋。在这金秋之际，华中师范大学附属铁桥幼儿园迎来了属于自己的亲子运动会。为了准备此次运动会，最红的朝阳升在早晨，教师们辛勤劳动，精心编排；小朋友们积极参与，乐于锻炼。2014 年 11 月 21 日上午 9 点伴随着欢快的音乐，两位穿着可爱动物服装的教师在幼儿园门口迎接孩子们和家长的到来，快乐心情从这一刻开始。

9 点 20 分，所有的小运动员们排着整齐的队列，按班级顺序依次入场，他们充满朝气、活力十足、精神抖擞，“We are always number one”、“快乐小一班、实力不一般”……伴着矫健的步伐，孩子们清澈而响亮的口号响彻在运动场上。主持人宣布亲子运动会正式开始。首先举行的是庄严肃穆的升国旗仪式，在园长致开幕词、运动员代表及家长代表的讲话之后，全园教师们以极富动感的韵律操表演拉开了运动会的序幕！

整场亲子活动在体能教师的带动下，家长和孩子们玩得开心，特别是本次运动会园方向每位爸爸发出了邀请，希望在孩子们每一个成长的时刻都有爸爸的陪伴，因为他们传递给孩子们的是坚毅、阳刚和勇敢。有了爸爸们的陪伴，孩子们玩得更加疯狂。看着一张张欢乐的笑脸，整个运动场都被浓浓的爱包围着，在场的所有人无不觉得感动、温馨。

孩子们，这是华师铁桥幼儿园送给你们童年时期的一次美好记忆！爸爸妈妈和教师们会陪伴着你们快乐地成长，永远深爱着你们，宝贝们！

方法与步骤

1. 页面设置

打开【页面布局】选项卡，在【页面设置】组中选择【页边距】选项，默认为“普通”模式，或选择【自定义边距】。

2. 插入图片

（1）插入本地图片

打开【插入】选项卡，在【插图】组中选择【图片】按钮，在弹出的【插入图片】对话框中选择图片，按“Shift”键的同时可选择多张图片，点击【插入】即可（见图 2-2-41）。

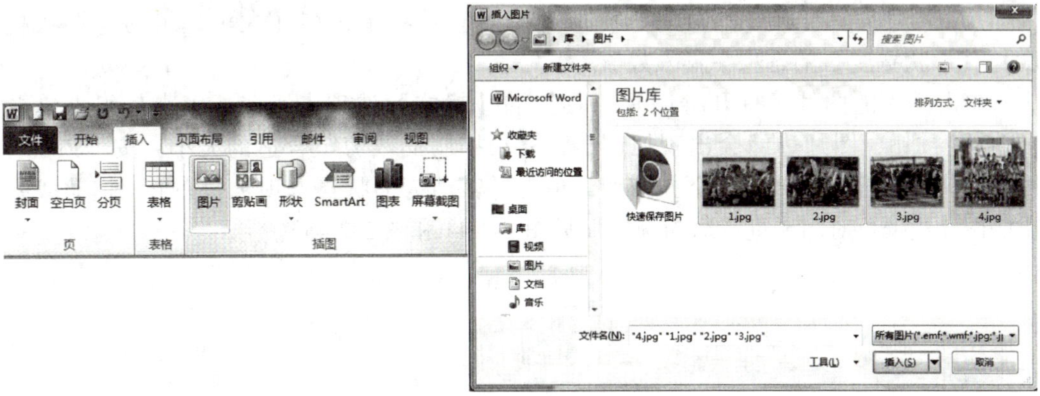

图 2-2-41　插入本地图片

（2）插入屏幕截图

打开【插入】选项卡，在【插图】组中选择【屏幕截图】按钮，点击【屏幕剪辑】选项，待鼠标指针变为“十”字形，按住鼠标左键不放拖动至目标位置（见图 2-2-42）。

图 2-2-42　插入屏幕截图

（3）编辑图片

插入图片后会自动打开【图片工具】的【格式】选项，运用相应的功能按钮对图片进行编辑（见图 2-2-43）。

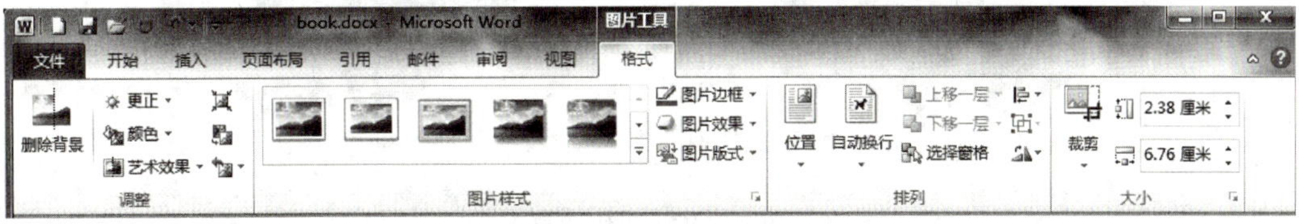

图 2-2-43　编辑图片

1）调整图片大小

点击图片后，打开【图片工具】的【格式】选项卡，在【大小】组的【形状高度】、【形状宽度】的选项中输入数值。

单击插入的图片，打开【图片工具】的【格式】选项卡，在【大小】组中单击【裁剪】按钮，图片边缘会出现控制柄，移动控制柄裁剪至合适的大小，按“Enter”键完成。或者选择【裁剪】下拉按钮，单击【裁剪为形状】选项选择心形，拖动裁剪后的图片边框可对图形进行适当调整（见图 2-2-44 和图 2-2-45）。

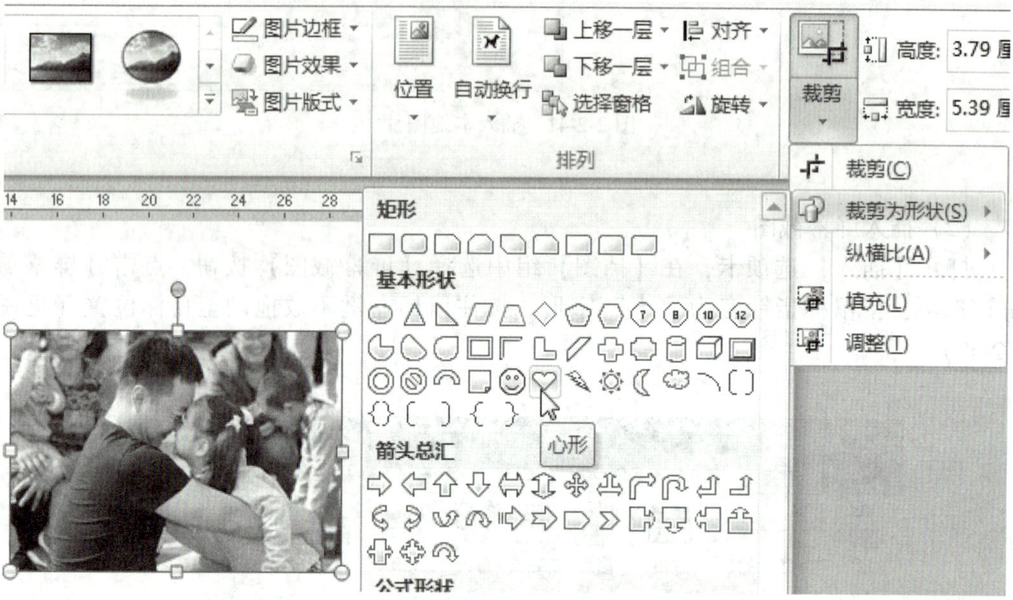

图 2-2-44　图片裁剪

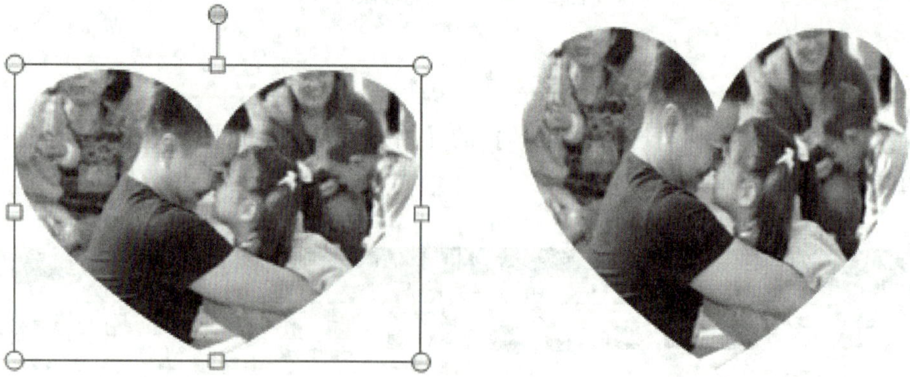

图 2-2-45　图片调整

2）旋转图片

选中图片，打开【图片工具】的【格式】选项卡，并在【排列】组中选择【旋转】按钮，之后在弹出的菜单中选择旋转方式。

3）设置颜色

选中图片，打开【图片工具】的【格式】选项卡，并在【调整】组中选择【颜色】按钮，在弹出的选项中选择合适的颜色，或者选择【其他变体】选项进行调整。

（4）为图片添加样式

1）设置图片边框

点击图片后，打开【图片工具】的【格式】选项卡，然后点击【图片样式】组的【图片边框】按钮，可选择边框的颜色、粗细、线条，或直接选择样式模板（见图 2-2-46）。

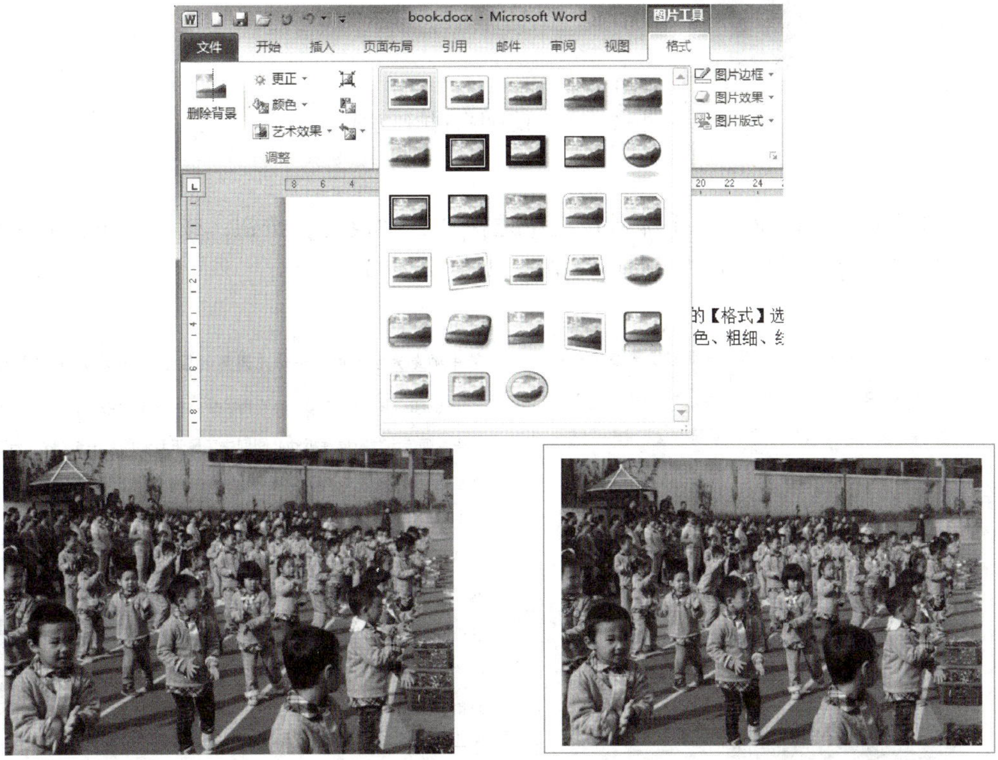

图 2-2-46　设置图片边框

2）设置图片效果

点击图片后，打开【图片工具】的【格式】选项卡，再点击【图片样式】组的【图片效果】按钮，选择合适的样式。

（5）设置图片排列方式

【位置】按钮：选中图片，打开【图片工具】的【格式】选项卡，然后在【排列】

组中选择【位置】按钮，在下拉选项中选取合适的布局方式，如顶端居右，四周型文字环绕（见图 2-2-47）。

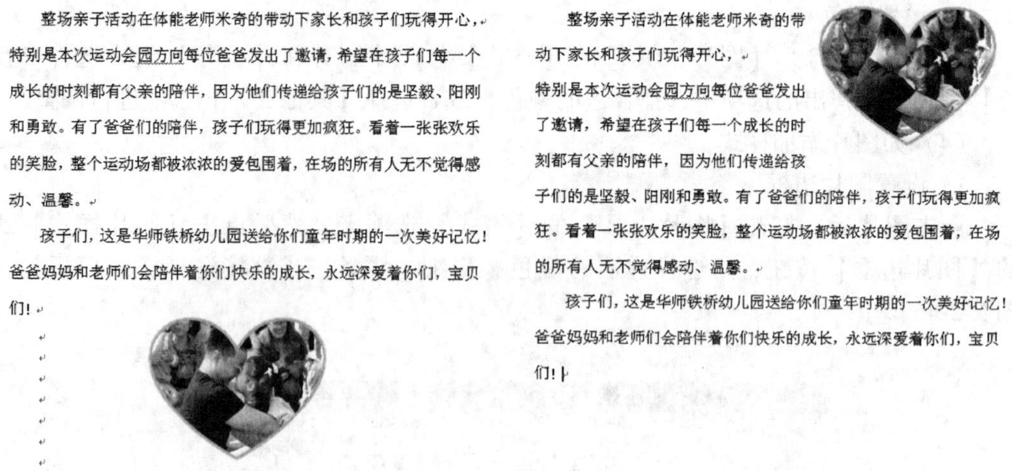

整场亲子活动在体能老师米奇的带动下家长和孩子们玩得开心，特别是本次运动会园方向每位爸爸发出了邀请，希望在孩子们每一个成长的时刻都有父亲的陪伴，因为他们传递给孩子们的是坚毅、阳刚和勇敢。有了爸爸们的陪伴，孩子们玩得更加疯狂。看着一张张欢乐的笑脸，整个运动场都被浓浓的爱包围着，在场的所有人无不觉得感动、温馨。

孩子们，这是华师铁桥幼儿园送给你们童年时期的一次美好记忆！爸爸妈妈和老师们会陪伴着你们快乐的成长，永远深爱着你们，宝贝们！

整场亲子活动在体能老师米奇的带动下家长和孩子们玩得开心，特别是本次运动会园方向每位爸爸发出了邀请，希望在孩子们每一个成长的时刻都有父亲的陪伴，因为他们传递给孩子们的是坚毅、阳刚和勇敢。有了爸爸们的陪伴，孩子们玩得更加疯狂。看着一张张欢乐的笑脸，整个运动场都被浓浓的爱包围着，在场的所有人无不觉得感动、温馨。

孩子们，这是华师铁桥幼儿园送给你们童年时期的一次美好记忆！爸爸妈妈和老师们会陪伴着你们快乐的成长，永远深爱着你们，宝贝们！

图 2-2-47　设置图片排列方式

【自动换行】按钮：在【排列】组中选择【自动换行】按钮，或点击鼠标右键选择【自动换行】选项，如“四周环绕型”（见图 2-2-48）。

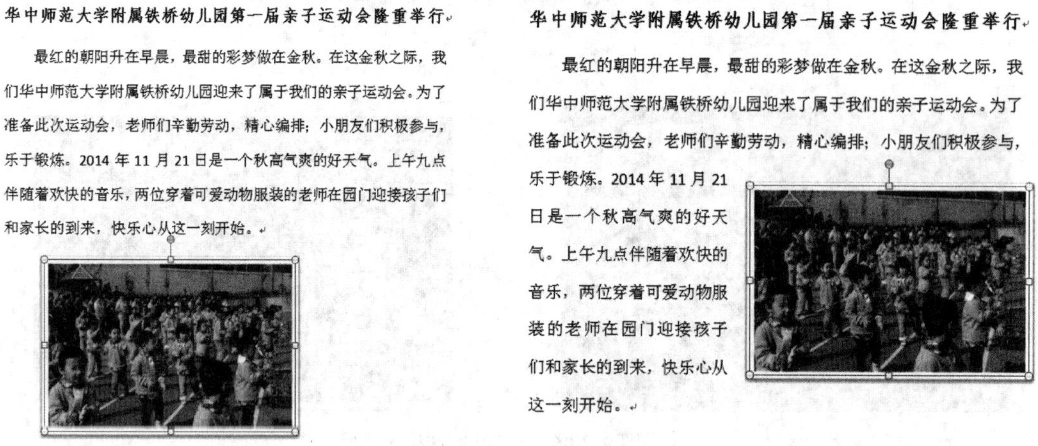

华中师范大学附属铁桥幼儿园第一届亲子运动会隆重举行

最红的朝阳升在早晨，最甜的彩梦做在金秋。在这金秋之际，我们华中师范大学附属铁桥幼儿园迎来了属于我们的亲子运动会。为了准备此次运动会，老师们辛勤劳动，精心编排；小朋友们积极参与，乐于锻炼。2014 年 11 月 21 日是一个秋高气爽的好天气。上午九点伴随着欢快的音乐，两位穿着可爱动物服装的老师在园门迎接孩子们和家长的到来，快乐心从这一刻开始。

华中师范大学附属铁桥幼儿园第一届亲子运动会隆重举行

最红的朝阳升在早晨，最甜的彩梦做在金秋。在这金秋之际，我们华中师范大学附属铁桥幼儿园迎来了属于我们的亲子运动会。为了准备此次运动会，老师们辛勤劳动，精心编排；小朋友们积极参与，乐于锻炼。2014 年 11 月 21 日是一个秋高气爽的好天气。上午九点伴随着欢快的音乐，两位穿着可爱动物服装的老师在园门迎接孩子们和家长的到来，快乐心从这一刻开始。

图 2-2-48　“自行换行”

【上移一层】和【下移一层】按钮：选中图片后，在【排列】组中选择【上移一层】或【下移一层】按钮来调整图片的上下顺序（见图 2-2-49）。

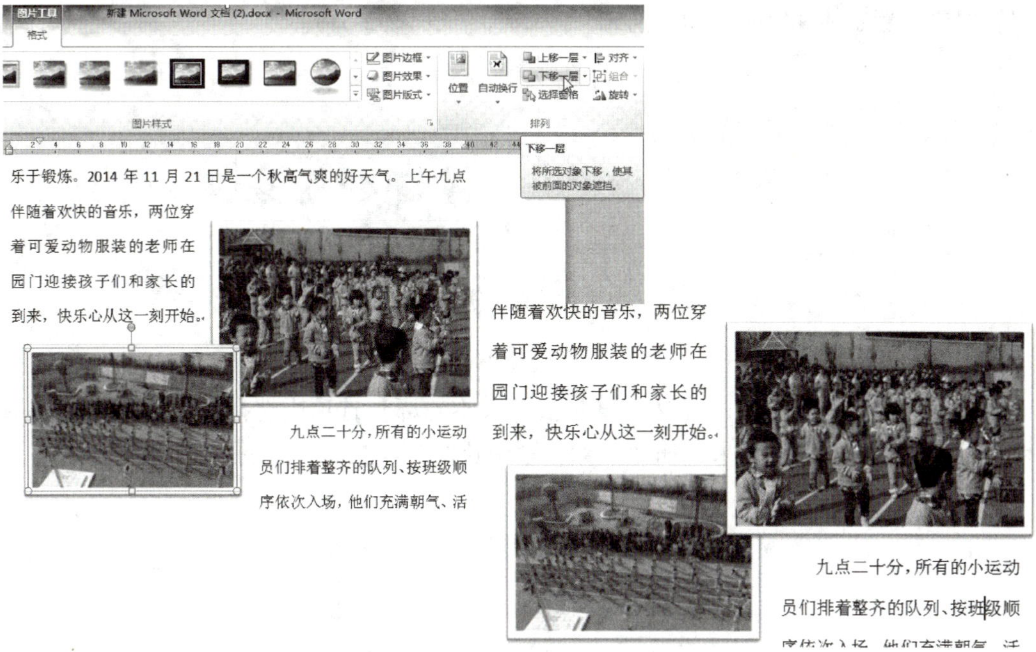

图 2-2-49　调整图片的上下顺序

【组合】按钮：选中多张图片后，在【排列】组中选择【组合】按钮，可对多张图进行“一起移动”、“放大”、“缩小”等操作。

3. 使用艺术字

将插入点定位至目标位置，打开【插入】选项卡，在【文本】组中点击【艺术字】按钮，在列表中选择适合的效果（见图 2-2-50）。

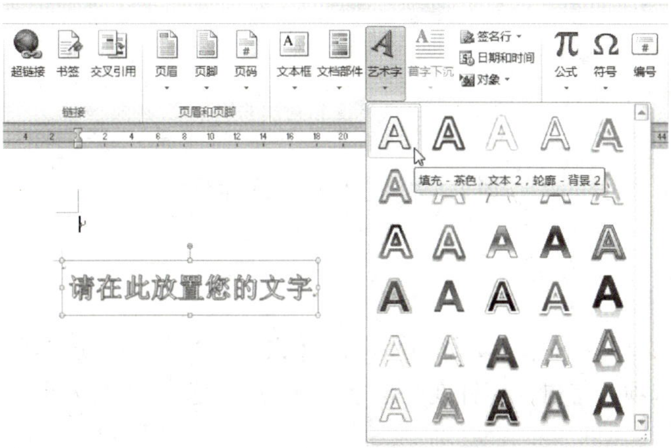

图 2-2-50　使用艺术字

在艺术字方框中输入文字，如“大手牵小手健康好未来”。选中艺术字，在【字体】组中设置字体和字号，如“仿宋”、“28”（见图2-2-51）。

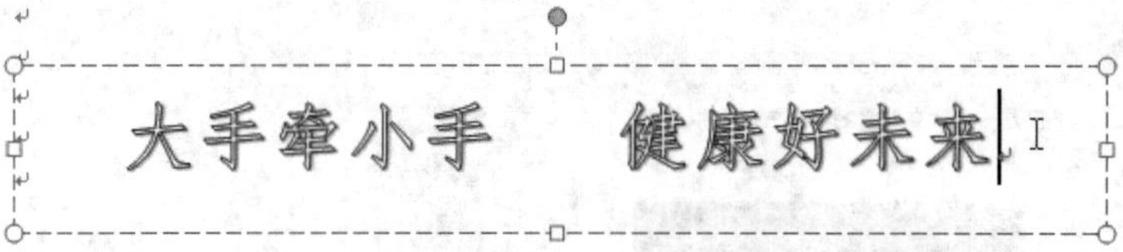

图2-2-51　设置艺术字字体和字号

在【艺术字样式】组的【文本填充】、【文本轮廓】选项中选择颜色，在【文本效果】选项中选择所需的效果，如“映像—紧密映像”、“棱台”（见图2-2-52）。

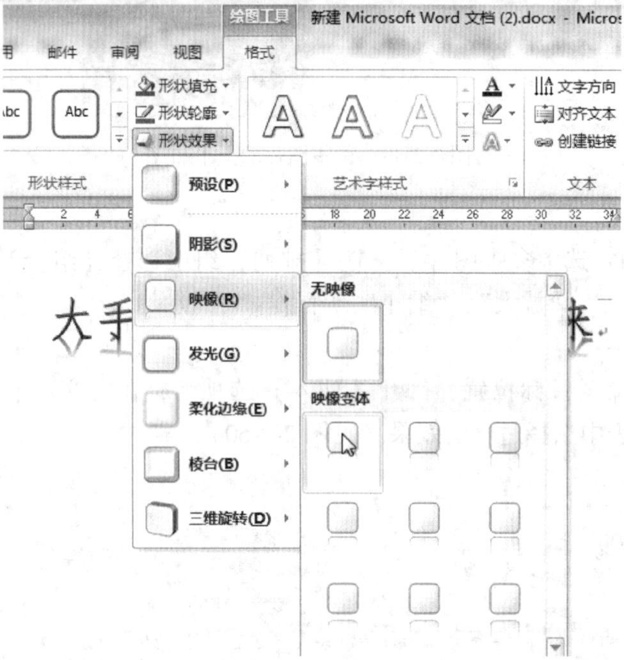

图2-2-52　艺术字体的文本效果

4. 使用文本框

在【插入】选项卡的【文本】组中单击【文本框】按钮，选择已有的模板或者是【绘制文本框】选项，待鼠标指针变为十字，拖动鼠标至合适的大小后释放即可（见图2-2-53）。

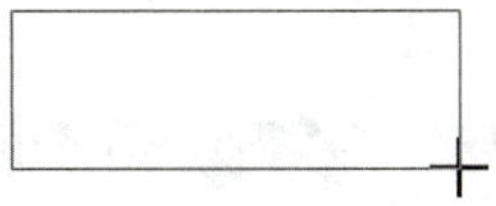

图 2-2-53　使用文本框

在【格式】选项卡的【形状样式】组中选择模板，如“强烈效果-水绿色，强调颜色 5”。在文本框中输入文字，如“大手牵小手 健康好未来”，设置字体、字号依次为“仿宋”、“28”，拖动图片边框调整大小（见图 2-2-54）。

图 2-2-54　形状样式

将鼠标指针移动到文本框上，单击右键，选择【设置形状格式】选项，并在弹出的对话框中选择相应的功能，如【文本框】→【垂直对齐方式】→【中部对齐】。

在【格式】选项卡的【排列】组中选择【自动换行】选项，如“浮于文字上方”。单击文本框，将鼠标移动到边框上，待鼠标变形后，按住鼠标不放拖动至目标处即可（见图 2-2-55）。

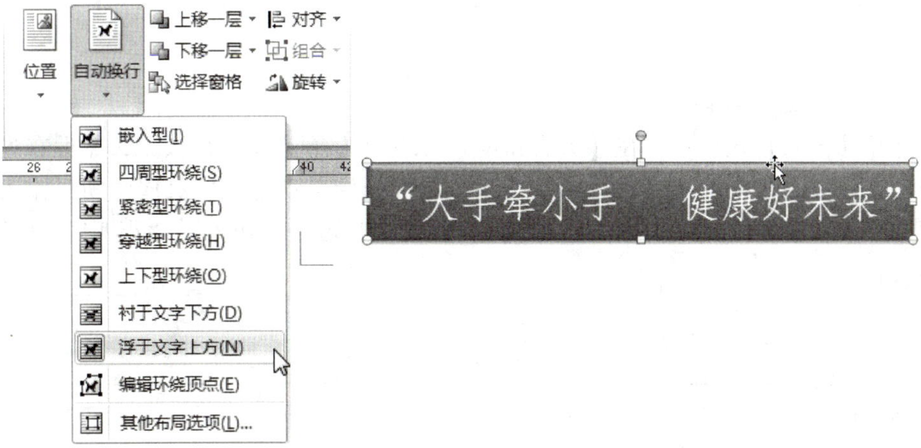

图 2-2-55　“浮于文字上方”

5. 分栏排版

选中需要设置分栏的文档，打开【页面布局】选项卡，在【页面设置】组中选择

【分栏】按钮，并在下拉选项中选择【更多分栏】选项，选择所需功能，如“两栏”、“分隔线”、“栏宽相等”，单击【确认】按钮（见图 2-2-56）。

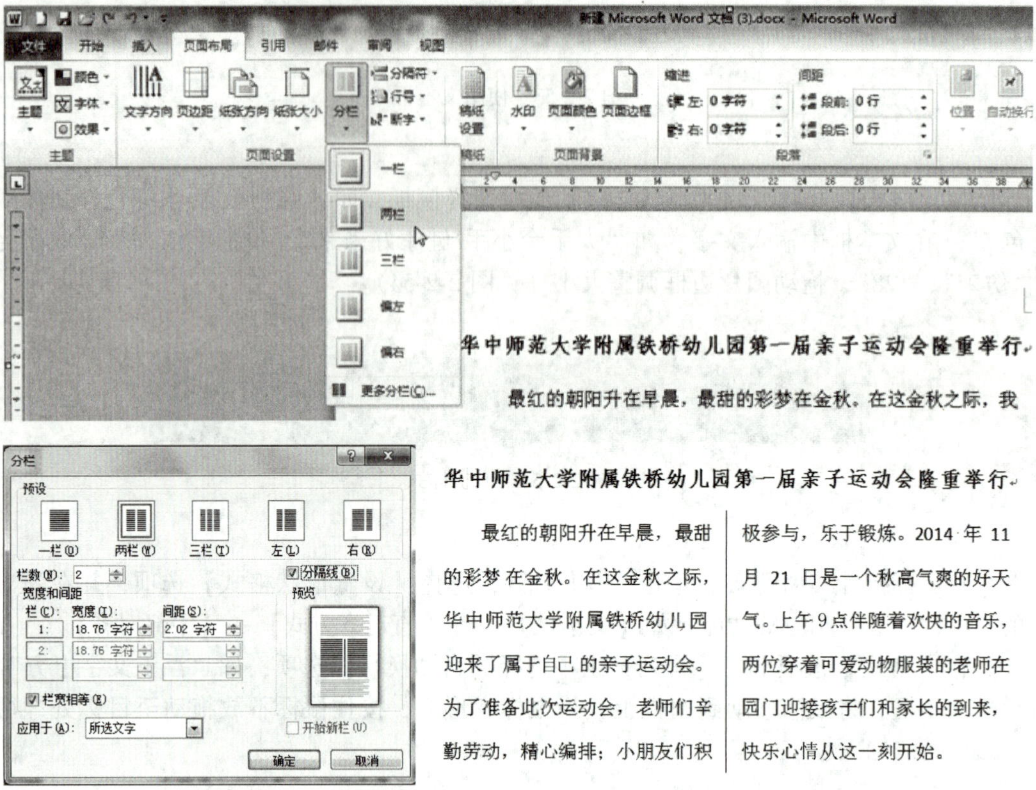

图 2-2-56　分栏排版

6. 设计页眉和页脚

打开【插入】选项卡，在【页眉和页脚】组中选择【页眉】按钮，然后在列表中选择已有模板或者点击【编辑页眉】按钮，鼠标光标自动定位到页眉中间，输入文本并设置字体和字号，如“华中师范大学附属铁桥幼儿园”、“仿宋”、“小四”（见图 2-2-57）。

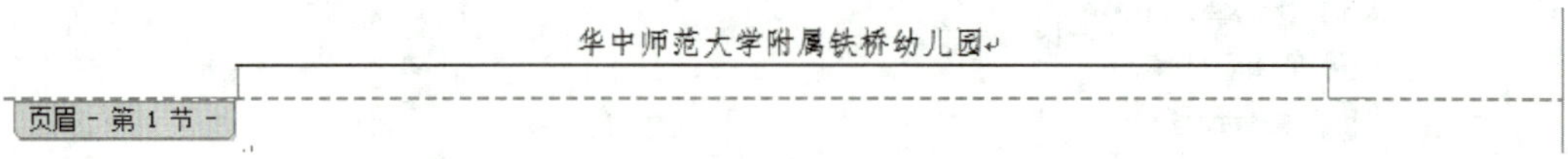

图 2-2-57　设置页眉

选择【页脚】按钮→在列表中选择【编辑页脚】按钮，鼠标光标自动定位到页脚中间，输入文本并设置字体和字号，如“华中师范大学附属铁桥幼儿园”、“仿宋”、

“小四”（见图 2-2-58）。

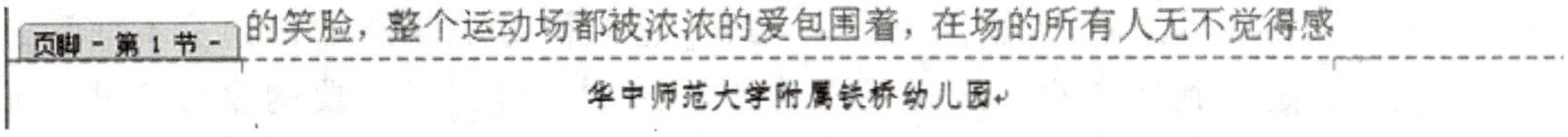

图 2-2-58　设置页脚

点击【设计】选项卡中的【关闭页眉和页脚】按钮或者双击文档即可退出编辑模式。

双击页眉或页脚即可进入编辑模式。打开【设计】选项卡，在【选项】组中可选择【首页不同】和【奇偶页不同】选项来进行不同的设置（见图 2-2-59）。

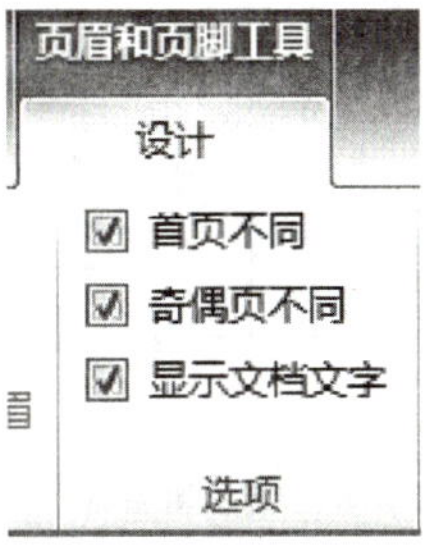

图 2-2-59　选择页眉或页脚的设计

7. 插入页码

打开【插入】选项卡，在【页眉和页脚】组中选择【页码】按钮，并在弹出的列表中选择【页面顶端】或【页面底端】选项，然后选择需要的模板样式，设置字体和字号（见图 2-2-60）。

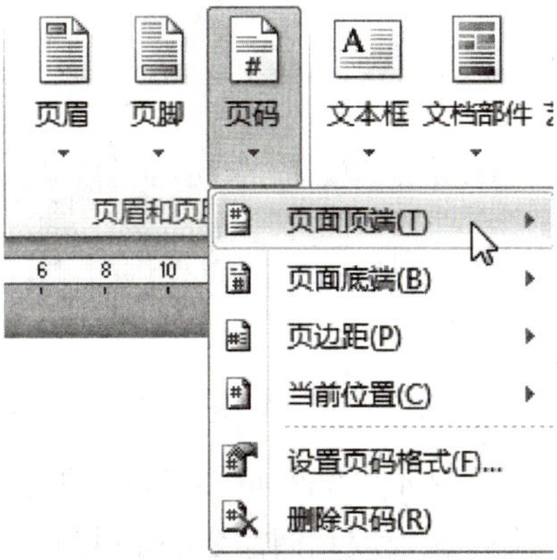

图 2-2-60

设置奇偶页页码：将插入点定位到奇数页，选择【页边距】选项，再选择需要的模板样式，如“箭头（右侧）”；将鼠标光标移动到页码边框上，按住左键不放拖动至目标处释放鼠标；在【设计】选项卡的【选项】组中勾选【奇偶页不同】选项；将插入点定位到偶数页，选择【页边距】选项，再选择需要的模板样式，如“箭头（左侧）”；双击文档或点击【关闭页眉和页脚】按钮，退出编辑模式（见图2-2-61）。

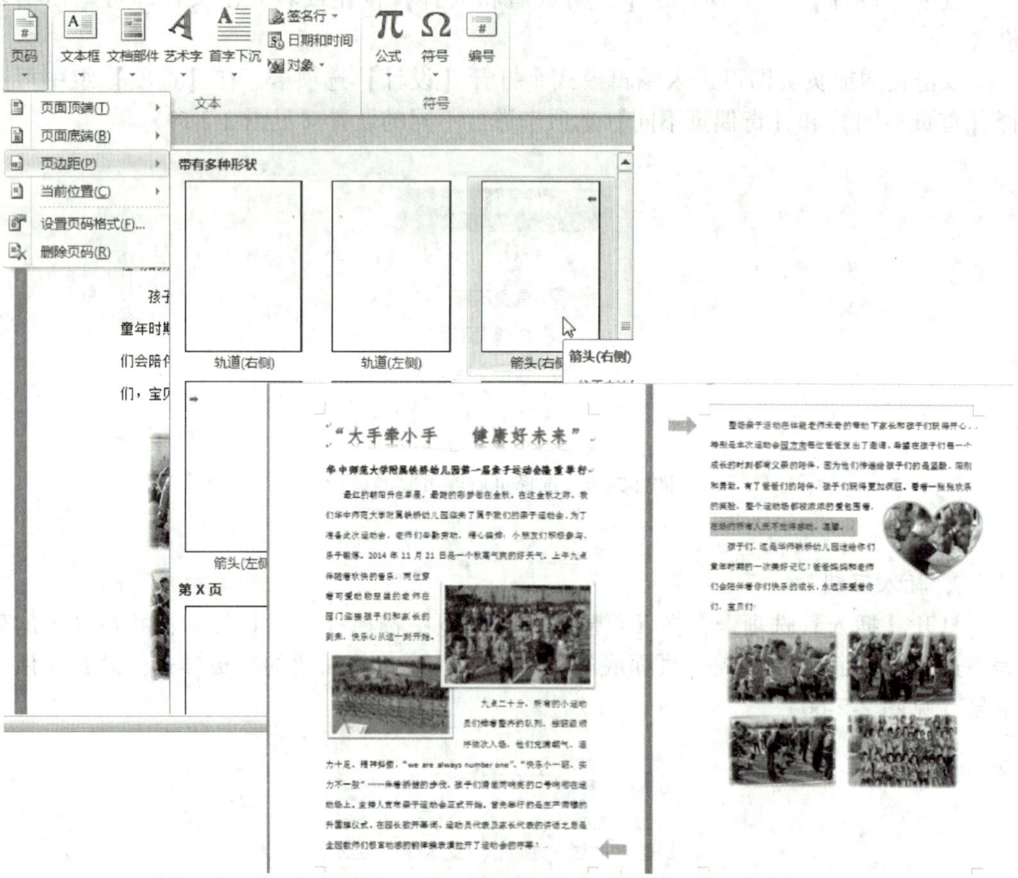

图 2-2-61　设置奇偶页不同的页码

二、格式之间的转换

文件没有损坏，可是为什么打不开呢？很多专业人士会说是因为格式的原因，那么如何才能把一些其他格式的文件转换成我们需要的格式呢？本节将为幼儿园工作者解决这个问题。

（一）认识格式

文件格式（或文件类型）是指计算机为了存储信息而使用的对信息的特殊编码方式，是用于识别内部储存的资料。常见的格式类别有以下几种：

1. 图片格式

图片格式的文件保存单幅静态图像，常见的图片格式文件有：JPG、PNG、GIF、BMP、TIF。其中 JPG、GIF 属于有压缩格式，它们可将文件压缩得更小，但是图像质量有不同程度的损失。JPG 格式的图片由于其体积小，经常用于互联网传播，所以网络上可以下载到的常见格式就是 JPG。BMP、PNG 和 TIF 可以做到无损保存图片数据，无损失的代价是占用更多的空间。其中，PNG 和 TIF 可以保存背景为透明的图片数据。TIF 是较专业软件之间常用的交换格式，它内部除了能保存无损的图片信息之外，还能保存图层、字体等跟图片有关的详细信息，一些数码相机也会使用这种格式作为它默认的保存格式。

2. 视频格式

常见的视频格式有：MP4、MKV、AVI、MPG，这些名字其实是视频封装格式的名字。封装好的视频内部包含视频、音频和字幕等好几种不同的数据，每一种数据又可以有不同的编码格式。以 MP4 为例：内部视频可以使用 Xvid，H. 264，DivX 三种不同的格式编码。音频则可以用 DTS、AC3、AAC、MP3 等数种格式。可见，常看到的视频其实是个极度复杂的数据集合。

一般使用的播放器内部集成了数百种不同音频视频的解码程序，即使视频格式内部格式众多，在平时播放视频时，大部分的视频都可以被现有播放器正确地解码。

3. 音频格式

常见的音频格式有：MP3、OGG、ACC、WAV。其中 MP3、OGG、ACC 这些都是保存压缩过的音频。这些音频都是通过消减音频中人耳不敏感的部分达到压缩的目的，所以音频会有不同程度的损失，但是却能把音频压缩到原来的十分之一甚至几十分之一的大小，使得音频可以更方便地保存和传播。WAV 是一种无损音频格式，它能保存人耳听力范围内的所有频率，所以是编辑制作音频文件时的首选格式。WAV 的数据相比前面几种压缩格式要大得多，一首 3 分钟的歌曲，使用 MP3 格式保存大约有 5M，使用 WAV 则大约需要 30M 的容量。所以一般的使用方法是，编辑音频时采用 WAV 减少数据损失，编辑的成品再压缩成 MP3，用于传播。

4. 文档格式

最常见到的文档格式是 DOC、DOCX，它们都是 Microsoft Office Word 软件所产生的文档格式。DOCX 是 DOC 格式的升级版，Office Word 现阶段同时支持这两种格式。不过从长远看来，微软公司会逐步淘汰 DOC 格式的文档。

5. PDF

PDF（Portable Document Format 的简称，意为“便携式文档格式”），是由 Adobe

Systems 用于与应用程序、操作系统、硬件无关的方式进行文件交换所发展出的文件格式。PDF 文件以 PostScript 语言图像模型为基础，无论在哪种打印机上使用都可保证精确的颜色和准确的打印效果，即 PDF 会忠实地再现原稿的每一个字符、颜色以及图像，所以 PDF 适合用于最终定稿后的阅读和印刷，并不适合编辑。

6. ODT

ODT 是 LibreOffice 的专用格式，Linux 操作系统下面并没有 Microsoft Office Word 软件，LibreOffice 是与 MS Word 有相同功能的一套文档编辑软件。LibreOffice 支持读取 DOC 和 DOCX，但是由于不同软件公司之间的差异，它并不能 100% 地还原 DOC、DOCX 文档的排版，因此，它有自己专有的文档格式。

7. PAGES

PAGES 是苹果操作系统（Mac OS X）下的 PAGES 软件产生的格式，PAGES 是苹果公司为其操作系统开发的文档编辑软件，功能与 MS WORD 类似。PAGES 软件也可以读取 DOC 和 DOCX 文档，但是无法 100%还原排版。

（二）格式转换的操作

1. 图像格式转换

从实用性出发，转换图像格式的目标选择有两种：JPG、PNG。JPG 可以应对绝大多数需要使用图片的场景，但是 JPG 格式不能使用透明背景，此时用 PNG 作为补充。

转换使用软件：XnConvert

示例一：TIF、JPG、BMP 格式转换 JPG

启动 XnConvert（见图 2-2-62）。

图 2-2-62 启动 XnConvert

没有添加任何文件的界面是空白的。点击“添加文件”（见图 2-2-63）。

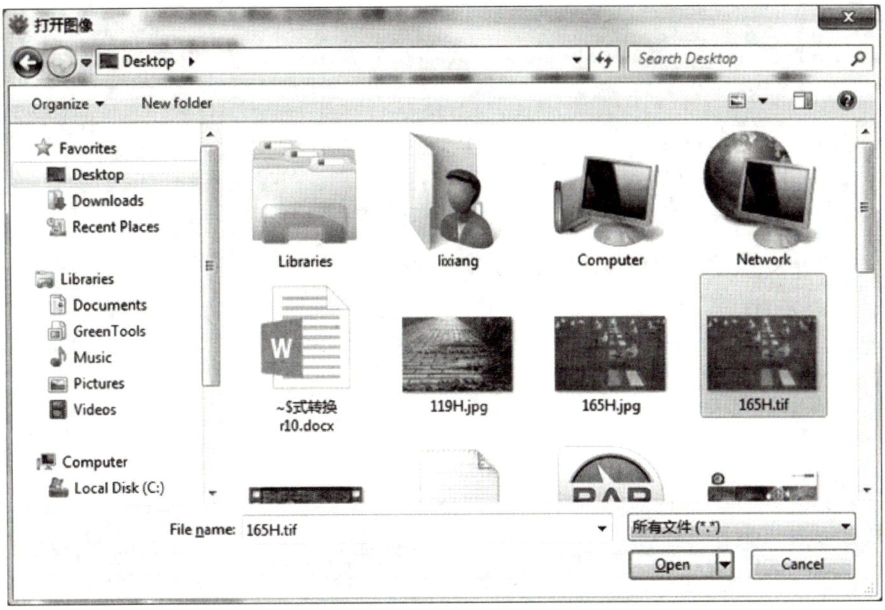

图 2-2-63　添加文件

选择要转换的 TIF 文件（见图 2-2-64）。

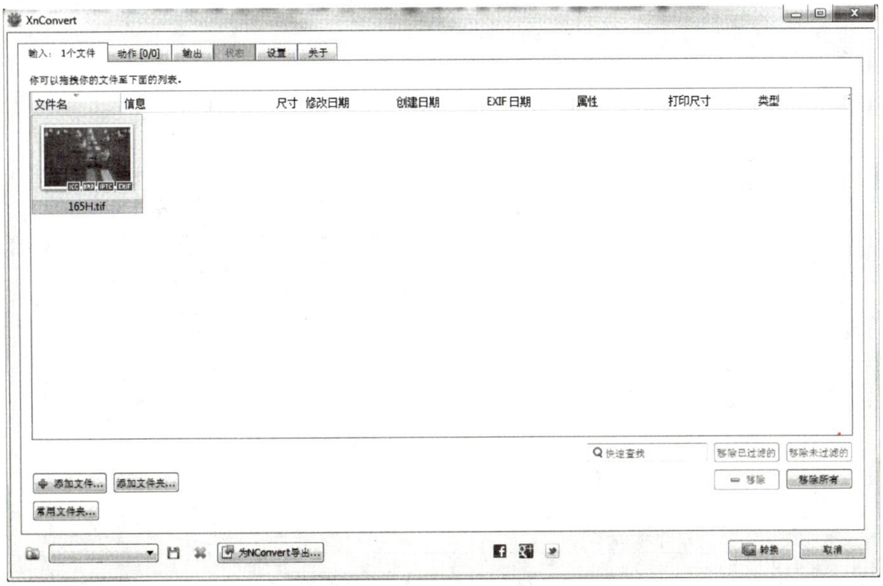

图 2-2-64　选择 TIF 文件

此时界面中会显示已添加的文件。点击输出选项卡（见图 2-2-65）。

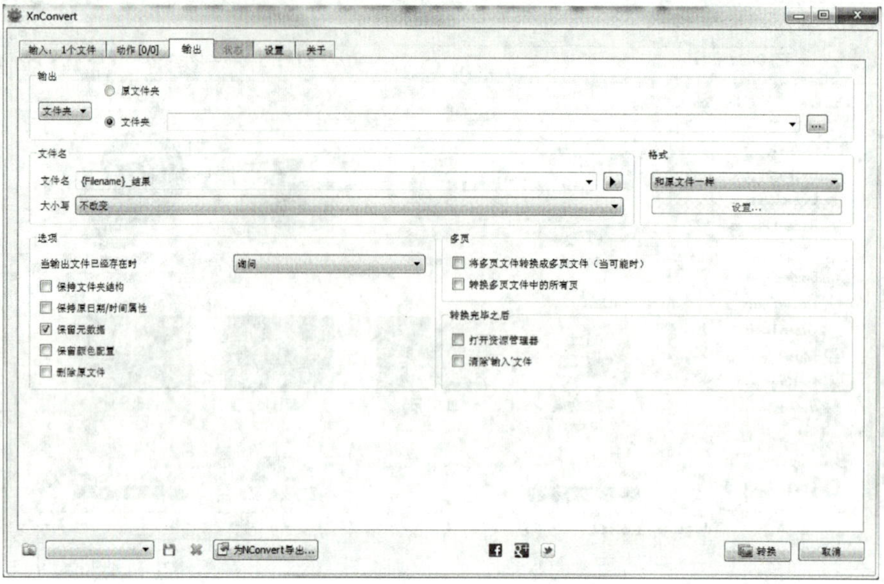

图 2-2-65　点击输出选项卡

点击【格式】下拉菜单（见图 2-2-66）。

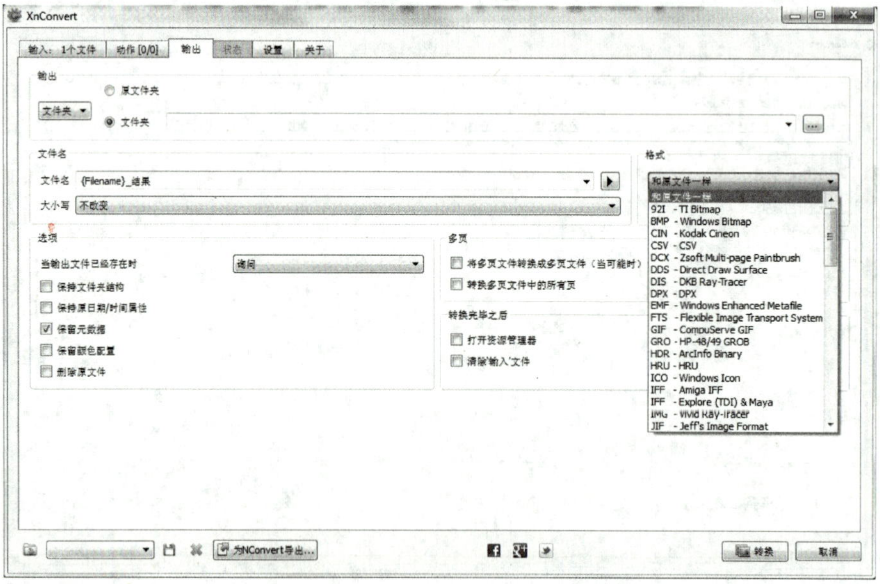

图 2-2-66　【格式】下拉菜单

选择 JPG 格式（见图 2-2-67）。

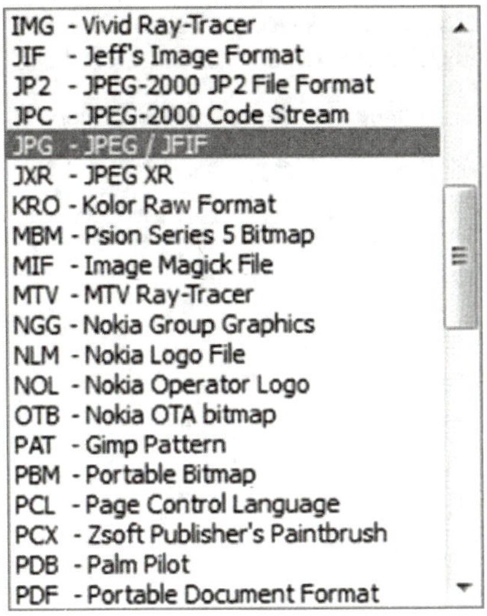

图 2-2-67　选择 JPG 格式

接着点击【转换】按钮。界面自动跳转到状态页（见图 2-2-68）。

图 2-2-68　状态页面

转换的结果保存为 169H_ 结果 . jpg，转换完成。

示例二：TIF、JPG、BMP 格式转换 PNG

同样打开 XnConvert 主界面，并添加文件（见图 2-2-69）。

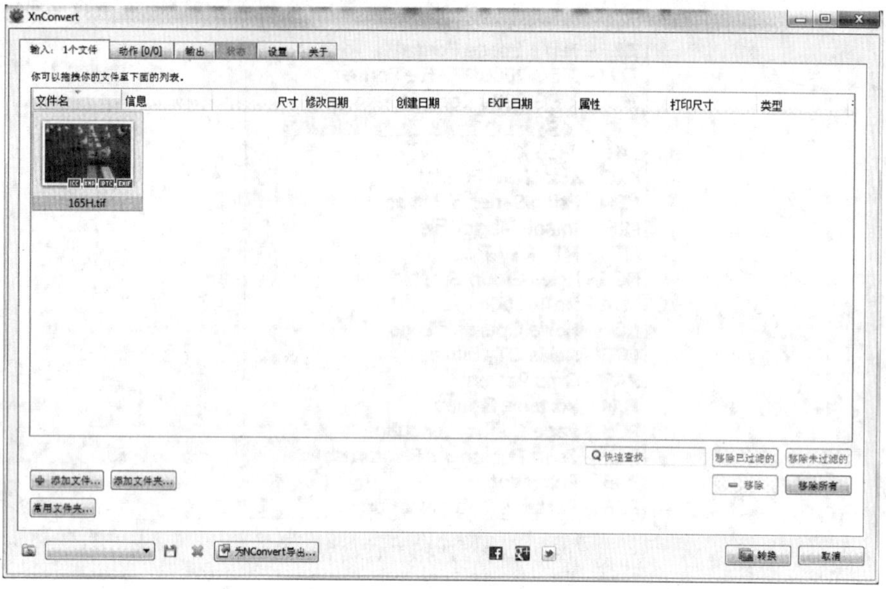

图 2-2-69　打开 XnConvert 主界面

点击【输出】选项卡（见图 2-2-70）。

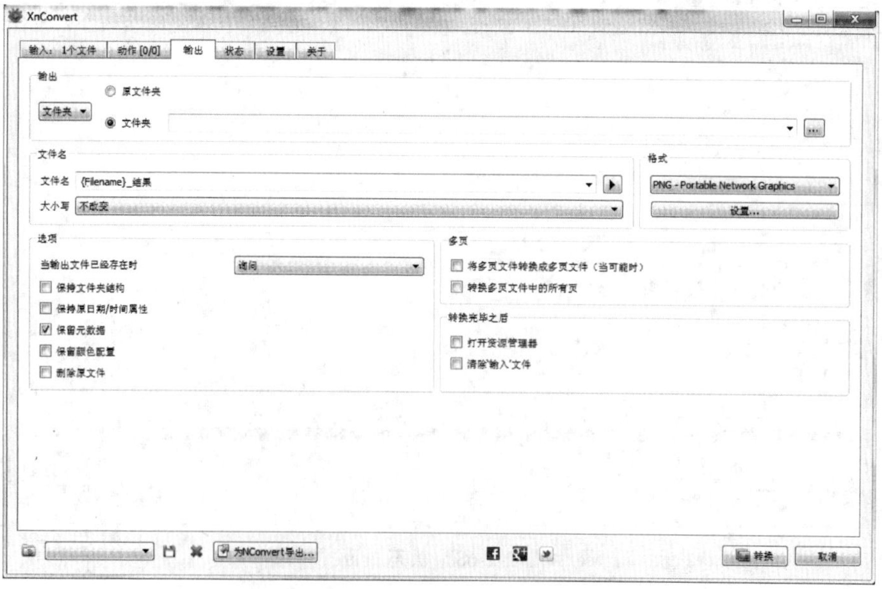

图 2-2-70　点击【输出】选项卡

【格式】下拉列表里选择 PNG 格式（见图 2-2-71）。

图 2-2-71　选择 PNG 格式

点击【转换】按钮。稍等片刻，输出状态里显示“已完成转换”，新文件保存为 165H_ 结果 . png。

以上示例中源文件为 165H. tif，分别转换成了 JPG 和 PNG 格式的图像文件（见图 2-2-72）。

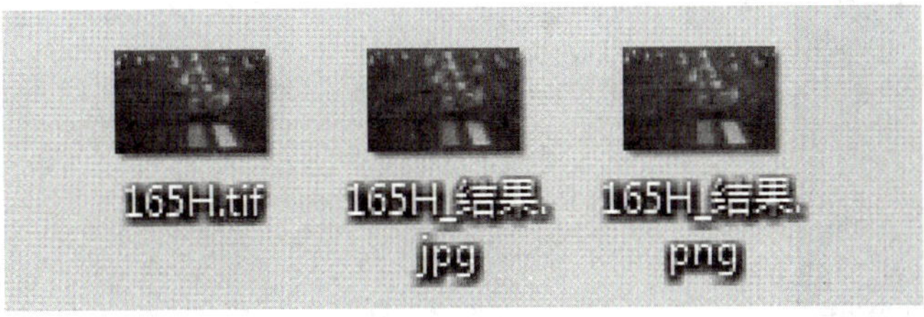

图 2-2-72

2. 文档格式转换

示例三：DOC、DOCX 转换为 PDF（使用软件：Microsoft Office Word）

打开一份文档（见图 2-2-73）。

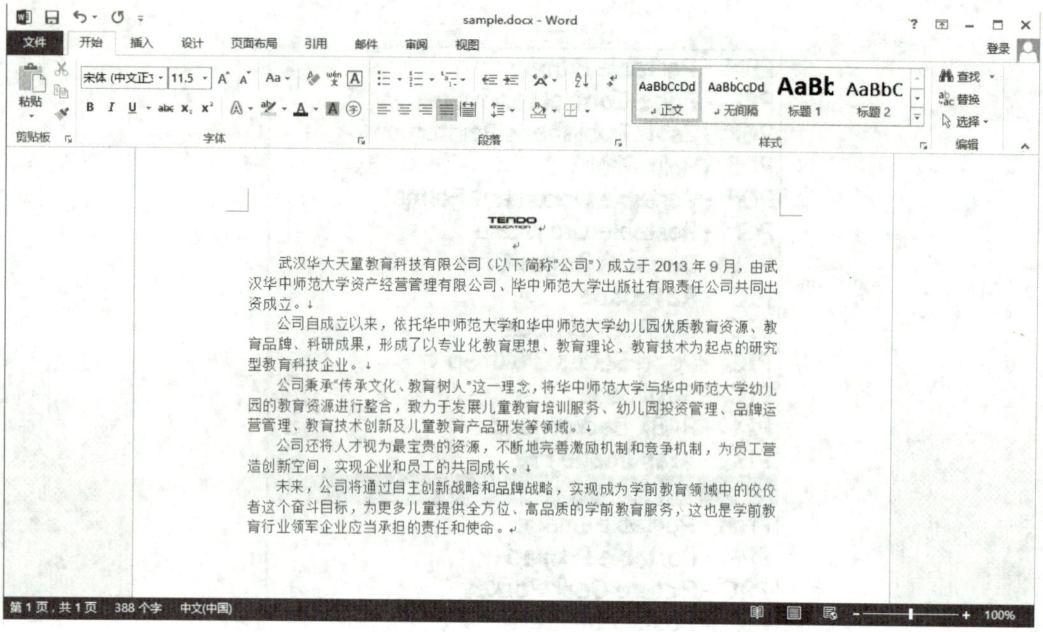

图 2-2-73　打开文档

点击左上角“文件”，在左边窗格点击【导出】（见图 2-2-74）。

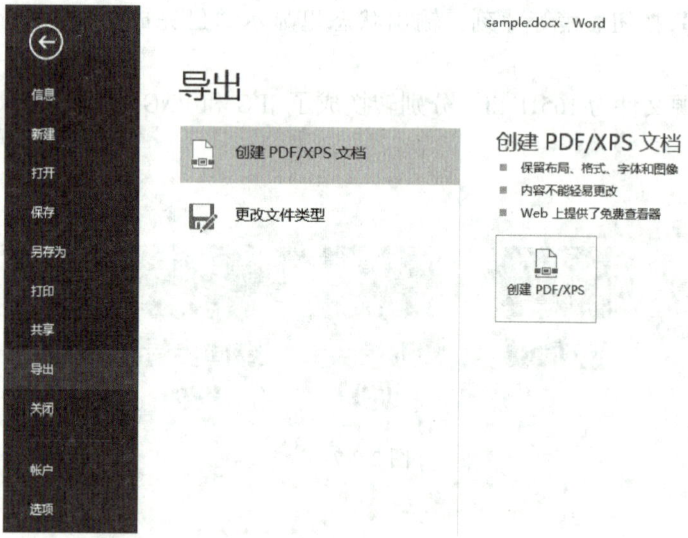

图 2-2-74　点击【导出】

点击右方创建 PDF/XPS（见图 2-2-75）。

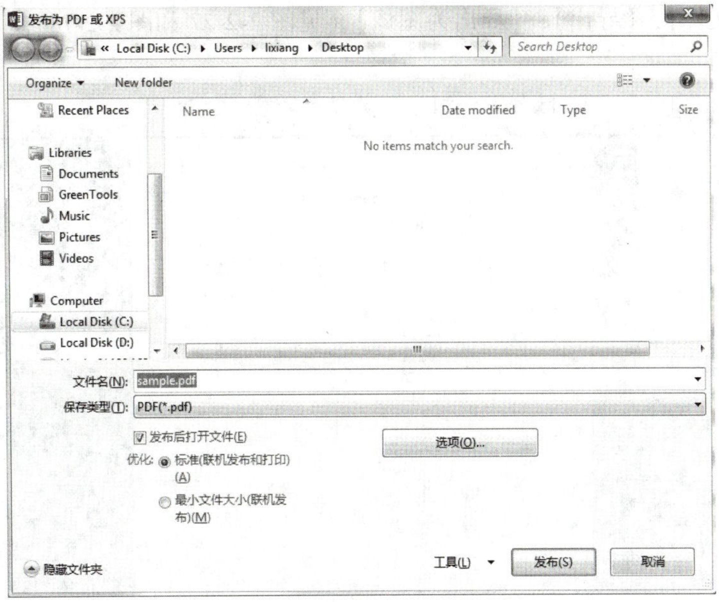

图 2-2-75　创建 PDF/XPS

这个界面上，点击【发布】，PDF 文件生成。

示例四：PDF 转换 JPG（使用软件：PDF-Xchage Viewer）

PDF-Xchage Viewer 是一款 PDF 浏览器，它自带的导出功能可以将 PDF 导出成 JPG。

打开一个 PDF 文档（见图 2-2-76）。

图 2-2-76　打开 PDF 文档

点击【文件】,【导出】,【导出为图像】(见图 2-2-77 和图 2-2-78)。

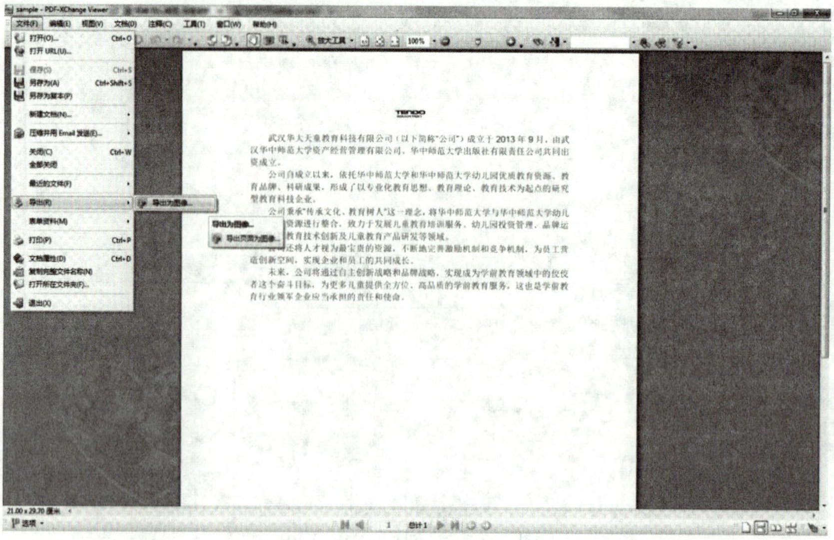

图 2-2-77 导出为图像（1）

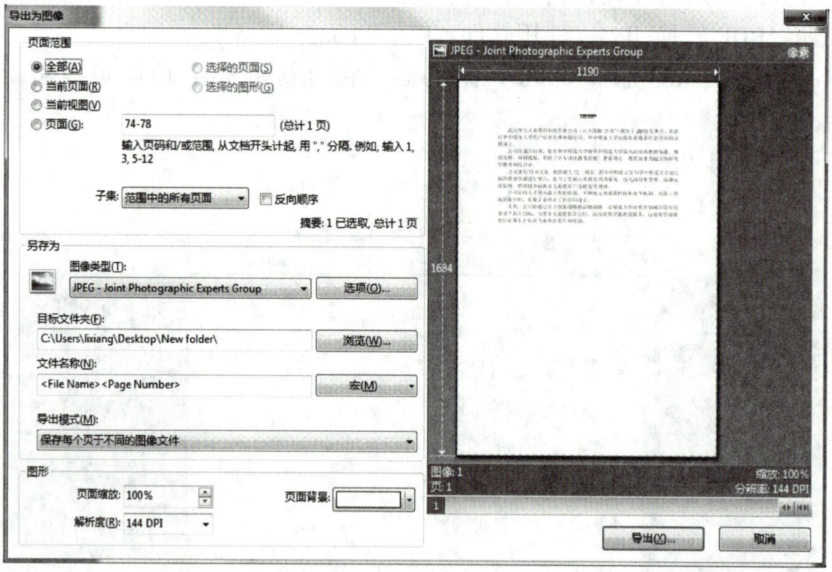

图 2-2-78 导出为图像（2）

在左侧窗格中填写需要导出的页数和目标文件夹，点击【导出】，稍等片刻，转换完成。

示例五：PDF 转换 Word（使用软件：AnyBizSoft PDF to Word）

PDF 格式是为打印和印刷设计的格式，它不合适进行修改。一般来说，PDF 转换为 Word 会有些排版上的问题，在非必要情况下不推荐 PDF 到 Word 的转换。有些 PDF 文档内部是扫描获得的图片，这类文档无法转换成 DOCX 格式文档。

打开软件（见图 2-2-79）。

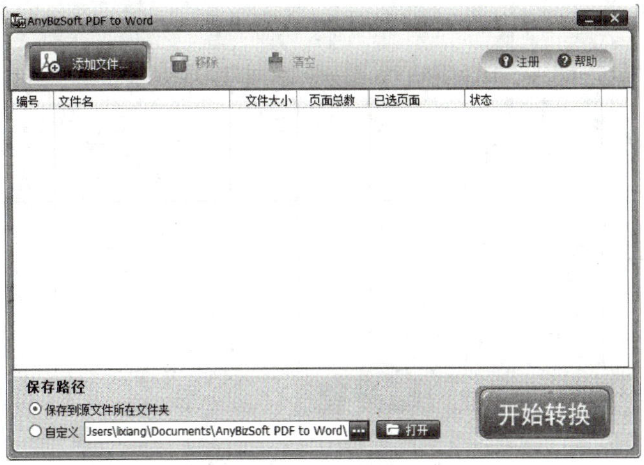

图 2-2-79　打开软件

点击左上角【添加文件】，添加 PDF 文件到列表里（见图 2-2-80）。点击【开始转换】（见图 2-2-81）。看到这个窗口表明转换成功。

图 2-2-80　添加 PDF 文件到列表

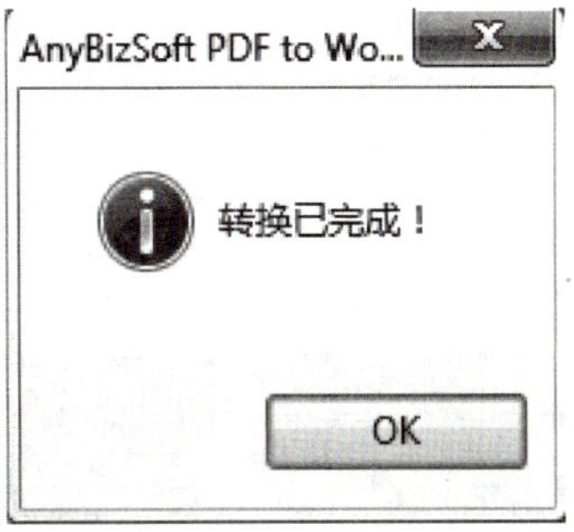

图 2-2-81　点击【开始转换】

3. 视频/音频格式转换

转换使用软件：格式工厂。格式工厂是一款比较优秀的音频视频转换软件，使用它基本可以完成日常的音视频转换工作。

示例六：MPG、AVI 转换成 MP4

打开格式工厂（见图 2-2-82）。

图 2-2-82　打开格式工厂

在这里需要的是转换视频，在左边的窗格里选择我们要转换成的格式 MP4（见图 2-2-83）。

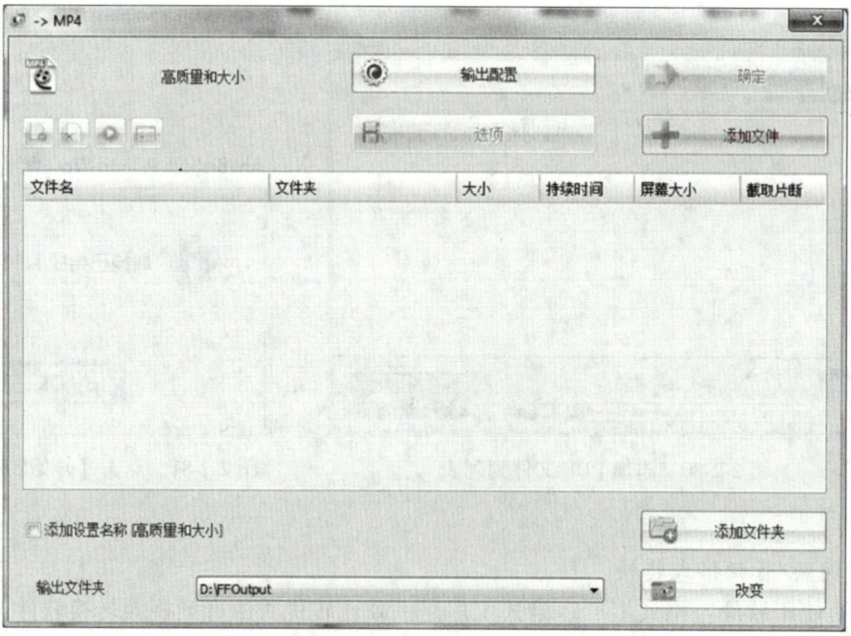

图 2-2-83　格式 MP4

弹出设置界面，点击【添加文件】，加入 MPG 或 AVI 文件（见图 2-2-84）。

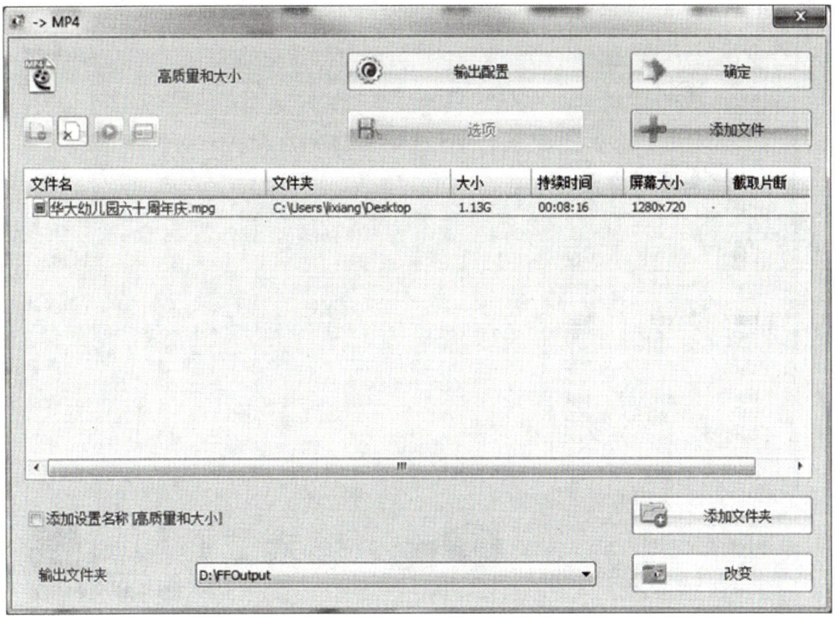

图 2-2-84　点击【添加文件】

中央列表中出现添加的文件，点击【确定】，保存转换设置（见图 2-2-85）。

图 2-2-85　保存转换设置

主界面的列表中出现了我们刚才创建的任务。点击下部【点击开始】按钮（见图 2-2-86）。

图 2-2-86 转换过程中

转换状态一栏出现转换进度。视频的压缩是极度消耗计算机资源的，而且速度相当缓慢，需要耐心等待（见图 2-2-87）。

图 2-2-87 转换完成

进度条上显示完成时，转换完成。

示例七：MPG、AVI 转换为 FLV

再次打开格式工厂，点击【FLV】。接着点击【添加文件】，添加要转换的文件（见图 2-2-88）。

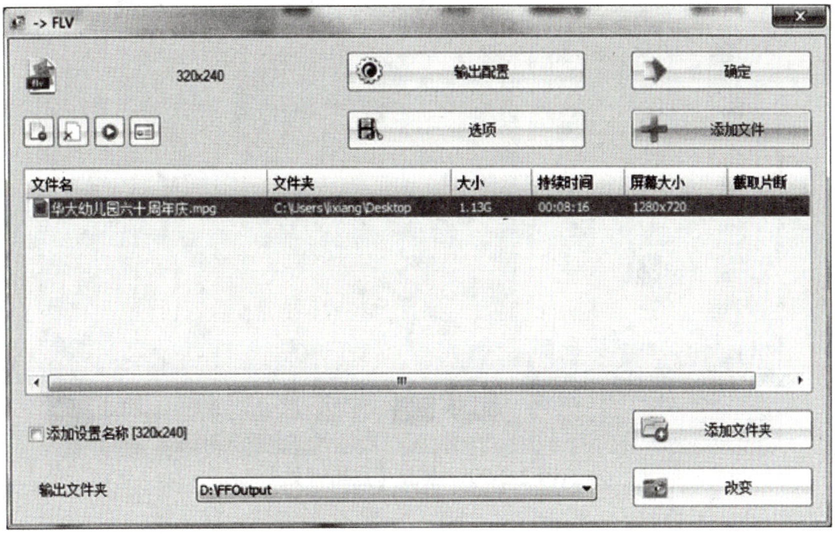

图 2-2-88　点击【FLV】

点击【确定】（见图 2-2-89）。

图 2-2-89　点击【确定】

出现了与转换 MP4 格式相似的界面，但是转换状态一栏变成了 FLV。点击【点击开始】（见图 2-2-90）。

图 2-2-90 点击【点击开始】

又一次看到了转换进行中的界面。稍等片刻，当出现“转换完成”字样时，意味着转换成功。

示例八：WAV 转换为 MP3

与视频不同，音频转换需要点击“音频”按钮（见图 2-2-91）。

图 2-2-91 点击【音频】按钮

可以看到主界面发生了变化。点击 MP3（见图 2-2-92）。

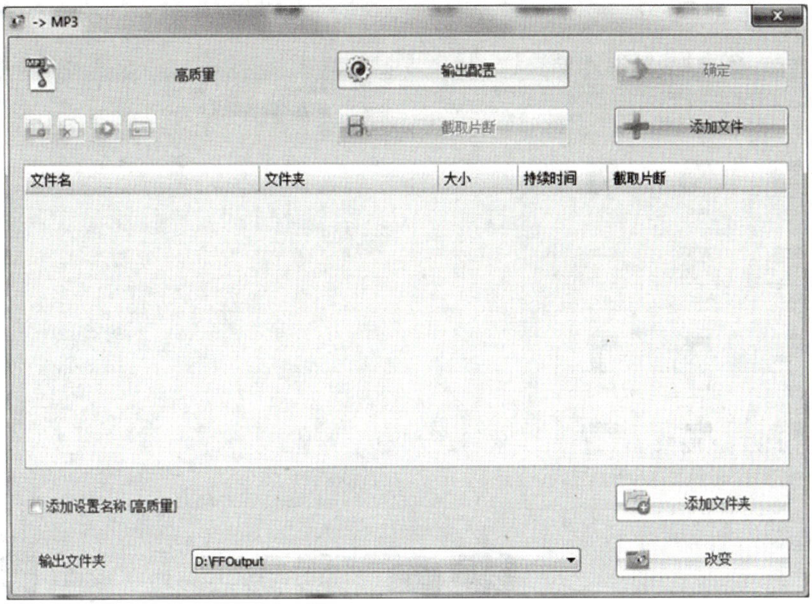

图 2-2-92　点击 MP3

又显示出熟悉的添加文件对话框。点击【添加文件】按钮，加入要转换的文件（见图 2-2-93）。

图 2-2-93　加入要转换的文件

转换开始界面与视频转换一样，点击【点击开始】按钮（见图 2-2-94）。

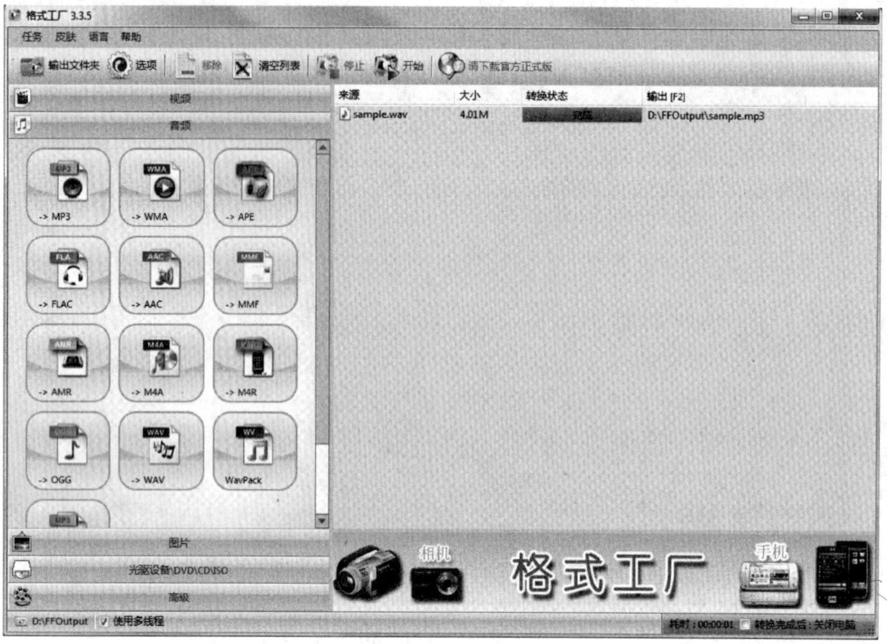

图 2-2-94　点击【点击开始】

显示完成时，转换成功。

三、Excel 表格应用及制作

Excel 是目前最强大且高效的制表软件，能有效进行复杂的数据计算和分析，广泛应用于财务、行政、统计和审计等众多领域。而发挥 Excel 功能的前提是熟悉 Excel 的各项功能与按钮的位置。在幼儿园的日常行政管理工作中，此应用程序大大提升了园所行政工作中对于数据登记、处理、分析的相关表格制作效率。

本节将向读者展示 Excel 的界面、菜单、功能区、快捷键及 Excel 选项，以及如何获取帮助等基础知识，从而帮助幼儿园教师快速地掌握这一必备技能。

（一）幼儿园常用表格

1. 行政管理类表格

幼儿园行政管理工作中涉及的表格类型众多。针对学生管理工作，常用表格有幼儿园幼儿入园登记表、幼儿园在园幼儿花名册、幼儿园考勤统计表、幼儿园班级幼儿缺勤原因登记表等；针对教师管理工作，常用表格有幼儿园教师考核细则、幼儿园教职工基本情况登记表、幼儿园教职工每日考勤表、幼儿园教师因病缺勤病因追索表、幼儿园员工外出登记表等。以下是个别表格实例。

幼儿园幼儿入园登记表

编号：　　　　　　　　　　　　　　　　　　　　报名时间：

<table>
<tr><td colspan="2" rowspan="4">幼儿照片</td><td colspan="2">幼儿姓名</td><td></td><td>幼儿乳名</td><td></td><td colspan="2">性别</td><td></td><td>民族</td><td></td></tr>
<tr><td colspan="2">出生日期</td><td></td><td>是否独生</td><td></td><td colspan="2">血型</td><td></td><td>身高</td><td>cm</td></tr>
<tr><td colspan="2">籍贯</td><td></td><td>户口所在地</td><td colspan="4"></td><td>体重</td><td>斤</td></tr>
<tr><td colspan="2">家庭住址</td><td colspan="4"></td><td colspan="2">家庭电话</td><td colspan="2"></td></tr>
<tr><td></td><td>姓名</td><td>年龄</td><td>文化程度</td><td colspan="2">工作单位</td><td colspan="2">职务</td><td colspan="4">电话、手机号码和 E-mail</td></tr>
<tr><td>父</td><td></td><td></td><td></td><td colspan="2"></td><td colspan="2"></td><td colspan="4"></td></tr>
<tr><td>母</td><td></td><td></td><td></td><td colspan="2"></td><td colspan="2"></td><td colspan="4"></td></tr>
<tr><td colspan="4">孩子入园前主要由谁照看</td><td colspan="8">□ 父母　□ 爷爷奶奶　□ 保姆　□ 其他人</td></tr>
<tr><td colspan="4">孩子入园前是否上过幼儿园</td><td colspan="8">□ 是，在________幼儿园（托儿所）　□ 没有</td></tr>
<tr><td colspan="4">孩子的体质</td><td colspan="8">□ 较强，较少生病　□ 中等　□ 较弱，经常生病</td></tr>
<tr><td colspan="4">孩子的生活自理能力</td><td colspan="8">□ 会用勺子吃饭　□ 能自己大、小便　□ 有午睡习惯</td></tr>
<tr><td colspan="4">孩子最喜欢吃的食物</td><td colspan="2"></td><td colspan="4">孩子最不喜欢吃的食物</td><td colspan="2"></td></tr>
<tr><td colspan="4">孩子最喜欢吃的蔬菜</td><td colspan="2"></td><td colspan="4">孩子最不喜欢吃的蔬菜</td><td colspan="2"></td></tr>
<tr><td colspan="4">孩子最喜欢吃的水果</td><td colspan="2"></td><td colspan="4">孩子最不喜欢吃的水果</td><td colspan="2"></td></tr>
<tr><td colspan="4">孩子最喜欢吃的点心</td><td colspan="2"></td><td colspan="4">孩子最不喜欢吃的点心</td><td colspan="2"></td></tr>
<tr><td colspan="12">孩子最喜欢的：玩具____________　运动____________　歌____________　颜色____________
动画片____________　动物____________　人物____________　故事____________</td></tr>
<tr><td colspan="4">孩子最喜欢做的事</td><td colspan="2"></td><td colspan="4">孩子需要特别照顾的地方</td><td colspan="2"></td></tr>
<tr><td colspan="4">希望上我园的哪个班级</td><td colspan="8">□ 托班　□ 小班　□ 中班　□ 大班</td></tr>
<tr><td colspan="2">孩子的性格特点</td><td colspan="10">□急性子　□胆大型　□开朗型　□运动型　□外向型　□公众型
□慢性子　□胆小型　□腼腆型　□学习型　□内向型　□孤僻型</td></tr>
<tr><td colspan="12">以下栏目由家长认真填写，给孩子上保险时用到这些信息</td></tr>
<tr><td colspan="2">孩子是否上户口</td><td colspan="2">有无出生证</td><td colspan="2">上保险时孩子身份证号</td><td colspan="4">上保险时孩子直系亲属身份证</td><td colspan="2">称呼</td></tr>
<tr><td colspan="2"></td><td colspan="2"></td><td colspan="2"></td><td colspan="4"></td><td colspan="2"></td></tr>
<tr><td colspan="2">入园时间</td><td colspan="2">20130218</td><td colspan="2">分配班级</td><td colspan="4"></td><td colspan="2"></td></tr>
</table>

幼儿园幼儿名册

×××幼儿园　　　　×××学年度幼儿名册

班别：　　　　　　　　　　　　　　　　　　　　　　　　年　　月　　日　编造

幼儿姓名	性别	出生年月	家庭住址及户口所在地	监护人		
				称谓	姓名	联系电话

幼儿园考勤统计表

2010 年　　月考勤

日期 姓名	1	2	3	4	5	6	7	8	9	10	11	12	13	14	15	16	17	18	19	20	21	22	23	24	25	26	27	28

2. 教学管理类表格

幼儿园的日常教学工作中也会经常运用到各种计划表格，如幼儿园月计划、幼儿园周活动计划、幼儿园××班××学期教育教学计划、幼儿园区域活动、环境创设打分表、幼儿园教师备课、教研检查表、幼儿园课堂教学评价标准、幼儿园听课记录表、幼儿园教研活动记录、幼儿园一日常规检查记分表、幼儿园户外活动评价标准等。

幼儿园周计划

大一班　　　　2015 年 9 月 5 日—2015 年 9 月 9 日

周工作重点		1. 班级环境布置的创设 2. 幼儿自带学习用具的清点 3. 教学常规的加强（倾听习惯）				
周次		星期一	星期二	星期三	星期四	星期五
上午	晨间活动	投篮	高跷	轮胎乐	跳远	彩虹伞
	课 间 活 动					
	教学活动（一）	我能够（健康、科学）	七色花（语言、社会）	体育活动	苹果送给老师尝（艺术、社会）	我的家（语言、社会）
	教学活动（二）	测量（一）（科学、社会）	测量（一）（数学）	河水生病了（科学、社会）	体育活动（龙人弹珍珠）	七色花（艺术、社会）
	户外游戏	比比看谁建得高	彩虹伞	汉字宝宝找朋友	写大字	接力赛
	生活英语	Moon Festival（1）	Moon Festival（1）	Moon Festival（1）	Moon Festival（1）	复习
午　休						
下午	区域活动	美工：小刺猬	体育区：边走边抬	音乐区：爷爷为我打月饼	分区	生活体验区：与弟弟妹妹交朋友
	户外活动	会飞的沙包	你能分清方向吗	接力赛	词语接龙	丢手绢
	生活识字	识字：工厂	识字：书本	听成语故事：孔融让梨	识字：书本	复习
	离园活动	绣花板	构建玩具	绣花板	欣赏故事	汉字书写

3. 保育管理类表格

幼儿园保育工作的有效落实是幼儿健康的基础保证，它直接影响到家长对园所保育工作的评价。保育工作中运用到的表格有：幼儿园消毒情况监督检查表、幼儿园消毒记录表、幼儿园疫情患儿病情跟踪调查表、幼儿园××班幼儿服药记录表等。

幼儿园消毒记录表

消毒物品	消毒方法	消毒时间						老师签字
		星期一	星期二	星期三	星期四	星期五	星期六	
椅子	84 消毒液							
活动橱、窗台	84 消毒液							
水龙头、水池	84 消毒液							
门、门把手	84 消毒液							
厕所、室内地面	84 消毒液、来苏水							
杯子	消毒柜							
塑料玩具	84 消毒液							
木制玩具	84 消毒液							
餐布	84 消毒液							
拖把	紫外线照射							
毛巾	沸水、紫外线照射							
床	84 消毒液擦试							
被褥	清洗、照明							

4. 后勤管理类表格

幼儿园后勤管理工作的顺利开展是幼儿园正常运行的重要保障，幼儿园的安全保卫、健康检查、食堂管理、清洁卫生等工作中都需要利用各种表格来对各类数据进行登记与统计。常用的表格有：幼儿园食堂每日检查记录表、幼儿园物品出库（领物）登记表、幼儿园图书借阅记录表、幼儿园财产登记表、幼儿园食品采购与进货验表等。

幼儿园图书借阅记录表如下：

红联幼儿园幼儿图书借阅表

借阅日期	2008. 8. 28	借阅班级	小一班	责任人		归还日期	2009. 7. 3
编号	借阅书目		情况记录	编号	借阅书目	情况记录	
90	《我的第一本小百科》（看图识字）			123	《香和臭》		
91	《我的第一本小百科》（圣诞节）			124	《好和坏》		
92	《我的第一本小百科》（看图认物）			125	《健康》		
93	《我的第一本小百科》（数字）			126	《婴儿童话》		
94	《我的第一本小百科》（汽车）			127	《幼儿童话》		

（二）常用表格制作

1. 幼儿园幼儿名册——表格制作

活动目标

熟悉 Excel 表格工作界面，学习在表格中进行数据输入，生成 Excel 文档。

活动重点

- Excel 2010 的启动和退出；
- 认识 Excel 2010 操作界面；
- 新建、打开、保存文档；
- 输入数据。

活动设计

×××幼儿园　　　　×××学年度幼儿名册

班别：　　　　　　　　　　　　　　　　　　　　年　　月　　日　编造

幼儿姓名	性别	出生年月	家庭住址及户口所在地	监护人		
				称谓	姓名	联系电话

方法与步骤

（1）启动和退出 Excel 2010

1）启动 Excel 2010

启动 Excel 2010 的常用方法有三种：

通过【开始】菜单启动：单击桌面【开始】按钮，选择【所有程序】→【Microsoft Office】→【Microsoft Excel 2010】即可启动（见图 2-2-95）。

图 2-2-95　通过“开始”菜单启动

通过快捷方式启动：找到桌面图标为 Excel 2010 的快捷方式，双击图标即可启动（见图 2-2-96）。

通过 Excel 文档启动：双击后缀名为 . xlsx 的文件即可启动（见图 2-2-97）。

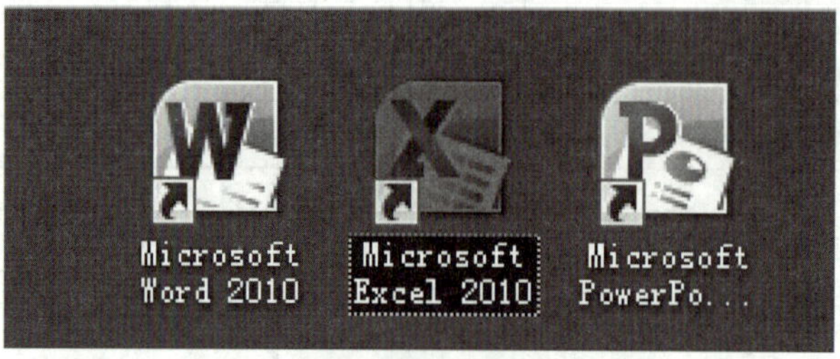

图 2-2-96　快捷方式启动

图 2-2-97　双击文件启动

2）退出 Excel 2010

⊙ 单击标题栏右上角的关闭按钮。

⊙ 双击标题栏左上角的程序控制按钮。

⊙ 选择【文件】→【退出】命令。

⊙ 按“Ctrl+F4”组合键。

提示：退出 Excel 时，会弹出对话框询问是否保存当前操作。

（2）认识 Excel 2010 操作界面

Excel 2010 的操作界面由【文件】菜单、快速访问工具栏、标题栏、功能区、编辑区、状态栏和视图栏等组成（见图 2-2-98）。

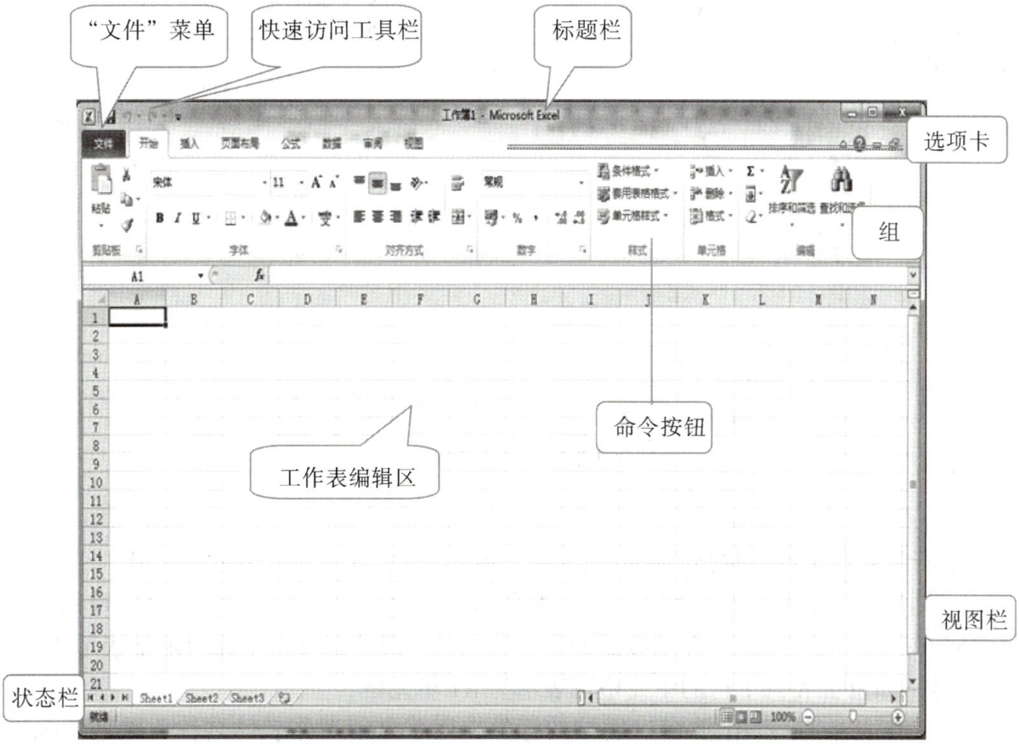

图 2-2-98　Excel 2010 的操作界面

①【文件】菜单：位于界面左上角，单击【文件】菜单，在菜单中可进行新建、保存、打开、关闭和打印等基本操作。

② 快速访问工具栏：位于界面顶部，单击快速访问工具栏中的按钮，在弹出的菜单中选择相应的命令，将所需的命令按钮添加到快速访问工具栏中。

③ 标题栏：显示文档名称和 Office 应用程序名称。

④ 选项卡：每个选项卡代表 Excel 执行的一组核心任务，并将其任务按功能不同分成若干个组，如“开始”选项卡中有“剪贴板”组、“字体”组和“对齐方式”组等。

⑤ 编辑栏：编辑栏用来显示和编辑当前活动单元格中的数据或公式。

⑥ 状态栏：状态栏位于窗口最底端的左侧，其中显示当前工作表或单元格区域的相关信息。

⑦ 组：组是将在执行特定类型的任务时可能用到的所有命令按钮放到一起，并在整个任务执行期间一直处于显示状态，如“开始”选项卡的“字体”组中显示了【**B**】（加粗）按钮和【*I*】（倾斜）按钮等。

⑧ 工作表编辑区：工作表编辑区是 Excel 编辑数据的主要场所。它包括行号与列标、单元格和工作表标签等（见图 2-2-99）。

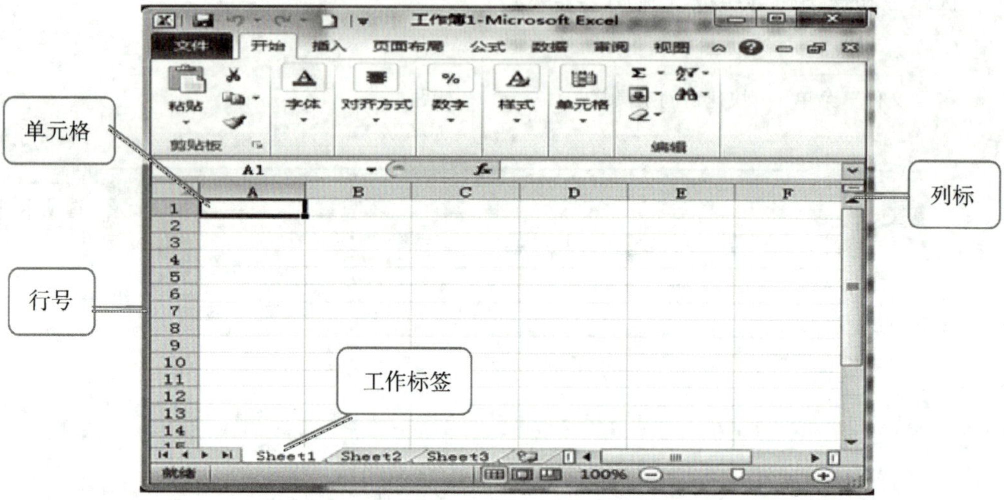

图 2-2-99　工作表编辑区

a. 行号：位于各行左侧的灰色编号区，用“1，2，3”阿拉伯数字标识。

b. 列标：位于各列上方的灰色字母编号区，用“A，B，C”大写英文字母标识。

c. 单元格：是 Excel 中存储数据的最小单位，一般情况下，单元格地址表示为：列标+行号，如位于 A 列 1 行的单元格可表示为 A1 单元格。

d. 工作表标签：工作簿窗口底端的标签，用于显示工作表的名称。默认情况下，一张工作簿中包含 3 张工作表，分别以“Sheet 1”、“Sheet 2”和“Sheet 3”命名。左侧单击 |◀ 或 ▶| 工作标签流动显示按钮，当前工作表标签将返回到最左侧或最右侧的工作表标签，单击 ◀ 或 ▶ 工作表标签流动显示按钮将向前或向后切换一个工作表标签。若在工作表标签流动显示按钮上单击鼠标右键，在弹出的快捷菜单中选择任意一个工作表还可切换工作表。

（3）新建、打开和保存文档

1）新建文档

单击【文件】→【新建】，在【可用模板】中双击【空白工作簿】即可（见图 2-2-100）。

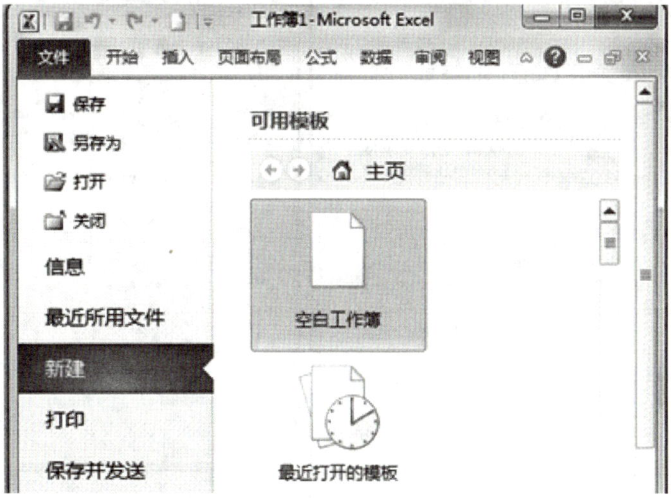

图 2-2-100

在快速访问工具栏中添加【新建】功能后单击按钮（见图 2-2-101）。

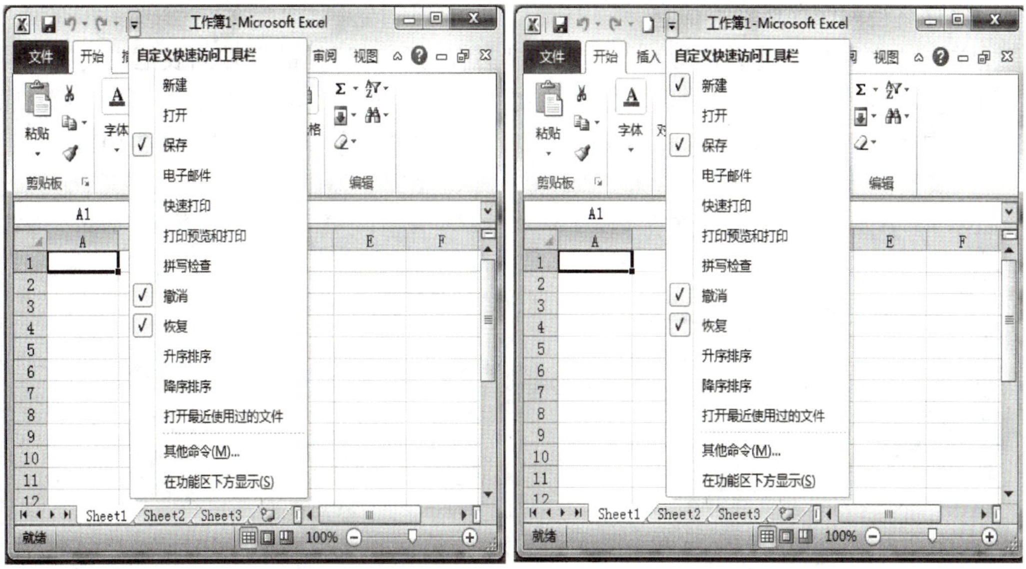

图 2-2-101

2）打开 Excel 文档

单击【文件】→【打开】选项，或者单击自定义快速访问工具栏中【打开】按钮，在弹出的【打开】对话框顶端选择文档所在的位置，在文件列表中选择需打开的文件（见图 2-2-102）。

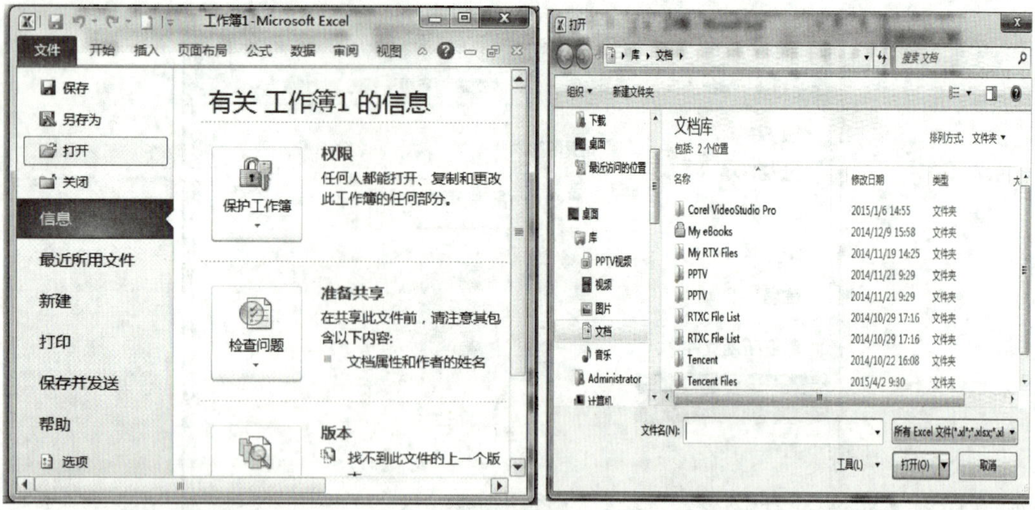

图 2-2-102

3）保存 Excel 表文档

新建文档编辑后应及时保存，以免造成不必要的损失。保存文档的方式如下：

● 保存新建的 Excel 表文档：第一次保存新建 Excel 表文档时，需要选填文件名称、保存路径和保存格式等信息。

单击【文件】→【另存为】按钮，在【另存为】对话框的顶端列表框中选择保存位置；【文件名】列表框中输入要保存的文件名“幼儿园幼儿名册”；在【保存类型】列表框中选择“Excel 文档（ *. xlsx）”后，点击【保存】即可（见图 2-2-103）。

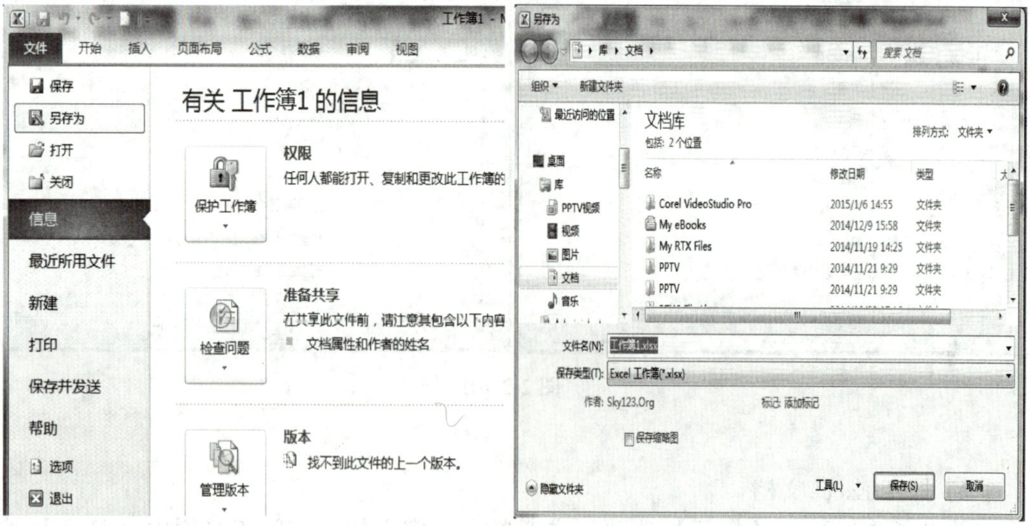

图 2-2-103　保存新建的 Excel 表文档

● 保存已保存过的 Excel 表文档：系统将不会弹出【另存为】对话框，直接按上次设置的名称、路径等信息进行保存。

提示：保存类型选择“Excel 97-2073 文档（＊.xls）”，即可转换为较低版本，便于其他计算机上未安装 2010 版 Excel 的使用者操作。

对已保存过的文档进行保存，可单击【文件】→【保存】按钮。或者单击快速访问工具栏上的【保存】按钮。

●【另存为】方式保存文档：对于之前保存过的“幼儿园幼儿名册”，想更改文件名、保存位置、保存类型或者进行备份，可使用【另存为】操作，不会破坏原来的文档。

单击【文件】→【另存为】按钮，弹出【另存为】对话框；在【另存为】对话框的顶端列表框中选择保存位置；【文件名】列表框中输入要保存的文件名在【保存类型】列表框中选择“Excel 文档（＊.xlsx）”后，点击【保存】即可。

（4）输入数据

1）输入文本

在 Excel 中的文本通常是指字符或者是任何数字和字符的组合。任何输入到单元格内的字符集，只要不被系统解释成数字、公式、日期、时间、逻辑值，则一律视其为文本。

启动 Excel，默认情况下，系统会自动生成一个带有 3 张工作表的工作簿，缺省为“工作簿 1”。

选择单元格 A1，输入“幼儿姓名”，按 Tab 键确认，否则可按 Esc 键取消（见图 2-2-104）。

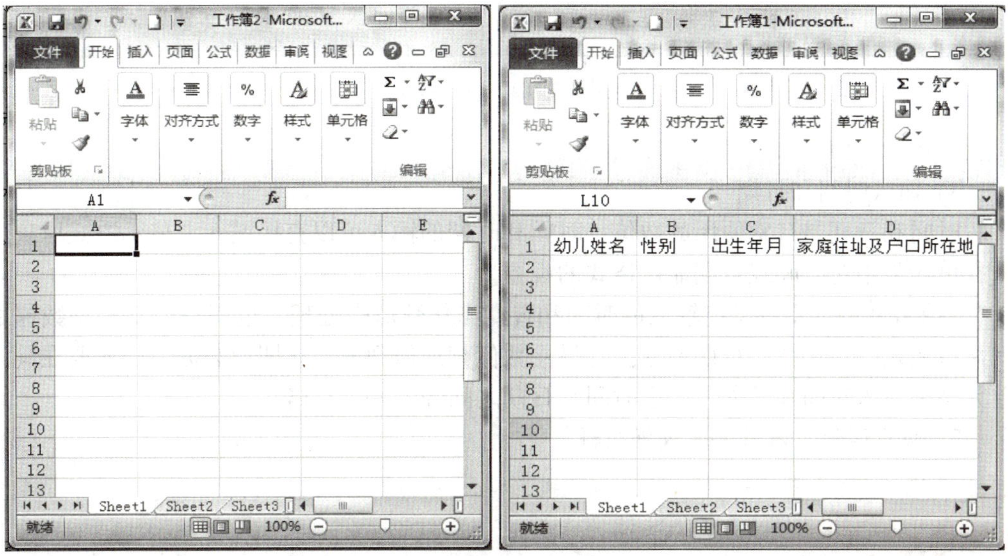

图 2-2-104　输入文本

第 1 行输入完后，选择单元格 A2，输入文本后，按回车键确认，按 Tab 键可以跳向下一列，按回车键可以跳向下一行。

按以上步骤在相应的单元格中输入其他数据。

2）输入数字

在 Excel 表中可作为数字使用的只能是这些字符：0-9、+、-、( )、/、E 等。在输入的数字中，Excel 将忽略数字前面的正号（+），并将单个句点视为小数点。所有其他数字与非数字的组合均作文本处理。在输入一长串的数字号码时，会遇到如图 2-2-105 中现象，那是因为输入的数字太长，Excel 在单元格中以科学记数法显示，而编辑栏中显示输入的数字前 15 位，超出 15 位的数字舍为 0。在这种情况下，就不能将“身份证号”当作数字来处理，而应当作文本来处理，输入的方法是在每个号码前添加“'”，如在单元格中输入“'422111201108120450”。输入完后显示结果。

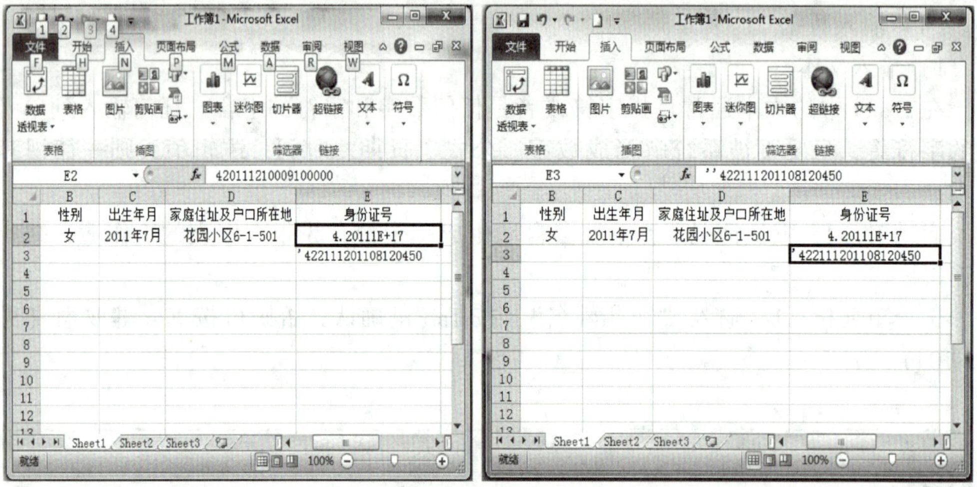

图 2-2-105 输入数字

3）输入时间和日期

时间和日期是日常使用的数值，时间和时期的输入可以直接键入，显示方式取决于所在单元格中对时间或日期显示格式的设置。

在 Excel 中，系统是把输入的时间和日期当作数值来处理，也就是说日期型数据之间可以相减得到天数，日期型数据与另一数值相加得到另一日期型数据。如需要在同一单元格中输入时间和日期，应在时间和日期之间输入一个空格。

2. *幼儿园幼儿名册——数据编辑*

活动目标

了解 Excel 表格内数据的基本编辑方式，掌握数据修改、复制、移动、插入、删除、撤销、恢复、查找及替换等操作。

活动重点

- 选择单元格；
- 修改数据；
- 插入和删除单元格；
- 查找和替换数据。

方法与步骤

(1) 选择单元格

要编辑单元格或单元格区域，首先要选定该单元格区域。选择单元格区域的几种常见方法：

选择一个单元格：单击单元格即可。

选择整行：单击要选定的行号即可。

选择整列：单击要选定的列号即可。

选择不连续的多个单元格：按住 Ctrl 键，单击要选择的单元格即可。

选择所有单元格：单击工作表左上方的“全选”按钮或使用快捷键“Ctrl + A”(见图 2-2-106)。

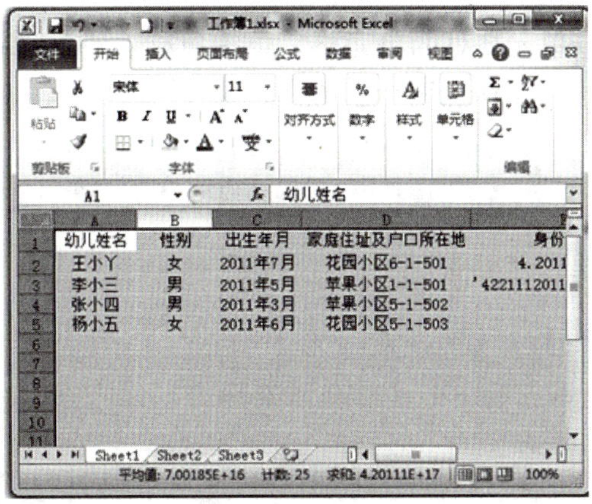

图 2-2-106 全选

(2) 修改数据

Excel 表中输入数据的对象是单元格，每一个单元格都有一个明确的地址，由列标和行号确定，修改数据的操作如下：

1) 复制数据

① 选中要复制的单元格或单元格区域，点击鼠标右键，选择【复制】选项，此时所选定的单元格区域四周出现闪烁的虚框，表明所选择的内容已经复制到剪贴板中。

② 选择需要粘贴的位置单元格，点击鼠标右键，选择“粘贴”选项即或复制数据。

2）移动数据

移动数据类似于复制，只是数据从原位置删除，并移动到新位置。移动数据的操作步骤如下：

① 选择要移动的单元格或单元格区域，单击鼠标右键，选择“剪切”命令。

② 选择需要移动到的最终位置单元格，单击鼠标右键，选择“粘贴”命令，即可移动数据。

3）清除数据

尽管删除数据相当容易，但用户首先必须确定要删除什么。清除数据的方法有以下两种：

① 单击鼠标右键，选择“清除”命令删除单元格的内容或格式。

② 单击鼠标右键，选择“删除”命令删除单元格及其数据。

提示：要快速删除单元格内容，只需选择单元格，并按 Delete 键。也可以一次性删除整行、整列或多行、多列数据。

（3）插入和删除单元格

单元格是输入与设置数据的区域，在进行数据输入时，有时需要在现有的内容上添加或删除数据，对单元格进行操作是必要的，操作单元格主要包括插入和删除单元格。

1）插入单元格

这时就需要使用【插入】命令插入一个或多个单元格，也可以插入整行或整列。

插入一个或一组单元格，其操作步骤如下：

① 选择需要插入新单元格处的单元格，单击鼠标右键，选择【插入】命令，弹出【插入】对话框（见图 2-2-107 和图 2-2-108）。

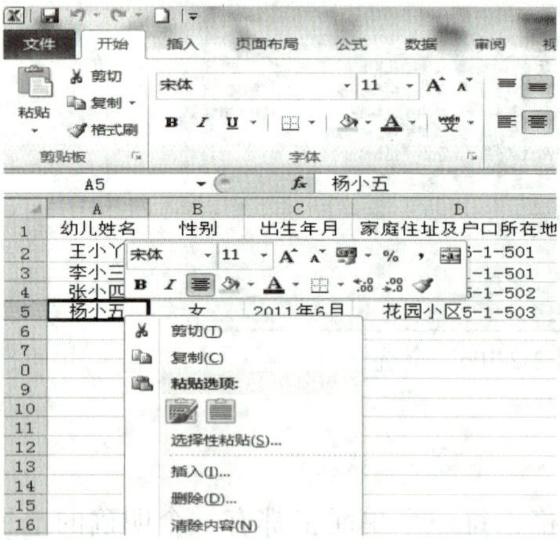

图 2-2-107 选择【插入】命令

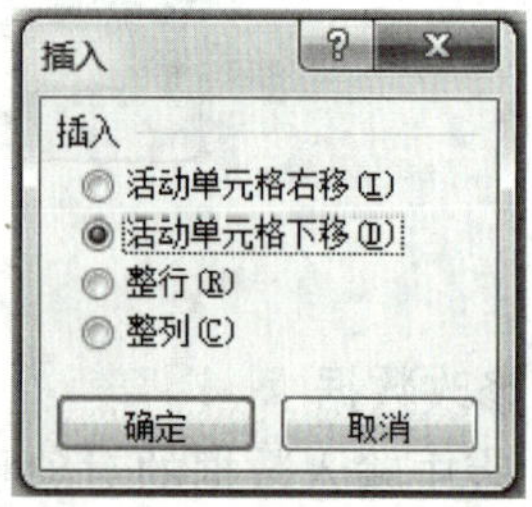

图 2-2-108 【插入】对话框

② 选择活动单元格右移或活动单元格下移，单击【确定】按钮或按回车键，Excel 插入单元格，并以指定的方向移动数据到其他单元格中。

2）删除单元格

删除单元格，操作步骤如下：

① 选择要删除的单元格区域，单击鼠标右键选择“删除”命令。选择右侧单元格左移或下方单元格上移，单击【确定】按钮或按回车键。

② 选择右侧单元格左移或下方单元格上移，单击【确定】按钮或按回车键，删除所选单元格区域，同时其他的单元格会按指定的方式移动。

（4）查找或替换数据

查找功能在修改工作中经常使用。如果在一张数据量较多的工作表中，查看需要编辑的单元格，可以选择查找功能，另外还可以用替换功能对需要修改的单元格内容进行替换。

1）查找数据

如果要在整张工作表中查找需要的字符，则先要选定表中任一单元格，系统将从选定单元格开始对整个工作表进行查找，如果只在某个区域中查找，则先选定单元格区域，再使用查找命令查找。

单击工具栏中的【查找和选择】按钮（见图 2-2-109）。

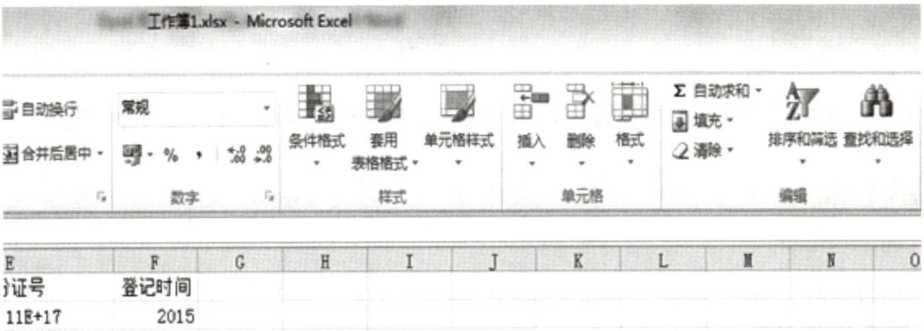

图 2-2-109　【查找和选择】按钮

在“查找内容”框中键入查找的内容，如幼儿的名字“杨小五”（见图 2-2-110）。

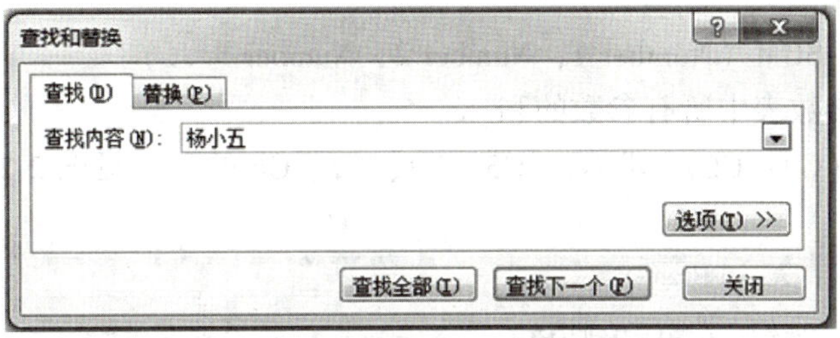

图 2-2-110　输入查找内容

在设置完成后，单击“查找全部”，将在对话框的下面把所有符合条件的单元格以列表的方式显示出来，然后再在列表中选择需要修改的单元格，系统将自动定位在选定的单元格上，即可进行编辑修改。

2）替换数据

“替换”命令与“查找”命令相似，在“查找与替换”对话框中单击“替换”选项卡。在“查找内容”对话框内输入需要被替换的数据，在“替换为”对话框内输入要变更成的数据，单击“全部替换”按钮，系统将自动把“杨小五”全部替换成“王小五”（见图 2-2-111）。

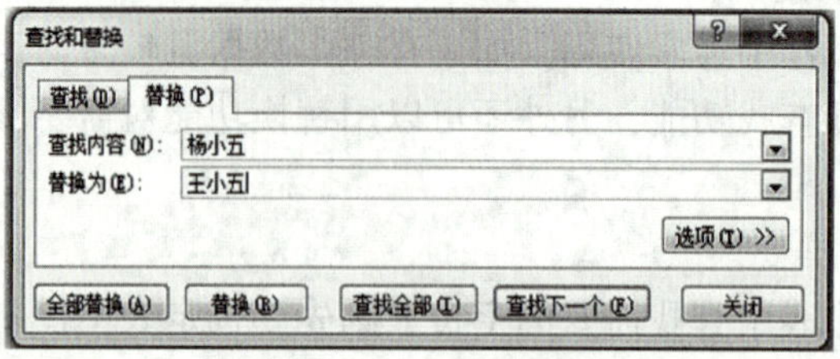

图 2-2-111 替换数据

3. 幼儿园幼儿名册——函数使用

活动目标

了解 Excel 中的几种常用函数：求和函数、求平均值函数及其基本使用方法。

活动重点

- 求和函数；
- 求平均值函数。

方法与步骤

（1）求和函数

函数格式为：SUM（Number 1，Number 2，Number 3...）

功能：返回参数表中所有参数的和。

例如：SUM（G2：G6）；求 G2、G3、G4、G5、G6 的和（见图 2-2-112）。

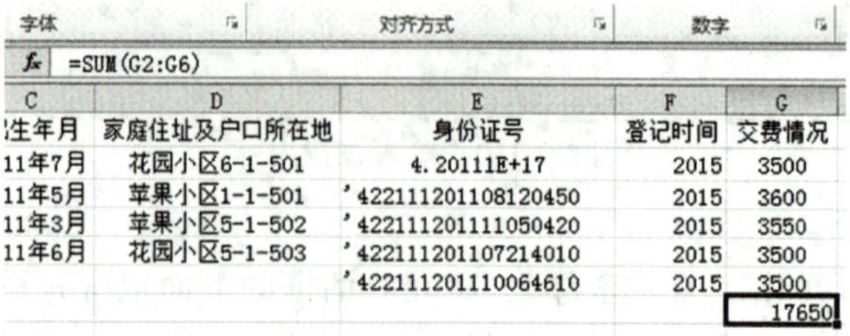

图 2-2-112 求和函数

具体操作如下：

选取要记录求和数据的单元格。在【常用工具栏】中选择【插入常用函数】图标 ，在选择函数的对话框中选择 SUM，点击【确定】按钮（见图 2-2-113）。

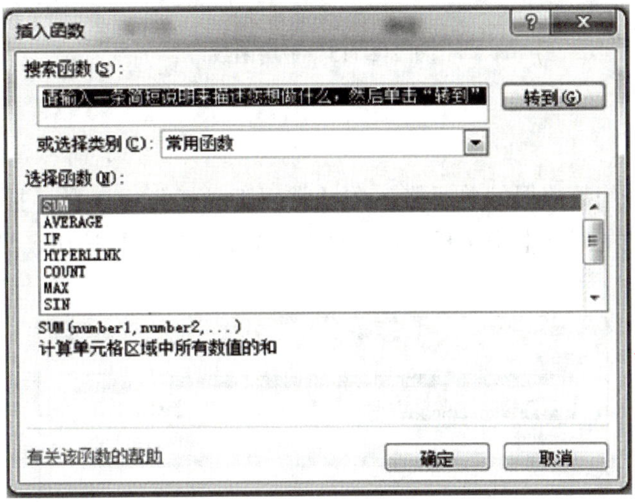

图 2-2-113　插入函数

在弹出的对话框“Number1”后的内容框里对所需求和的行号进行核对与修改（见图 2-2-114）。

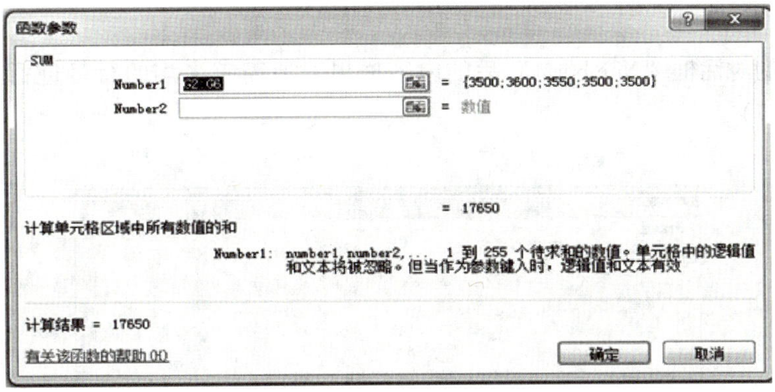

图 2-2-114　函数参数

点击【确定】按钮，选取单元格内出现求和总数。

（2）平均函数

函数格式为：AVERAGE（Number 1，Number 2，Number 3......）

功能：返回参数表中所有参数的算术平均值（见图 2-2-115）。

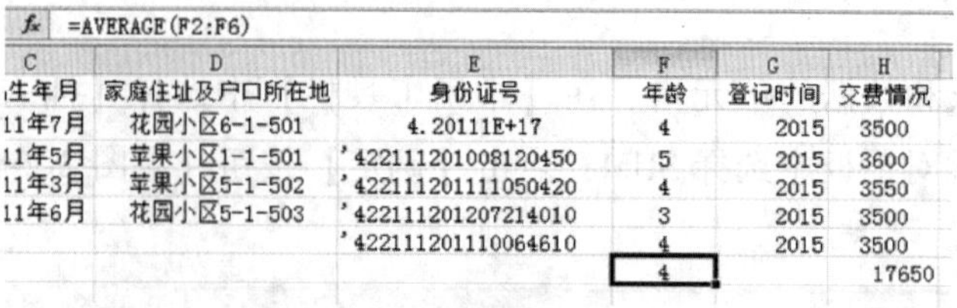

图 2-2-115 平均函数

具体操作如下：

选取要记录平均数数据的单元格，在【常用工具栏】中选择【插入常用函数】图标。在选择函数的对话框中选择 AVERAGE，点击【确定】按钮（见图 2-2-116）。

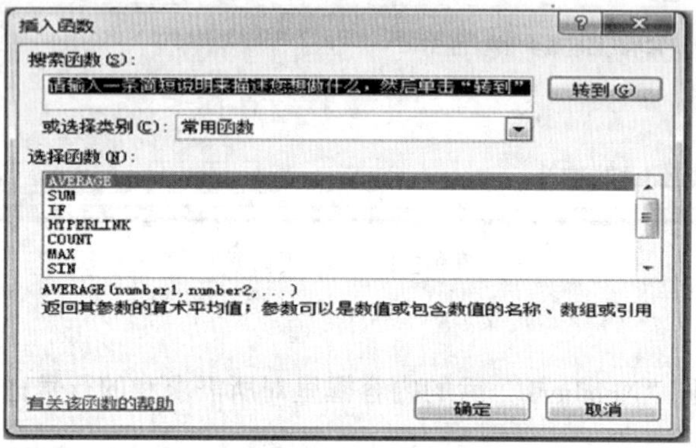

图 2-2-116 插入常用函数

在弹出的对话框"Number 1"后的内容框里对所需求平均的行号进行核对与修改（见图 2-2-117）。

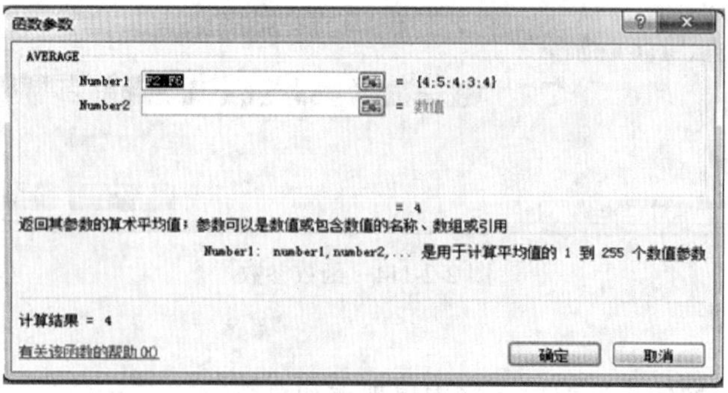

图 2-2-117 函数参数

点击【确定】按钮，选取单元格内出现平均数数值。

4. 幼儿园周作安排——工作表格式设置

活动目标

了解 Excel 表格内单元格设置基本方式，掌握单元格的基本设置方式、行高和列宽的编辑方式、背景图案设置及格式套用的基本操作方法。

活动重点

- 设置数据对齐方式；
- 设置单元格字体；
- 设置单元格边框；
- 设置单元格颜色；
- 合并单元格；
- 编辑行高与列宽。

活动设计

华中师范大学附属铁桥幼儿园

第______周教学活动计划表

2015 年　月　日至 2015 年　月　日

<table>
<tr><td colspan="7">本周工作重点：</td></tr>
<tr><td colspan="2">日期
内容</td><td>星期一</td><td>星期二</td><td>星期三</td><td>星期四</td><td>星期五</td></tr>
<tr><td colspan="2">晨间活动</td><td></td><td></td><td></td><td></td><td></td></tr>
<tr><td rowspan="2">上午</td><td>集体活动</td><td></td><td></td><td></td><td></td><td></td></tr>
<tr><td>户外活动</td><td></td><td></td><td></td><td></td><td></td></tr>
<tr><td rowspan="2">下午</td><td>游戏活动</td><td></td><td></td><td></td><td></td><td></td></tr>
<tr><td>户外活动</td><td></td><td></td><td></td><td></td><td></td></tr>
<tr><td colspan="2">生活指导</td><td></td><td></td><td></td><td></td><td></td></tr>
<tr><td colspan="2">家园共育</td><td colspan="5"></td></tr>
</table>

方法与步骤

（1）设置数据对齐方式

在 Excel 表中常用的数据对齐方式有水平和垂直对齐两种，此外，还提供了任意角度对齐方式。

设置单元格数据水平对齐方式，具体操作如下：

选定需要对齐的单元格或单元格区域。

在【常用工具栏】中选择相应的格式按钮：【左对齐】按钮、【居中对齐】按钮和【右对齐】按钮。对单元格进行对齐操作，先选择要操作的单元格，然后点击相应的对齐按钮。如需对整行或整列进行对齐操作，可直接点击行号或列标将整行或整列选中，再选择相应的对齐按钮。

设置单元格数据垂直对齐方式，具体操作如下：

选定需要对齐的单元格或单元格区域（见图 2-2-118）。

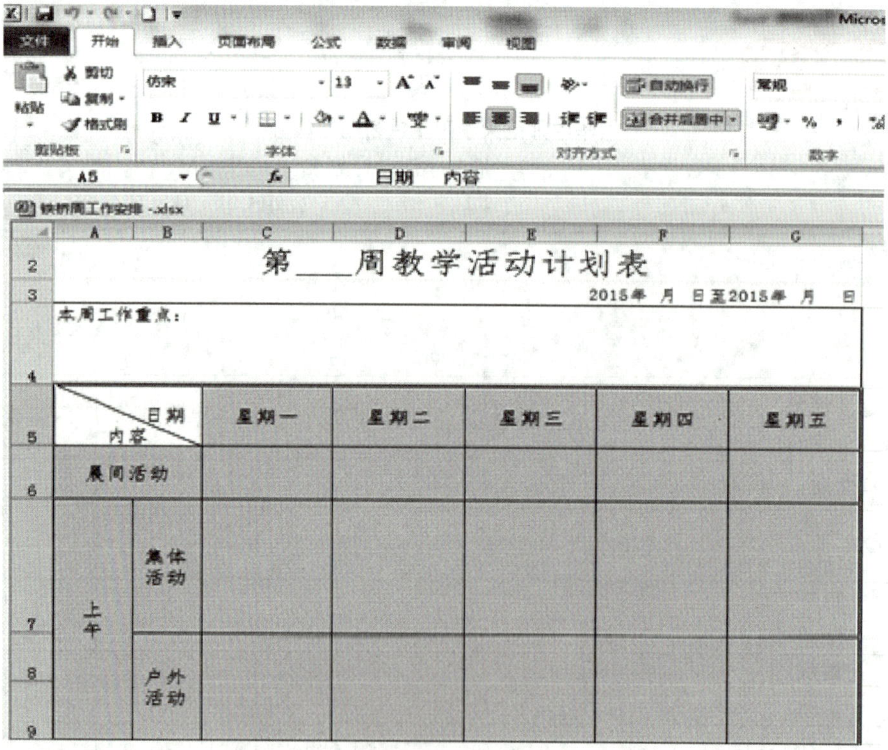

图 2-2-118　选定单元格或单元格区域

点击鼠标右键，选择【设置单元格格式】按钮（见图 2-2-119）。

图 2-2-119　设置数据对齐方式（1）

选择“对齐”选项卡，在“垂直对齐”下拉列表中选择需要的对齐方式（见图 2-2-120）。单击【确定】按钮。

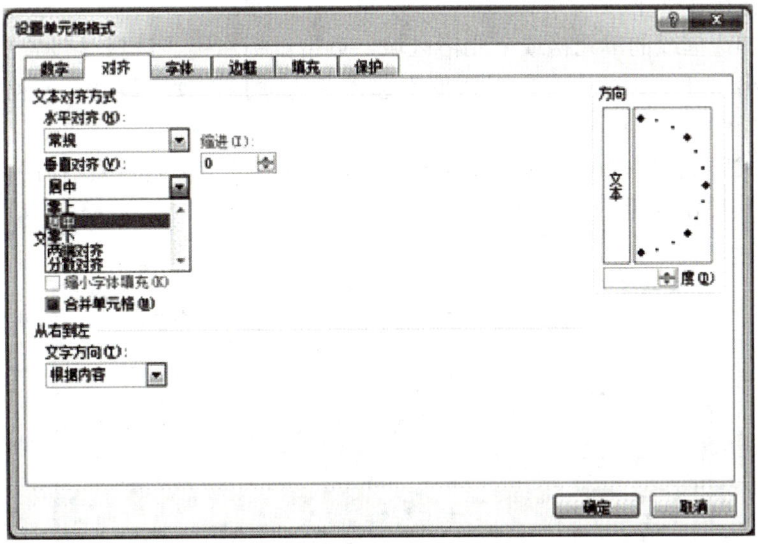

图 2-2-120　设置数据对齐方式（2）

（2）设置单元格字体

选定要改变字体的单元格或单元格区域。点击鼠标右键，选择【设置单元格格式】按钮，在弹出的【单元格格式】对话框中选择“字体”选项，对字体、字形、字号以及字体颜色进行选择。单击【确定】按钮（见图 2-2-121）。

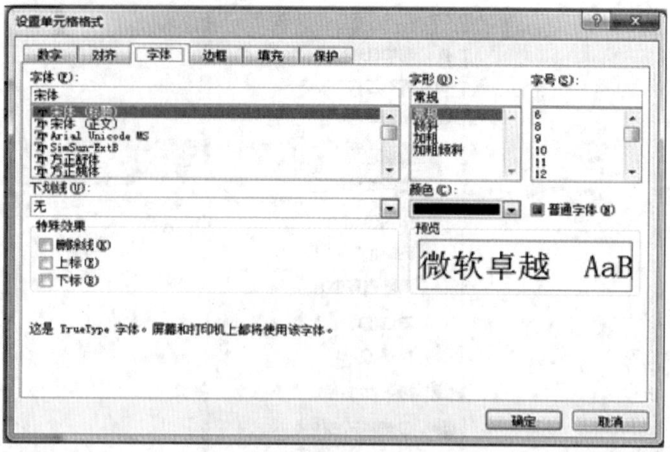

图 2-2-121 设置单元格字体

或直接在【常用工具栏】中选择所需的字体和字号 

，以及字体颜色  。

（3）设置单元格边框

为选定的单元格或单元格区域加上多样化的边框线，可以使内容条理更清楚，形式更美观。具体操作如下：

选取要加边框线的单元格或单元格区域。点击鼠标右键，选择【设置单元格格式】按钮，在弹出的【单元格格式】对话框中选择【边框】选项，再对单元格或单元格区域边框进行操作。

在“样式”列表框中选择所需要的样式，在“颜色”列表框中选择所需要的颜色。单击【确定】按钮（见图 2-2-122）。

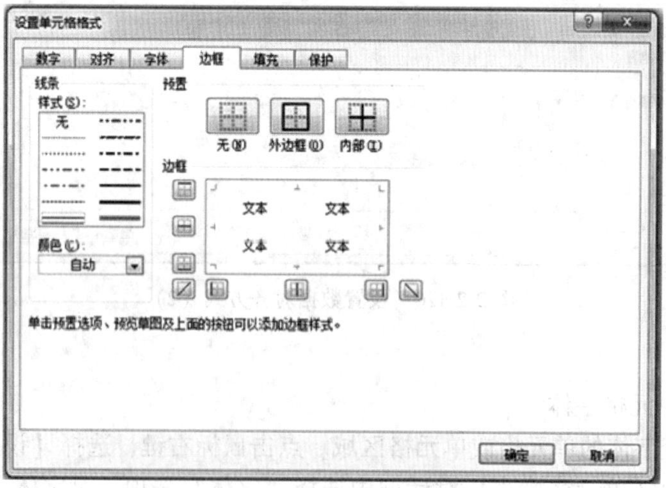

图 2-2-122 设置单元格边框

如果只是简单地加边框操作也可直接通过“常用工具栏”的 按钮进行操作。

(4) 设置单元格颜色

Excel 表中还可以使用工具栏上的调色板来改变选定单元格或单元格区域的颜色，以区分表格中不同的部分，从而使表格更加清晰、美观。具体操作如下：

选取要改变颜色的单元格或单元格区域。单击工具栏上【填充颜色】按钮右边的箭头，在调色板上单击要使用的颜色。

(5) 合并单元格

合并单元格，其操作如下：选择需要合并的多个单元格。单击“格式”工具栏中的【合并后居中】按钮右边的小箭头，即通过选择对所选单元格进行合并及取消合并等操作。

(6) 编辑行高和列宽

设置行高和列宽的方法有两种，一种是直接通过鼠标操作来对行高或列宽进行调整；另一种是通过执行菜单中的命令来实现，利用菜单命令可实现对行高和列宽的精确设定。

1) 使用鼠标设置

将鼠标指针指向要改变行高的工作表的行编号之间的分隔线上，如果要改变第二行的行高，则将鼠标指针指向第二行的底线上。

将鼠标指针变成十字箭头时，按住鼠标左键拖动鼠标，即可看到鼠标指针上方显示的高度指示。将高度调整到需要的高度，释放鼠标。

2) 使用命令设置

选定设置的单元格或单元格区域。将鼠标移至需要调整的行号或列标处，单击鼠标右键，选择“行高”或“列宽”选项（见图 2-2-123）。

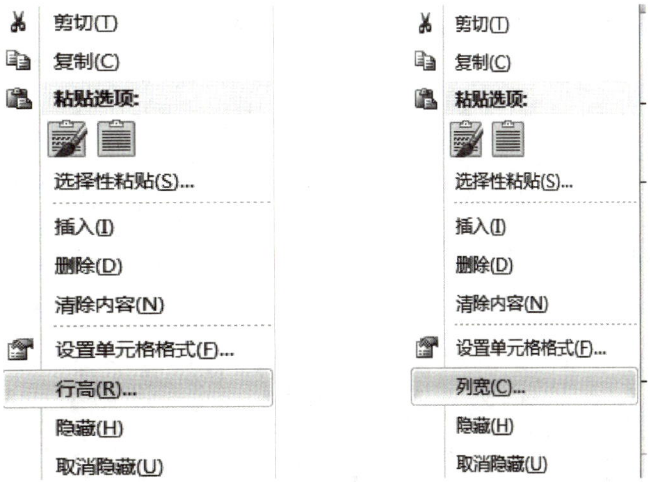

图 2-2-123　设置行高和列宽

在对话框中输入要设置的高度值或宽度值（见图 2-2-124）。

图 2-2-124　输入行高和列宽

点击【确定】按钮，行高或列宽会根据所定义数值进行更改。

第三章　幼儿园与信息技术应用

随着信息技术在教育中的应用，幼儿园教学从内容、形式、方法和组织等方面都发生了根本性的变革。信息技术的应用，已成为幼儿园教学的一种手段，它使教师在进行教学演示或个性化教学中表现得更为生动，课堂的教学活动方式更为直观、多变和灵活。幼儿的多种感官被调动，在感观活动中又获得了愉快的情绪体验，在这种环境中的幼儿会更专注、更热情地投入到教学活动过程中。

本章计划从课件的设计和开发过程中常用的软件和工具的使用，及班级管理中的信息技术应用进行展开。

第一节　课件的制作

一、素材的处理与加工

在设计和开发课件时，图片、音频、视频是应用最多的素材之一，但无论是从网上下载，还是通过扫描、相机等仪器获得，大多需要进行二次加工才能使用。对于素材的简单处理和加工，是幼儿园教师应具备的基本技能之一。

（一）图片素材的处理与加工

活动目标

掌握图片素材处理与加工的常用方法。

活动分析

通过对平台功能的操作，熟悉打开文件、保存文件、裁剪图像等图像的基本编辑方法及处理局部图像时创建选区的方法。

- Photoshop 中打开文件的几种方法；
- 保存文件的方式；

- 如何修改像素尺寸和画布大小；
- 如何裁剪图像；
- 如何从错误中恢复；
- 如何选区。

方法与步骤

1. 图像的基本编辑方法

(1) 打开文件

要在 Photoshop 中编辑一个图像文件，如图片素材、照片等需要先将其打开。文件的打开方法有很多种，可以使用命令打开，也可以通过快捷方式打开。

1) 用【打开】命令打开文件

执行【文件】→【打开】命令，可以弹出【打开】对话框，选择一个文件（如果要选择多个文件时，可按住 Ctrl 键单击它们）（见图 3-1-1），单击【打开】按钮，或双击文件即可将其打开。

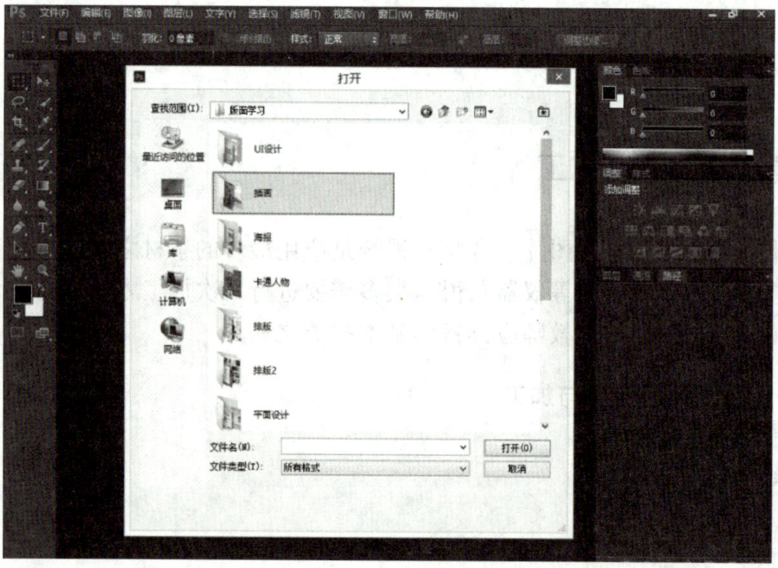

图 3-1-1 单击【打开】页面

提示：查找范围：在该选项的下拉列表中可以选择图像文件所在的文件夹。

文件名：显示了所选文件的文件名。

文件类型：默认为“所有格式”，对话框中会显示所有格式的文件。如果文件数量较多，可以在下拉列表中选择一种文件格式，使对话框中只显示该类型的文件，以便于查找。

2）通过快捷方式打开文件

在没有运行 Photoshop 的情况下，只要将一个图像文件拖动到 Photoshop 应用程序图标上（见图 3-1-2），就可以运行 Photoshop 并打开该文件。如果运行了 Photoshop，则可以在 Windows 资源管理器中将文件拖动到 Photoshop 窗口中打开（见图 3-1-3）。

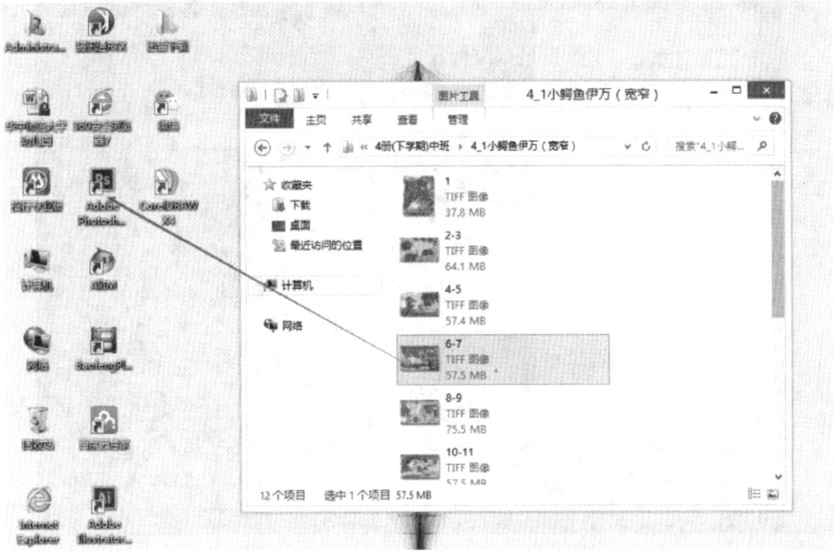

图 3-1-2　未运行 Photoshop 页面

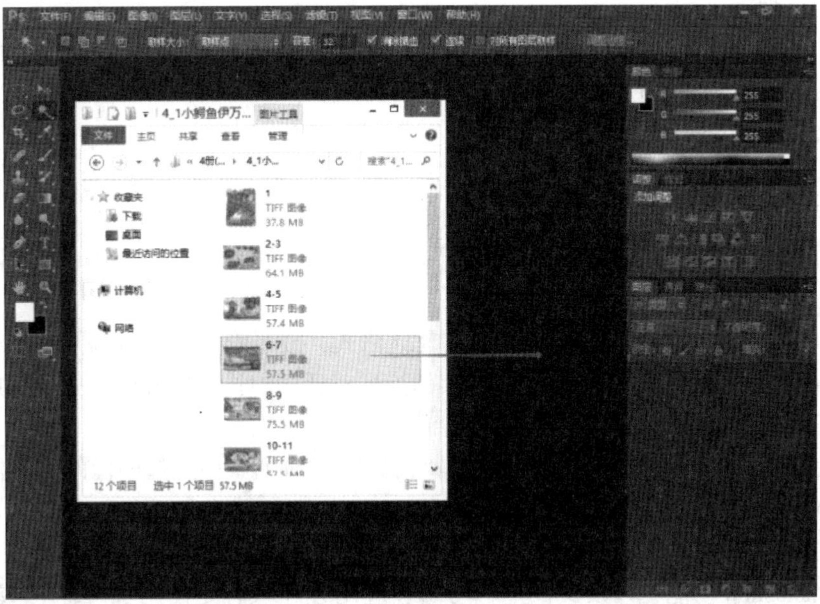

图 3-1-3　运行 Photoshop 页面

3）打开最近使用过的文件

【文件】→【最近打开文件】下拉菜单中保存了最近在 Photoshop 中打开的 10 个文件（见图 3-1-4），选择一个文件即可将其打开。如果要清除目录，可以选择菜单底部的“清除最近”命令。

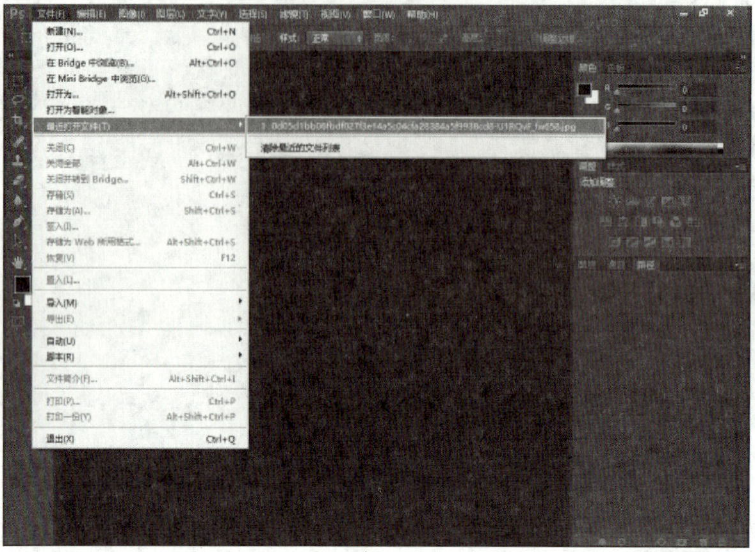

图 3-1-4　打开最近使用过的文件

（2）保存文件

对文件进行编辑后，应及时保存处理结果，以免因死机等原因造成劳动成果没被保存。保存文件的方式有以下几种：

1）用“存储”命令保存文件

当打开一个图像文件并对其进行了编辑之后，可以执行【文件】→【存储】命令，或按下“Ctrl+S”快捷键，保存所做的修改，图像会按照原有的格式存储。如果是一个新建的文件，则执行该命令时会打开【存储为】对话框。

2）用【存储为】命令保存文件

如果要将文件保存为另外的名称和其他格式，或者存储在其他位置，可以执行【文件】→【存储为】命令，在打开的【存储为】对话框中将文件另存（见图 3-1 5）。

提示：保存在：可以选择图像保存位置。

文件名/格式：可输入文件名，在“格式”下拉列表中选择图像的保存格式。

3）选择正确的文件保存格式

文件格式决定了图像数据的存储方式（作为像素还是矢量）、压缩方法、支持什么样的 Photoshop 功能，以及文件是否与一些应用程序兼容。使用【存储】或【存储为】命令保存图像时，可以在打开的对话框中选择文件的保存格式（见图 3-1-6）。

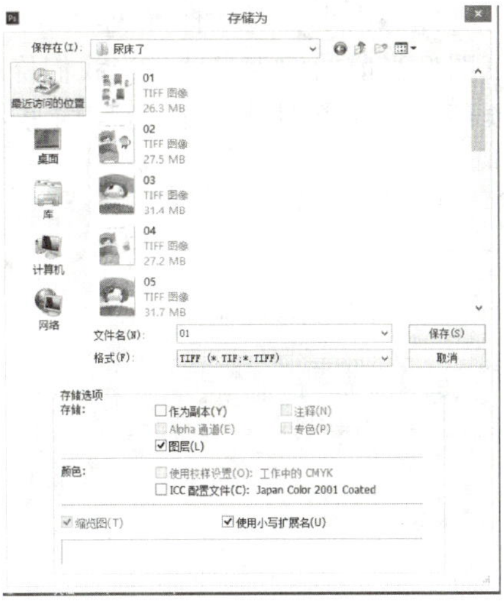

图 3-1-5　用【存储为】命令保存文件

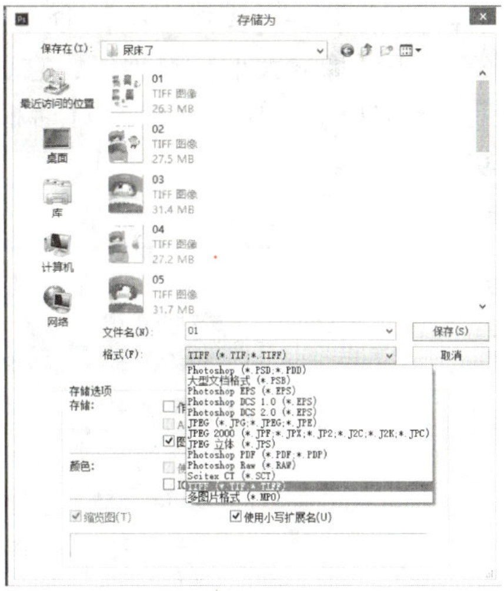

图 3-1-6　对话框中选择文件的保存格式

（3）修改像素尺寸和画布大小

我们在编辑图像时可能有很多目的，如想要将图像制作成为电脑桌面，制作为个性化的 QQ 头像，等等。然而，图像的尺寸或分辨率并非完全适合以上用途，我们还要根据实际情况对图像的大小和分辨率进行调整，才能令其满足使用需要。

1）修改图像的尺寸

使用【图像大小】命令可以调整图像的像素大小、打印尺寸和分辨率。修改像素大小不仅会影响图像在屏幕上的视觉大小，还会影响图像的质量及其打印特性，同时也决定了其占用的存储空间。

按下“Ctrl+O”快捷键，打开一个文件（见图 3-1-7）。

图 3-1-7　任意打开文件

执行【图像】→【图像大小】命令，打开【图像大小】对话框（见图 3-1-8）。我们先来看一下【像素大小】选项组，它显示了图像当前的像素尺寸，当我们修改像素大小后，新文件的大小会出现在对话框的顶部，旧的文件大小在括号内显示（见图3-1-9）。

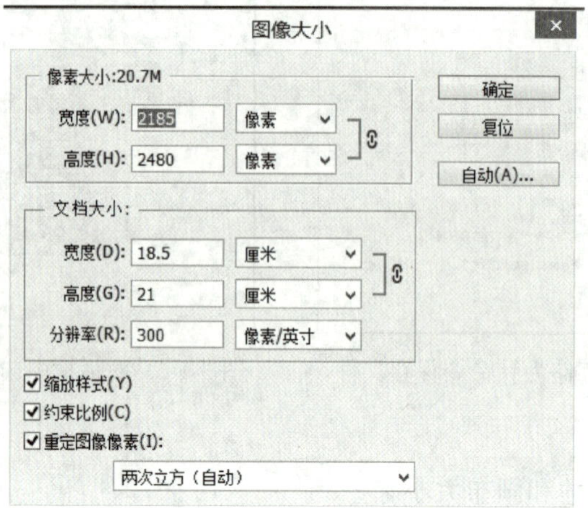

图 3-1-8　【图像大小】对话框

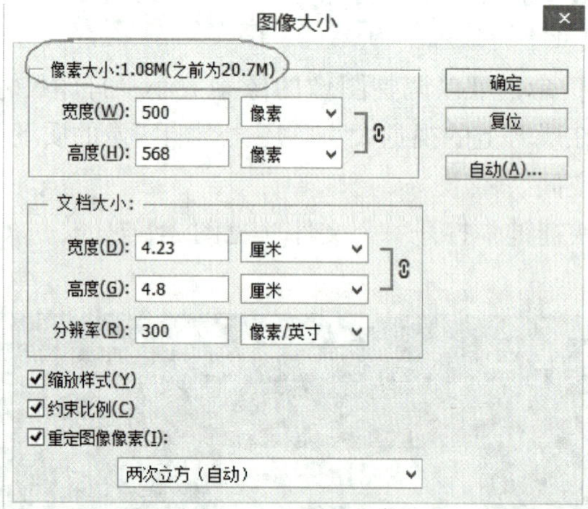

图 3-1-9　修改像素大小后

【文档大小选项组】用来设置图像的打印尺寸（“宽度”和“高度”选项）和分辨率（“分辨率”选项），可以通过两种方法来操作。第一种方法是先选择“重定图像像素”选项，然后修改图像的宽度或高度。这可以改变图像中的像素数量。例如，减小图像的大小时，就会减少像素数量，此时图像虽然变小了，但画质质量不变（见图3-1-10）；而增加图像的大小或提高分辨率，则会增加新的像素，这时图像尺寸虽然变大了，但画面质量会下降（见图 3-1-11）。

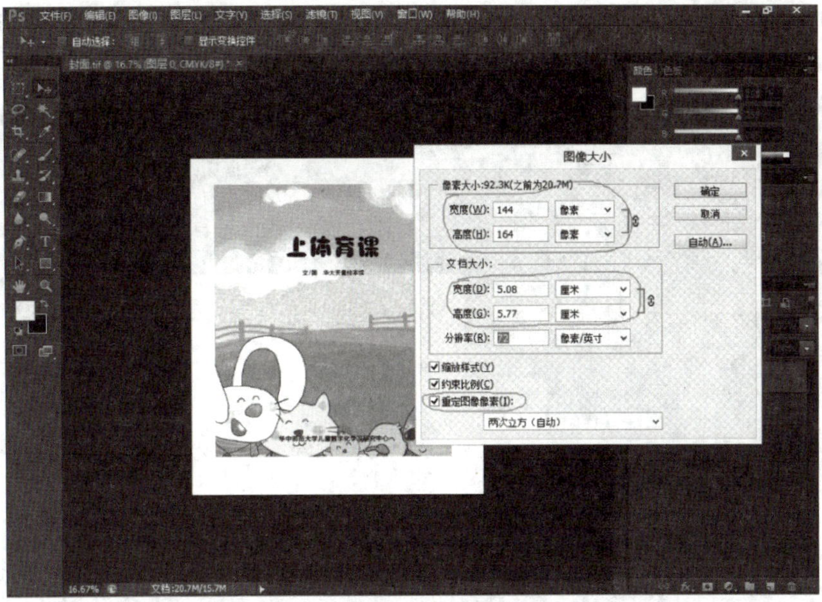

图 3-1-10　重定图像像素页面

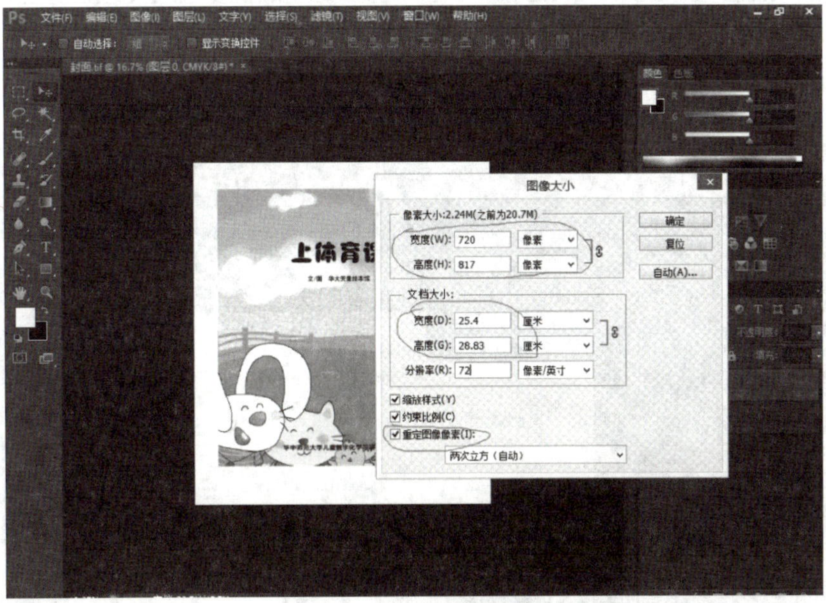

图 3-1-11　增加图像的大小或提高分辨率

提示：如果一个图像的分辨率较低且模糊，即便增加它的分辨率也不会使它变得清晰。这是因为，Photoshop 只能在原始数据的基础上进行调整，无法生成新的原始数据。

第二种方法操作过程：先取消“重定图像像素”选项的勾选，再来修改图像的宽度或高度时，会自动提高分辨率（见图 3-1-12）；而增加宽度和高度时就会自动降低分辨率（见图 3-1-13）。图像的视觉大小看起来不会有任何改变，画面质量也没有变化。

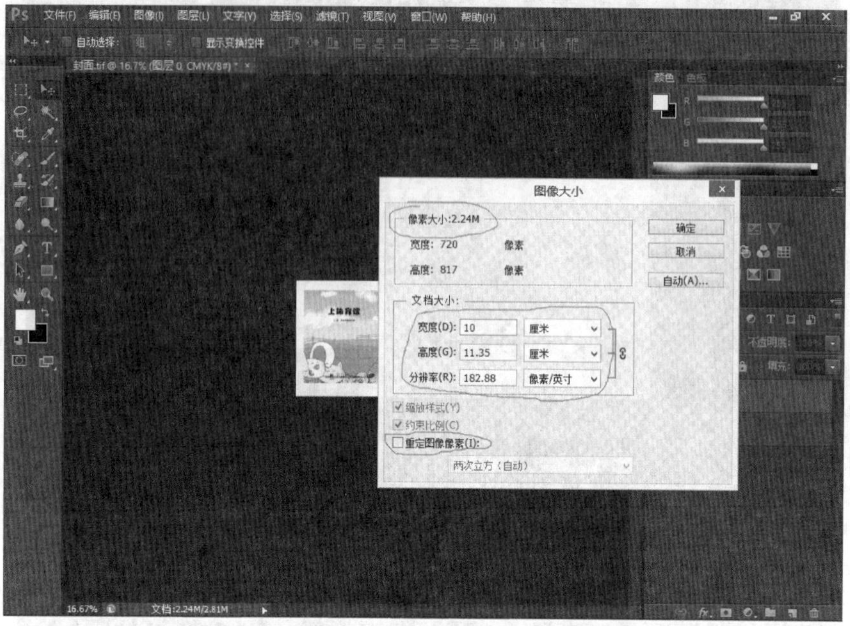

图 3-1-12 取消“重定图像像素”选项页面

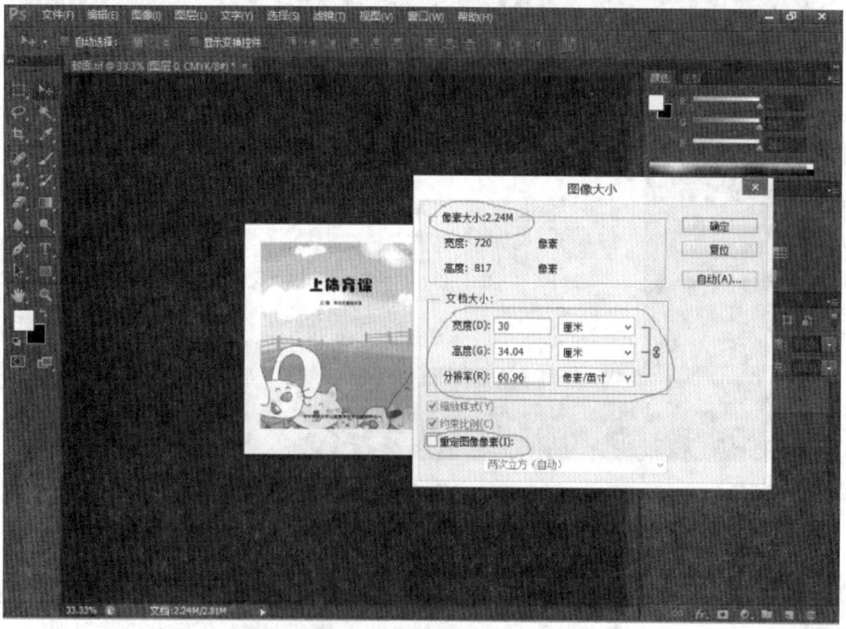

图 3-1-13 增加宽度和高度页面

2）修改画布大小

画布是指整个文档的工作区域（见图 3-1-14）。执行【图像】→【画布大小】命令，可以在打开的【画布大小】对话框中修改画布尺寸（见图 3-1-15）。

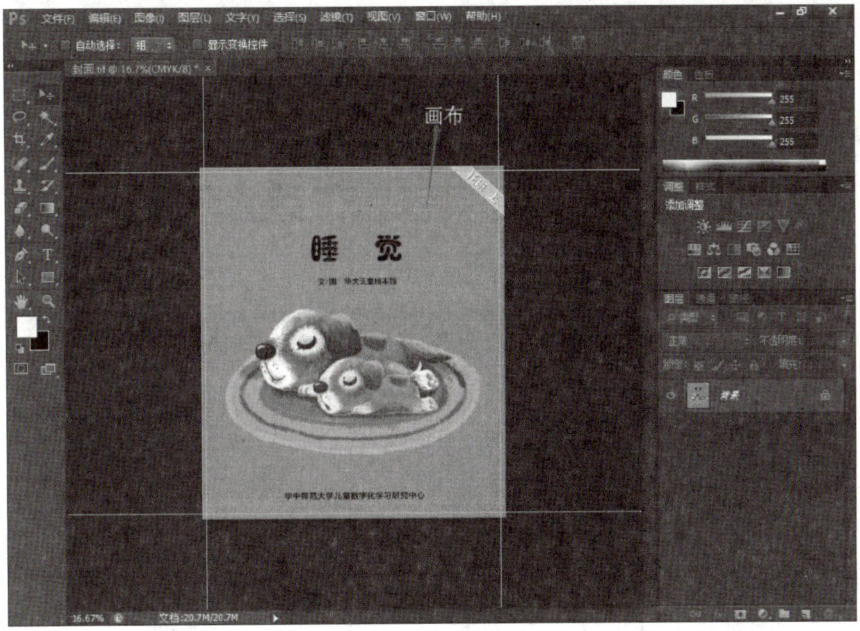

图 3-1-14　画布页面

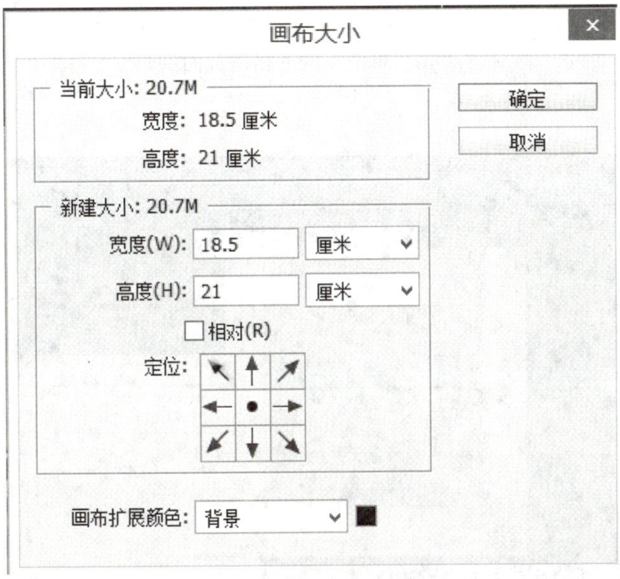

图 3-1-15　打开的【画布大小】对话框

当前大小：显示了图像宽度和高度的实际尺寸和文档的实际大小。

新建大小：可以在“宽度”和“高度”框中输入画布的尺寸。当输入的数值大于原来尺寸时会增加画布，反之则减小画布。减小画布会裁剪图像。输入尺寸后，该选项右侧会显示修改画布后的文档大小。

相对：勾选该选项，“宽度”和“高度”选项中的数值将代表实际增加或者减少的区域大小，而不再代表整个文档的大小，此时输入正值表示增加画布，输入负值则减小画布。

定位：单击不同的方格，可以指示当前图像在新画布上的位置（见图 3-1-16、图 3-1-17和图 3-1-18）是设置不同的定位方向在增加画布后的图像效果（画布的扩展颜色为黄色）。

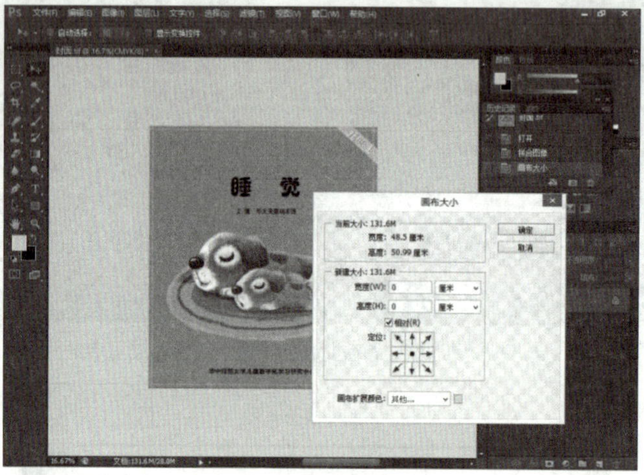

图 3-1-16 单击不同方格的页面（1）

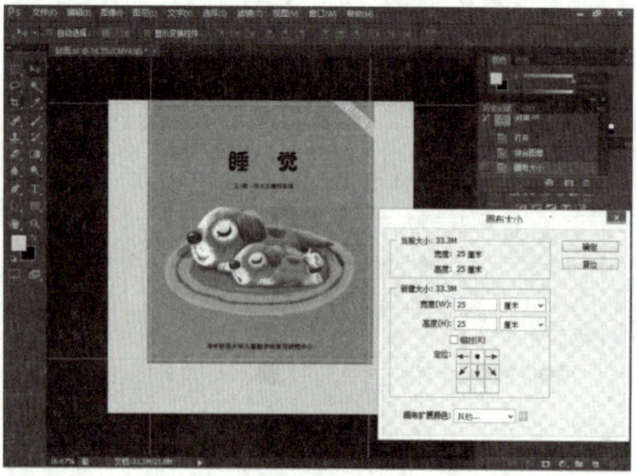

图 3-1-17 单击不同方格的页面（2）

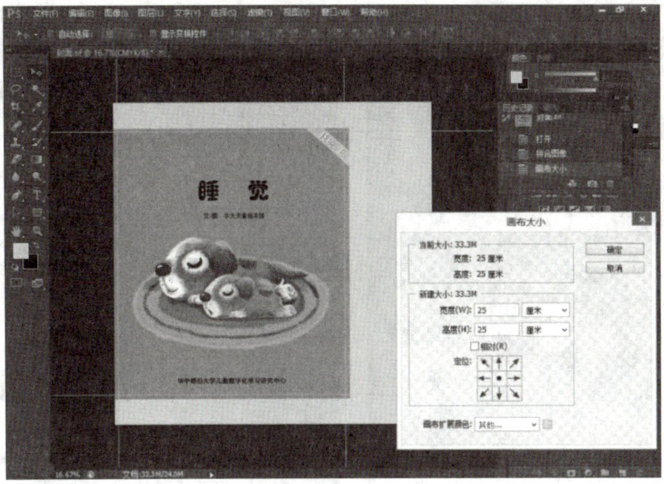

图 3-1-18　单击不同方格的页面（3）

3）旋转画布

【图像】→【图像旋转】下拉菜单中包含用于旋转画布的命令（见图 3-1-19）。执行这些命令可以旋转或翻转整个图像。图 3-1-20 为原图像，图 3-1-21 是执行【垂直翻转画布】命令后的图像状态。

执行【图像】→【图像旋转】→【任意角度】命令，打开【旋转画布】对话框，输入画布的旋转角度即可按照设定的角度和方向精确旋转画布。

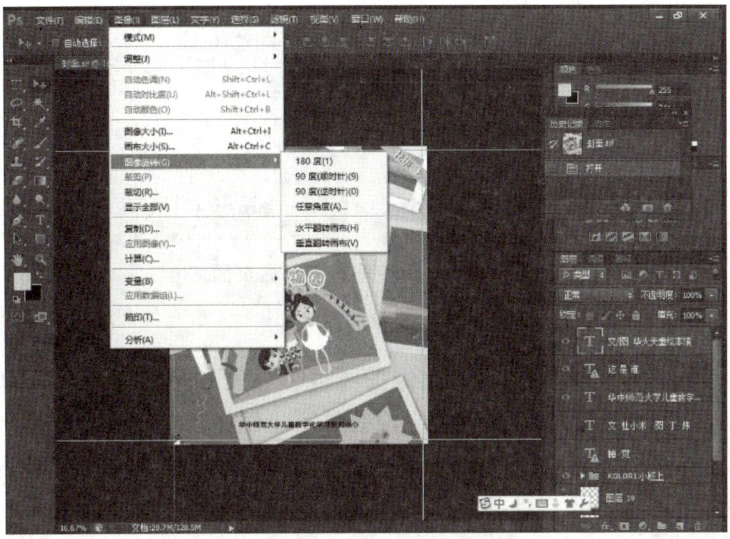

图 3-1-19　图像旋转下拉菜单

图 3-1-20 原图像页面

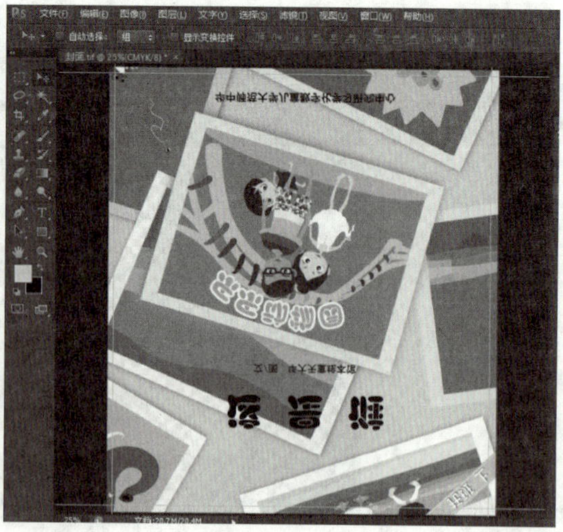

图 3-1-21 执行【垂直翻转画布】命令后的图像

（4）裁剪图像

在对数码照片或者扫描的图像进行处理时，经常需要裁剪图像，以便使画面的构图更加完美。使用裁剪工具、【裁剪】命令和【裁切】命令都可以裁剪图像。

1）裁剪工具

裁剪工具  可以对图像进行裁剪，重新定义画布的大小，选择该工具以后，在画面中单击并拖出一个矩形定界框，按下回车键，就可以将定界框之外的图像裁掉。

① 创建裁剪区域前的工具选项栏：旋转裁剪工具以后，它的工具选项栏会显示如图 3-1-22 的选项。

图 3-1-22 旋转裁剪工具后页面

② 宽度/高度/分辨率：可以输入图像的宽度、高度和分辨率值，裁剪后图像的尺寸由输入的数值决定，与裁剪区域的大小没有关系。例如：输入宽度 3 厘米、高度 8 厘米、分辨率 100 像素/英寸，在进行裁剪时，虽然创建的裁剪区域的大小不同，但裁剪后图像的尺寸和分辨率也会与设定的尺寸一致（见图 3-1-23 和图 3-1-24）。

③ 前面的图像：单击该按钮，即可在“宽度”、“高度”和“分辨率”文本框中显示当前图像的尺寸和分辨率。如果同时打开了两个文件，则单击该按钮以后，会显示另一个图像的尺寸和分辨率。

图 3-1-23 裁剪后的图像（1）

图 3-1-24 裁剪后的图像（2）

④ 清除：单击该按钮，可以清空“宽度”、“高度”和“分辨率”文本框中的数值。

2）用裁剪工具裁剪图像

按下“Ctrl+O”快捷键，打开一个文件（见图 3-1-25）。选择裁剪工具 ，在图像上单击并拖动一个矩形裁剪框，放开鼠标后，可创建裁剪区域（见图 3-1-26）。

图 3-1-25 值日生页面

图 3-1-26 创建裁剪区域

将光标放在定界框内，拖动鼠标还可以移动定界框（见图 3-1-27），拖动定界框上的控制点可以调整定界框的大小（见图 3-1-28）。

图 3-1-27 移动定界框

图 3-1-28 调整定界框的大小

按下回车键确认，即可裁剪图像（见图 3-1-29）。

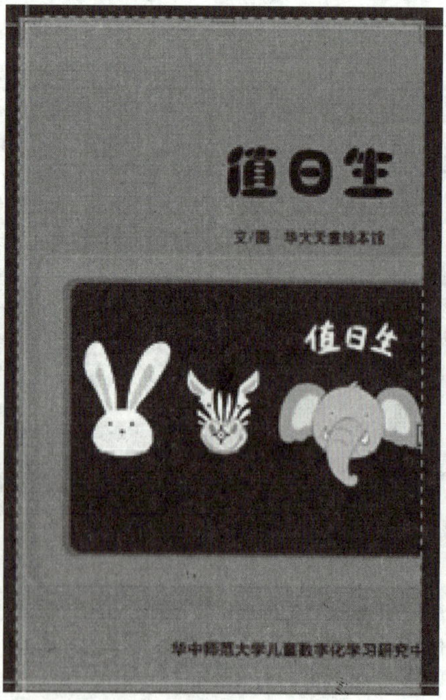

图 3-1-29 按下回车键确认

3）用“裁剪”命令裁剪图像

按下“Ctrl+O”快捷键，打开一个文件（见图 3-1-30）。

图 3-1-30　上幼儿园页面

选择矩形选框工具，在画面中单击并拖动鼠标创建一个矩形选区，选中要保留的图像（见图 3-1-31）。

执行【图像】→【裁剪】命令，可以将选区以外的图像裁剪掉，只保留选区内的图像（见图 3-1-32）。按下“Ctrl+D”快捷键可取消选择。

图 3-1-31　创建矩形选区

图 3-1-32　选区内的图像

4）用“裁切”命令裁切图像

打开一个文件（见图 3-1-33），通过“裁切”命令将图像两侧的颜色条裁掉。

图 3-1-33 上幼儿园页面

执行【图像】→【裁切】命令，打开【裁切】对话框，选择【左上角像素颜色】选项，并勾选“裁切”内的全部选项（见图 3-1-34），单击【确定】按钮即可将图像两侧与上下侧的粉色条裁掉（见图 3-1-35）。

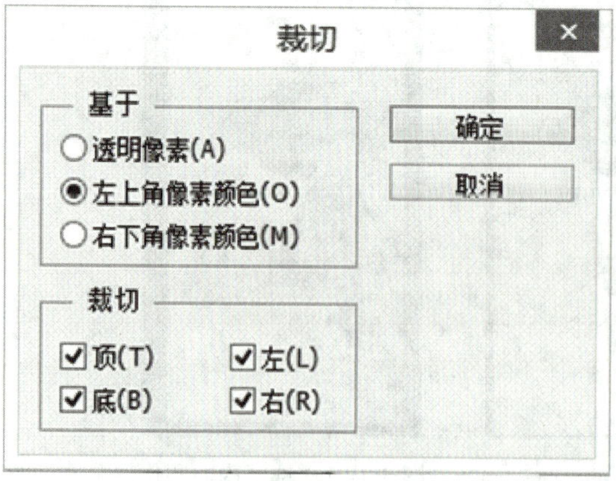

图 3-1-34 裁切对话框

图 3-1-35 裁切后页面

5）从错误中恢复

在编辑图像的过程中，如果操作失误或对创建的效果不满意，可以撤销操作或者将图像恢复为最近保存过的状态。Photoshop 提供了很多帮助用户恢复操作的功能，有了它们，我们就可以放心大胆地创作。

还原与重做：执行【编辑】→【还原】命令，或按下“Ctrl+Z”快捷键，可以撤销对图像所作的最后一次修改，将其还原到上一步编辑状态中。如果想要取消还原操作，可以执行【编辑】→【重做】命令，或按下“Shift+Crtl+Z”快捷键。

前进一步与后退一步：【还原】命令只能还原一步操作，如果要连续还原，可以连续执行【编辑】→【后退一步】命令，或者连续按下“Alt+Ctrl+Z”快捷键，逐步恢复被撤销的操作。

恢复文件：执行【文件】→【恢复】命令，可以直接将文件恢复到最后一次保存时的状态。

2. 选区

（1）基本选择工具

Photoshop 中的各种选框工具，包括矩形选框工具、椭圆选框工具，用于创建规则形状的选区。

1）用矩形选框工具制作矩形选区

矩形选框工具用于创建矩形和正方形选区。

打开一个文件，选择矩形选框工具，在画面中单击并向右下角拖动鼠标创建矩形选区（见图 3-1-36）。

图 3-1-36　创建矩形选区

提示：使用矩形选框工具时，按住 Shift 键拖动鼠标可创建正方形选区；按住 Alt 键拖动鼠标，会以单击点为中心向外创建选区；按住“Alt+Shift”键，则会从中心向外创建正方形选区。

按下“Shift+Ctrl+I”快捷键反选（见图3-1-37）。执行【图像】→【调整】→【反相】命令，反转所选图像的颜色，创建副片效果。按下“Ctrl+D”快捷键取消选择（见图3-1-38）。

图 3-1-37　按下“Shift+Ctrl+I”快捷键反选

图 3-1-38　按下“Ctrl+D”快捷键取消选择

2）矩形选框工具选项栏

图 3-1-39 为矩形选框工具的选项栏。

图 3-1-39　选项栏

羽化：用来设置选区的羽化范围。

样式：用来设置选区的创建方法。选择“正常”，可通过拖动鼠标创建任意大小的选区；选择“固定比例”，可在右侧的“宽度”和“高度”文本框中输入数值，创建固定比例的选区。例如，如果要创建一个宽度是高度两倍的选区，可输入宽度“2”、高度“1”；选择“固定大小”，可在“宽度”和“高度”文本框中输入选区的宽度与高度值，使用矩形选框工具时，只需在画面中单击便可以创建固定大小的选区。单击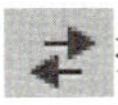按钮，可以切换“宽度”与“高度”值。

调整边缘：单击该按钮，可以打开【调整边缘】对话框，对选区进行平滑、羽化等处理。

3）用椭圆选框工具制作圆形选区

打开一个文件。选择椭圆选框工具，按住 Shift 键，在画面中单击并拖动鼠标创建一个圆形选区，选中光碟（可同时按住空格键移动选区，使选区与光碟对齐）（见图 3-1-40）。

在工具选项栏中按下从选区减去按钮，选中唱片中心的背景，将其排除到选区之外（见图 3-1-41）。按下“Ctrl+C”快捷键复制选中的图像。

图 3-1-40 创建一个圆形选区

图 3-1-41 选中唱片中心的背景

打开一个文件，按下“Ctrl+V”快捷键，将唱片粘贴到该文档中（见图 3-1-42）。

执行【图层】→【图层样式】→【投影】命令，打开【图层样式】对话框，为光碟添加投影效果（见图 3-1-43 和图 3-1-44）。选择移动工具，按住 Alt 键拖动光碟，再复制出一个（见图 3-1-45）。

图 3-1-42 唱片粘贴到文档中

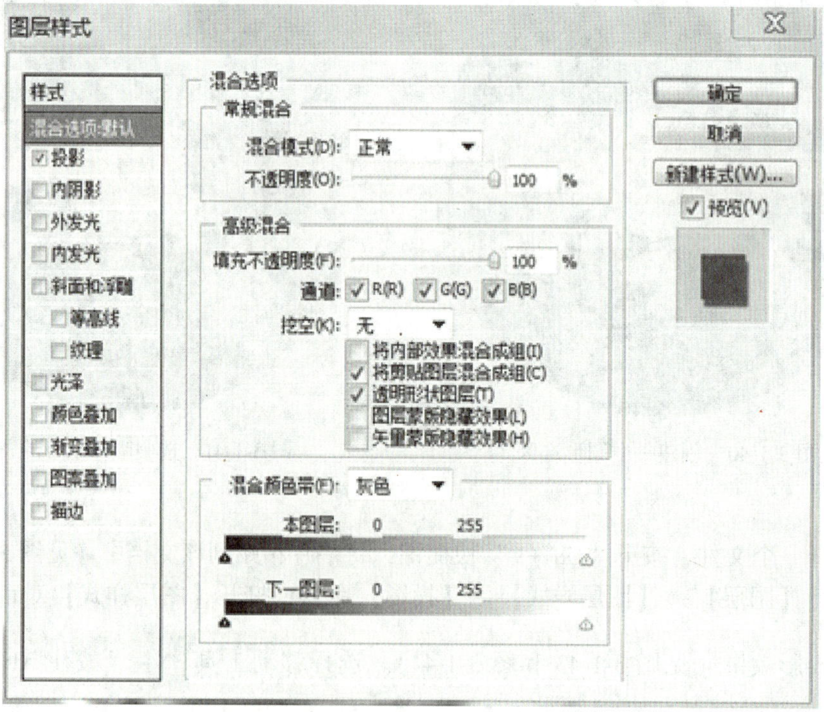

图 3-1-43 【图层样式】对话框

图 3-1-44 添加投影效果

图 3-1-45 复制光碟

提示：使用椭圆工具单击并拖动鼠标，可以创建椭圆选区；按住 Alt 键，会以单击点为中心向外创建选区；按住“Shift+Alt”键，会以单击点为中心向外创建圆形选区。

椭圆选框工具选项栏：椭圆选框工具与矩形选框工具的选项完全相同，只是该工具可以使用“消除锯齿”功能。

消除锯齿：像素是组成图像的最小元素，由于它们都是正方形的，因此，在创建圆形，多边形等不规则选区时便容易产生锯齿，如图 3-1-46 为选出的对象。勾选该选项后，Photoshop 会在选区边缘 1 个像素宽的范围内添加与周围图像相近的颜色，使选区看上去光滑。如图 3-1-47 为选出的对象。由于只有边缘像素发生变化，消除锯齿便不会丢失细节。这项功能在剪切、拷贝和粘贴选区创建复合图像时非常有用。

图 3-1-46 选出对象

图 3-1-47 选出对象

（2）魔棒与快速选择工具

魔棒工具  和快速选择工具  可以快速选择色彩变化不大，且色调相近的区域。前者通过单击来创建选区，后者则需要像绘画一样绘制选区。

1）用魔棒工具选取人物

打开一个文件（见图 3-1-48）。选择魔棒工具 ，在工具选项栏中将“容差”设置为 10，在人物左侧的背景上单击，选中背景（见图 3-1-49）。

图 3-1-48　任意文件页面

图 3-1-49　选中背景

按住 Shift 键在右侧背景上单击，将这部分背景内容添加到选区中（见图 3-1-50）。执行【选择】→【反向】命令反转选区，选中人物（见图 3-1-51）。

图 3-1-50　背景内容添加到选区

图 3-1-51　反转选区

打开一个文件。使用移动工具将人物拖动到该文档中，生成“图层 1”，设置其混合模式为“正片叠底”（见图 3-1-52 和图 3-1-53）。

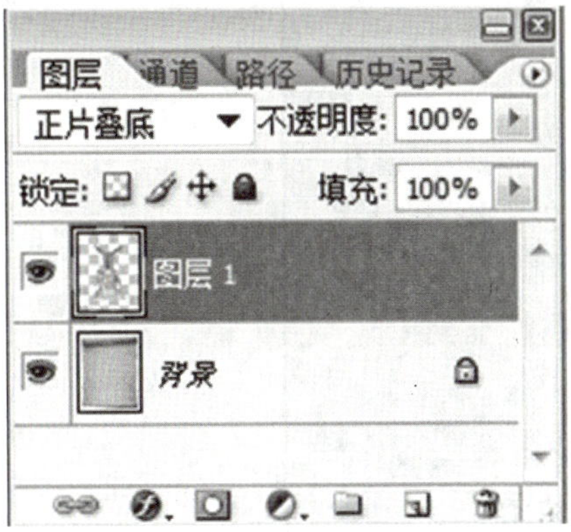

图 3-1-52　生成“图层 1”

图 3-1-53　“正片叠底”模式

提示：使用魔棒工具时，按住 Shift 键单击可添加选区；按住 Alt 键单击可在当前选区中减去选区；按住“Shift+Alt”键单击可得到与当前选区相交的选区。

2）用快速选择工具抠图

快速选择工具能够利用可调整的圆形画笔笔尖快速绘制选区。在拖动鼠标时，选区会向外扩展并自动查找和跟随图像中定义的边缘。

打开一个文件（见图 3-1-54）。选择快速选择工具，在工具选项栏中设置笔尖大小（见图 3-1-55）。

图 3-1-54　任意文件页面

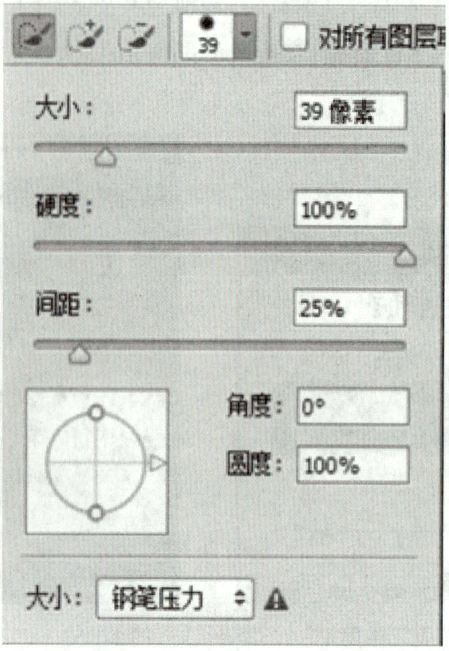

图 3-1-55　设置笔尖大小

在小孩头发上单击并沿身体拖动鼠标，将小孩选中（见图 3-1-56）。现在有些背景也被选中了。按住 Alt 键在选中的背景上单击并拖动鼠标，将其从选区中排除掉（见图 3-1-57）。

图 3-1-56　选中小孩

图 3-1-57　从选区中排除掉背景

打开一个文件，使用移动工具  将小孩拖动到该文档中（见图 3-1-58 和图3-1-59）。

图 3-1-58　小孩拖动到该文档

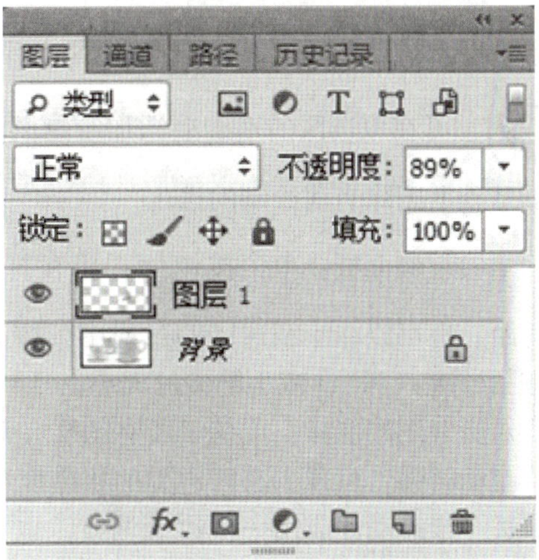

图 3-1-59　小孩拖动到该文档

按住 Ctrl 键单击“图层”面板底部的按钮，在“图层 1”下面新建一个图层。选择画笔工具在地面上涂抹一些灰色，作为投影（见图 3-1-60 和图 3-1-61）。

图 3-1-60　新建一个图层（1）

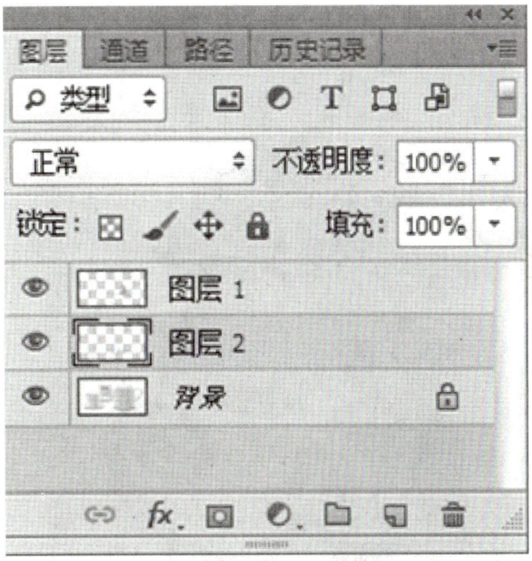

图 3-1-61　新建一个图层（2）

快速选择工具选项栏（见图 3-1-62）。

图 3-1-62　快速选择工具选项栏

选区运算按钮：按下新选区按钮，可创建一个新的选区；按下添加到选区按钮，可在原选区的基础上添加绘制的选区；按下从选区减去按钮，可在原选区的基础上删除当前绘制的选区。

笔尖下拉面板：单击按钮，可在打开的下拉面板中选择笔尖，设置大小、硬度和间距。也可以在绘制选区的过程中，按下右方括号键“］”增加笔尖的大小；按下左方括号键“［”，减小笔尖的大小。

对所有图层取样：可基于所有图层（而不是仅基于当前选择的图层）创建选区。

自动增强：可减少选区边界的粗糙度和块效应。“自动增强”会自动将选区向图像边缘进一步流动并应用一些边缘调整，也可以通过在“调整边缘”对话框中手动应用这些边缘调整。

（3）“色彩范围”命令

“色彩范围”命令可根据图像的颜色范围创建选区，在这一点上与魔棒工具有着很大的相似之处，但该命令提供了更多的控制选项，因此，具有更高的选择精度。

打开一个文件。执行【选择】→【色彩范围】命令，打开【色彩范围】对话框。勾选“本地化颜色簇”选项，然后在文档窗口中的人物背景上单击，进行颜色取样（见图 3-1-63 和图 3-1-64）。

图 3-1-63 任意文件页面

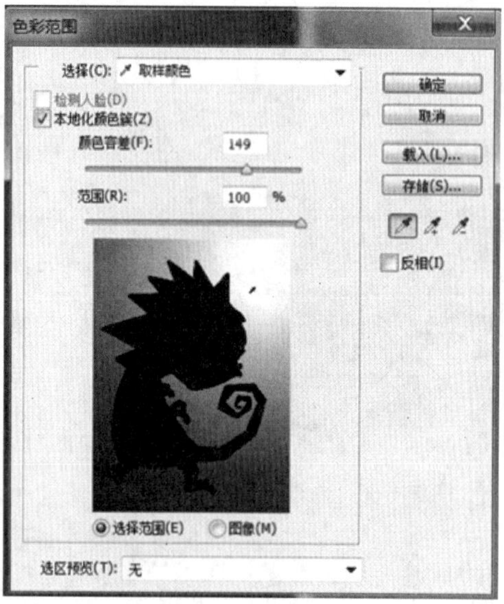

图 3-1-64 颜色取样

按下添加到取样按钮，在右上角的背景区域内单击并向下移动鼠标（见图 3-1-65），将该区域的背景全部添加到选区中（见图 3-1-66）。从【色彩范围】对话框的

预览区域中可以看到，该处全部变成白色。

图 3-1-65　区域的背景全部添加到选区

图 3-1-66　【色彩范围】对话框

采用同样的方法，向下移动光标，将其他区域的背景图像也添加到选区中（见图 3-1-67 和图 3-1-68）。

图 3-1-67　其他区域的背景图像添加到选区

图 3-1-68　【色彩范围】对话框

单击【确定】按钮关闭对话框，选中背景（见图 3-1-69）。

图 3-1-69　选中背景

执行【选择】→【反向】命令即可选择人像。打开一个文件（见图 3-1-70），使用移动工具  将人像拖动到该文档中（见图 3-1-71）。

图 3-1-70　打开文件页面

图 3-1-71　将人像拖至文档

（二）音视频素材的编辑与加工

在多媒体课件制作中，音频、视频是最具有表现力的媒体，具有形象、直观、表达力强的特点。但是，音视频处理具有很强的技术性，下面就来学习如何处理音视频素材的技能，使所用到多媒体课件中的素材更具有吸引力。

1. 音频素材的编辑与加工

活动目标

以幼儿园数字化互动体验课程中的“下雨啦”为例（见图 3-1-72），其中有一环节“绘本剧场”，给它配上生动的音乐。

图 3-1-72　幼儿园数字化互动体验课程《下雨啦》课件界面

活动分析

（1）活动计划

① 获取需要的音频素材。

② 音频素材的剪辑与合成。

（2）知识技能

① 了解获取音频素材的途径。

② 能对音频素材进行裁剪、合成、格式转换等简单编辑的方法。

③ 掌握录音的方法。

方法与步骤

（1）获取声音素材

首先需要收集背景音乐和录制朗读语音，这里介绍三种方法来获取素材。

1）通过互联网下载

常用的搜索网站：http://music.baidu.com；http://music.haosou.com/；http://flash8.net。或者可以使用网络播放音乐工具，比如酷狗下载音乐。

打开 IE 浏览器，在地址栏中输入“http://music.baidu.com”，打开百度 MP3 搜索网站（见图 3-1-73）。

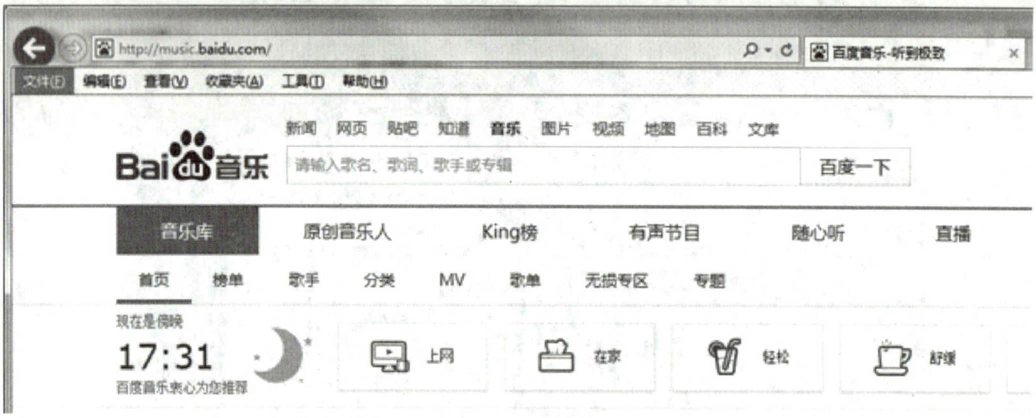

图 3-1-73　百度 MP3 搜索页

在搜索框内输入与课件相关的背景音乐的名称（见图 3-1-74 和图 3-1-75）。在列表中可以试听，也可以单击歌曲名下载声音文件。

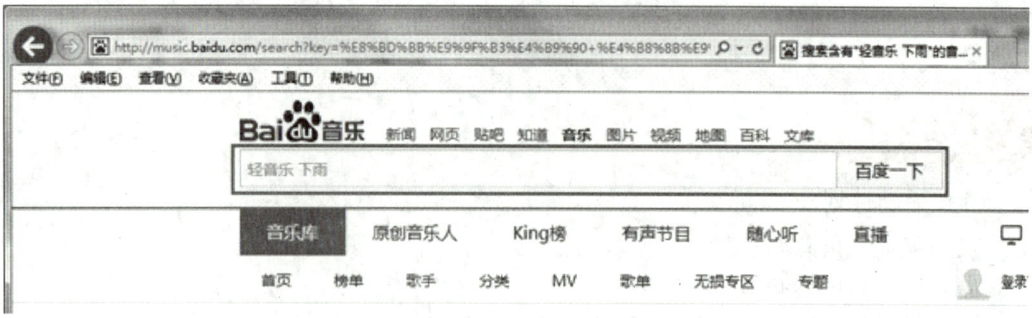

图 3-1-74　输入关键字搜索

图 3-1-75 搜索出来的歌曲列表

在歌曲列表中找出合适的歌曲，单击歌曲名，点【播放】会自动打开百度音乐盒播放音乐（见图 3-1-76 和图 3-1-77）。

图 3-1-76 单曲播放页面

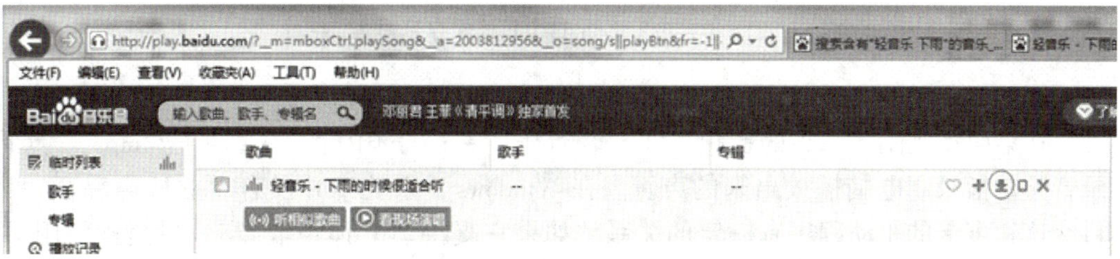

图 3-1-77 百度音乐盒页面

在百度音乐盒界面点下载按钮。在显示有链接地址的页面上点【下载】（见图

3-1-78)，在打开的对话框中单击“桌面”，再点击【立即下载】(见图3-1-79)。

提示：如果在打开下载界面显示来源链接暂无的情况下，说明是无法下载的。这时可以换首歌曲或换其他 MP3 搜索网站。如果在其他 MP3 网站也没有搜索到同样音频素材，可以利用※内录的方式将音频素材录取下来。

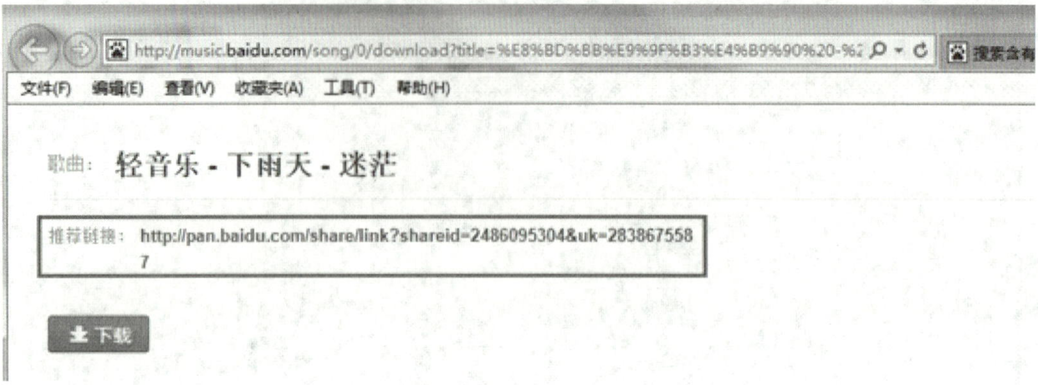

图 3-1-78 显示链接地址

图 3-1-79 迅雷工具下载保存到桌面

在桌面找到刚才下载的音频文件“轻音乐”→“下雨天”→“迷茫. mp3”。(内录音频是指录制电脑播放出来的声音。在 Windows 7 系统中并没有“立体声混音”项目，这和声卡的驱动程序有一定的关系，如果它支持“立体声混音”，只是被停用了，可以通过右下角的小喇叭图标，点击【录音设备】→【录制】，在空白处单击右键勾选【显示禁用的设备】，显示并启用它，这样使用录音软件就可以录制电脑的声音了(见图 3-1-80。)

图 3-1-80 显示并启用“立体声混音”

2）通过麦克风录制

这种方式需要连接麦克风，并通过朗读将自己的声音录制到计算机中。由于是实时录制，需要借助音频编辑软件来进行录制和处理效果。

① 准备工具：软件工具：Adobe Audition cc2014；

硬件工具：3. 5mm 麦克风设备。

② 硬件设备连接：将 3. 5mm 插头麦插入到电脑机箱后面板的麦克风接口（见图 3-1-81 和图 3-1-82）。

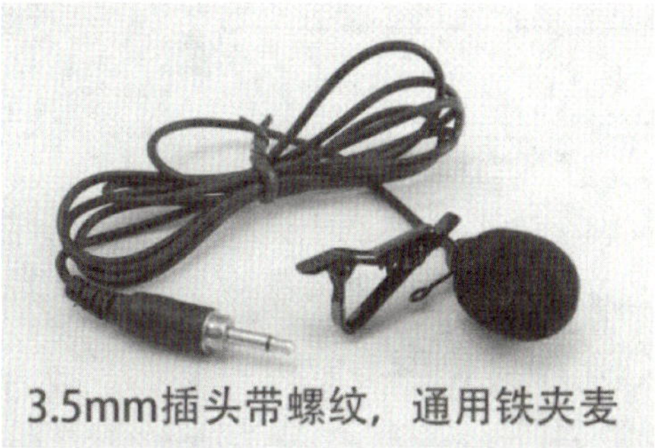

图 3-1-81 3. 5mm 插头铁夹麦

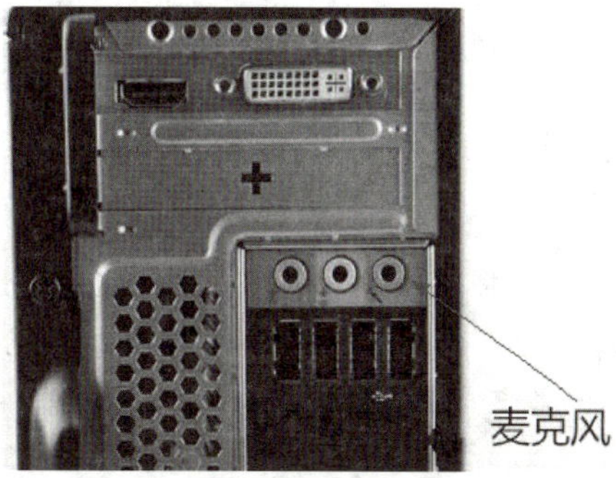

图 3-1-82 机箱后面板的麦接口

③ 系统设置。

④ Windows 系统的设置：

做好系统设置可以免去一定的麻烦，比如软故障，用系统自带的录音机来检查麦克风与电脑是否连接好或者麦克风是否故障。具体的方法与步骤如下：

在桌面右下角音量图标上单击鼠标右键，在弹出的菜单上选择【录音设备】（见图 3-1-83 和图 3-1-84）。

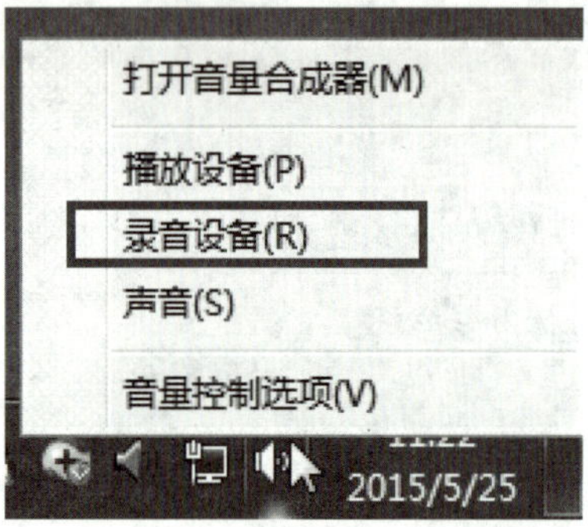

图 3-1-83　选择【录音设备】

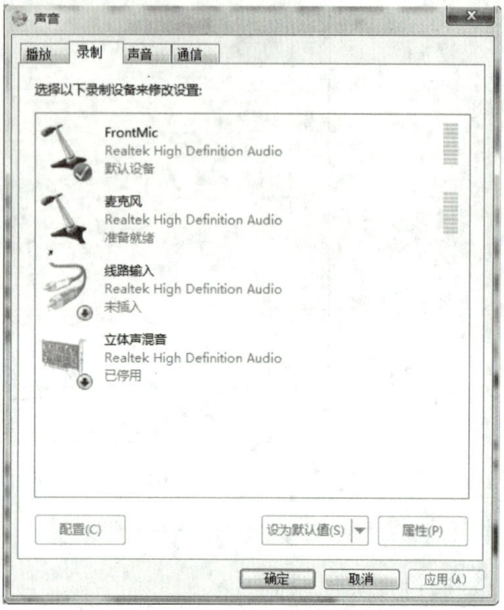

图 3-1-84　录音设备界面

在“FrontMic”上单击右键，选择【属性】（见图 3-1-85）；打开“FrontMic”属性窗口（见图 3-1-86）。

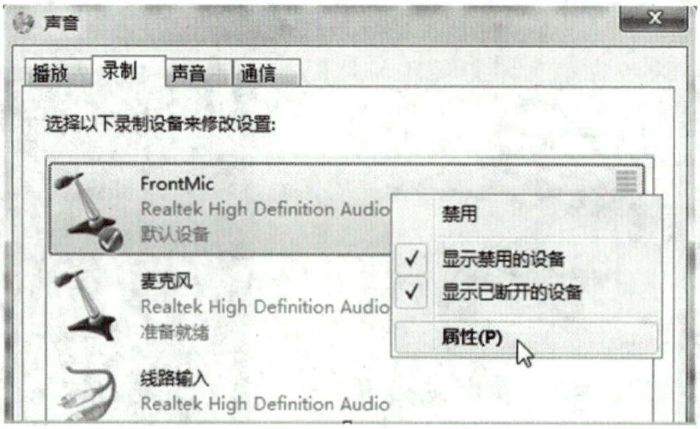

图 3-1-85　选择【属性】

图 3-1-86　FrontMic 属性窗口

在打开的 FrontMic 属性窗口上选择【级别】选项，调整麦的音量（见图 3-1-87），再选择【高级】选项，设置格式（见图 3-1-88）。

图 3-1-87　调整麦音量

提示：麦克风加强默认是0db，如果在录音过程中（麦克风音量调整为最大值的前提下）感觉声音太小可适当调整该值。

重复第一步，打开【播放设备】（见图3-1-89）。在播放设备窗口中选择“扬声器”右键属性（见图3-1-90），设置播放格式（见图3-1-91）。

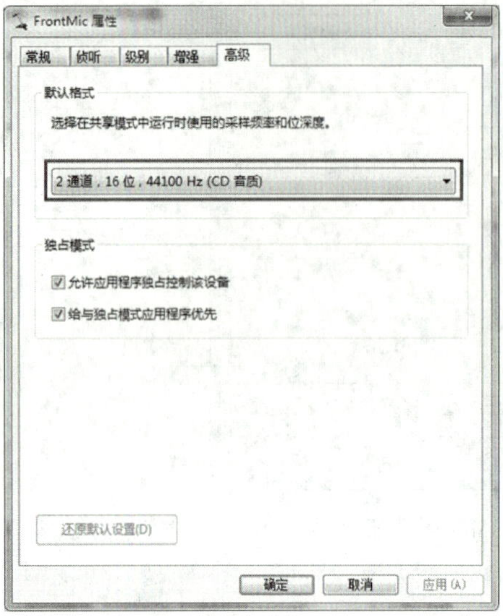

图3-1-88 设置默认格式

图3-1-89 播放设备界面

图3-1-90 选择【扬声器】右键属性

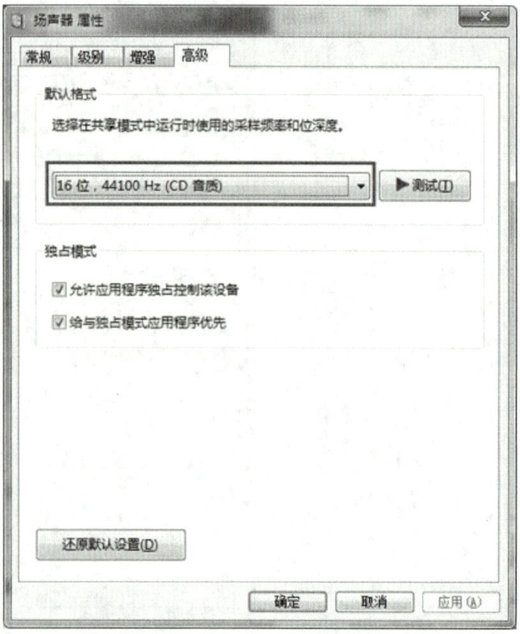

图3-1-91 扬声器播放格式设置

提示：此时电脑的输入设备的格式与输出设备的格式统一了。

打开系统自带的录音软件测试录音。

在桌面下点击【开始】→【所有程序】→【附件】，选择录音机（见图 3-1-92）。

图 3-1-92　打开录音机

如图 3-1-93 所示，点击【开始录制】，此时已经开始录音，只需要对着麦克风朗读就可以记录声音。此时需要注意窗口中方框的变化，如果有声源传入电脑，方框中会显示声音波形，反之如果声源没有传入电脑，需要检查麦克风设备和该设备连接有没有问题。

图 3-1-93　录音机界面

提示：使用录音机录制的文件只能存储为 wma 格式。

⑤ Audition 系统设置：前面的系统调试完成后，我们现在打开 Adobe Audition cc 来设置音频连接（Adobe Audition cc 安装略，以下统称为 Audition）。Audition 操作界面见图 3-1-94。

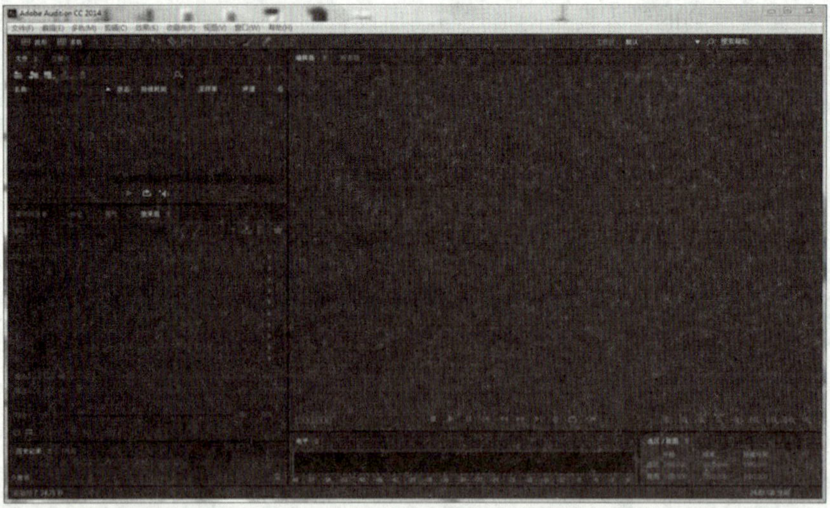

图 3-1-94　Adobe Audition cc 操作界面

在 Audition cc 界面单击【编辑】→【首选项】→选择【音频硬件】，在打开的窗口中选择“FrontMic”，采样率选择“44100Hz”（上一节设置的 FrontMic 格式），点击【确定】完成音频设置（见图 3-1-95 和图 3-1-96）。

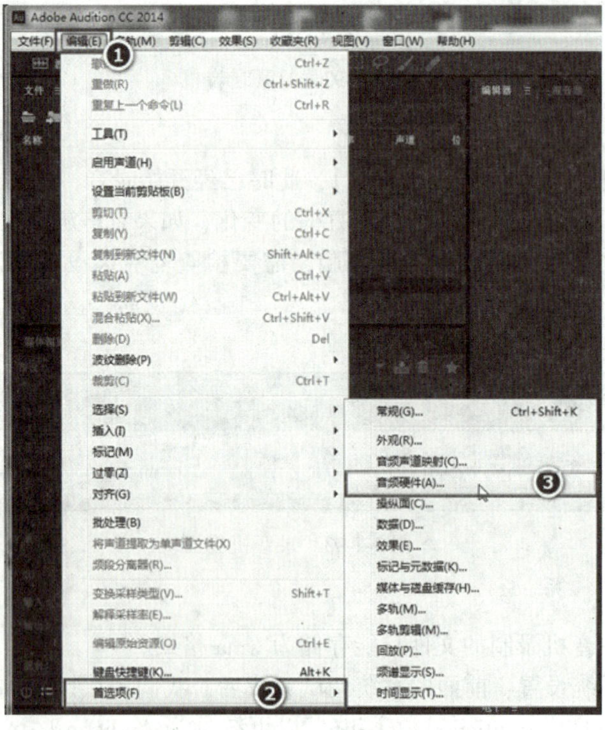

图 3-1-95　打开音频硬件步骤

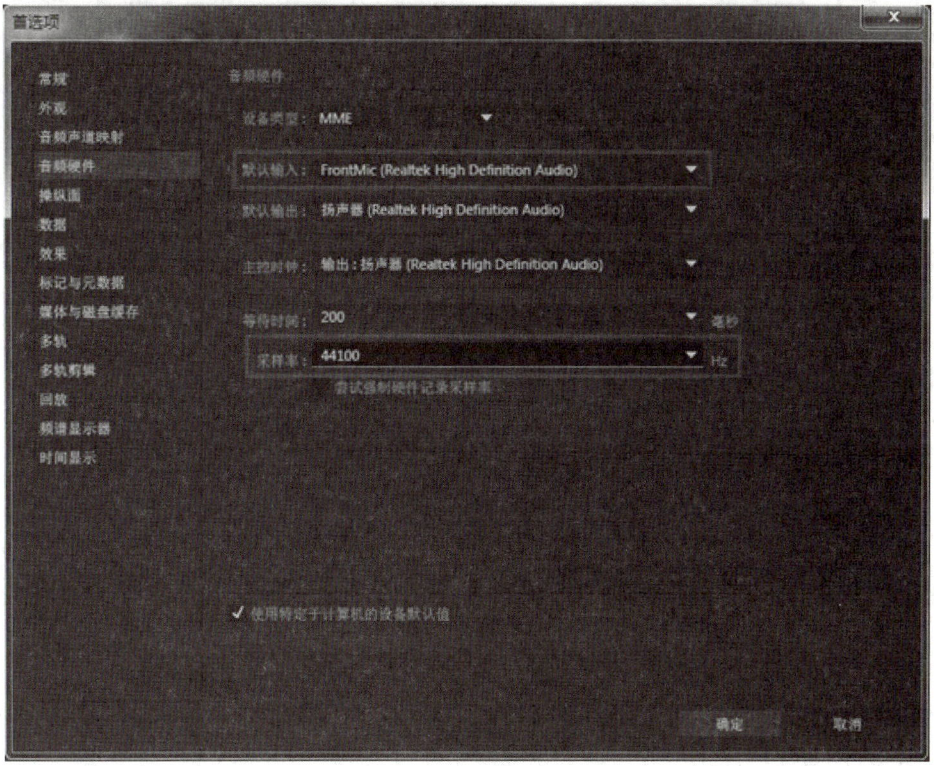

图 3-1-96　音频硬件设置

⑥ 开始录音：完成以上设置后，就可以打开 Audition 开始录音采集操作了。

新建音频文件并设置文件的属性（见图 3-1-97 和图 3-1-98）：文件名随意，采样率设置为 44100Hz，点击【确定】。

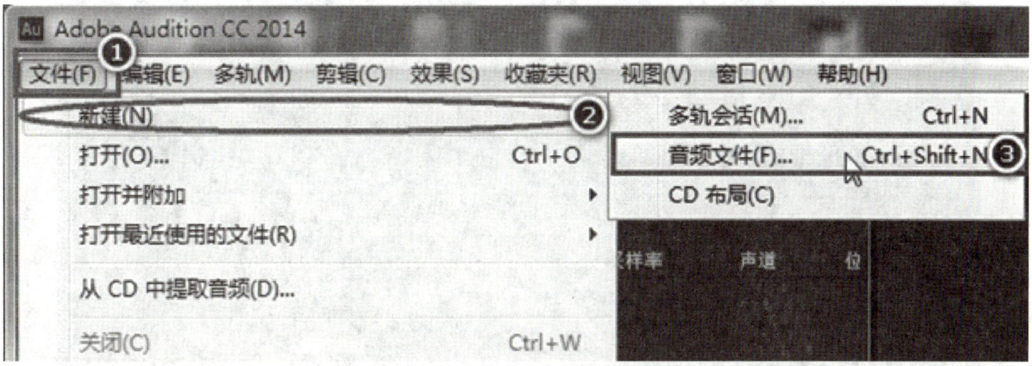

图 3-1-97　新建音频步骤

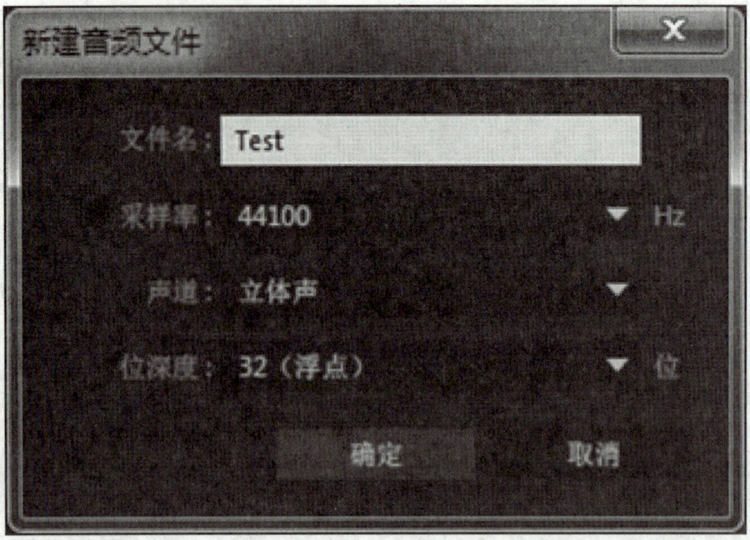

图 3-1-98　文件属性设置

如下图中点击红色小圆点开始录制声音（见图 3-1-99 和图 3-1-100）。

停止录音：如下图，第一个按钮是停止，第二个是播放，第三个是暂停，在录音的过程中，可以暂停或停止录音，按下相应按钮即可（见图 3-1-101）。

3）从 CD 光盘提取

将 CD 光盘放入光驱。

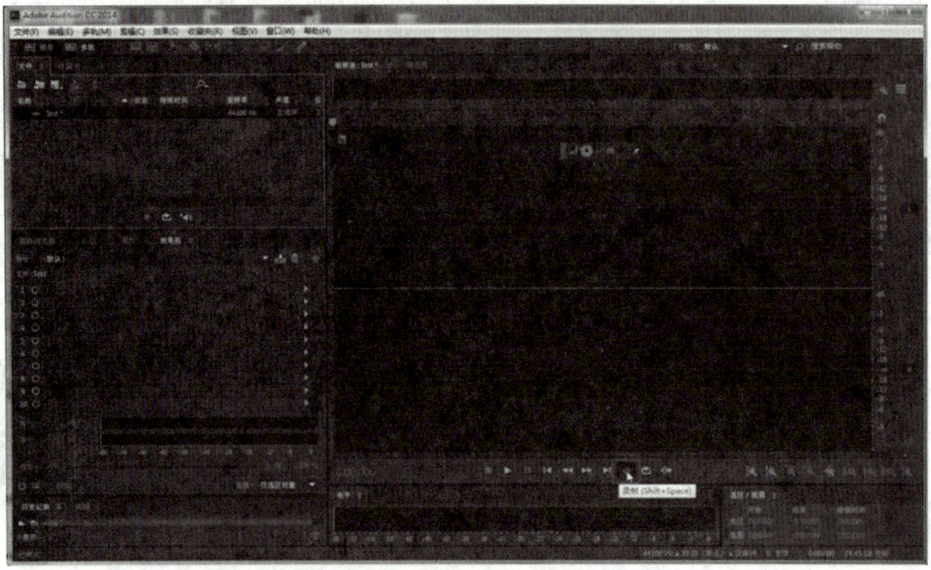

图 3-1-99　红色小圆点

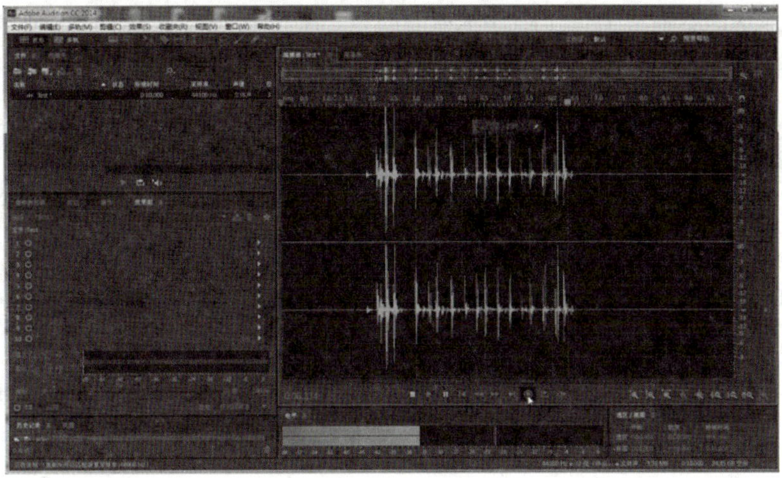

图 3-1-100　录制中的状态

图 3-1-101　Audition 控制台

运行 Adobe Audition cc2014 软件。从文件菜单下选择【从 CD 中提取音频】（见图 3-1-102）。

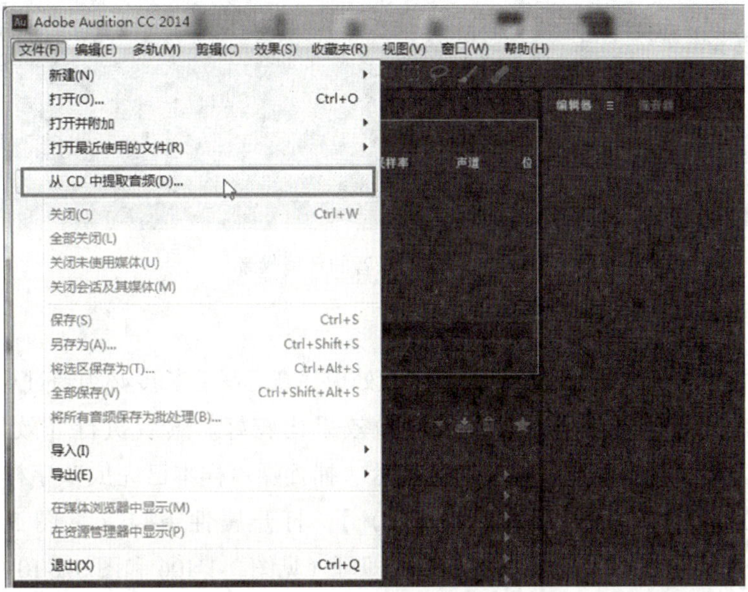

图 3-1-102　选择【从 CD 中提取音频】

在打开 CD 读取器对话框中选择录取的曲目，单击【保存】按钮，在保存 CD 曲目对话框中，选择设置保存位置类型等，单击【确定】按钮即可。

提示：CD 光盘中列出的都是音轨号，并不肯定代表是第几首音乐。

（2）对录制的声音进行效果处理

在采集声音的过程中，声音的音量和周围的环境最重要，有时不免环境噪音也一起被采集到电脑中，接下来就介绍 Audition 是如何将环境噪音去除的。

① Audition 降噪：Audition 降噪前需要采集一个声音样本作为参照标准，以下是录音的环境噪音的降噪处理过程。

如图 3-1-103 所示，这张图是录音中的环境噪音表现，说明环境噪音比较大，我们需要在录音前录制一段环境噪音以便做降噪前的准备。

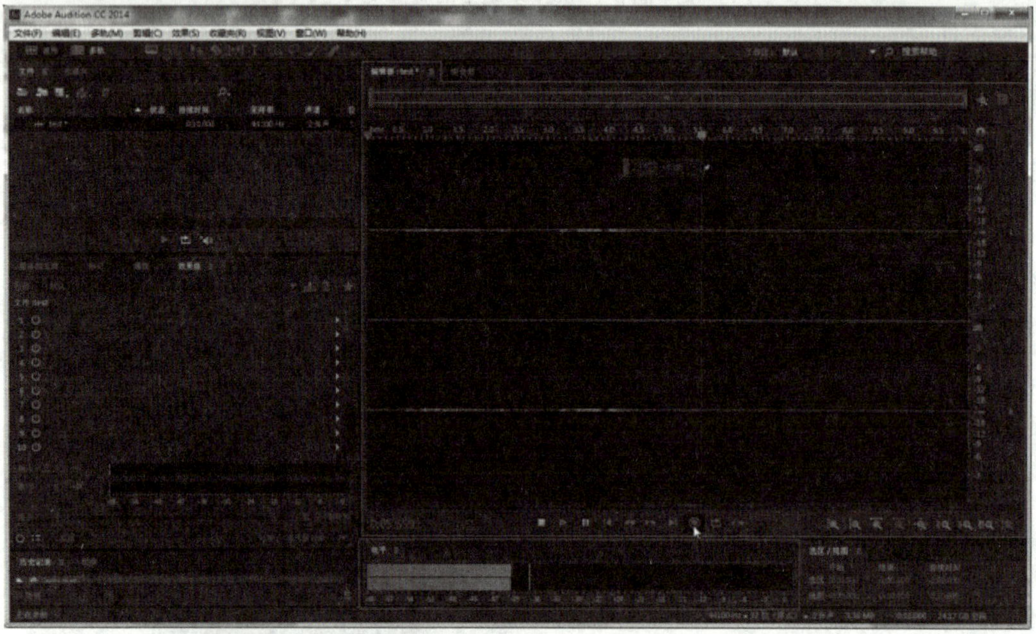

图 3-1-103　录音的环境噪音

首先选中一段噪音（见图 3-1-104），此处应注意，噪音长度必须超过 0. 5 秒，噪音长度尽量选择波形比较平稳的，这样降噪效果比较好。然后执行【效果】菜单里的【捕捉噪音样本】，Audition 左下角会显示“捕捉噪声样本已完成”字样。然后再点击一次【效果】菜单中的【降噪（处理）】，打开属性窗口（见图 3-1-105），点击【选择完整文件】，并设置好参数值应用即可（见图 3-1-106 和图 3-1-107）。

进行噪音消除操作之后，再仔细听一听，感觉一下音乐的干净度是否满足要求了。

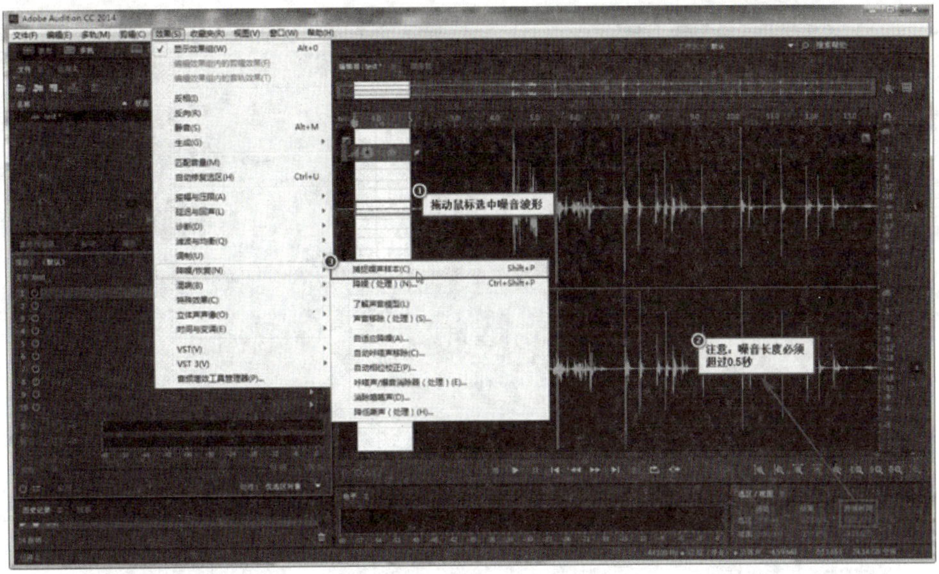

图 3-1-104　选中一段噪音

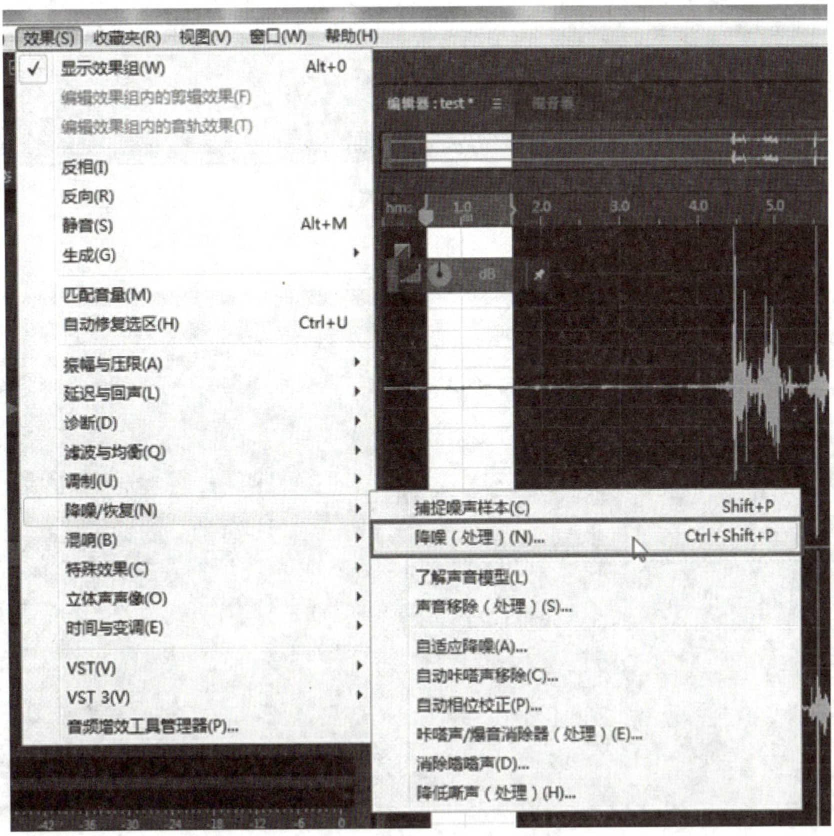

图 3-1-105　【降噪（处理）】属性窗口

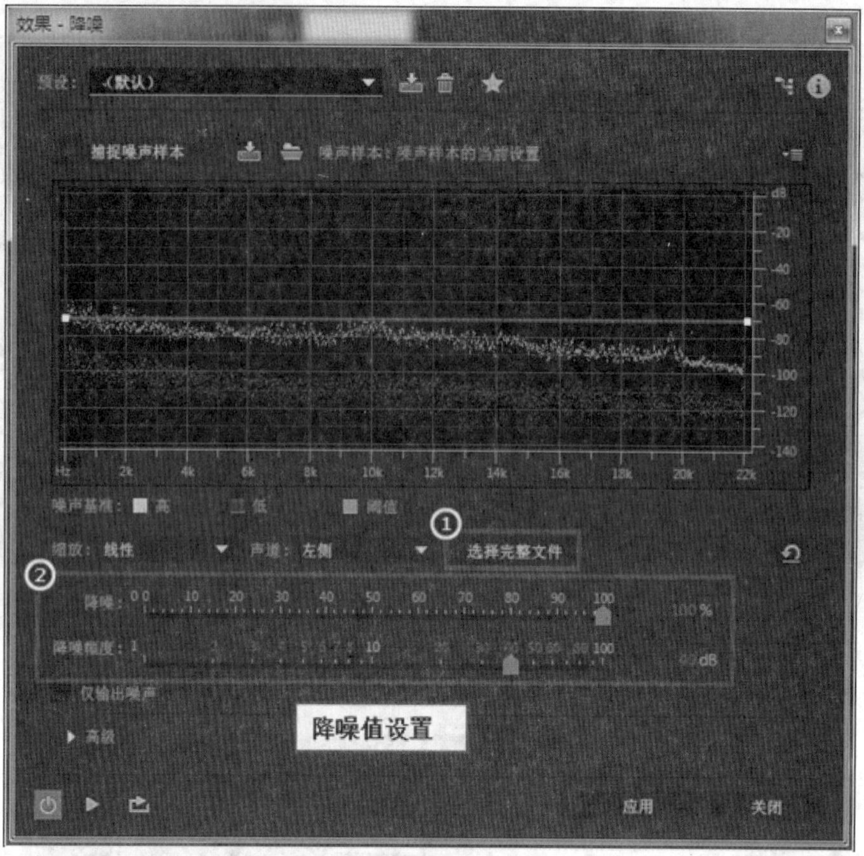

图 3-1-106　降噪属性窗口

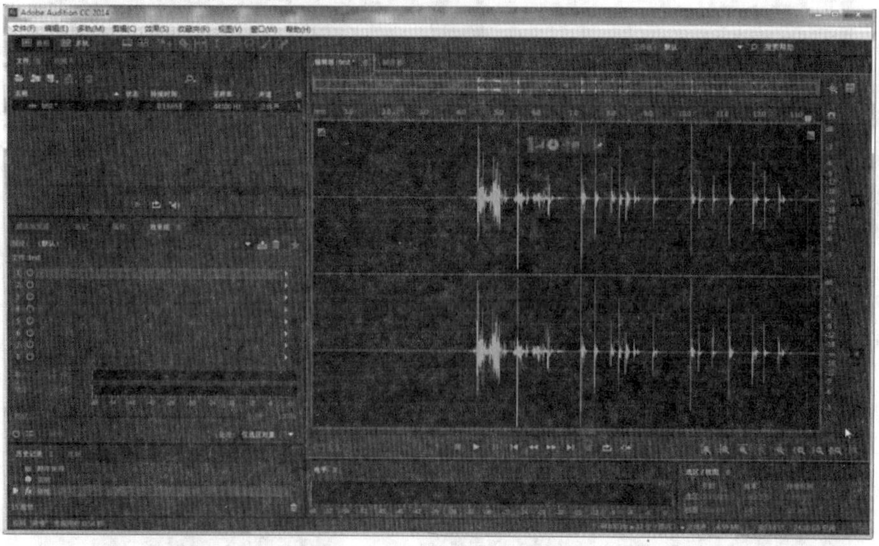

图 3-1-107　降噪后的效果图

② Audition 调整音量：降噪完后，可播放听一下，注意电平表中的状态（见图 3-1-108）。在电平中刻度刚好达到“-6”这个位置说明音量正常。如果低于这个值，使用“标准化（处理）”命令来调整音量。

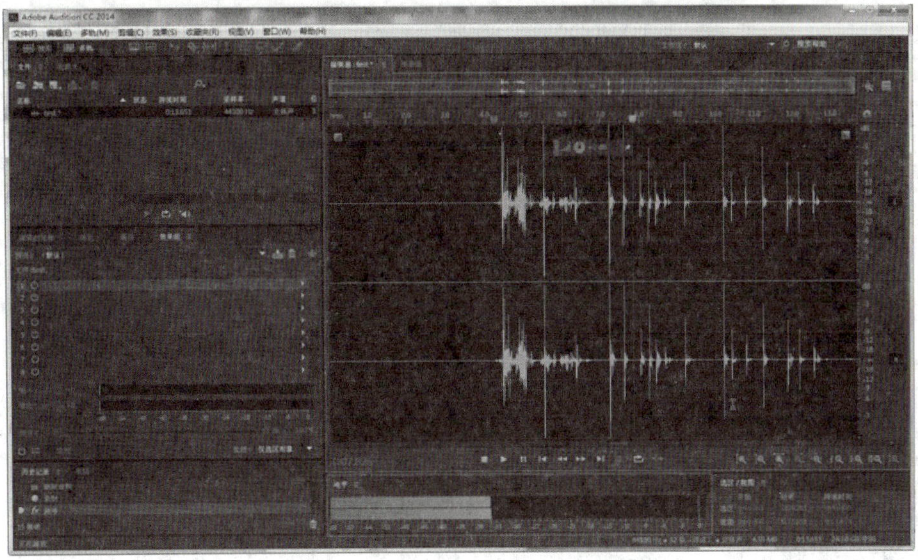

图 3-1-108　播放中的电平状态

（3）保存处理的音频

在保存音频文件之前，要对多余的空白音频进行删除（见图 3-1-109）。

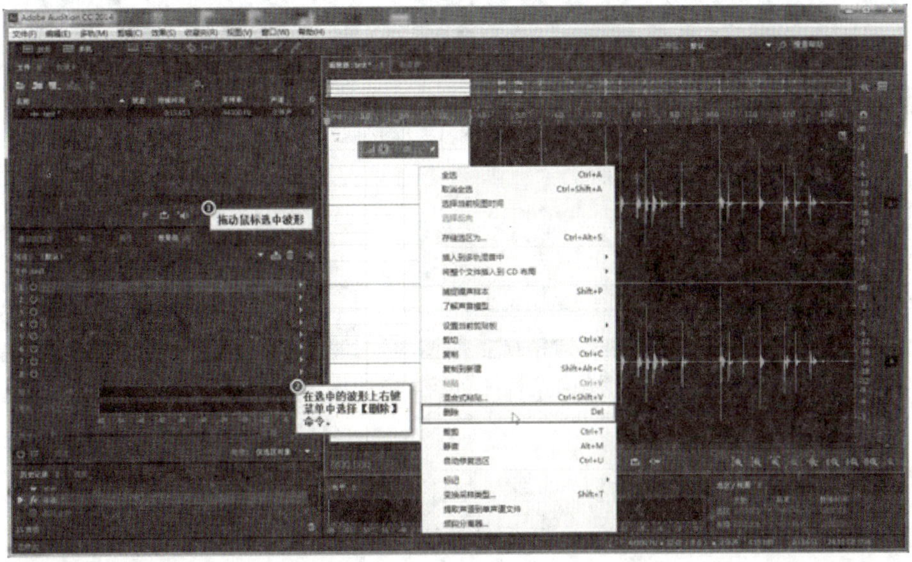

图 3-1-109　删除空白音频步骤

执行【文件】→【保存】命令保存音频文件，保存时选择 MP3 音频格式（见图 3-1-110 和图 3-1-111）。

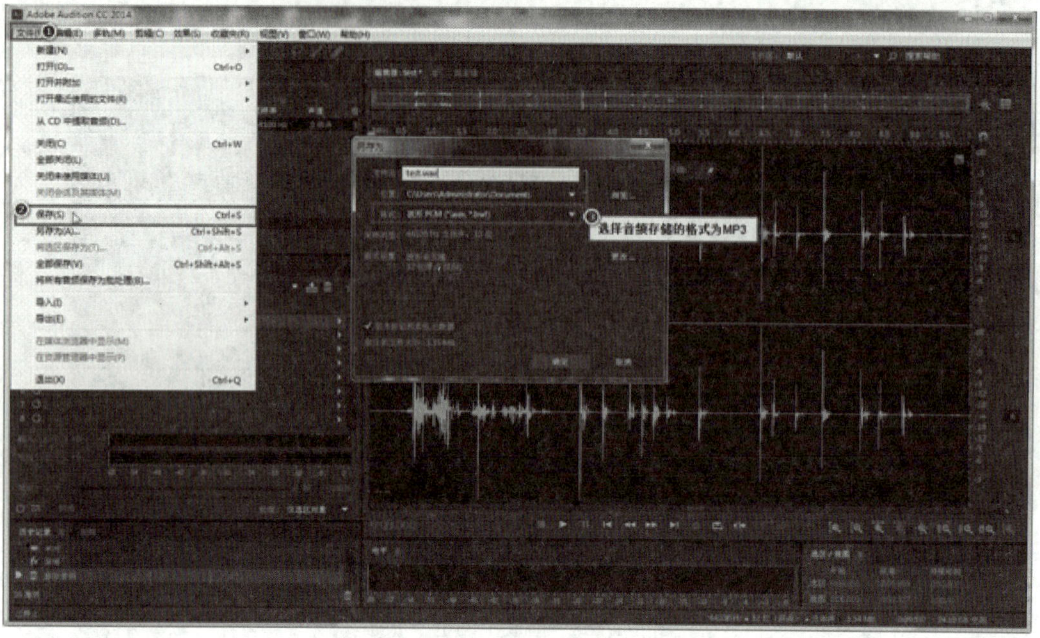

图 3-1-110 选择 MP3 音频格式

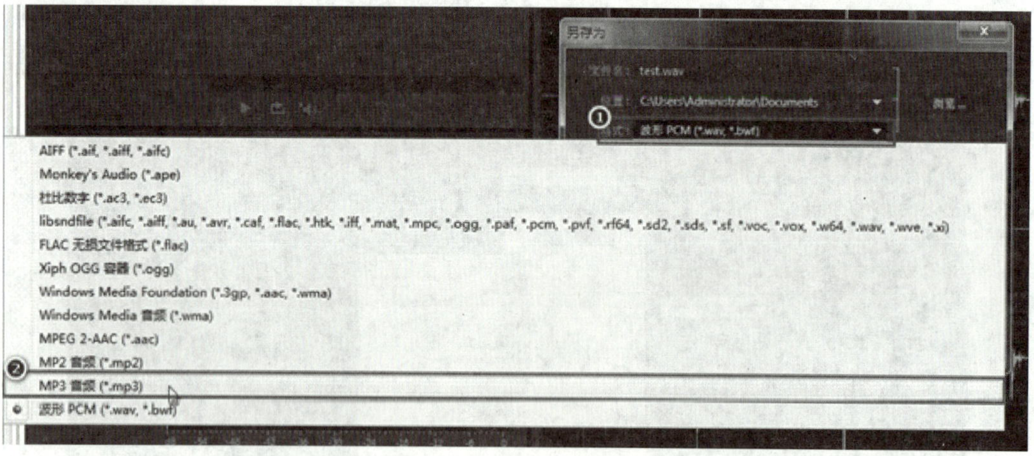

图 3-1-111 保存音频文件

（4）将素材进行音频合成

素材有了，先将素材集合在一起，在 D 盘新建文件夹（见图 3-1-112），取名为“课件下雨啦素材”，现在将背景音乐和朗读录音进行合成。

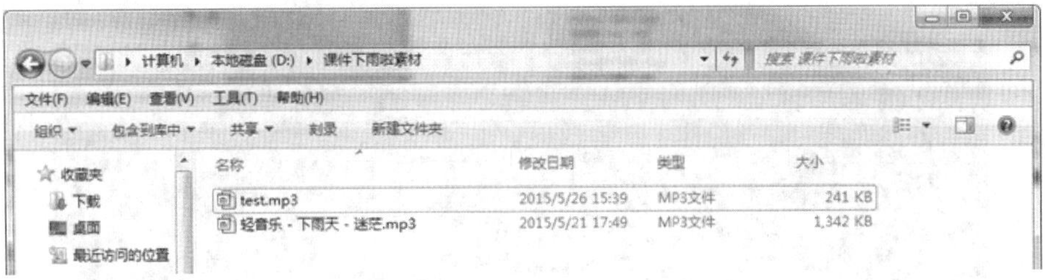

图 3-1-112　课件下雨啦素材

执行【文件】→【多轨会话】命令，在新建多轨会话窗口中写下名称“下雨啦”（见图 3-1-113 和图 3-1-114）。

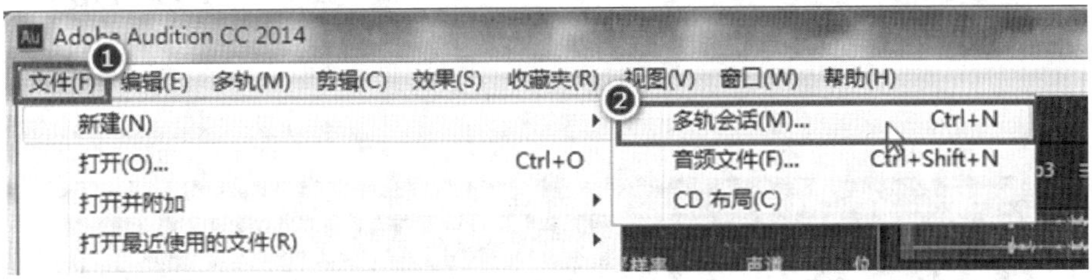

图 3-1-113　新建多轨会话窗口

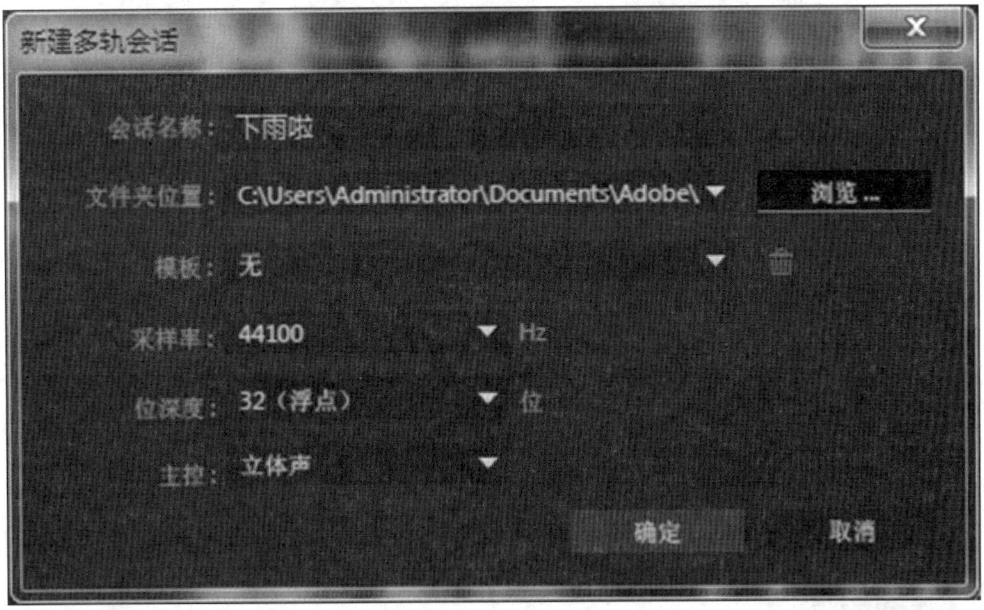

图 3-1-114　“下雨啦”

在“媒体浏览器”中找到在 D 盘新建的文件夹“课件下雨啦素材”，将这两个素材分别拖入“轨道 1”和“轨道 2”中（见图 3-1-115 和图 3-1-116）。

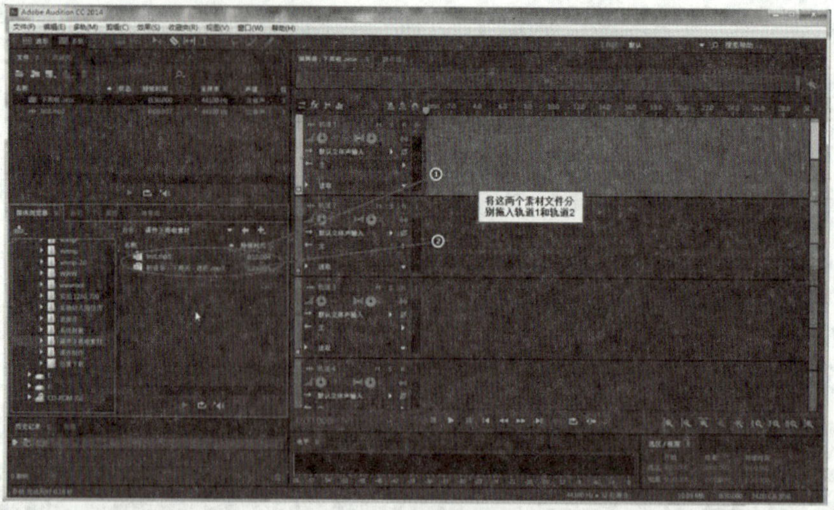

图 3-1-115 将素材拖入“轨道 1”和“轨道 2”

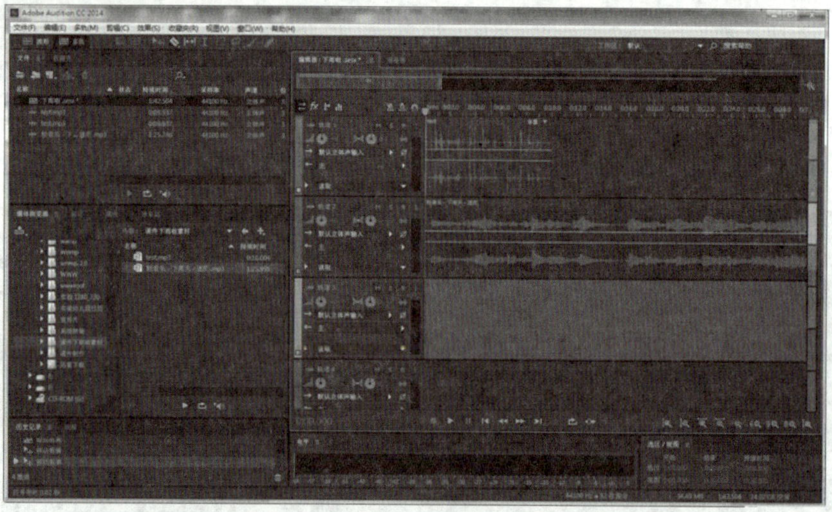

图 3-1-116 拖入完成的效果图

将拖入的素材进行位置调整（单击鼠标左键拖动素材移动位置即可），调整完成后输出 MP3 文件。

2. 视频的采集和编辑

活动目标

当幼儿园组织了一场公开课，园长要求将这节课录制下来分享学习时，我们该怎么做呢？本次活动将利用 Adobe Premiere Pro CC 软件，完成这节公开课视频的全部操作。

活动分析

（1）活动计划

① 初步认识 Adobe Premiere Pro CC 软件的操作界面。

② 视频、声音等多媒体素材的剪辑。

③ 为视频添加片头和过渡效果。

④ 视频的导出。

（2）知识技能

① 认识 Adobe Premiere Pro CC 软件操作界面。

② 视频、声音等多媒体素材的导入与编辑。

③ 添加片头和影片过渡效果的方法。

④ 影片的保存与输出。

⑤ 保存为不同视频格式。

方法与步骤

（1）认识 Adobe Premiere Pro CC 操作界面，导入多媒体素材

在【开始】菜单中找到并打开 Adobe Premiere Pro CC 软件，默认新建项目，并命名为“公开课”，将文件位置保存在 D 盘目录中（见图 3-1-117）。

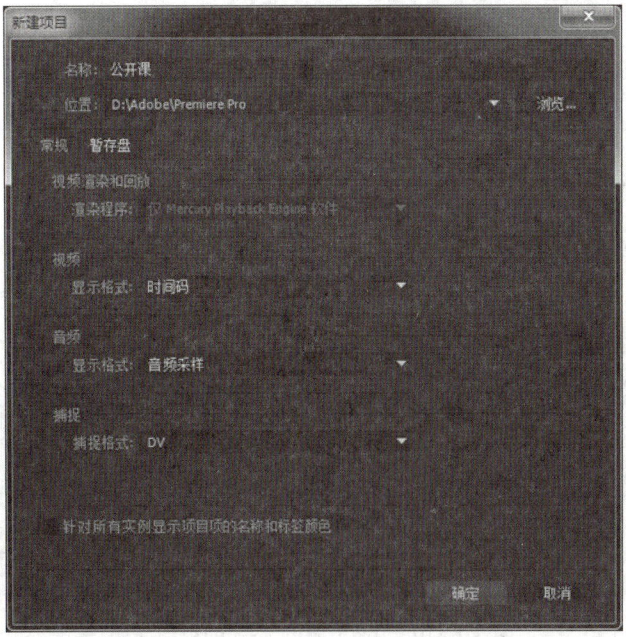

图 3-1-117　新建项目“公开课”

点击【确定】之后再新建序列，执行【文件】菜单下的序列命令（见图 3-1-118）。

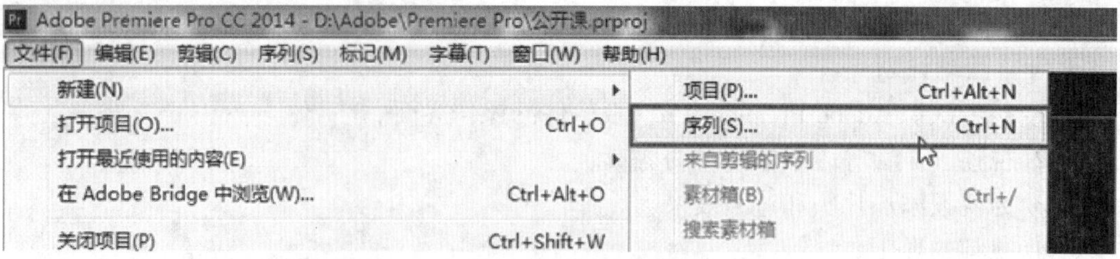

图 3-1-118 新建序列

导出可以选择 1080P MP4 格式的视频文档（见图 3-1-119）。

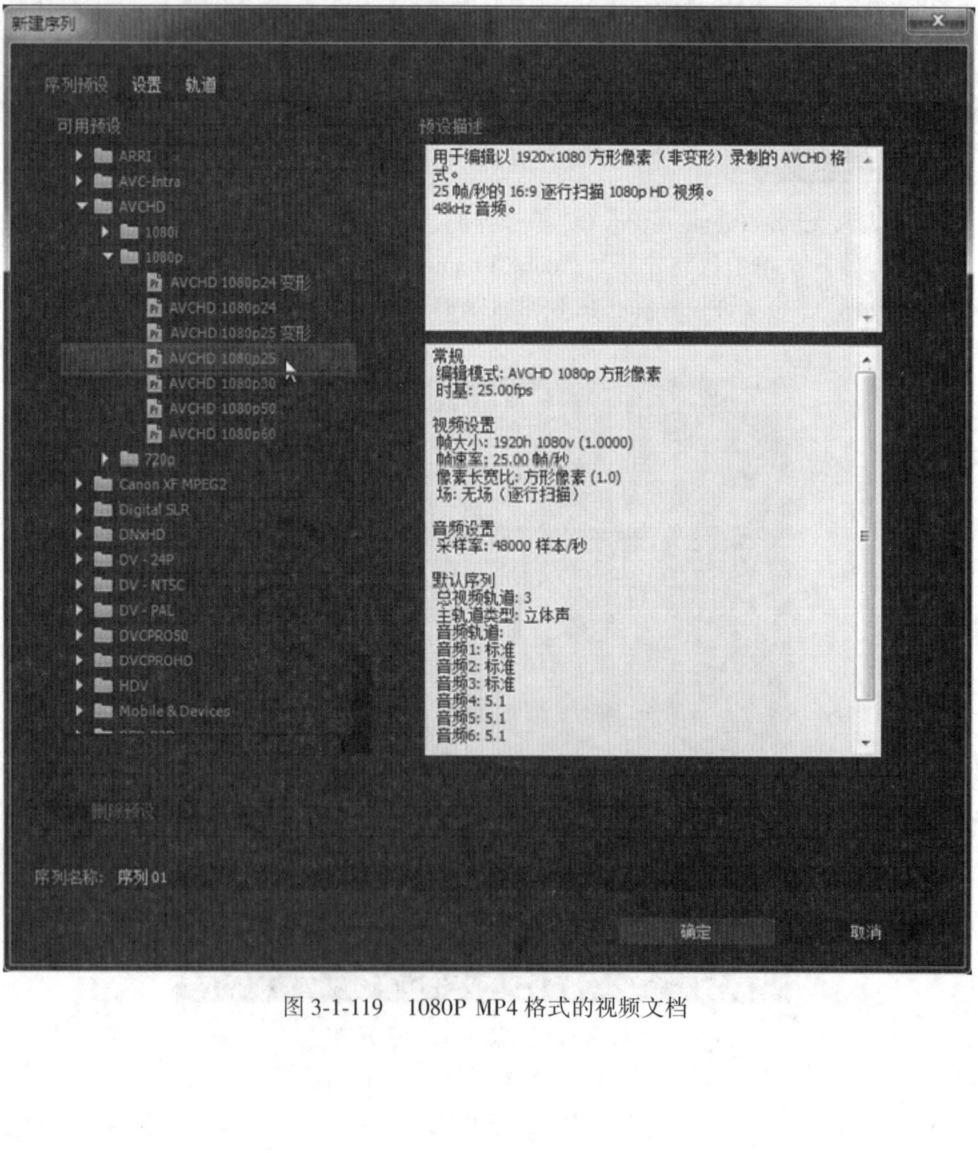

图 3-1-119 1080P MP4 格式的视频文档

提示： 新建序列的格式选择，建议跟素材的格式一样。比如帧大小，要按素材的帧大小来选择。帧大小的查看方法：在视频素材上右键【属性】，选择【详细信息】（见图 3-1-120）。

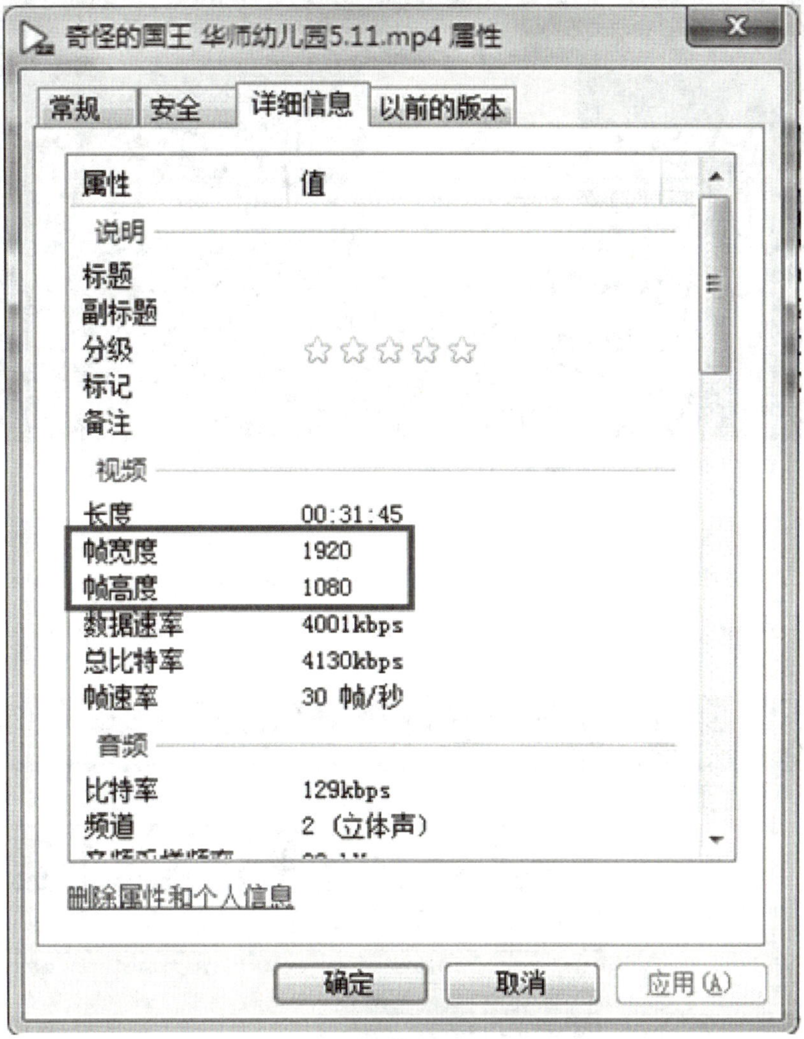

图 3-1-120　查看视频帧属性

在 Adobe Premiere Pro CC 中导入视频素材，然后点击【项目：公开课】，在空处右键执行【导入…】命令（见图 3-1-121）。

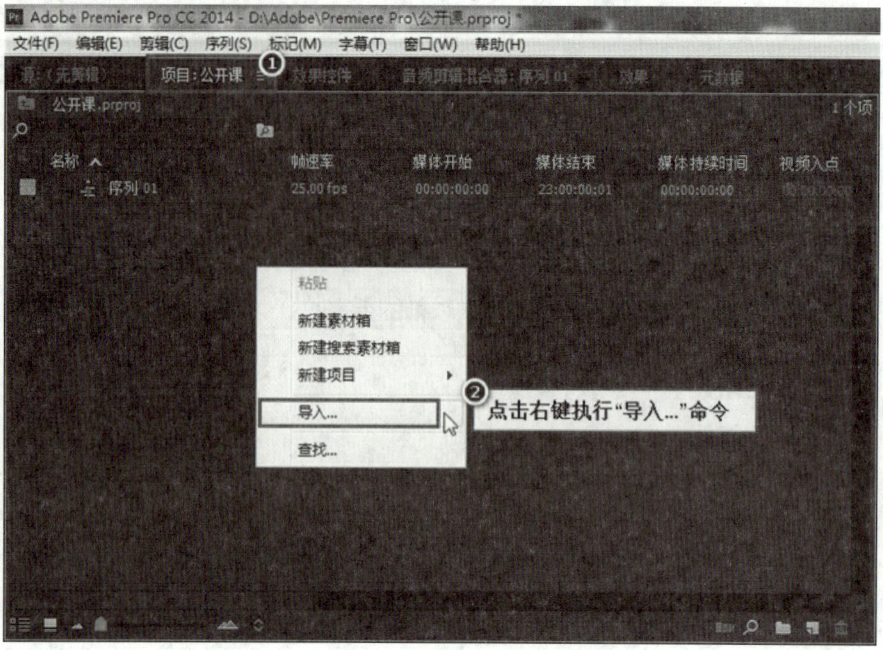

图 3-1-121　执行【导入…】命令

在导入窗口中选择要导入的视频素材，例如，视频素材在 E 盘视频导出文件夹（见图 3-1-122）。

图 3-1-122　选择要导入的视频素材

导入成功可以在【项目：公开课】看到导入的视频素材（见图 3-1-123）。

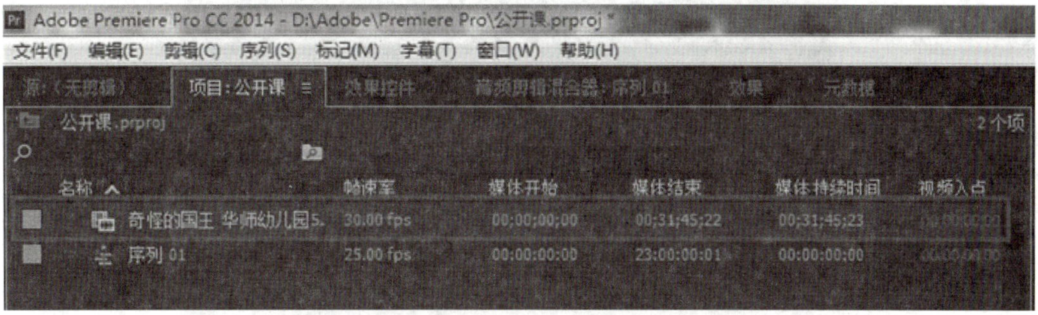

图 3-1-123　导入的视频素材

（2）视频素材的剪辑与效果处理

1）为视频添加片头字幕

在【项目：公开课】空白处鼠标右键新建字幕，将字幕命名为【片头】，点击【确定】（见图 3-1-124 和图 3-1-125）。

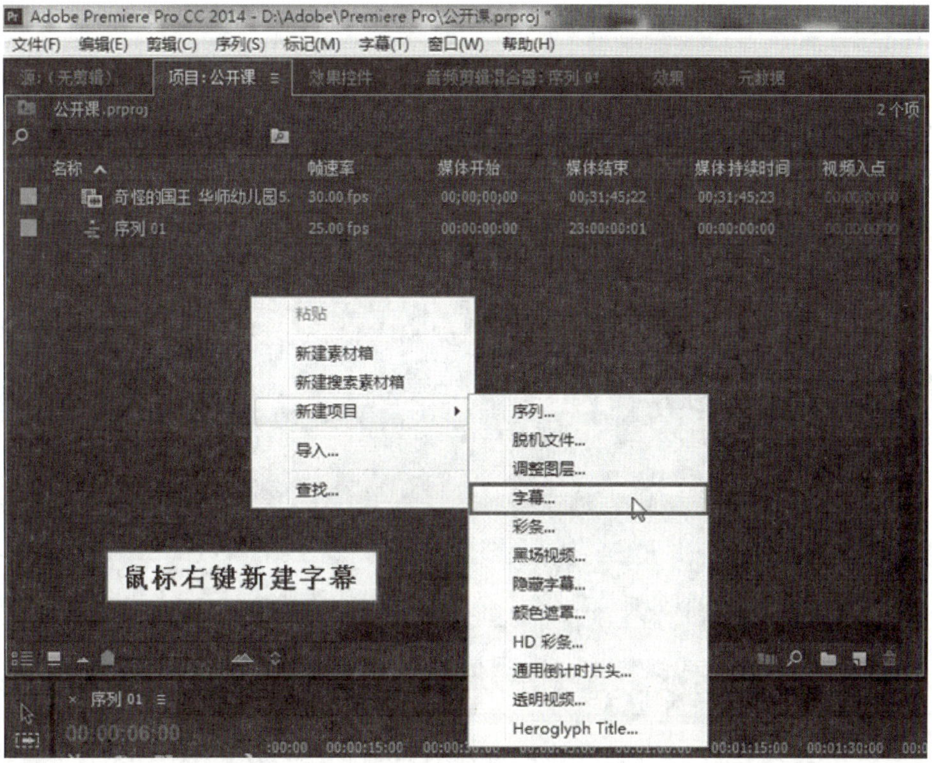

图 3-1-124　新建字幕

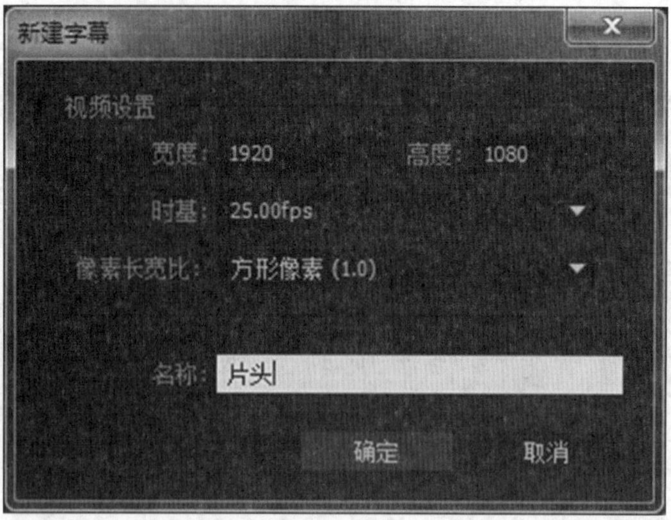

图 3-1-125　取名为“片头”

利用工具栏“矩形”画个字幕底色（见图 3-1-126 和图 3-1-127）。

再点击【T】按钮，在视频区域任意处点击并写出标题“奇怪的国王”、执教教师和当日日期。

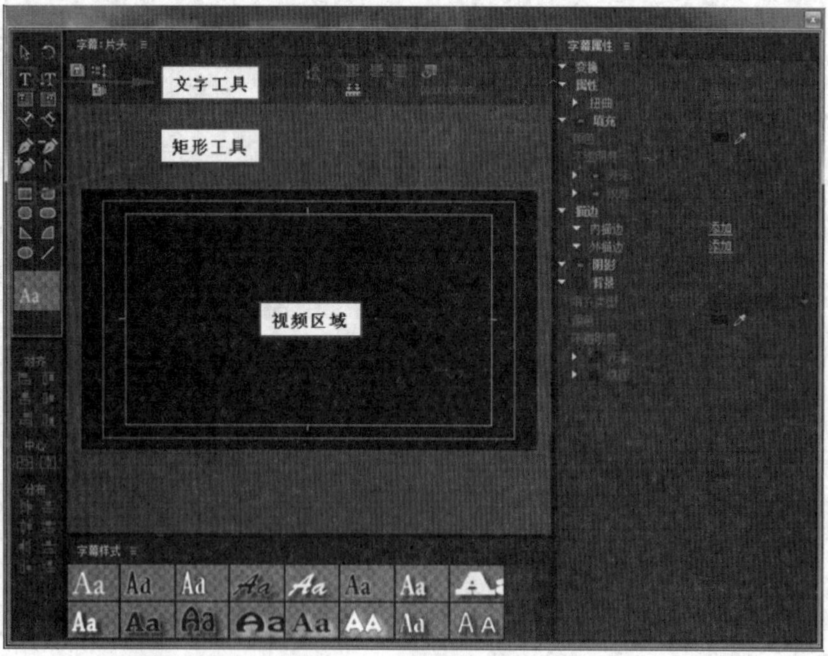

图 3-1-126　字幕窗口中的工具栏

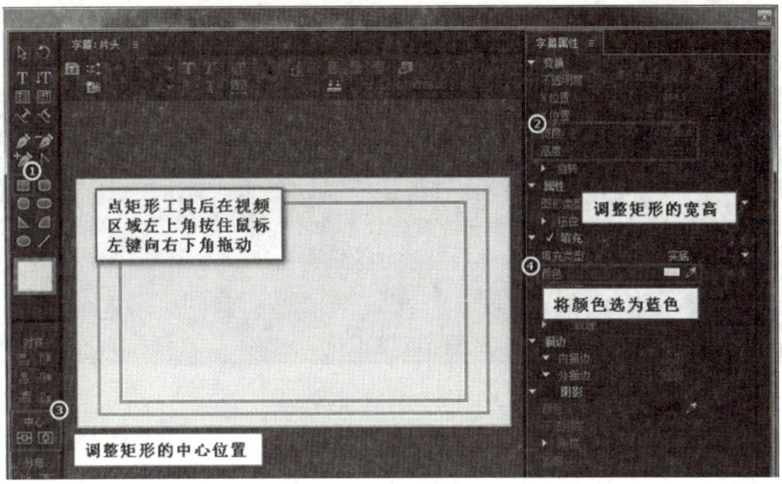

图 3-1-127　字幕底色制作

字幕文字属性设置如下（见图 3-1-128）：

“奇怪的国王”——字体颜色：白色，字体系列：华文琥珀，字体大小：110，字偶间距：20。

“执教教师：黄老师”和“日期”——字体颜色：白色，字体系列：华文仿宋，字体大小：75。

图 3-1-128　字幕标题、文字制作

字幕完成后可以在【项目：公开课】里查看（见图 3-1-129）。

图 3-1-129　查看完成字幕

2）将素材放到视频轨上

将“片头”字幕拖入到新建的【序列 01】窗口中，也就是视频 V1 轨（见图 3-1-130）。

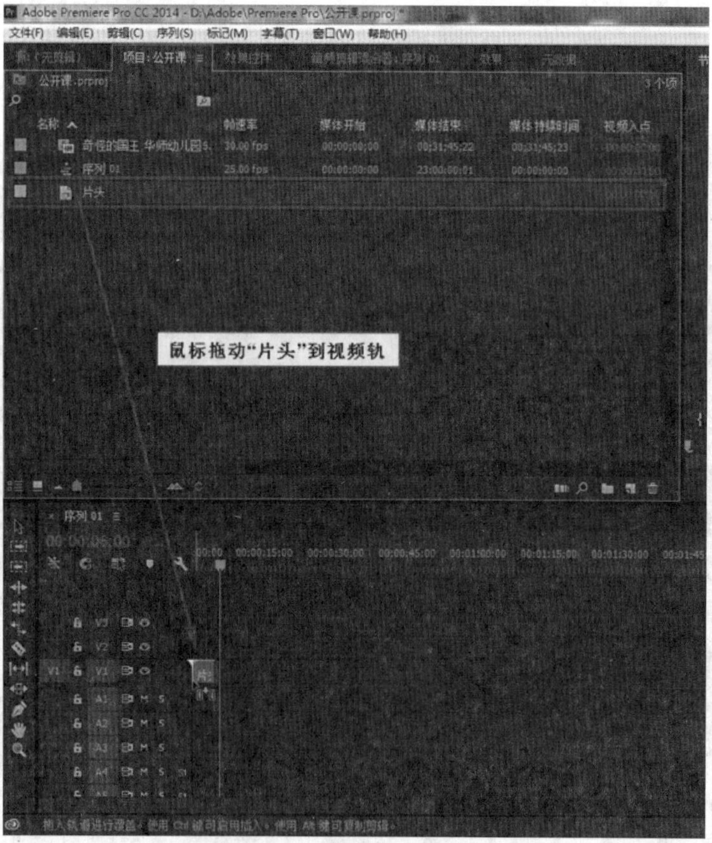

图 3-1-130　“片头”字幕拖入视频 V1 轨

将视频素材也拖入到视频 V1 轨，这时就会弹出一个警告窗口，点击【保持现有设置】即可。由于我们新建序列的帧速率与视频素材的帧速率不一致，才会出现警告的提示窗口（见图 3-1-131、图 3-1-132）。

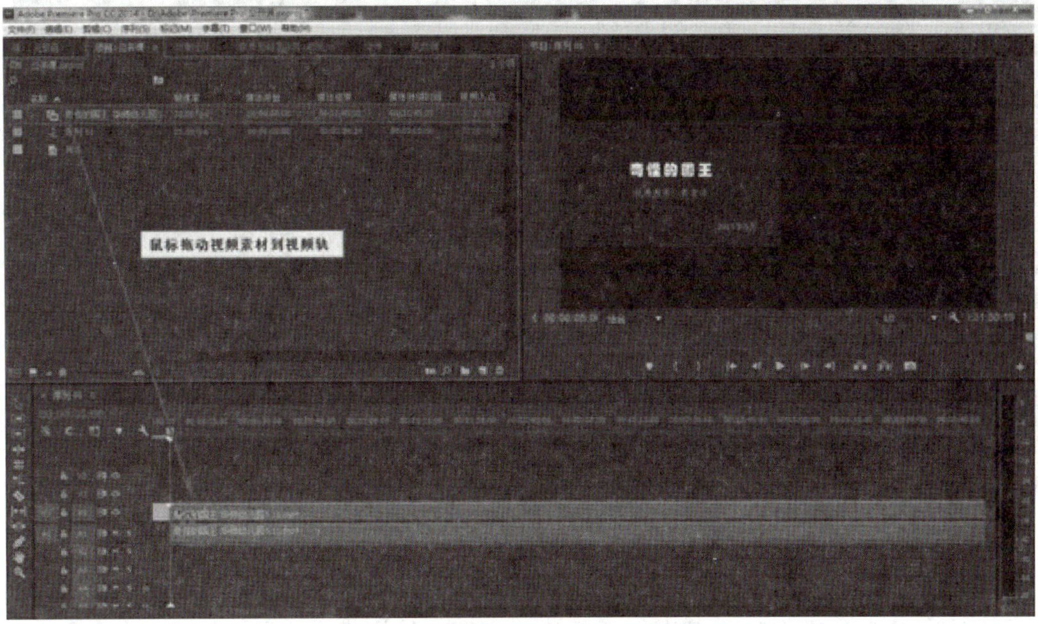

图 3-1-131　“片头”字幕拖至视频 V1 轨

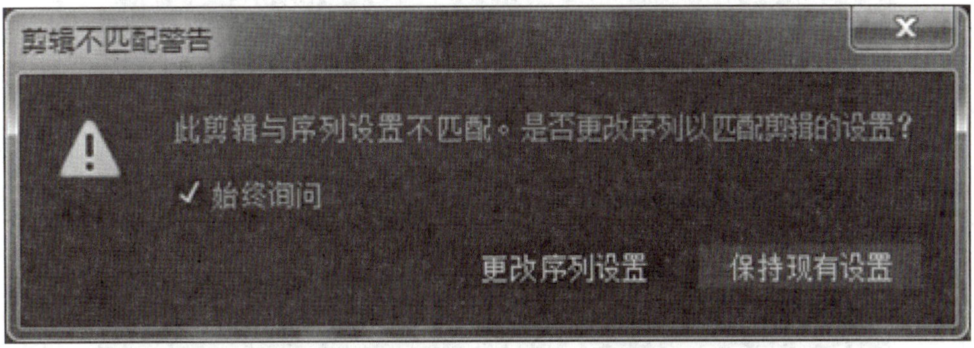

图 3-1-132　警告提示窗口

拖入成功后的画面如下图（见图 3-1-133）。

图 3-1-133 拖入成功后的画面

3）进行视频剪辑

用鼠标拖动“磁头”可以进行视频快速浏览，使用键盘上的“空格”键可以从“磁头”处开始播放视频（见图 3-1-134）。

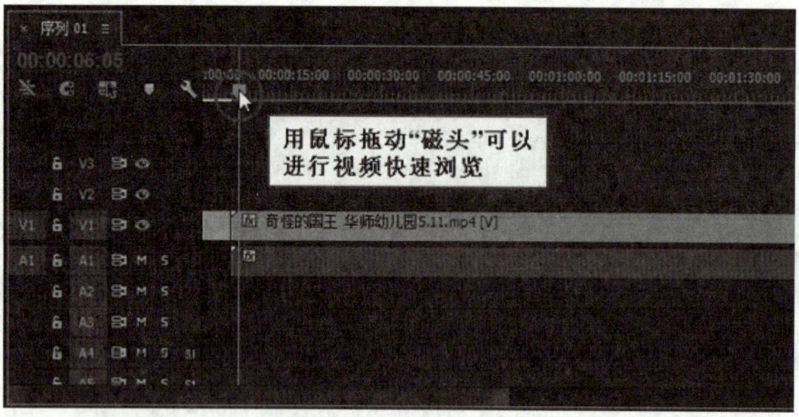

图 3-1-134 鼠标拖动“磁头”进行视频快速浏览

当浏览到视频中需要删除的内容时记下时间点，并使用工具栏中的“剃刀”工具，对视频进行修剪，然后删除修剪的视频（见图 3-1-135、图 3-1-136、图 3-1-137 和图 3-1-138）。

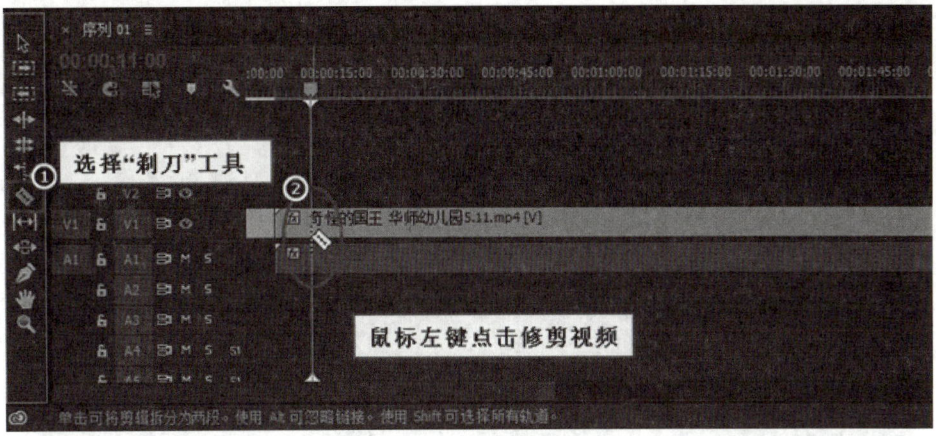

图 3-1-135　视频修剪步骤

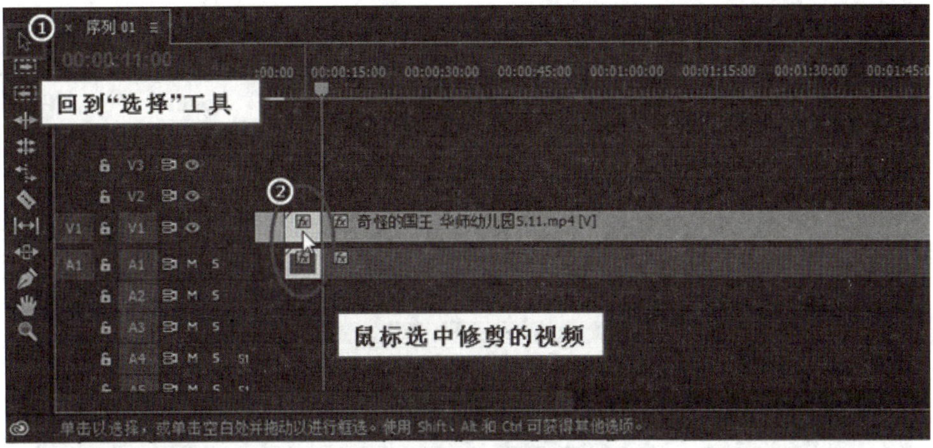

图 3-1-136　将修剪的视频删除

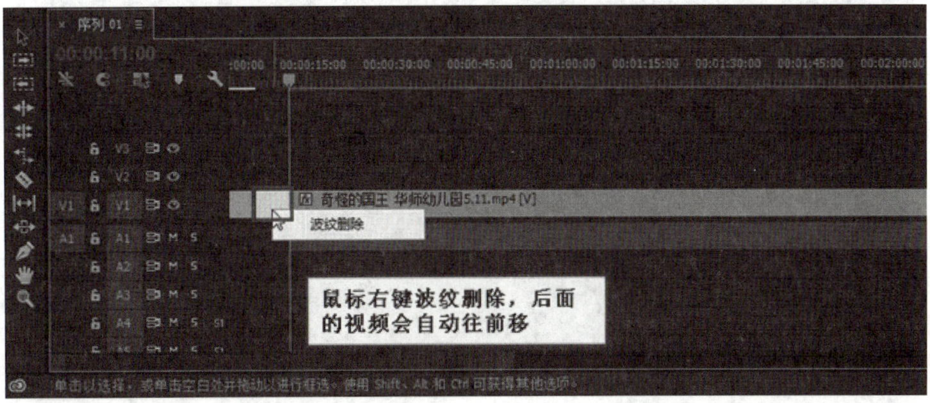

图 3-1-137　删除视频后留下的波纹一并删除

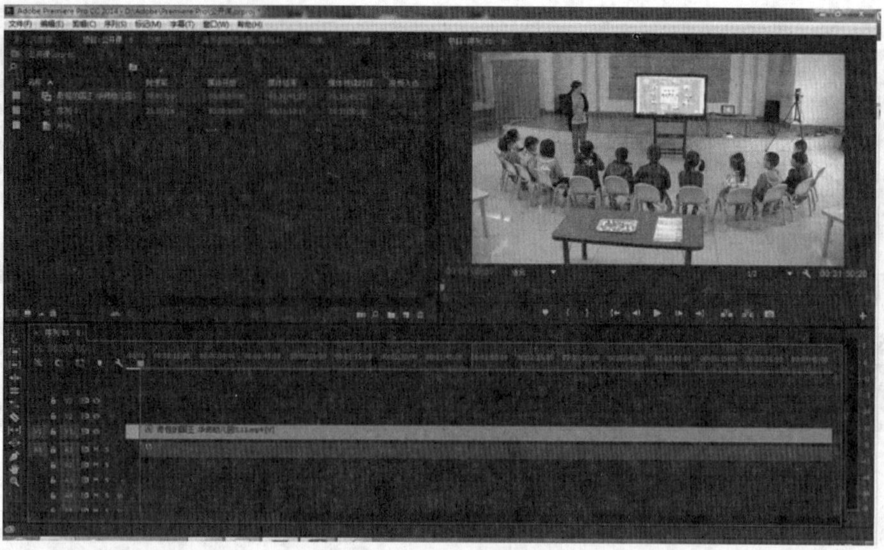

图 3-1-138　完成后的效果

4）对影片加入过渡特效

影片修剪完成后，需要加入过渡效果使修剪的地方不突兀。

选择【效果】,【视频过渡】中的【叠加溶解】效果，将此效果添加到影片中（见图 3-1-139）。

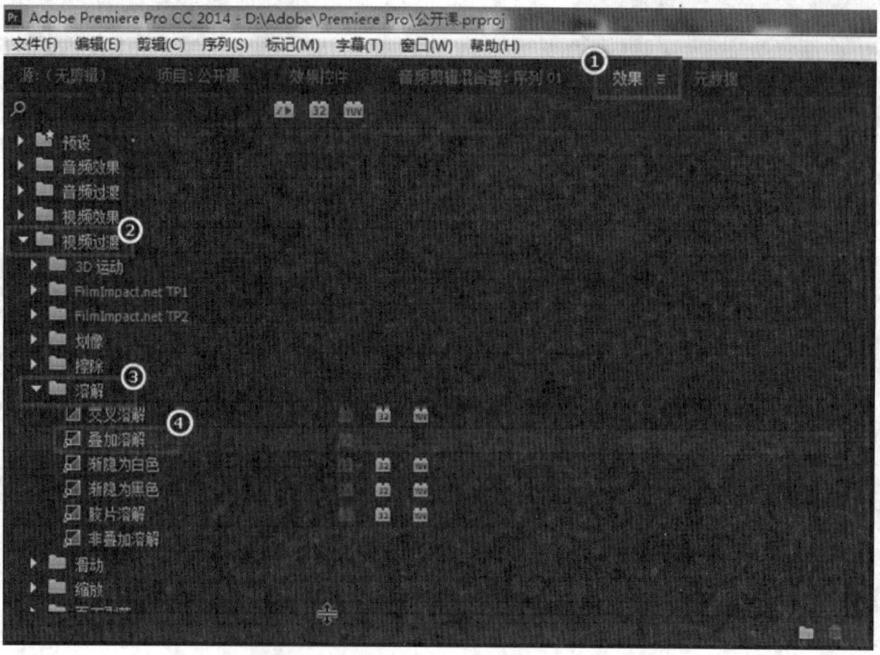

（a）

(b)

图 3-1-139　添加视频效果

5）输出影片

① 输出影片：执行【文件】菜单中的【媒体】命令（见图 3-1-140、图 3-1-141、图 3-1-142 和图 3-1-143）。

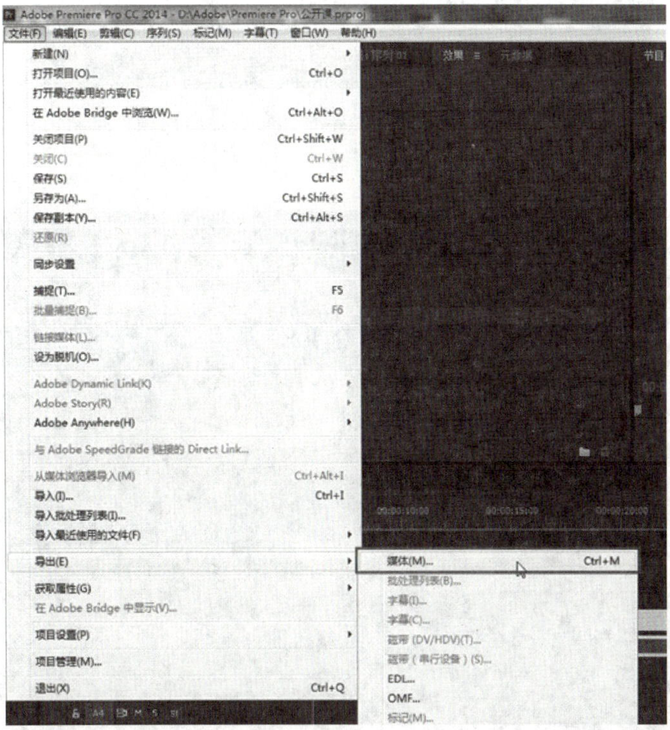

图 3-1-140　执行【文件】菜单中的"媒体"命令

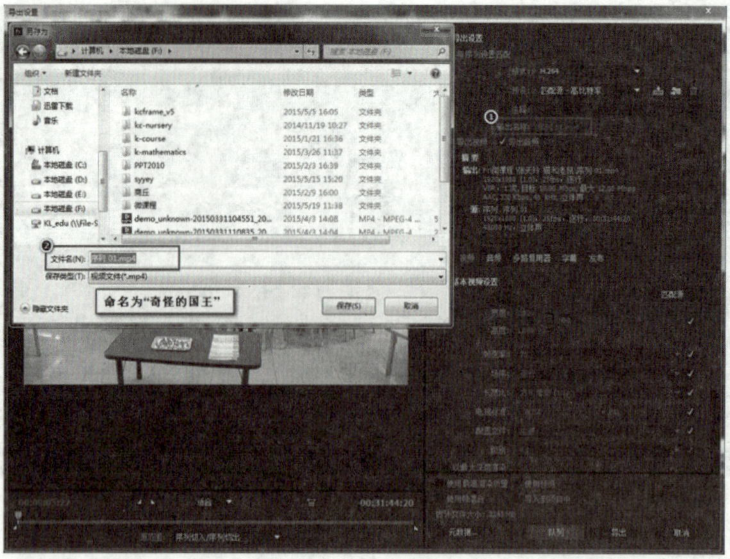

图 3-1-141　视频导出位置及视频文件名称命名

图 3-1-142　执行“导出”命令导出视频

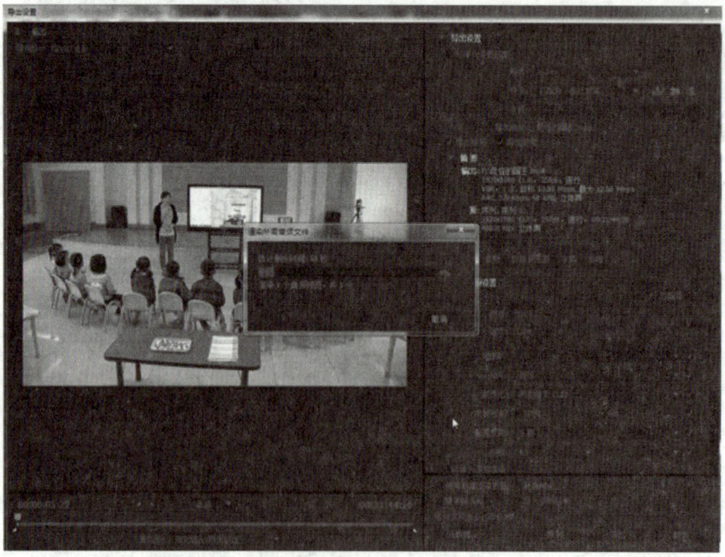

图 3-1-143　导出进度

② 保存为不同视频格式：执行“媒体”命令，在导出设置的格式下拉菜单中选择需要的格式，在摘要处显示所选择媒体格式的详细信息，在接下来的“视频”选项中还可以进一步设置该影片的格式（见图 3-1-144、图 3-1-145 和图 3-1-146）。

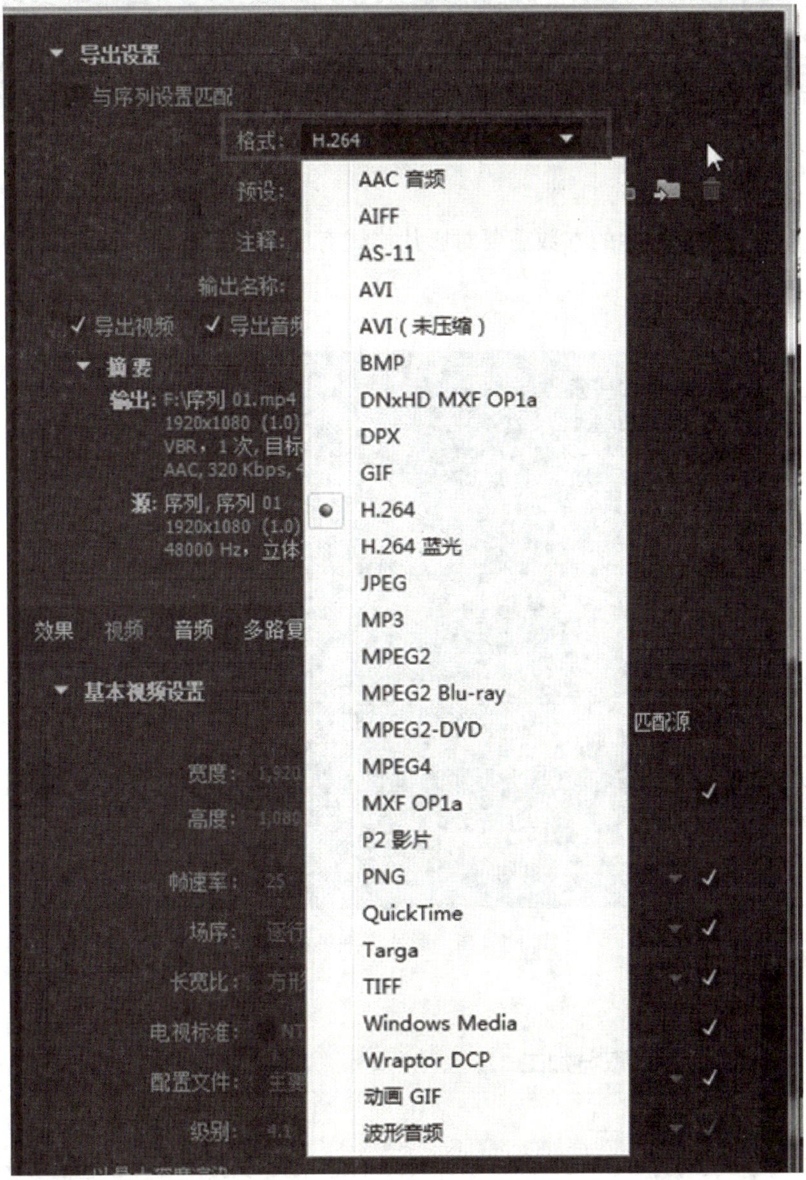

图 3-1-144　影片格式选择

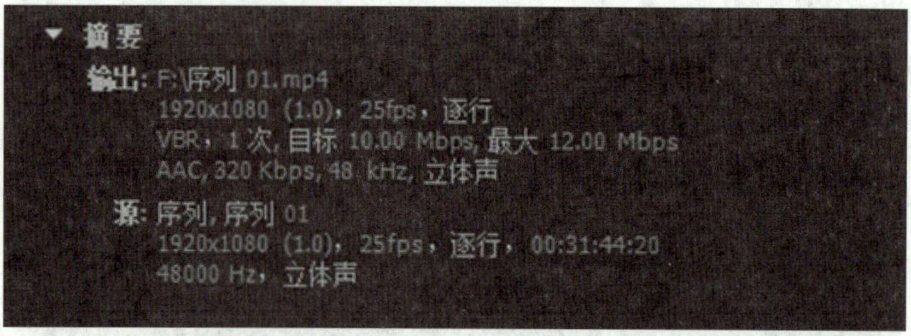

图 3-1-145 视频文件的详细信息

提示： 在视频选项中的参数需要对影片格式有所了解，否则输出的影片格式会与期望的差别大。

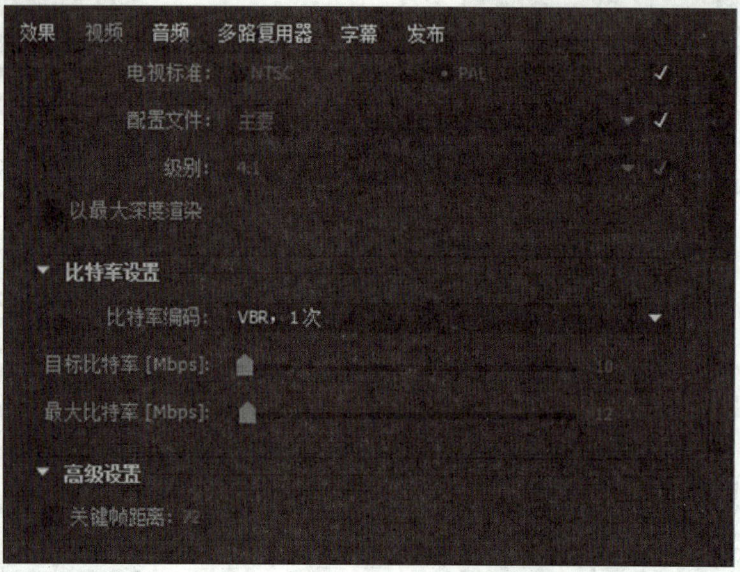

图 3-1-146 影片详细参数设置

（三）动画素材的获取与加工

1. 动画素材的表达特性

根据学前儿童的身心发展特点，动画是最有感染力的素材之一，它能够充分利用媒体动态展示图形的变换过程或知识的形成过程，具有很强的直观性。在学前教育过程中，从小就看动画片的孩子们可通过模仿动画中的人物参与教学活动。动画能够拉近幼儿与知识的距离，激发幼儿的学习兴趣。在许多领域中，利用动画来表现事物甚至比电影的效果更好。因此，较完善的多媒体教学软件都配有动画以加强教学效果，教师也需要了解相关的动画知识来丰富自己的教学。

2. 常见动画素材的文件格式及特点

(1) GIF 格式

GIF 格式是一种常见的二维动画格式，其文件扩展名为.gif。GIF 是将多幅图像保存为一个图像文件，多幅图像连续显示构成一个简单的动画。特点是存储空间小，制作容易。目前网上大多数浏览器直接支持 GIF 格式的动画。

(2) FLA 格式

FLA 格式是 Flash 源文件存放格式，其文件扩展名为.fla。所有的原始素材都保存在 FLA 文件中，可以在 Flash 软件中打开，并编辑和保存为 FLA 文件。由于它包含着全部的原始信息，所以体积较大，FLA 文件是千万不能丢失的，不然全部都要重做。

(3) SWF 格式

SWF 格式是 Flash 软件生成的一种交互式矢量图形动画格式，其文件扩展名为.swf，具有缩放不失真，文件体积小等特点，它可以一边下载一边播放，目前被广泛应用于网页设计、动画制作等领域。

(4) FLC 格式

FLC 是 Autodesk 公司开发的动画格式，其文件扩展名为.flc，它主要由 Animator pro 和 3ds Max 软件生成，播放 FLC 动画需要相应的驱动程序。

3. 如何获取动画素材

(1) GIF 动画的获取

GIF 动画本质上是一种图像，网页上的 GIF 动画采用保存图像的方法就可以下载，即采用【右键菜单】→【图片另存为】的方法，也可以采用【复制】→【粘贴】的方法来实现。

(2) 网页 Flash 动画的获取

可利用网站资源下载网页 Flash 动画。在下载工具（如迅雷）打开的情况下，把鼠标放在网页 Flash 动画，出现“下载”字样，点击之后即可保存。

提示：鼠标放在 Flash 动画上没有迅雷下载图标出现时，解决办法是：选择“配置”→“监视配置”→勾选“在 Flash 和流媒体上显示下载图标”→“应用”。

4. 如何加工动画素材

动画制作软件有很多，根据创作对象的不同，可以分为二维和三维两大类。二维动画常见的制作软件有 Flash、Animator Gif、Autodesk 等软件，三维动画常见的制作软件有 3ds Max、Maya 等软件。

对于二维动画来说，Flash 是一种动画创作与应用程序开发于一身的创作软件，它能创作简单的矢量动画，具有独特的交互设计，因此广泛地应用于各种多媒体教学课件制作。在 Flash 程序中，还可以将其他媒体元素导入 Flash 文档，并使用绘图工具创建图形，重新加工矢量图形。下面介绍具体的制作方法：

打开 Flash，点击【文件】→【新建】（见图 3-1-147），在打开的【新建】窗口中选择“Flash 文件（ActiveScript 3.0）”（见图 3-1-148），然后点击【确定】创建空白文档（见图 3-1-149）。

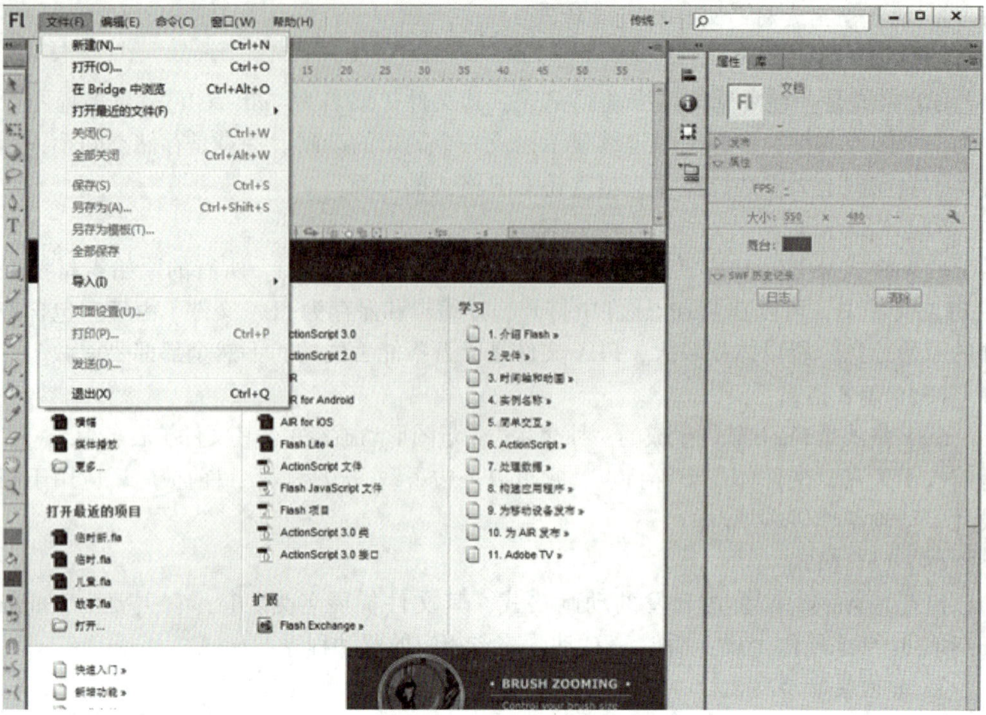

图 3-1-147　打开 Flash

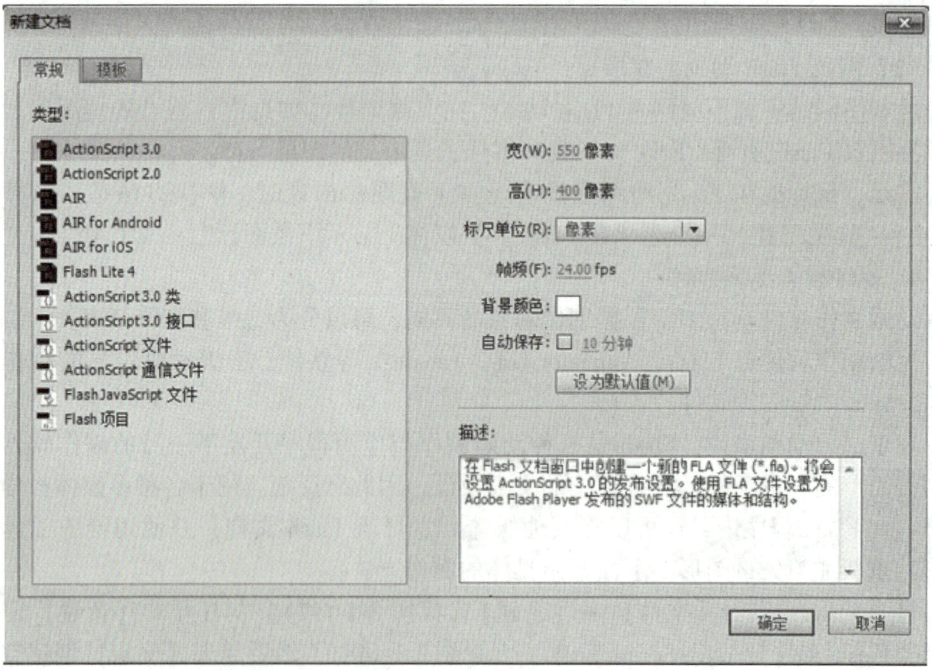

图 3-1-148　新建文档

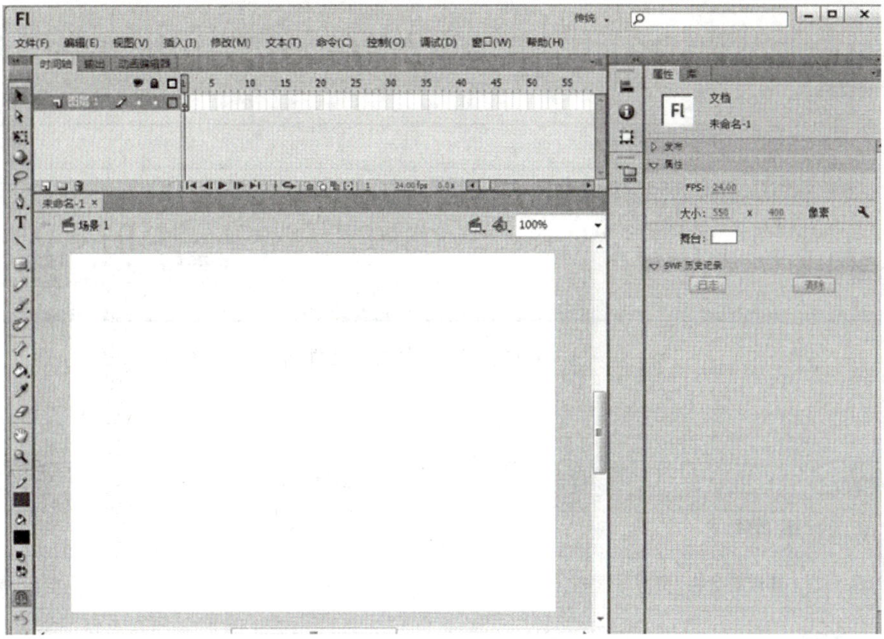

图 3-1-149　创建空白文档

点击【文件】→【另存为】（见图 3-1-150），然后在打开的【另存为】窗口中输入文件名“飘动的旗帜”（见图 3-1-151），并点击【保存】按钮（见图 3-1-152）。

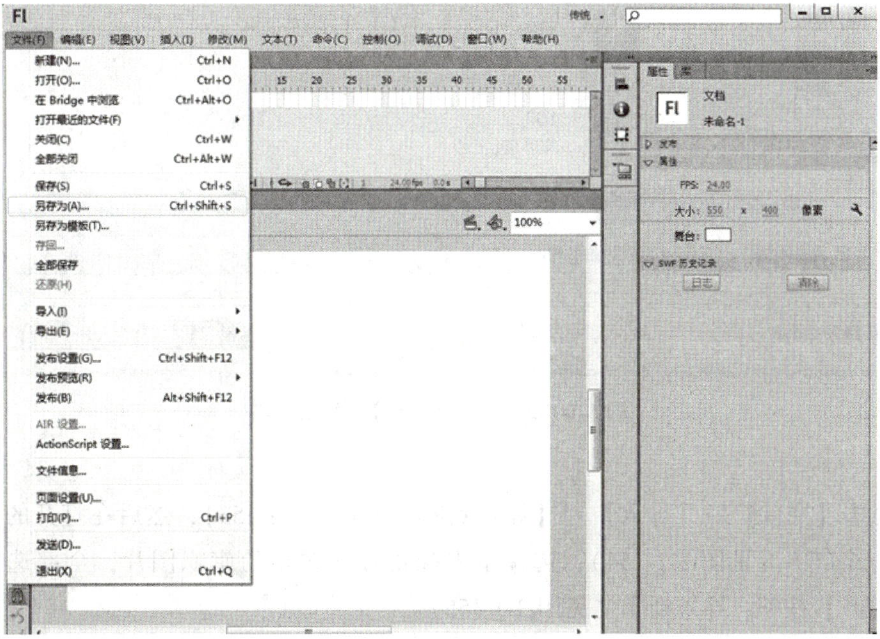

图 3-1-150　点击文件

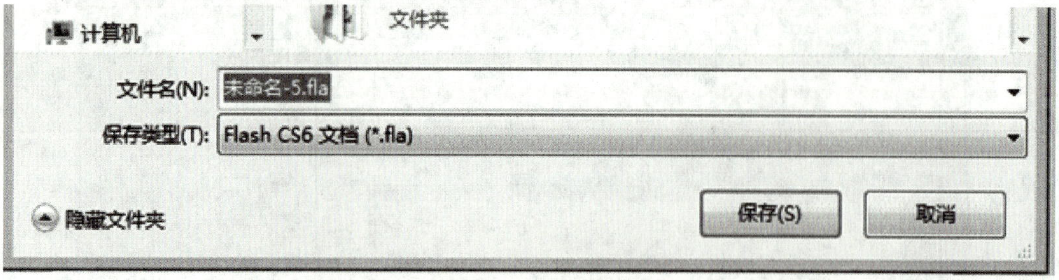

图 3-1-151　窗口中输入文件名

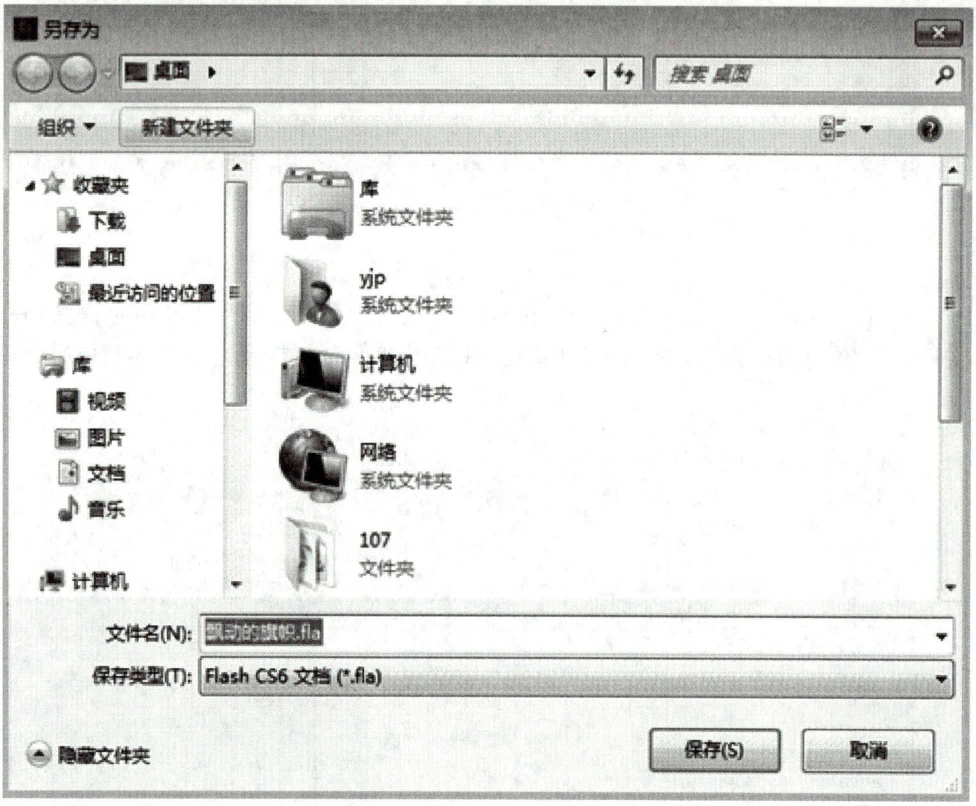

图 3-1-152　点击【保存】飘动的旗帜

点击【文件】→【导入】→【导入到库】（见图 3-1-153），然后在打开的【导入到库】窗口中（见图 3-1-154），选择事先准备好的飘动的旗帜图片，全部选择并点击【打开】按钮，导入到库（见图 3-1-155）。

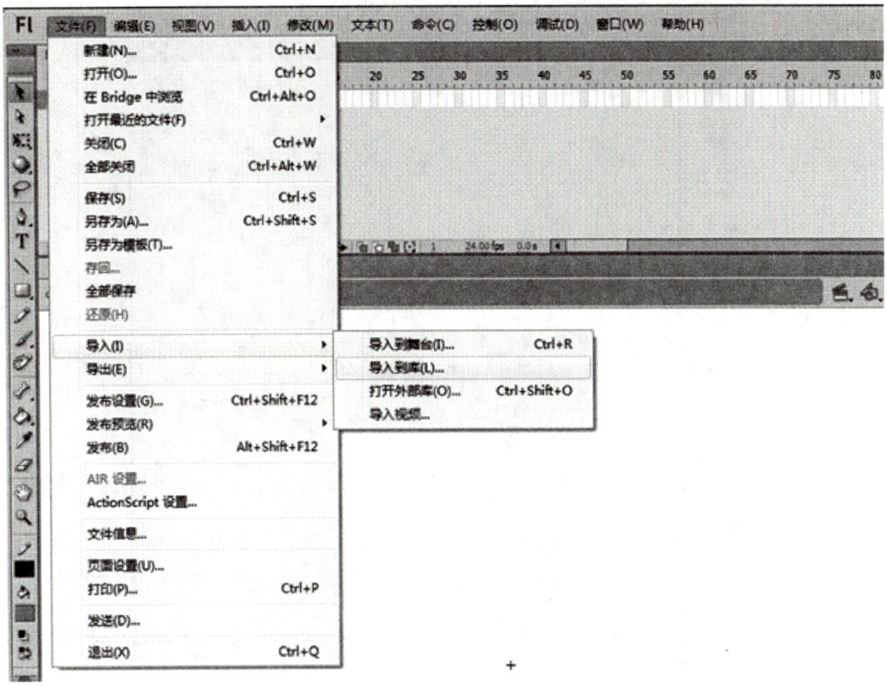

图 3-1-153　点击文件

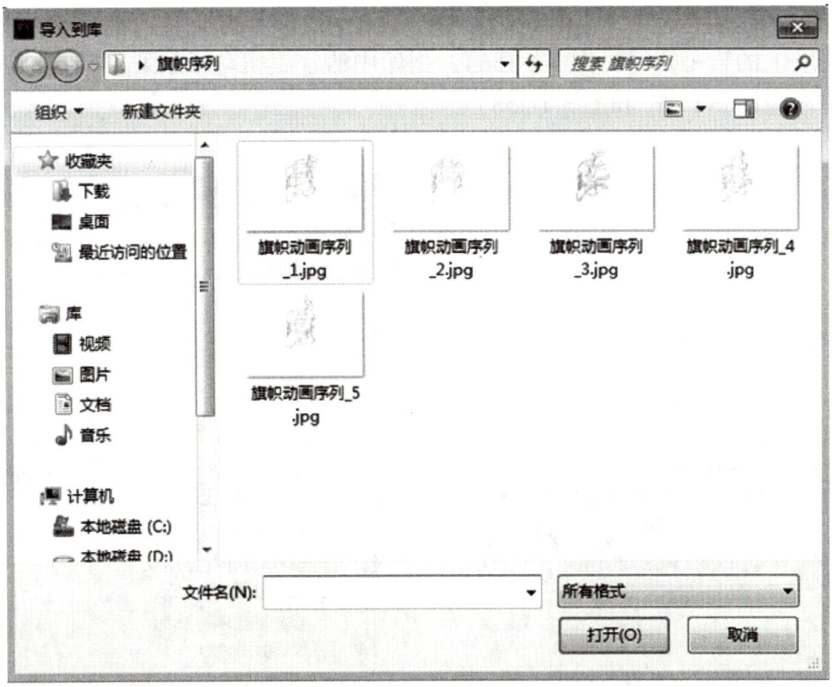

图 3-1-154　【导入到库】窗口

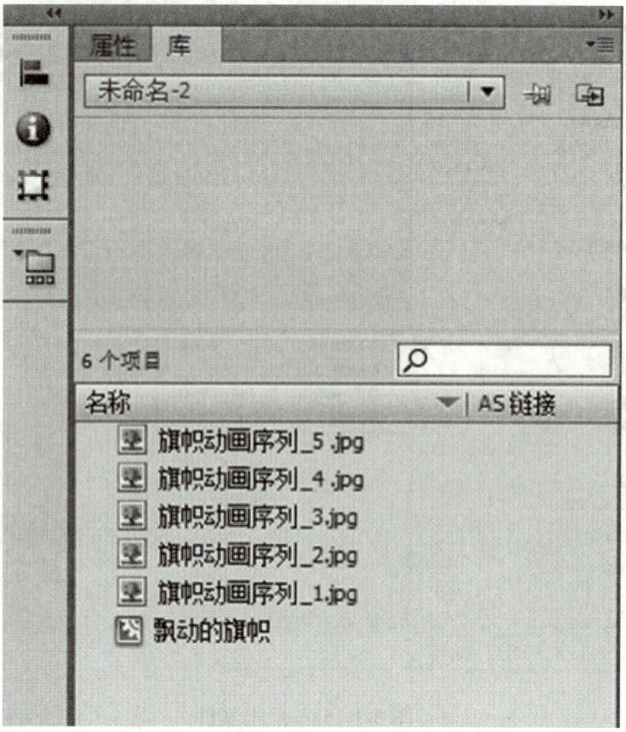

图 3-1-155　全部选择并点击【打开】按钮

在图层 1 的第一帧（见图 3-1-156），把库中的“旗帜动画序列_ 1. jpg”文件拖动到场景中（见图 3-1-157 和图 3-1-158）。

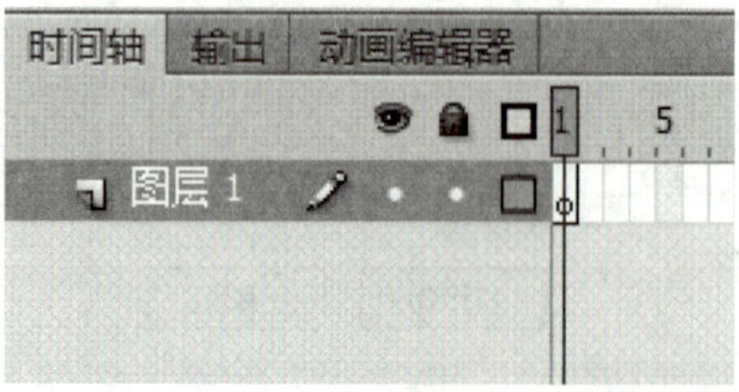

图 3-1-156　图层 1

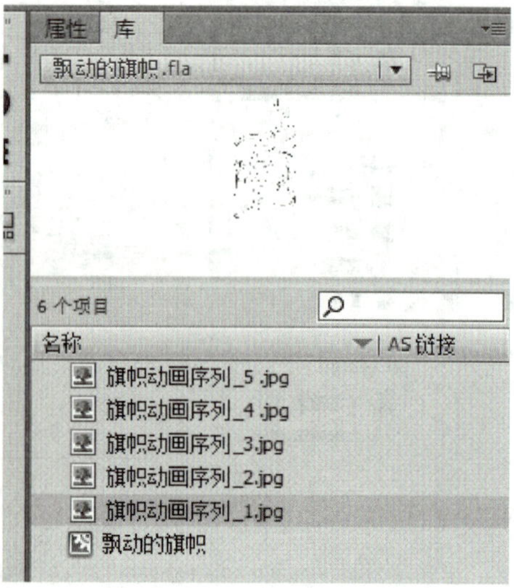

图 3-1-157　“旗帜动画序列_ 1. jpg”

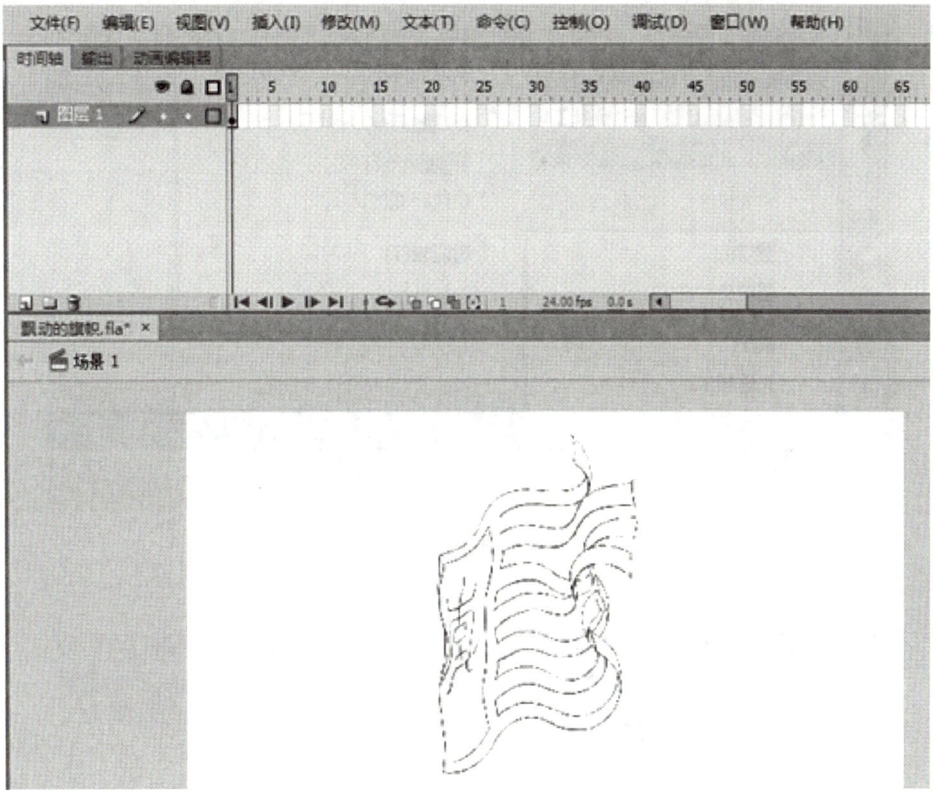

图 3-1-158　拖动到场景中

点击“时间轴”上的【新建图层】按钮，创建图层 2（见图 3-1-159），然后在图层 2 的第 5 帧处（见图 3-1-160），点击【插入】→【关键帧】，把库中的“旗帜动画序列_ 2. jpg”拖动到场景中（见图 3-1-161）。

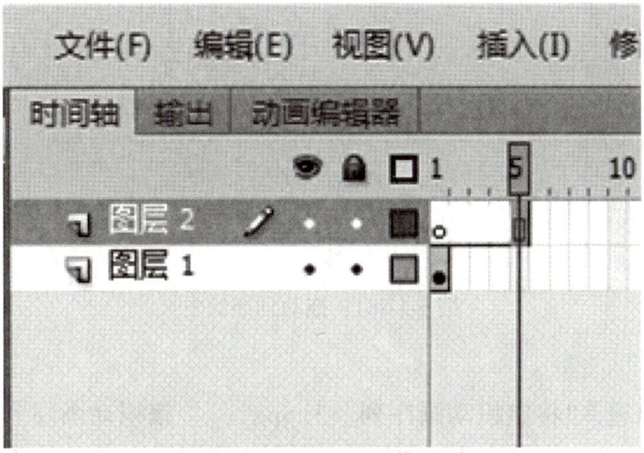

图 3-1-159　创建图层 2

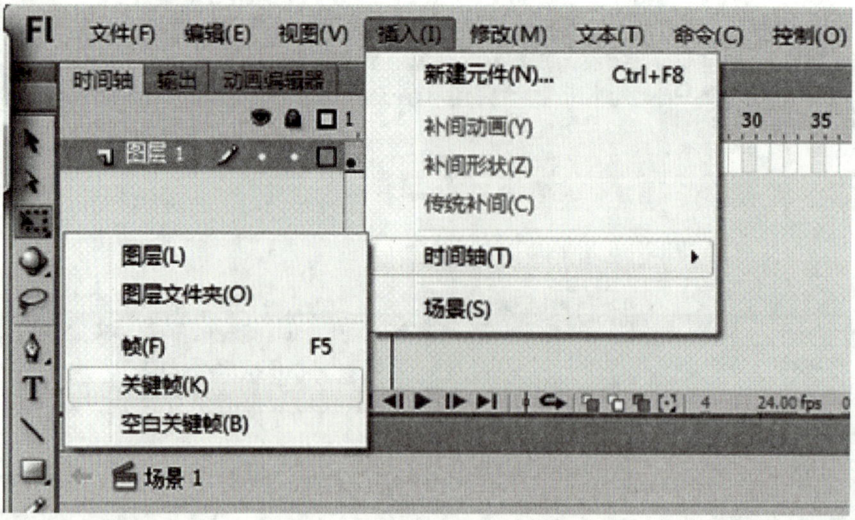

图 3-1-160 图层 2 的第 5 帧处

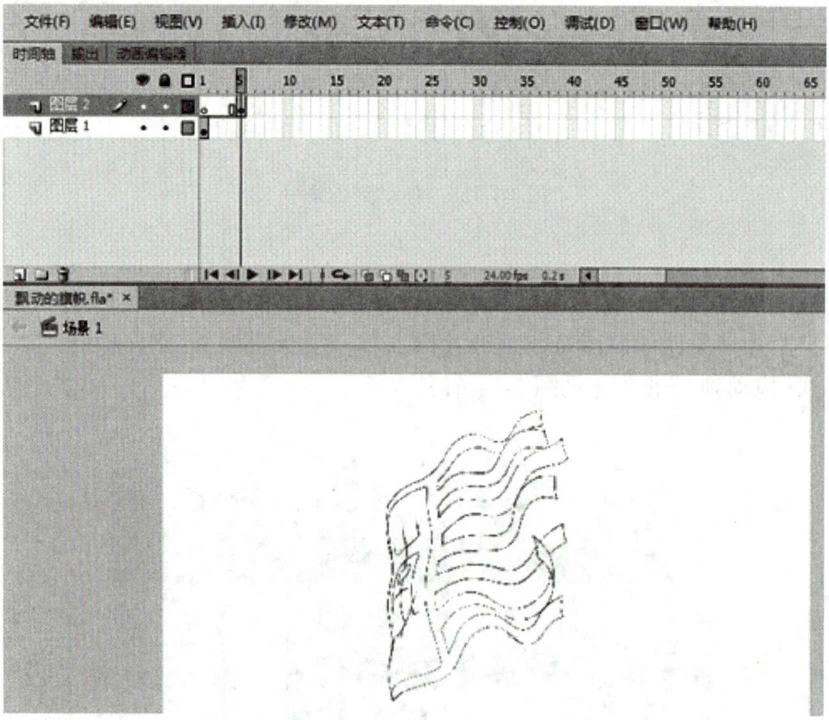

图 3-1-161 拖动到场景中

利用同样的原理，“将旗帜动画序列_ 3. jpg”、“ 旗帜动画序列_ 4. jpg”和“旗帜动画序列_ 5. jpg ”，分别拖动到图层 3、图层 4 和图层 5 中（见图 3-1-162），对应的帧分别为 10 帧、15 帧和 20 帧处。

调整各个图层图像的延续时间。至此，飘动的旗帜动画制作完成（见图 3-1-163）。

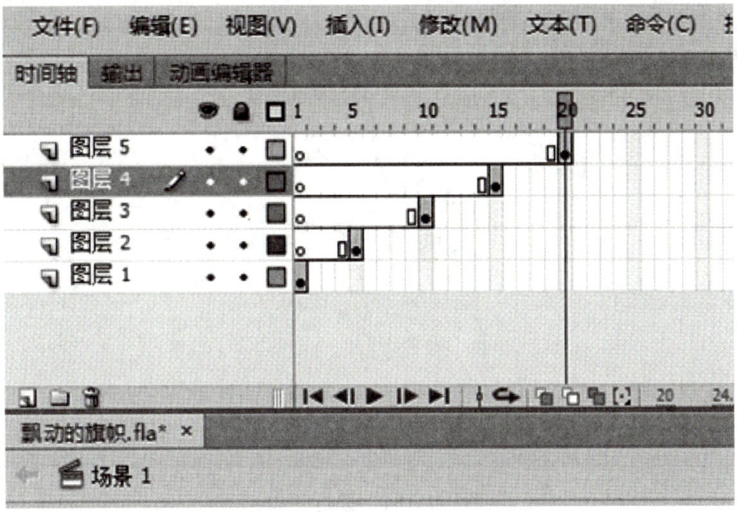

图 3-1-162　图层 3、图层 4 和图层 5

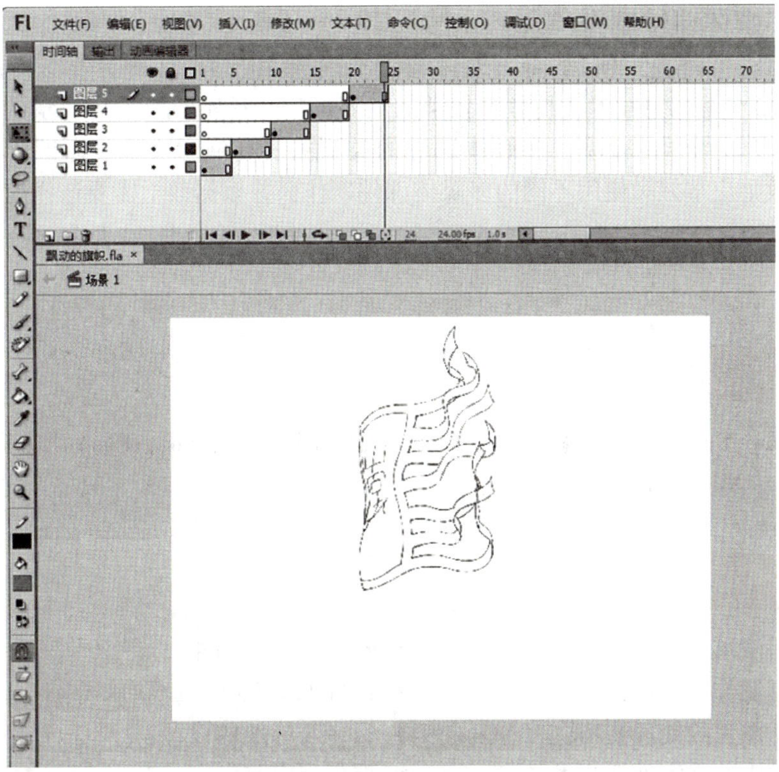

图 3-1-163　飘动的旗帜制作完成

最后，按下键盘组合键“Ctrl+Enter”进行测试（见图 3-1-164）。

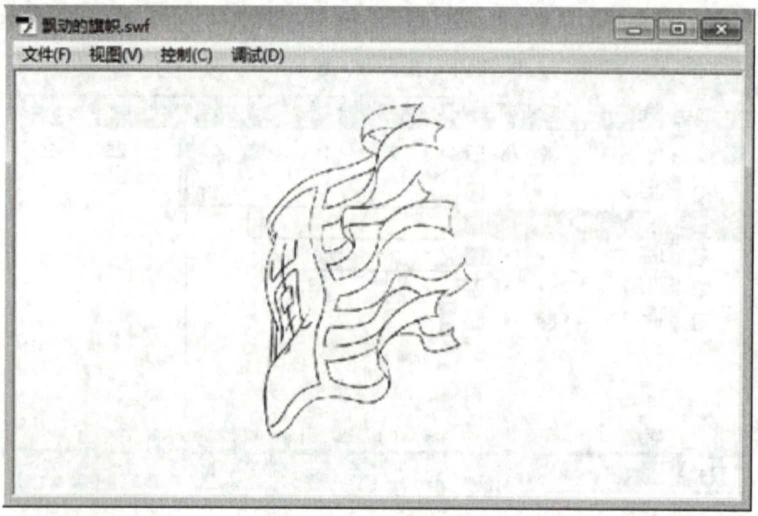

图 3-1-164 进行测试

二、多媒体课件制作

多媒体课件是信息技术支持教育教学的主要形式，是实施形象化教学的主要手段，极大地提升了教与学的效率。多媒体课件的类型主要有演示文稿、微课程、电子书、Flash 等，教师应掌握和使用不同的多媒体课件制作，并根据教学需要选择应用。

（一）演示文稿的设计与制作

活动目标

认识 PowerPoint 演示文稿制作软件，通过案例制作学习 PowerPoint 应掌握的基础知识、使用方法和操作技巧。

活动计划

- 初识演示文稿；
- 图形制作与美化；
- 课件图片的处理技巧；
- 课件中的文字处理艺术；
- 课件的排版与美化；
- 幻灯片动画制作；
- 课件的交互技术；
- 目录与导航的设计；
- 课件保存与发布；
- 课件播放技术；

- 多媒体的编辑与播放。

方法与步骤

1. *初识演示文稿*

PowerPoint 是一个演示文稿幻灯片制作软件，能够制作出集文字、图形、图像、声音以及视频剪辑等多媒体元素于一体的演示文稿。PowerPoint 和 Word、Excel 等应用软件一样，属于微软 Office 系列，利用 PowerPoint 做出来的东西叫演示文稿，其格式是 pptx 格式。(PowerPoint2007 之前的版本是 PPT 格式。)

演示文稿中的每一页叫幻灯片，每张幻灯片是演示文稿中既相互独立又相互联系的内容。下面我们来操作打开 PowerPoint2010 软件（以下简称 PPT）。

在“开始”菜单的“所有程序”中找到“Microsoft PowerPoint 2010”，单击打开软件，可见 PPT 幻灯片制作的第一个页面，也称为“主页面”（见图 3-1-165 和图 3-1-166）。

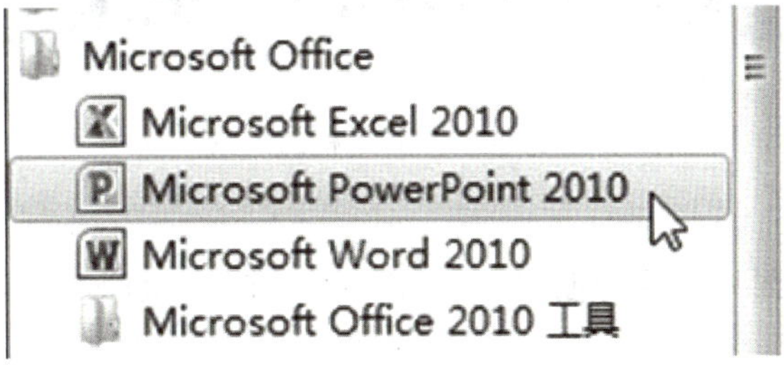

图 3-1-165　开始菜单中的 PPT 图标

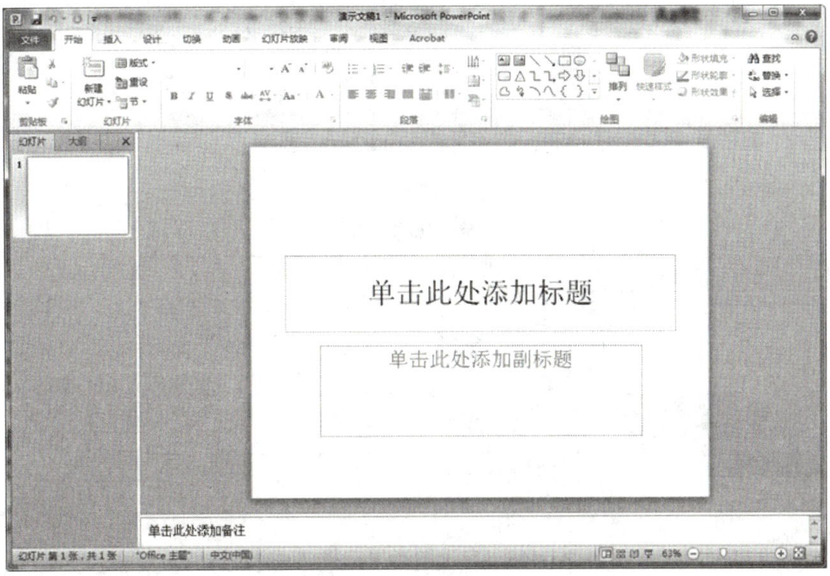

图 3-1-166　打开的 PPT 幻灯片界面

2. 图形制作与美化

(1) 为图像添加边框

在 PowerPoint 中为图像添加边框最简便的方法是绘制自选图形，将填充色设置为“无”或“透明”。同时，还可以调整边框的线形、色彩与粗细，还可以为边框添加阴影等效果（见图 3-1-167）。

图 3-1-167 带边框的图像

在绘图的自选图形里选择“曲线”（见图 3-1-168），鼠标左键起始位置后按 ESC 键结束（见图 3-1-169）。

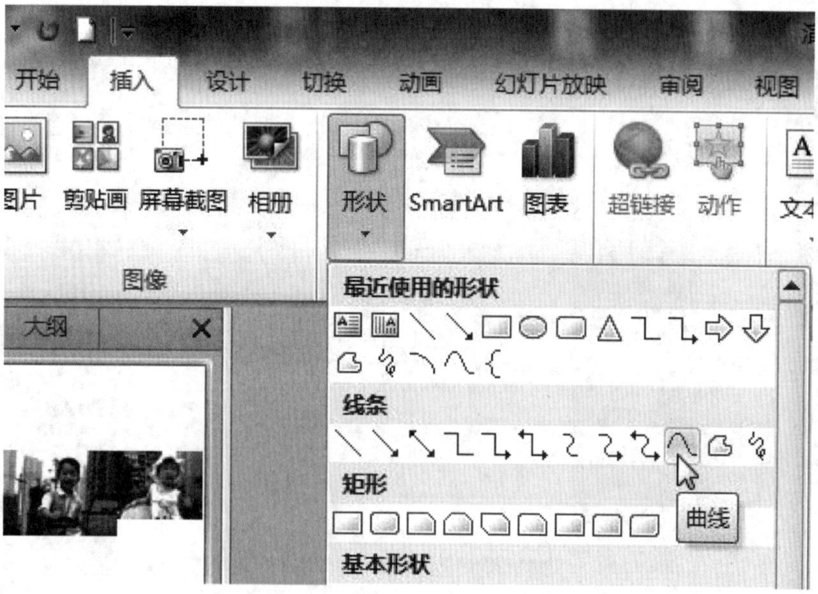

图 3-1-168 自选图形里选择“曲线”

图 3-1-169　曲线绘制

在绘图工具的格式工具栏选择【编辑顶点】（见图 3-1-170），在曲线中间按鼠标左键往下拖，完成曲线的操作（图 3-1-171、图 3-1-172 和图 3-1-173）。

图 3-1-170　曲线编辑命令

图 3-1-171　曲线操作

图 3-1-172　曲线操作

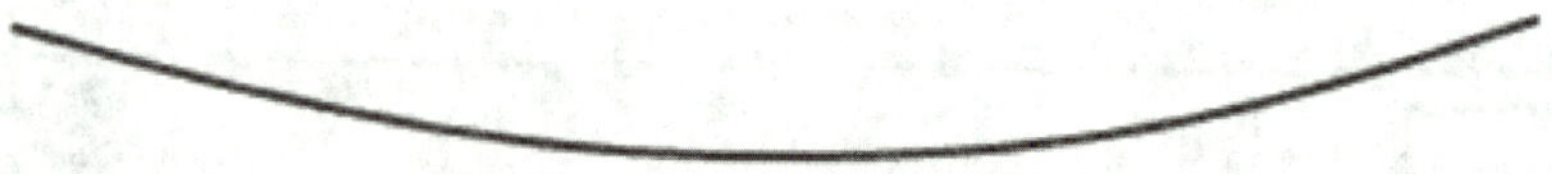

图 3-1-173　曲线操作完成

调整曲线属性，如粗细、颜色等（见图 3-1-174 和图 3-1-175）。

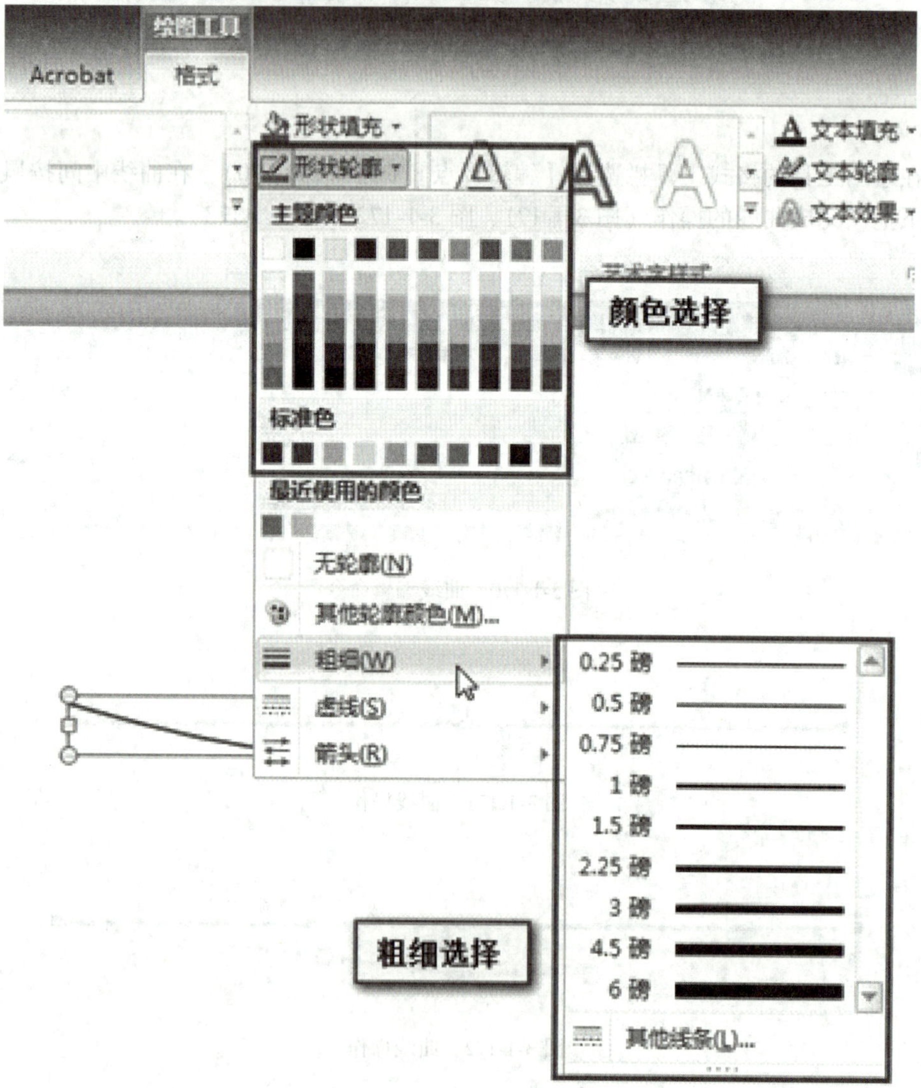

图 3-1-174　调整曲线属性

图 3-1-175　最终效果

将曲线复制并翻转（见图 3-1-176）。

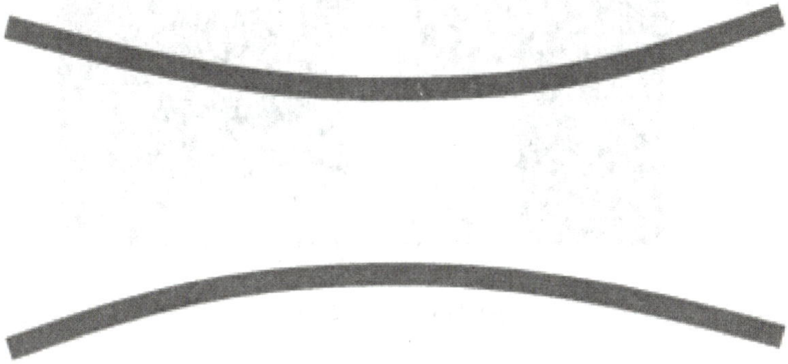

图 3-1-176　曲线复制并翻转

插入图片（见图 3-1-177），对图片进行调整（见图 3-1-178）。

图 3-1-177　插入图片

图 3-1-178　图片大小调整

图片任意编辑。在 PPT 中，只可以对形状进行顶点编辑，对于图片，无法直接编辑图片的顶点。不过可以借鉴形状编辑来编辑图片，就是将形状填充为图片，其步骤是：

① 先插入和图片大小一样的矩形（见图 3-1-179）。

图 3-1-179　插入与图片大小一样的矩形

② 将图片剪切或复制。

先将图片复制或剪切（见图 3-1-180），右击【矩形】→【设置形状格式】→【填充】→【图片或纹理填充】→【剪贴板】。

③ 设置形状轮廓为“无轮廓”（见图 3-1-181）。

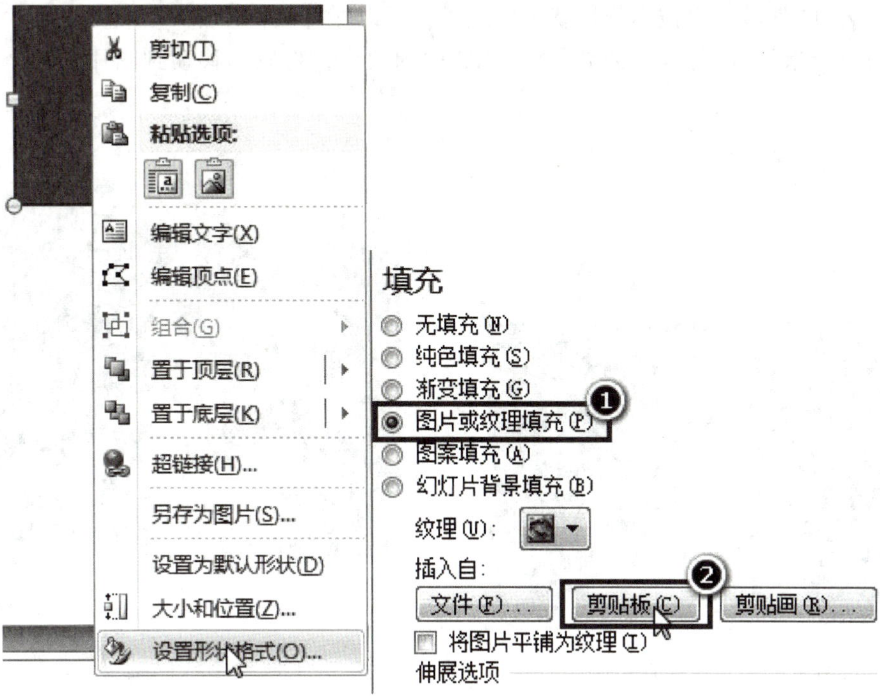

图 3-1-180　图片复制或剪切

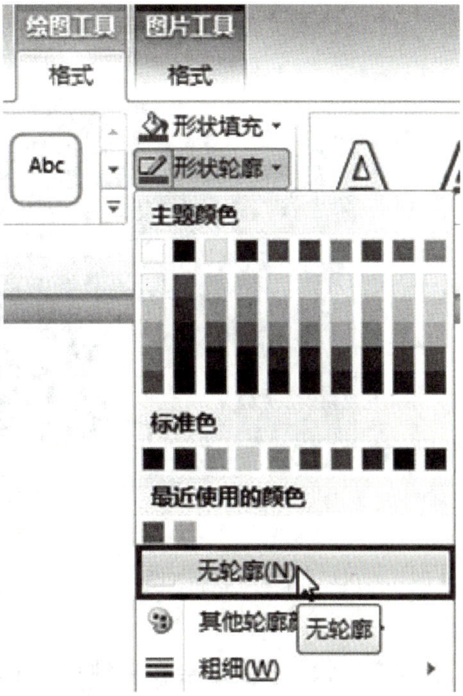

图 3-1-181　设置形状轮廓为“无轮廓”

这时，图片就可以被当作形状来处理了，可以任意编辑顶点（见图 3-1-182）。

下面来试试将图片调整为如图 3-1-183 中的效果，将鼠标移动到图片的四个点进行拖动。

图 3-1-182　任意编辑顶点

图 3-1-183　图片效果

然后将曲线图形置于图片图形之上（见图 3-1-184）。

图 3-1-184　曲线图形置于图片图形之上

需要注意的是，如任意改变形状，改变后会在某种程度上进行剪裁（见图 3-1-185 和图 3-1-186）。

图 3-1-185 原始图效果

图 3-1-186　调整后的效果

图片编辑顶点的作用主要是让图片更具三维视觉感。当然可以通过三维旋转加透视来调整图片。

提示：图片改为自选图形后建议图形等比放大或缩小，按住 Shift 键+鼠标左键组合键可实现。

（2）用图像的尺寸大小对比突出需要强调的图片

在 PowerPoint 中，每一个对象都可以另存为图片，也都可以复制后按图像的方式粘贴。所以，可以将一个图像复制成两份，对原始图像进行裁剪，调整 亮度等，以增强对比效果（见图 3-1-187）。

图 3-1-187　效果图

插入图片，对图片进行裁剪，使整个图片肩部与头部为中心（见图 3-1-188 和图 3-1-189）。

图 3-1-188　裁剪前的效果

图 3-1-189　裁剪后的效果

选择图片后，点击格式工具中的【裁剪】命令，调整完后单击空白处即可（见图 3-1-190）。

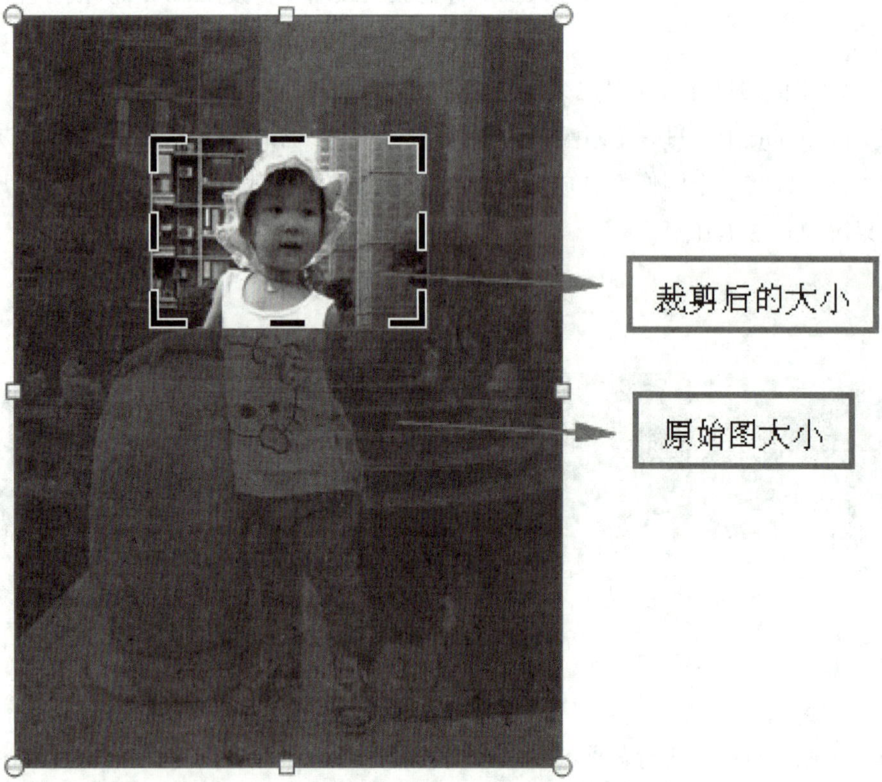

图 3-1-190　裁剪步骤

将图片边角打磨成圆角。选择图片后，点击格式工具中的【裁剪】下拉箭头，选择【裁剪为形状】中的“圆角矩形”（见图 3-1-191 和图 3-1-192）。

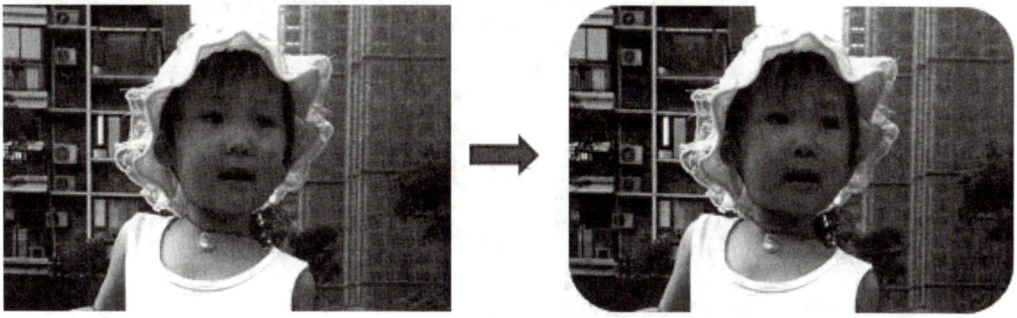

图 3-1-191　边角变成圆角

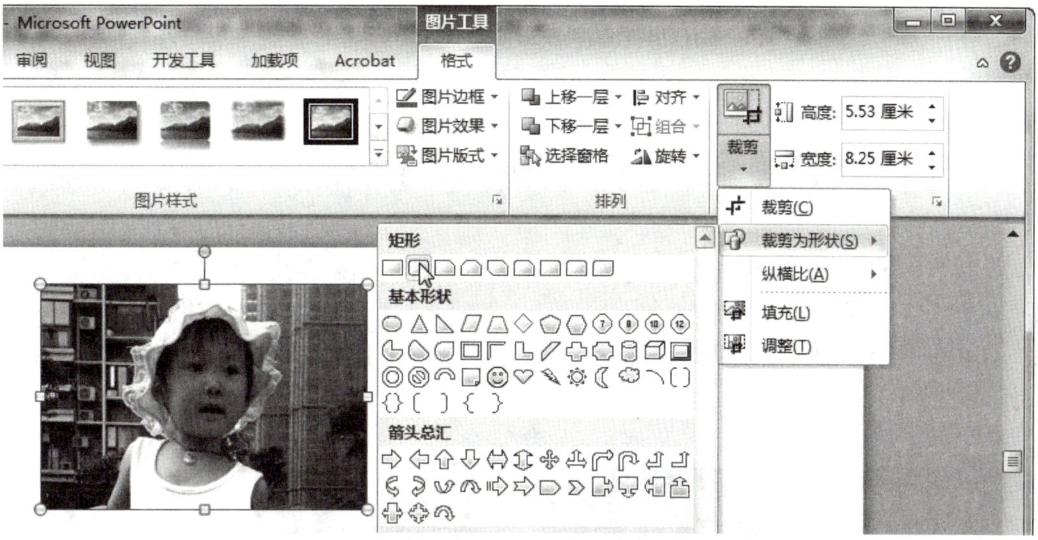

图 3-1-192　图片边角变成圆角步骤

将其他插入的图片加上倒影。选择图片，【图片工具】→【图片效果】→【映像】→【紧密映像】（见图 3-1-193）。

图 3-1-193　图片加倒影步骤

最后，将图片排列一下，并复制将要强调的图片，粘贴在顶层将其放大。

(3) 巧用背景突出文字

在图片上添加文字说明时，可以在图片上插入一个自定义形状，用颜色背景突出文字（见图 3-1-194）。

图 3-1-194　效果图

插入一张图做封面。插入图片命令（见图 3-1-195），调整图片大小与幻灯片大小一致。

插入自选图形“矩形”（见图 3-1-196），绘制矩形为文字打底。

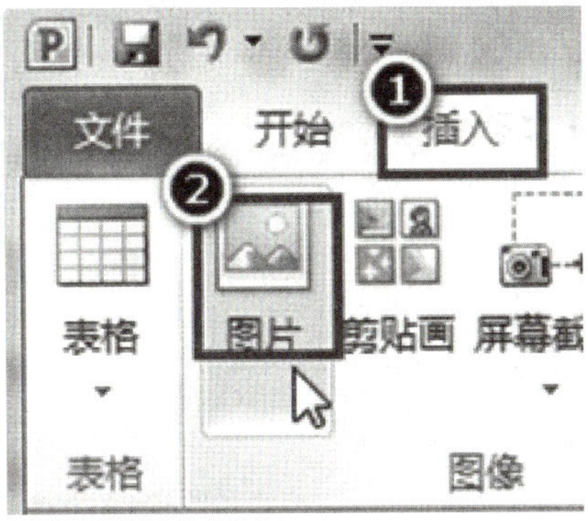

图 3-1-195　插入图片命令

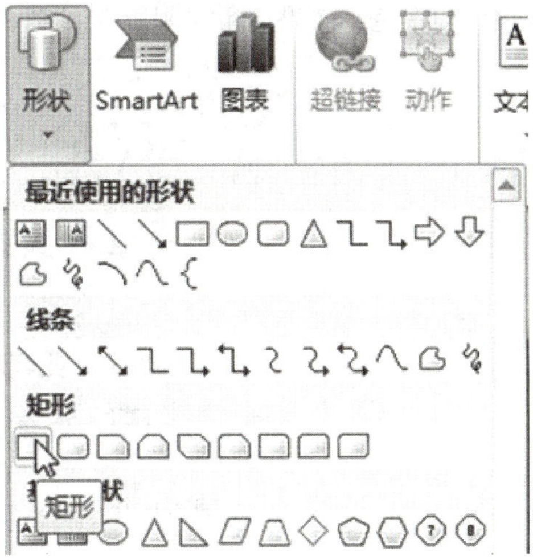

图 3-1-196　选择“矩形”

插入形状，选择下拉框中的“矩形”，在图片上绘画出一个矩形并将颜色填充（见图 3-1-197）。（如示例中的 RGB 值：217，150，148。）

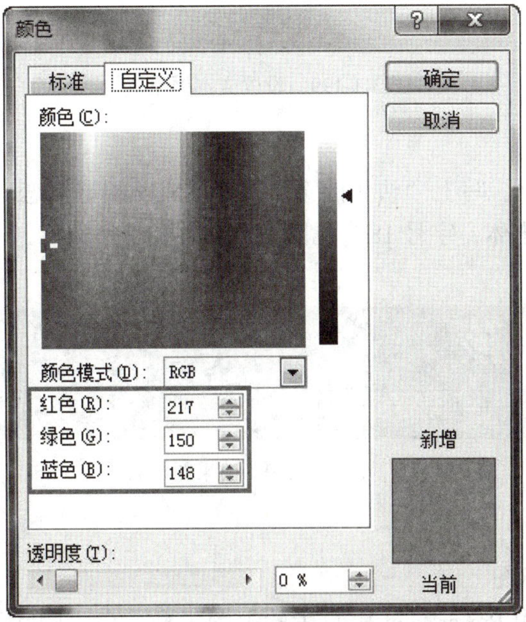

图 3-1-197　填充颜色

提示： 利用QQ快捷键，截图命令（“Ctrl+Alt+A”），鼠标点到哪里，相应之处就会显示RGB值信息。

插入文本框写上文字，调整字体、大小、颜色和位置。插入横排文本框（见图3-1-198），在幻灯片上单击左键，键入“小女孩”，调整文字字体为微软雅黑，字号为32，字体颜色为白色，效果加粗、阴影（见图3-1-199）。

图3-1-198　插入“横排文本框”命令

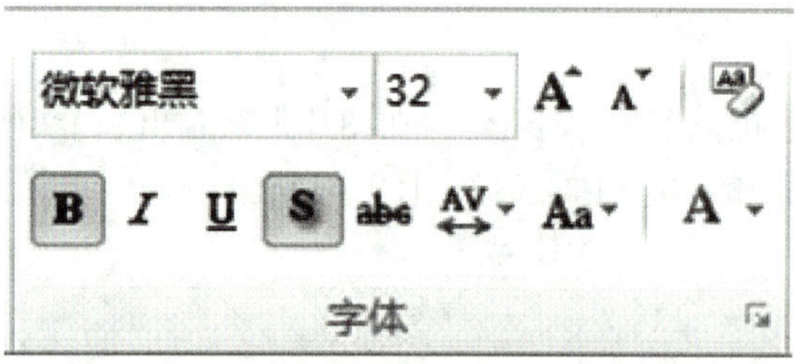

图3-1-199　设置文本框格式

再插入横排文本框，写上“快乐的童年，宝宝成长相册留恋”和“于2015年6月制作”等字样，字体宋体，字号18（见图3-1-200）。

图3-1-200　效果图

（4）PowerPoint抠图

简单抠图可以使用PowerPoint中自带的抠图工具，在“删除背景”中对图片做简单抠图处理（见图3-1-201）。

图 3-1-201 效果图

双击需要抠图的图片（见图 3-1-202），执行【删除背景】命令（见图 3-1-203）。

图 3-1-202 双击图片

图 3-1-203 执行【删除背景】命令后效果

紫色范围表示已消除的背景。使用消除背景操作面板上的命令进行图片区域的保留与删除（见图 3-1-204），用鼠标在相应位置拖动，就可以任意指定所要保留或删除的内容，完成后单击【保留更改】即可看到效果（见图 3-1-205）。

图 3-1-204　消除背景操作面板

图 3-1-205　保留区域操作

若效果不满意可再次执行【删除背景】命令进一步修正你所想要的效果。

提示：抠图中为了能更好地显示保留区域或删除的区域，请将幻灯片放大再操作。

在幻灯片界面右下角找到如下图，按“+”或“−”放大或缩小幻灯片（见图 3-1-206）。

图 3-1-206　放大或缩小幻灯片

3. 课件图片的处理技巧

（1）更改图片

替换当前幻灯片中的图片，保留之前所设计的效果。

选中需要更改的图片，单击【图片工具】下的【格式】→【更改图片】（见图3-1-207和图 3-1-208）。

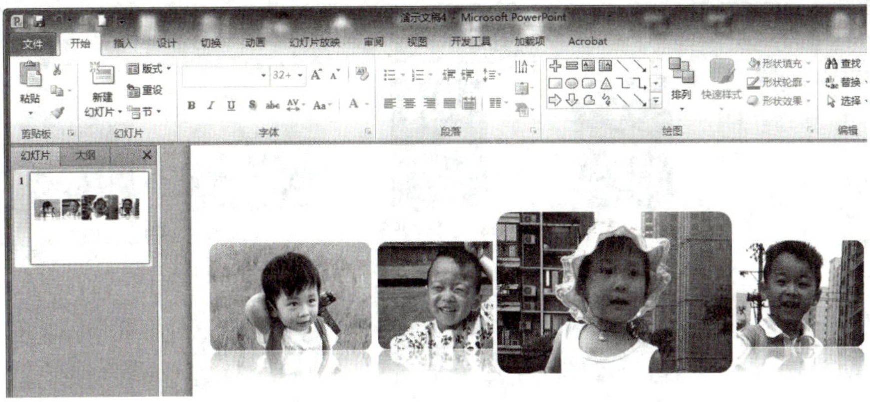

图 3-1-207　选中需要更改的图片

图 3-1-208　更改图片

选中需要替换的图片（见图 3-1-209），再单击【插入】按钮（见图 3-1-210）。

图 3-1-209　选中需要替换的图片

图 3-1-210　单击【插入】

（2）图片的处理方法

例 1：大幅图片案例

PPT 中图片的运用经常是将图片缩小之后规规矩矩地摆放在页面一侧，但此类页面稍显得呆板。若图片精度较高，不妨在合适的页面采用以下表现方式（见图 3-1-211）。

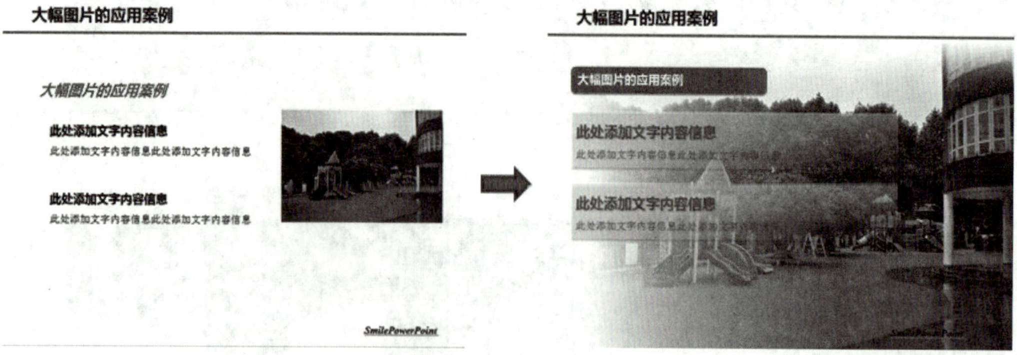

图 3-1-211　效果图

例 2：小幅图片应用案例

因为受到图片的精度的限制，小图的可用性被限制了很多，一般可采取常规的排列方式。小图不可直接放大当主图去用，否则呈现给大家的则是一片模糊的像素点。不滥用，但也不能将其浪费，不妨将图片处理一下，再用于图中做背景效果（见图 3-1-212）。

图 3-1-212　效果图

具体步骤：新建一个矩形框，将形状轮廓设置为无，右键选择【设置形状格式】，在填充选项中选择“渐变填充”，颜色填充为白色，具体设置见图 3-1-213。

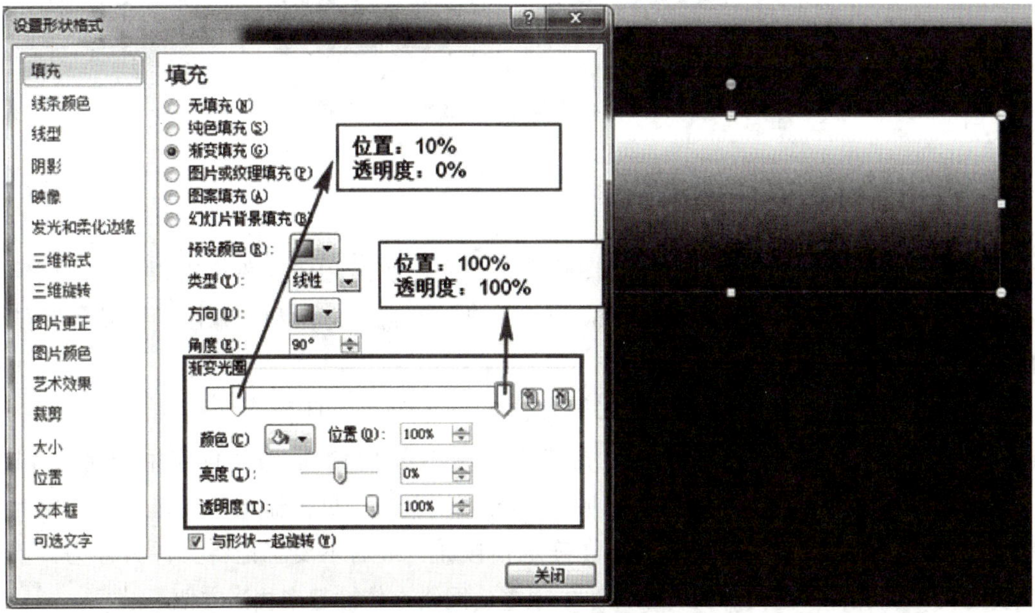

图 3-1-213　新建矩形框具体设置

复制已经做好的“矩形”，将其向左旋转 90°（见图 3-1-214），交叠，以左上角为例，调到合适大小，叠加于图片上（见图 3-1-215）。

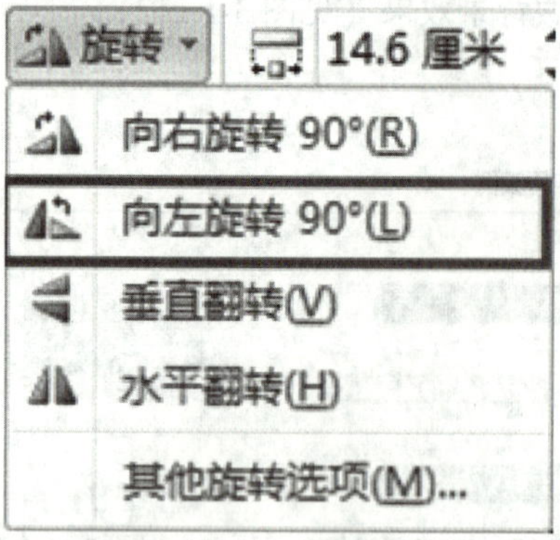

图 3-1-214　向左旋转 90°

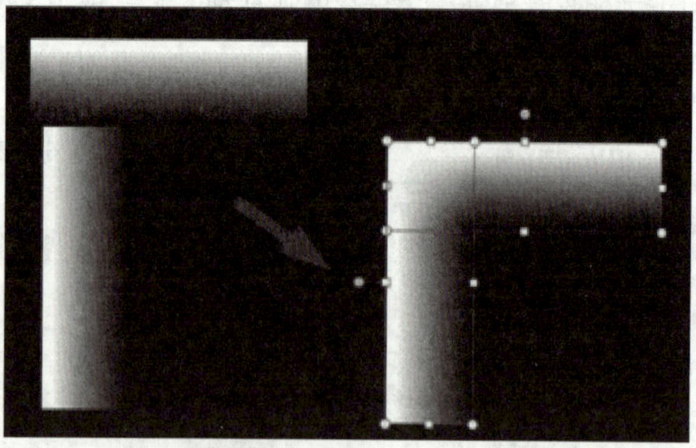

图 3-1-215　叠加于图片上

将已经做好的渐变图片放置于 PPT 页面的合适位置（见图 3-1-216）。

图 3-1-216　做好的渐变图片放置于合适位置

（3）智能减肥，减小文件体积有利于传输

PPT 里用图片自然是好看，但是图片太多，往往使得 PPT 文件变得很大，在网络上传输起来就不方便了。可以使用 PowerPoint 提供的自动剪裁和压缩图片的功能来给 PPT 减肥。

具体步骤：选中幻灯片中的一张图片，单击【图片工具】→“格式”标签，单击【压缩图片】按钮，打开压缩图片窗口（见图 3-1-217）。取消“仅应用于此图片”复选框，并选中“删除图片的剪裁区域”复选框，下方“目标输出”处选择分辨率为“电子邮件（96 ppi）”。完成后单击【确定】按钮，最后不要忘记将文件另存为，重新保存为一新文件。这时，文件已经小了很多，网络上传输起来相当方便了。

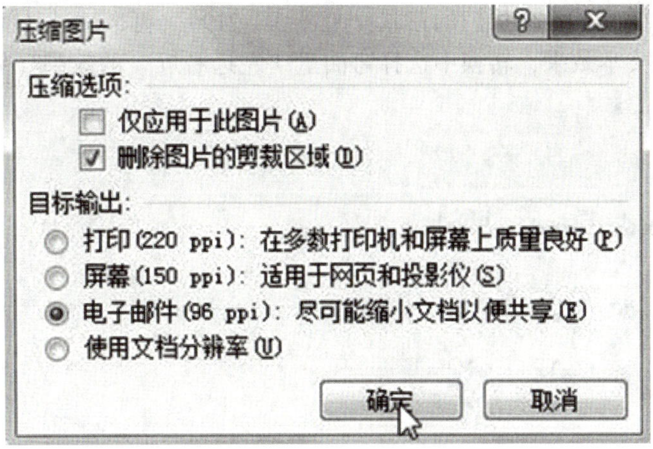

图 3-1-217　压缩图片窗口

4. 课件中的文字处理艺术

在制作 PowerPoint 幻灯片时，我们经常只会重视图片是不是精美好看，而忽视了文字的艺术效果。再精美的图片搭配平凡的文字，也不是那么的协调。所以 PPT 中的艺术字效果如何制作就是幼儿园教师们必须掌握的内容了。

(1) 文字特效处理：形状转换

跟随路径的文字设置，选中第二排文字，单击【绘图工具】→【格式】→【文本效果】→【转换】→跟随路径里面的第一个效果“上弯弧”（见图 3-1-218）。

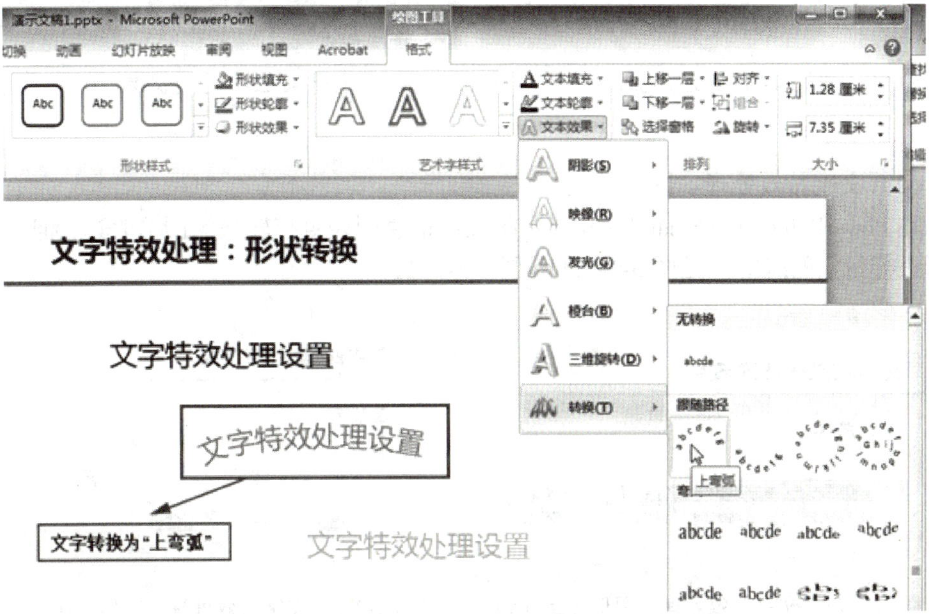

图 3-1-218　跟随路径设置效果

文字弯曲，变成了一个拱门的形状（见图 3-1-219）。再来试试其他效果，选中第三排文字，同样在文本效果，转换中选择弯曲里“左远右近”的效果（见图 3-1-220）。

图 3-1-219 文字弯曲

图 3-1-220 其他效果

（2）文字特效处理：图形转换

在 PowerPoint 中用 SmartArt 功能，把文字信息列表直接转换为图形表达，且可针对图形进行相应的编辑（见图 3-1-221 和图 3-1-222）。

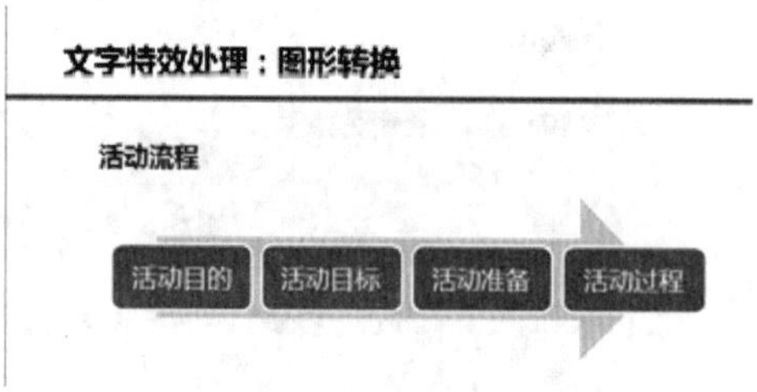

图 3-1-221 文字特效处理：图形转换（1）

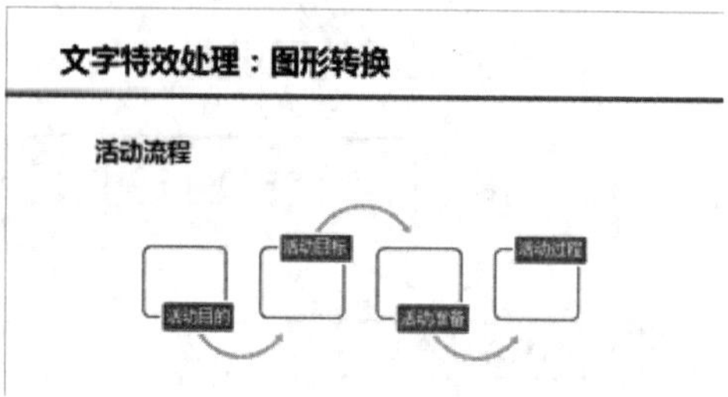

图 3-1-222 文字特效处理：图形转换（2）

打开幻灯片看到页面标题为活动流程，下面有 4 大步骤，选中 4 大步骤文本框（见图 3-1-223）。

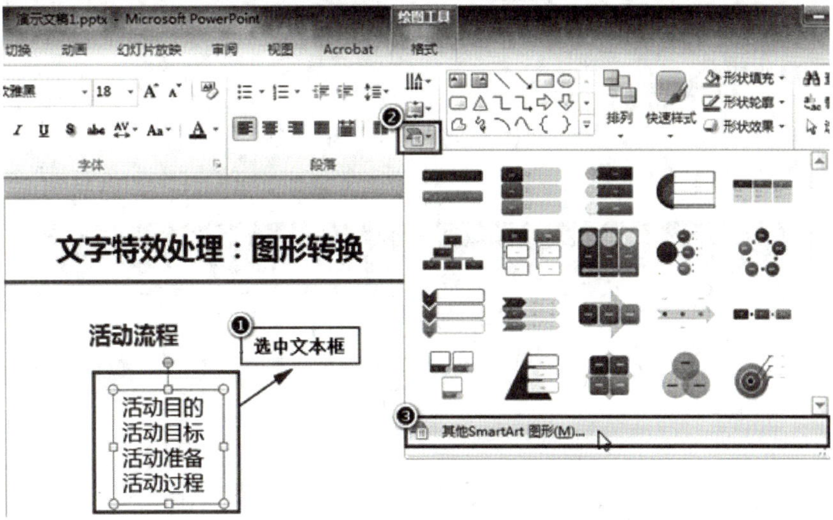

图 3-1-223　选中 4 大步骤文本框

弹出 SmartArt 图形窗口（见图 3-1-224），选择流程，第三排第一个，点击【确定】按钮。

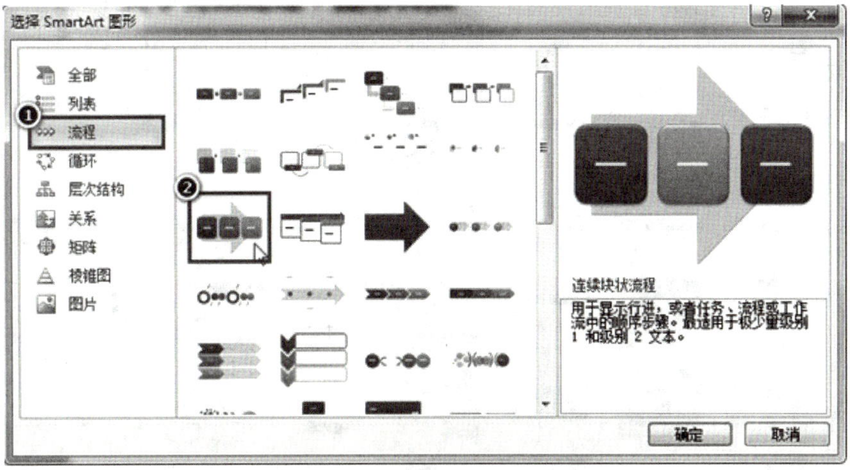

图 3-1-224　SmartArt 图形窗口

完毕后，点击【箭头】按钮（见图 3-1-225），可以对左侧的文字进行编辑修改。

若对当前效果不满意还可以更改图形样式，单击【SmartArt】工具栏→【设计】（见图 3-1-226 和图 3-1-227）。

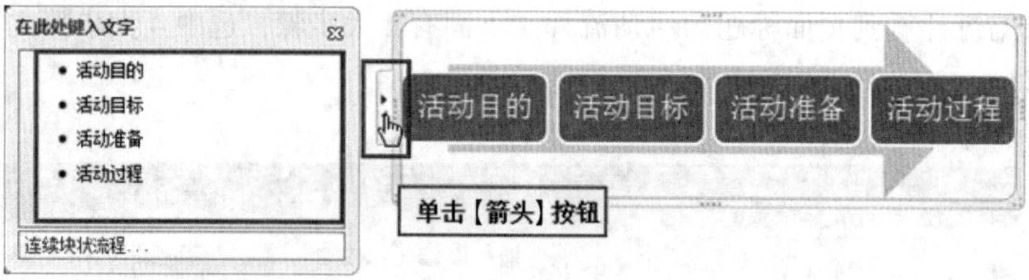

图 3-1-225　点击【箭头】按钮

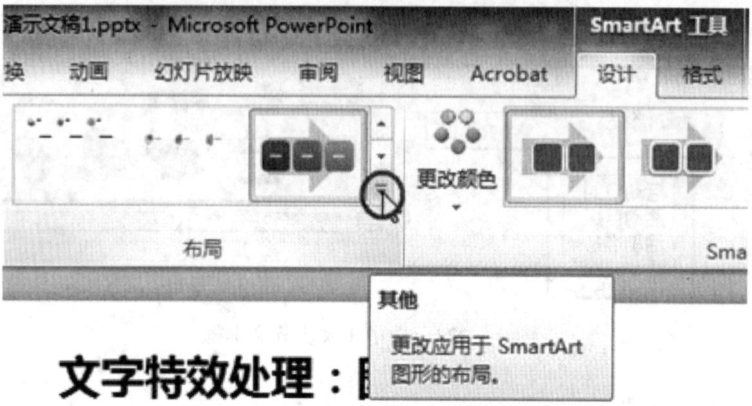

图 3-1-226　单击【SmartArt】工具栏→【设计】

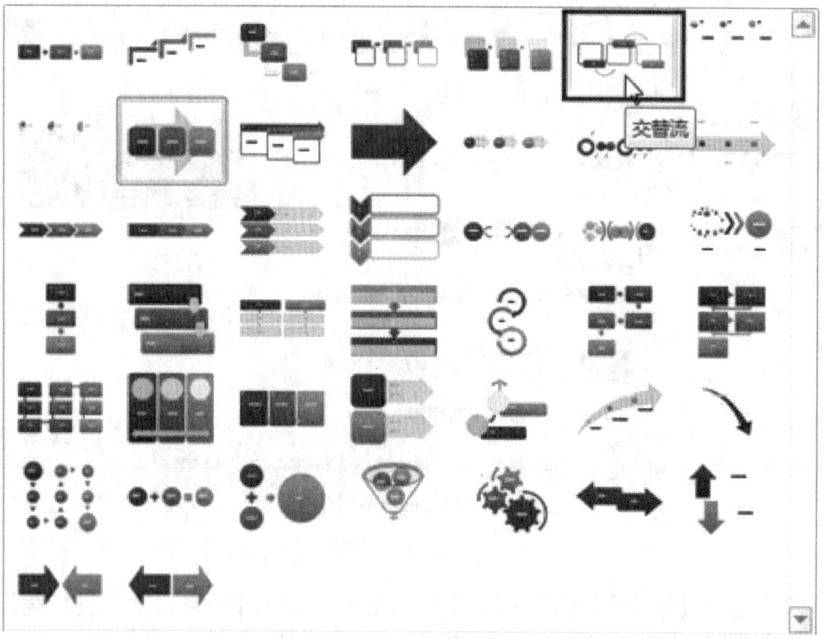

图 3-1-227　交流替

最后，将图形的颜色改为“强调文字颜色 2”中的第二种，彩色填充（见图 3-1-228）。

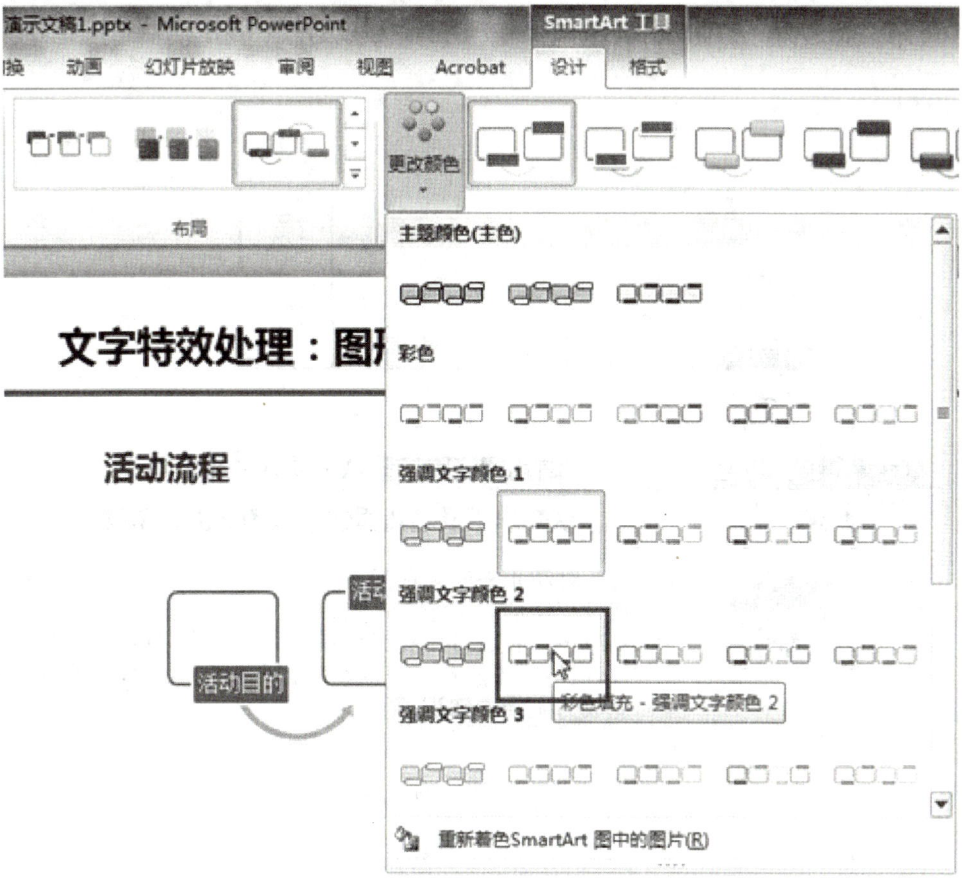

图 3-1-228　彩色填充

完成效果如下图所示（见图 3-1-229）。

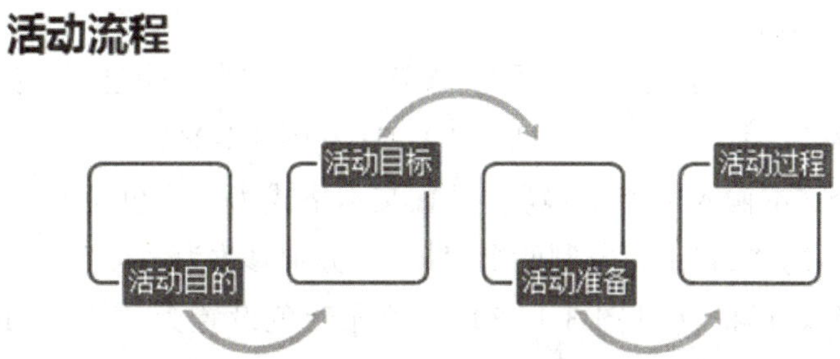

图 3-1-229　完成效果图

5. 课件的排版与美化

很多教师在做 PPT 的时候，经常会问“怎么排版?”坦率地说，这个问题不好回答。因为每页 PPT 都是相对独立的，文字内容都不一样，所以只有根据内容“量身定做”。下面就教大家一个相对比较简单的 PPT 排版美化方法（见图 3-1-230）。

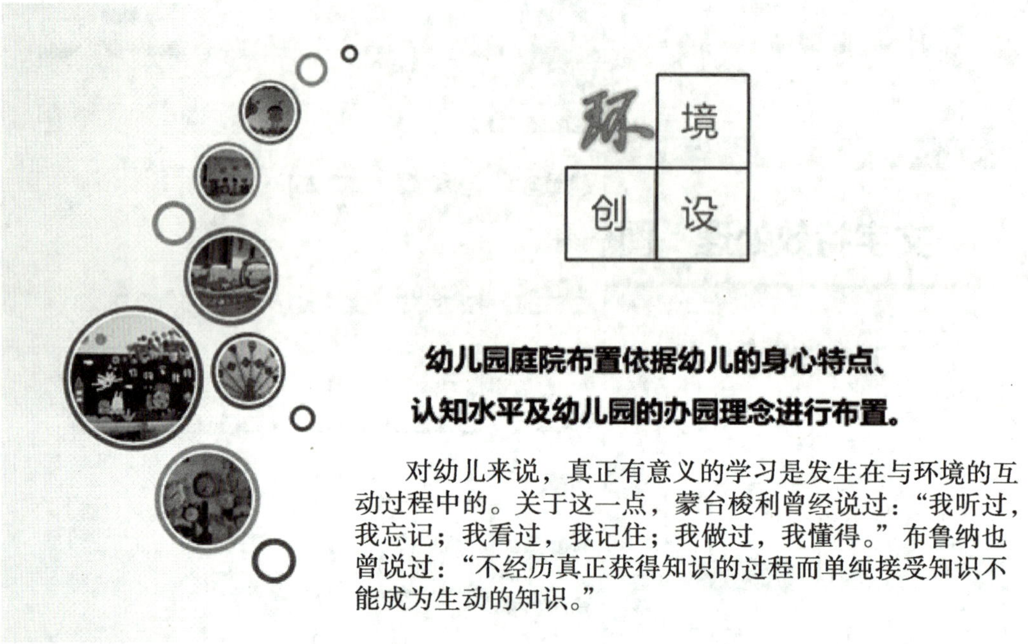

图 3-1-230 例图

首先，看图 3-1-230：

结构：左图右文。

重点：图片选择用吹泡泡图的形式抛出引用，加点绿色渐变感觉变清新。配合文字内容非常和谐。

制作方法与步骤：

① 插入艺术字，并输入文字“环”，设置文本格式为：颜色填充：“橙色”，字体：“方正硬笔行书简”，字号：“54”（见图 3-1-231 和图 3-1-232）。

② 插入一个文本输入文字“境”，设置文本格式为：颜色填充：“蓝色”，字体：“微软雅黑”，字号：“24”。再复制两个“境”，分别修改为“创”和“设”。

③ 插入一个矩形框（见图 3-1-233），填充颜色设置为“无”，边框颜色设置为“蓝色”，按如图 3-1-234 排列。

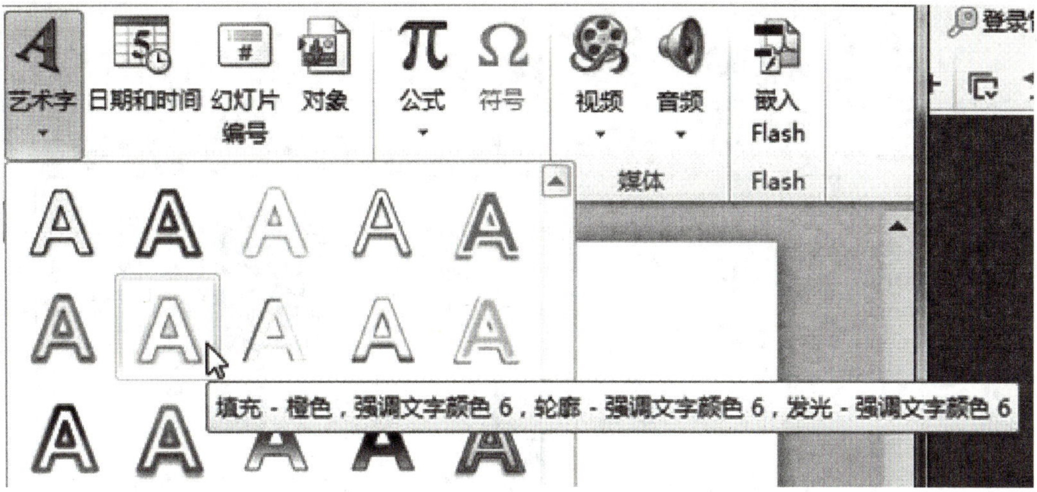

图 3-1-231　插入艺术字

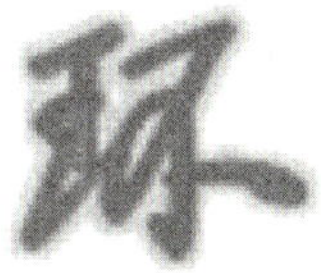

图 3-1-232　设置完属性的效果图

图 3-1-233　矩形的宽高

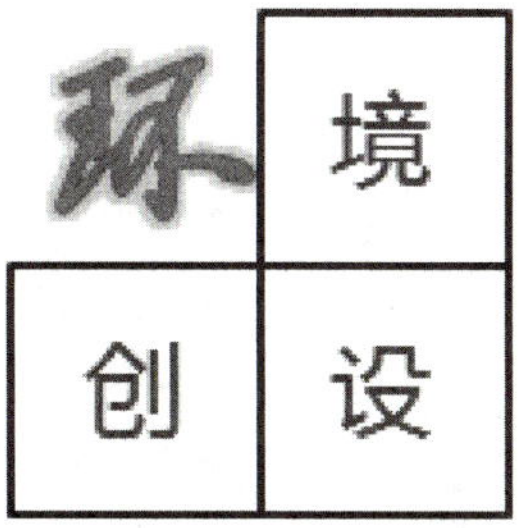

图 3-1-234　排列方式

④ 插入【SmartArt】中的“气泡图片列表”图形（见图 3-1-235），将此图形调整为 PPT 页面的一半，再通过工具栏【添加形状】命令添加气泡（见图 3-1-236 和图 3-1-237）。

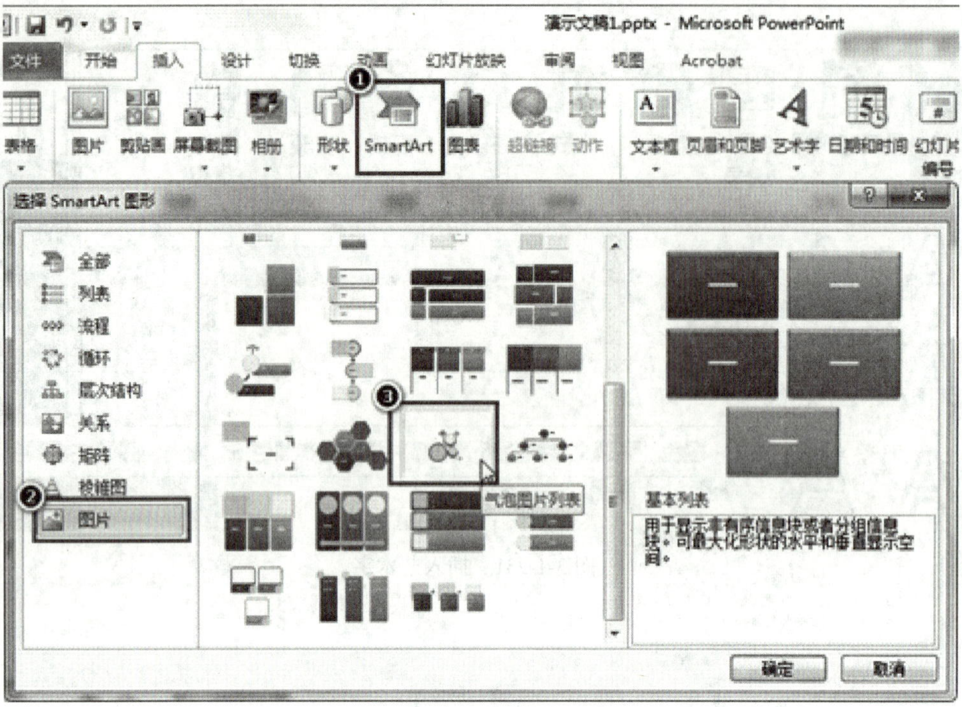

图 3-1-235 插入“气泡图片列表”图形

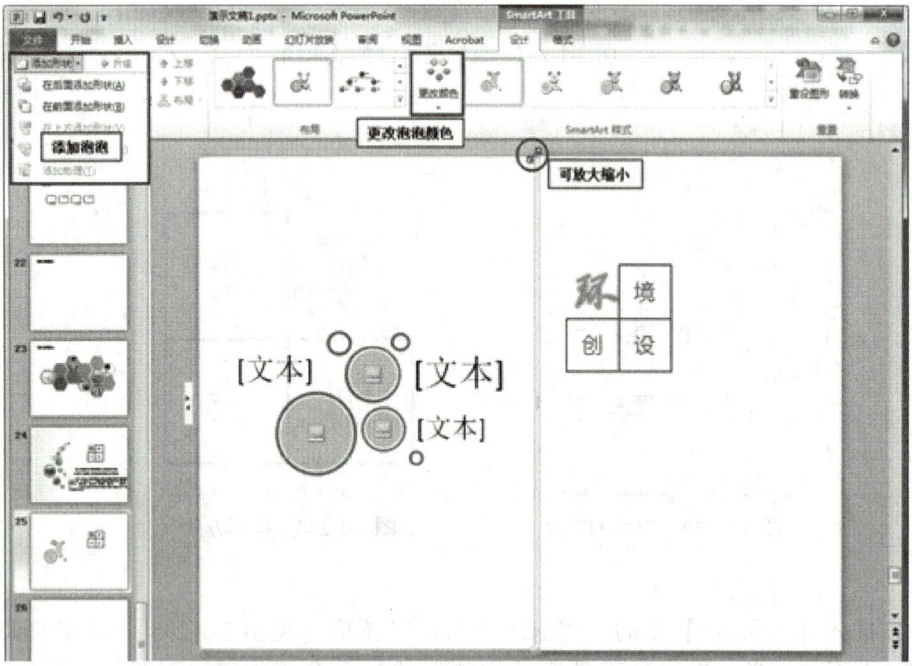

图 3-1-236 泡泡列表属性设置

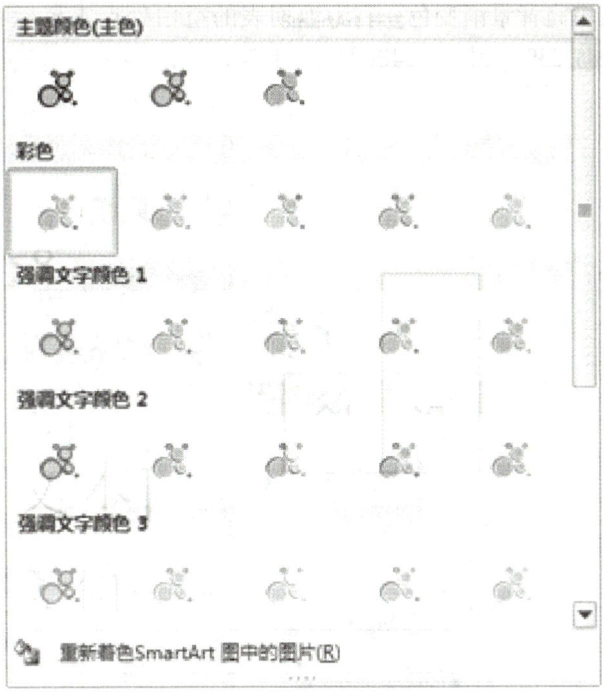

图 3-1-237　更改泡泡颜色

⑤ 给泡泡列表添加图片。单击泡泡列表中的图片框，在打开的窗口中选择图片，打开即可（见图 3-1-238）。

图 3-1-238　照片填充效果图

⑥ 给泡泡列表填充背景渐变色。在泡泡列表的空白处点击鼠标右键，选择【设置对象格式】（见图 3-1-239、图 3-1-240 和图 3-1-241）。

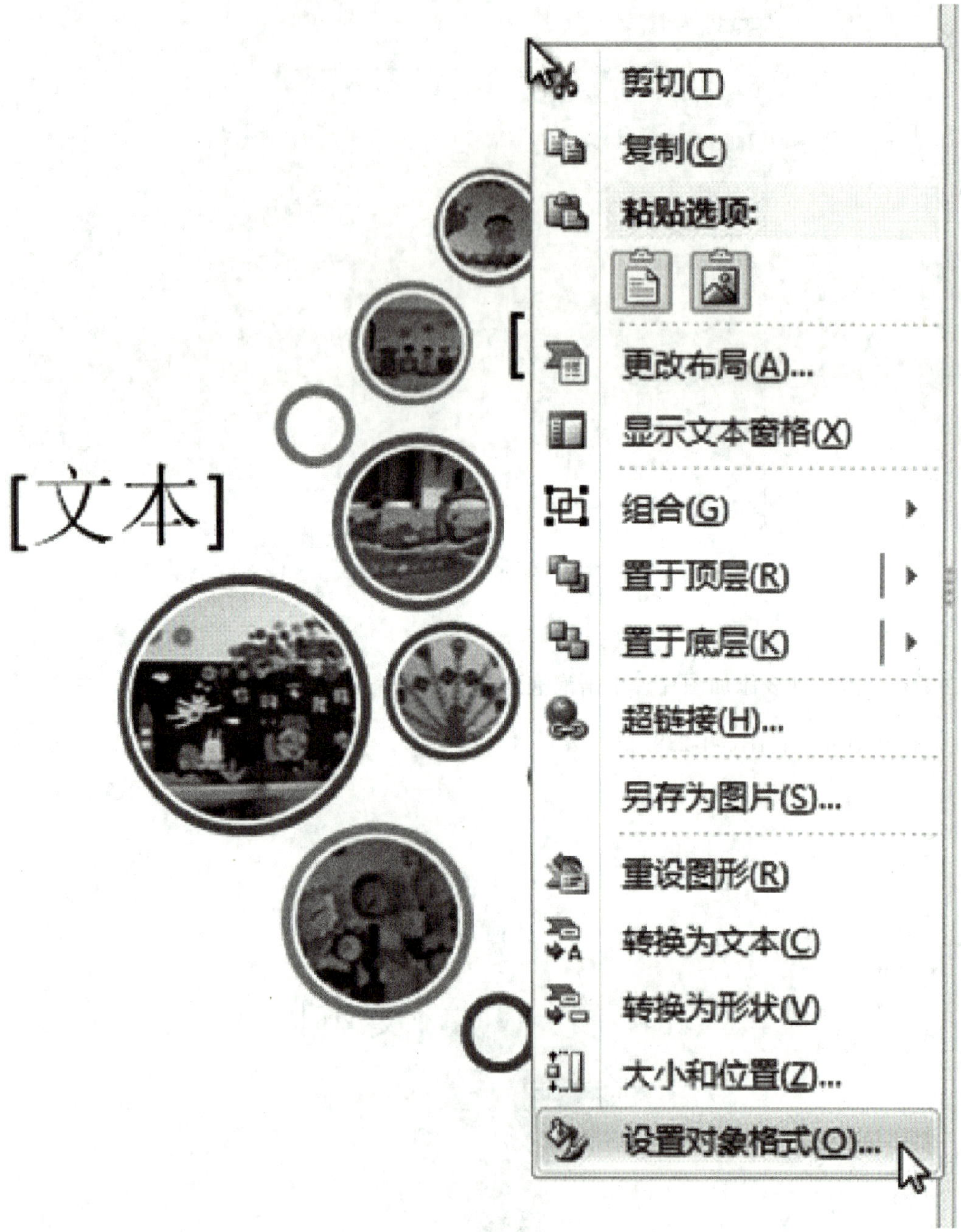

图 3-1-239　选择【设置对象格式】

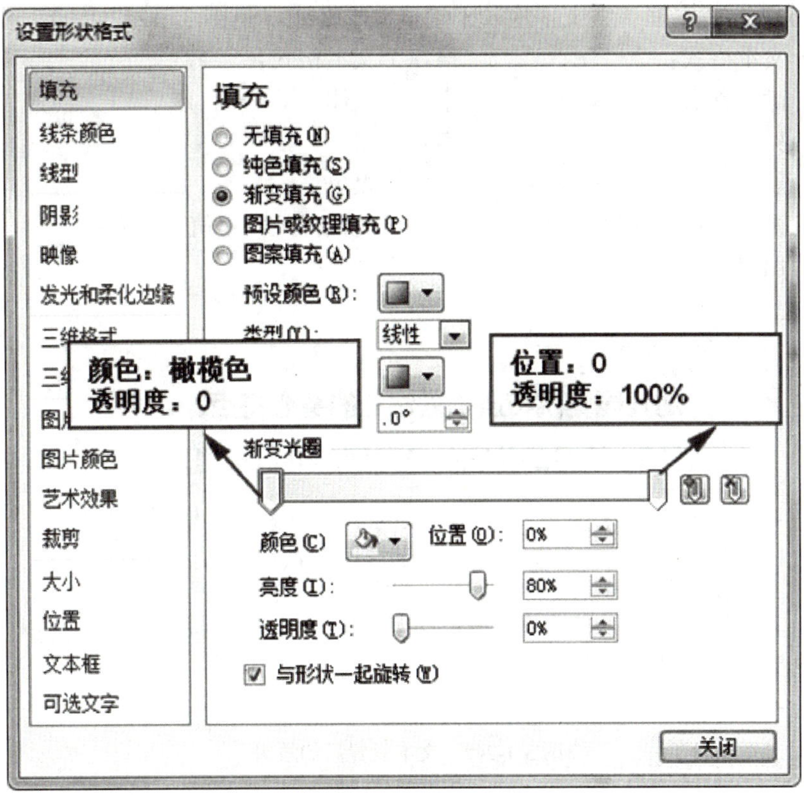

图 3-1-240　设置格式对象

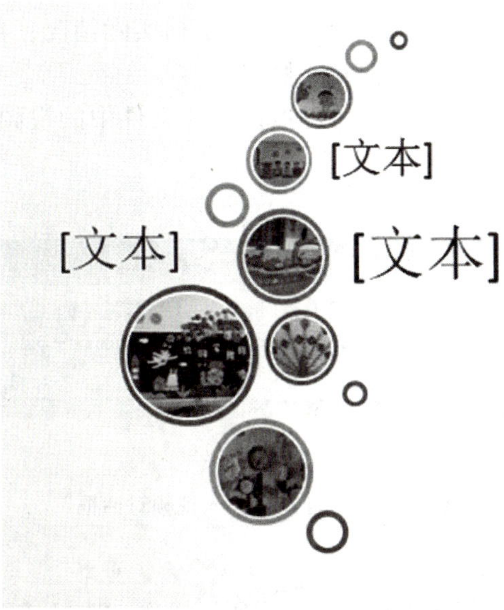

图 3-1-241　调整后的效果图

⑦ 插入两个文本框，将文字输入，调整文本格式（见图 3-1-242）。

第一个文本格式：
字体：微软雅黑
字号：18
颜色：黑色
段落：设置行距 1.5 倍行距
效果：加粗

第二个文本格式：
字体：宋体
字号：16
颜色：黑色
段落：设置行距固定值：22 磅

幼儿园庭院布置依据幼儿的身心特点、认知水平及幼儿园的办园理念进行布置。

对幼儿来说，真正有意义的学习是发生在与环境的互动过程中的。关于这一点，蒙台梭利曾经说过“我听过，我忘 记；我看过，我记住；我做过，我懂得。”布鲁纳也曾说过：“不经历真正获得知识的过程而单纯接受知识不能成为生动的知识。”

图 3-1-242　文本设置后的效果

6. 多媒体的编辑与播放

（1）插入视频

当演示文稿插入来自文件中的视频时，可根据实际情况，自定义选择“嵌入”或“链接”的方式将视频文件插入到演示文稿中。

具体步骤：① 单击【插入】→【视频】→【文件中的视频】，此时打开【插入视频文件】对话框（见图 3-1-243）。

图 3-1-243　打开“插入视频对话框”

② 选中将要插入的视频文件，再按下图所示操作，选择【插入】，则视频嵌入演示文稿中；选择【链接到文件】（见图 3-1-244），则视频链接到演示文稿。

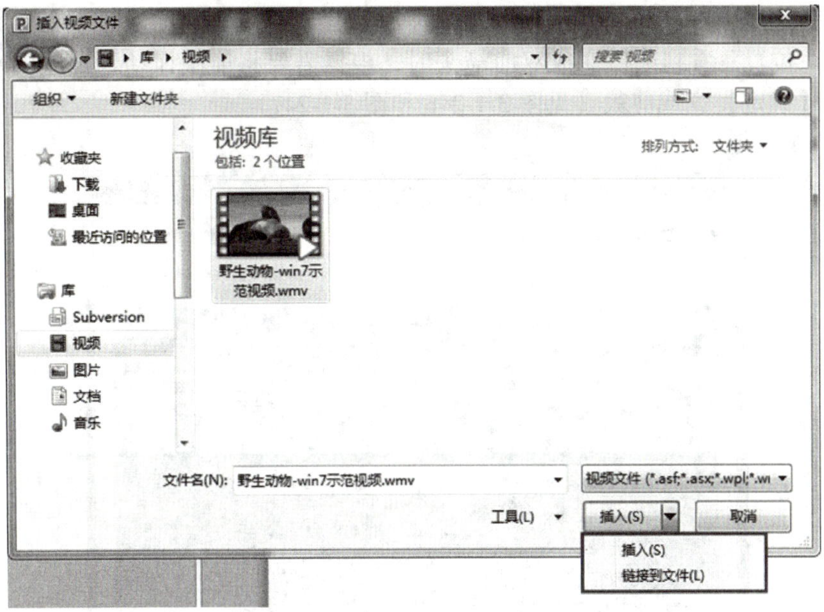

图 3-1-244 链接到文件

提示：如果视频文件较小且数量不多，建议将视频嵌入演示文稿中。如果是选择链接到文件的视频，建议将视频文件与 PPT 文档放在同一目录下。

PPT 插入音视频格式要求：

动画：swf、gif；

视频：avi、mpg、wmv；

音频：wav、mid、mp3。

（2）编辑视频

PPT 中插入幻灯片中的视频有时需要删除与主旨无关的部分。可利用“剪裁视频”功能来解决这个问题。

具体步骤：

① 选中幻灯片中的目标视频，选择【视频工具】→【播放】→【剪裁视频】，调出【剪裁视频】窗口（见图 3-1-245）。

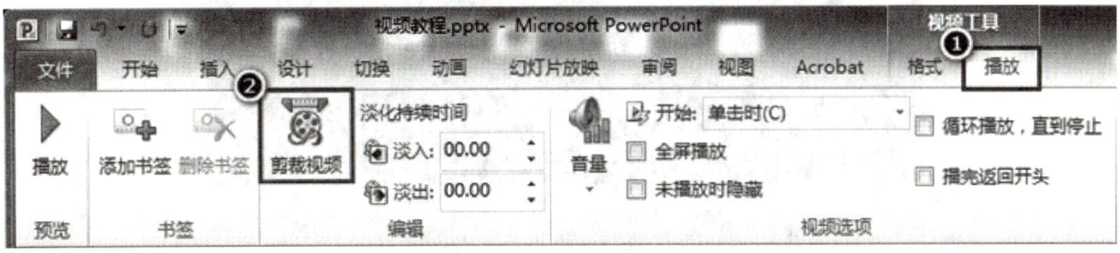

图 3-1-245 【剪裁视频】窗口

② 在【剪裁视频】窗口，拖动绿色滑块，调整剪裁起始位置；拖动红色滑块，调整剪裁结束位置。看到鼠标变成双向箭头时，根据需要将箭头拖动到视频的新起始位置，单击【确定】完成剪裁（见图 3-1-246 和图 3-1-247）。

图 3-1-246　单击【确定】完成剪裁

图 3-1-247　完成后的效果

7. 幻灯片动画制作

PPT 演示文稿不仅需要内容条理充实，演示的时候如果加入动画元素会让 PPT 更加优质。PPT 动画是演示文稿的精华，怎么做动画呢？下面就教大家如何在 PPT 里制作简单的动画。

（1）SmartArt 图形制作动画

在制作幻灯片时，常常会有数据统计分析，层次结构相关的文字，有时候它们之间的树状关系太复杂或太抽象，用文字描述既累赘又不清晰，这时候可以选择 SmartArt 图形的表现方式，让它们之间的关系更加简单明了，也可以让整个版面生动美观。

具体步骤：

① 切换到【插入】选项卡，在【插图】选项组单击【SmartArt】按钮（见图 3-1-248）。

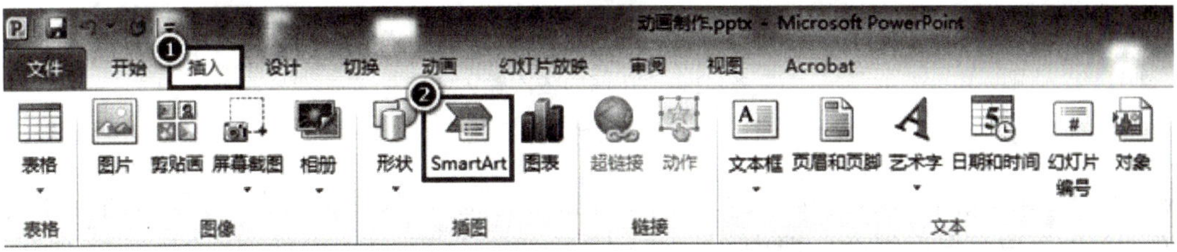

图 3-1-348　单击【SmartArt】按钮

② 在弹出的【选择 SmartArt 图形】窗口中选择一种，这里选择【关系】→【射线群集】（见图 3-1-249），完毕后单击【确定】。

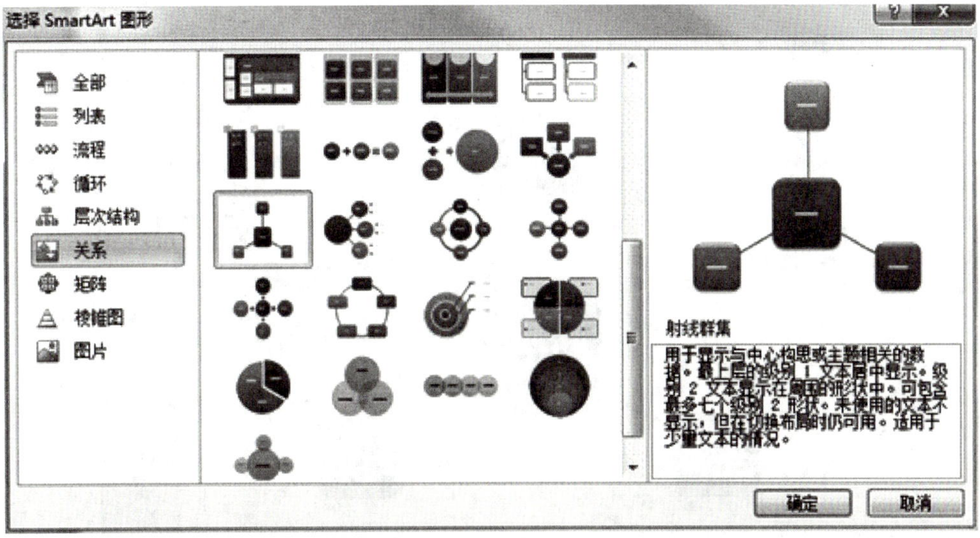

图 3-1-249　选择【关系】→【射线群集】

③ 在框内依次输入文字（见图 3-1-250）。

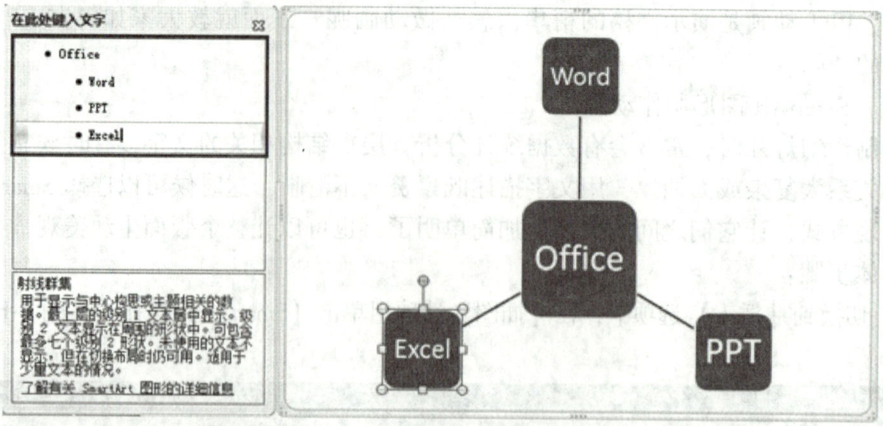

图 3-1-250　在框内依次输入文字

④ SmartArt 图形设置动画效果可以整体添加，也可以给每一部分分别添加，分别添加首先要取消图形组合。选中 SmartArt 图形，在【SmartArt 工具-格式】选项卡中，单击【排列】选项组，在下拉面板中选择【组合】→【取消组合】（见图 3-1-251）。

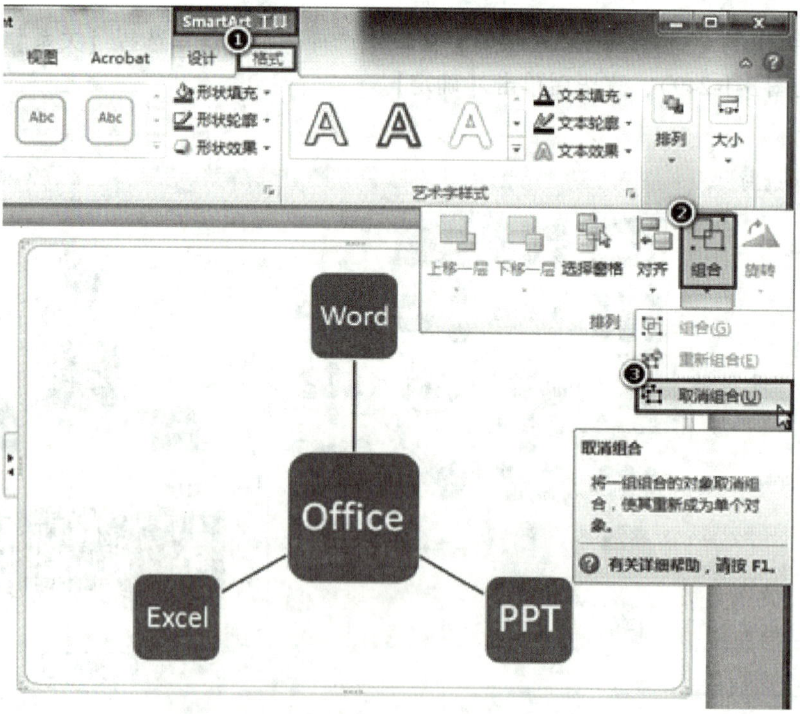

图 3-1-251　设置动画效果

⑤ 这时候可发现跳转到了绘图工具，选中图形，单击鼠标右键，在弹出的快捷菜单中再次选择【组合】→【取消组合】（见图 3-1-252）。

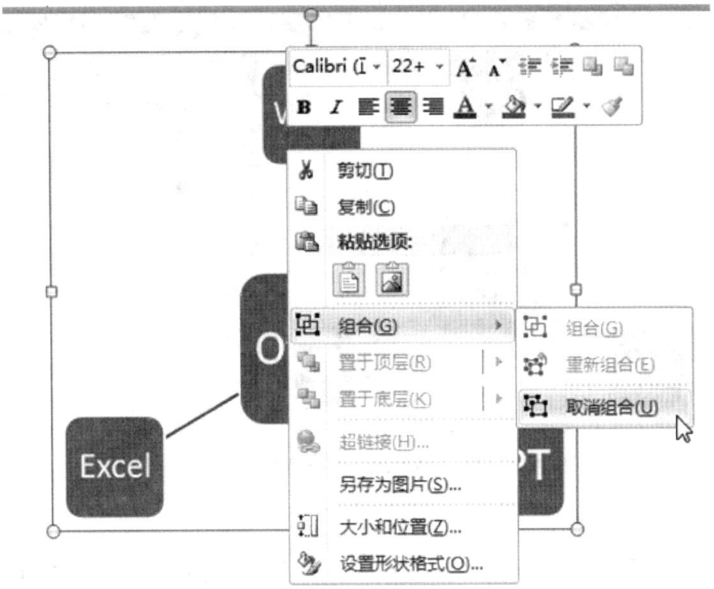

图 3-1-252　再次选择【组合】→【取消组合】

⑥ 完全取消组合的图形才能被一块块分别添加动画效果。选中任意一块图形，切换到【动画】选项卡，在【高级动画】选项组，单击【添加动画】，在下拉列表中任选一个动画效果。重复这个步骤直到给每部分添加上动画效果（见图 3-1-253）。

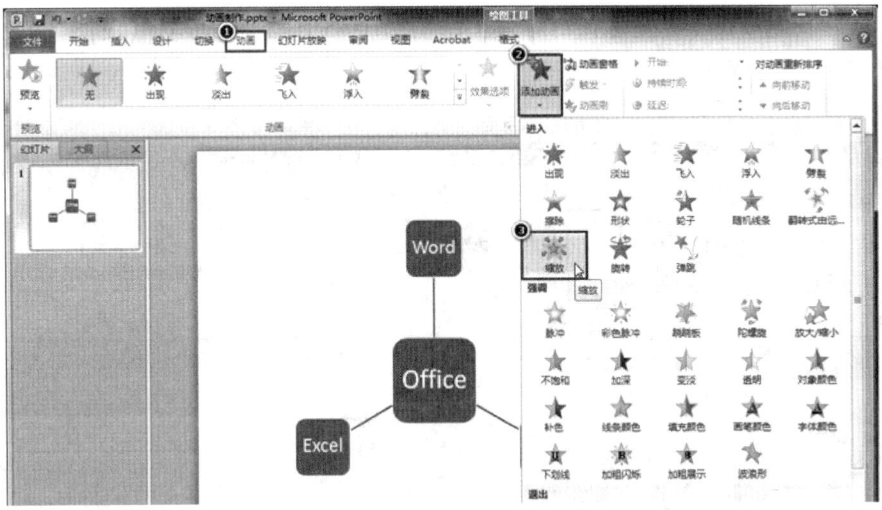

图 3-1-253　任选一个动画效果

⑦ 重复步骤⑥ 分别给每部分添加上动画效果（见图 3-1-254），每个部分分别有一个动画编号，与动画窗格中的编号对应。

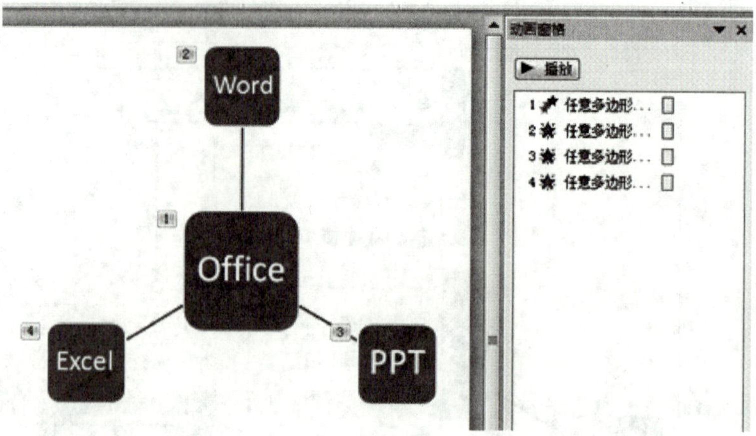

图 3-1-254 分别给每部分添加上动画效果

提示：SmartArt 图形比较复杂的时候，注意文本的输入位置是否在相应的关系线上。一定要两次取消组合才能分别设置动画效果。

（2）路径动画的制作

太阳升起落下在生活中是很平常的事情，在幼儿园中经常会使用到日出现象给儿童制作一些动画，那么在幻灯片中要如何才能制作出可爱的太阳上升画面呢？以下是对制作日出动画的详细讲解。

具体步骤：

① 单击【插入】→【形状】→【任意多边形】按钮，此时鼠标的光标成十字架的形状，然后我们按住鼠标左键在幻灯片上绘制一个“土地”的形状（见图 3-1-255、图 3-1-256 和图 3-1-257）。

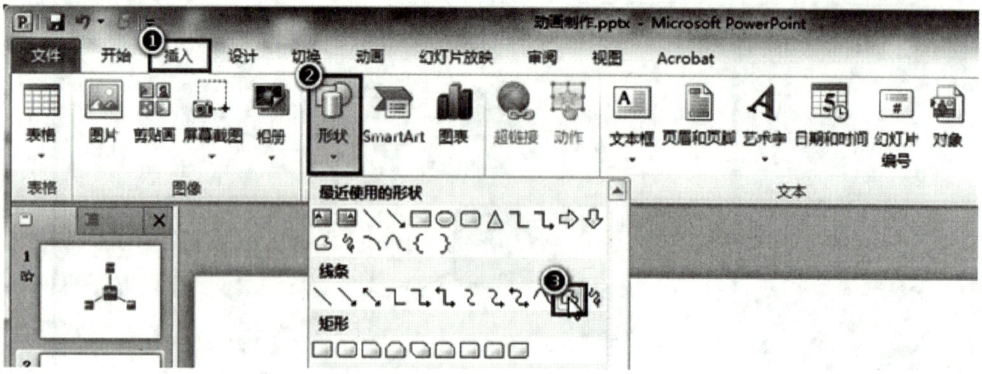

图 3-1-255 单击【插入】→【形状】→【任意多边形】按钮

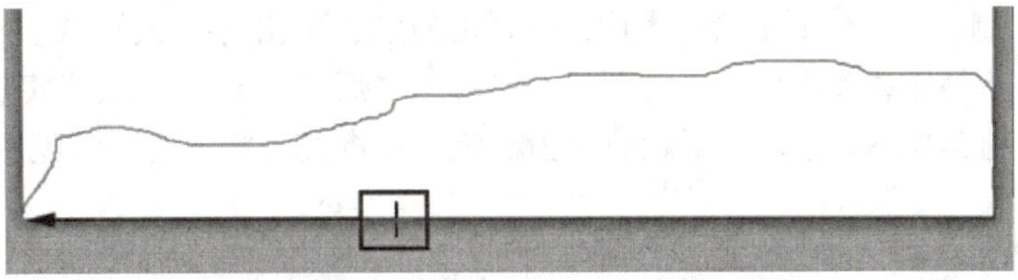

图 3-1-256　绘制“土地”的过程中

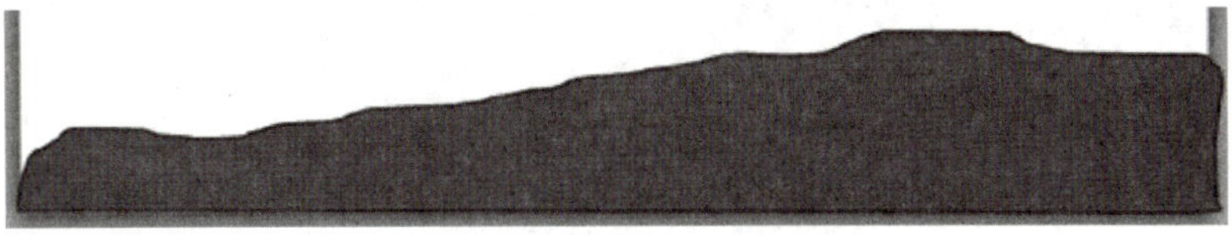

图 3-1-257　绘制完成效果

② 接下来为绘制的“土地”改变一个颜色（见图 3-1-258），选中图形，单击【格式】选项卡，在【形状样式】区域中单击【形状填充】的下拉按钮，在弹出的下拉菜单中选择“橙色”。

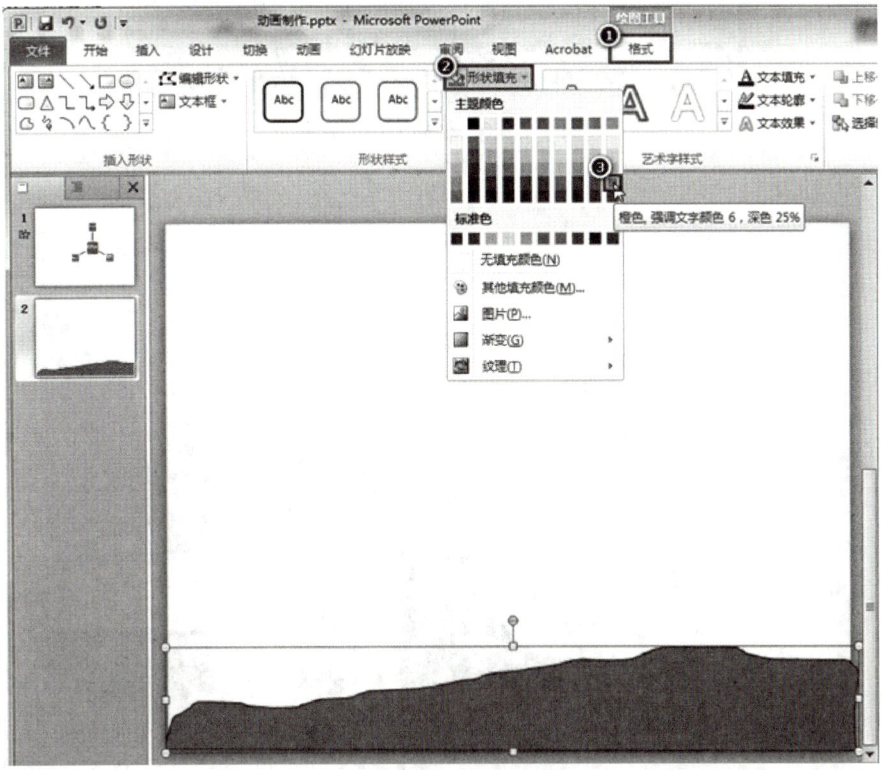

图 3-1-258　改变绘制颜色

③ 土地绘制好了，接下来绘制大山，同样的方法，单击【格式】选项卡，在“形状”下拉菜单中选择“任意多边形”（见图 3-1-259），之后鼠标光标变成十字形，拖动鼠标，绘制大山（见图 3-1-260），之后形状填充为蓝色，且将大山置于底层（见图 3-1-261）。

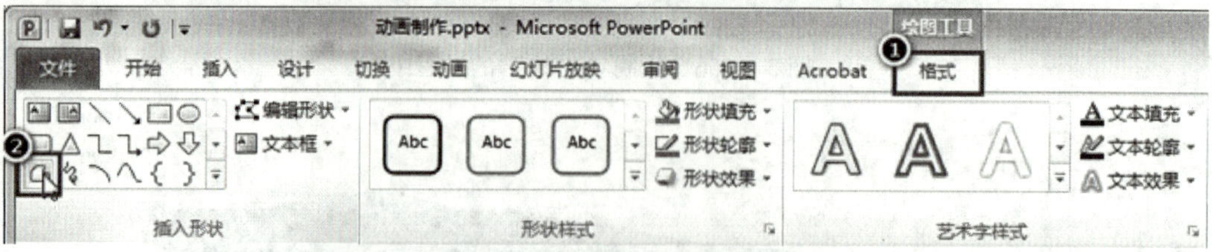

图 3-1-259　在绘图工具栏选择“任意多边形”

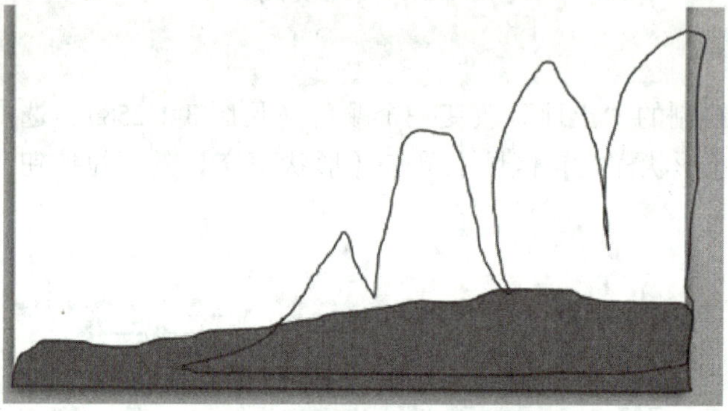

图 3-1-260　绘制大山的轮廓

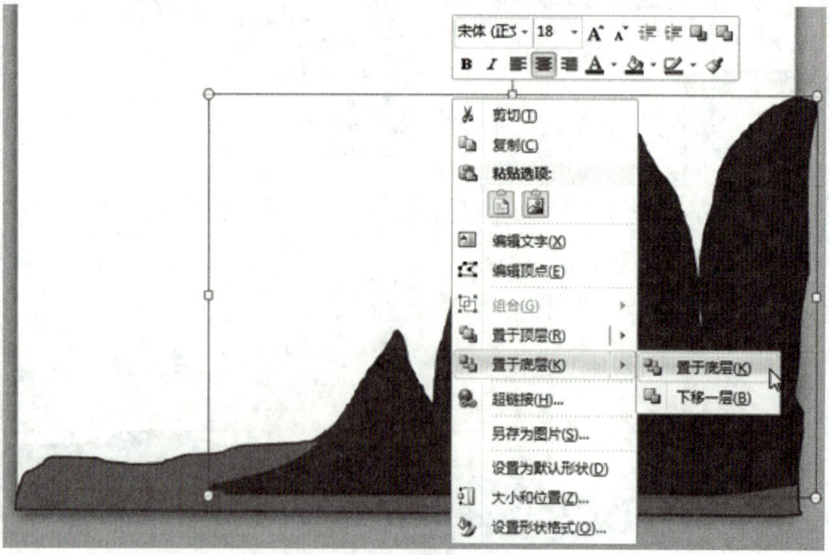

图 3-1-261　将大山置于底层

④ 大山绘制完毕，按住 Shift 键，同时选中土地和大山，单击鼠标右键，在弹出的快捷菜单中选择“组合”选项的“组合”命令（见图 3-1-262）。

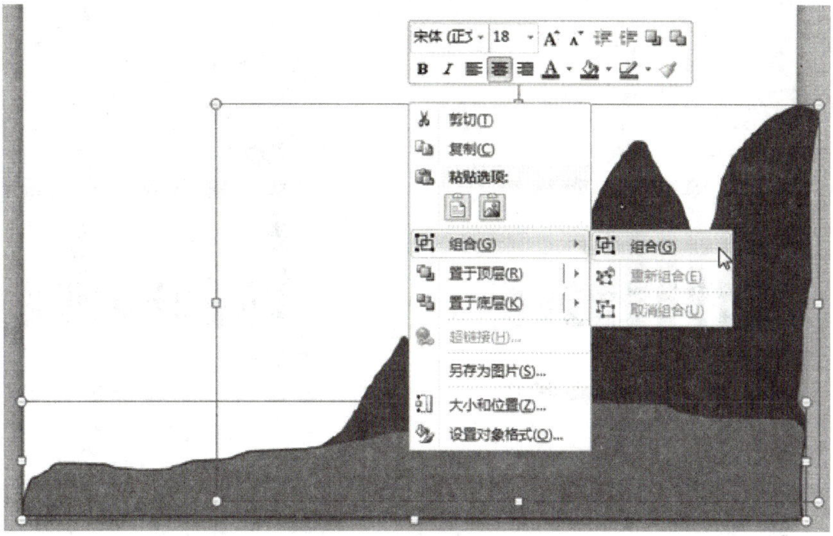

图 3-1-262　群组绘制对象

再次单击【插入】→【形状】→【太阳形】图形（见图 3-1-263）。

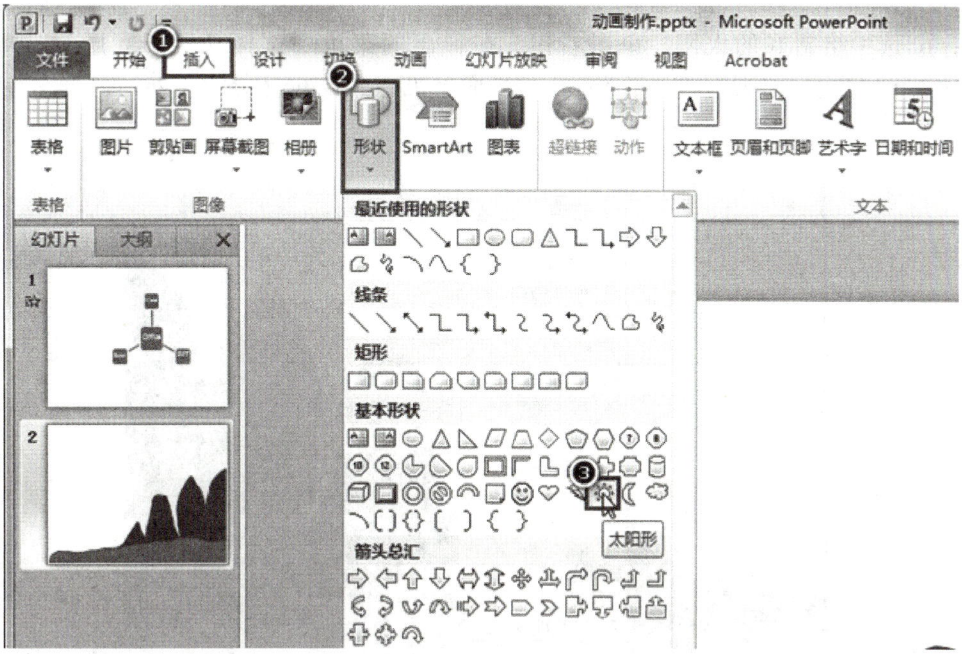

图 3-1-263　绘制太阳图形

⑤ 绘制一个太阳，绘制好以后选中“太阳”，单击【格式】选项卡，在【形状样式】区域单击【形状颜色】的下拉按钮，然后在其下拉菜单中选择“红色”，再单击【形状轮廓】下拉按钮，选择“无轮廓”（见图 3-1-264 和图 3-1-265）。

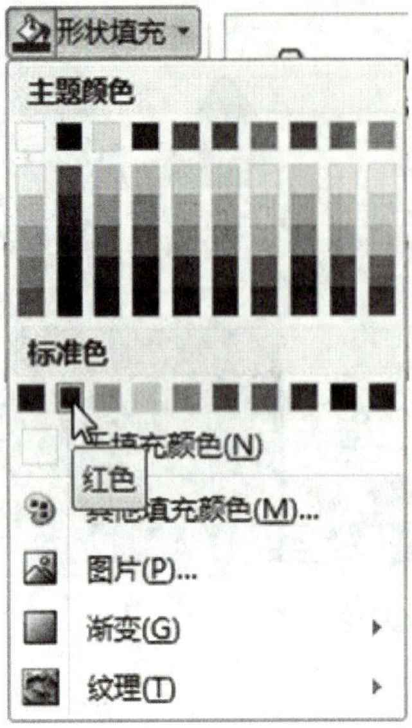

图 3-1-264　形状颜色填充

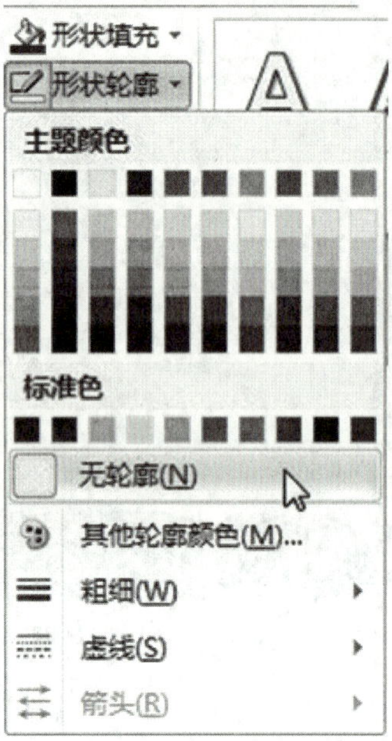

图 3-1-265　形状轮廓选择为无轮廓

⑥ 选中绘制好的太阳，单击右键，在弹出的菜单中选择【置于底层】选项中的【置于底层】，将太阳的一半放在土地后面（见图 3-1-266 和图 3-1-267）。

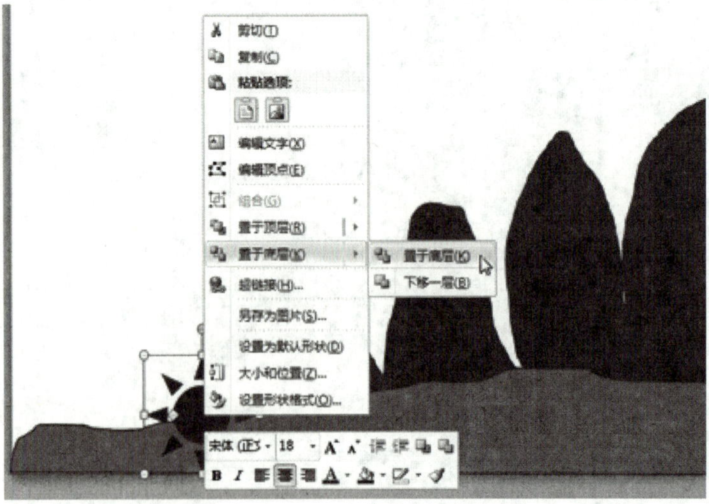

图 3-1-266　将绘制好的太阳“置于底层”

图 3-1-267 最终效果

⑦ 选中太阳图形，单击【动画】选项卡，在【高级动画】区域单击【添加动画】选项组，在弹出的下拉菜单中选择【动作路径】→【自定义路径】命令（见图 3-1-268）。

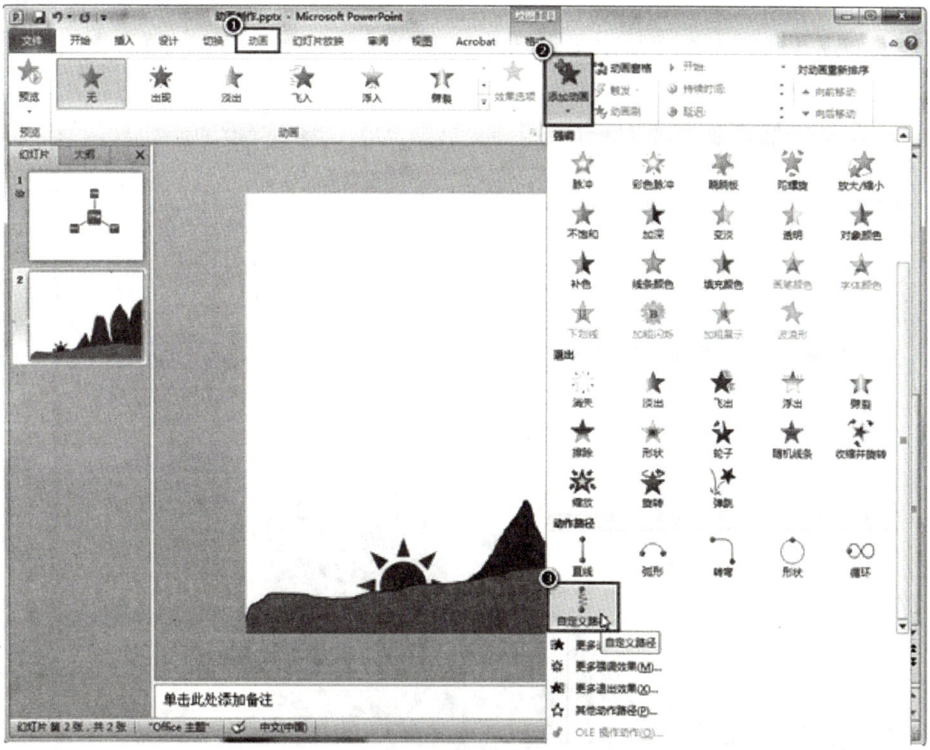

图 3-1-268 自定义动画

⑧ 此时鼠标光标变成笔状，再绘制一条由下而上的太阳上升的路线（见图 3-1-269）。

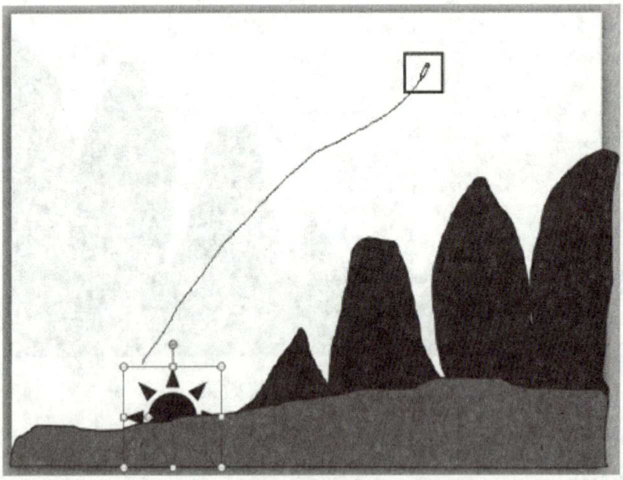

图 3-1-269　绘制动画路径

⑨ 绘制好以后，单击【动画】选项卡，找到【动画窗格】按钮后单击，此时会弹出一个“动画窗格”的窗口，在该窗口中单击“三角箭头”下拉按钮，从菜单中选择【从上一项开始】命令（见图 3-1-270）。

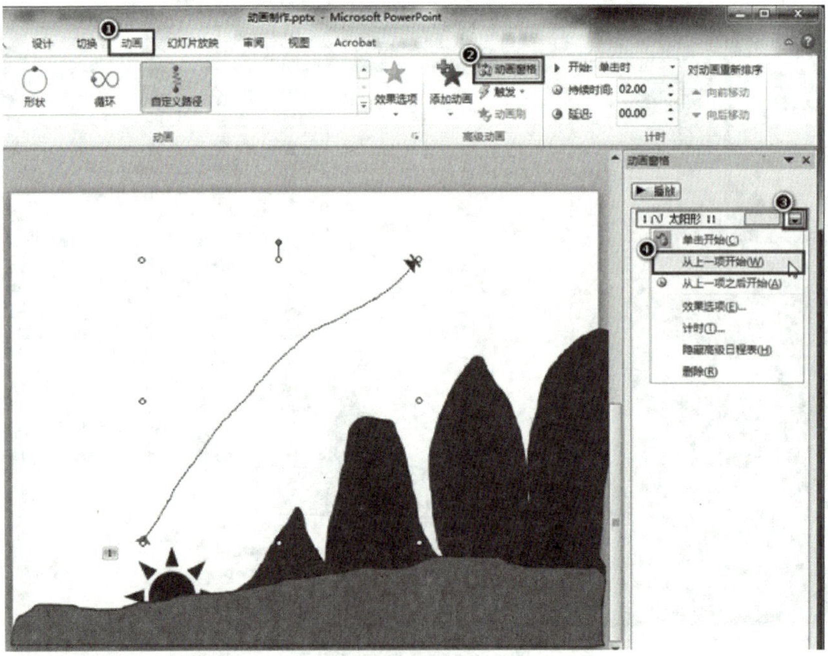

图 3-1-270　设置动画从“上一项开始”

⑩ 依旧在该窗口中单击【效果选项】命令，在弹出的窗口中单击【效果】选项

卡，将“平滑开始”和“平滑结束”分别设置为“2.6 秒”和“1.75 秒”，然后在【计时】选项卡中，“延迟”为 0.5 秒，“期间”为“12 秒”，设置好后单击【确定】按钮（见图 3-1-271、图 3-1-272 和图 3-1-273）。

⑪ 此时的动画可以说是完成了，若依旧觉得画面空白，可以单击【插入】→【形状】→【云形】命令制作云形图形（见图 3-1-274）。

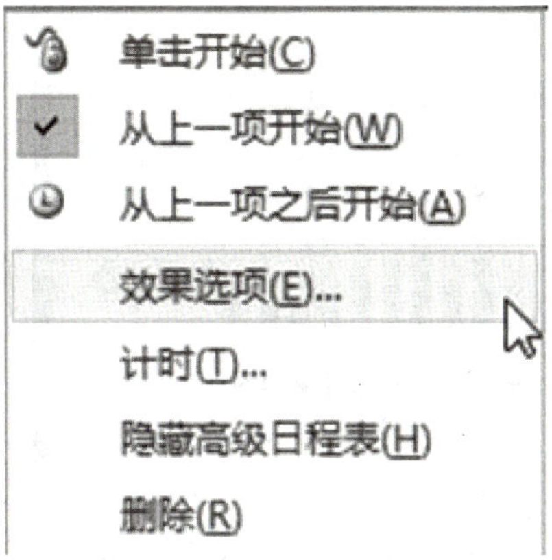

图 3-1-271　动画窗口中属性面板

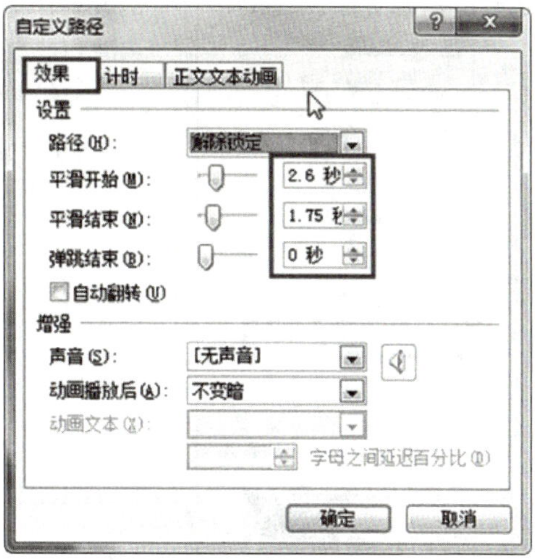

图 3-1-272　效果选项卡设置

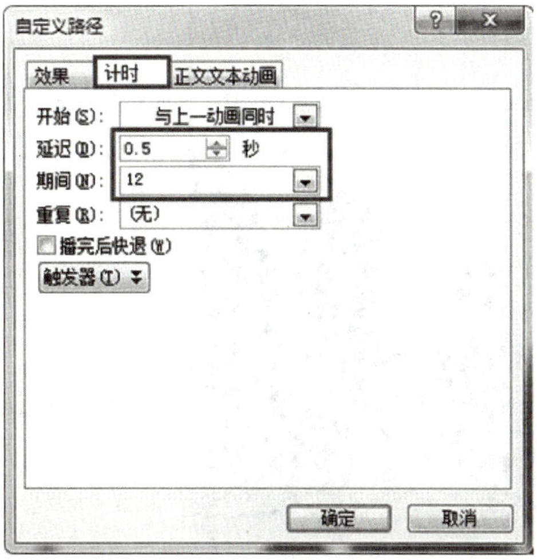

图 3-1-273　计时选项卡设置

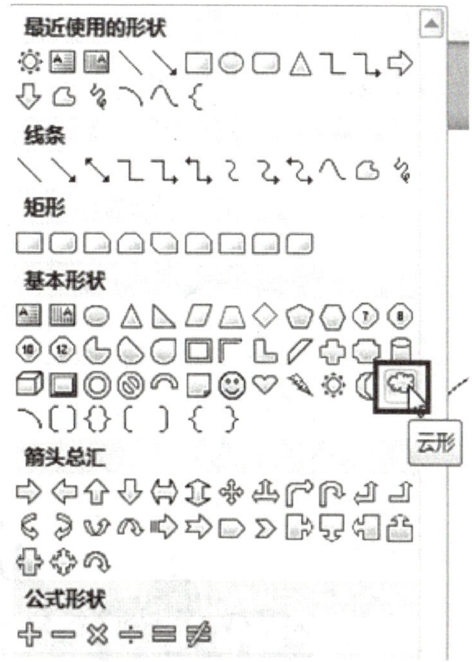

图 3-1-274　单击“云形”命令

⑫ 云形画出来之后由于背景是白色的，为了能看到效果，设置背景颜色为橄榄色，云形填充为白色背景（见图 3-1-275）。

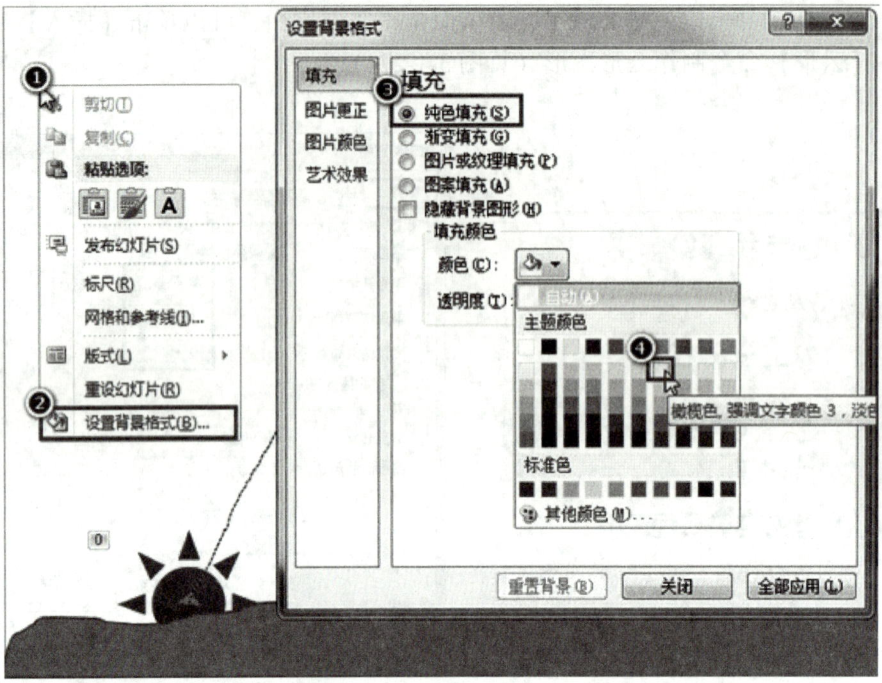

图 3-1-275 将“云形”填充为白色背景

⑬ 重复以上步骤，再制作一个云形（见图 3-1-276）。

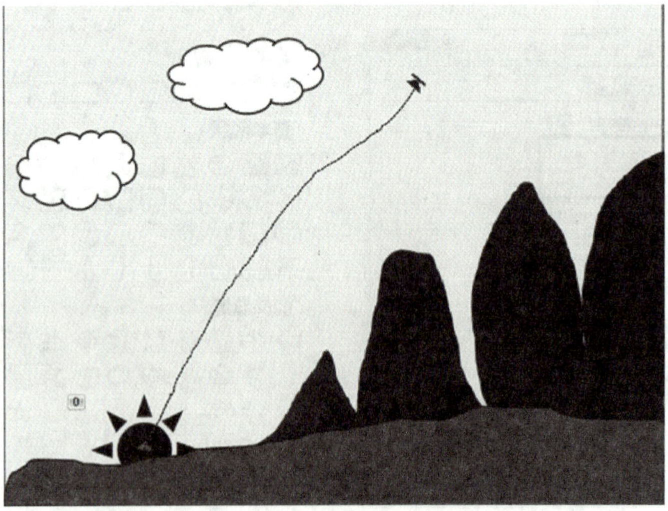

图 3-1-276 再制作一个云形

最后，放映 PPT 看看制作的效果。

提示：在制作的过程中要注意将图片该组合的要组合在一起。

8. 课件的交互技术

在制作 PPT 课件的时候，经常会制作一些交互功能，这样可以将课件展示得更加有活力，让课件不再枯燥无味。平时做的 PPT 都是按顺序播放，以下要操作体验的是一个具有简单交互功能的案例，选择自己想要的答案，从而显示出相应的画面。

例如：在屏幕中首先出现底下四幅小图，点击任意一幅小图，中间区域将出现对应的大图（见图 3-1-277）。

图 3-1-277 效果图

具体步骤：

① 先插入四张图片，将图片横向排列，复制四张图片中的其中一幅拖拉到最下面，将图片调整如下图所示效果（见图 3-1-278、图 3-1-279 和图 3-1-280）。

图 3-1-278 效果图

提示：在图片工具的图片样式中选择“映像圆角矩形”效果。

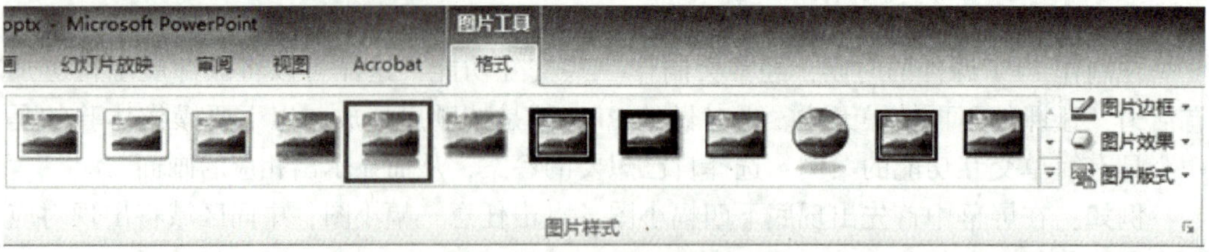

图 3-1-279　设置图片效果

图 3-1-280　最终效果

② 为了更好地操作，需要将图片名称一一对应。打开“选择窗格”面板，控制图片显示与隐藏。有两种方法打开这个面板。

第一种：在菜单栏中点击【开始】→【选择】→【选择窗格】，打开【选择窗格】面板（见图 3-1-281）。

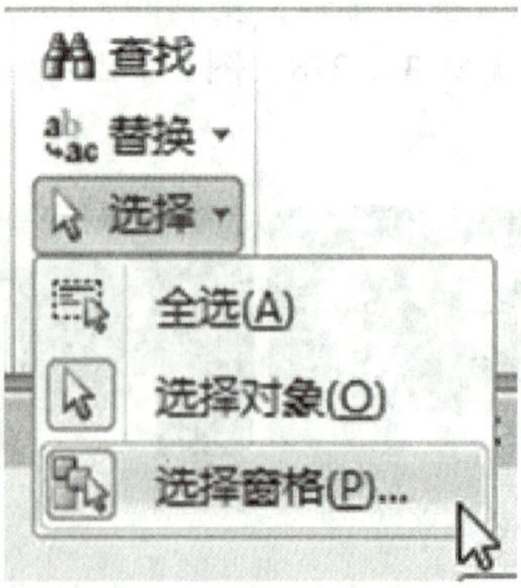

图 3-1-281　打开【选择窗格】面板

第二种：选中图片，在图片工具栏中点击【选择窗格】按钮，打开面板（见图3-1-282和图3-1-283）。

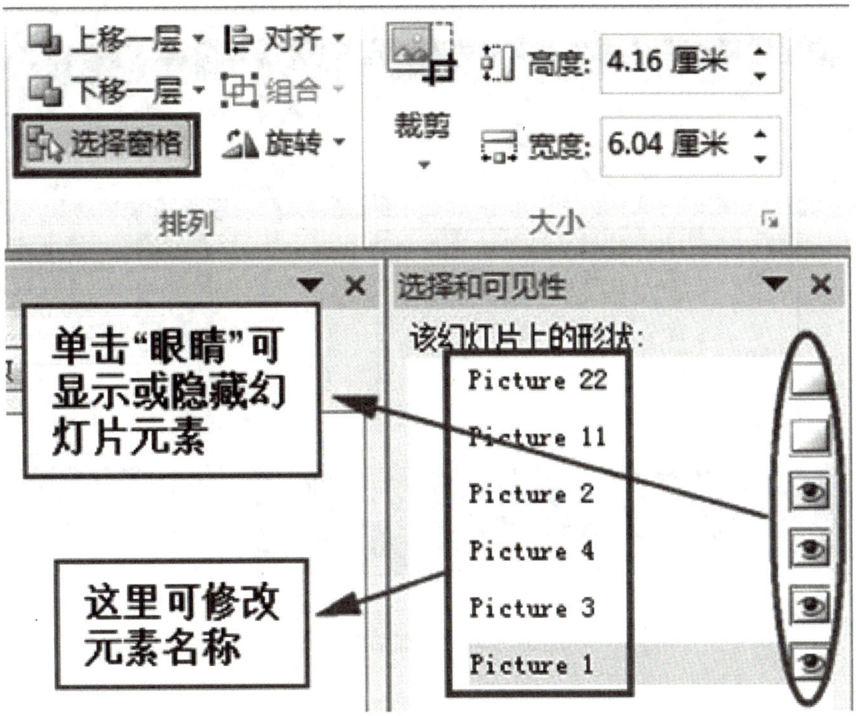

图 3-1-282　选择窗格功能说明

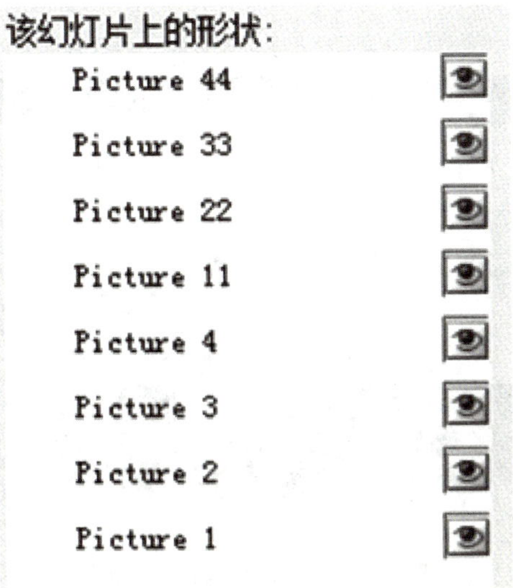

图 3-1-283　图片名称一一对应

③ 首先框选 4 张大图添加动画效果，点击菜单栏的【动画】→【添加动画】→【进入】→【淡出】效果（见图 3-1-284）。

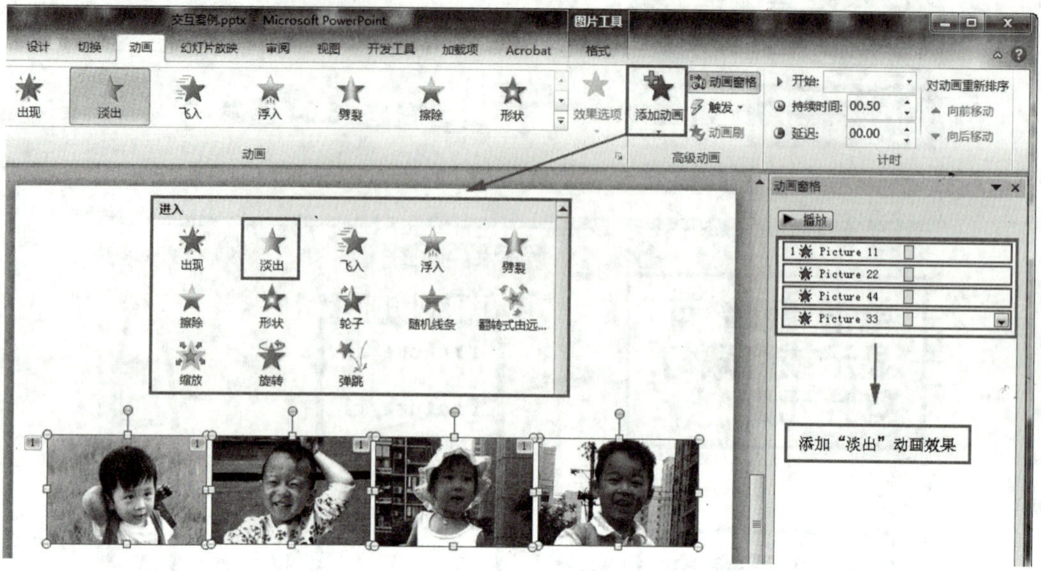

图 3-1-284　添加动画效果

选择第一张图，点击【触发】，指向第一张小图（见图 3-1-285）。把剩下的其他三张图用相同的方法分别指向第二、第三、第四张小图，完成后见图 3-1-286。

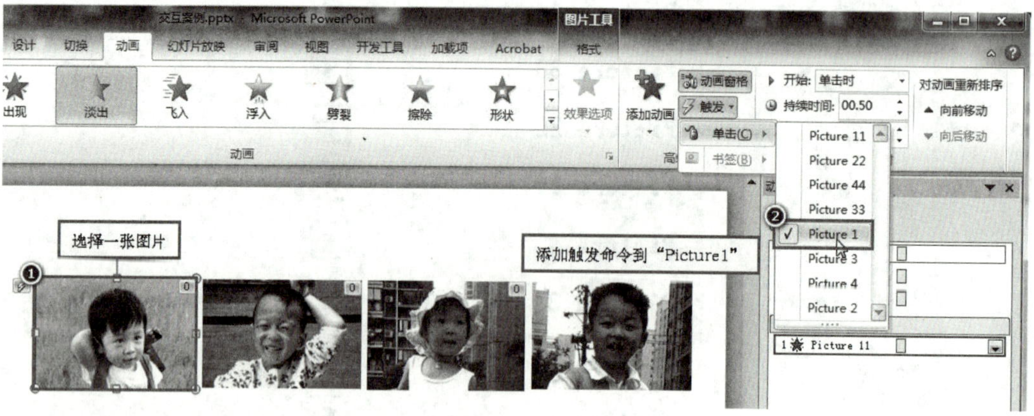

图 3-1-285　添加“触发”命令

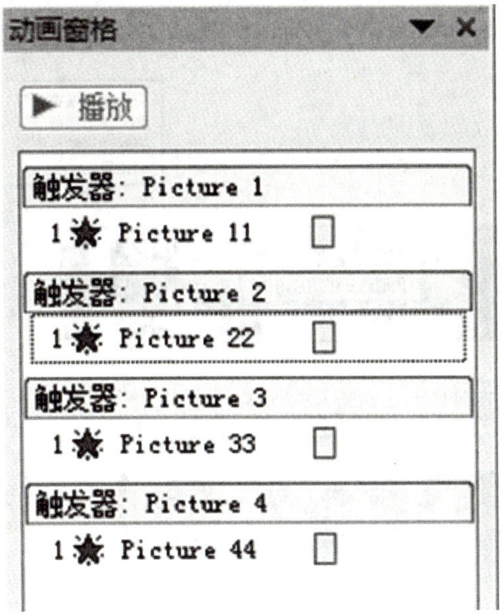

图 3-1-286　动画窗格图

测试一下，按键盘上的“F5”键或者【幻灯片放映】→【从头开始】命令播放 PPT，现在可以看到，PPT 一开始播放时，四个大图隐藏了，分别单击下面的小图显示出对应的大图。

那么，在我们单击任意小图时，希望其他大图消失，只显示我单击的那幅大图，接下来要做个隐藏效果。

④ 框选后三张大图，点击菜单栏的【动画】→【添加动画】→【退出】→【淡出】效果，如动画窗格图中红框部分（见图 3-1-287）。

当单击下面任意一幅小图，就显示相对应的大图，比如单击最左边的第一幅小图，应该显示对应的大图，其他三幅大图应该消失，操作示意图如图3-1-288。

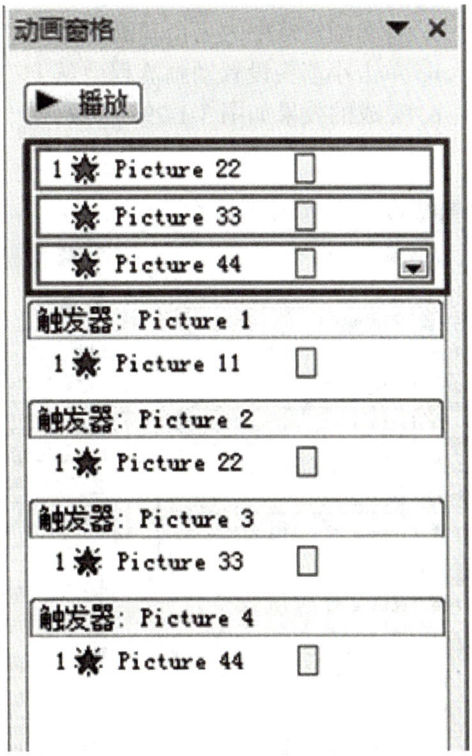

图 3-1-287　框选动画

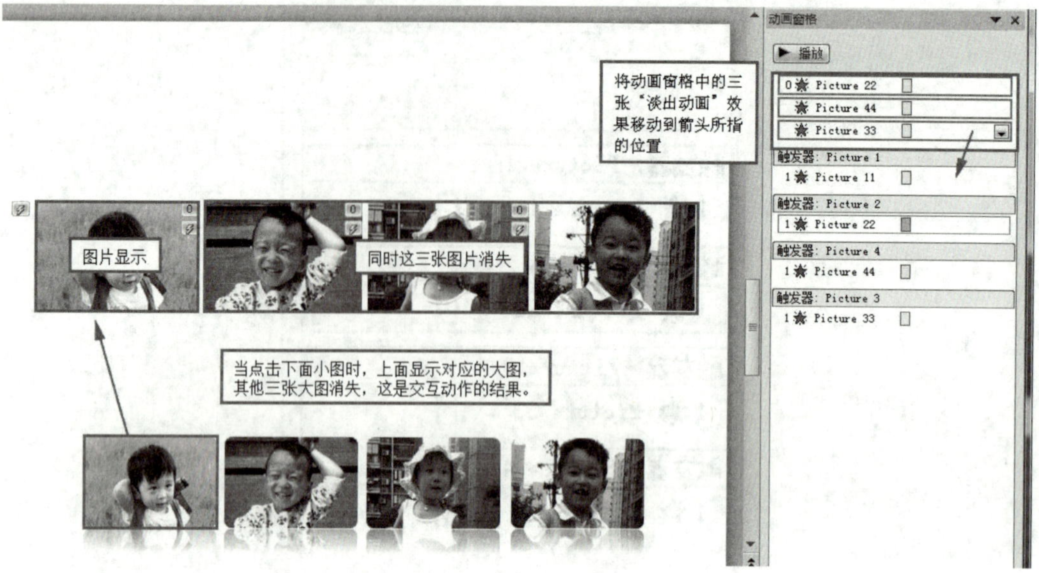

图 3-1-288　移动动画效果

动画调整操作：

a. 将动画窗格中的三个动画拖动到“触发器：Picture 1”下面（见图 3-1-289）；

b. 单击小箭头设置动画流程“从上一项开始”（见图 3-1-290）；

c. 完成的效果如图 3-1-291 所示。

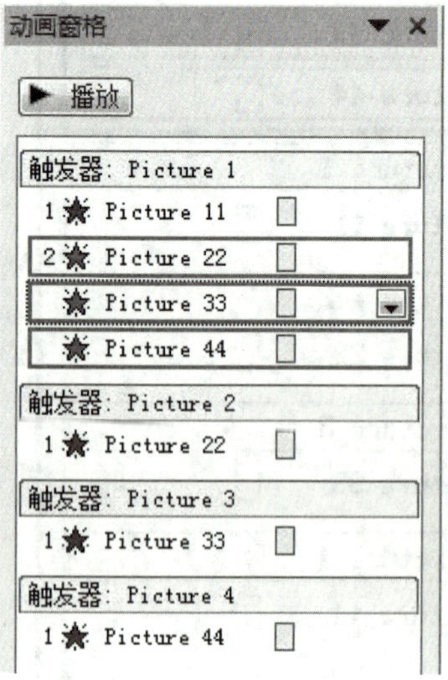

图 3-1-289

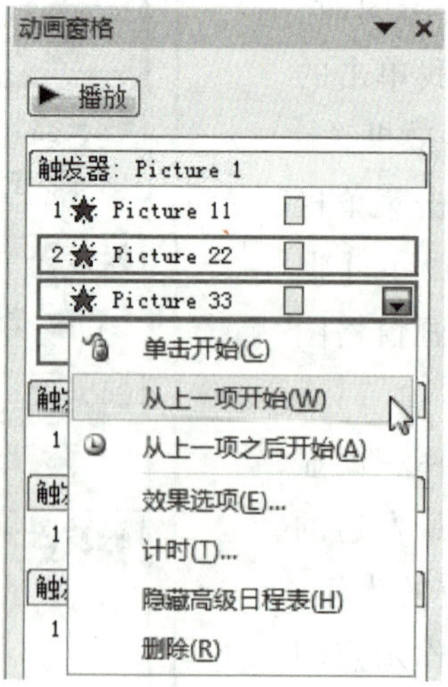

图 3-1-290

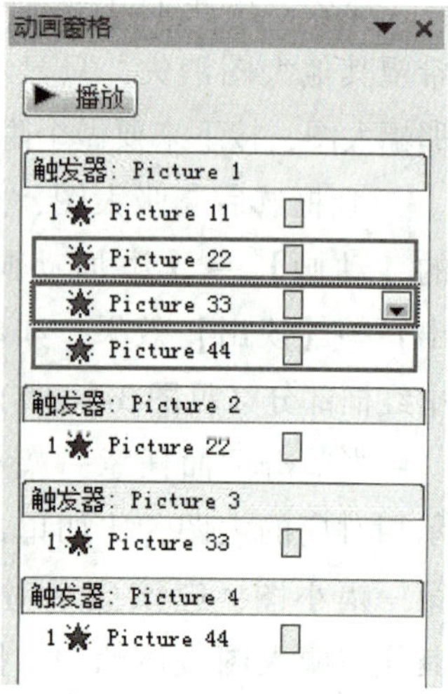

图 3-1-291

提示：多选动画窗格中的动画，用组合键 Shift+鼠标左键。

现在我们完成了第一张图的完整动画，剩下的其他三张图的动画重复上面的步骤即可。完成的动画窗格中效果如图 3-1-292 所示。

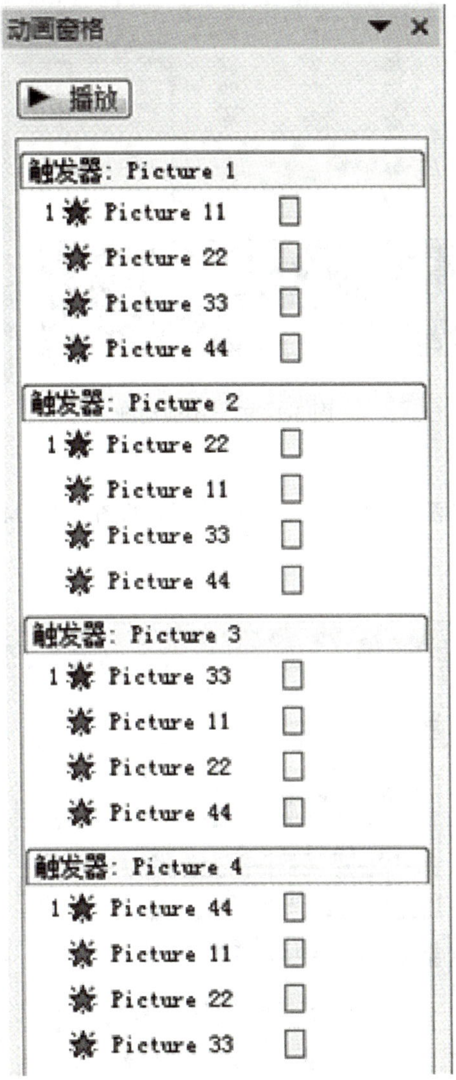

图 3-1-292　最终完成效果图

对动画进行测试：在 PPT 放映中，看到第一张大图消失了，但其他三张大图还在，仍需要做以下处理：

在放映 PPT 时，将显示的三张大图隐藏，并给它们加上动画效果“消失”。框选这三张大图，点击菜单栏的【动画】→【添加动画】→【退出】→【消失】特效（见图 3-1-293）。

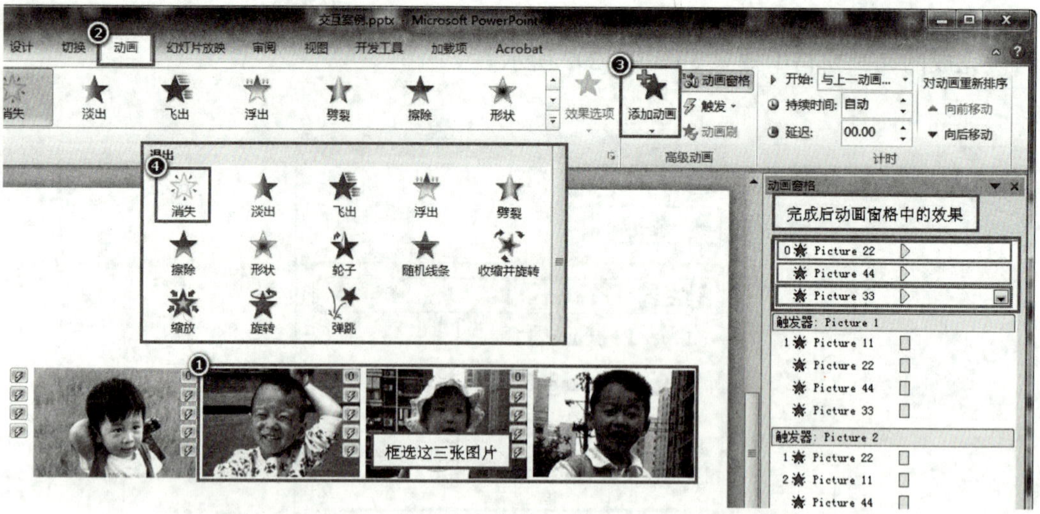

图 3-1-293　添加动画

设置这三张图的动画流程“从上一项开始”（见图 3-1-294），让动画在放映之前就将图片隐藏。

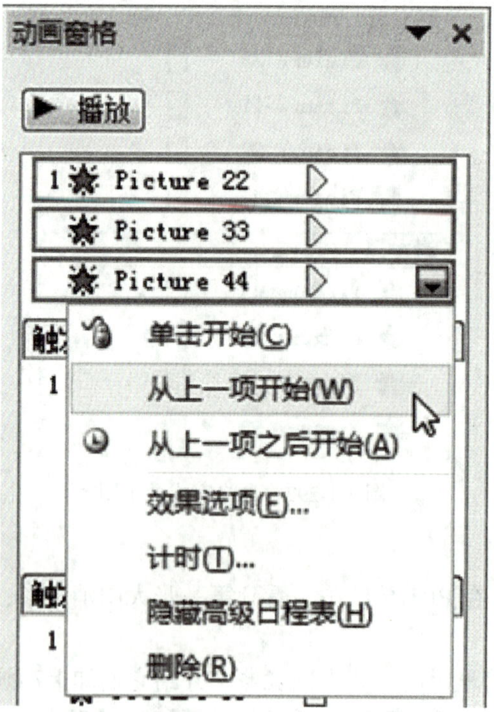

图 3-1-294　设置动画“从上一项开始”

将大图调整到幻灯片中间位置（见图 3-1-295）。

图 3-1-295　将大图调整到幻灯片中间位置

提示：框选四张大图后，鼠标拖动四个角的任意一控制点，用组合键 Ctrl+鼠标左键会产生意想不到的效果。

现在可以放映 PPT 看看最终的效果。

9. 目录与导航的设计

PPT 可以有目录，也可以没有目录。如果 PPT 的页数很多，建议设置目录，这样在演讲时就能更明晰地表达主题，也能帮助听众提前理解 PPT 内容的框架。如果运用了目录页，建议在每一段内容开端前再呈现一次目录，突出该段要讲的内容，该部分内容可称为 PPT 转场。

PPT 目录的设计可以分为图文结合和纯文字型。

(1) 图文结合

例图 3-1-296：

图 3-1-296　效果图

具体步骤：

① 插入幼儿园“园标”图片，取园标图片的颜色制作底部“目录”。插入矩形去边框，矩形大小占满 PPT 页面底部，填充颜色为橄榄色，再复制一个矩形（见图 3-1-297），颜色填充为黄色，放在第一个矩形的上面，并置于最上层（见图 3-1-298）。最后，插入一个文本写上“目录”，字体：微软雅黑，字号：24，加粗，颜色为白色。

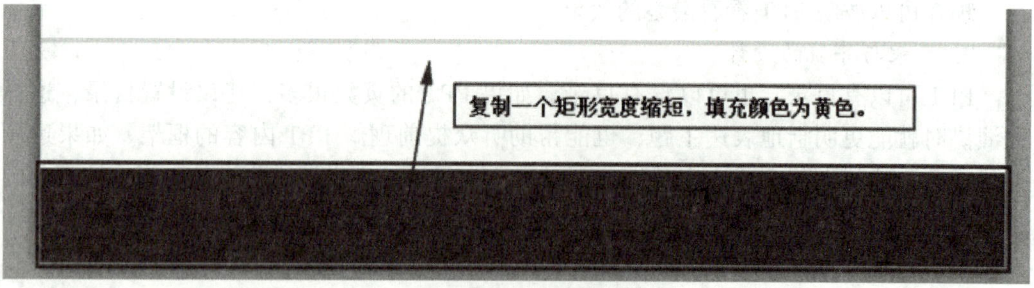

图 3-1-297　复制矩形

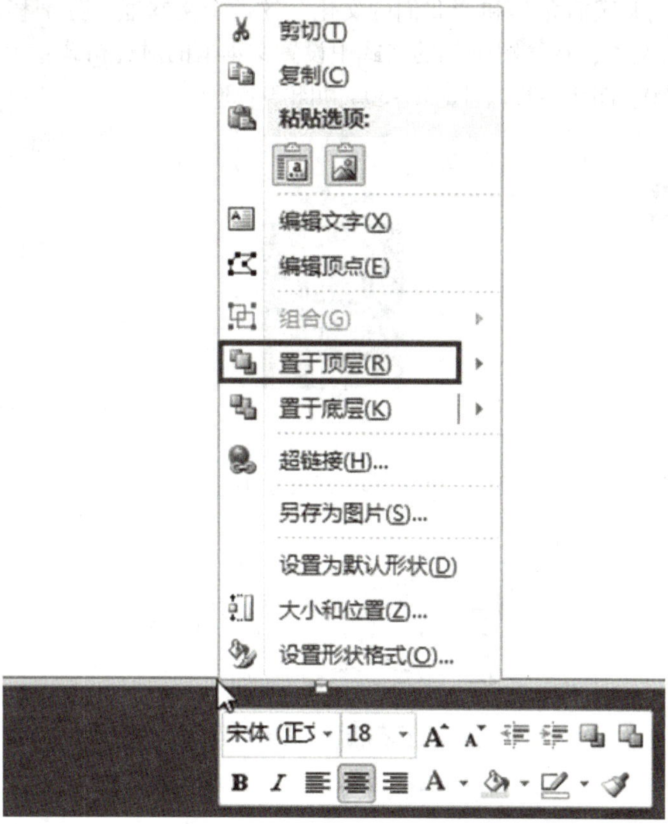

图 3-1-298　右键菜单→【置于顶层】

② 插入文本框，分别写上“幼儿园简介”、“办园理念”、“办园目标”、“办园特色”、“我们的愿景”、“我们的文化”。用鼠标框选这六个文本框，在绘图工具栏格式中设置形状填充颜色为“橄榄色”，文本填充为“白色”，设置字体为“微软雅黑”，字号为“18”，加粗效果。最后将文本框对齐，文本居中，效果如图 3-1-299 所示。

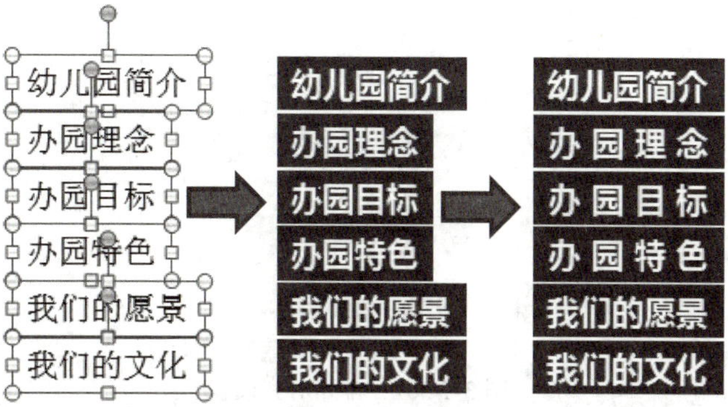

图 3-1-299　文本步骤图

③ 拖动“幼儿园简介”和“我们的文化”这两个文本框，分别移动到最左边和最右边，框选所有文本，在绘图工具的格式中设置文本框的对齐格式：上下居中和横向分布（见图 3-1-300、图 3-1-301、图 3-1-302 和图 3-1-303）。

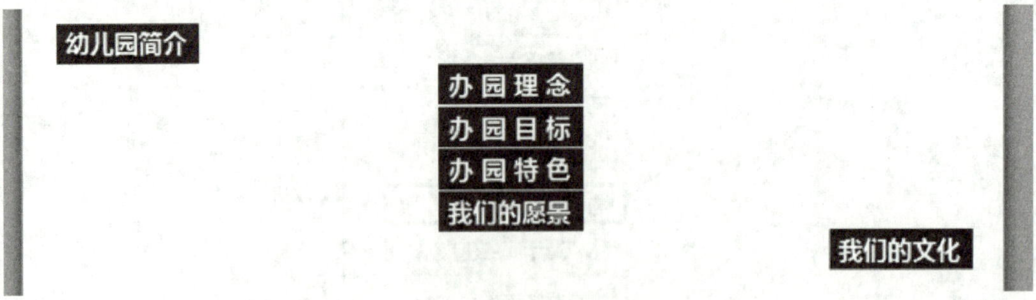

图 3-1-300　移动到最左边和最右边

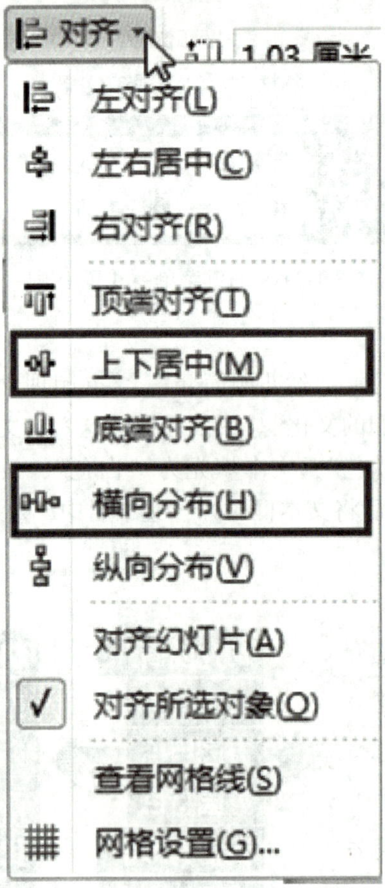

图 3-1-301　排列对齐设置

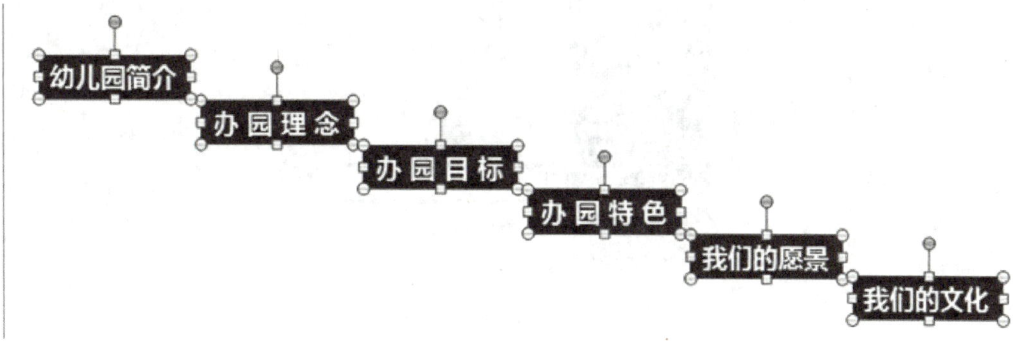

图 3-1-302　横向分布效果

图 3-1-303　上下居中效果

④ 插入图片，将图片裁剪成单个文本框宽度大小，群组图片和文本框，最后加上阴影效果（见图 3-1-304、图 3-1-305 和图 3-1-306）。

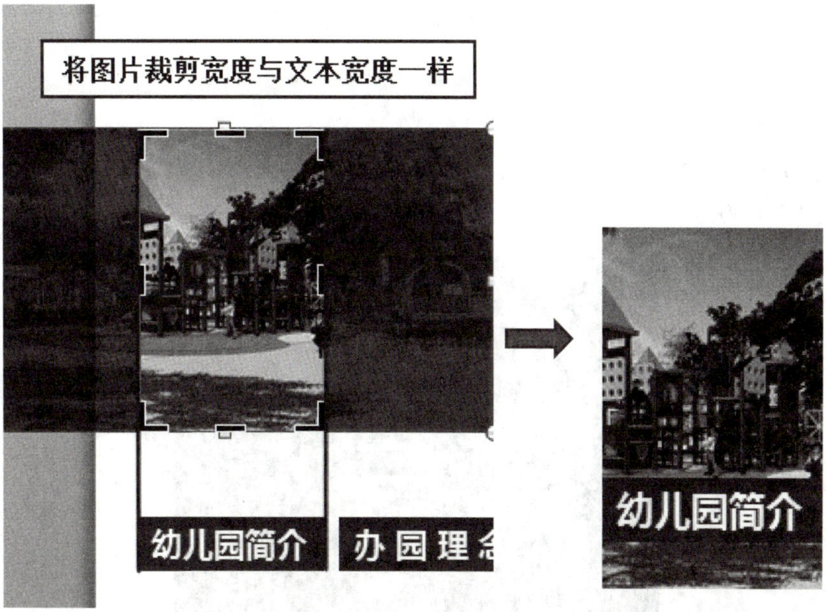

图 3-1-304　裁剪图片

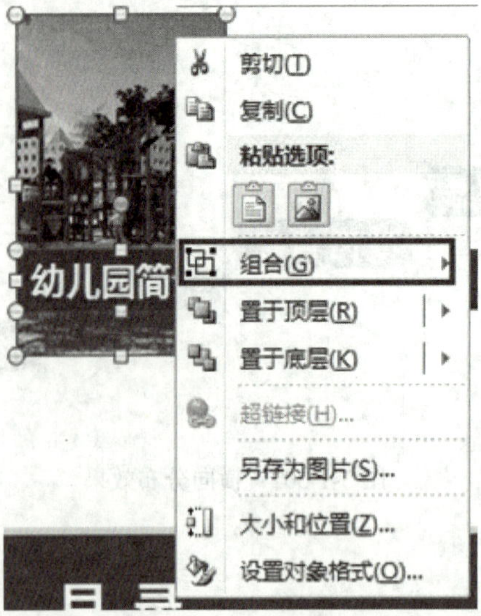

图 3-1-305　组合图形

图 3-1-306　最终效果

（2）纯文字

当然，如果只是放文字，那页面会相当枯燥。此时，可以借助形状工具进行修饰。见例图 3-1-307：

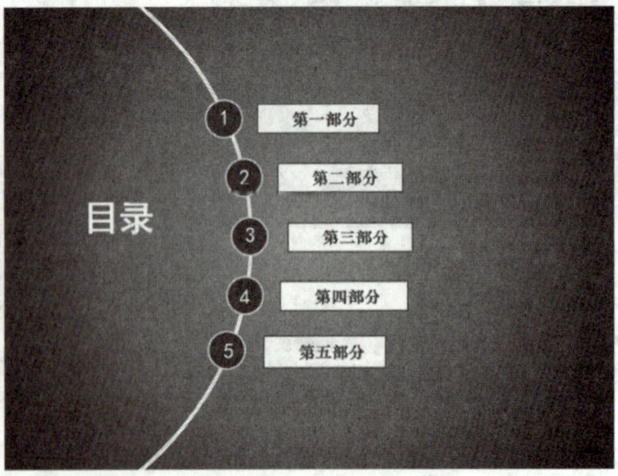

图 3-1-307　纯文字页面

具体步骤：

① 插入【SmartArt】图形列表中的“垂直曲线列表”（见图 3-1-308 和图 3-1-309）。

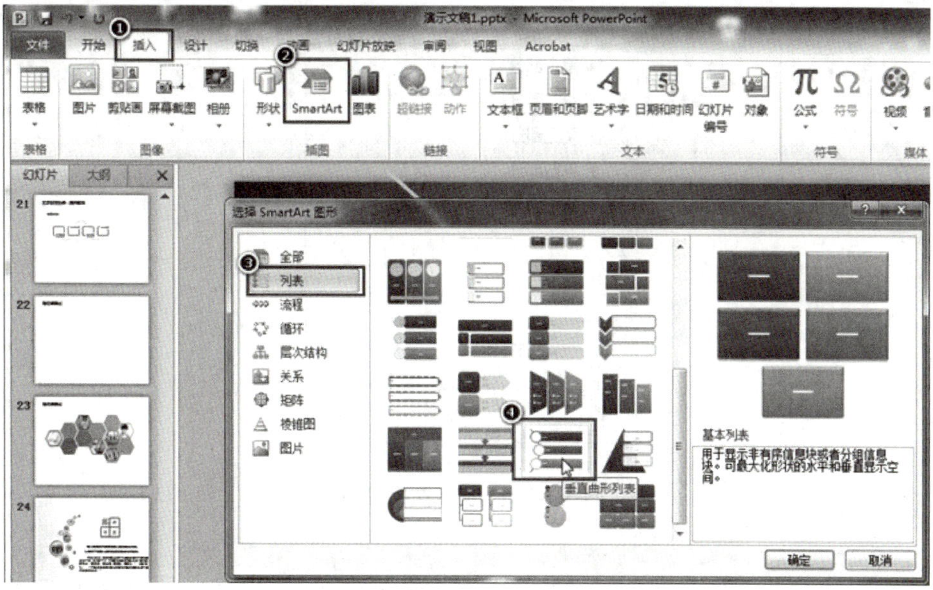

图 3-1-308　垂直曲线列表

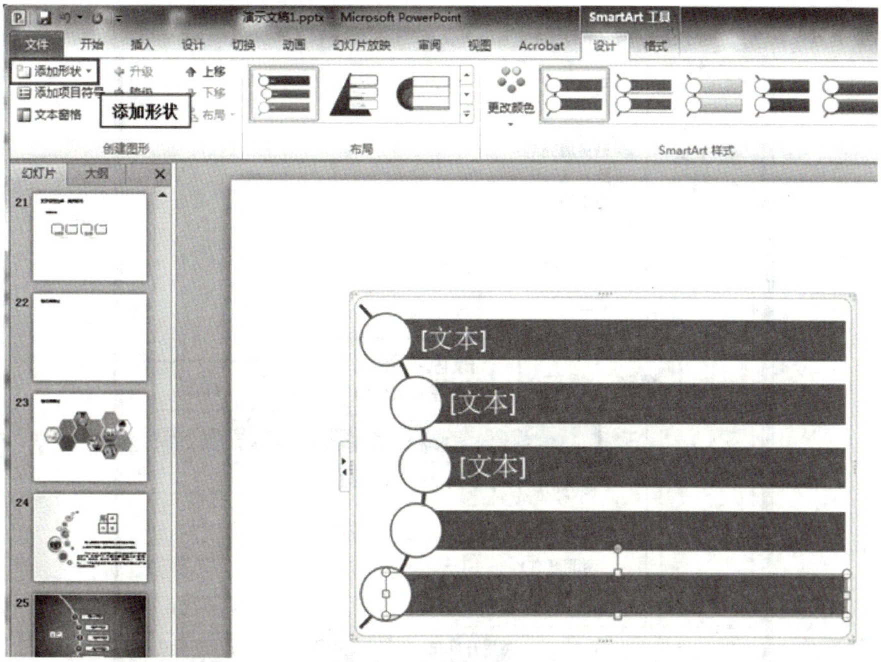

图 3-1-309　添加形状操作

② 点击“垂直曲线列表”左边的小箭头，打开文字输入窗口，输入文字（见图 3-1-310）。

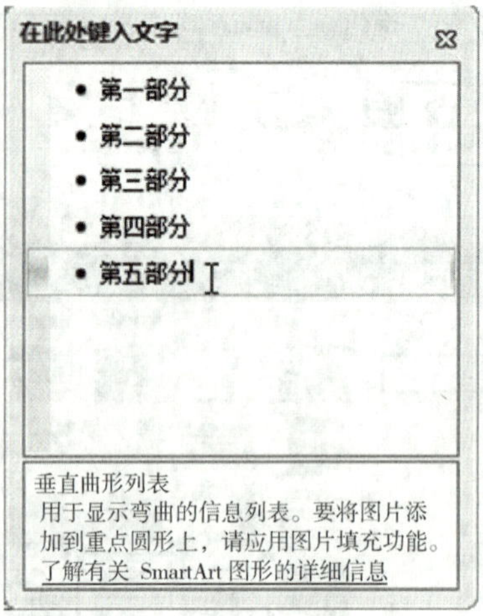

图 3-1-310 输入文字窗口

③ 设置背景渐变色。在 PPT 空白处右键选择【设置背景格式】→【填充】→【渐变填充】，效果设置如图 3-1-311 所示。

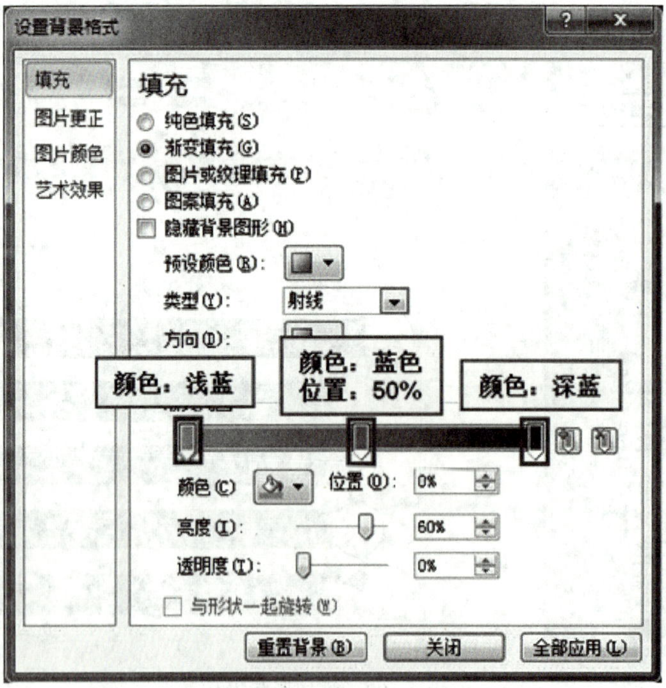

图 3-1-311 效果设置

④ 调整“垂直曲线列表”中的曲线、矩形和圆形（见图 3-1-312）。选中“垂直曲线列表”拖动到 PPT 页面左边，单击“曲线”，将 PPT 页面缩小至 50%，并将边框颜色和填充颜色填充为“白色”。

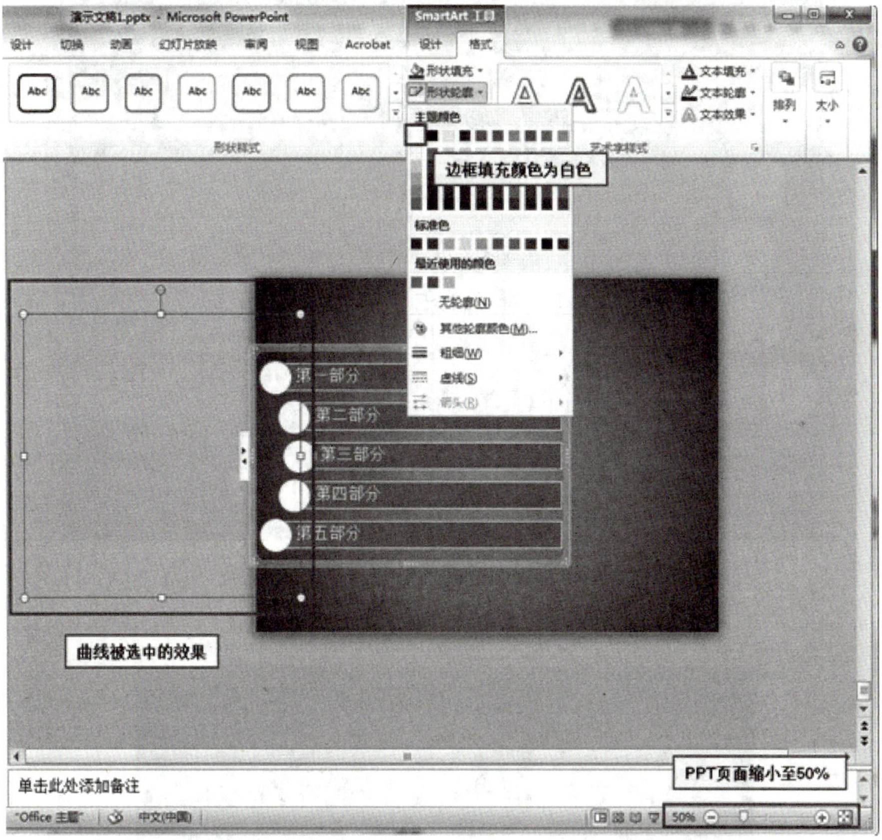

图 3-1-312　调整“垂直曲线列表”中的曲线、矩形和圆形

⑤ 拖动“曲线”右上角控制点调整好曲线（见图 3-1-313）。

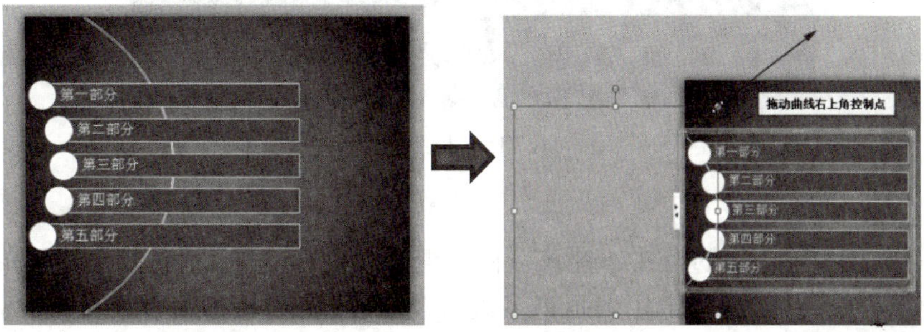

图 3-1-313　调整好曲线

将“垂直曲线列表”中的矩形和圆形调整，若调整过程中曲线位置变化，请重复上面步骤调整到合适位置。(调整后的效果见图 3-1-314 和图 3-1-315。)

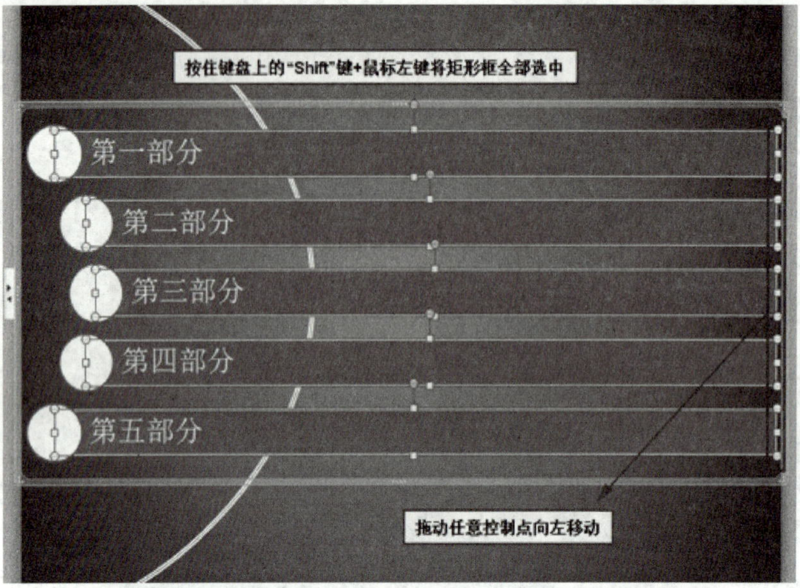

图 3-1-314　用组合键调整圆形位置和矩形的大小、位置

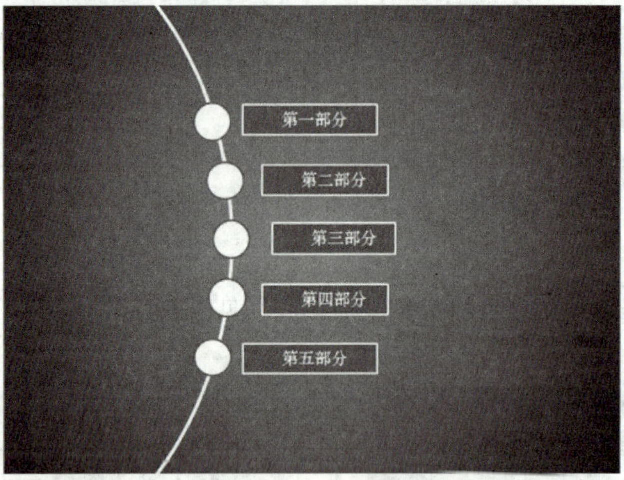

图 3-1-315　最终效果

提示：在调整图形的过程中，建议多使用组合键进行调整，会有意想不到的效果。

绘图使用组合键：Shift 键用来画正多边形及 15 度倍数角度的直线；Ctrl 键用来定位中心，使图形变换中保持重心位置不变；Alt 键用于微调大小；Ctrl+D 键用于快速复制，并且是等距等角度复制。

⑥ 调整“垂直曲线列表”中图形的颜色与背景搭配，将文字颜色设置为“华为中宋”并加粗（见图 3-1-316）。

选中多个圆形，填充颜色：蓝色，边框颜色：白色。

选中多个矩形，填充颜色：白色，边框颜色：蓝色。

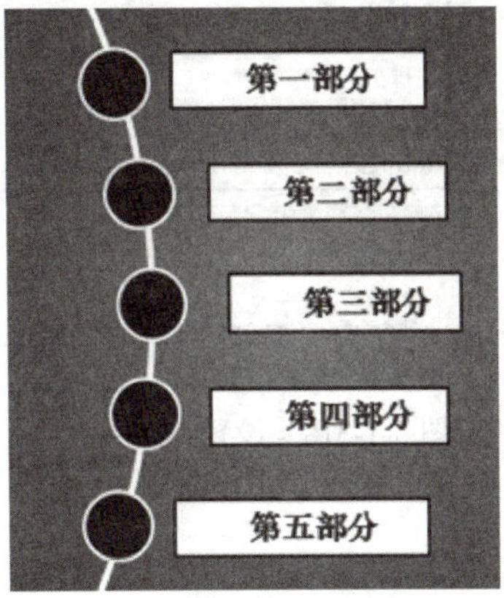

图 3-1-316　填充后的效果

⑦ 插入文本框填写数字“1～5”和“目录”（见图 3-1-317）。

1～5 文本格式：字体：黑体，字号：24，颜色：白色。

目录文本格式：字体：黑体，字号：42，颜色：白色。

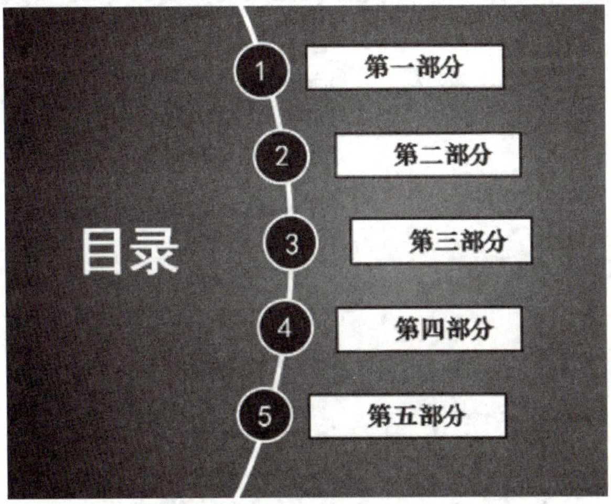

图 3-1-317　填充后的效果

10. 课件保存与发布

(1) 自动保存

使用 Office 自动修订功能，可以自动保存演示文稿的不同渐进版本，以便可以检索部分或所有早期版本（见图 3-1-318）。

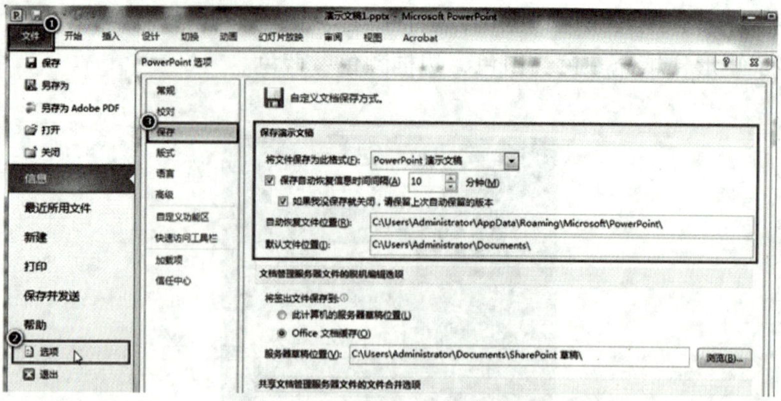

图 3-1-318　设置自动保存

（2）将幻灯片保存为图片

有时看到精美的幻灯片图片时，想把它保存下来，但是右键菜单中的另存为图片窗口中却没有发现任何可以保存图片的设置，这里介绍一种方法，可以将幻灯片另存为图片。

具体步骤：

① 把需要保存的幻灯片置于当前页面（见图 3-1-319）。

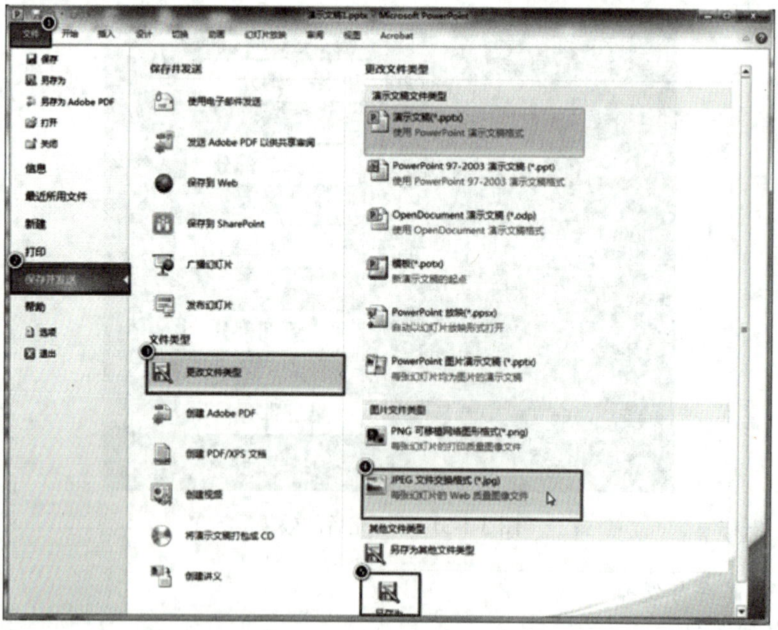

图 3-1-319　将幻灯片保存为图片

② 选择保存路径，单击【保存】按钮保存（见图 3-1-320）。

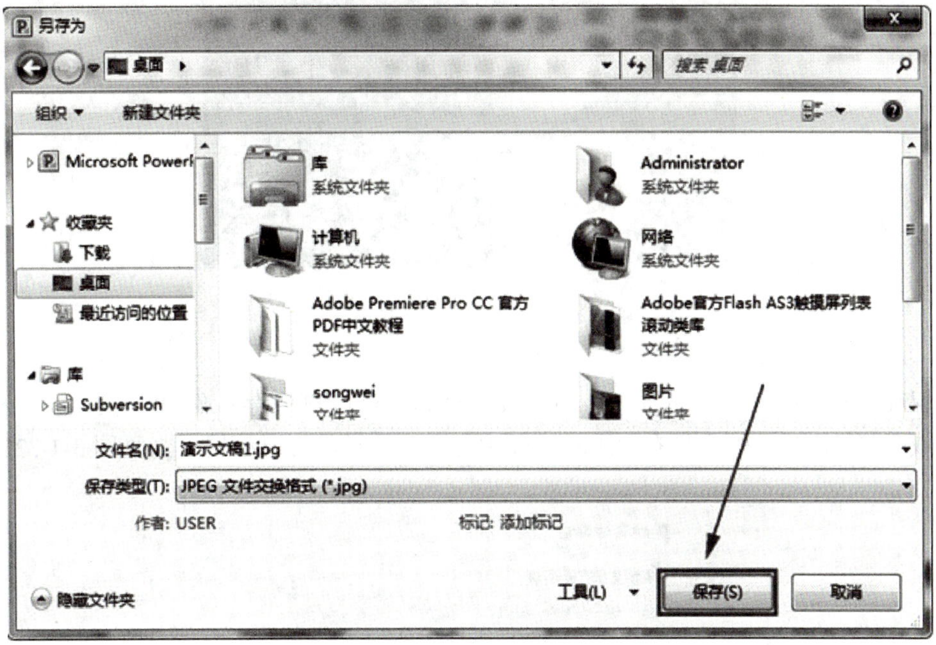

图 3-1-320　保存路径

③ 提示“想要导出演示文稿中的所有幻灯片还是只导出当前幻灯片”，选择【仅当前幻灯片】导出图片（见图 3-1-321）。

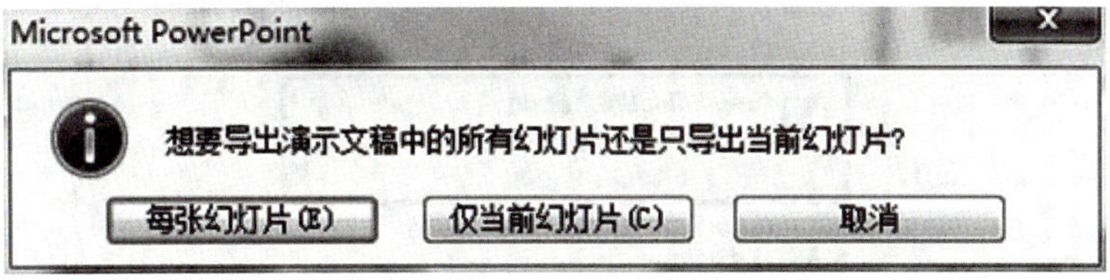

图 3-1-321　导出当前幻灯片

④ 到桌面找到“演示文稿 1. jpg”这张幻灯片的图片（见图 3-1-322）。

（3）保存为放映格式

PPT 制作完成后，可将其保存为“PowerPoint 放映”（扩展名为 PPSX），双击 PPSX 图标就可直接开始放映，而不再出现幻灯片编辑窗口。保存的优点也是显而易见的：操作方便，省略了打开 PowerPoint→点击【观看放映】的繁琐步骤；可以避免放映时由于操作不慎等原因而将后面的演示内容提前“曝光”；可以避免课件内容被他人意外改动而导致“面目全非”（在公用电脑上显得尤其重要）。

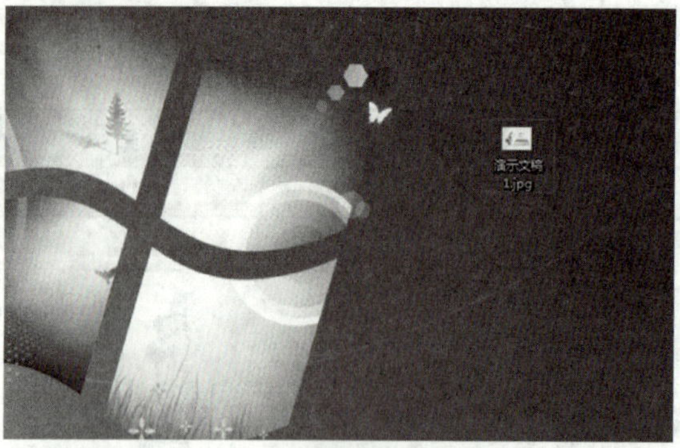

图 3-1-322　导出后的图片

保存的缺点是无法再做进一步的修改，我们也可以再保存一份 PPT 演示文稿作为副本或者将 PPSX 放映文件在 PowerPoint 中打开，这样就可以编辑了（见图 3-1-323）。

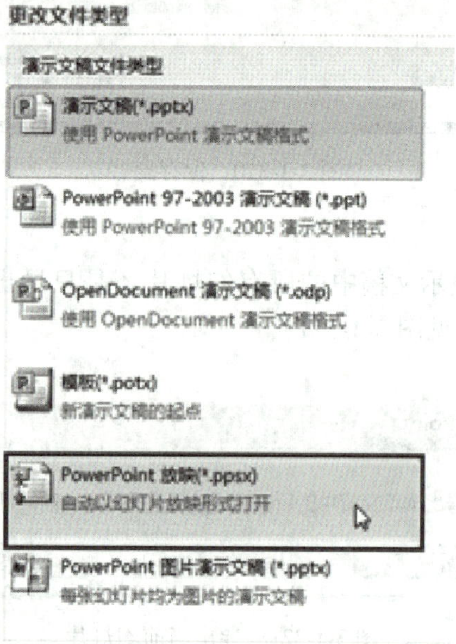

图 3-1-323　保存为 PowerPoint 放映文件

（4）将演示文稿打包成 CD

这个功能其实很实用，在没有安装 PPT 和 Flash 的电脑上，利用 PPT 打包，也能播放幻灯片。

具体步骤：

① 点击菜单栏【文件】→【保存并发送】→【将演示文稿打包成 CD】→【打包成 CD】（见图 3-1-324）。

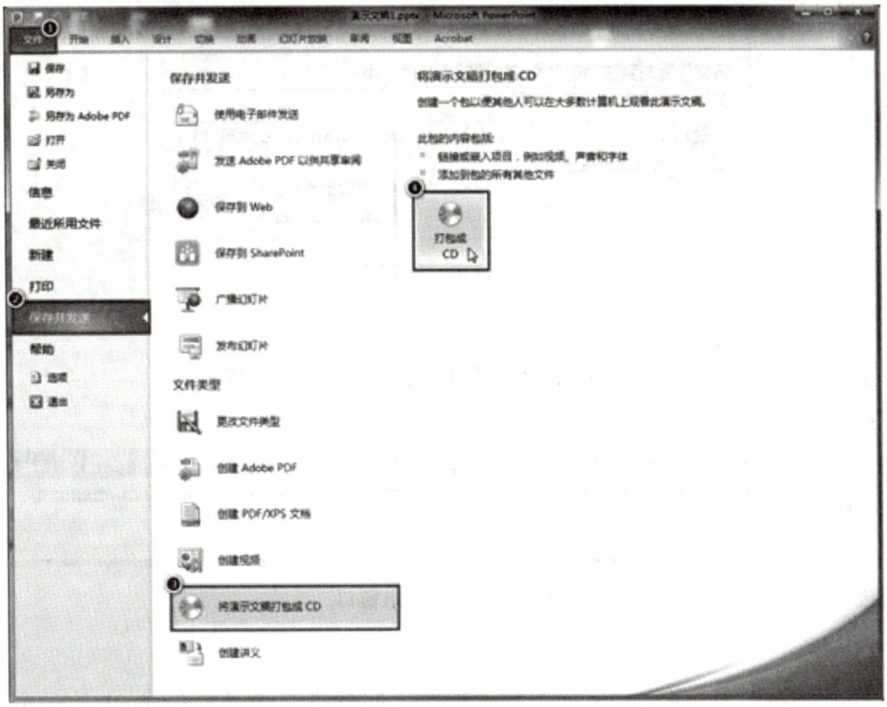

图 3-1-324　将幻灯片打包

② 在弹出的打包窗口上，点击【复制到文件夹】按钮（见图 3-1-325）。

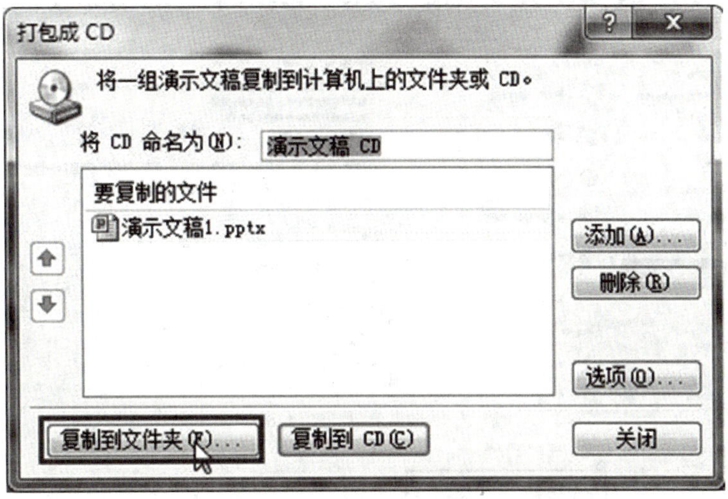

图 3-1-325　复制到文件夹

③ 设置文件夹名称以及存放路径，点击【确定】按钮开始进行打包（见图 3-1-326）。

图 3-1-326　确定窗口

④ 这时会弹出一个窗口，点击【是】即可（见图 3-1-327）。

图 3-1-327　弹出窗口

提示：如果这一步没有弹出这个提示窗口，回到第 2 步【打包成 CD】的窗口，有个【选项】按钮，按需选择即可。

⑤ 等待系统打包，完成后会打开一个文件夹，看到一个 AUTORUN. INF 自动运行文件，如果是打包到 CD 光盘上的话，它就具备自动播放功能（见图 3-1-328）。

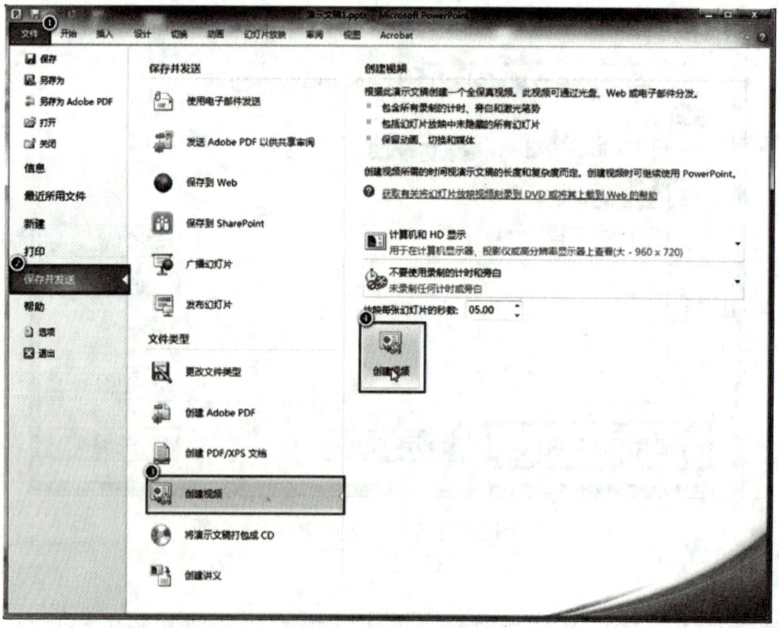

图 3-1-328　创建视频

提示：如果没有 CD 盘，也可以选择将其存为视频格式，默认的视频格式是 WMV。

11. 课件播放技术

(1) PPT 自动播放

PPT 将幻灯片保存为单独可自动播放的文件是另存为 PPSX 文件，现在我们就来设置 PPT 自动播放的操作。

具体步骤如下：

① 在自动播放之前，先设置所有幻灯片的播放效果和切换样式。

单击右下角“幻灯片浏览”按钮，切换幻灯片视图模式（见图 3-1-329）。

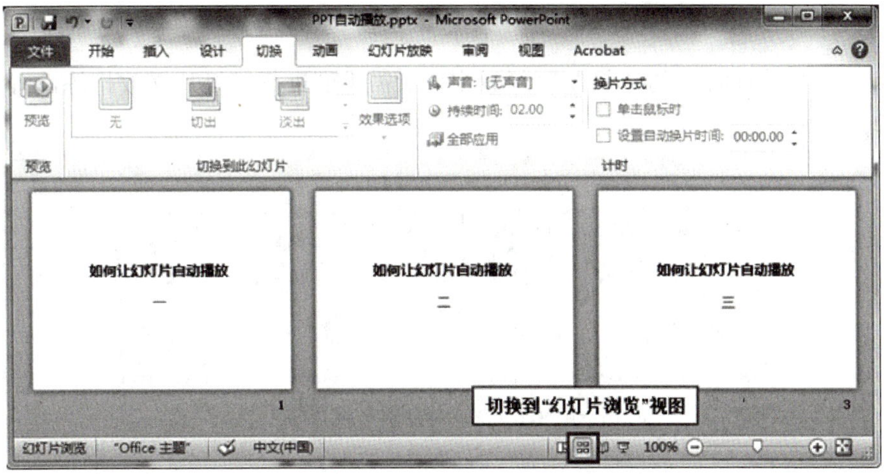

图 3-1-329　切换幻灯片视图模式

② 单击第一张幻灯片，选择菜单【切换】选项卡中的“淡出”效果（见图 3-1-330）。

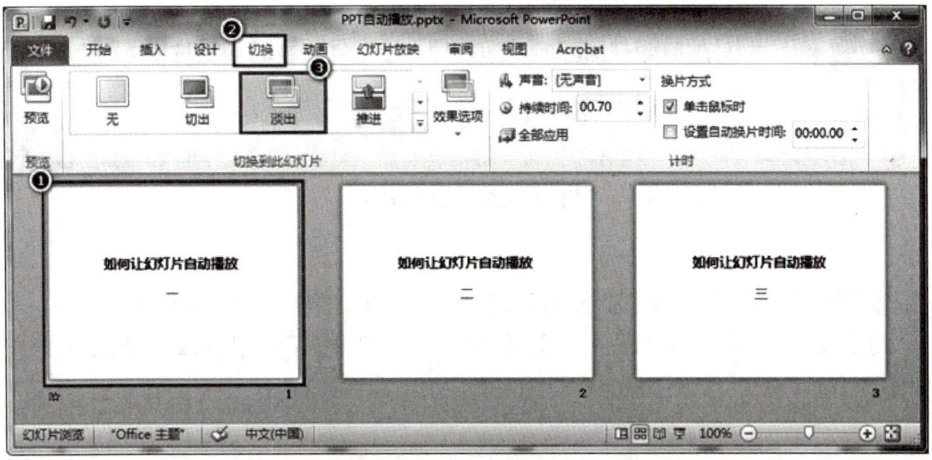

图 3-1-330　设置切换动画

逐一将第二、第三张幻灯片设置切换效果。

③ 点击【幻灯片放映】选项卡下的【排练计时】（见图 3-1-331）。

图 3-1-331　排练计时

④ 在“排练计时”的“录制”场景中按所需进度进行幻灯片播放排练设置（见图 3-1-332）。

图 3-1-332　“录制”窗口

⑤ 完成后在弹出的黑屏窗口中点击对话框中的【是】按钮（见图 3-1-333）。

图 3-1-333　录制时间

可以看到，在 PPT 窗口中会显示各幻灯片的计时时间（见图 3-1-334）。

⑥ 再点击【文件】→【另存为】命令，将 PPT 另存为“ppsx”格式（见图 3-1-335 和图 3-1-336）。

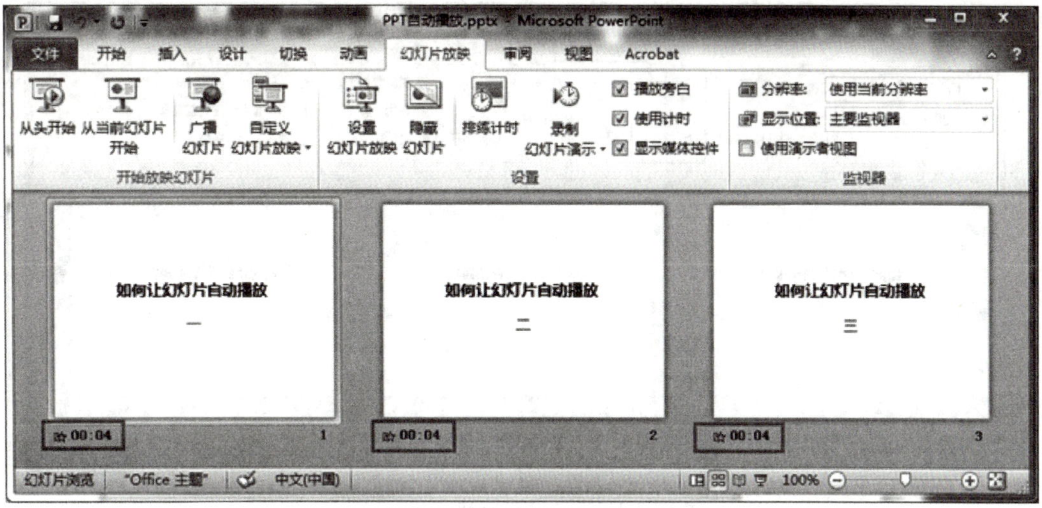

图 3-1-334　PPT 单张播放时间

图 3-1-335　另存为

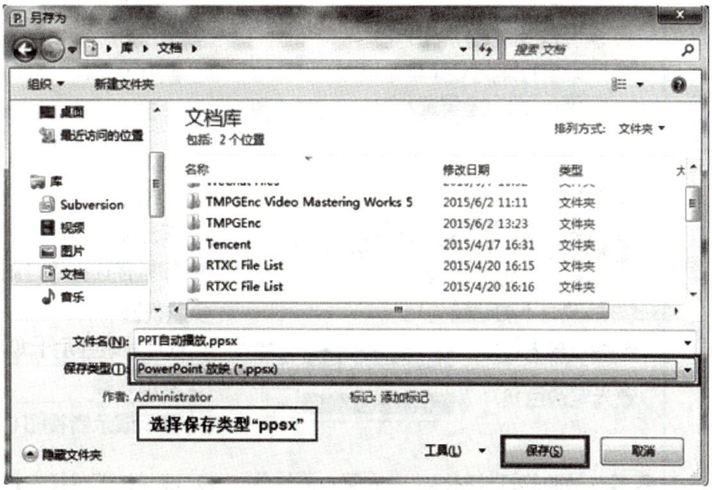

图 3-1-336　“ppsx”格式

以后，就算在没有安装 PPT 的电脑中，也能直接打开这个文件并自动播放了。

（2）PPT 循环播放

具体步骤：

① 切换到【幻灯片放映】选项卡中，单击【设置幻灯片放映】，弹出【设置放映方式】窗口（见图 3-1-337）。

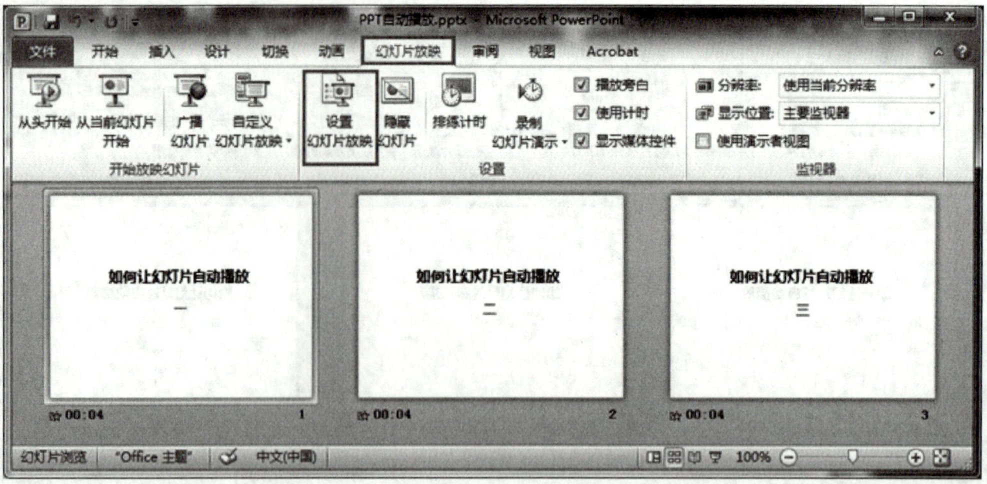

图 3-1-337　设置放映方式窗口

② 在窗口中设置 PPT 循环放映（见图 3-1-338）。

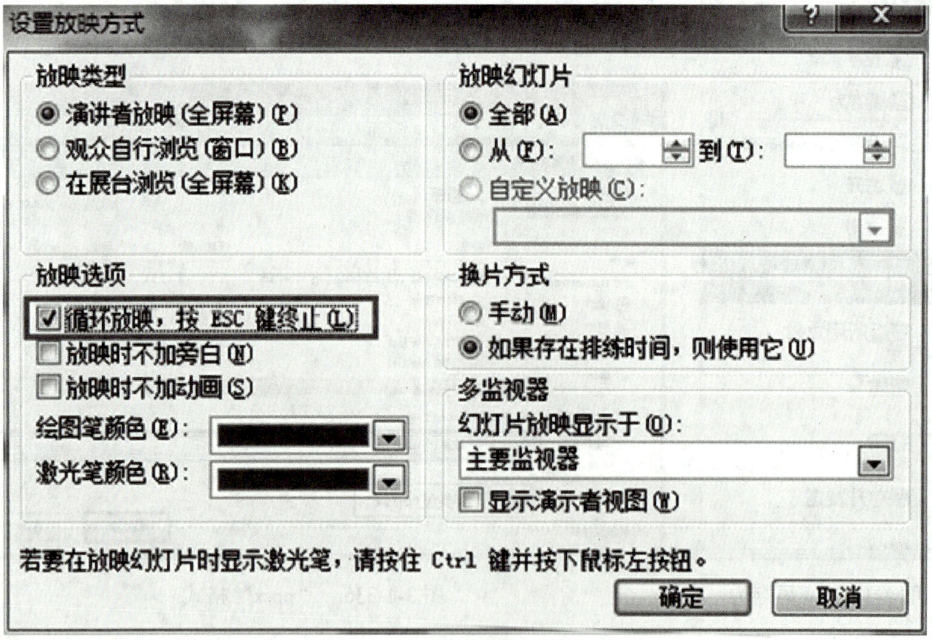

图 3-1-338　设置 PPT 循环放映

（二）幼儿园微课程制作

微课又名微课程，是相对于常规课程来说的一种微小的课程，用以讲授单一知识点或突破某个教学问题，它通常由简短的微课视频及配套资源所组成。作为一种现代化的教育新形式，目前也受到了国内外教育者的广泛关注，但国内教育领域的微课资源在教学上的实践应用仍处于探索阶段，特别是在学前教育领域，由于信息技术的应用对教师提出了新的要求，对于一线老师，很难运用技术手段自主设计与制作微课程。

为了提升数字化课程在幼儿教师中的认识度，激发广大幼儿教师对数字化课程的渴求，此部分内容计划针对幼儿园数字化教学的一系列学习内容和教学活动，围绕已有数字化课程资源开发以在线学习或移动学习为目的的幼儿园微课程体系。

1. 微课程的主要表现形式

目前，国内外现有微课程内容的主要呈现形式是结合 PPT 等多媒体技术的教师讲授或课堂实录片段、卡通动画、电子黑板、真人演讲等。围绕数字化互动体验课程教学资源的内容特点、幼儿园教师和幼儿的学习特点，可根据不同的教学目的及教学内容采用不同的呈现形式，如针对某一学科知识点及教师教学技巧的讲解可采用 PPT 制作生成活动视频；针对教师课程使用及理论传授可采用真人讲解拍摄录制的方式生成视频；针对教学活动的流程及活动环节呈现可采取课堂实录的视频呈现形式等。

2. 微课程的内容建构

微课程选取的教学内容应该主题更加鲜明，重难点更加突出，问题更加聚焦，目标更加明确，语言更加精炼。在数字化互动体验课程完整及系统的知识体系的基础上建构数字化微课程，在教学内容的选取上，应与已有课程进行有效的整合，围绕现有教学内容细化知识点，根据知识点选取教学资源及呈现形式，通过后期加工制作课程。

3. 幼儿园数字化教学微课程的开发方案

微课程内容的开发是一个较为复杂的系统工程，微课程资源开发一般要经过选题设计、课例拍摄、后期加工、在线发布实施、评价反馈等几个环节。

（1）选题设计

微课程的选题要精练，教学内容要明晰，可针对教学活动的具体实施环节，或针对关键概念进行知识点梳理，或针对幼儿教育教学理论进行讲解，或针对幼儿学习特点，可以是知识讲解，也可以是方法传授、教学经验等技能方面展示。基于目前大部分幼儿教师对数字化互动体验课程的认识度不高，微课程在教学平台上前期需要满足数字化互动体验课程的宣传及推广效用，在课程的选题上可以以教师感兴趣的知识点梳理及围绕知识点的不同课件形式演示为主。

（2）微课程的设计模板

微课程开发需要使用稳定的结构框架，便于课程开发过程中对思路、内容、资源和评价进行有效的设计，根据微课程的设计过程，将微课程设计内容填入微课程设计模板。模板也可根据不同的活动内容类型设计不同的形式。如利用 PPT 技术制作的课程内容，可将 PPT 每页呈现的画面与所需要文字在模板中设计出来，活动视频中需要修改、编辑的地方也可在模板中标注，以方便后期进行视频编辑的技术人员知晓如何进行视频处理。

参考模板如下：

微课程设计模板

录制时间：　　　　　　　　　　　　　　　　　　　　　　　　　录制人：

开发单位	
系列名称	
本微课程名称	
知识点描述	
知识点来源	领域：　　　　学年：　　　　学期：
先修知识	听课前的知识准备：
课程类型	□讲授型　□演示型　□启发型　□表演型　□实录型
设计思路	

教学过程结构

	内　　容	画面	声音	时间
引入课题				
内容讲授	第一节内容：			
	第二节内容：			
	第三节内容：			
总结收尾				

(3) 微课程的制作方法及配置要求

一个优秀的、完整的微课程包括：简洁、美观的 PPT，制作成熟的教学课程实录片段，主题明确的微课程名称，有信息提供的片头，有逻辑的课程内容，有概括引导的片尾等。

1) 微课程的制作设备配置与制作方法

方法	配置	方法	流程
拍摄法	摄像机、多媒体电脑、视频编辑软件	使用摄像机对教师的教学过程进行录制	① 选择主题； ② 教学设计； ③ 撰写教案； ④ 课程录制； ⑤ 视频编辑； ⑥ 添加字幕美化

续表

方法	配置	方法	流程
录屏软件录制	电脑、麦克风、录屏软件、屏幕录像专业人员、PPT课件	对PPT、教学课件演示进行屏幕录制，辅以录音和字幕	① 选定主题； ② 撰写教案，制作PPT； ③ 打开录屏软件； ④ 戴好耳麦； ⑤ 调整话筒位置和音量； ⑥ 播放PPT课件，开始录制； ⑦ 执教者演示PPT； ⑧ 编辑视频，进行美化
交互白板、录屏软件制作法	电脑、耳麦、交互白板、录屏软件、演示课件	通过手写板或交互白板，用演示软件对教学过程进行讲解演示并使用屏幕录像软件录制	① 选择主题； ② 教学设计； ③ 撰写教案； ④ 课件演示； ⑤ 屏幕录制； ⑥ 讲解录音； ⑦ 视频编辑美化

2）具体的制作技术要求

① 录制时电脑分辨率调整为 1024×768 及以下，分辨率不低于 720×576、码流 128kbps~2 Mbps、帧速≥ 25 FPS，电脑屏幕颜色设置为 16 位。

② 时间控制在 10 分钟以内。

③ 基于教学设计思路编写微课程内容时，内容精炼，不泛泛而谈，若内容较多，可以制作系列微课程。

④ 微课程在内容、文字、图片、声音等方面必须准确无误。

⑤ 微课程讲解时，语言通俗易懂、深入浅出、详略得当，声音响亮，抑扬顿挫。

⑥ 若在讲解中使用课件，课件尽量做到简洁、美观大方。

⑦ 视频画质清晰，多采用中景、近景和特写等小景画面，多使用固定镜头，保障视频质量。教师头像不遮挡教学内容。

⑧ 要有片头、片尾，显示微课程名称、作者、单位等信息。

⑨ 视频格式为：Flv、MP4，视频尺寸为：640×480 或 320×240。

⑩ 音频采样率 44.1K、比特率 64~320、音画同步<100 MS，音频格式为：AAC（.aac，.m4a，.f4a），MP3，Vorbis（.ogg，.oga）。

（4）围绕数字化课程资源内容的微课程具体开发方案

园所可根据园内使用的教学资源体系和内容特点，计划制定课件演示、教学知识点解析、课堂讲授实录、教学流程梳理、活动反思等一系列的幼儿园数字化微课程。制作的具体步骤可先根据不同的内容设计不同的课程形式，填写设计模板，根据内容制作PPT、课件、录音和视频录制，再根据要求编辑视频。

现以华中师范大学幼儿园目前所使用的数字化教学活动资源设计的教学实录微课程为例做具体讲解。

1）拍摄前准备

选择要录制的内容：可选择方案成熟、完整、知识点明晰的教学活动作为拍摄内容。

布置录制环境：选择光线充足、环境干净整洁的空旷室内场所作为录制地点，园内的小型报告厅、多功能教室、幼儿教室均可。

提前安排录制时间：录制前确保提前通知承担教学任务的教师做好活动准备，录制时间应避免与幼儿的进食、休息时间相冲突。

组织执教教师及幼儿：根据活动的安排组织教师及幼儿，为保证视频的美观可让幼儿在拍摄时统一着装，执教教师衣着也应整洁大方得体。

2）视频编辑

通过录制活动视频，后期对视频进行编辑处理，添加文字说明形成完整的视频文件。

① 拍摄中注意事项：

机位的摆放：在条件允许的情况下可摆放两个机位，前后各一个机位，同时关注幼儿及教师授课时的表现。在幼儿操作及教师示范时可对焦距进行调整，给予特写镜头。

声音的录制：保持录制环境中无其他杂音干扰，教师及幼儿的发言能够得到清晰的收录。

② 拍摄视频处理：

文字处理：将视频的说明文字利用 PPT 文档编写好并生成视频。

视频处理：根据课程需要对录制后的视频进行剪辑，添加课程说明的文档视频，最后合成完整的课程视频。

文档保存：将剪辑好的课程视频进行存档，可在电脑磁盘中创建“微课程”文件夹，按照课程类型分类保存，文件名尽量统一、便于查找。

微课程设计模板

录制时间：　　　　　　　　　　　　　　　　　　　　录制人：

开发单位	武汉华大天童教育科技有限公司
系列名称	名师课堂
本微课程名称	“猫和老鼠”
知识点描述	① 感受全段音乐的分段方式及每段音乐的特点； ② 能够根据音乐进行表演
知识点来源	领域：艺术；　学年：大班；　学期：下学期
先修知识	听课前的知识准备：有一定的音乐欣赏背景，了解猫和老鼠的特点
课程类型	□讲授型　□演示型　□启发型　□表演型　☑实录型
设计思路	

教学过程结构				
	画面	文　字	声音	时间
引入课题	P1	“猫和老鼠”领域：艺术；学期：大班下	背景音乐	
活动说明（文字说明、画面、背景音乐）	P2	在《3~6岁儿童学习与发展指南》中提到，艺术是人类感受美、表现美和创造美的重要形式，强调幼儿对于事物的感受和理解不同于成人。因此在幼儿园期间幼儿对于艺术有着自己独特的审美，教师作为教育活动的引导者，要能站在朋友的角度欣赏和回应幼儿的哼唱，模仿表演等自发的艺术活动，充分尊重幼儿感受与体验，更多地关注幼儿在活动过程中能否感受到音乐带来的快乐，这样的艺术活动才可称为优质的艺术活动。幼儿园的音乐欣赏活动每一位教师都应该勇于尝试。当然，如果能找到有一定艺术功底和教育素养的教师，就能更好地鼓励幼儿勇敢地表现出自己对活动的感受，也能更多地将幼儿独特的审美潜能激发出来		
	P3	“猫和老鼠”是一节以经典动画名称命名的音乐欣赏活动课，音乐由三个部分组合而成：第一段主要角色是猫，乐段缓慢、柔和，体现了猫生活的舒适和慵懒；第二段音乐和第一段音乐有强烈的反差，主要角色是小老鼠，描绘的是小老鼠每天小心翼翼地寻找食物的生活；第三段，也就是最有戏剧冲突的一段，当猫发现了出来觅食的小老鼠就展开了动画片里常常出现的经典画面。在这节活动中幼儿将通过倾听、比较、分析、表演等方式完整地演绎这段有趣的乐曲		
	P4	活动目标： ① 体验音乐想象及表现带来的快乐； ② 知道乐曲三段式的结构，感受乐曲前两段中猫和老鼠形象的反差以及第三段中疯狂追逐的惊险； ③ 尝试创编不同动作，有节奏地表现出自己对于三段音乐的理解。 接下来把视频分成几段，希望通过这个方法让大家更直观地了解教师是如何在教学活动中完成以上三条教学目标的		
	P5	导入活动		

主体活动 （活动视频）				00：00” —— 03：25”
活动说明	P6	在以往的“音乐欣赏”活动中，根据音乐的特点，我们可以选择的导入方式有很多： ① 直接进入法，即在音乐教学活动中，教师直接揭示课题的一种方式（其特点是简洁明了，直入正题）； ② 间接介入法，借助与活动内容相关联的手段引出学习内容。例如：儿歌谜语法，即采用儿歌或谜语的方式导入新课；故事导入法，即运用给幼儿讲故事的方式导入新课；情景交融法，即运用“音乐、画面、诗歌”于一体的方式来导入新课；表演展示法，即通过教师或其他幼儿的表演导入新课（这种方法尤其适用于有一技之长的音乐教师和幼儿）		
活动说明	P7	这节活动执教的教师选择了最简单也比较常用的方法进行导入。精彩之处在于幼儿倾听的过程中，教师还有意识地加入了一些肢体动作，这样做能更快速地让孩子对于音乐的情绪有深刻的印象和感知，为后面分析乐段提供有效的帮助。（当然，教师也可以尝试第一遍倾听的时候，不做任何动作提示。充分让幼儿按照自己的想法去感知音乐，多听两遍慢慢引导也是不错的方法）		
	P8	总监制：杜轶 拍摄：华中师范大学儿童数字化学习研究中心 设计与文字编辑：张天玲 视频剪辑与制作：尹恒		

微课程设计模板

录制时间：　　　　　　　　　　　　　　　　　　　　　　　　录制人：

开发单位	武汉华大天童教育科技有限公司
系列名称	名师课堂
微课程名称	“黑夜的眼睛”
知识点描述	让幼儿初步萌生节约用电的意识，认识生活中常见的灯，能根据不同灯的功用进行配对活动
知识点来源	领域：社会　　　学年：小班　　　学期：下学期
先修知识	听课前的知识准备：了解灯的不同应用
课程类型	□讲授型　☑演示型　□启发型　□表演型　□实录型
设计思路	根据课件的内容结合教学流程给教师做介绍

教学过程结构			
	内　　容	画面	时间
片头	开声动画，专题字幕	动画、字幕	
引入课题	老师们，大家好，今天给大家介绍主题探究课程中小班下学期《天黑我不怕》这一主题中的一节社会活动，活动名称是“黑夜的眼睛”	学期界面	
	在这节活动中为教师和幼儿提供了“黑夜的眼睛”、“生活中的灯”、“各种节能灯”、“节能小卫士”、“找一找”五个课件	课程界面	
内容讲授	第一节内容：活动的实施过程，首先，教师点击“黑夜的眼睛”，围绕“什么是黑夜的眼睛”这一问题组织幼儿进行讨论，鼓励幼儿充分发挥自己的想象，表达自己的想法。点击屏幕揭晓问题的答案，引出这一节活动的主题内容“灯是黑夜的眼睛”	课件一	
	第二节内容：接下来，教师借助“生活中的灯”出示课件中的图片帮助幼儿认识生活中常见的灯：路灯、照明灯、霓虹灯、艺术灯、台灯。在幼儿园社会活动中，鼓励教师多为幼儿提供真实的社会情景让幼儿对所要掌握的内容进行具体的感知，但受到环境与其他各种条件的限制，我们可能无法将幼儿带到具备这些内容的真实环境中，那么，我们就可以通过数字化技术将真实的场景图片呈现在幼儿面前，从而激发幼儿的已有认知经验，帮助幼儿建构新的认知	课件二	
	第三节内容：在社会领域，培养幼儿的初步节能意识也是指南中明确提出的，在学习灯这一内容时，可以给幼儿介绍常用的节能灯：声控式节能灯、触摸式节能灯、可调节式节能灯。在这里，我们利用简单的动画将这些抽象的内容具体、清晰地呈现出来	课件三	
	第四节内容：在日常生活中，如何才能使每位幼儿都能成为真正的节能小卫士呢？在这里为幼儿提供了“行为判断”的环节，将与幼儿经验相结合的生活情境中可能出现的能源浪费现象和正确行为呈现在幼儿面前让幼儿进行判断	课件四	
	第五节内容：最后，围绕灯这一内容进行知识拓展，巩固幼儿对不同地方、不同功用的灯的认识，让幼儿在人机互动的操作游戏体验中得到进一步感知	课件五	
总结收尾	好了，今天的介绍就到这里，老师们再见！	片尾	

（三）电子书的制作

活动目标

掌握幼儿园教师常用的电子书格式的制作。

活动重点

- TXT 电子书的制作；
- PDF 电子书的制作；

电子书是利用计算机技术将一定的文字、图片、声音、影像等信息，通过数码方式记录在以光、电、磁为介质的设备中，借助于特定的设备来读取、复制、传输。电子书的格式有 PDF、EXE、CHM、UMD、PDG、JAR、PDB、TXT、BRM，等等，目前，有很多流行移动设备都是支持其阅读格式的。我们主要介绍 TXT 和 PDF 这两种幼儿园教师常见的电子书格式的制作。

方法与步骤

1. TXT 电子书的制作

制作 TXT 格式电子书只需要 Microsoft Windows 自带的记事本软件即可。TXT 格式是相对简单的一种格式，只能用于文字，不支持图片，字体样式也比较单一。主要制作步骤如下：

① 打开 Windows 记事本（见图 3-1-339）。

② 在空白的区域点击添加文字（见图 3-1-340）。

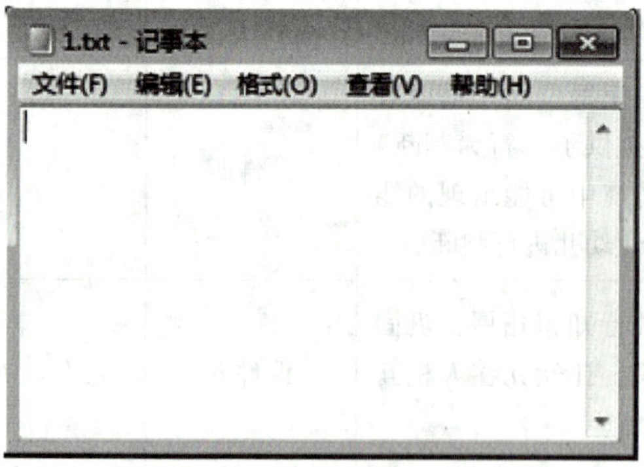

图 3-1-339　Windows 记事本

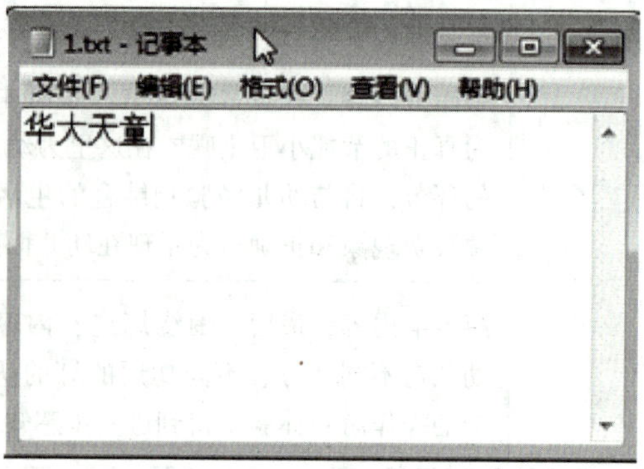

图 3-1-340　添加文字

③ 编辑完成后，点击【文件】→【保存】按钮（见图 3-1-341）。

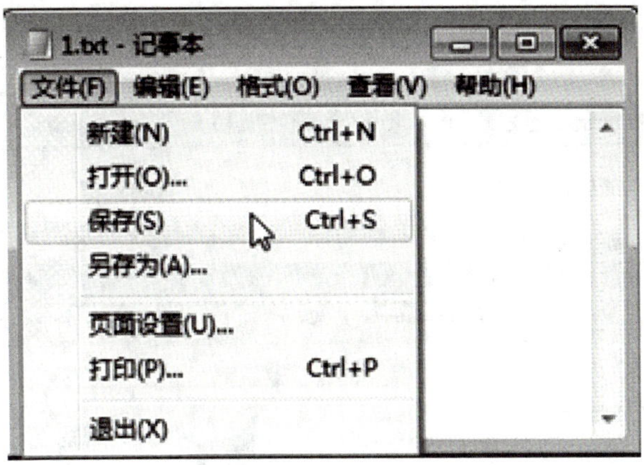

图 3-1-341　点击【保存】

④ TXT 电子书制作完成。

2. PDF 电子书的制作

PDF 有多种方法制作，这里只介绍最常见的，使用转换手段获得 PDF 电子书的方法。具体制作步骤如下：

① 打开一个 Word 文档（见图 3-1-342）。

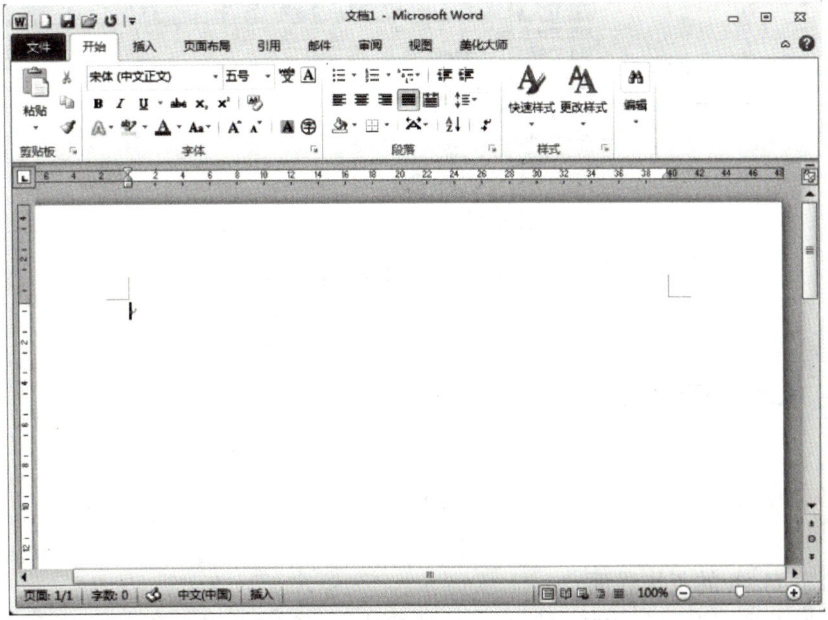

图 3-1-342　打开 Word 文档

② 点击左上角【文件】→【另存为】按钮，在弹出的对话框中选择保存类型为“PDF”，即可得到 PDF 版的电子书（见图 3-1-343）。

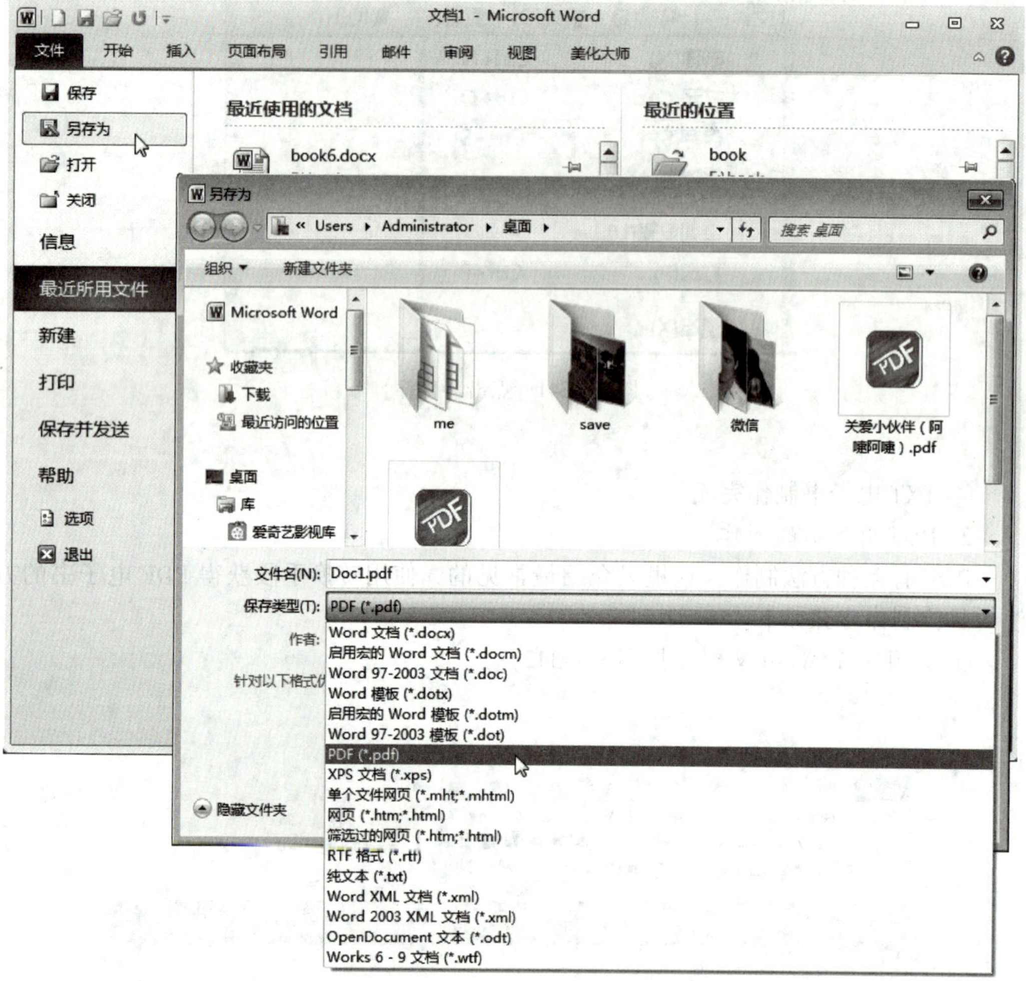

图 3-1-343　点击【文件】按锯

（四）Flash 动画的制作

活动目标

① 熟悉 Flash 的工作界面；

② 能够熟悉图形对象的复制粘贴、旋转缩放、补间动画的制作。

活动重点

- Flash 动画常识；
- 新建、保存 Flash 文件；
- 图形的绘制、复制、粘贴、旋转、缩放；
- 简单的补间动画制作。

Flash 又被称为闪客，是由 Macromedia 公司推出的交互式矢量图和 Web 动画的标准，由 Adobe 公司收购。Flash 动画设计的三大基本功能是整个 Flash 动画设计知识体系中最重要，也是最基础的，包括：绘图和编辑图形、补间动画以及遮罩。这是三个紧密相连的逻辑功能，并且这三个功能自 Flash 诞生以来就存在。

Flash 运用到学前教育领域，主要是制作一些简单的场景，直观地表达一些简单的故事情节，不仅能很容易地让幼儿明白教师所表达的事物，也能更好地促进幼儿试听等知觉和想象力的发展。

方法与步骤

① 打开 Flash，点击【文件】→【新建】，在打开的“新建”窗口中选择“Flash 文件（ActiveScript 3. 0）”，然后点击【确定】按钮创建空白文档（见图 3-1-344、图 3-1-345 和图 3-1-346）。

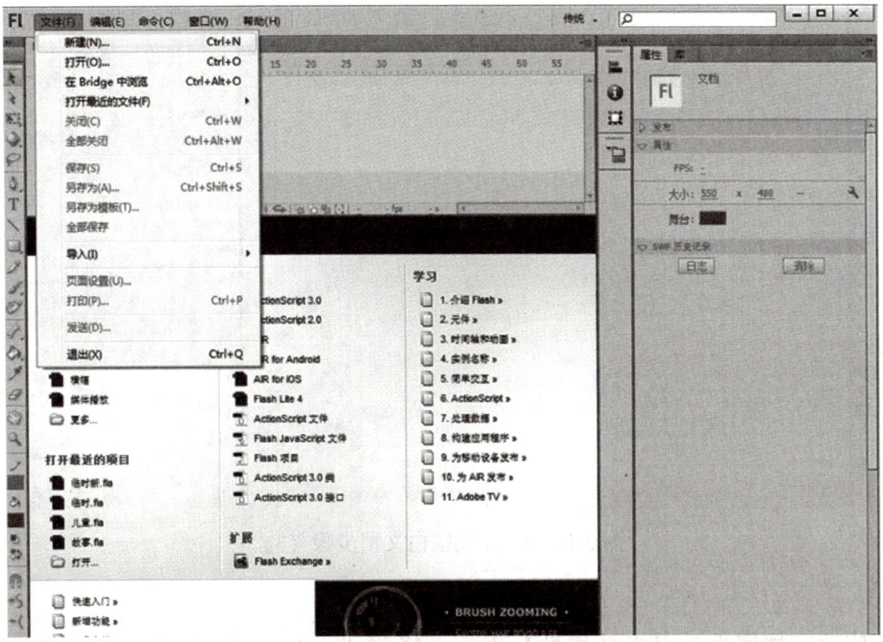

图 3-1-344　创建空白文档步骤（1）

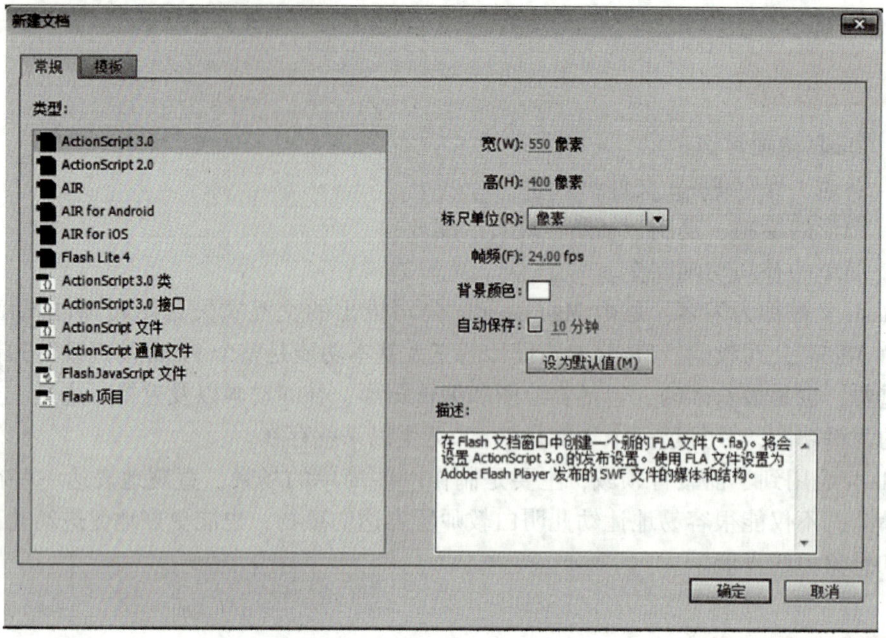

图 3-1-345　创建空白文档步骤（2）

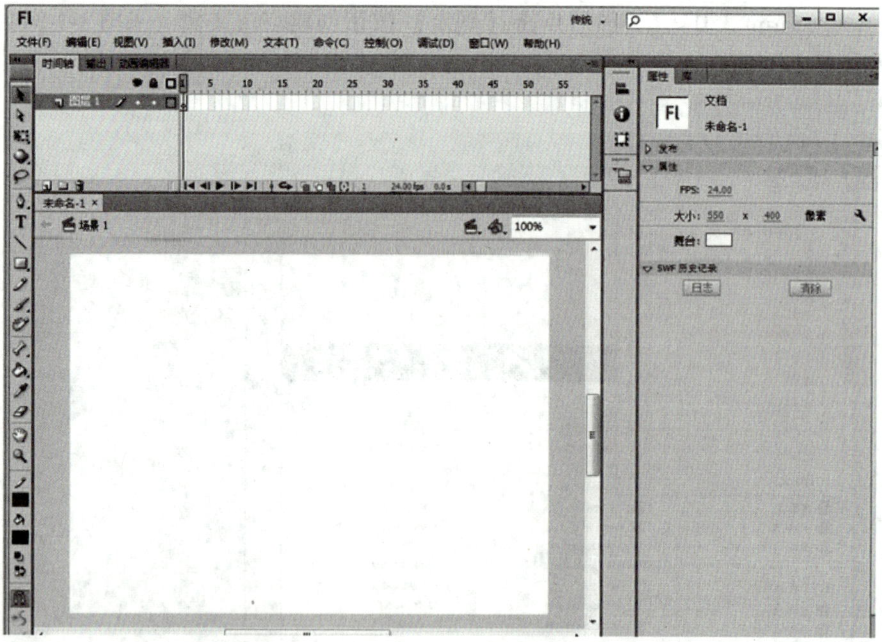

图 3-1-346　创建空白文档步骤（3）

② 修改文档属性，点击【属性】面板，修改“大小”为“1024＊768 像素”（见图 3-1-347 和图 3-1-348）。

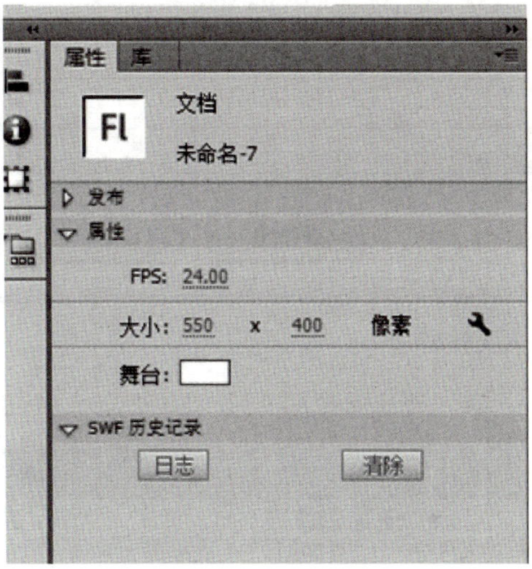

图 3-1-347　属性面板

图 3-1-348　修改“大小”

③ 点击【文件】→【另存为】，在打开的【另存为】窗口中输入文件名为“飘落的树叶”，并点击【保存】按钮（见图 3-1-349、图 3-1-350 和图 3-1-351）。

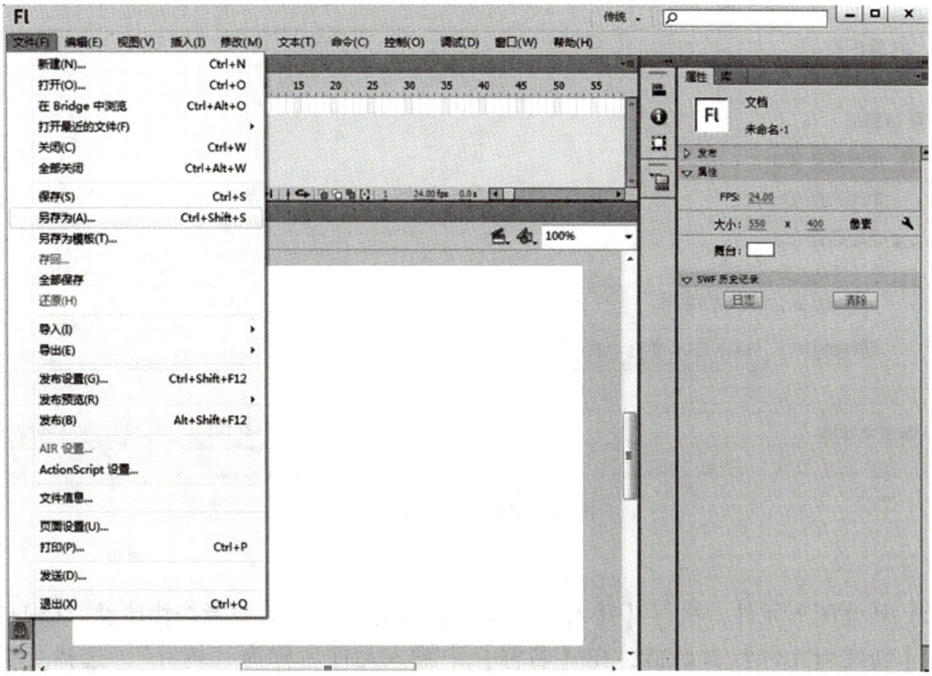

图 3-1-349　【另存为】窗口

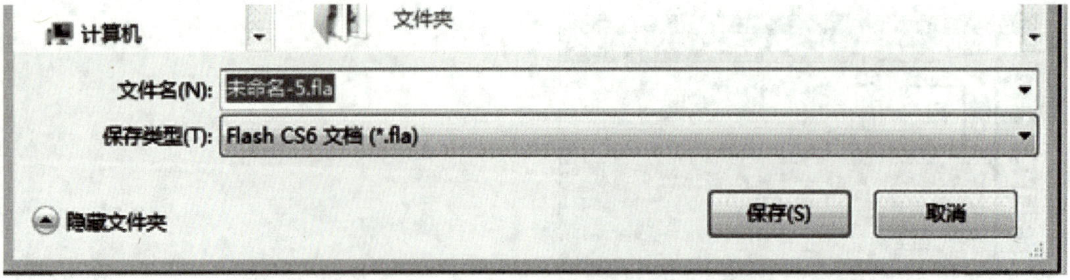

图 3-1-350　输入文件名

图 3-1-351　点击【保存】

④ 新建图形元件，执行【插入】→【新建元件】命令，或者按快捷键“Ctrl+F8”，弹出【创建新元件】对话框，在【名称】中输入元件名称为“树叶”，选择【类型】为【图形】，单击【确定】按钮（见图 3-1-352 和图 3-1-353）。

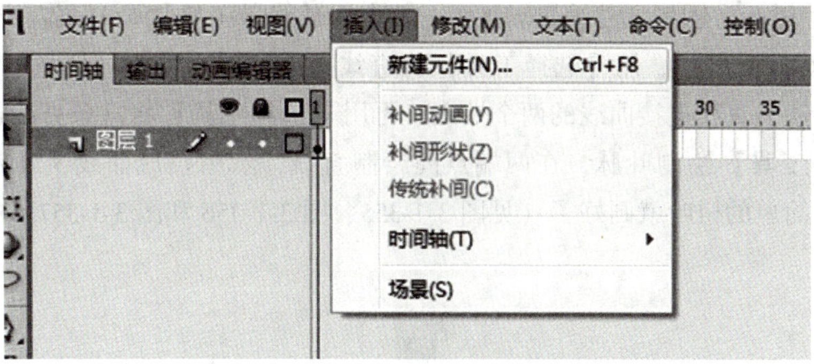

图 3-1-352　执行“新建元件”命令

图 3-1-353　【创建新元件】对话框

⑤ 工作区变为“树叶”元件的编辑状态（见图 3-1-354）。

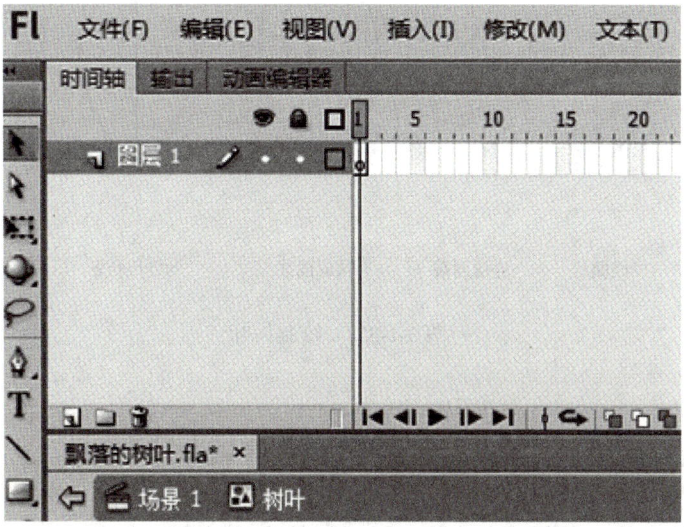

图 3-1-354　工作区

⑥ 在“树叶”图形元件编辑场景中，首先用【线条工具】画一条直线，设置【笔触颜色】为“深绿色”，用【选择工具】将直线拉成曲线，再用【线条工具】绘制一条直线，将这条直线连接曲线的两个端点，再用【选择工具】将这条直线也拉成曲线。再用【线条工具】绘制叶脉，在两端点间绘制直线，然后拉成曲线，最后调整一下，这样，一片简单的树叶就画好了（见图 3-1-355、图 3-1-356 和图 3-1-357）。

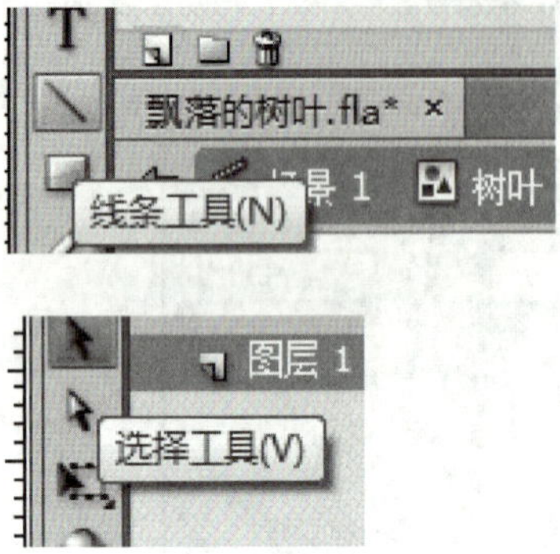

图 3-1-355　【线条工具】和【选择工具】

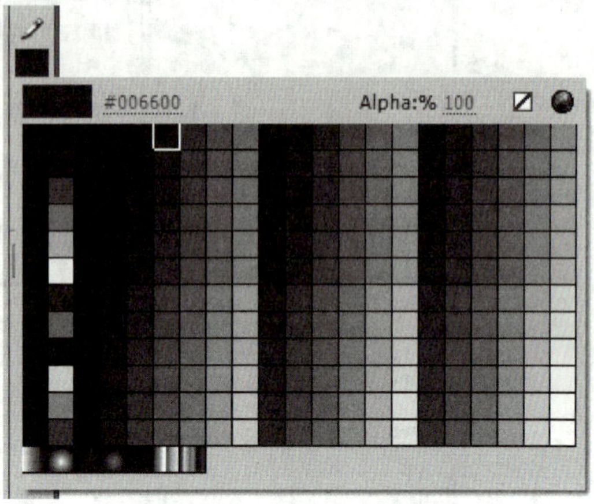

图 3-1-356　【笔触颜色】

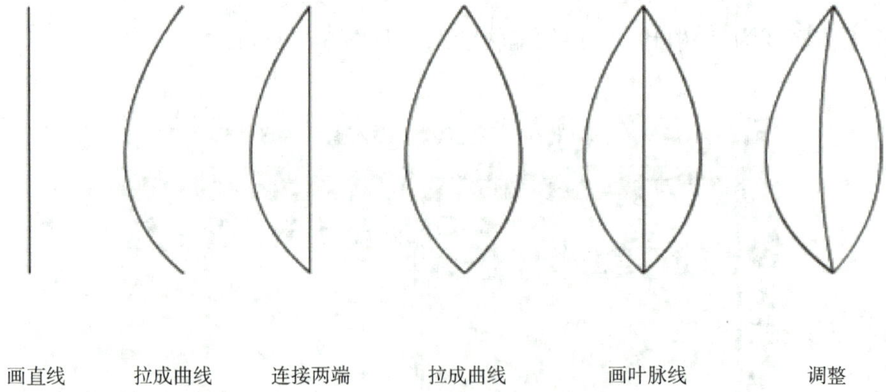

图 3-1-357　绘制树叶

提示：编辑和修改树叶时，如果在画树叶的时候出现了错误，可以执行【编辑】→【撤销】命令（快捷键为“Ctrl+Z”），撤销前一步的操作。也可以用【箭头工具】单击想要删掉的直线，选择这条直线，被选择的直线呈现网点状，这个时候就可以对被选择的直线进行各种修改了。

要移动选中的线条，就用鼠标拖动这条直线；要删除直线，就直接按键盘上的 Delete 键。按住 Shift 键的同时用【选择工具】连续双击线条，可以同时选取多个对象。如果要选取全部的线条，按键盘上的快捷键“Ctrl+A”，就可以将其全部选中了。

⑦ 接下来给这片树叶填充颜色。选择工具箱【颜色】选项，单击【填充颜色】按钮，弹出一个调色板，同时光标变成吸管状，选择比深绿线条浅一点的绿色，然后选择工具箱【颜料桶工具】选项，在画好的叶子上单击一下，树叶就填充上了颜色。用同样的方法，在树叶的另一半填充深一点的绿色。至此，树叶图形就绘制好了（见图 3-1-358、图 3-1-359 和图 3-1-360）。

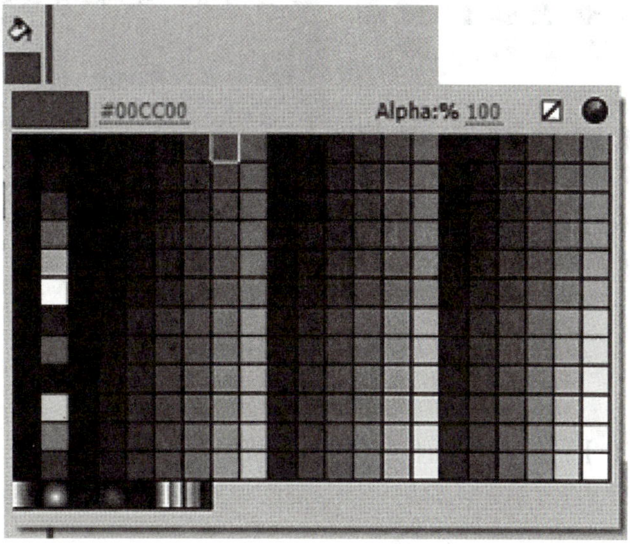

图 3-1-358　选择颜色

图 3-1-359　颜料桶工具

图 3-1-360　绘制好的树叶

提示：编辑树叶颜色时，如果觉得调色板上的颜色太少了，那么单击调色板右上角【颜色选择器】按钮，此时会弹出一个【颜色】对话框（见图 3-1-361），其中有更多的颜色选项。

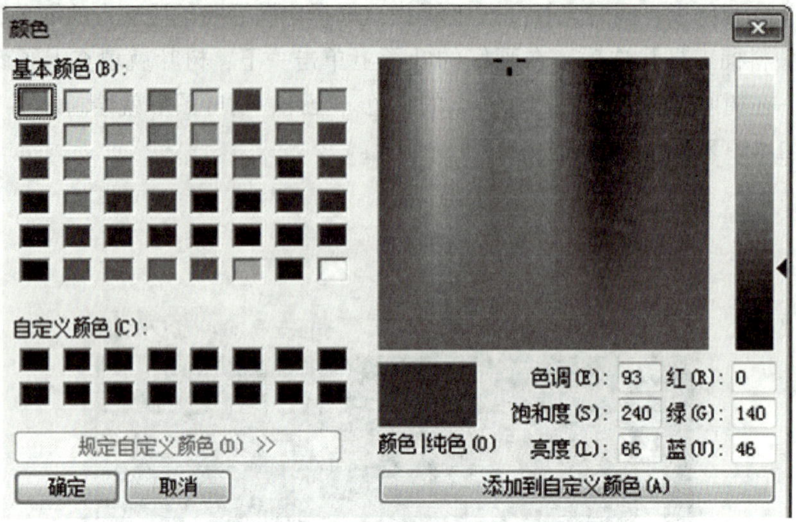

图 3-1-361　【颜色】对话框

⑧ 执行【窗口】→【库】面板，【库】面板中出现一个名称为“树叶”的图形元件（见图 3-1-362）。

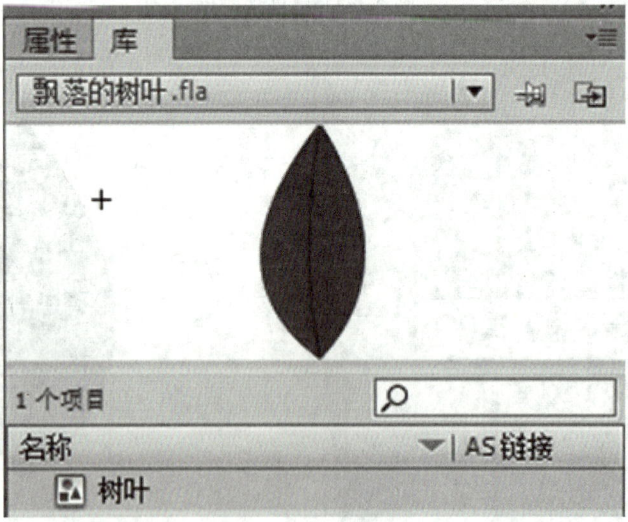

图 3-1-362　【库】面板

⑨ 以上操作都是在“树叶”的元件编辑场景中完成的，现在点击“场景 1”，回到场景 1 编辑区中绘制树枝（见图 3-1-363）。

图 3-1-363　场景 1 的编辑区

⑩ 使用【刷子工具】，并将【填充色】设置为“赭石色”。选择刷子的填色模式为“标准绘画”模式，选择刷子形状为“圆形”，刷子大小自定，移动笔触到场景 1 编辑区中绘制树枝（见图 3-1-364、图 3-1-365、图 3-1-366 和图 3-1-367）。

图 3-1-364　选择【刷子工具】

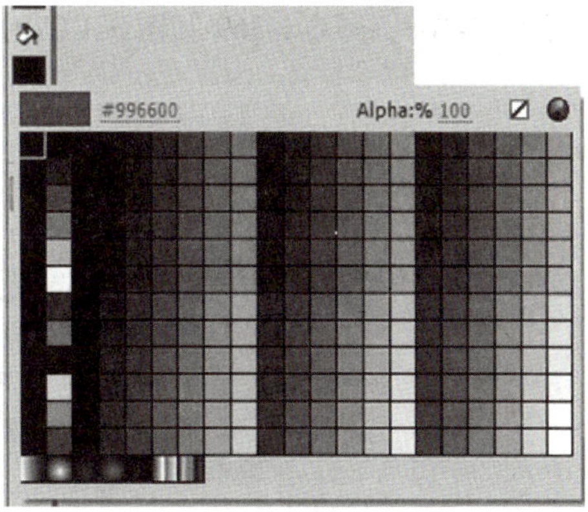

图 3-1-365　选择颜色

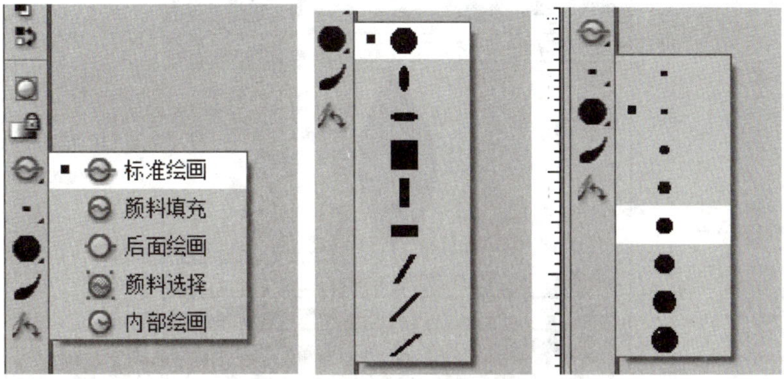

图 3-1-366　选择【标准绘画】

图 3-1-367　绘制树枝

⑪ 组合树枝和树叶。新建图层，双击“图层 2”，将“图层 2”改名为“树叶”，执行【窗口】→【库】命令，打开【库】面板，将库里名为“树叶”的元件拖到场景里（见图 3-1-368、图 3-1-369 和图 3-1-370）。

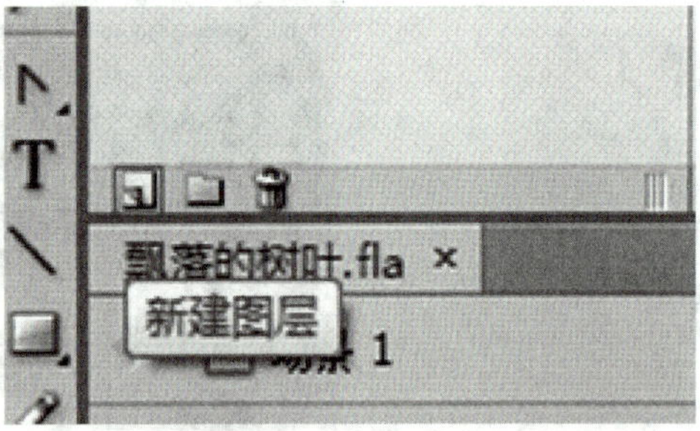

图 3-1-368　新建图层

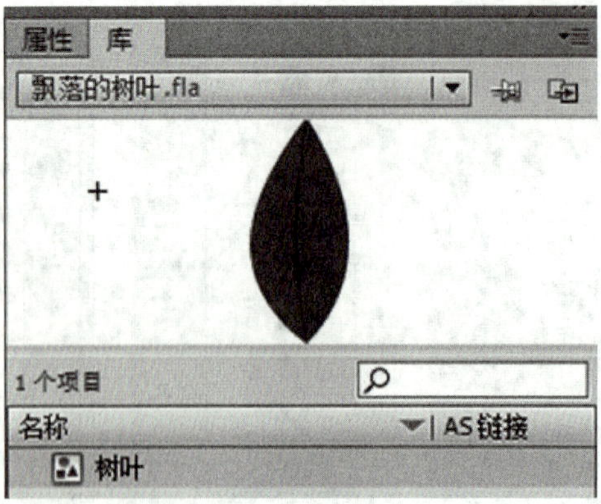

图 3-1-369　打开【库】面板

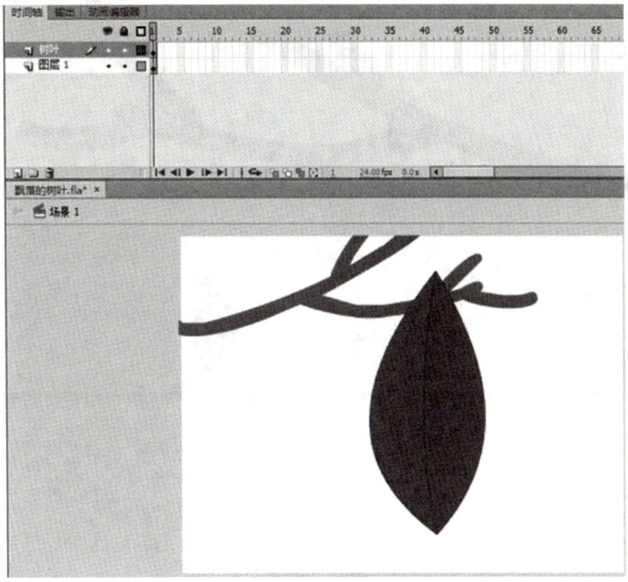

图 3-1-370　拖动元件

⑫ 变形树叶。使用【任意变形工具】，拖动任一角上的缩放手柄，可以将对象放大或缩小，按着 Shift 键，将鼠标移到方框的任意一个角，鼠标变成，拖动手柄可以将对象等比例放大或者缩小（见图 3-1-371、图 3-1-372、图 3-1-373 和图 3-1-374）。

图 3-1-371　选择【任意变形工具】

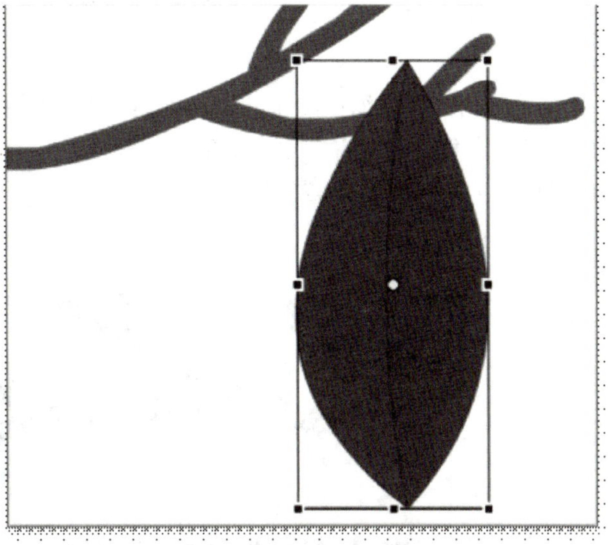

图 3-1-372　选中对象

图 3-1-373　缩小（1）

图 3-1-374　缩小（2）

⑬ 旋转树叶。将缩小的树叶拖动到树枝上，使用【任意变形工具】，将鼠标移到方框的任意一个角，鼠标右下角会出现一个圆圈，拖动手柄可以将对象等比例放大或者缩小（见图 3-1-375 和图 3-1-376）。

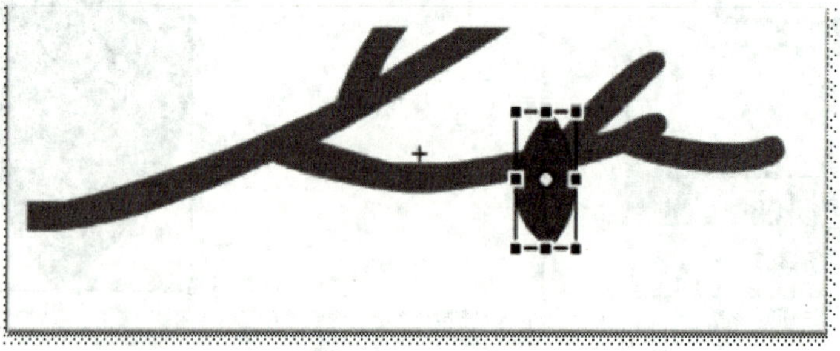

图 3-1-375　将树叶拖动到树枝上

图 3-1-376　树叶放大或缩小

⑭ 复制粘贴树叶。用【选择工具】选中树叶图形，按“Ctrl+C”键复制树叶图形，按“Ctrl+V”键粘贴树叶图形，旋转复制的树叶图形并移动到适当的地方。重复前面的方法，复制粘贴多片树叶并移动到树枝上，并根据需要调整树叶大小，这样树枝和树叶就完成了（见图 3-1-377、图 3-1-378 和图 3-1-379）。

图 3-1-377　复制树叶

图 3-1-378　粘贴树叶

图 3-1-379　重复复制和粘贴

⑮ 制作飘落的树叶。新建图层，双击“图层 3”，将“图层 3”改名为“树叶飘落”，用【选择工具】选中一片树叶，按“Ctrl+X”键剪切一片树叶，按“Ctrl+V”键粘贴到“树叶飘落”图层。在时间轴的 80 帧，点击右键，选择【插入关键帧】，将这一帧的树叶移至舞台下方，然后在时间轴第 1 帧到第 80 帧的任一处点击右键，选择【创建传统补间】，将图层 1 和“树叶”图层时间长度延长至 80 帧，在 80 帧处点击右键，选择【插入帧】（见图 3-1-380、图 3-1-381、图 3-1-382、图 3-1-383、图 3-1-384、图 3-1-385 和图 3-1-386）。

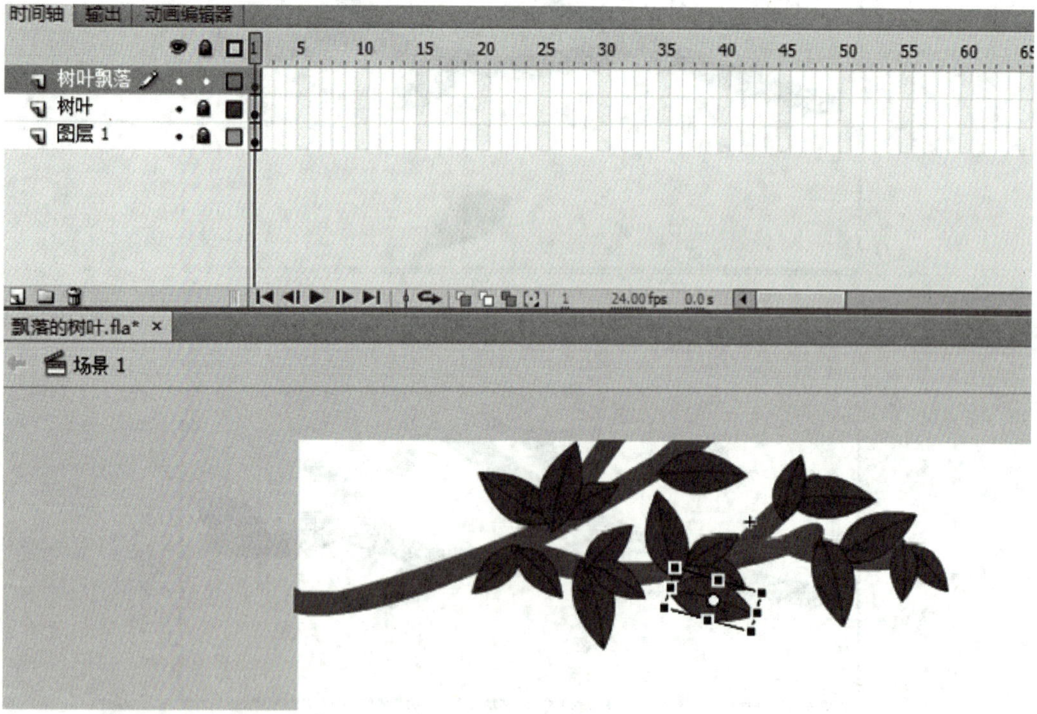

图 3-1-380　粘贴树叶

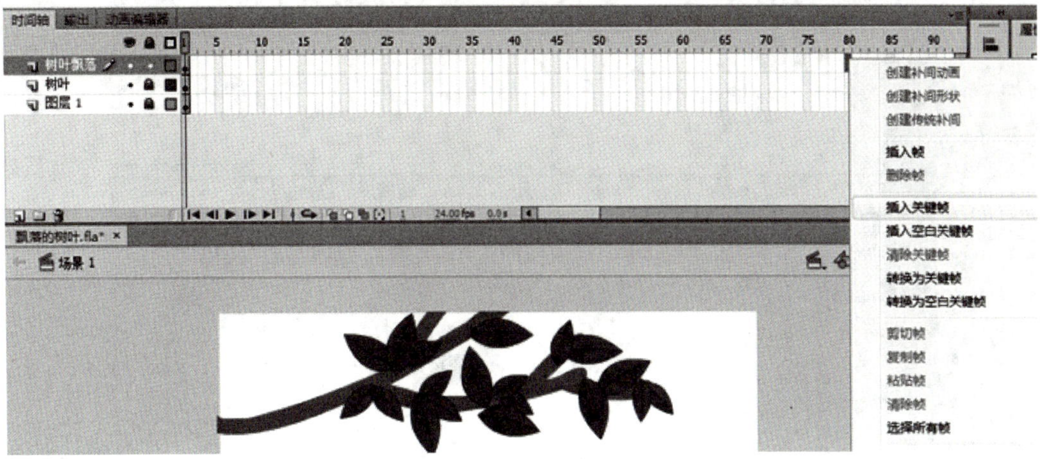

图 3-1-381　选择第 80 帧

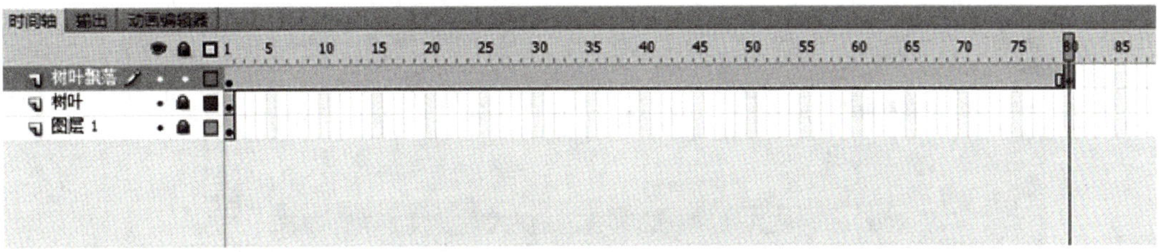

图 3-1-382　插入关键帧

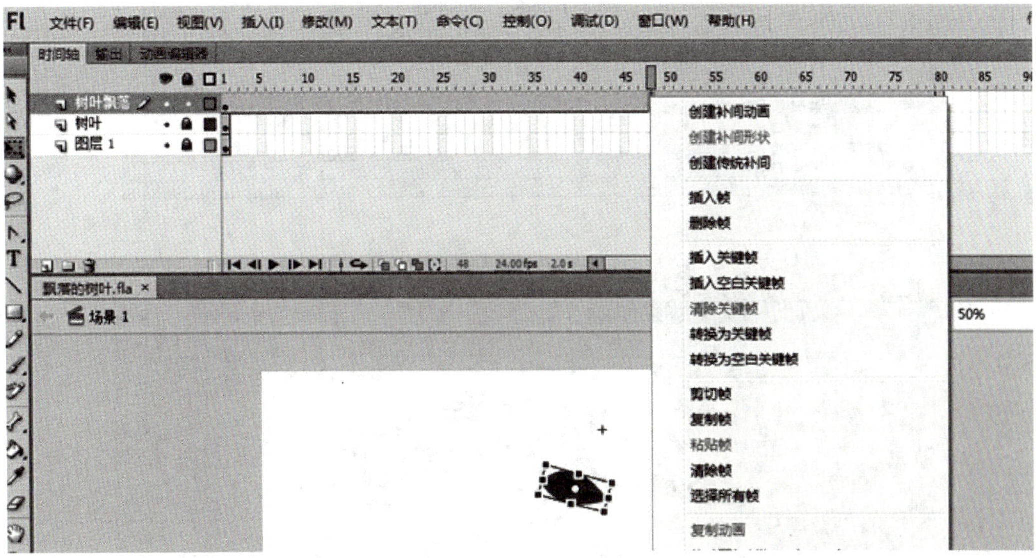

图 3-1-383　创建补间动画（1）

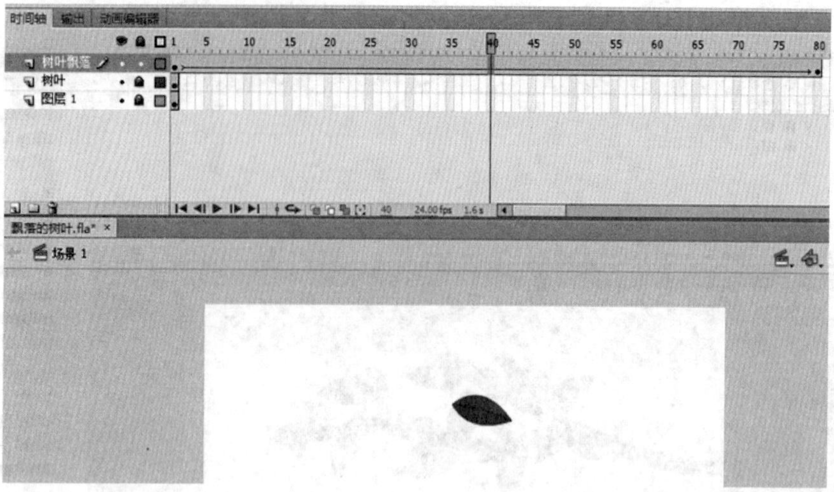

图 3-1-384　创建补间动画（2）

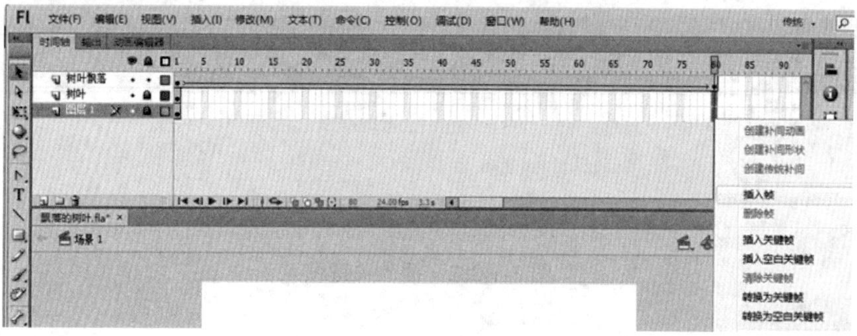

图 3-1-385　插入帧

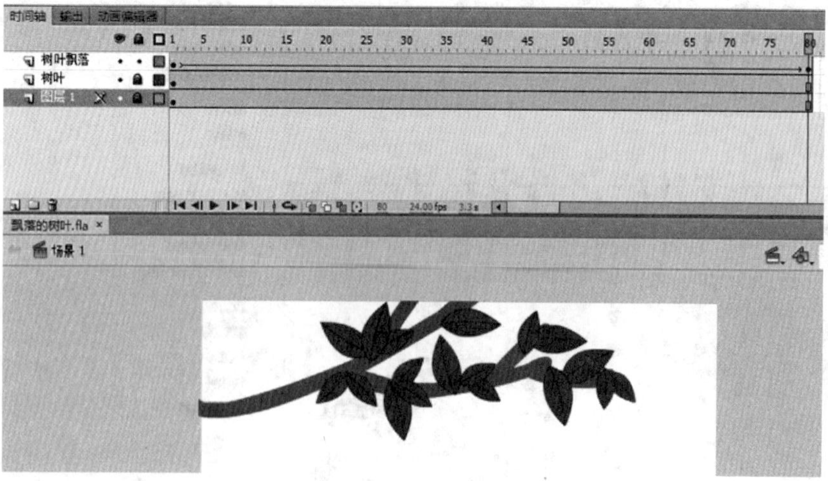

图 3-1-386　动画基本完成

⑯ 调整动画。执行【窗口】→【属性】面板，选择“树叶飘落”图层，在第 1 帧到第 80 帧的任一处点击，选择【属性】“旋转”为“顺时针”（见图 3-1-387 和图 3-1-388）。

图 3-1-387　选择“树叶飘落”图层

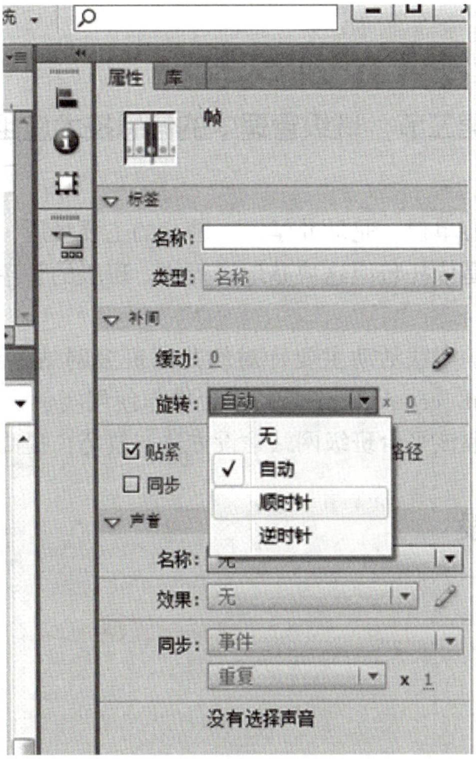

图 3-1-388　“旋转”为“顺时针”

⑰ 最后，按下键盘组合键“Ctrl+Enter”进行测试（见图 3-1-389）。

图 3-1-389　进行测试

第二节　班级管理中的信息技术应用

班级是幼儿园的核心单位，是幼儿学习、游戏的主要场所。幼儿日常行为习惯的养成，一日活动的组织都是依托班级这块基地进行的。班级的管理水平直接影响着幼儿园教育教学活动的进行。

本节所述的各项教学实践活动主要针对幼儿园班级网站建设进行设计，基于“中国幼儿园门户网”（cloud. ccnukids. com）平台操作使用实例进行讲解，能帮助幼儿园管理、教学人员快速掌握该平台班级网站建设方法与技巧，提高班级管理工作效率。

一、班级网站建设

活动一　幼儿成长档案制作

（一）活动目的

① 掌握使用平台上传、管理幼儿图片的方法。

② 掌握使用平台对幼儿成长档案添加评价信息的方法。

（二）活动任务

通过对平台对应功能的操作，为幼儿成长档案添加、管理计算机本地图片，并能对幼儿表现进行评价，完善幼儿成长档案内容。

（三）操作步骤

1．幼儿图片的上传和管理

打开任意浏览器，在地址栏输入“cloud. ccnukids. com”，进入“中国幼儿园门户网”，使用“教师”账号、密码登录该平台，进入教师工作主页面，并通过点击桌面左下【家园联系册】按钮（图中黑色方框所示位置），进入“家园联系册”页面（见图3-2-1），或通过主页面右上【快捷导航】菜单进入“家园联系册”页面（见图3-2-2）。

图 3-2-1　教师工作主页面

图 3-2-2　教师工作主页面快捷导航菜单

在“家园联系册”页面中（见图3-2-3）点击【家园联系册】按钮（图中黑色方框所示位置），弹出“家园联系册”列表窗口。

图3-2-3 “家园联系册”页面

在【家园联系册】列表窗口（见图3-2-4）中可点击进入相应学期的“家园联系册”封面页面。

在“家园联系册”封面页面点击上方中部【目录】按钮，即进入目录页（见图3-2-5）。

图3-2-4 “家园联系册”列表窗口

图 3-2-5 “家园联系册”封面页面

在目录页（见图 3-2-6）中点击【生活剪影】按钮（图中黑色方框所示位置），即可进入“生活剪影”上传、管理页面（见图 3-2-7），点击相应幼儿姓名标签（图中黑色方框所示位置）后即弹出上传或管理选择窗口。

图 3-2-6 “家园联系册”目录页面

图 3-2-7　生活剪影上传、管理页面

在弹出的窗口中点击【上传照片】按钮（见图 3-2-8），随后弹出打开图片文件窗口，选择“企鹅”示例图片（图中黑色方框所示位置）后点击【打开】按钮，即弹出【单个小朋友分配】窗口（见图 3-2-9）。

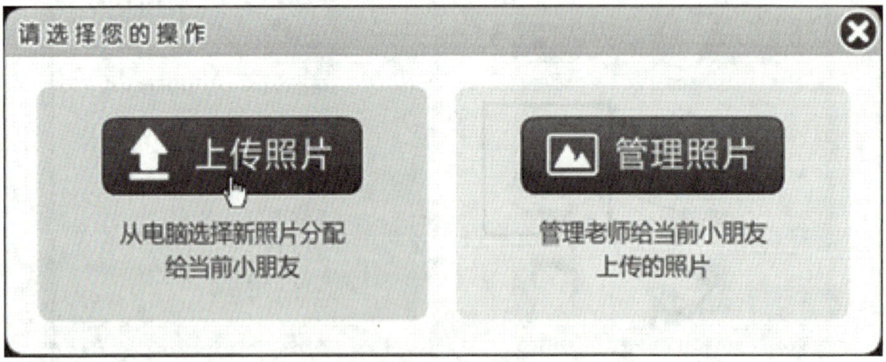

图 3-2-8　上传管理选择窗口

图 3-2-9　打开图片文件窗口

在【单个小朋友分配】窗口（见图 3-2-10）中，可根据窗口右上角提示，对之前打开的“企鹅”示例图片进行“浏览大图”、“编辑描述”等操作，以完成图片上传之前的确认和准备工作，随后点击“企鹅”示例图片缩略图对其进行勾选操作，再点击【确认上传】按钮即开始上传（见图 3-2-11）本地计算机中存储的“企鹅”示例图片至“生活剪影”板块中。

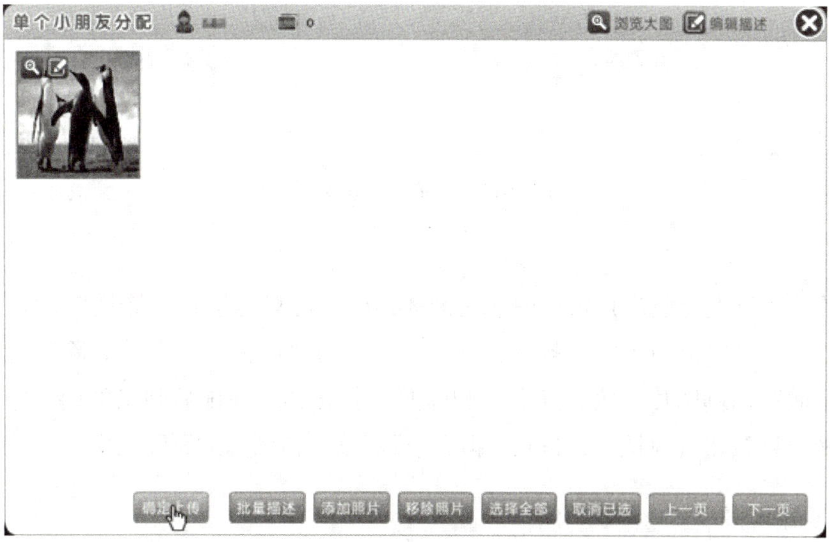

图 3-2-10　【单个小朋友分配】窗口

图 3-2-11　图片上传中画面

如需对已上传图片进行管理，则同样是进入“生活剪影”上传、管理页面，然后点击幼儿姓名标签，弹出上传或管理选择窗口（见图 3-2-12），点选【管理照片】按钮，弹出【管理已上传照片】窗口。

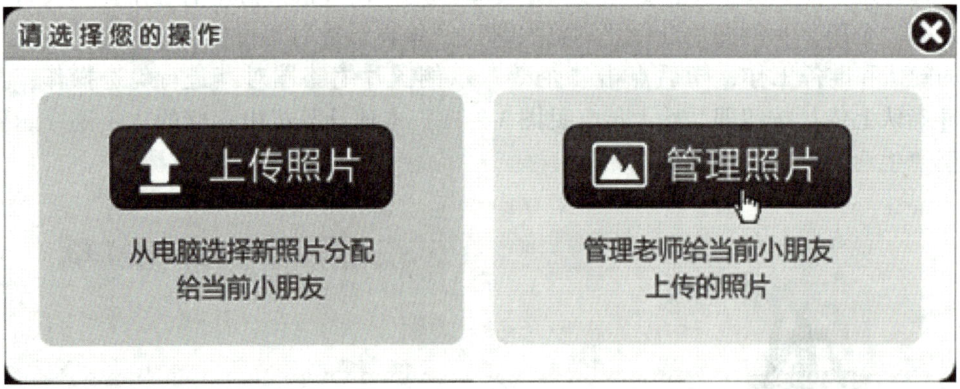

图 3-2-12　上传或管理选择窗口

在【管理已上传照片】窗口中（见图 3-2-13）可对已上传“企鹅”示例图片进行“浏览大图”、“编辑描述”等操作，亦可对其执行删除操作；以“删除”为例：点击勾选“企鹅”示例图片，然后点击【删除照片】按钮，在随后弹出的确认删除窗口中点选【确定】按钮（见图 3-2-14），即可完成对已上传图片的删除工作。

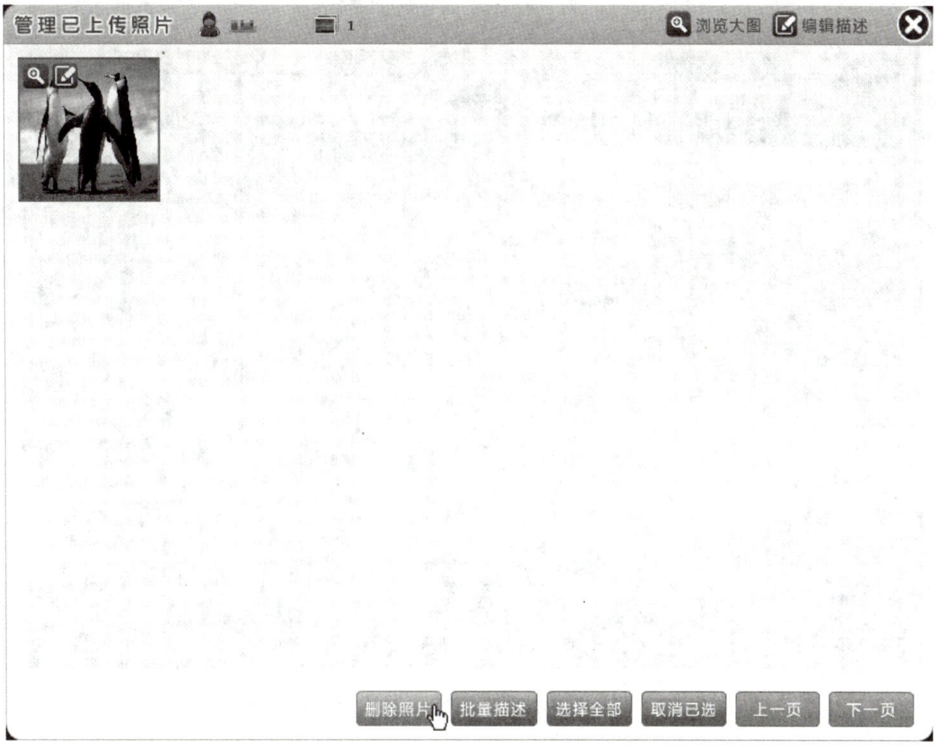

图 3-2-13　删除照片

图 3-2-14　确认删除窗口

幼儿照片的上传还有“批量分配”模式可供选择，在“生活剪影上传”页面（见图 3-2-15）中点击右上角【批量分配】按钮（图中黑色方框所示位置），即可弹出【批量分配】窗口，在该窗口中勾选“企鹅”示例图片（见图 3-2-16），然后点选下方幼儿姓名标签（图中黑色方框所示位置）选择批量分配对象，最后点击【确定上传】按钮即完成将指定图片批量分配至所选幼儿成长档案中“生活剪影”板块的操作。

图 3-2-15　从“生活剪影上传”页面进入批量分配

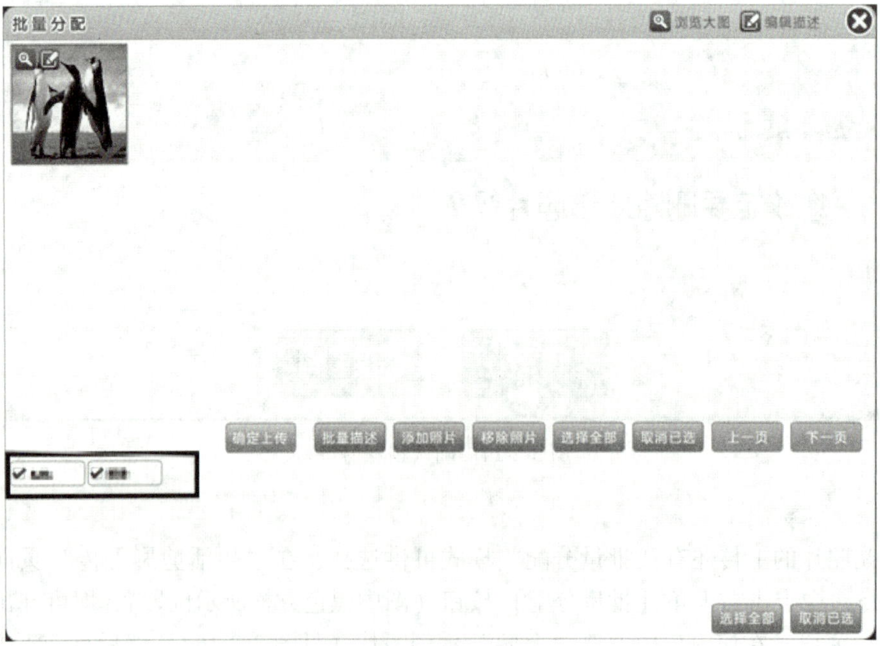

图 3-2-16　【批量分配】窗口

完成上述操作后，“幼儿成长档案”中“在园剪影”部分即同步上传完成，如需验证，可通过“幼儿花名册”进入对应的“幼儿成长档案”，对“在园剪影”图片内容进行检视。

2. 幼儿成长档案的评价

进入“家园联系册”目录页面（步骤与上传照片部分相同，故略去），在该页面中点击【观察与评价】按钮（见图 3-2-17），即可进入“观察与评价”主页面，在其中可选择欲进行相关操作的年、月标签（见图 3-2-18），点击后弹出对应时间的评价操作页面（见图 3-2-19），在评价操作页面中可选择幼儿姓名标签后的老师评价【填写】按钮，并对其月度在园期间表现进行星级评价（图中黑色方框所示位置）的设定、修改等操作，填写完毕后点击【保存】按钮即完成该幼儿评价操作，其结果亦可通过“幼儿档案”中“观察评价”部分内容进行检视（步骤与上传照片部分相同，故略去）。

图 3-2-17　联系册目录页

图 3-2-18　“观察与评价”主页面

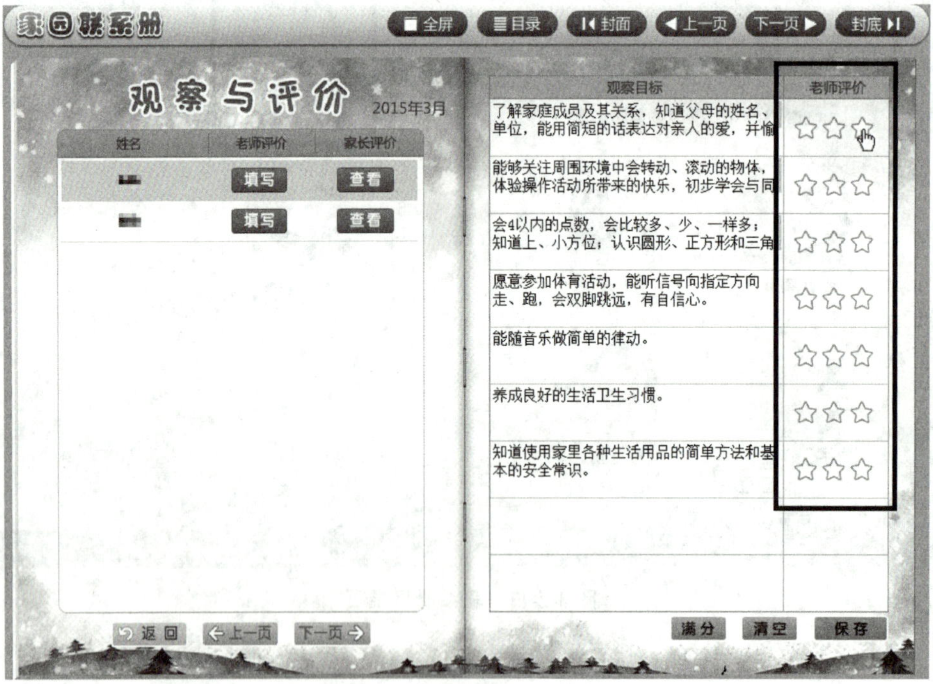

图 3-2-19　“观察与评价”操作页面

活动二　家园沟通平台

（一）活动目的

① 掌握家园短信通的使用方法。
② 掌握家园联系册的管理方法。
③ 掌握家园论坛的管理方法。

（二）活动任务

通过对平台对应功能的操作，能够熟练掌握应用多种家园沟通手段，加强家园联系与互动，提升家园共育工作的效率。

（三）操作步骤

1. 家园短信

进入教师工作主页面（见图 3-2-20）。通过点击桌面右下【手机短信】按钮（图中黑色方框所示位置），并在弹出窗口中选择【短信平台】（见图 3-2-21）进入“家园短信通”页面，或通过主页面右上【快捷导航】菜单中【短信平台】按钮（见图 3-2-22）进入“家园短信通”页面。

图 3-2-20　教师工作主页面

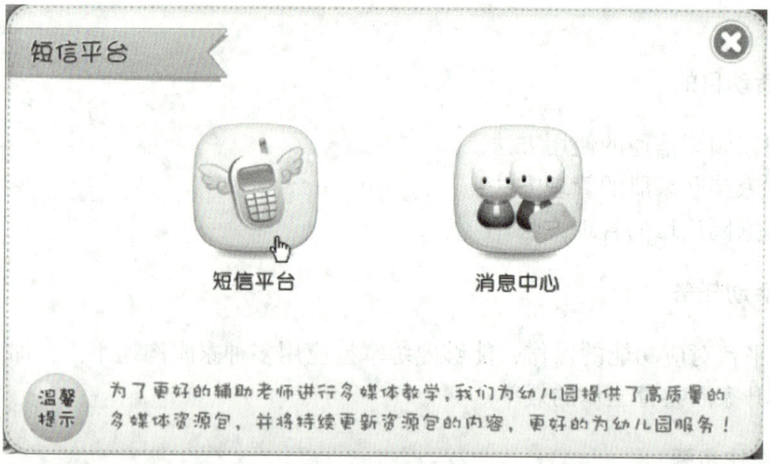

图 3-2-21 “短信平台”弹出窗口

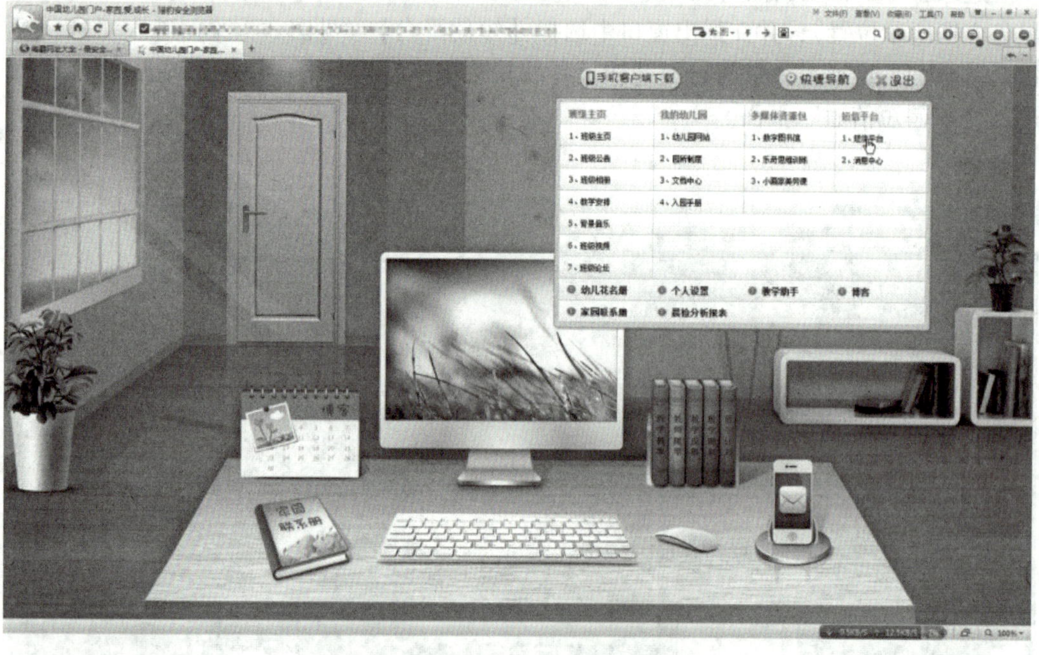

图 3-2-22 教师工作主页面快捷导航菜单

在“家园短信通”页面中的“家长短信”标签下（见图 3-2-23），可进行幼儿家长短信的群发操作。首先在文本框内输入短信内容，通过配符在短信中将自动显示为系统中对应幼儿姓名，完成短信编辑工作后，可相应设定“短信类别”等选项，并在“选择学生”中以班级或指定姓名的方式设定群发对象，随后点击【发送】按钮即完成家长短信发送工作（见图 3-2-24）。

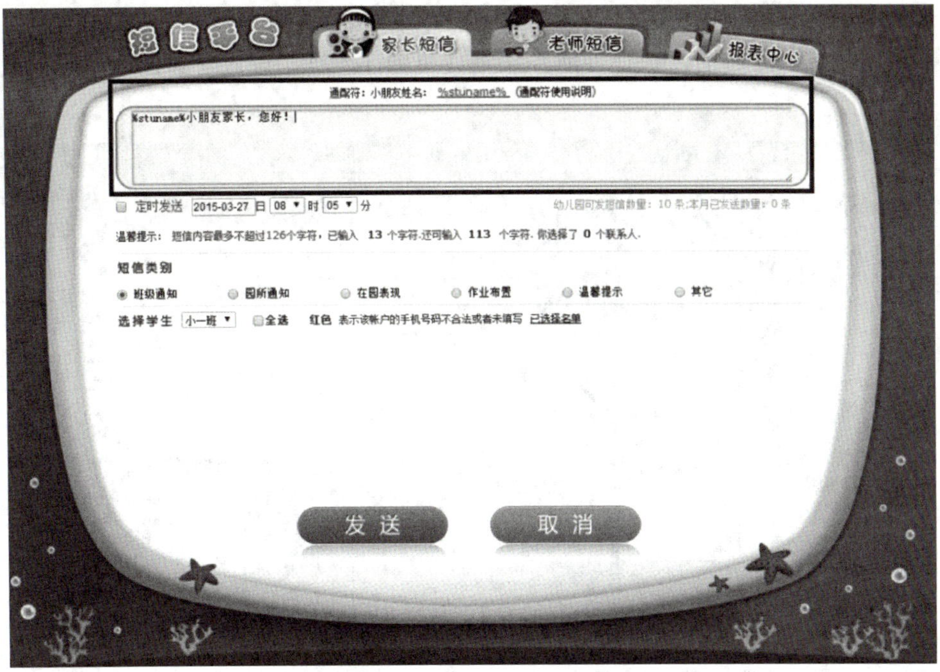

图 3-2-23　家长短信内容编辑

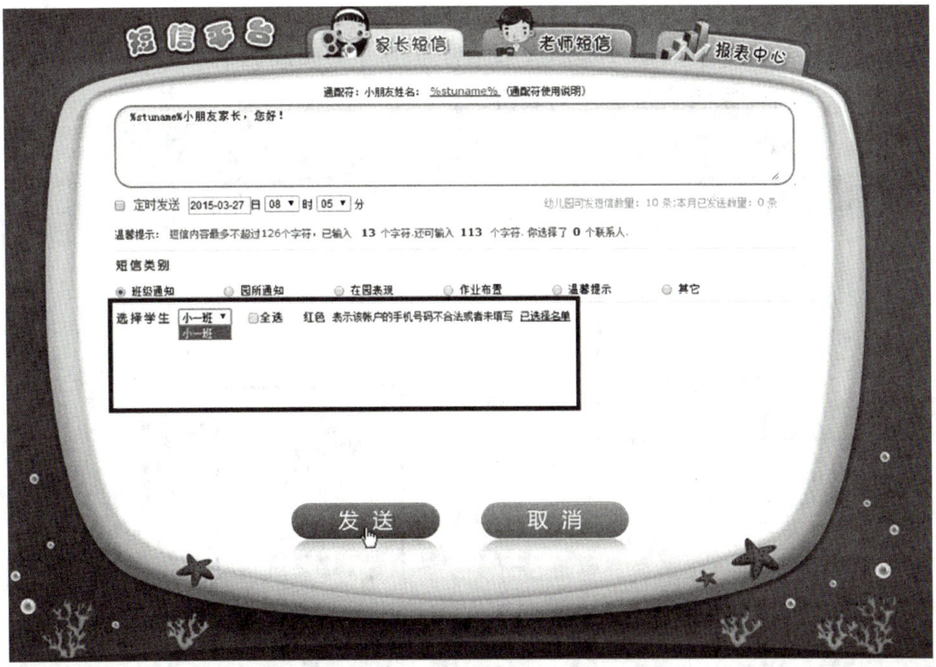

图 3-2-24　家长短信选项设定与发送

2. 家园联系册

进入教师工作主页面，通过点击桌面左下【家园联系册】按钮进入“家园联系册”页面，或通过主页面右上“快捷导航”菜单（见图 3-2-25）进入“家园联系册”页面。

图 3-2-25 教师工作主页面快捷导航菜单

在“家园联系册”页面中（见图 3-2-26）点击【家园联系册】按钮（图中黑色方框所示位置）弹出“家园联系册”列表窗口。

图 3-2-26 家园联系

在家园联系册列表窗口（见图 3-2-27）中可点击进入相应学期的“家园联系册”封面页面。

在“家园联系册”封面页面点击上方中部【目录】按钮即进入目录页（见图 3-2-28）。

图 3-2-27　“家园联系册”列表窗口

图 3-2-28　“家园联系册”封面页面

在目录页面中点击相应按钮即可进行对应内容的上传、编辑等操作（见图 3-2-29），具体步骤可参见本节“活动一”中相关内容。

图 3-2-29　家园联系册目录页面

3. 家园论坛

在教师工作主页面中，将鼠标移至桌面电脑显示器图标，即可弹出多个按钮，在其中点击【班级主页】按钮（见图 3-2-30），或在“快捷导航”菜单中点击【班级主页】按钮（见图 3-2-31），随后即弹出班级主页选项窗口（见图 3-2-32），在其中点击【班级论坛】按钮，即可进入“班级论坛”浏览、发布和管理页面。

图 3-2-30　教师工作主页面班级主页弹出按钮

图 3-2-31　教师工作主页面快捷导航菜单

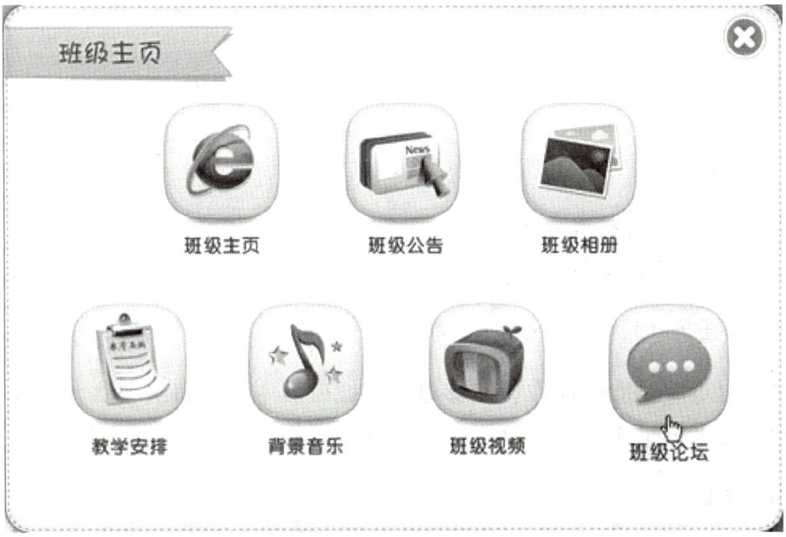

图 3-2-32　教师工作

在“班级论坛”浏览、发布和管理页面的“发表新帖”栏目中，输入相应文字或插入图片等内容，点击【保存】按钮即可完成新帖的发表工作（见图 3-2-33）；同样也可在该页面中点击帖子列表中的主题，浏览或管理旧帖。

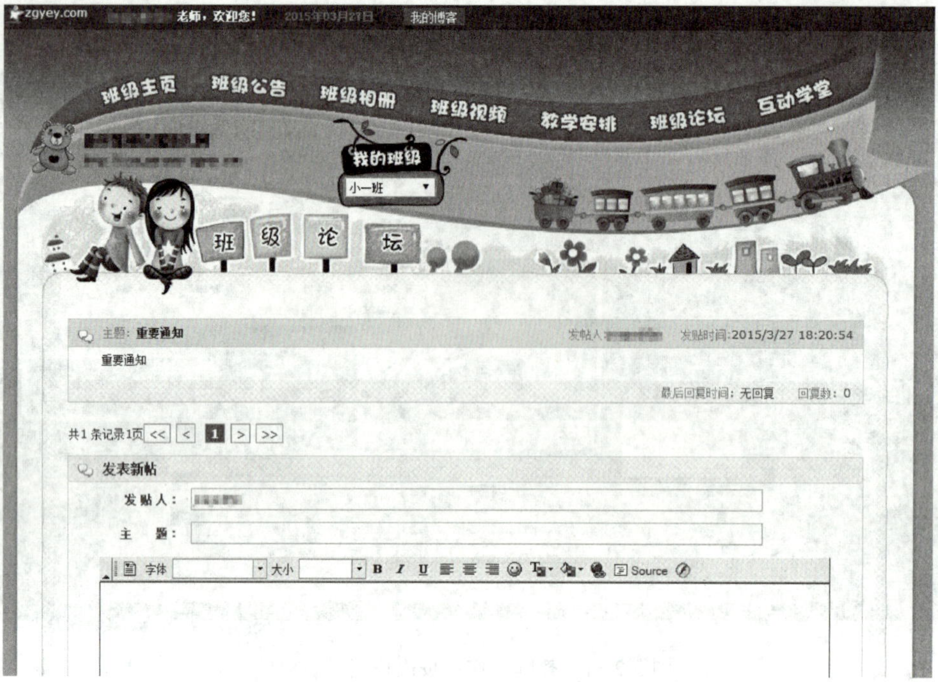

图 3-2-33　班级论坛浏览、发布、管理页面

活动三　班级主页的维护

（一）活动目的

① 掌握班级公告的发布方法。
② 掌握教学计划的发布方法。

（二）活动任务

通过对平台对应功能的操作，能够熟练掌握班级主页中班级公告与教学计划等内容的发布、管理与维护工作，保证班级主页的正常运行。

（三）操作步骤

1. 班级公告

在教师工作主页面中（见图 3-2-30），移动鼠标至中间电脑显示器图标，在弹出的按钮中点击【班级主页】按钮（图中黑色方框所示位置），随后弹出“班级主页”各选项窗口（见图 3-2-34），在其中点选【班级公告】按钮即可进入班级公告列表页面，亦可在“快捷导航”菜单中直接点击“班级公告”进入班级公告列表页面。

图 3-2-34　班级主页弹出窗口

在班级公告列表页面中点击【发布公告】按钮（见图 3-2-35），即可进入“发布公告”页面（见图 3-2-36），在该页面中输入所需发布的公告标题、正文或插入相关图片内容，并选择班级后，点击【发布】按钮即可完成班级公告的发布操作。

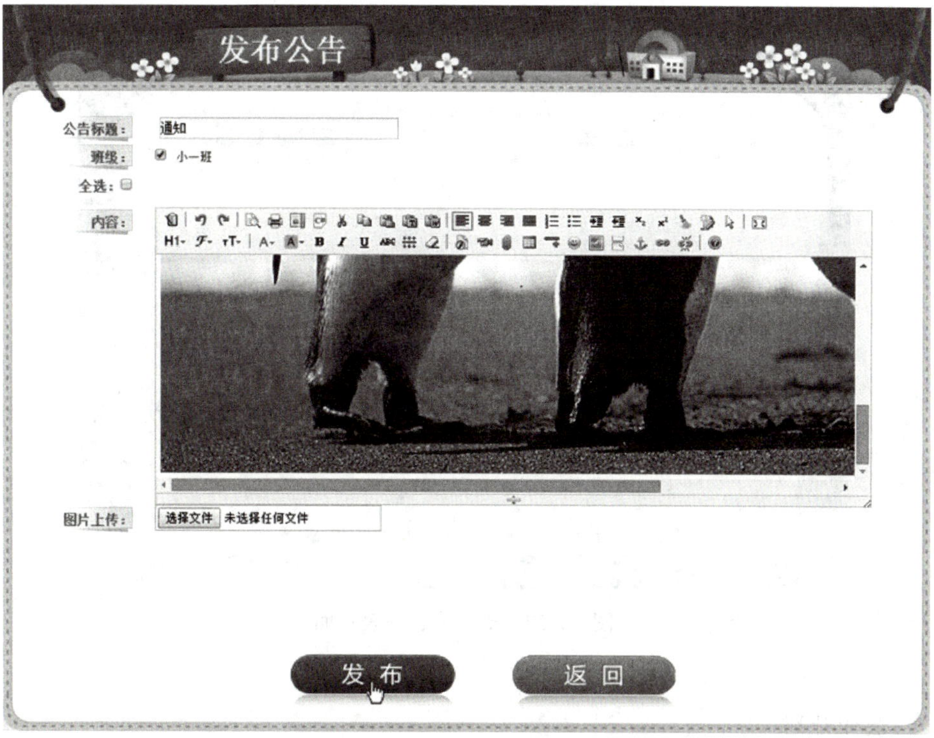

图 3-2-35　发布公告页面

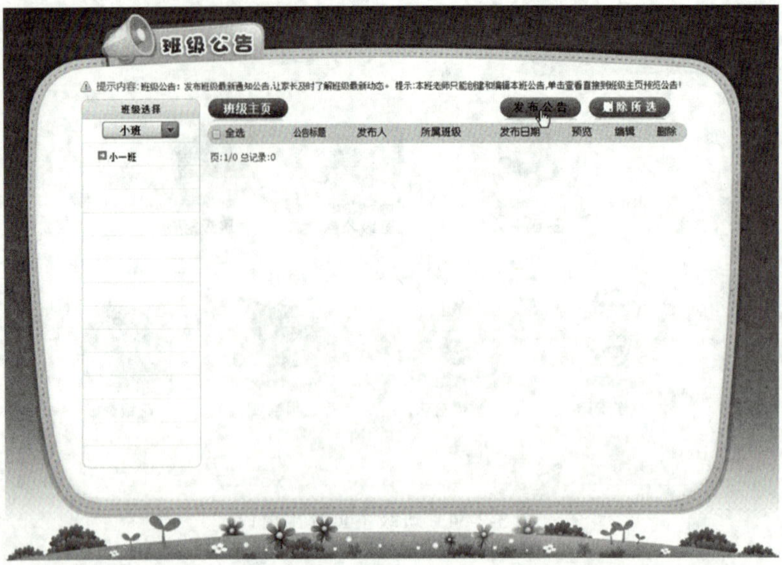

图 3-2-36 班级公告列表页面

发布完成即返回班级公告列表页面（见图 3-2-37），在该页面中可检视之前发布的公告，并可对其进行预览、编辑和删除操作。

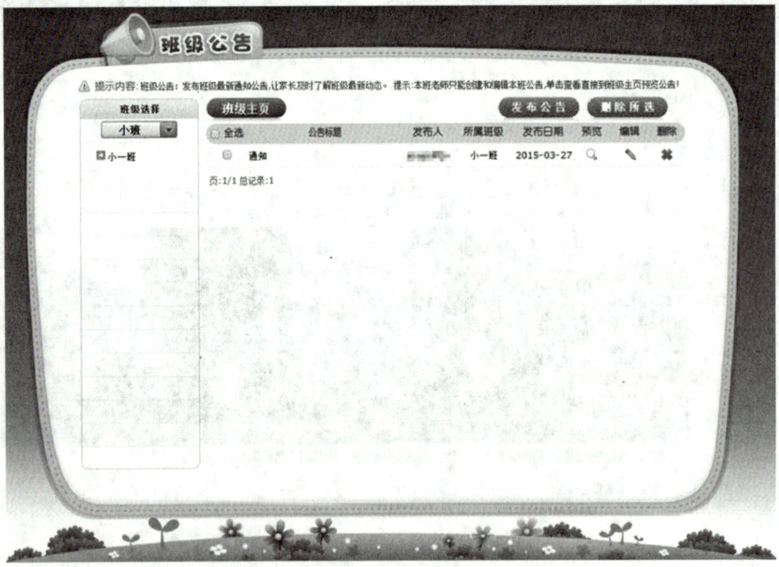

图 3-2-37 班级公告列表页面

2. 教学计划

在教师工作主页面中（见图 3-2-30），移动鼠标至中间电脑显示器图标，在弹出的按钮中点击【班级主页】按钮（图中黑色方框所示位置），随后弹出【班级主页】各选项窗口（见图 3-2-38），在其中点选【教学安排】按钮即可进入教学安排列表页面，亦可在“快捷导航”菜单中直接点击【教学安排】进入教学安排列表页面。

图 3-2-38 【班级主页】弹出窗口

在教学安排列表页面中点击【发布文档】按钮（见图 3-2-39），即可进入发布教学安排页面（见图 3-2-40），在该页面中输入所需发布的教学安排标题、正文或插入相关图片内容，并选择班级后，点击【发布】按钮即可完成教学安排的发布操作。

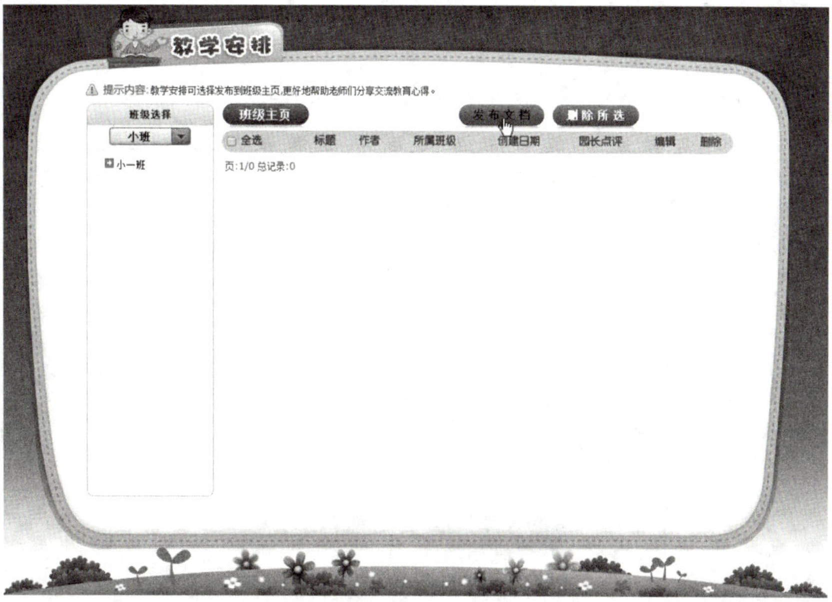

图 3-2-39 教学安排列表页面

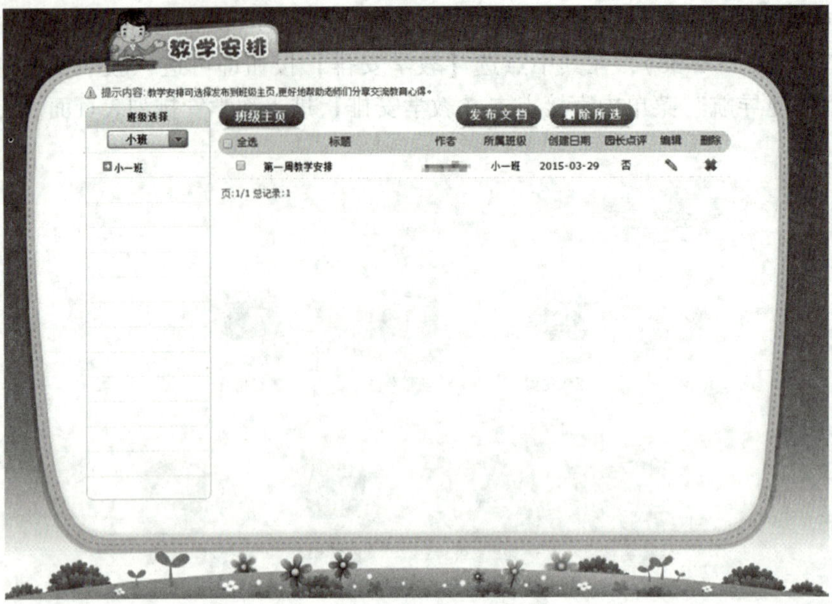

图 3-2-40　教学安排列表页面

发布完成即返回教学安排列表页面（见图 3-2-41），在该页面中可检查之前发布的教学安排，并可对其进行编辑和删除操作。

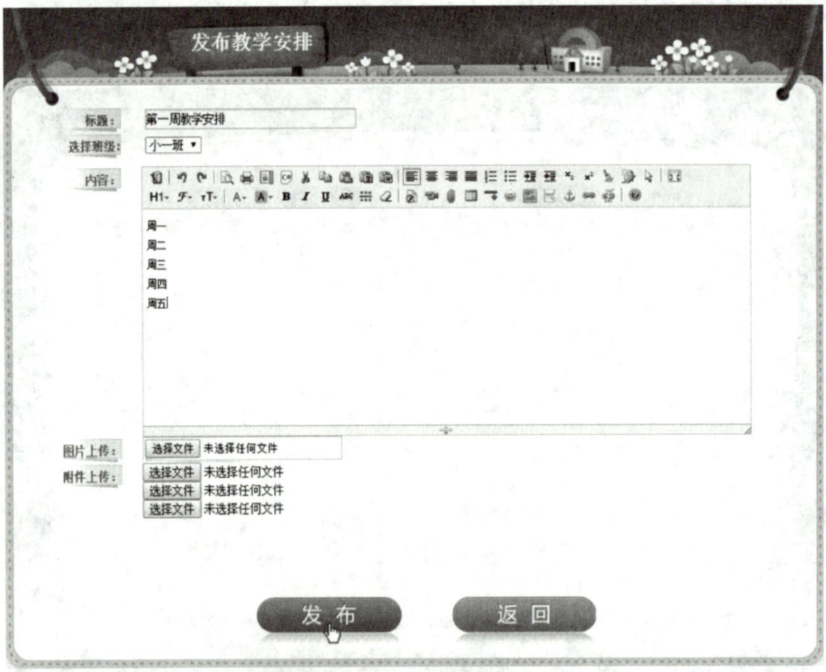

图 3-2-41　发布教学安排页

二、班级物资管理

活动四　班级物资建档

（一）活动目的

掌握班级物资建档方法。

（二）活动任务

通过对平台对应功能的操作，能够熟练掌握班级物资管理中的建档方法。

（三）操作步骤

打开任意浏览器，在地址栏中输入 http://www.yey.com/进入“中国幼儿园门户网”，使用“园长”账号、密码登录该平台，进入园长工作主页面（见图 3-2-42），在“快捷导航”菜单中点击【物品管理】按钮即可进入物品管理页面（见图 3-2-43）。

图 3-2-42　园长工作主页面

在物品管理页面中点击【新增物品】按钮（见图 3-2-44），即可弹出“新增物品”信息页面（见图 3-2-45），在该页面中填写完成物品详细信息后，点击【确定】按钮即弹出新增物品成功提示窗口（见图 3-2-46），继续点击【确定】按钮即返回物品管理页面。

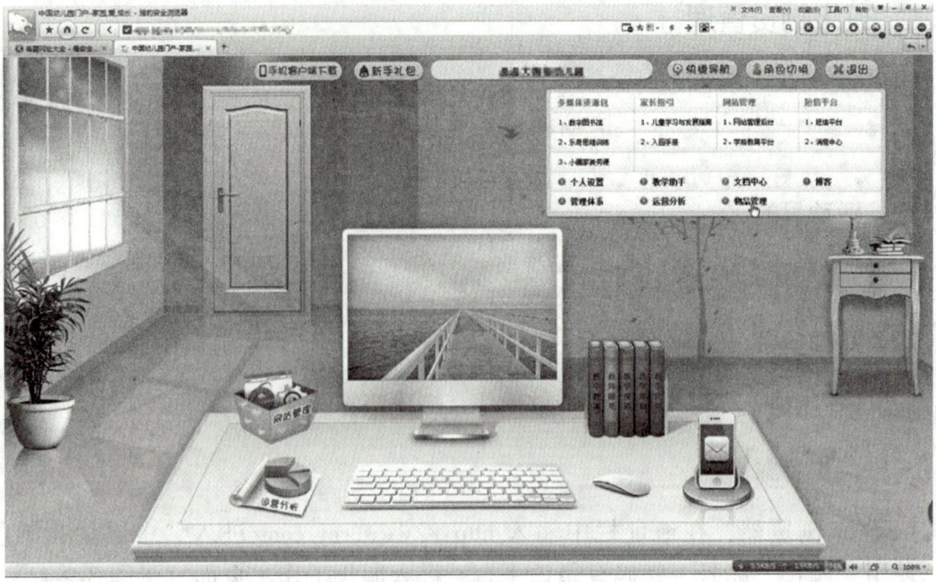

图 3-2-43　园长工作主页面快捷导航菜单

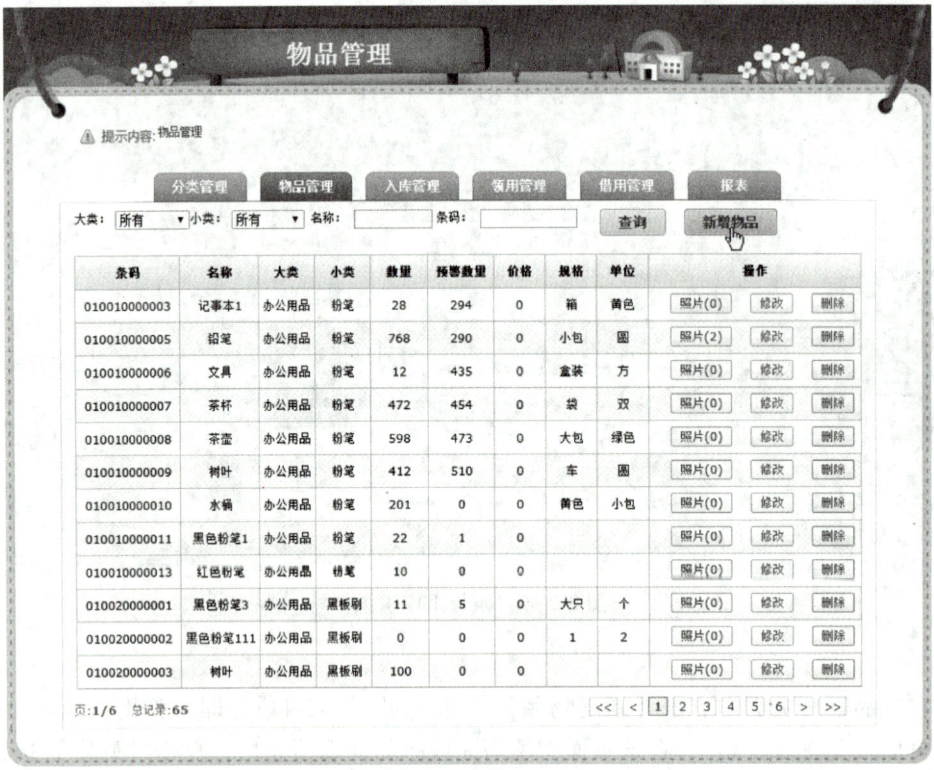

图 3-2-44　物品管理

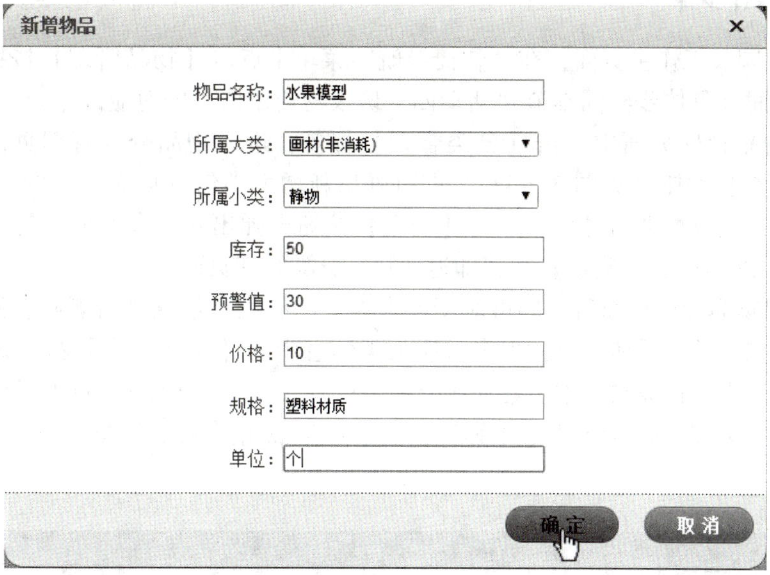

图 3-2-45　新增物品信息

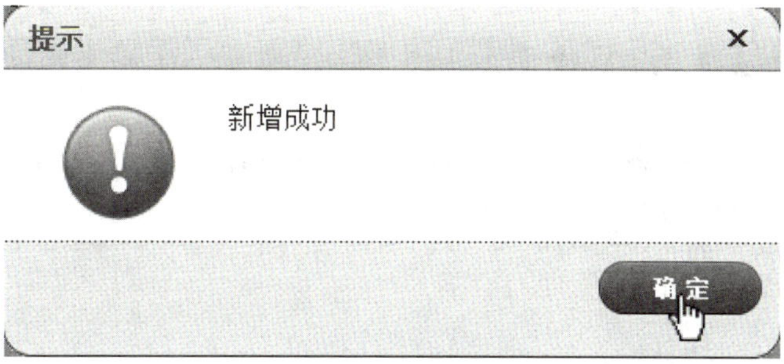

图 3-2-46　新增物品成功

返回物品管理页面后，即可对新增物品或已有物品信息进行删除、修改等其他操作。

活动五　班级物资归类

（一）活动目的

掌握班级物资归类方法。

（二）活动任务

通过对平台对应功能的操作，能够熟练掌握班级物资管理中的归类方法。

（三）操作步骤

① 进入园长工作主页面，在“快捷导航”菜单中点击【物品管理】按钮即可进入物品管理页面（具体步骤同本节“活动四　班级物资建档”的对应部分）。

② 在物品管理页面中点击【分类管理】标签，进入物品分类管理页面，随后点击【新增大类】按钮（见图 3-2-47），即可弹出新增大类信息页面（见图 3-2-48），在该页面中填写完成类别信息后，点击【确定】按钮即弹出新增大类成功提示窗口（见图 3-2-49），继续点击【确定】按钮即返回物品分类管理页面。

③ 返回物品管理页面后，即可对新增大类或已有大类信息进行删除、修改等其他操作，亦可在大类下添加小类，点击对应大类信息中的【添加小类】按钮即可打开新增小类信息页面，在该页面中填写完成类别信息后（见图 3-2-50），点击【确定】按钮即弹出新增大类成功提示窗口（见图 3-2-51），继续点击【确定】按钮即返回物品分类管理页面。

图 3-2-47　物品分类管理页面

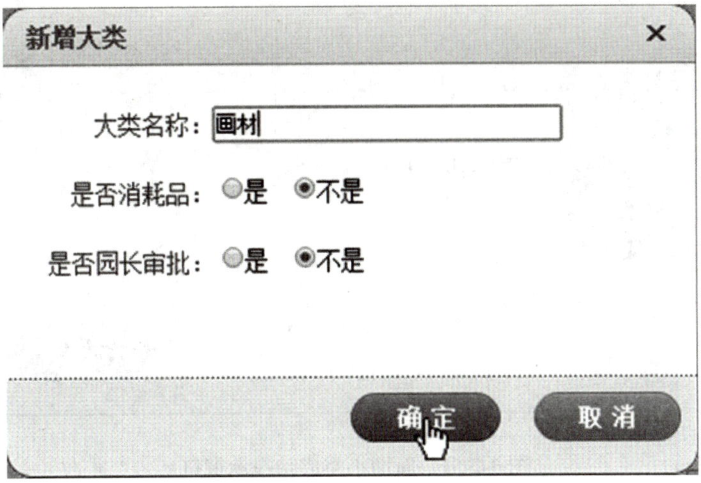

图 3-2-48　新增大类信息页面

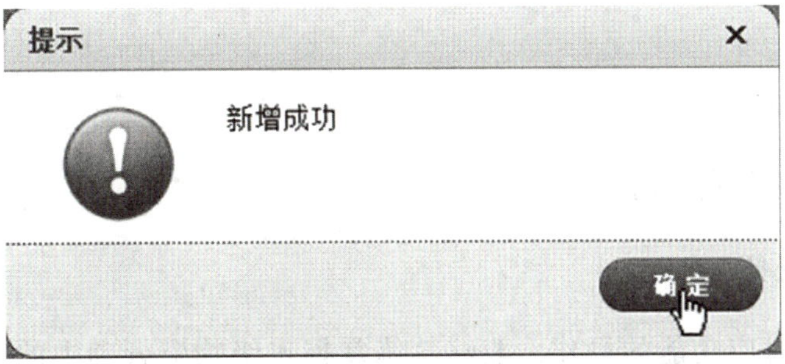

图 3-2-49　新增大类成功提示窗口

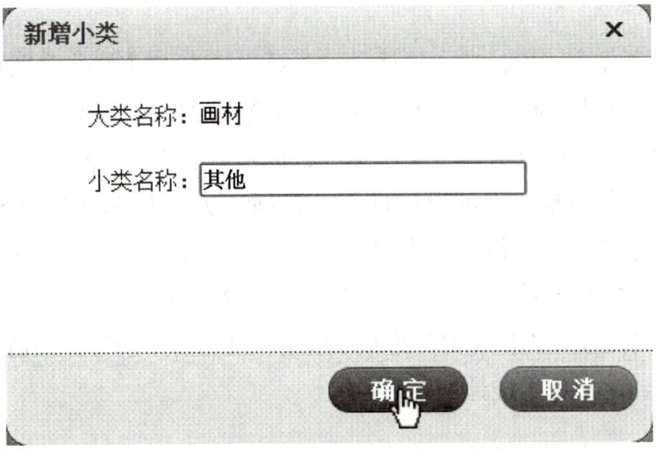

图 3-2-50　新增小类信息页面

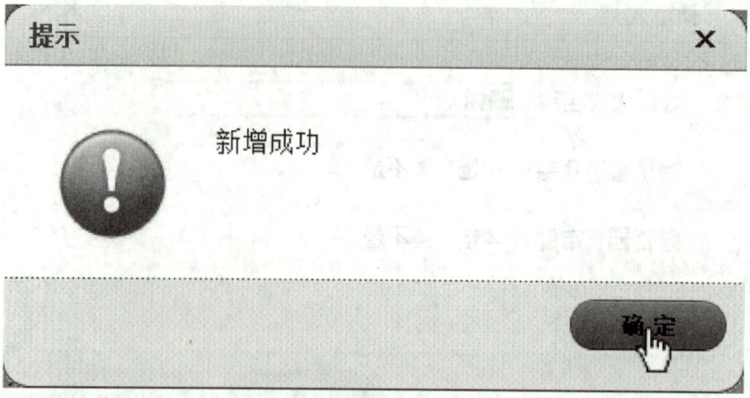

图 3-2-51　新增小类成功提示窗口

活动六　班级物资进销存数量

（一）活动目的

掌握统计班级物资进销存的方法。

（二）活动任务

通过对平台对应功能的操作，能够熟练掌握班级物资管理中的进销存数量管理方法。

（三）操作步骤

① 进入园长工作主页面，在“快捷导航”菜单中点击【物品管理】按钮即可进入物品管理页面（具体步骤同本节“活动四　班级物资建档”对应部分）。

② 在物品管理页面中点击【报表】标签，进入资产统计页面（见图 3-2-52），如欲了解某一物资进销存数量，则可通过点击该页面上方红色标签进行相关操作，此处以【资产统计】标签下“食物”大类明细查询为例：点击“食物”大类右端【明细】按钮（见图中黑色方框所示位置），即可进入“食物”大类明细列表（见图 3-2-53），在此列表当中可查询该大类各项物资的库存数量、规格、单价等详细信息，结束查询则点击【关闭】按钮返回资产统计页面。

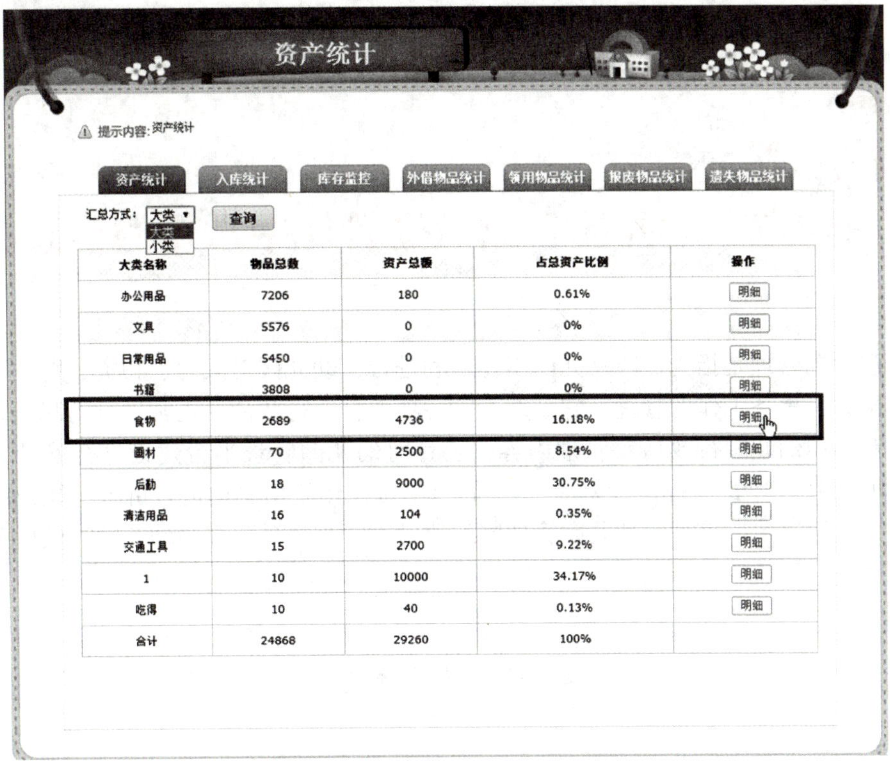

大类名称	物品总数	资产总额	占总资产比例	操作
办公用品	7206	180	0.61%	明细
文具	5576	0	0%	明细
日常用品	5450	0	0%	明细
书籍	3808	0	0%	明细
食物	2689	4736	16.18%	明细
画材	70	2500	8.54%	明细
后勤	18	9000	30.75%	明细
清洁用品	16	104	0.35%	明细
交通工具	15	2700	9.22%	明细
1	10	10000	34.17%	明细
吃得	10	40	0.13%	明细
合计	24868	29260	100%	

图 3-2-52　资产统计页面

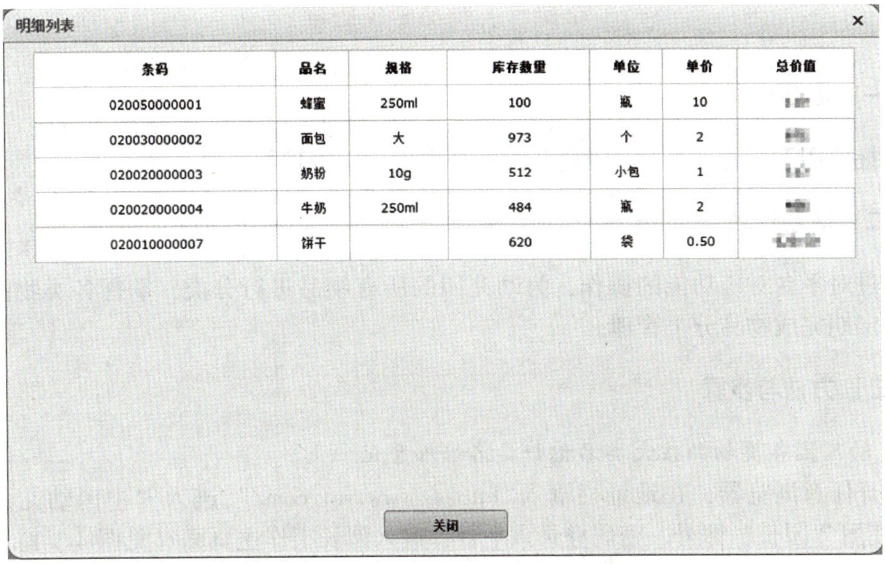

条码	品名	规格	库存数量	单位	单价	总价值
020050000001	蜂蜜	250ml	100	瓶	10	[illegible]
020030000002	面包	大	973	个	2	[illegible]
020020000003	奶粉	10g	512	小包	1	[illegible]
020020000004	牛奶	250ml	484	瓶	2	[illegible]
020010000007	饼干		620	袋	0.50	[illegible]

图 3-2-53　“食物”大类明细列表

第四章　幼儿园行政后勤管理中常用的信息技术

行政后勤管理是指为保障幼儿园工作顺利进行，幼儿园对人力、物资、财务、环境等各项服务、事务工作的管理。它是幼儿园各项教育、行政活动正常进行的基础。

本章各项幼儿园行政后勤管理内容主要针对幼儿园管理平台建设进行设计，基于“中国幼儿园门户网”（http://www.yey.com/）平台操作使用实例进行讲解，能帮助幼儿园管理人员快速掌握该平台幼儿园管理网站建设方法与技巧，提高幼儿园行政后勤管理工作效率。

第一节　物资管理

幼儿园的物资设备种类很多，平台对每一类物资的管理都要进行研究和细化管理，包括建立资产分类、物品管理、入库管理、领用管理、借用管理和资产统计表。

活动一　物品分类管理

（一）活动要求

掌握使用平台对幼儿园各类物品进行分类上传、管理的方法。

（二）活动计划

通过对平台对应功能的操作，为幼儿园的所有物品进行分类，掌握各类物品的构成，并定期完成物品分类管理。

（三）方法与步骤

1. 幼儿园各类物品按大类名称归类名编入登记

打开任意浏览器，在地址栏输入“http://www.yey.com/”，进入“中国幼儿园门户网”，使用“园长”账号、密码登录该平台，进入园长工作主页面（见图 4-1-1），并通过点击主页面右上【快捷导航】菜单（见图 4-1-2）进入“物品管理”页面。

图 4-1-1 平台主页面

图 4-1-2 园长工作主页面

在“物品管理”页面中（见图 4-1-3）点击【分类管理】按钮，下面就会弹出分类管理列表。

图 4-1-3 “物品管理”页面

在“分类管理”页面中（见图4-1-4），点击【新增大类】按钮（图中箭头所示位置）。

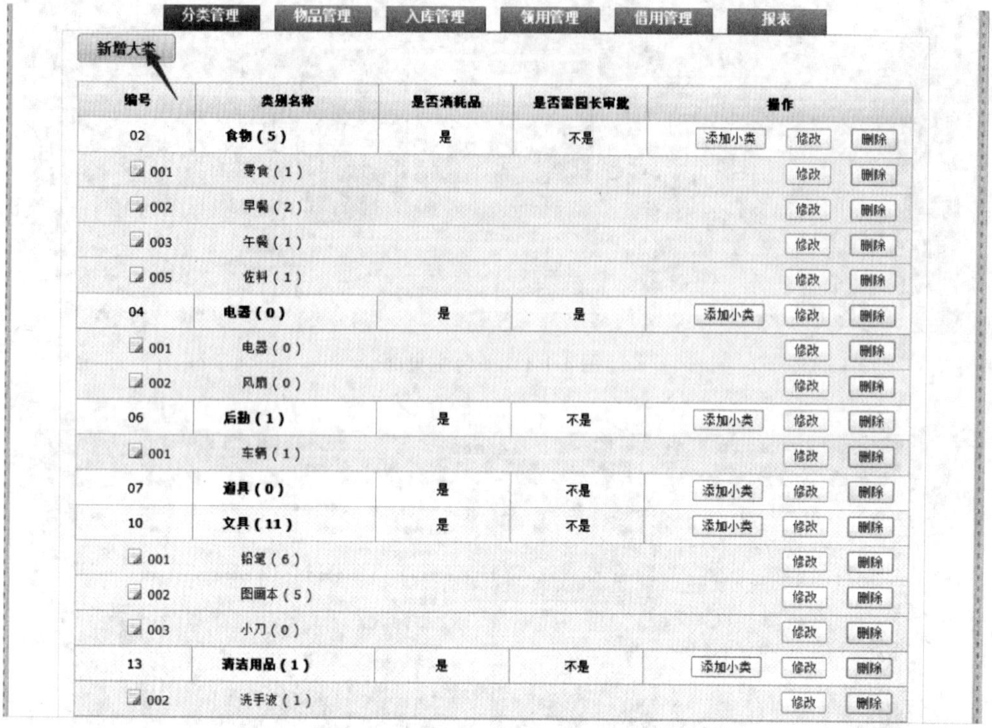

图4-1-4　“分类管理”页面

在弹出的窗口“新增大类”登记窗口（见图4-1-5）中，根据窗口提示填写相应内容，例如：“办公用品”、“清洁用品”、“日常用品”、“厨房食物”，等等，随后点选“是否消耗品”、“是否园长审批”，最后点击【确定】按钮，即可完成分类管理中新增大类工作。

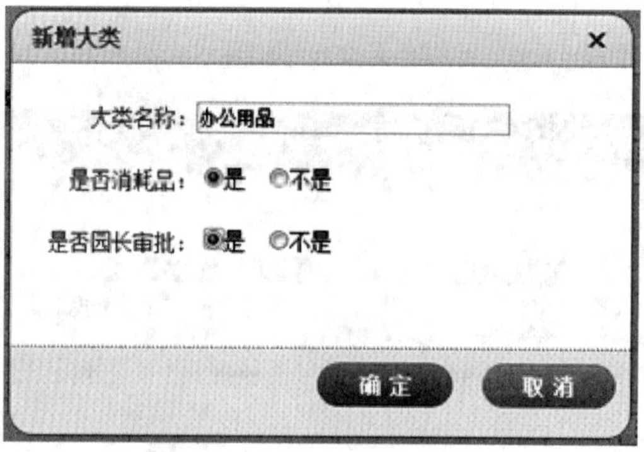

图4-1-5　新增大类登记窗口

2. 幼儿园各类物品按大类名称分小类归类名编入登记

完成上述大类登记操作后回到分类管理页面，点击每个大类右边【添加小类】按钮（见图 4-1-6 中箭头所示位置）。

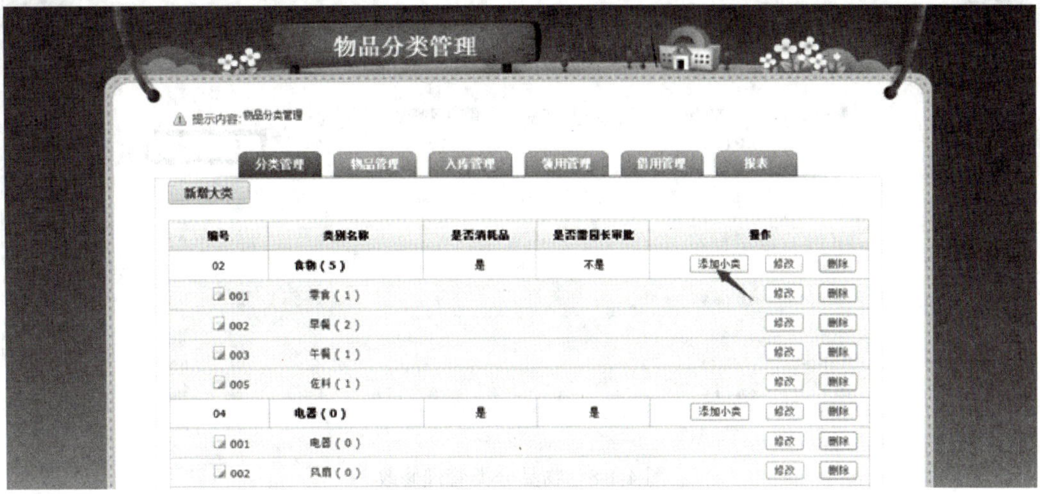

图 4-1-6　分类管理登记列表

在弹出的新增小类登记窗口中（见图 4-1-7），根据窗口提示填写相应内容，例如：“办公用品”大类中的新增小类“备课本”、“钢笔”、“文件袋”，等等。

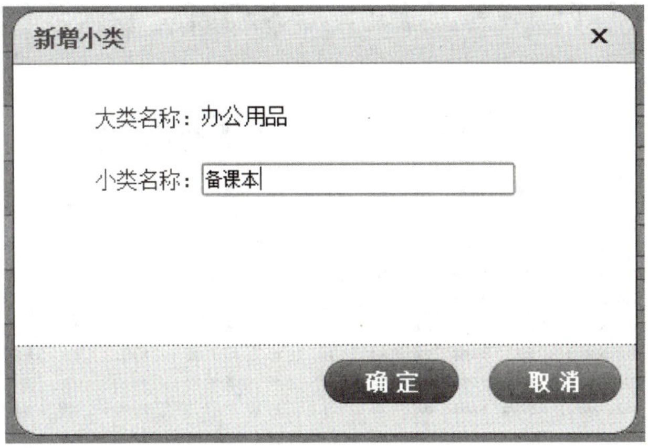

图 4-1-7　新增小类登记窗口

随后点击【确定】按钮，即可完成分类管理中新增小类工作。如果需要添加和修改分类名称，可以点击“分类管理登记列表”每列最后的【修改】、【删除】按钮（见图 4-1-8），进行调整。

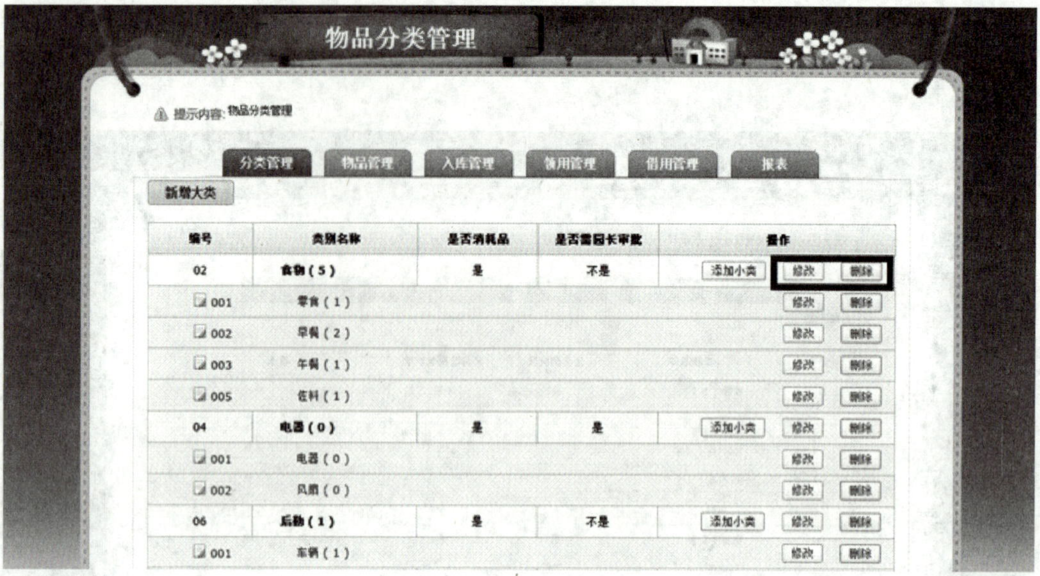

图 4-1-8　物品分类管理修改

完成上述操作后，“物品分类管理”中“分类管理”上传完成，如需验证，可通过“物品分类管理”进入对应的“物品管理”（见图 4-1-9），对“分类管理”的内容进行检视。

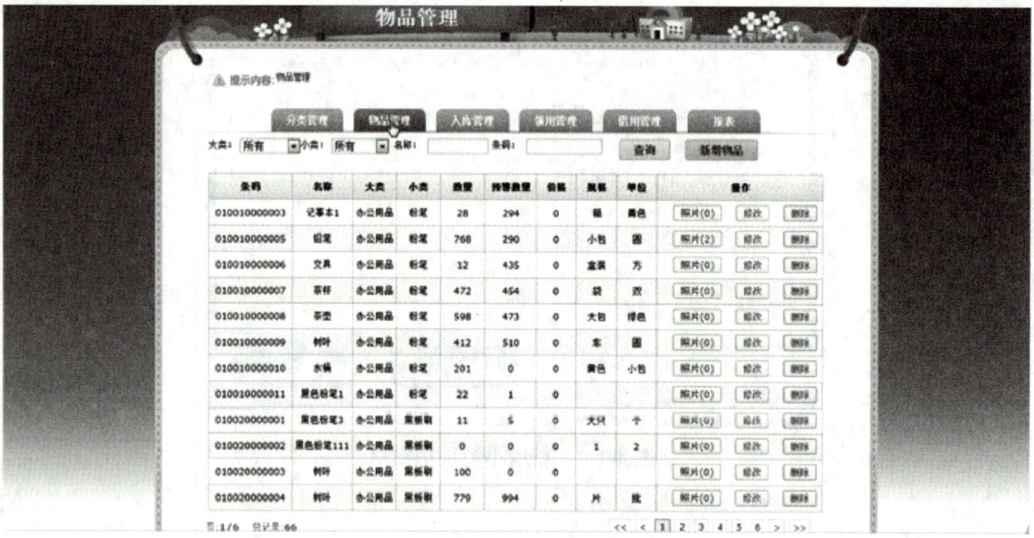

图 4-1-9　“物品管理”页面

活动二 物品出入库管理

（一）活动要求

① 掌握幼儿园各种物品入库、领用、借用的管理方法。

② 掌握幼儿园各种物品盘点的方法。

（二）活动计划

通过对平台对应功能的操作，为幼儿园各种物品的出入库进行管理，能够熟练掌握各类物品的使用、损耗情况，定期盘点，提升幼儿园物资管理工作的效率。

（三）方法与步骤

1. 幼儿园物品入库登记

进入园长工作主页面，并通过点击主页面右上【快捷导航】菜单进入“物品管理”页面，随后点击【入库管理】按钮，进入“入库管理”页面（见图 4-1-10）。

图 4-1-10 “入库管理”页面

在“入库管理”页面中（见图 4-1-11），按要求输入入库单号、选择日期和入库状态（见图 4-1-12）。

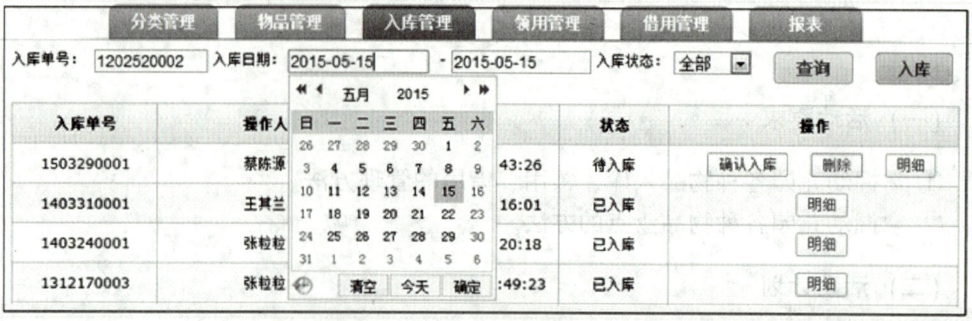

图 4-1-11 “入库管理”页面

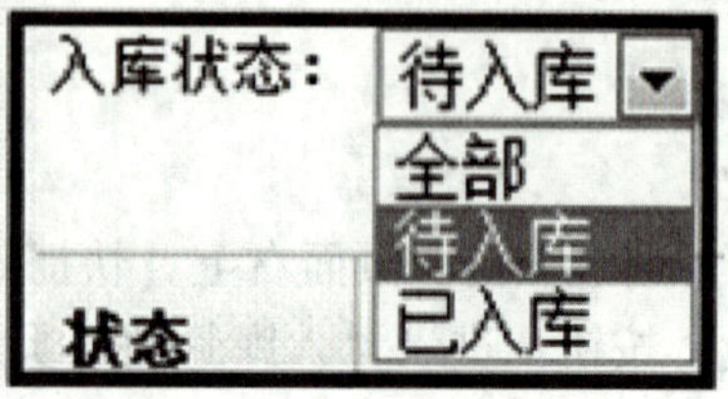

图 4-1-12 入库状态窗口

随后点击【入库】按钮会弹出物品入库窗口，在该窗口中勾选将要入库的物品，例如：勾选“记事本 1”、“铅笔”两项（见红色箭头处），右边会出现“已选物品”（见图中黑色方框所示位置），将数量输入后点击下面的【入库】按钮（见图 4-1-13）。

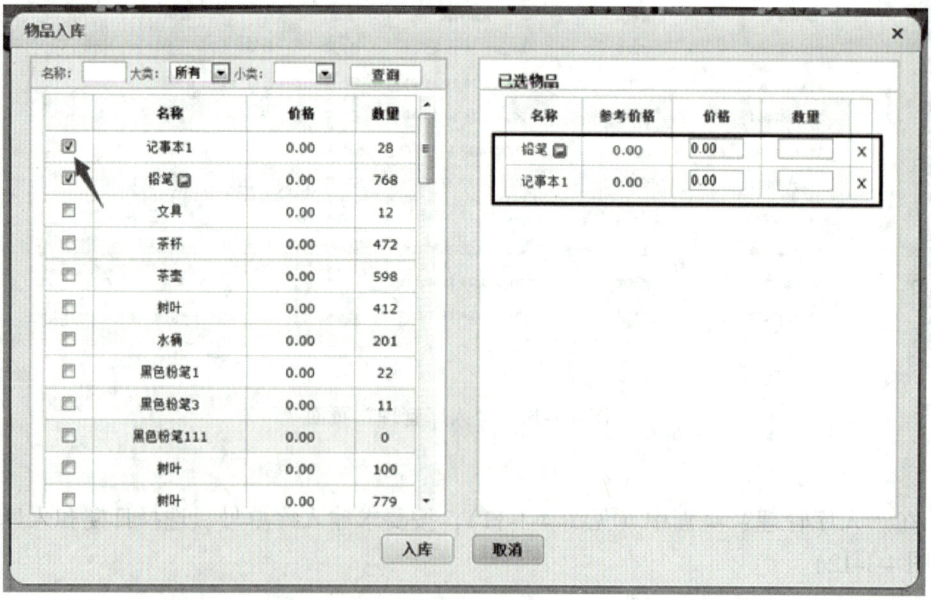

图 4-1-13 物品入库窗口

在随后弹出的确认入库窗口中点选【确定】按钮（见图 4-1-14），即可进入物品入库弹出窗口（见图 4-1-15）。

图 4-1-14　确认入库弹出窗口

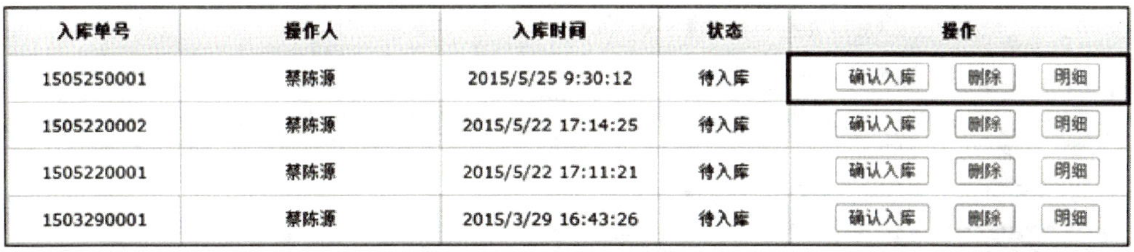

入库单号	操作人	入库时间	状态	操作
1505250001	蔡陈源	2015/5/25 9:30:12	待入库	确认入库 删除 明细
1505220002	蔡陈源	2015/5/22 17:14:25	待入库	确认入库 删除 明细
1505220001	蔡陈源	2015/5/22 17:11:21	待入库	确认入库 删除 明细
1503290001	蔡陈源	2015/3/29 16:43:26	待入库	确认入库 删除 明细

图 4-1-15　物品入库弹出窗口

在“物品入库”弹出窗口中（图中黑色方框所示位置）进行的确认入库、删除等操作，其结果亦可通过“操作”中“明细”部分内容进行检视，点击【确认入库】按钮即完成物品的入库登记工作。

2. 幼儿园物品领用、借用登记

进入园长工作主页面，并通过点击主页面右上“快捷导航”菜单进入“物品管理”页面，随后点击【领用管理】按钮，进入“领用管理”页面（见图 4-1-16）。

图 4-1-16　“领用管理”页面

在“领用管理”页面中点击【领用申请】标签，进入领用申请窗口，随后勾选需要领用的物品（见图 4-1-17）（步骤与入库部分相同，故略去）。

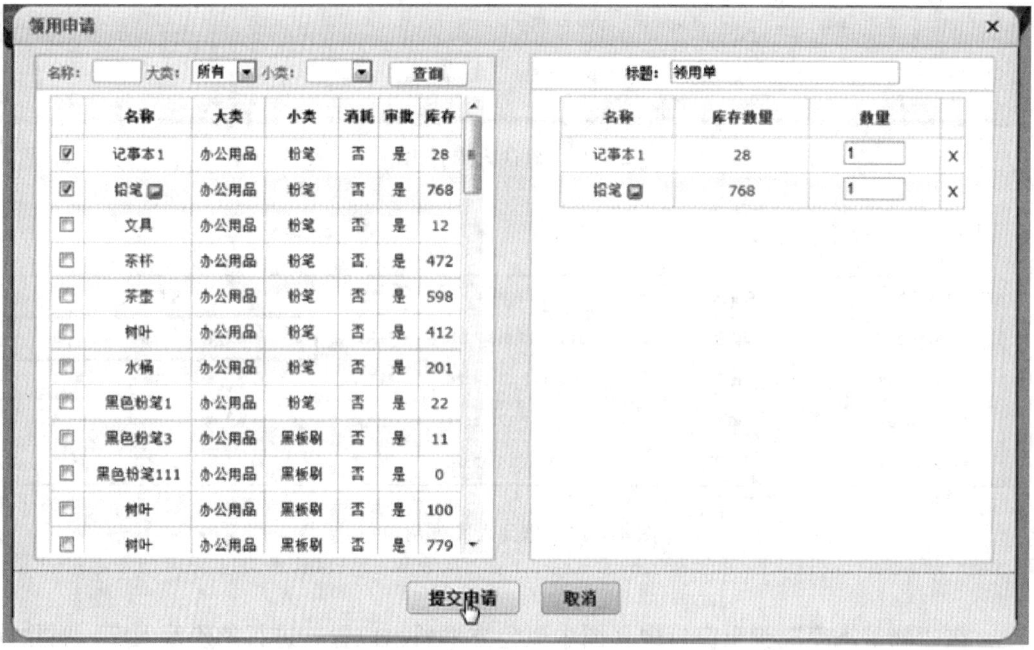

图 4-1-17　领用申请窗口

领取申请情况由园长审批的会在“领用审批明细”（见图 4-1-18 黑色方框所示位置）中显示，点击【等待园长审批】，查看“明细”情况后可选择审批是否通过即可。

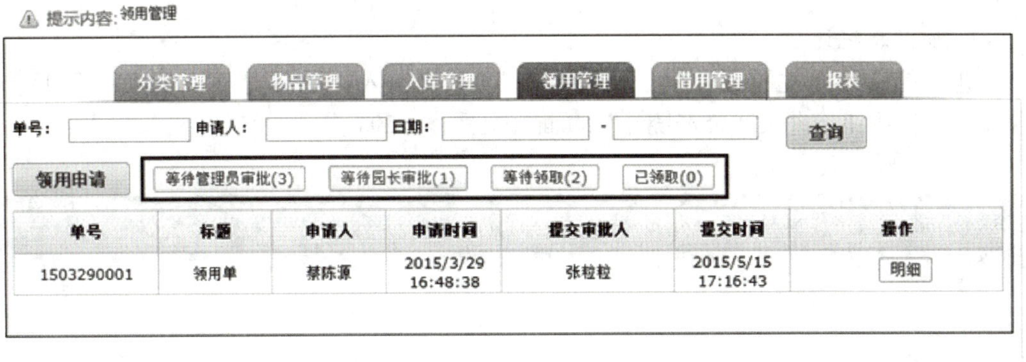

图 4-1-18　领用审批明细

进入借用管理的借用申请登记（步骤与领用申请部分相同，故略去），归还登记时填写按要求“部分归还”或“全部归还”（见图 4-1-19 黑色方框所示位置）。

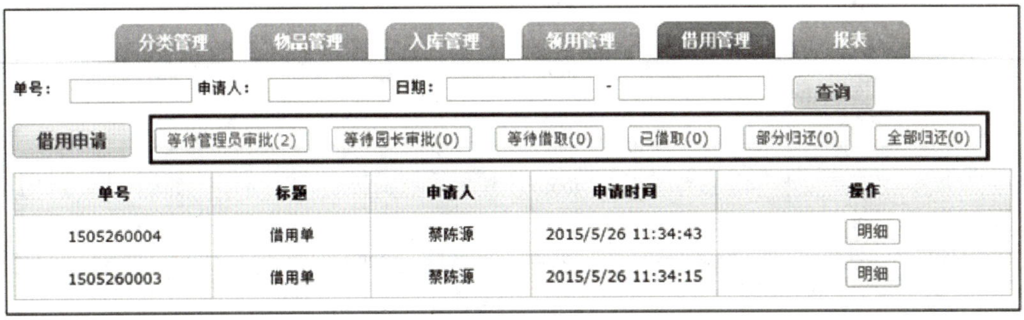

图 4-1-19　“借用申请”页面

活动三　资产统计报表

（一）活动要求

掌握使用平台对幼儿园资产统计盘点的方法。

（二）活动计划

通过对平台对应功能的操作，为幼儿园的所有资产进行管理，掌握资产的构成和使用情况，并定期完成资产统计盘点。

（三）方法与步骤

1. 资产总统计

进入园长工作主页面，由“快捷导航”菜单进入“物品管理”页面，随后点击【报表】按钮，进入“资产统计”页面（见图 4-1-20）。

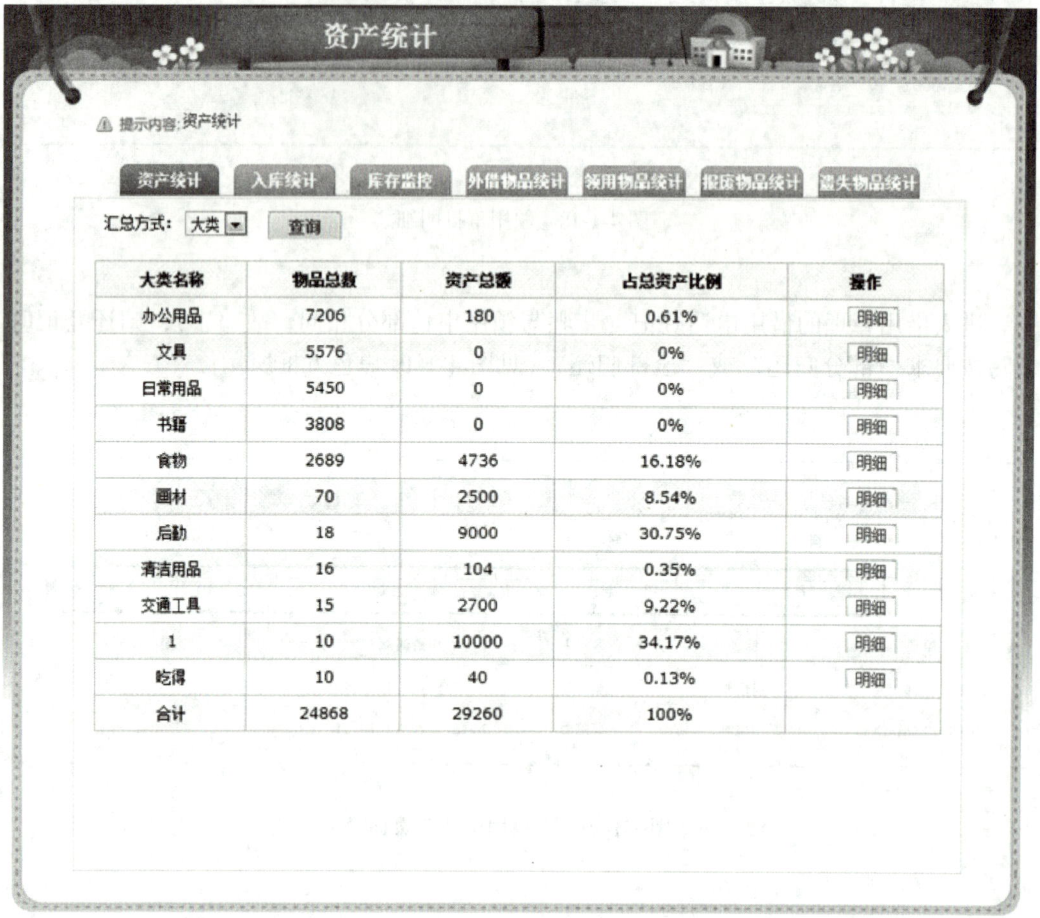

大类名称	物品总数	资产总额	占总资产比例	操作
办公用品	7206	180	0.61%	明细
文具	5576	0	0%	明细
日常用品	5450	0	0%	明细
书籍	3808	0	0%	明细
食物	2689	4736	16.18%	明细
画材	70	2500	8.54%	明细
后勤	18	9000	30.75%	明细
清洁用品	16	104	0.35%	明细
交通工具	15	2700	9.22%	明细
1	10	10000	34.17%	明细
吃得	10	40	0.13%	明细
合计	24868	29260	100%	

图 4-1-20 “资产统计”页面

如欲了解某 物资数量，则可通过点击该页面上方红色标签进行相关操作，此处以“资产统计”标签下“办公用品”大类明细查询为例（见图 4-1-21）：点击大类会出现大类所有资产，再点击表列中“办公用品”右端的【明细】按钮（见图中黑色方框所示位置），即可进入“办公用品”大类明细列表，在此列表当中可查询该大类各项物资的库存数量、规格、单价等详细信息，结束查询则点击【关闭】按钮返回资产统计页面。

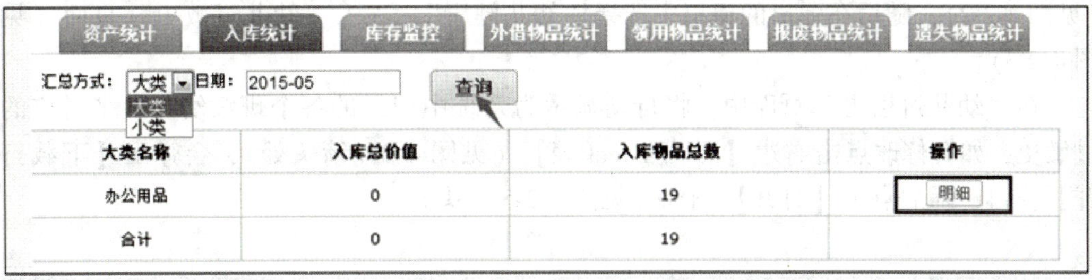

图 4-1-21　资产统计页面

2. 资产进销存统计

“入库统计”、“库存监控”、“外借物品统计”、“领用物品统计”、“报废物品统计”和“遗失物品统计”的查询方式与上面“资产统计”方式相同。

第二节　卫生保健管理

卫生保健管理是幼儿园工作的一个重要组成部分，它关系到幼儿的生命安全。园长要学会使用平台关注幼儿的健康状况，以便及时地调整教育和饮食方案，更好地创造适应患病幼儿的学习环境，减少意外伤害的发生，在某些传染病高发期前能更有针对性地对易感幼儿进行预防干预，减少疾病伤害，让每一个幼儿能健康成长。

活动一　幼儿健康管理

（一）活动要求

掌握使用平台关注幼儿有无过敏情况、疾病史情况，掌握幼儿在园期间的生长发育状况、疫苗接种情况的方法。

掌握使用平台上传、管理幼儿健康档案的方法。

（二）活动计划

通过对平台对应功能的操作，了解幼儿有无过敏情况、疾病史情况，掌握幼儿在园期间的生长发育情况、疫苗接种情况，建立并完善幼儿健康档案，能够更好地安排饮食和日常生活，保障其健康成长。

（三）方法与步骤

1. 幼儿有无过敏情况的管理

进入园长工作主页面（见图 4-2-1），通过点击桌面左下【运营分析】按钮（图中黑色方框所示位置），或通过点击主页面右上【快捷导航】菜单进入“运营分析”页面（见图 4-2-2），随后在弹出的窗口中选择“幼儿健康”，进入“幼儿过敏史”页面（见图 4-2-3）。

在“幼儿过敏史”页面中，将自动显示为系统中记录的各个班级幼儿姓名对应的过敏史，如有修改点击右边【导出 Excel 表】（见图 4-2-4 箭头处），会弹出【下载打开】窗口，随后点击【打开】图标（见图 4-2-5 箭头）。

图 4-2-1 园长工作主页面

图 4-2-2 园长工作主页面快捷导航菜单

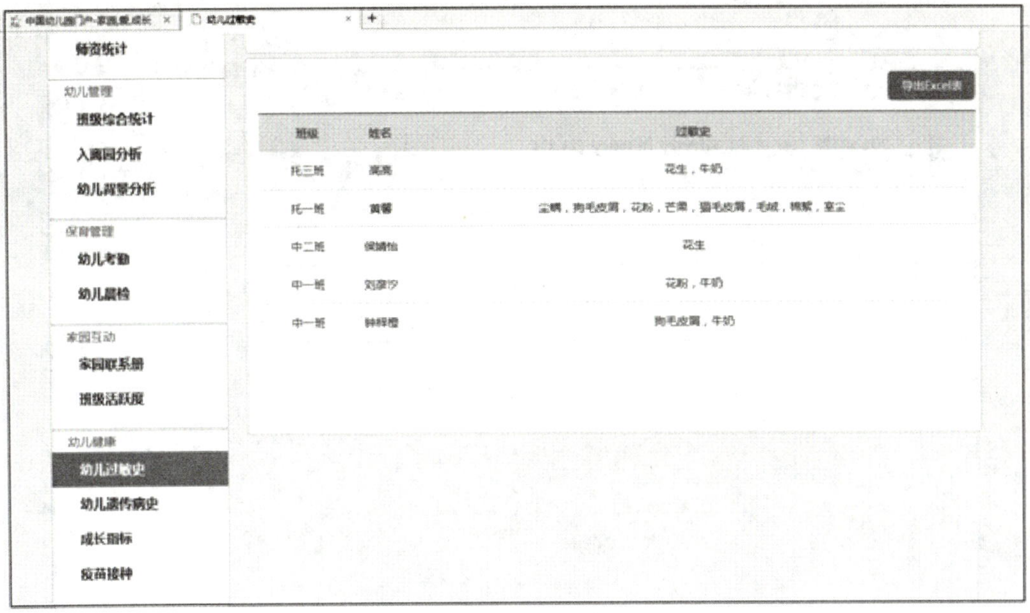

图 4-2-3　“幼儿过敏史”页面

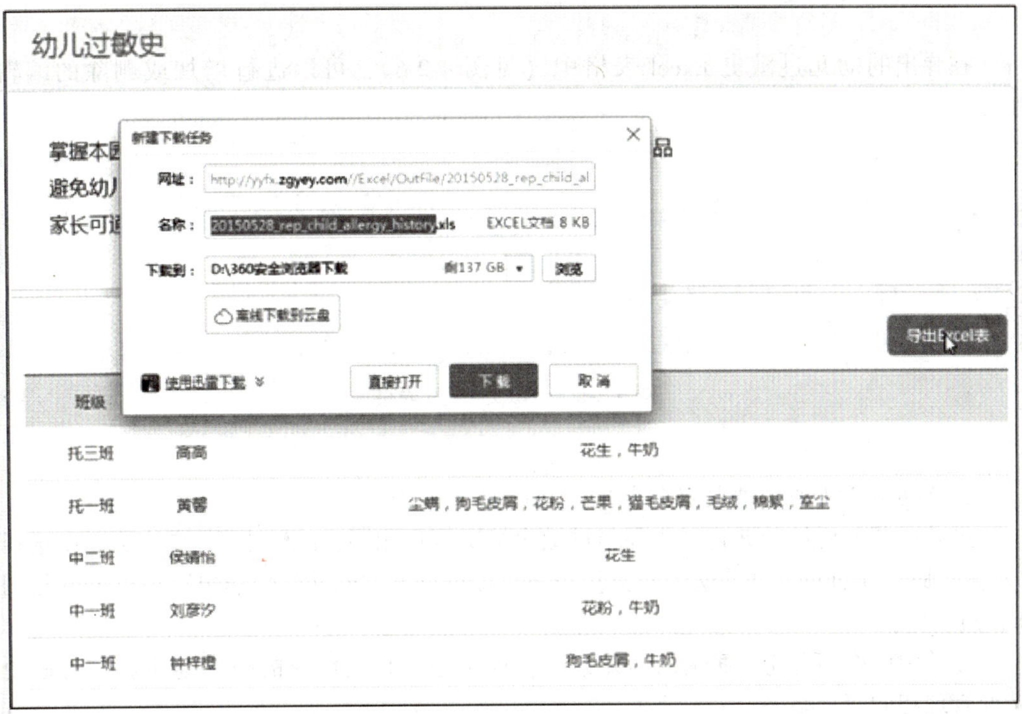

图 4-2-4　过敏史 Excel 表下载窗口

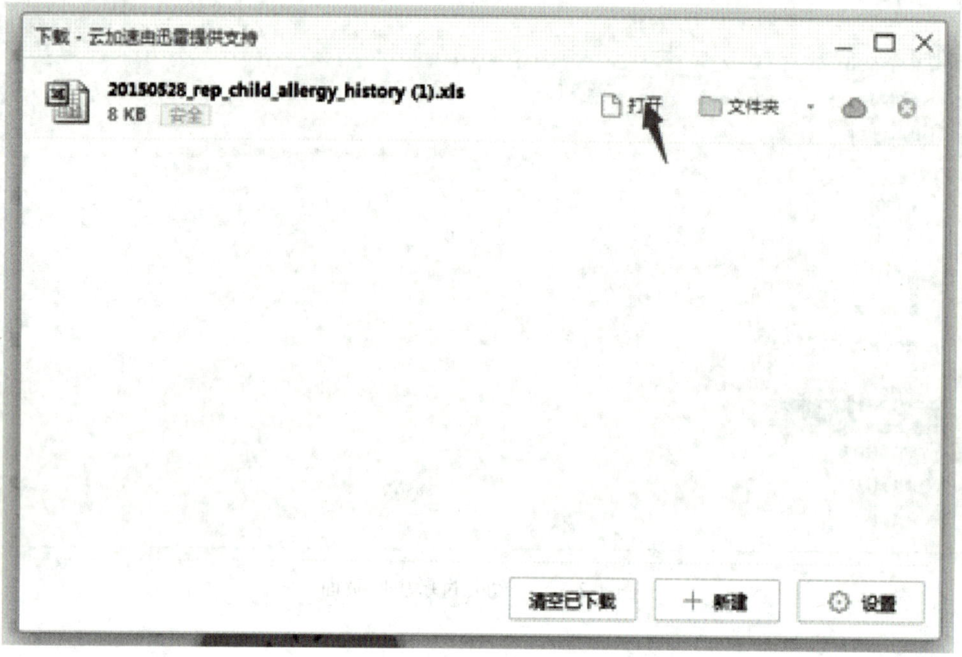

图 4-2-5　过敏史 Excel 表下载打开窗口

在弹出的幼儿过敏史 Excel 表格中（见图 4-2-6），可以进行增加或删除的编辑工作。

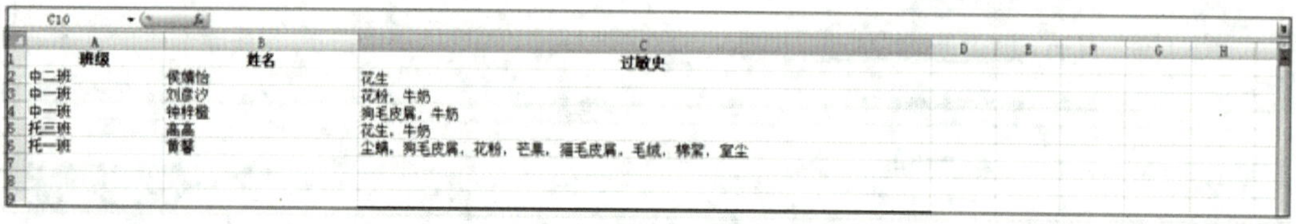

班级	姓名	过敏史
中二班	侯婧怡	花生
中一班	刘彦汐	花粉，牛奶
中一班	钟梓楹	狗毛皮屑，牛奶
托三班	高高	花生，牛奶
托一班	黄馨	尘螨，狗毛皮屑，花粉，芒果，猫毛皮屑，毛绒，棉絮，室尘

图 4-2-6　过敏史 Excel 表格

2. 幼儿有遗传疾病史情况的管理

进入运营分析目录页面（步骤与过敏史情况管理相同，故略去），在该页面中选择“幼儿健康”下面的【幼儿遗传病史】按钮，即可进入“幼儿遗传病史”主页面（见图 4-2-7）。

在其中可查阅有遗传病史的幼儿情况，也可进行相关修改的操作（步骤与过敏史情况管理相同，故略去）。

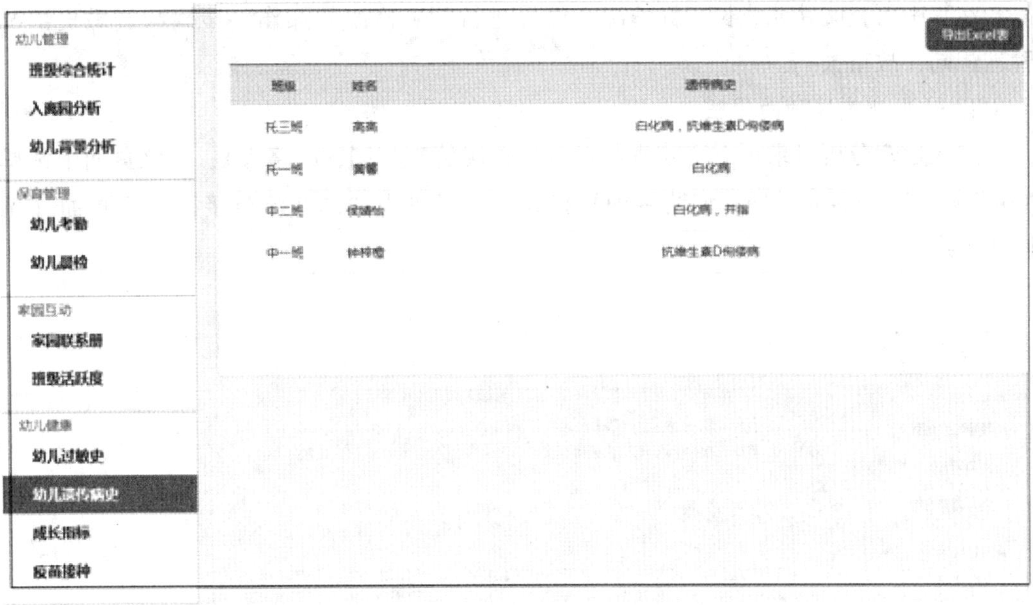

图 4-2-7　幼儿遗传病史页面

3. 幼儿成长指标的管理

进入运营分析目录页面（步骤与过敏史情况管理相同，故略去），在该页面中选择“幼儿健康”下面的【成长指标】按钮，即可进入“成长指标”主页面（见图 4-2-8）。

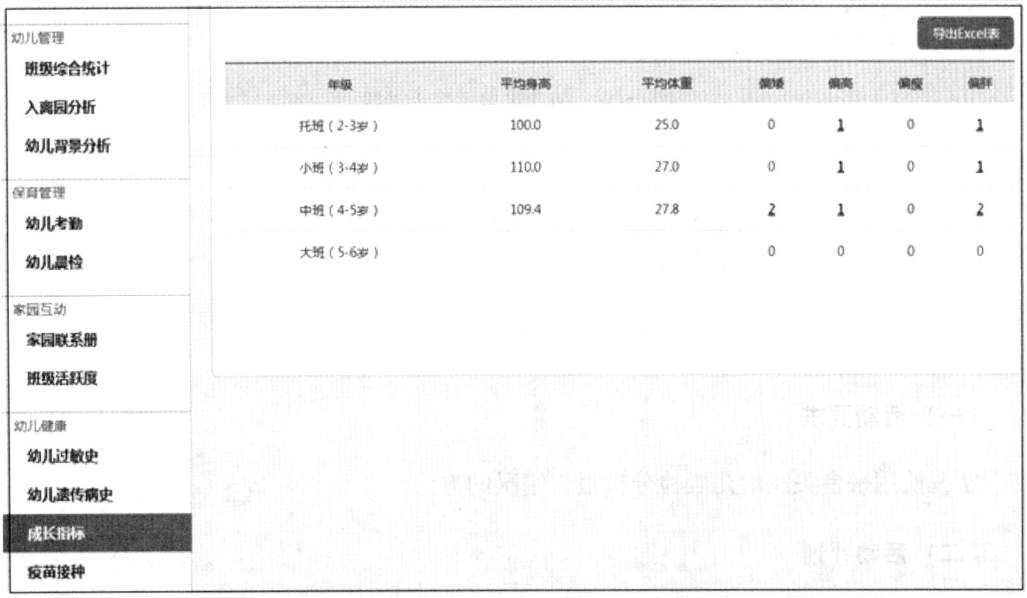

图 4-2-8　“成长指标”主页面

在其中可查阅幼儿成长指标情况，也可进行相关修改的操作（步骤与过敏史情况管理相同，故略去）。

4. 幼儿疫苗接种的管理

进入运营分析目录页面（步骤与过敏史情况管理相同，故略去），在该页面中选择“幼儿健康”下面的【幼儿疫苗接种】按钮，即可进入“幼儿疫苗接种”主页面（见图 4-2-9）。

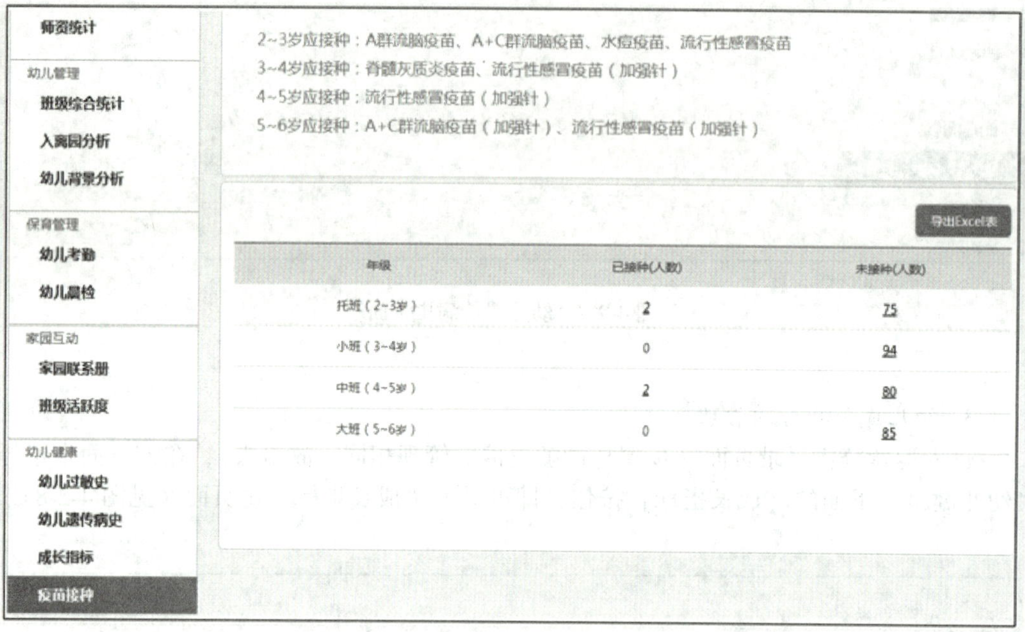

图 4-2-9　幼儿疫苗接种主页面

在其中可查阅幼儿成长指标情况，也可选择欲进行相关修改的编辑工作（步骤与过敏史情况管理相同，故略去）。

活动二　幼儿晨检管理

（一）活动要求

掌握使用平台关注幼儿晨检分析报告情况的方法。

（二）活动计划

通过对平台对应功能的操作，能够熟练掌握查阅每日幼儿晨检情况的方法，查阅近期高发症状分析、重点关注班级、体弱幼儿追踪工作。

（三）方法与步骤

1. 幼儿晨检分析报告的管理

进入园长工作主页面，通过点击桌面左下【运营分析】按钮，或通过点击主页面右上【快捷导航】菜单进入“运营分析”页面，随后在弹出的窗口中左边选择【保育管理】（见图 4-2-10）下面的【幼儿晨检】按钮。

图 4-2-10　保育管理选择窗口

在弹出的“幼儿分析报告”页面中，查看全园幼儿晨检分析报告情况（见图 4-2-11）。如查看当日晨检上传数据情况，可以点击右上角【查看明细】（图中红色箭头处）。

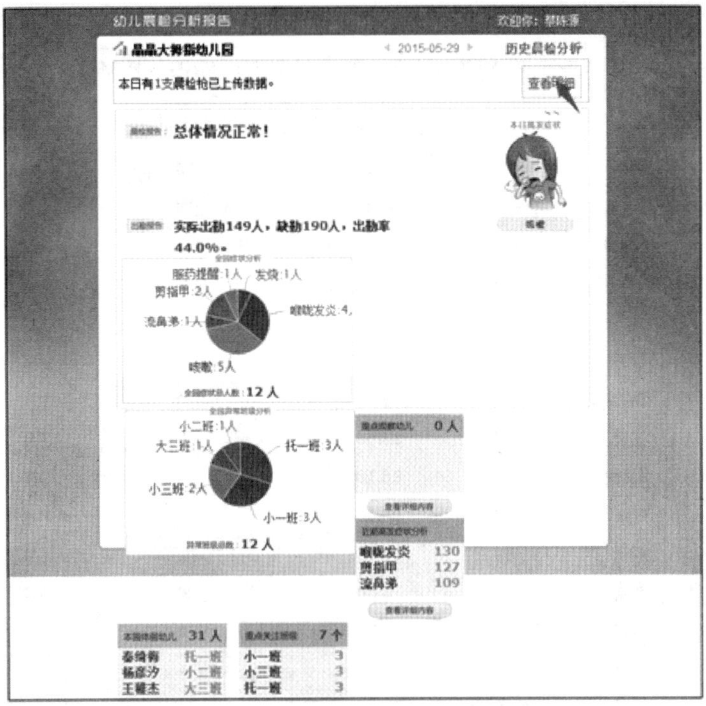

图 4-2-11　幼儿晨检分析报告主页面

随后会弹出【晨检设备上传数据情况】窗口（见图 4-2-12），检视晨检数据上传情况。

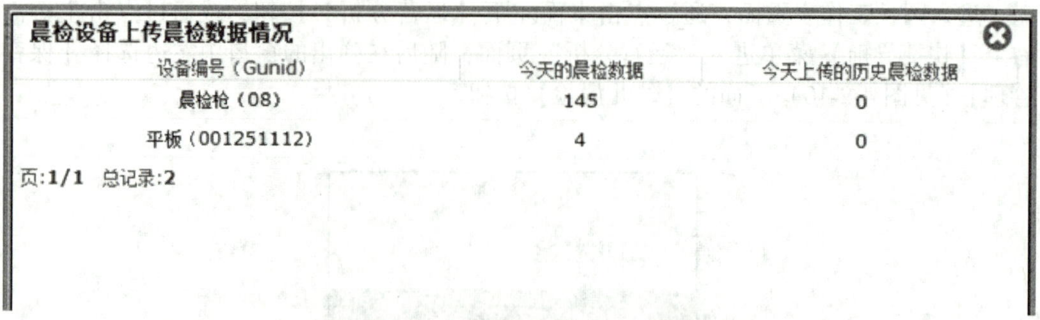

图 4-2-12　晨检设备上传晨检数据情况窗口

如要检视当日全园幼儿晨检具体数据，可点击“幼儿晨检分析报告”主页面右上角的【历史晨检分析】，随后弹出【晨检明细查询】窗口（见图 4-2-13），将自动显示为系统中记录的各个班级幼儿姓名对应的晨检体温，如有修改，点击左上角【导出 Excel】（见图 4-2-13 箭头处），会弹出【下载打开】窗口，随后点击“打开”图标，在弹出的 Excel 表格，可以进行增加或删除的编辑工作。

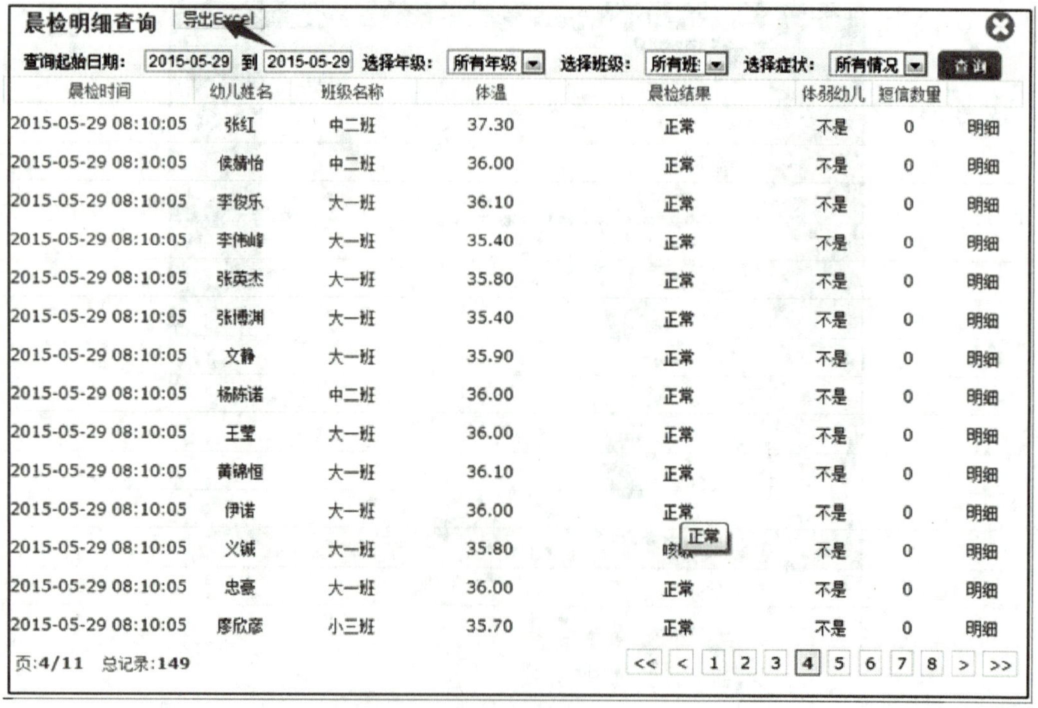

图 4-2-13　晨检明细查询窗口

如要检视当日全园幼儿出勤报告分析，可点击“幼儿晨检分析报告”主页面下面的【全园症状分析】（见图 4-2-14），下面有【近期高发症状分析】、【本园体弱幼儿】、【重点关注班级】、【重点观察幼儿】四个板块可以点开【查看详细内容】。例如：查看【近期高发症状分析】，点击【近期高发症状分析】下面的【查看详细内容】（见图 4-2-14 箭头处），会弹出【近期晨检高发症状分析】窗口（见图 4-2-15）。

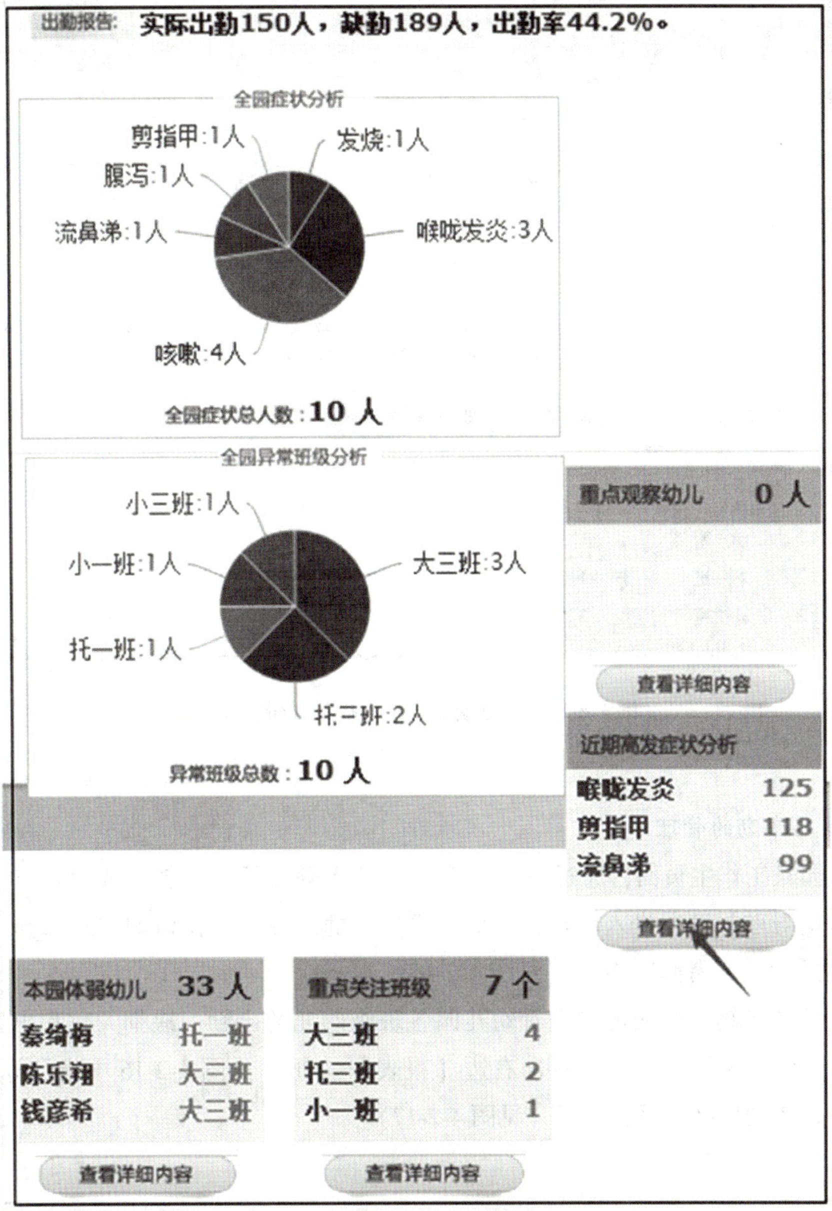

图 4-2-14　【全园晨检分析报告】窗口

图中呈现近期晨检高发症状分析的线状统计图，能清楚地查看高发症状发展趋势，如要查看个别高发症状班级具体人数，可以打开选择框“所有高发症状”中的“咽喉发炎”、“流鼻涕”等进行勾选，再点击【查询】按钮（见图 4-2-15 箭头处）即可。

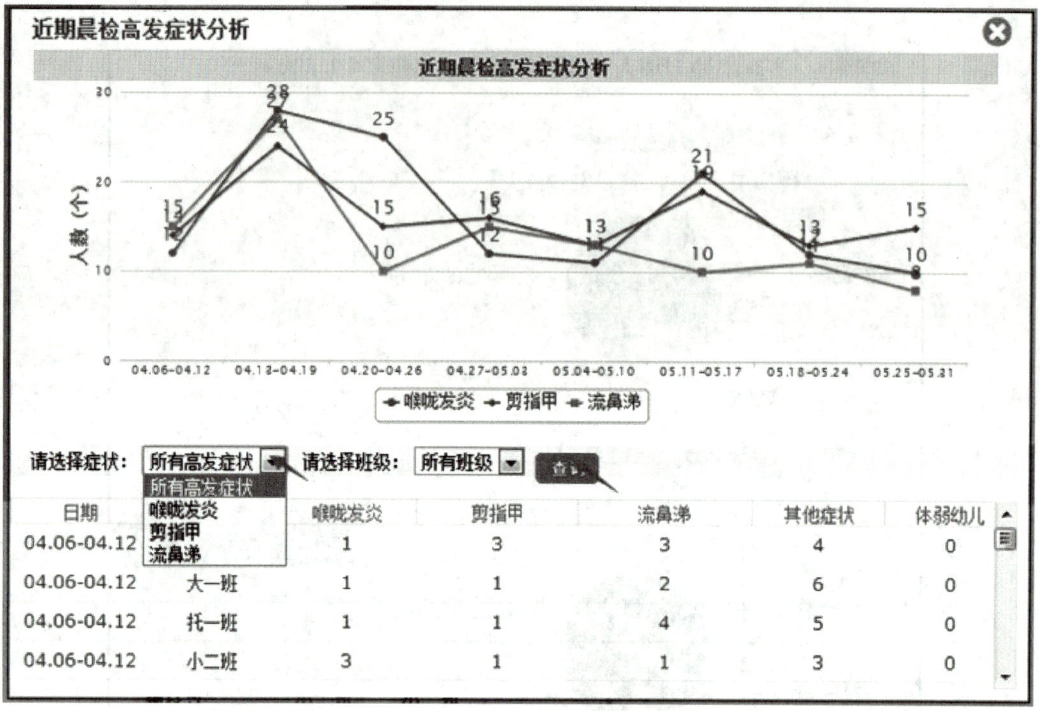

图 4-2-15 【近期晨检高发症状分析】窗口

2. 幼儿考勤的管理

进入园长工作主页面，通过点击桌面左下【运营分析】按钮，或通过点击主页面右上【快捷导航】菜单进入“运营分析”页面，随后在弹出窗口的左侧选择【保育管理】下面的“幼儿考勤”页面（见图 4-2-16）。

在“幼儿考勤”页面可以查看幼儿园各班级幼儿的出勤、缺勤人数和出勤率，如要查阅“班级月考勤报表”可点击右边【报表】按钮（见图 4-2-16 中指示标处），即会弹出幼儿考勤班级月报表页面（见图 4-2-17）。

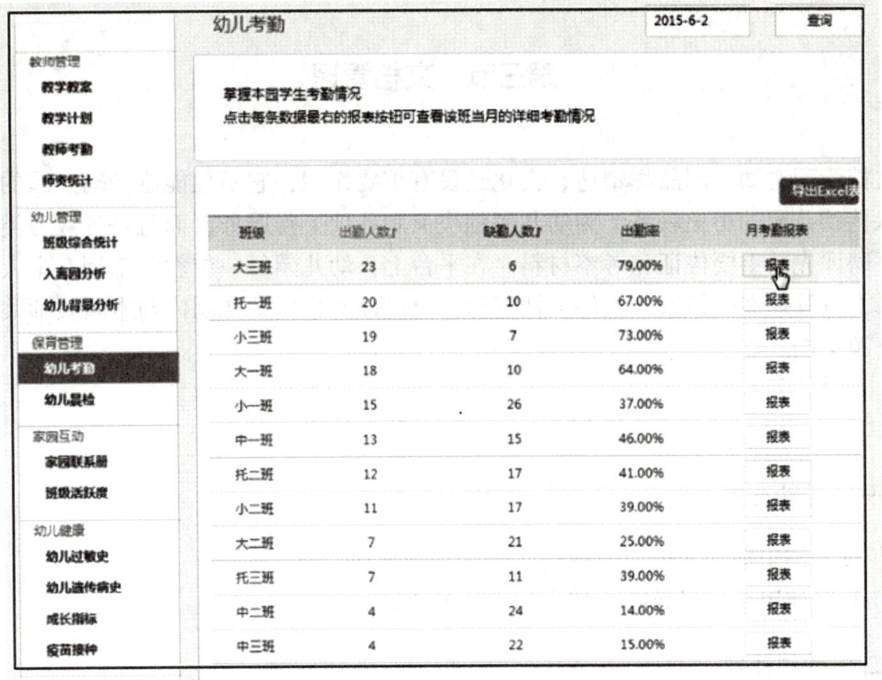

图 4-2-16 “幼儿考勤”页面

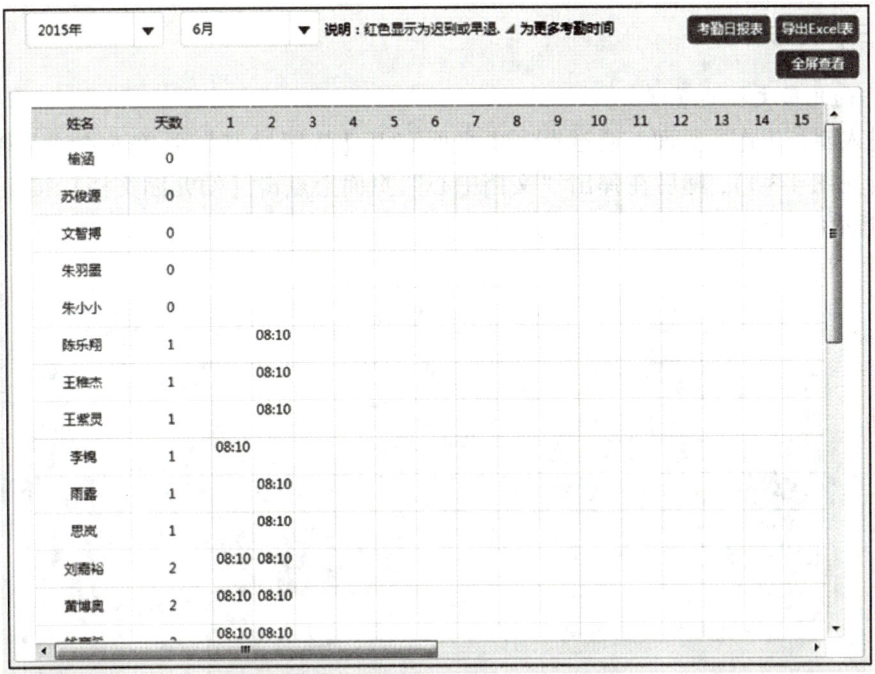

图 4-2-17 幼儿考勤班级月报表页面

第三节　文档管理

文档管理对幼儿园品牌塑造、文化建设有重要作用，它不仅能维护幼儿园的历史真实、保持幼儿园的历史联系，为幼儿园的决策和各项工作服务，而且是各级各类评估验收、评聘评先的重要佐证和考察材料。在平台上，幼儿园每一位教师都拥有个人的教学资源库，可管理文档目录，上传文档资源，也可以共享到幼儿园内与本园教师共同分享教学资源文档。

活动一　幼儿园文档管理

（一）活动要求

① 掌握使用平台上传、管理幼儿园文档的方法。

② 掌握使用平台对教师文档添加点评的方法。

（二）活动计划

通过对平台对应功能的学习，掌握幼儿园档案的管理和编辑，并能对教师文档进行评价，完善幼儿园档案内容。

（三）方法与步骤

1. 幼儿园文档的管理

进入园长工作主页面，通过点击主页面右上【快捷导航】菜单进入“文档中心”页面（见图 4-3-1），随后在弹出“文档中心”页面上点击【幼儿园文档】按钮（见图 4-3-2 指示位置）。

图 4-3-1　幼儿考勤班级日报表页面

图 4-3-2　幼儿园文档中心主页面

在“幼儿园文档”页面中，点击【目录管理】按钮（见图 4-3-3 指示位置），即会弹出【文档目录管理】窗口。

图 4-3-3　幼儿园文档目录管理页面

在弹出的【文档目录管理】窗口中，左边会有“教学教案”、“家长会稿”、“园务工作”等大分类标题，如添加文档可以在大分类标题右边点击【添加子分类】（见图 4-

3-4 箭头)，左边大分类目标下即会出现“子分类”空格框，填入要存入“子分类”的文档标题，如要修改可在后面进行“上移”、“下移”或“删除”操作，设定完毕点击【保存】按钮即完成该文档输入的操作，其结果也可通过在“幼儿园文档”中点开“大分类标题”内容进行检视。

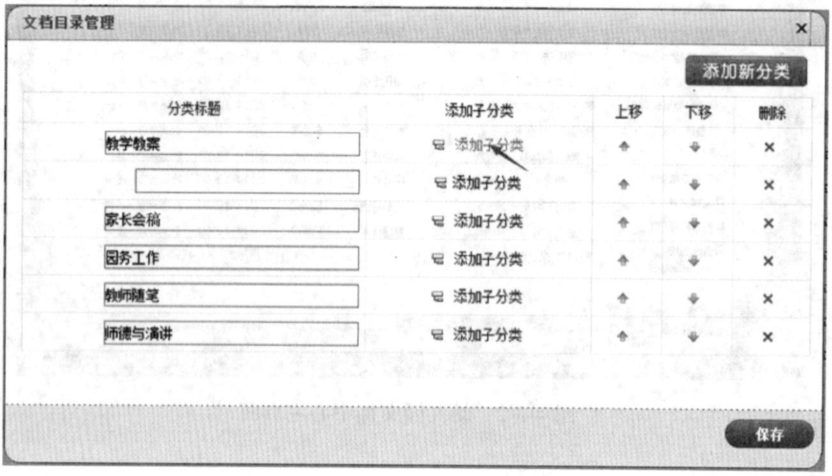

图 4-3-4　弹出【文档目录管理】窗口

要进行幼儿园文档检视或文档搜索可以在搜索栏中（见图 4-3-5 黑色方框）输入相关时间、文档名称，点击右边【文档搜索】即可。

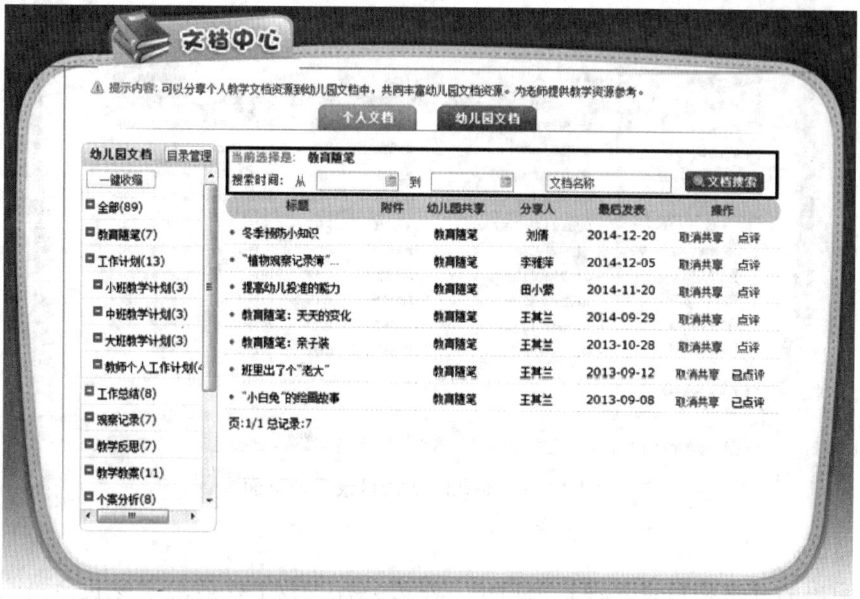

图 4-3-5　文档中心进入文档搜索

2. 教师文档的评价

园长对教师文档点开查阅后点击【点评】（见图 4-3-6 黑色方框），即会弹出【园长点评】窗口（见图 4-3-7）。

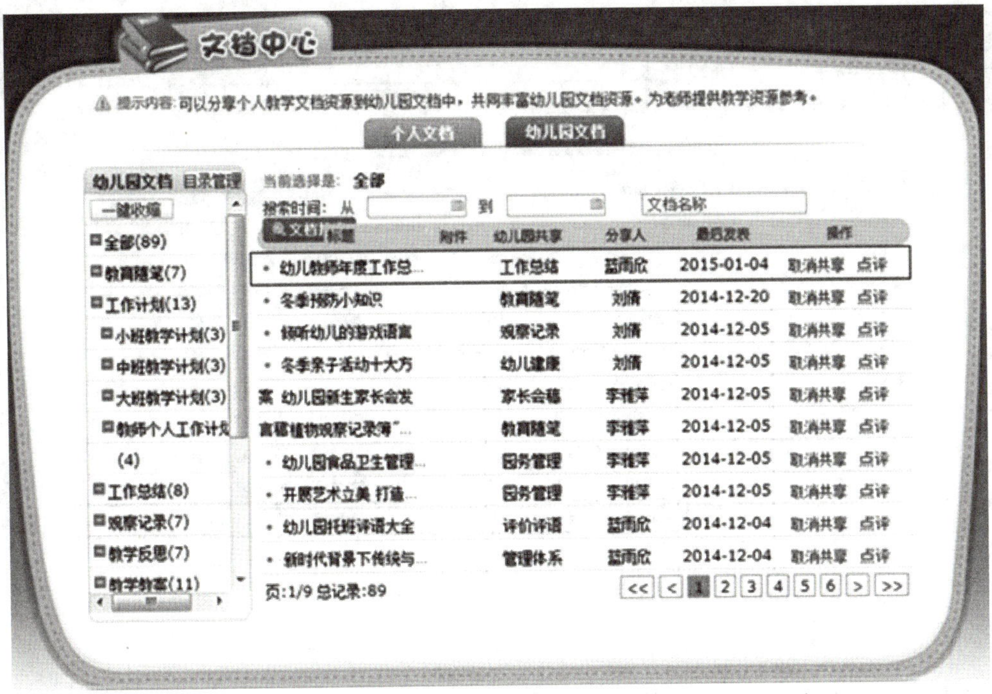

图 4-3-6　文档中心进入文档点评

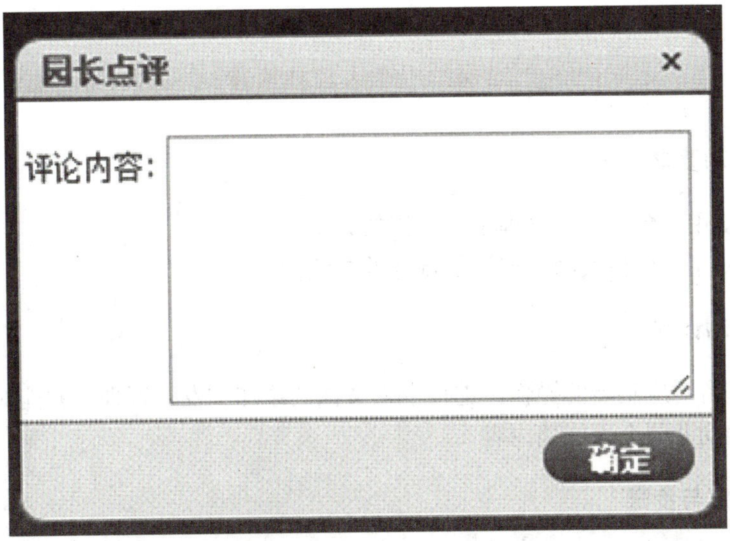

图 4-3-7　弹出【园长点评】窗口

在该页面中填写评价内容后，点击【确定】按钮即完成该教师文档评价操作，其结果亦可通过“幼儿园文档”中“已点评”部分内容进行检视（见图 4-3-8 黑色方框）。

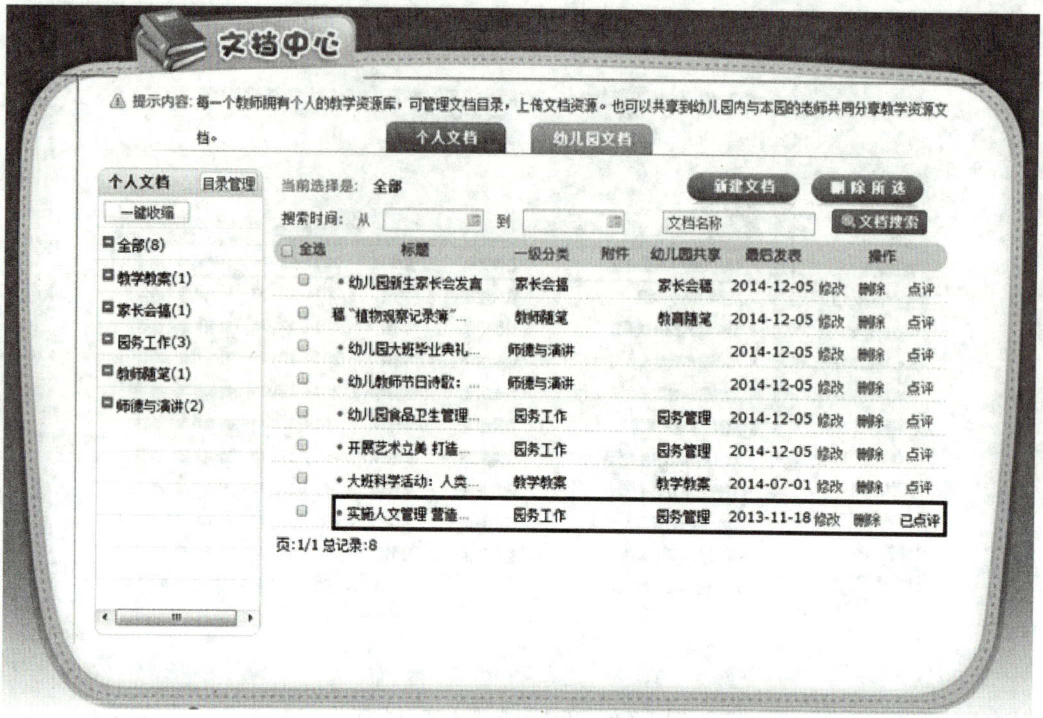

图 4-3-8　显示园长已点评文档

活动二　个人文档管理

（一）活动要求

① 掌握使用平台上传、管理个人文档的方法。

② 掌握使用平台对教师文档添加点评的方法。

（二）活动计划

通过对平台对应功能的操作，进行个人文档的添加、发布管理，并能对教师文档进行评价，完善幼儿园个人文档内容。

（三）方法与步骤

1. 个人文档的管理

进入园长工作主页面，通过点击主页面右上【快捷导航】菜单进入“文档中心”

页面，随后在弹出的“文档中心”页面点击【个人文档】（见图 4-3-9 箭头位置）。

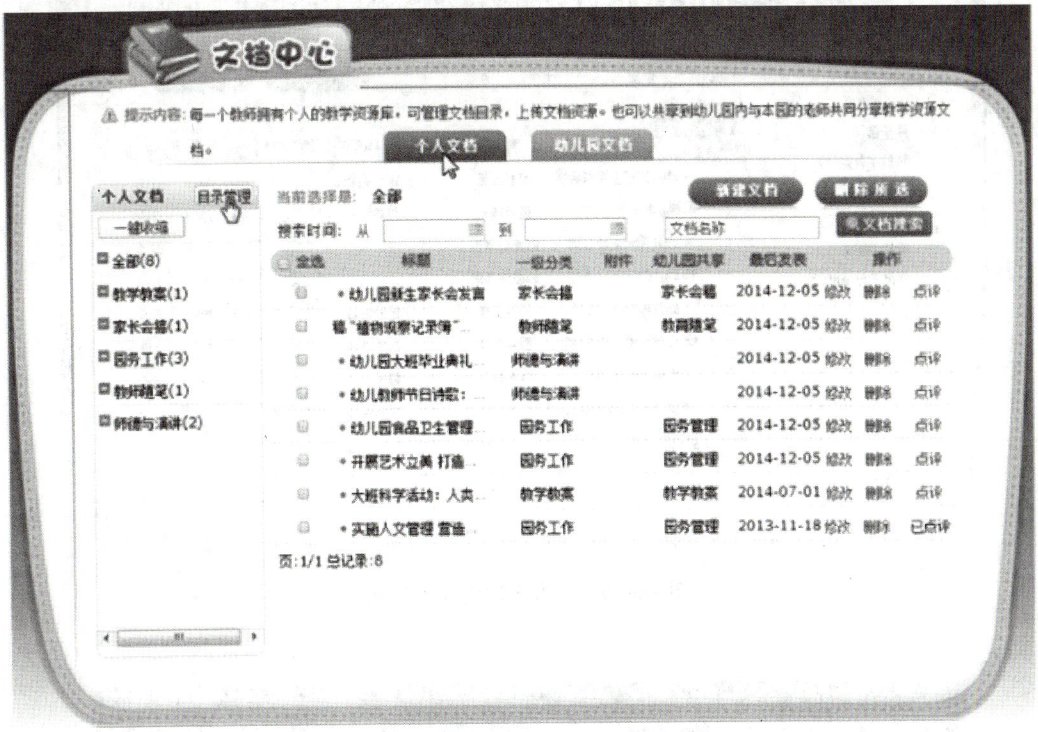

图 4-3-9　个人文档中心主页面

在“个人文档”主页面中，点击【目录管理】按钮（见图 4-3-9 指示位置）。在随后弹出的【文档目录管理】窗口中，如添加文档可以在大分类标题右边点击【添加子分类】，左边大分类目标下即会出现【子分类】空格框，填入要存入“子分类”文档内容，如要修改可在后面进行“上移”“下移”“删除”操作，设定完毕点击【保存】按钮即完成该文档输入的操作，其结果亦可通过【个人文档】中点开【大分类标题】内容进行检视（步骤与幼儿园文档目录管理部分相同，故略去）。

2. 新建个人文档

在【个人文档】主页面中，点击【新建文档】按钮（见图 4-3-10 指示位置），即会弹出【发布文档】页面（见图 4-3-11）。

在【发布文档】主页面中，首先按所属文档分类，点击【更换分类】按钮（见图 4-3-11 箭头），在弹出的【所属文档分类选择】窗口勾选发布文档的类型（见图 4-3-12 箭头）。

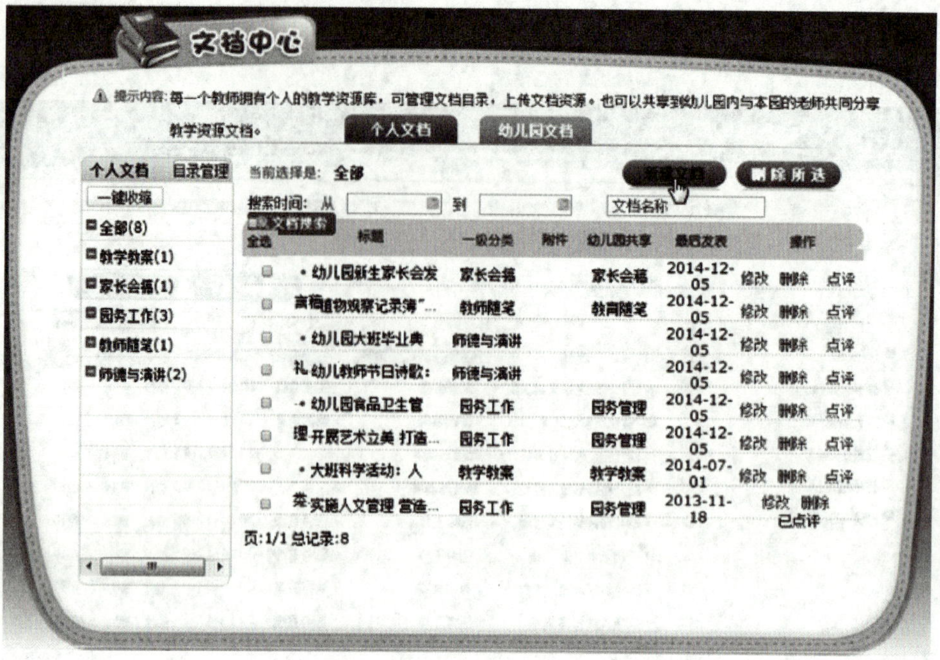

图 4-3-10　个人文档中心主页面

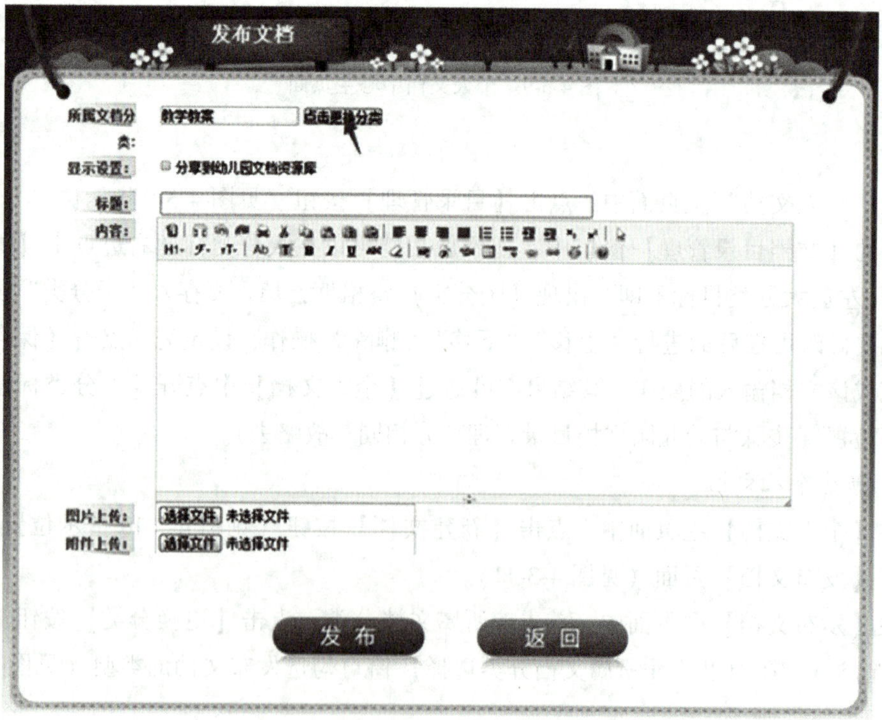

图 4-3-11　【发布文档】页面

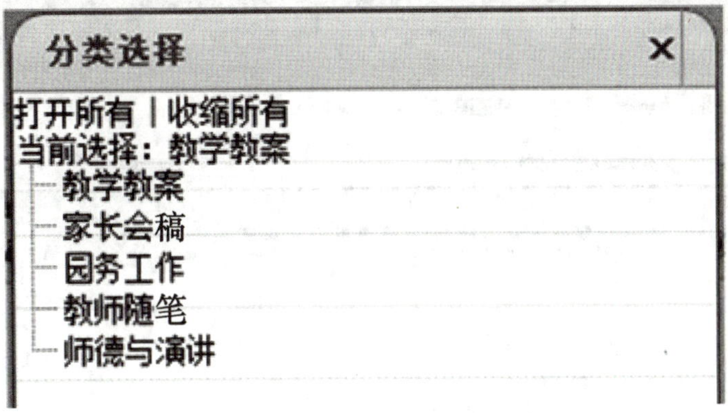

图 4-3-12　所属文档分类选择窗口

回到【发布文档】主页面选择【显示设置】（见图 4-3-13 黑色方框），勾选是否分享到幼儿园文档资源库，再进行文档分类选择（步骤与所属文档分类部分相同，故略去）。

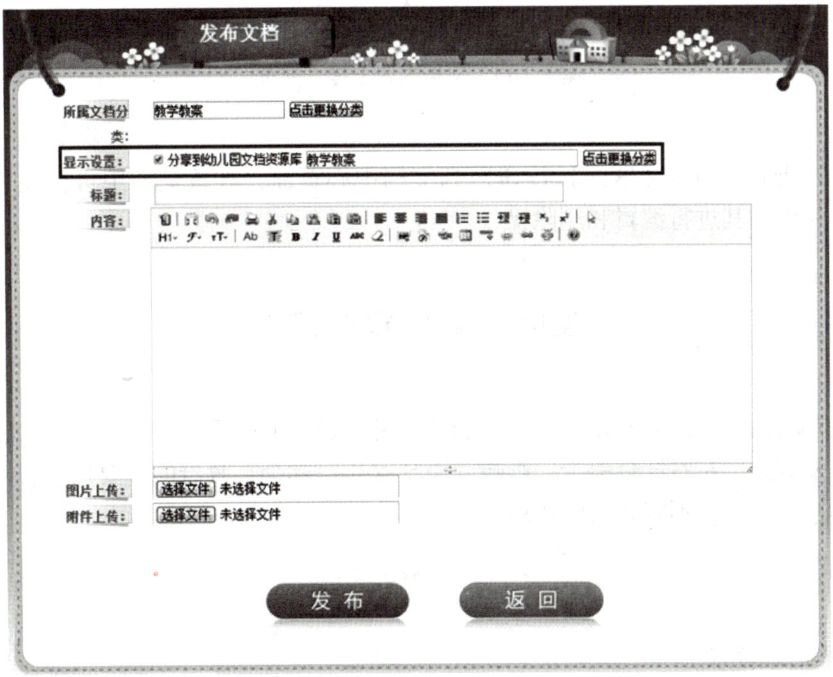

图 4-3-13　显示设置选择

在“发布文档”页面中，输入所需发布标题、正文或插入相关图片内容（见图 4-3-14 黑色方框），点击【发布】按钮即可完成新帖文档的发布操作工作。

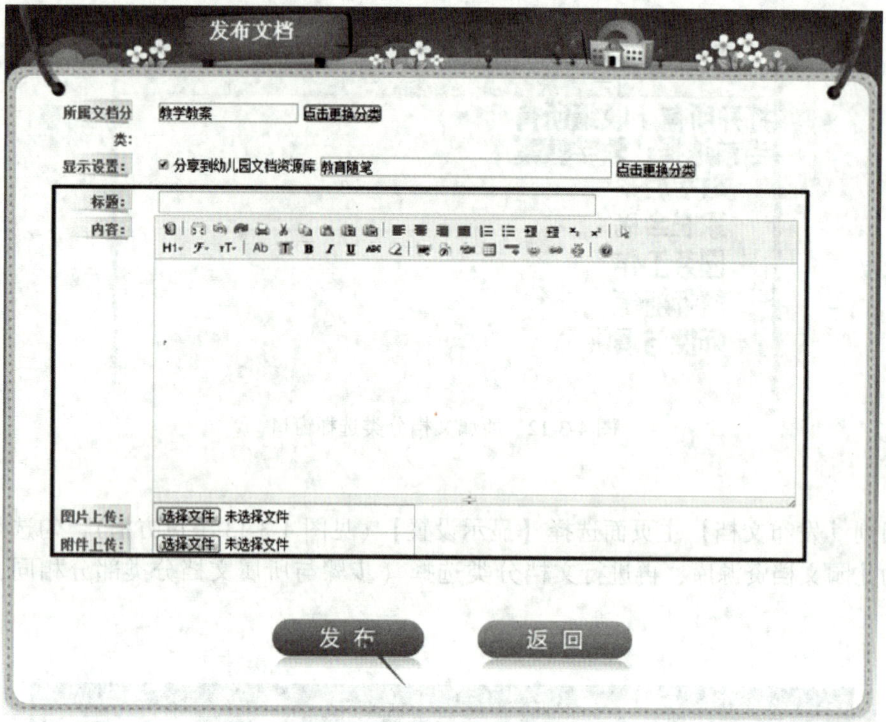

图 4-3-14　文档内容上传、发布

发布完成后，即点【返回】按钮回到文档中心页面，在该页面中可检视之前发布的文档，并可对其进行编辑和删除操作。

第四节　幼儿园网站管理

幼儿园网站既是幼儿园作为家园沟通的一种渠道，向外界宣传自己的窗口，又是迅速传递各种信息，左右社会舆论、影响，引导家长、社会、政府的重要媒介，对于幼儿园的生存、发展具有不容忽视的作用。

活动一　幼儿园网站首页管理

（一）活动要求

掌握使用平台对幼儿园网站首页进行分类上传、管理的方法。

（二）活动计划

通过对平台对应功能的操作，对幼儿园的所有发布内容、照片、家长反馈、精彩文章等进行定期查阅、管理，保证幼儿园网站首页的正常运行。

（三）方法与步骤

1. 幼儿园网站首页

进入园长工作主页面（见图 4-4-1），通过点击桌面左下【网站管理】按钮（图中黑色方框所示位置），并在弹出窗口中选择【幼儿园网站】（见图 4-4-2），进入“幼儿园家园共育管理平台”页面，或通过主页面右上【快捷导航】菜单中【网站管理后台】按钮（见图 4-4-3）进入“幼儿园家园共育管理平台”页面。

图 4-4-1　园长工作主页面

图 4-4-2　幼儿园网站弹出窗口

图 4-4-3　教师工作主页面快捷导航菜单

在“幼儿园家园共育管理平台”页面中的【首页管理】标签下的【内容管理】（见图 4-4-4），可进行浏览或管理首页的【公告】、【新闻】、【温馨提示】、【每周食谱】、【精彩视频】板块内容（见图 4-4-5 方框所示位置）。

图 4-4-4　“幼儿园家园共育管理平台”页面（1）

各板块内容如需要修改、置顶和添加、上传内容可以点击相应按钮（见图 4-4-5 黑色方框所示位置）。

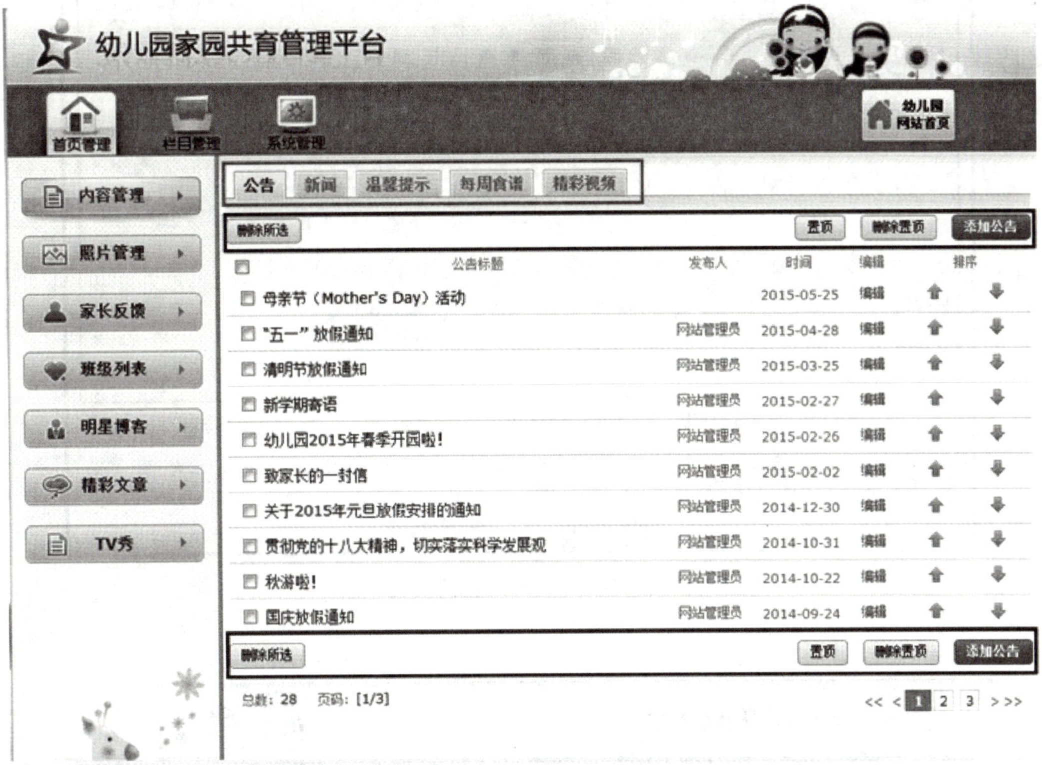

图 4-4-5　“幼儿园家园共育管理平台”页面（2）

例如：要添加公告内容，可以点击【添加公告】按钮，即会弹出“添加公告”页面（见图 4-4-6）。在该页面中，输入所需发布标题、正文或插入相关图片及勾选同步到班级主页的班级等内容（见图 4-4-6 黑色方框所示位置），点击【确定】按钮即可完成新帖公告的发布操作工作。发布完成，即点击【返回】按钮回到公告主页面，在该页面中可检视之前发布的公告，并可对其进行编辑和删除操作。

在“幼儿园家园共育管理平台”页面中的【首页管理】标签下的【照片管理】（见图 4-4-7 指示图标位置），“欢乐时光”、“幼儿作品”两个板块（见图 4-4-4 黑色方框位置）可以选择点击进入。

找到需要查看的主题名称，例如：选择【我爱运动】，点击右边的【照片管理】（见图 4-4-7 箭头位置）进入，在弹出的照片查阅、修改页面，可以根据情况将照片勾选（见图 4-4-8 箭头位置）并进行修改（见图 4-4-8 黄色按钮、黑色方框位置）。

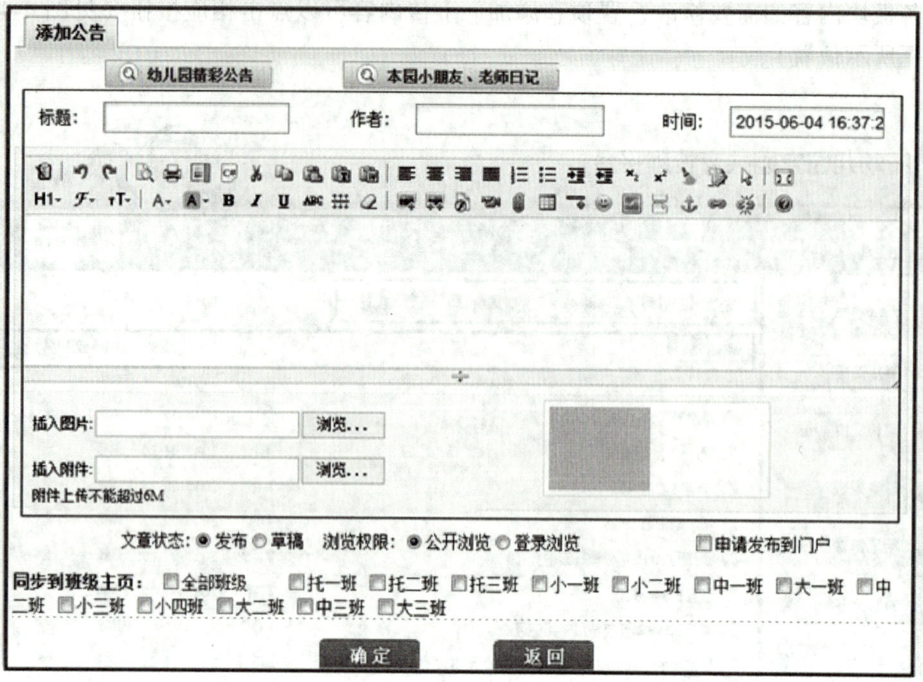

图 4-4-6　“添加公告”页面

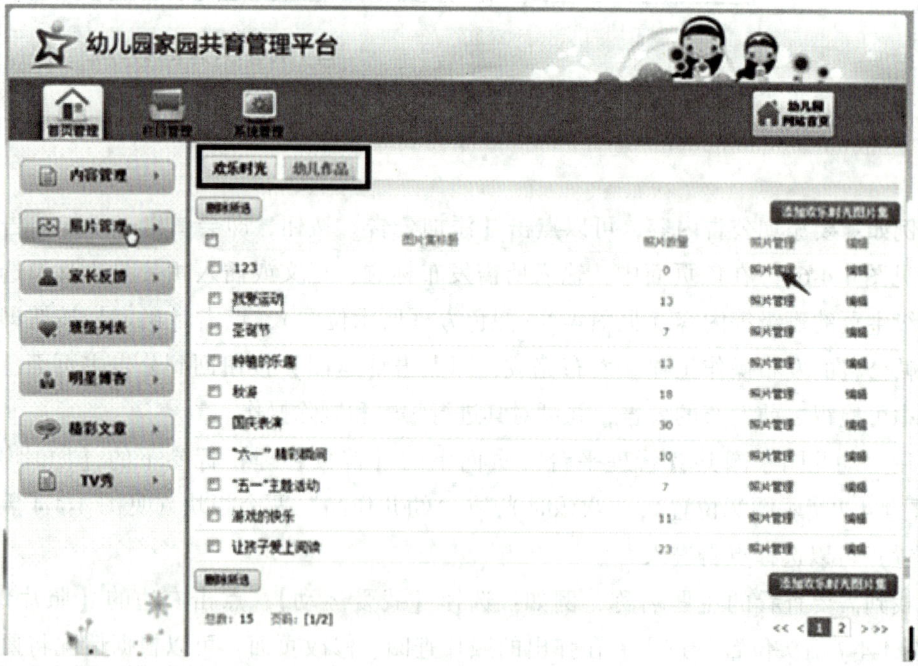

图 4-4-7　照片管理页面

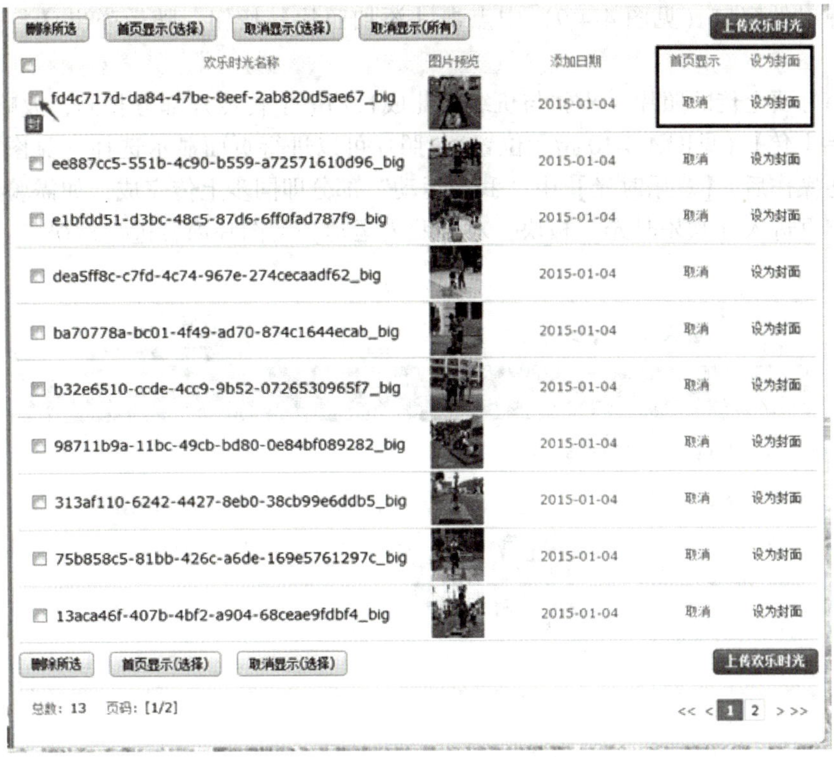

图 4-4-8　照片管理查阅、修改页面

要增加照片，在该页面点击【上传欢乐时光】按钮（见图 4-4-8 红色按钮），即可进入【欢乐时光】上传照片页面（见图 4-4-9）。

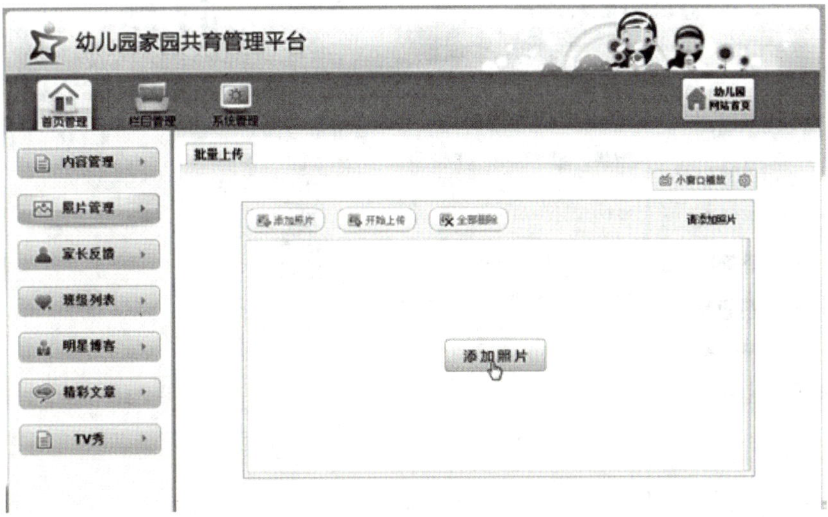

图 4-4-9　添加照片窗口

在弹出的窗口（见图 4-4-9）中点击【添加照片】按钮，随后弹出【打开图片文件】。

选择好要上传的照片（步骤与班级幼儿成长档案上传照片部分相同，故略去），点击【开始上传】（见图 4-4-10 指示位置），照片可以进行页面显示选择（见图 4-4-11），完成上述操作后，【欢乐时光】中“我爱运动”部分即同步上传完成，如需验证，可通过网站首页进入【欢乐时光】板块，对【我爱运动】的图片内容进行检视。

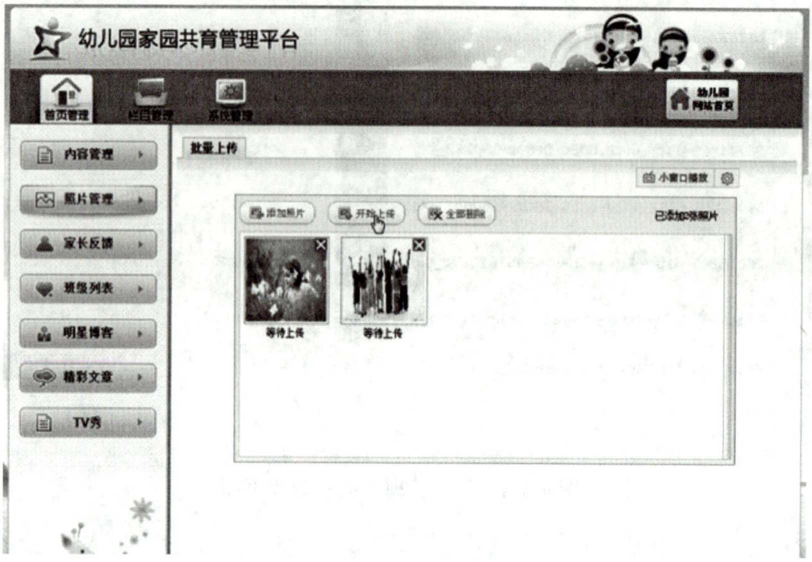

图 4-4-10　照片等待上传窗口

图 4-4-11　照片分配窗口

进入【家长反馈】栏目会有【园长信箱】、【在线报名】、【问卷调查】、【留言板】、【最新班级论坛回复】五个板块（见图4-4-12黑色方框位置）。

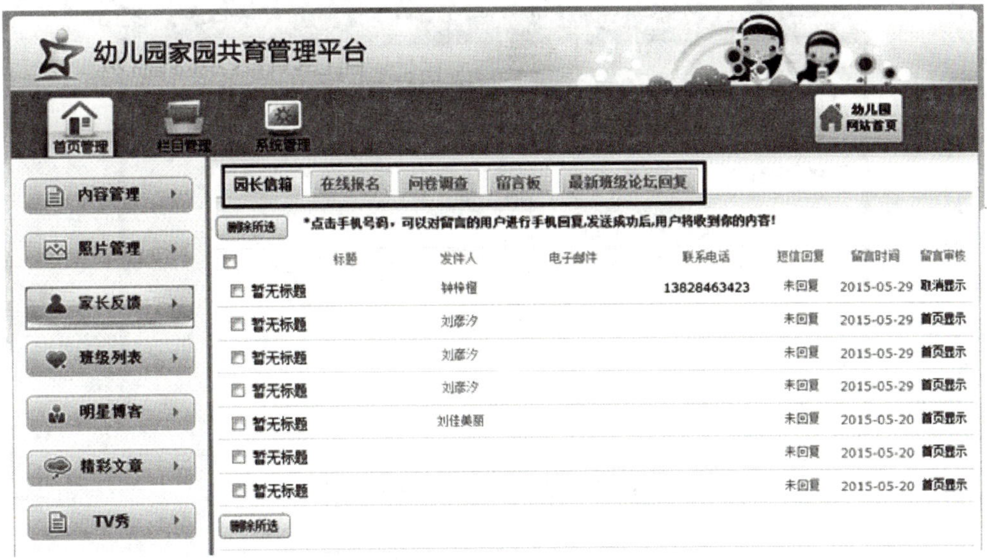

图4-4-12　家长反馈页面

进入【园长信箱】会呈现网站首页接收的信件，点击查看后在该信件后面的【短信回复】处打开（见图4-4-13箭头位置）。

图4-4-13　“园长信箱”页面

在弹出的回复窗口（见图 4-4-14）中进行留言，完成操作后点击【发送】，点击【关闭】回到“园长信箱”页面检视。

图 4-4-14　弹出园长信箱回复窗口

进入“在线报名”页面，园长需在招生前点击【在线报名设置】（见图 4-4-15 箭头位置），随后在弹出的在线报名要求窗口进行时间、人数的要求设置（见图 4-4-16）。

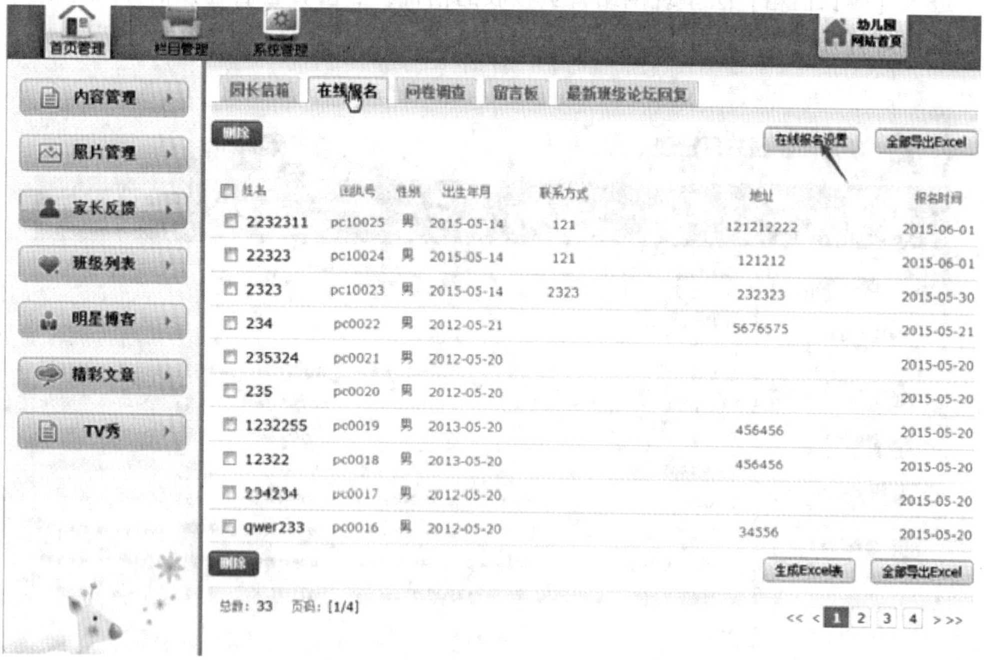

图 4-4-15　“在线报名”页面

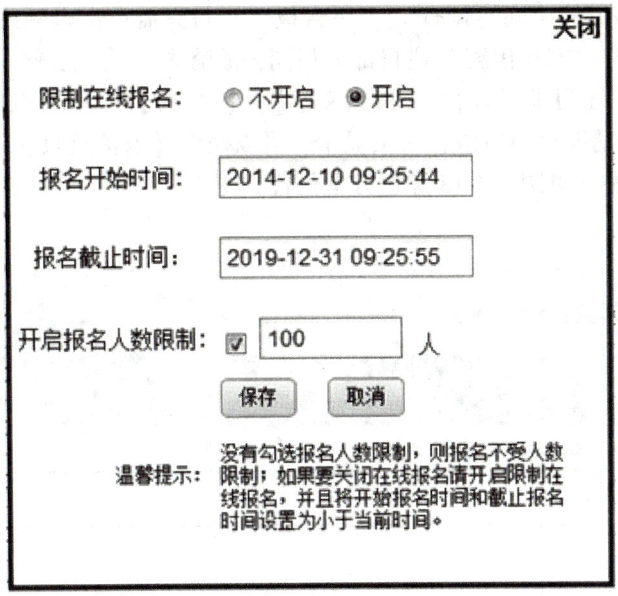

图 4-4-16　弹出在线报名要求窗口

报名名单列出来后可以点击【全部导出 Excel】按钮（见图 4-4-17 黑色方框位置），导出 Excel 表格打印（步骤与物资管理 Excel 表格打印部分相同，故略去）。

图 4-4-17　导出 Excel 报名表

【家长反馈】中的“问卷调查”、“留言板”栏目只需点击查阅或添加即可，“最新班级论坛”栏目与“家长信箱”栏目部分相同，故略去。

【班级列表】、【明星博客】、【精彩文章】、【TV 秀】板块可点击查阅（见图 4-4-18），查阅后根据情况更换班级在首页显示，可以操作【取消首页显示】、【设置首页显示】按钮进行设置（见图 4-4-18 黑色方框位置）。

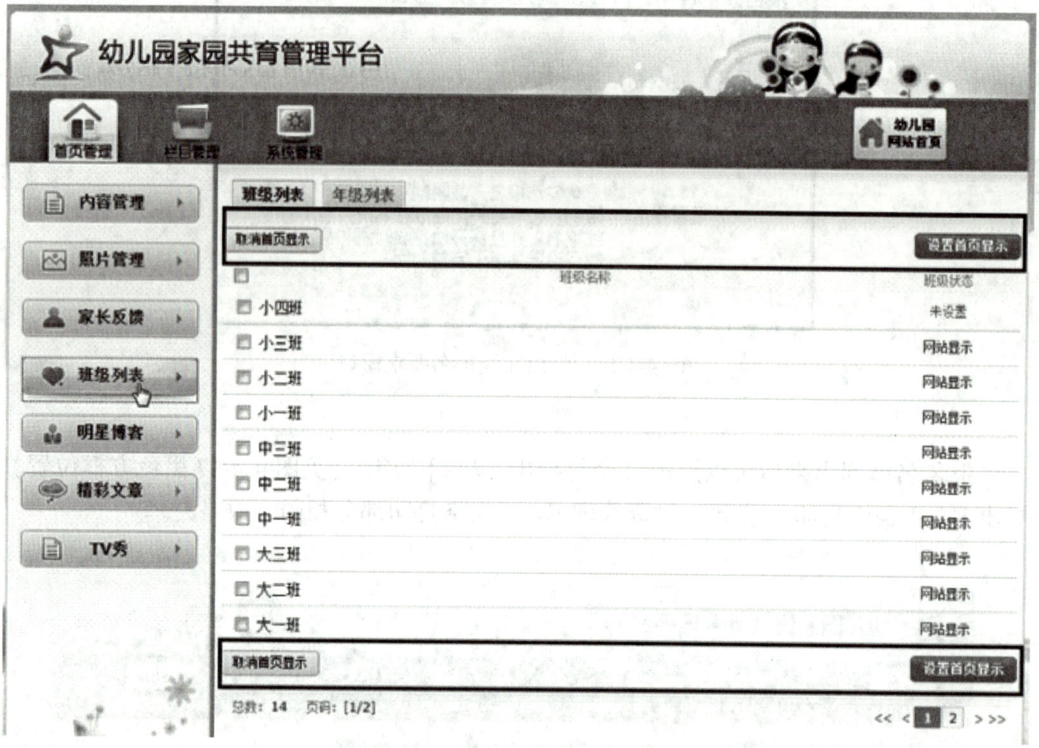

图 4-4-18　班级列表页面

活动二　幼儿园网站栏目管理

（一）活动要求

掌握使用平台对幼儿园网站各个栏目进行查阅、修改、分类上传、管理的方法。

（二）活动计划

通过对平台对应功能的操作，对幼儿园的所有栏目发布的照片、文章等进行定期查阅、管理，保证幼儿园栏目的正常运行。

（三）方法与步骤

进入园长工作主页面，通过点击桌面左下【网站管理】按钮，并在弹出的窗口中选择【幼儿园网站】进入“幼儿园家园共育管理平台”页面，或通过主页面右上【快捷导航】菜单中【网站管理后台】按钮进入“幼儿园家园共育管理平台”页面，随后点击【栏目管理】（见图 4-4-19）。

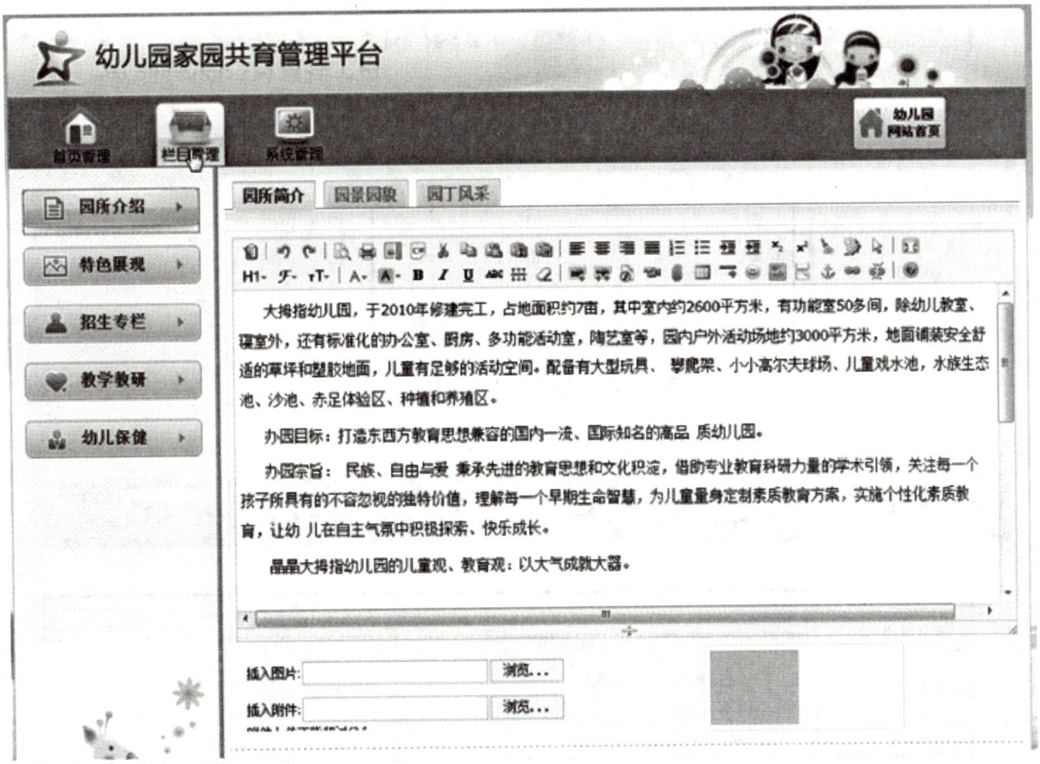

图 4-4-19 栏目管理主页面

在【栏目管理】中分别点击【园所介绍】、【特色展现】、【招生专栏】栏目即可查阅。在该页面中，输入所需发布正文或插入相关图片、附件（见图 4-4-20 黑色方框所示位置），点击【确定】按钮即可完成专栏内容的发布操作工作。

打开【教学教研】、【幼儿保健】栏目版面形式相同（见图 4-4-21），除查阅外，如要编辑和添加，可以点击相应按钮（见图 4-4-21 黑色方框位置）即可完成（步骤与首页公告部分相同，故略去）。

图 4-4-20　插入图片、附件页面

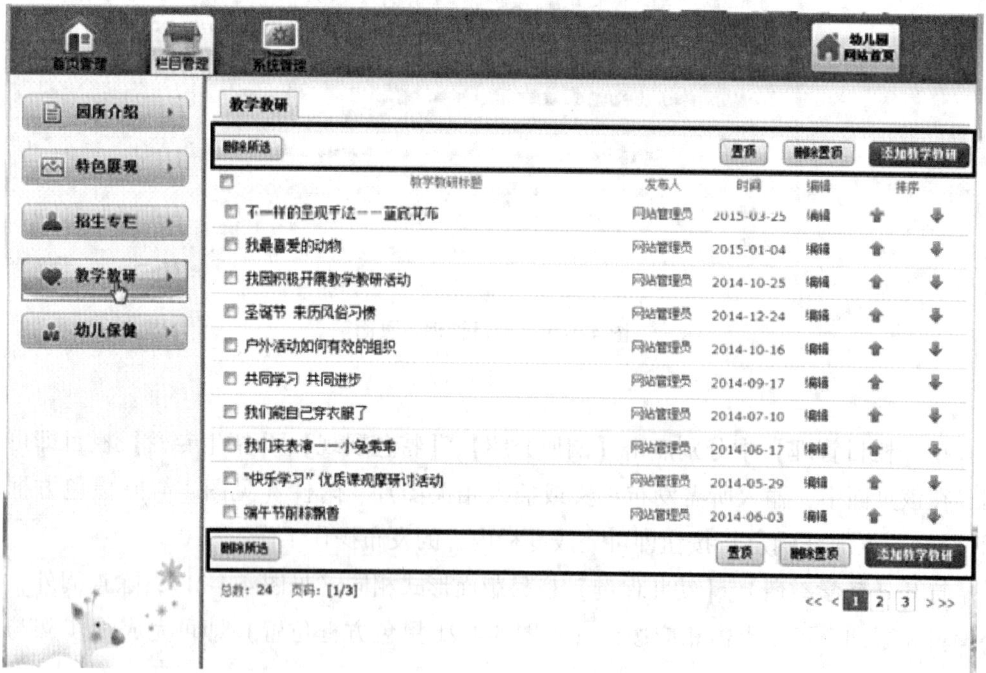

图 4-4-21　教学教研页面

第五节　运营分析

幼儿园的发展根本是队伍的整体建设。运营分析便于掌握、评价教师的教学水平和教学态度，掌握师资力量的构成，以及与家园沟通情况。它包括教师管理、幼儿管理、家园互动。

活动一　教师管理

（一）活动要求

掌握使用平台对教师的教学教案、教学计划、教师考勤、师资统计，进行分析、管理的方法。

（二）活动计划

通过对平台对应功能的操作，掌握幼儿园教师的教学水平和教学态度，并定期检查，为未来教师阵容的扩展方向提供参考依据，完成教师队伍的系统化管理。

（三）方法与步骤

1. 教学教案

进入园长工作主页面（见图 4-5-1），通过点击桌面左下【运营分析】按钮（图中黑色方框所示位置），或通过点击主页面右上【快捷导航】菜单进入“运营分析”页面（见图 4-5-2）。

图 4-5-1　园长工作主页面

图 4-5-2　园长工作主页面【快捷导航】菜单

在弹出窗口中选择【教师管理】进入“教学教案”页面（见图 4-5-3），可以查阅到所有教师的“电子教案”、“教学随笔”、“教学反思”、“观察记录”。如要明细查询，可以点击【教学教案明细查询】按钮（见图 4-5-3 红色箭头位置）。

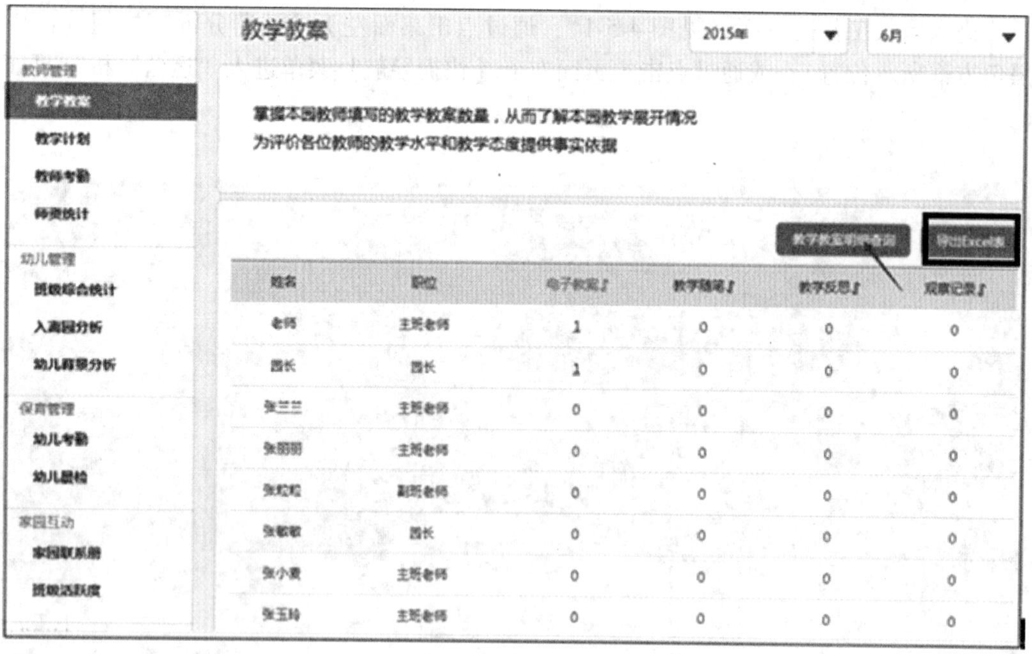

图 4-5-3　“教学教案”页面

明细内容出来可以点击“导出 Excel”（见图 4-5-3 黑色方框位置）导出 Excel 表格打印（步骤与物资管理 Excel 表格打印部分相同，故略去）。

在弹出的【教学教案明细查询】窗口（见图 4-5-4 黑色方框位置），选择需要查询内容后点击【查询】按钮即可。如查阅后需标记该文章为精选，可以点击【设为精选】按钮（见图 4-5-4 箭头位置）即可。

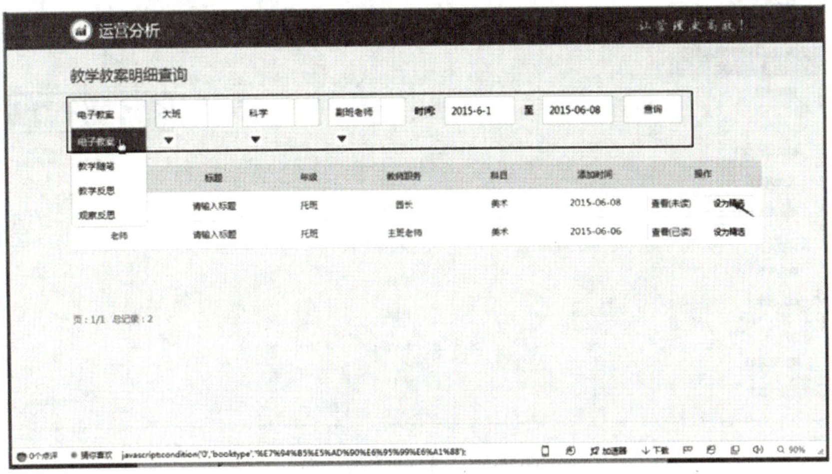

图 4-5-4 【教学教案明细查询】窗口

2. 教学计划

选择【教师管理】进入【教学计划】页面（见图 4-5-5），在右上角勾选时间和班级（见图 4-5-5 黑色方框位置）可以查阅明细。

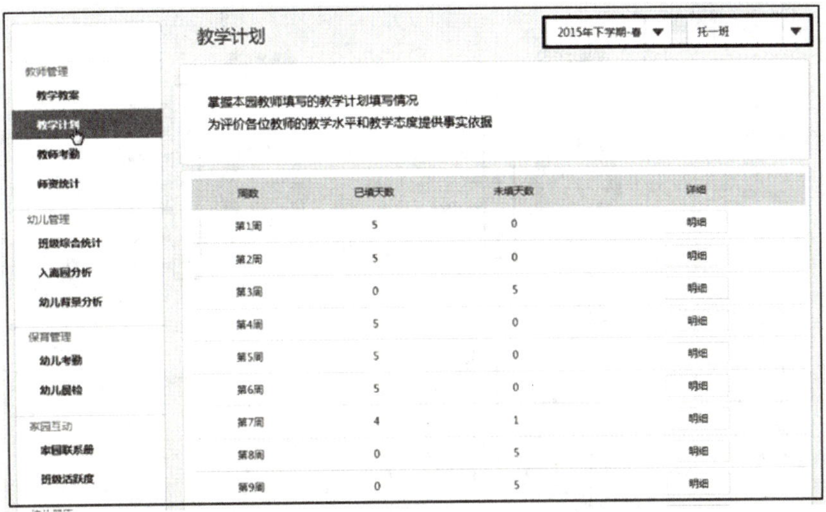

图 4-5-5 【教学计划】页面

3. 教师考勤

选择【教师管理】进入【教师考勤】页面，勾选时间、班级，再根据日考勤、月考勤查阅明细（见图 4-5-6 黑色方框位置）。

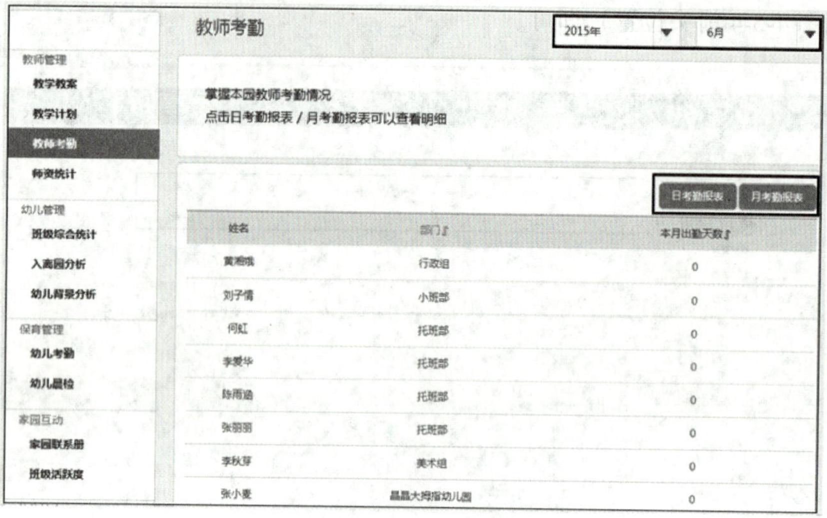

图 4-5-6　教师考勤页面

4. 师资统计

选择【教师管理】进入“师资统计”页面，可以直观地看到教师的“学历分布图”、“职称分布图”、“年龄分布图”，如要查询每一项明细可以点击每一项前面的彩色图标（见图 4-5-7 黑色方框位置）即可弹出窗口查看。

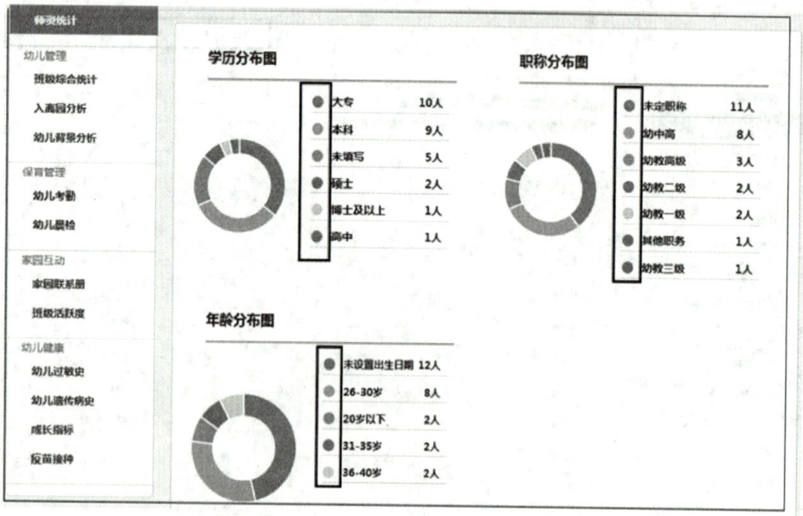

图 4-5-7　师资统计页面

活动二 幼儿管理

（一）活动要求

掌握使用平台对幼儿园的班级综合统计、幼儿入离园分析、幼儿背景分析，进行查阅分析、管理的方法。

（二）活动计划

通过对平台对应功能的操作，掌握本园班级分布情况、幼儿非正常离园（退学）的理由、吸引生源的优势所在、幼儿的家庭背景的分布情况，可以更好地决定本园的定位、收费等运营策略等，完成幼儿园生源整体情况的系统化管理。

（三）方法与步骤

1. 班级综合统计

进入“运营分析”主页面，点击【幼儿管理】板块下面的【班级综合统计】（见图 4-5-8 指示位置），即可查阅全园班级分布、幼儿人数、教师配备情况。

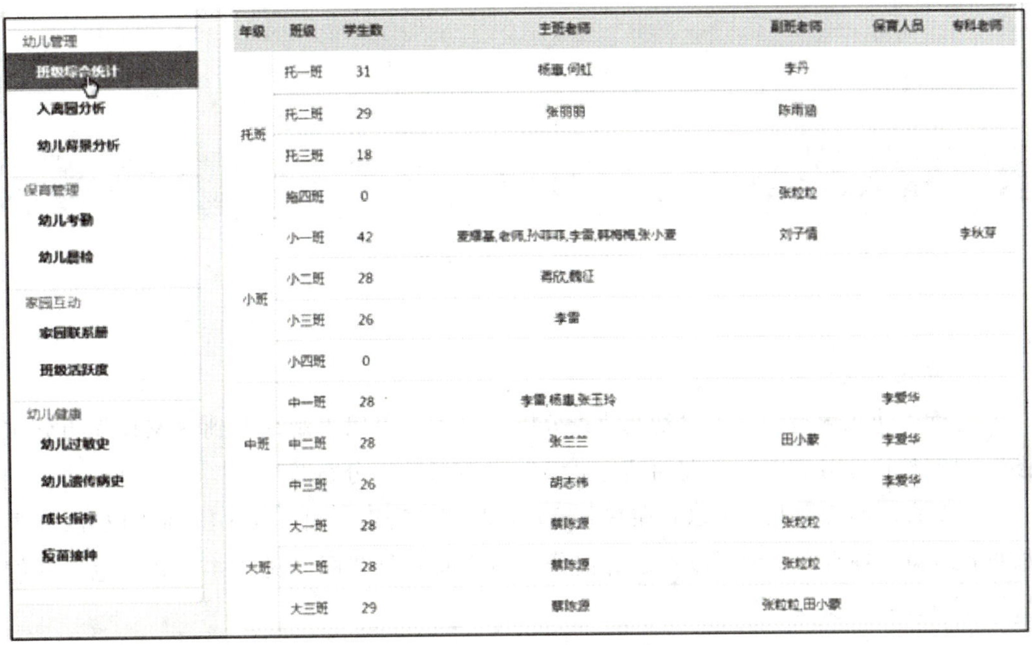

年级	班级	学生数	主班老师	副班老师	保育人员	专科老师
	托一班	31	杨璐,何虹	李丹		
托班	托二班	29	张丽丽	陈雨璐		
	托三班	18				
	托四班	0		张粒粒		
	小一班	42	[illegible],老师,孙菲菲,李雷,韩梅梅,张小夏	刘子倩		李秋芽
	小二班	28	蒋欣,魏征			
小班	小三班	26	李雷			
	小四班	0				
	中一班	28	李雷,杨璐,张玉玲		李爱华	
中班	中二班	28	张兰兰	田小蒙	李爱华	
	中三班	26	胡志伟		李爱华	
	大一班	28	蔡陈源	张粒粒		
大班	大二班	28	蔡陈源	张粒粒		
	大三班	29	蔡陈源	张粒粒,田小蒙		

图 4-5-8 班级综合统计页面

2. 入离园分析

选择【幼儿管理】进入“入离园分析”页面，在右上角勾选时间（见图 4-5-9 黑色方框位置）后点击【查询】按钮，即可查阅明细情况。

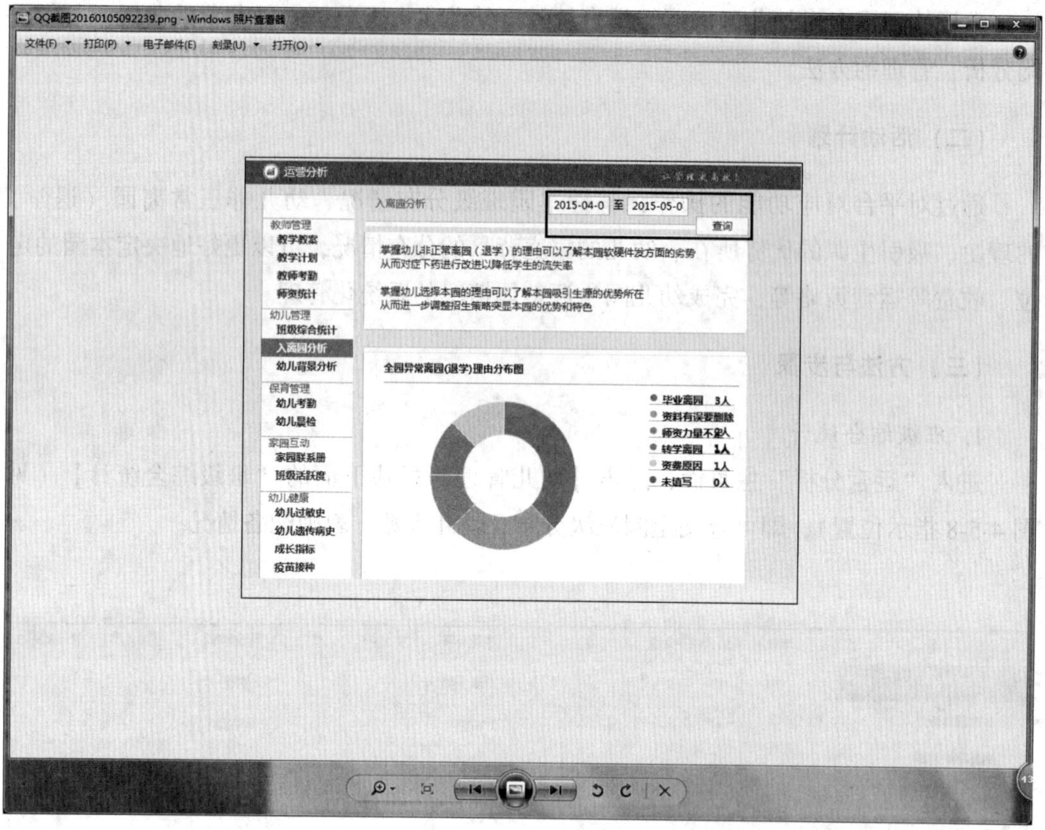

图 4-5-9 “入离园分析”页面

3. 幼儿背景分析

选择“幼儿管理”进入“幼儿背景分析”页面，可以直观地看到“家长学历分布图”、“家长行业分布图”、“是否留守儿童”、“家长收入分布图”。

如要查询明细情况，可以先在右上角勾选时间、班级（见图 4-5-10 箭头位置），再根据班级每一项查询明细可以点击每幅分布图前面彩色图标（见图 4-5-10 黑色方框位置）即可在弹出窗口看到。

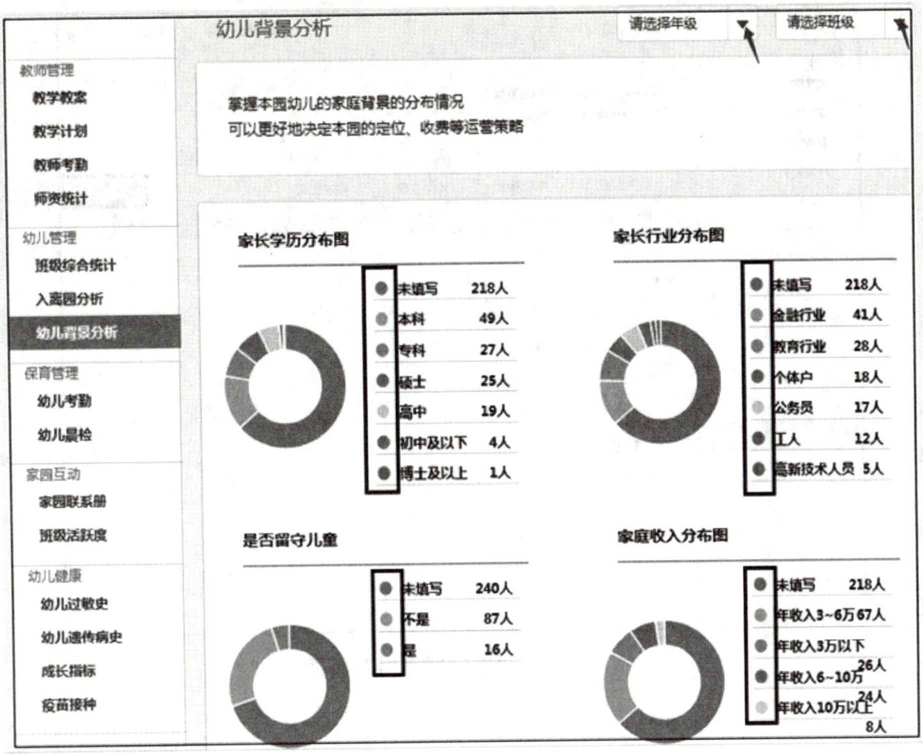

图 4-5-10　“幼儿背景分析”页面

活动三　家园互动

（一）活动要求

掌握使用平台对幼儿园的班级家园联系手册、班级活跃度，进行查阅分析、管理的方法。

（二）活动计划

通过对平台对应功能的操作，掌握幼儿园家园联系册的填写数量和网站各班级主页的活跃程度，完成幼儿园家园互动情况的系统化管理。

（三）方法与步骤

1. 家园联系手册

进入“运营分析”主页面，点击【家园互动】板块下面的【家园联系册】（见图 4-5-11 指示位置），即可查阅全园班级家园联系册填写情况。

填写情况表格可以点击【导出 Excel】（见图 4-5-11 黑色方框位置），导出 Excel 表格打印（步骤与物资管理 Excel 表格打印部分相同，故略去）。

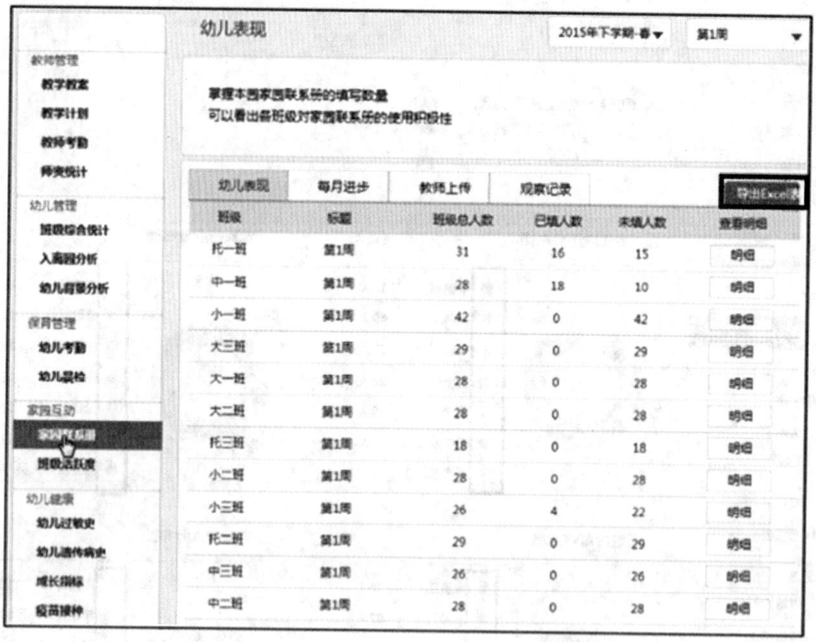

图 4-5-11　“家园联系册”页面

查看“家园联系册”每个班级每个栏目的数量，可以根据时间勾选及栏目点开（见图 4-5-12 黑色方框位置）。

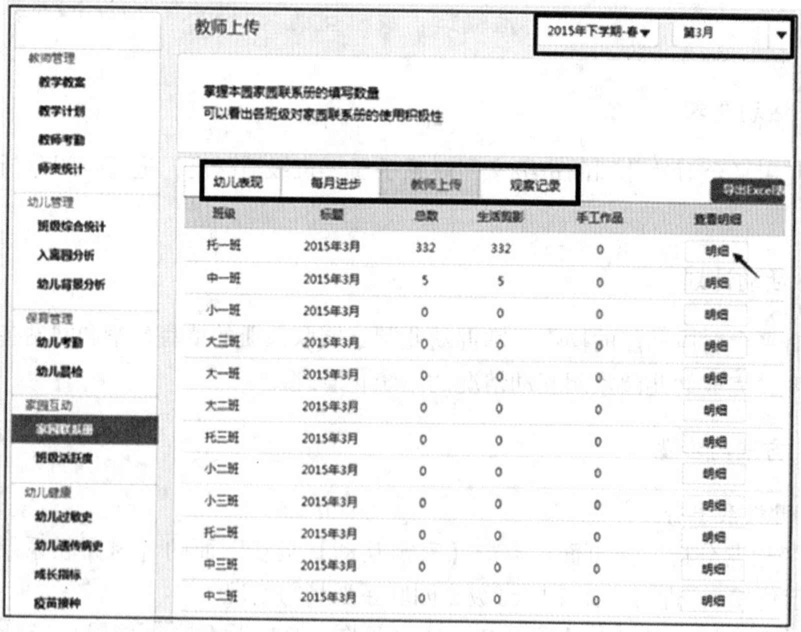

图 4-5-12　教师上传窗口

查看每个栏目明细具体情况，可以点击栏目下班级后面的【明细】按钮（见图 4-5-12 箭头位置）。例如：查阅【教师上传】栏目的具体情况，点击【明细】按钮会弹出教师上传的【家园联系册】供查阅（见图 4-5-13）。

图 4-5-13　弹出班级家园联系册

2. 班级活跃度

选择【家园互动】进入“班级活跃度”页面，在右上角勾选时间（见图 4-5-14 黑色方框位置），后点击【查询】按钮，即可查阅班级公告、班级相册、班级视频及教学安排数量明细情况。

数量明细情况表格可以点击【导出 Excel】（见图 4-5-14 黑色方框位置），导出 Excel 表格打印（步骤与物资管理 Excel 表格打印部分相同，故略去）。

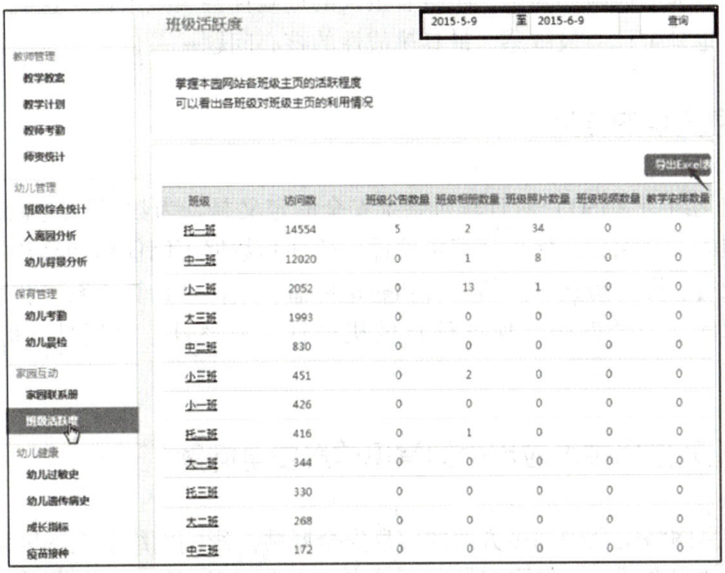

图 4-5-14　“班级活跃度”页面

第五章　信息安全和信息道德

信息技术的应用是当今世界经济和社会发展的大趋势，是推动经济社会变革和进步的重要力量。人类分享着信息技术带来的巨大成果的同时，也面临着越来越多的信息道德和信息安全问题。在幼儿园教师信息技术应用过程中，信息安全和信息道德问题同样是幼儿教师面临的重大课题之一。

本章围绕幼儿园教师信息技术应用过程中的信息安全和信息道德问题及对策进行展开，期望指导幼师加强信息安全防范和信息道德素养，同时确保幼儿园教育和管理中的信息安全，树立良好的幼师网络形象。

第一节　幼儿园教师信息技术应用中的信息安全问题与对策

信息的本性是毫无保留地向人类敞开胸怀，献出一切，其高尚的纯洁性、无私性和献身精神又与其脆弱性、风险性和冒险性是孪生的。就像最明亮的眼睛最容易受到损伤一样，最无私的信息也需要最大限度的呵护，它在为人们带来利益、价值和方便的同时，也带来了巨大的风险和隐患，暗藏着极大的危险性甚至毁灭性。这就引发了幼儿园教师关注的，也是全社会最敏感、最具挑战性的核心问题——信息安全问题。

一、信息安全的含义

国际标准化组织（ISO）对计算机系统安全的定义是：为数据处理系统建立和采用的技术和管理的安全保护，保护计算机硬件、软件和数据不因偶然和恶意的原因遭到破坏、更改和泄露。即要防止非法的攻击和病毒传播，以保证计算机系统和通信系统的正常运行。保障信息安全就是要保证信息的机密性、完整性、可用性、可控性和可审查性。

二、幼儿园信息技术应用中的常见信息安全问题

计算机信息网络安全受到多方面的信息安全威胁。影响网络安全的因素可能是网络系统本身存在的安全弱点，但更多情况下是来自人为因素。幼儿园教师信息技术应用中的常见安全问题主要有计算机病毒、黑客入侵、网络欺骗、漏洞攻击等。

（一）计算机病毒

从广义上讲，凡能够引起计算机故障、破坏计算机数据的程序统称为计算机病毒。

系统一旦感染计算机病毒，要实施其破坏作用，必定会有一定的表现，常见的表现形式有经常死机、系统无法启动、文件无法打开、报内存不够、数据丢失、网络时断时连等。

1. 计算机病毒攻击的对象

计算机一旦感染病毒，内存、文件、系统、磁盘均成为它的攻击目标。

① 攻击内存。内存是计算机病毒最主要的攻击目标之一。计算机病毒在发作时额外地占用和消耗系统的内存资源，导致系统资源匮乏，进而引起死机。病毒攻击内存的方式主要有占用大量内存、改变内存总量、禁止分配内存和消耗内存等。

② 攻击文件。文件也是病毒主要攻击的目标之一。当一些文件被病毒感染后，如果不采取特殊的修复方法，则文件很难恢复原样。病毒对文件的攻击方式主要有删除、改名、替换内容、丢失部分程序代码、内容颠倒、变碎片、假冒文件、丢失文件簇或丢失数据文件等。

③ 攻击系统数据区。对系统数据区进行攻击通常会导致灾难性后果。攻击部位主要包括硬盘主引导扇区、Boot 扇区、FAT 表和文件目录等，当这些部位被攻击后，普通用户很难恢复其中的数据。

④ 干扰系统正常运行。病毒会干扰系统的正常运行，其方式也是花样繁多的，主要表现方式有不执行命令、干扰内部命令的执行、虚假报警、打不开文件、内部栈溢出、占用特殊数据区、重启动、死机、强制游戏等，影响计算机运行速度。当病毒激活时，其内部的时间延迟程序便会启动。该程序在时钟中纳入了时间的循环计数，迫使计算机空转，从而导致计算机速度明显下降。

⑤ 攻击磁盘。表现为攻击磁盘数据、不写盘、写操作变读操作、引导扇区病毒修改或覆盖硬盘原来的主引导记录（如硬盘逻辑锁病毒）。

2. 计算机病毒案例

（1）木马病毒

木马这个名字来源于特洛伊战争，一群士兵藏在木马中，让雅典人自己把木马当作粮草车搬进城里，然后里应外合，攻破雅典。木马本身并不具备病毒的明显特征，木马只是一款客户端控制软件，但经过多年的发展，结合多种病毒技术，现在已经变成网络上最严重的威胁。

木马程序与一般的病毒不同，它不会自我繁殖，也并不会“刻意”地去感染其他文件，通过将自身伪装从而吸引用户下载执行，木马病毒可能会造成用户系统的破坏、信息失窃丢失、系统瘫痪。

木马的传播途径主要有三类，第一类是捆绑应用程序传播，通常木马会绑定在一些正常的程序中，吸引用户下载，一旦用户下载运行，其中隐藏的木马也一并被激活。第二类是利用 QQ 找到 IP，然后扫描系统漏洞。第三类是最新的网页漏洞。一些木马会隐藏在网页的脚本中，在用户通过浏览器执行脚本时，利用网站技术强制用户加载木马。

目前网购十分流行，网购木马呈现增长趋势，网购攻击日益严重。网购木马经营者大多使用 QQ、淘宝旺旺等聊天工具实施一对一的诈骗，隐藏性很强，成功率很高，危害性极大。

（2）“Nimaya（熊猫烧香）”病毒

在互联网上肆虐一时的“熊猫烧香”病毒，最早出现于 2006 年 11 月。该病毒采用“熊猫烧香”头像作为图标，诱使用户运行。该病毒会感染用户计算机上的文件，被病毒感染的文件图标均变为一只熊猫手捧三炷香的样子。同时，受感染的计算机还会出现蓝屏、频繁重启以及系统硬盘中数据文件被破坏等现象。该病毒可通过局域网进行传播，进而感染局域网内所有计算机系统，最终导致整个局域网瘫痪，无法正常使用。据悉，多家著名网站、政府机构和多数个人用户都感染过该病毒。

（二）黑客入侵

黑客是英文“Hacker”的音译，原意为热衷于计算机程序的设计者，现在人们常说的黑客是指专门破坏计算机安全的软件，包括利用公共通信网路，如互联网或其他网络系统，在未经许可的情况下载入对方系统。

1. 黑客入侵手段

黑客入侵的手段主要有：

（1）获取密码

通过网络监听非法得到用户的账号和密码。

（2）放置木马程序

一旦用户打开了这些邮件的附件或者执行了这些程序之后，会在自己的计算机系统中隐藏一个可以在 Windows 启动时悄悄执行的程序。当用户连接到因特网上时，这个程序就会报告给黑客该用户的 IP 地址等信息。黑客在收到这些信息后，再利用这个潜伏在其中的程序，就可以任意地修改用户计算机的参数设定、复制文件、窥视整个计算机硬盘中的内容等，从而达到控制用户计算机的目的。

（3）WWW 的欺骗技术

用户利用浏览器进行各种网站访问时，如果访问的网页已经被黑客篡改过，例如，黑客将用户要浏览的网页的 URL，改写为指向黑客自己的服务器。当用户浏览目标网页的时候，实际上是向黑客服务器发出请求，那么黑客就可以达到欺骗的目的了。

（4）电子邮件攻击

电子邮件攻击主要表现为两种方式，即电子邮件“轰炸”和邮件欺骗，所谓轰炸也就是通常所说的邮件炸弹，指的是用伪造的 IP 地址和电子邮件地址向同一信箱发送数以千计、万计甚至无穷多次的内容相同的垃圾邮件，致使受害人邮箱被“炸”，严重者可能会给电子邮件服务器操作系统带来危险，甚至瘫痪。

（5）寻找系统漏洞

许多系统都有这样那样的安全漏洞，其中某些是操作系统或应用软件本身具有的，这些漏洞在补丁未被开发出来之前一般很难防御黑客的破坏；还有一些漏洞是由于系统管理员配置错误引起的，这些都会给黑客带来可乘之机，应及时加以修正。

2. 黑客入侵案例①

① 国内130万考研用户信息遭泄露，被黑产利用

某漏洞平台曾报道过《国内考研130万报名信息泄露事件》，并表示该漏洞导致泄露的信息正在被黑产利用。出售的用户信息截至2014年11月份的130万考研用户，而且数据已经被多次转卖，经过与卖家了解，数据泄露了考研用户的姓名、手机、座机、身份证、住址、邮编、学校、专业等敏感数据，并且表明已经不是第一手数据了。

② 支付宝前员工贩卖20G用户资料，一条可卖数十元

此则消息引发了用户对于信息安全问题的关注，也令网络信息贩卖产业链浮现。一条价值较高的用户信息甚至可以被卖至数十元。此次支付宝信息泄露中，超过20G的海量用户信息，被支付宝员工在后台下载并有偿出售给电商公司、数据公司。

一二线电商企业本身有完善的用户数据库，需要进行严格的数据监控，防止数据泄露至黑色交易链。此类信息贩卖产业，有的甚至采取公司的运作方式，从互联网上购买个人或单位信息，转卖他人获利；通过网上购买公民户籍、住房、车辆等个人信息为他人提供婚恋、追债、手机定位等服务项目，并从中获利；通过网上购买信息推销产品；利用自身特殊身份盗窃、骗取公民、企业信息转卖获利。

（三）网络欺骗

网络欺骗是不法分子通过电子邮件、网络程序及假冒网站等形式或手段进行的信息欺骗。当受骗者访问其假冒网站，并且输入信用卡账号、密码等信息时，犯罪分子随即得手。

1. 网络欺骗的手段

由于网络交往具有虚拟性的特点，网络又是一个信息的海洋，各种各样的信息混杂其中，网民难以分辨真假，导致网民上当受骗的现象时有发生。目前，网络欺骗手段呈现进一步升级之势，黑客不仅利用电子邮件和网站进行诈骗，还常使用勒索软件、盗号木马等。现介绍几种新型的网络欺骗：

① 微信欺骗。恶意分子可以通过各种渠道，获取被害人好友头像和ID，将自己的头像和ID改成和被害人好友一样的头像和ID，如果被害人没有对该好友做备注，则恶意分子可以假装成被害人好友行骗。

② QQ欺骗。恶意分子通过木马等方式盗取他人QQ，如果被盗取的QQ对自己的亲朋好友有关系备注的，恶意分子可以假装被害人的亲友进行行骗。

③ 旺旺欺骗。恶意分子搭建钓鱼网站，在淘宝上注册店铺售卖贵重金属制品，通过旺旺发送钓鱼网站给客户，诱骗其访问钓鱼网站骗取钱财。

2. 网络欺骗案例

（1）“熟人”通过QQ，借钱给自己的朋友

张某是园区一家公司的职员。有一天晚上，他在家里上网时，收到了公司老总的QQ信息，说是一个朋友有事，但老总自己没空，让张某联系下这个朋友，并留下朋友

---

① 安全牛网，http//www. aqniu. con/.

的电话号码。由于老总正在法国出差，打长途电话确实不便，所以张某毫不怀疑，当即打通了老总朋友的电话。对方在电话里称是老总的好朋友，遇到急事需要用钱。张某通过 QQ 再次联系老总说明情况。老总请他先帮忙借钱给朋友，他一回国就还钱。接到老总“指令”的张某碍于情面，把 1 万元转入老总朋友的账户。事后，他总觉得不定心，打长途电话联系老总本人，却得知老总的 QQ 已被盗，老总本人对朋友借钱的事毫不知情。

该案是 QQ 盗号诈骗的新花样。以前，骗子盗号后冒充 QQ 主人“借钱”，但如果被骗者直接联系真正的 QQ 主人就会穿帮。现在，骗子冒用身份后不直接“借钱”，使被骗者防备心理降低，被骗者较易上当。遇到类似情况，务必联系熟人本人，如果是骗局，就不难识破。

（2）货寄错了，请寄回调换

最近，网络上出现了这样一种新型诈骗手段。

一些不法分子注册一个淘宝旺旺账号，然后在网上向所有旺旺用户发出相同信息：“货寄错了，是返修货，请寄回调换”。不少网友看到这条信息后信以为真，将刚购买的产品快递给了骗子。

这里提醒众多“淘友”，请加强甄别网上信息，不要打开陌生人给出的不明链接。遇到此类情况请做到：不主动与对方联系，拨打所谓的咨询电话，要与自己购买货物页面卖家的电话联系；一旦发觉对方可能是骗子，马上停止汇款，防止扩大损失；不贪便宜不轻信；使用比较安全的安付通、支付宝、u 盾等支付工具；凡是以各种名义要求你先付款或退货的信息，请仔细甄别，不要轻信。

（四）漏洞攻击

计算机系统之所以容易受到攻击，很重要的原因是由于自身存在安全漏洞。

1. 漏洞攻击的手段

下面介绍几种黑客常用的漏洞攻击手段。

（1）非法获取口令

黑客通常利用爆破工具对 Session（会话管理）进行攻击，从而盗取合法用户的 Session。黑客非法获取用户账号后，利用一些专门软件强行破解用户口令，从而实现对用户的计算机攻击。

（2）利用系统默认账号进行攻击

黑客会利用操作系统提供的默认账号和密码进行攻击。此类攻击主要是针对系统安全意识薄弱的管理员进行的。

（3）SQL 注入攻击

如果一个 Web 应用程序没有适当地进行有效性输入处理，黑客就可以轻易地通过 SQL 攻击并绕过认证机制获得未授权的访问，而且还对应用程序造成一定的损害。

（4）认证回放攻击

黑客利用认证设计和浏览器安全实现中的不足，在客户端浏览器中进行入侵。由于浏览器中会保留含有敏感信息的 POST 数据，如用户名、密码，而这些敏感数据又可以再次被提交。如果黑客访问到客户端没有关闭的浏览器，就可以利用认证回放来重新提交认证请求。一旦没有保护机制，攻击者就能利用原始用户的身份进行重新认证请求。

（5）放置木马程序

木马程序常被伪装成工具程序或者游戏等引诱用户打开带有木马程序的邮件附件或从网上直接下载，一旦用户打开并执行邮件的附件程序之后，木马程序便在每次 Windows 启动时悄悄地在后台运行。当用户连接到 Internet 上时，该程序会向对方报告用户的 IP 以及预先设置的服务端口。对方收到信息后可以利用客户端程序直接连接到木马程序所提供的服务端口，完全控制并监视用户的一举一动，而用户却毫不知情。

（6）钓鱼攻击

钓鱼攻击主要是利用欺骗性的 E-mail 邮件和伪造好的 Web 网站来进行诈骗活动，常用的钓鱼攻击技术主要有：相似的域名、IP 地址隐藏服务器身份、欺骗性的超链接等。

① 相似的域名。为了达到欺骗目的，黑客会注册一个域名、改变大小写或使用特殊字符。而大多数用户缺少工具和知识来判断一个假域名是否真的被黑客利用。

② IP 地址。通过 IP 地址隐藏服务器真实身份是最简单的方法，这种技术的有效性令人难以置信，由于许多合法 URL 也包含一些不透明且不易理解的数字。因此，只有懂得解析 URL 且足够警觉的用户才有可能产生怀疑。

③ 欺骗性的超链接。一个超链接的标题是完全独立于它所实际指向的 URL。黑客利用这种表面显示和运行间的内在差异，在链接的标题中显示一个 URL，而在其背后却使用了一个完全不同的 URL。即便是一个有丰富知识的用户，接到一个链接后可能也不会想到去检查其真实的 URL。

（7）寻找系统漏洞

即使是公认的最安全、最稳定的操作系统，也存在漏洞（Bugs），其中一些是操作系统自身或系统安装的应用软件本身的漏洞，这些漏洞在补丁程序未被开发出来之前很难防御黑客的破坏，除非将网线拔掉。所以，建议用户在新补丁程序发布后，一定要及时下载并安装。否则黑客可能会用自己编辑的程序通过漏洞攻入用户的计算机系统进行破坏。

2. 漏洞攻击案例

（1）OpenSSL 爆“心脏出血”漏洞

2014 年 4 月 8 日，OpenSSL 爆出本年度最知名的安全漏洞 Heartbleed，被形象地形容为致命的“心脏出血”。利用该漏洞，黑客坐在自己家里计算机前，就可以实时获取约 30%的 https 开头网址的用户登录账号密码，其中包括网民最常用的购物、网银、社交、门户、微博、微信、邮箱等知名网站和服务，影响至少两亿中国网民。OpenSSL 的“心脏出血”再一次把网络安全问题推到了公众面前。

（2）安卓平台首次发现使用 Bootkit 技术的“不死”木马

2014 年 1 月 25 日，央视新闻频道曝光了全球首个安卓手机“不死”木马（oldboot）。它会偷偷下载大量色情软件，造成话费损失，国内感染超过 50 万部手机。与以往所有木马不同的是，该木马被写入手机磁盘引导区，全球任何杀毒软件均无法彻底将其清除，即使可以暂时查杀，但在手机重启后，木马又会“复活”。随着“不死”木马的发现，其背后专门制造木马、刷入木马的黑色产业链也浮出水面。

三、面向幼儿园信息技术应用中的常用安全技术

一个网络达到安全的标准可以理解为“网络系统不存在任何受威胁状态”。事实上，计算机网络及软件系统本身存在着一些固有的缺陷，没有绝对的安全，只有相对的安全。计算机网络技术在发展，随之而来的黑客攻击技术也在不断地发展。我们尽量消除网络面临的不安全的因素，抵御网络系统外部的威胁破坏和网络系统内部的脆弱性，同时我们的安全意识、技术防范和管理手段也要同步更新，只有这样，才能做到主动防御，尽可能保障计算机网络安全。

下面介绍几种针对幼儿园教师信息技术应用中的常见安全问题的安全技术。

（一）数据加密技术

密码技术是网络安全最有效的技术之一。一个加密网络，不但可以防止非授权用户的搭线窃听和入网，而且也是对付恶意软件的有效方法之一。所谓数据加密技术是指将一个信息（或称明文）经过加密密钥及加密函数转换，变成无意义的密文。而接收方则将此密文经过解密函数、解密密钥还原成明文。在信息传输过程中，发送方先用加密密钥，通过加密设备或算法，将信息加密后发送出去，接收方在收到密文后，用解密密钥将密文解密，恢复为明文。如果传输中有人窃取，也只能得到无法理解的密文，从而对信息起到保密作用。

（二）数字认证技术

数字认证证书是以数字证书为核心的加密技术，可以对网络上传输的信息进行加密和解密、数字签名和签名验证，确保网上传递信息的安全性、完整性。使用了数字证书，即使用户发送的信息在网上被他人截获，甚至丢失了个人的账户、密码等信息，仍可以保证账户、资金安全。数字认证技术解决了保密性、认证性、完整性和可抵赖性等几个关键安全问题。

1. PKI

PKI（Public-Key Infrastructure，公钥基础设施）是一种基于加密技术的安全认证机制。用户利用 PKI 平台提供的安全服务进行安全通信，网上进行的任何需要安全服务的通信都建立在公钥的基础之上，而与公钥相对的私钥只掌握在他们与之通信的另一方，通过数字签名和电子（数字）证书的使用，确保传输的电子文件的完整性、真实性和不可抵赖性。

2. 身份认证技术

身份认证是通过建立身份认证系统可实现网络用户的集中统一授权，防止未经授权的非法用户使用网络资源。在网络环境中，信息传至接收方后，接收方首先要确认信息发送方的合法身份，然后才能与之建立一条通信链路。身份认证技术主要包括数字签名

和身份验证。

（三）网络病毒防范技术

防范病毒技术可以直观地分为病毒预防技术、病毒检测技术和病毒清除技术。

1. 病毒预防技术

计算机病毒的预防是采用对病毒的规则进行分类处理，而后在程序运作中凡有类似的规则出现则认定是计算机病毒。病毒预防技术包括磁盘引导区保护、加密可执行程序、读写控制技术和系统监控技术等。

2. 病毒检测技术

病毒检测技术主要包含两种，一种是根据计算机病毒的关键字、特征程序段内容、病毒特征及传染方式、文件长度的变化，在特征分类的基础上建立的病毒检测技术；另一种是不针对具体病毒程序的自身校验技术，即对某个文件或数据段进行检验和计算并保存其结果，以后定期或不定期地以保存的结果对该文件或数据段进行检验，若出现差异，即表示该文件或数据段完整性已遭到破坏，感染上了病毒，从而检测到病毒的存在。

3. 病毒清除技术

计算机病毒的清除技术是计算机病毒检测技术发展的必然结果，是计算机病毒传染程序的一个逆过程，目前，清除病毒大多是在某种病毒出现后，通过对其进行分析研究而研制出来的具有相应解毒功能的软件。这类软件技术发展往往是被动的，带有滞后性。而且由于计算机软件所要求的精确性，杀毒软件有其局限性，对有些变种病毒的清除无能为力。

（四）漏洞扫描技术

漏洞扫描就是对系统重要的数据、文件等进行检查，发现其中可被黑客利用的漏洞。漏洞扫描技术主要分为被动式和主动式两种。

1. 被动式、基于主机的检测

对系统中不合适的设置、脆弱的口令以及其他同安全规则相抵触的对象进行检查。

2. 主动式、基于对网络的主动检测

通过执行一些脚本文件对系统进行攻击，并记录它的反应，从而发现其中的漏洞。

（五）防火墙技术

防火墙是指设置在不同网络（如可信任的企业内部网络和不可信的公共网络）或网络安全域之间的一系列部件的组合。它是不同网络或网络安全域之间信息的唯一出入口，能根据企业部门的安全策略控制（允许、拒绝、监测）出入网络的信息流，且本身具有较强的抗攻击能力。它是提供信息安全服务，实现网络和信息安全的基础设施。在逻辑上，防火墙是个分离器，是个限制器，也是个分析器，有效监控着内部网络和Intenet之间的任何活动，保证了内部网络的安全。防火墙能极大地提高一个内部网络的安全性，并通过过滤不安全的服务而降低风险。由于只有经过精心选择的应用协议才能通过防火墙，所以网络环境变得更安全。

（六）入侵检测技术

入侵检测技术是一种能够及时发现并报告系统中未授权或异常现象的技术，也是一种用于检测计算机网络中违反安全策略行为的技术。

如果一个系统的计算机或者网络安装了入侵检测系统，它会监视系统某些范围的活动，当系统受到攻击的时候，它可以检测出来并做出响应。入侵检测和其他检测技术有同样的原理，从一组数据中，检测出符合某一特点的数据。攻击者进行攻击的时候会留下痕迹，这些痕迹和系统正常运行的时候产生的数据混在一起。入侵检测的任务就是从这个混合数据中找出是否有入侵的痕迹。如果有入侵的痕迹就报警有入侵事件发生。

四、面向幼儿园教师信息技术应用的计算机安全行为规范

许多人在计算机信息技术应用中，没有养成良好的安全行为规范，这是计算机安全失范的重要原因之一。幼儿园教师在信息技术应用中，具备良好的安全防范意识和良好的安全行为规范，完全可以将大多数病毒和不安全因素拒之门外。下面介绍几种安全行为的注意事项。

（一）安装防毒软件

鉴于现今病毒无孔不入，安装一套防毒软件是很有必要的。根据计算机病毒的特征，人们摸索出了许多检测计算机病毒和杀毒的软件。国内的有瑞星、KV3000、金山毒霸、360 杀毒软件等，国外的有诺顿、卡巴斯基等。但是，没有哪一种杀毒软件是万能的，所以当本机的杀毒软件无法找到病毒时，用户可以到网上下载一些专杀工具，如木马专杀工具、蠕虫专杀工具或宏病毒专杀工具等。值得注意的是，安装了杀毒软件后，我们还必须每周至少更新一次杀毒软件病毒库，因为防病毒软件只有最新才是最有效的。每周还要对计算机硬盘进行一次全面的扫描、杀毒，以便及时发现并清除隐藏在系统中的病毒。当不慎感染上病毒时，应立即将杀毒软件升级到最新版本，然后对整个硬盘进行扫描，清除一切可以查杀的病毒。

（二）养成良好的上网习惯

养成良好的上网习惯，是重要的计算机安全行为规范之一。不要打开来历不明的邮件附件，因为邮件附件中可能会包含病毒。使用 QQ、微信等软件工具聊天时，不要接收陌生人发来的任何文件，也不要轻易点击对方从聊天窗口发来的任何网页链接信息，因为这些文件信息可能会包含病毒代码。不要访问一些低级粗俗的网站，这些网站的网页中大多包含恶意代码，访问它时，病毒会通过网页种植在用户的计算机里。不要下载并安装一些来历不明的软件，许多不正规的网站提供的软件可能会包含病毒。

（三）注意软盘、光盘以及 U 盘等存储媒介

在使用软盘、光盘、U 盘或活动硬盘其他媒介之前，一定要对之进行计算机病毒扫描，不怕一万，就怕万一。其次，打开软盘、光盘及 U 盘时请选择右键，不要直接双击 U 盘盘符，因为双击实际上是立刻激活了病毒，这样做可以避免中毒。再次，安装软盘、光盘及 U 盘杀毒监控软件和防火墙，实现了对 U 盘的实时监控和查杀。

（四）使用基于客户端的防火墙

防火墙能允许用户“同意”的人和数据进入用户的网络，同时将用户“不同意”的人和数据拒之门外，最大限度地阻止网络中的黑客访问用户的网络，防止黑客随意更改、移动甚至删除网络上的重要信息。常见的个人网络防火墙有天网防火墙、瑞星防火墙和 360 安全卫士等。

（五）警惕欺骗性的病毒

欺骗型病毒将自己装扮成各种吸引人的图片、视频甚至杀毒软件等网络资源，利用人性的弱点，以子虚乌有的说辞或表演来打动你。记住，天下没有免费的午餐，一旦发现，尽快删除。

（六）备份

虽然可以使用公认最好的防病毒软件，但也不能确保计算机不被病毒感染，而且很多时候，只能采用删除文件、格式化磁盘或重装系统等手段来彻底清除病毒，这时数据备份及系统备份就非常必要。我们无法保证计算机不受病毒侵害，但可以做好备份，保证在受到病毒侵害时，将病毒带来的损失降到最小。

第二节 幼儿园信息技术应用中的信息道德问题与对策

幼儿园教师不是生活在真空里，而是像所有人一样不仅会受到一些信息道德问题的困扰，而且社会上违背信息道德的现象在一些老师身上也或多或少地有所反映。前者例如，有的教师被网络病毒、网络作弊、不良网络游戏及其引发的许许多多的问题搞得焦头烂额，不知所措。还有，对于网络数字资源的建设，有的幼儿教师一方面反感别人盗用自己学校开发出来的数字化教学资源，而另一方面自己却也盗用其他学校的数字化教学资源，也许这些老师是为了维护学校的利益、提高自己的教学水平，但却伤害了他人的利益，最终也损害了学校和教师的形象。

因此，对幼儿园教师信息道德的培养有着特别的必要性和紧迫性。首先，信息安全问题不能完全依靠安全技术来解决，道德规范的约束对于信息安全同样具有重要意义。其次，这种必要性和紧迫性来自于幼儿数字化教育和社会信息化对我国幼儿道德培养的挑战。最重要的是这种紧迫性来自于幼儿教师适应社会信息化、提高本身素质的要求。

总之，无论从幼儿教师个人，从学校发展，还是从整个教育事业发展的角度看，对幼师应该具有的信息道德的培养都已经成为了一个不容忽视的问题。

一、信息道德的含义

信息道德是指人们在信息活动中应遵循的道德规范，是在整个信息活动中信息生产者、信息传递者和信息利用者之间相互关系的行为规范的总和。也就是人们在信息活动中必须遵守信息伦理规范，不得危害社会或侵犯他人的合法权益，如保护知识产权、尊重个人隐私、抵制不良信息等。

我国信息产业，特别是互联网行业发展迅速，目前我国已拥有世界上人数最多的网民群体。在这种情况下，有关互联网的道德规范的建立显得尤为重要。从 2002 年起中国互联网协会先后颁布了一系列行业自律规范，目前总数达到 11 个。这些自律规范主要包括：《中国互联网行业自律公约》、《互联网新闻信息服务自律公约》、《互联网站禁止传播淫秽、色情等不良信息自律规范》、《中国互联网协会互联网公共电子邮件服务规范》、《搜索引擎服务商抵制违法和不良信息自律规范》、《中国互联网网络版权自律公约》、《文明上网自律公约》、《抵制恶意软件自律公约》、《博客服务自律公约》、《中国互联网协会反垃圾短信息自律公约》和《中国互联网协会短信息服务规范（试行）》。

二、幼儿园教师在互联网使用中的常见信息道德问题

在互联网已成为人们生活一部分的今天，网络所构建的社会平台，一方面使人们暂时摆脱了现实生活中人们社会地位的不平等，给人们带来了一种前所未有的自由轻松的快感；另一方面在网络社会中，会使人们忽略现实生活中的社会关系，甚至忘记了自己的真实身份，忘记了自己对他人的责任及对社会应尽的义务，做出一些侵犯他人和社会利益的不道德行为来。

在网络信息社会中，违反信息道德的行为主要有：

（一）网络谩骂

在网络社会中，由于人们的身份都是虚拟的，于是网络谩骂成为人们内心泄愤的一种主要工具。殊不知，那些自以为“躲在角落里骂，谁知道？谁管得着！”的人，至少是有心理道德问题的，他们做出的这种不道德行为也会受到社会舆论的谴责。

（二）传播虚假信息

在网络社会中，人人都可以是信息的生产者或发布者，许多人就以在网络上传播虚假信息来恶作剧或愚弄人为乐趣，这也是一种不道德行为。

（三）散布个人隐私

网络搜索引擎强大的功能，可以将有关个人的几乎所有资料，甚至隐私，轻而易举地检索出来。尤其是那些明星的个人隐私或私生活，更是成为被散布的重点。不管散布者出于何种目的，至少这种散布行为是一种不道德行为。

（四）散布色情信息

一些不法之徒为了牟取暴利，提高其电子图书的点读量，往往在电子读物或是游戏软件中加入一些色情信息内容，更有甚者在一些儿童读物中也加入了色情信息内容。这种行为对未成年人的身心健康危害是极大的，它首先是一种不道德行为，严重者会转化为信息犯罪。

（五）传播计算机病毒

当前，许多黑客以制造及传播计算机病毒、攻击或瘫痪他人计算机系统为乐，以显示其“技艺高超”，并拿其战果相互攀比、炫耀，给社会和他人造成了难以估量的损失。这种行为是滥用其计算机技术的表现，首先是一种不道德行为，严重者还会是信息犯罪。

（六）侵犯他人知识产权

网络社会给人们带来了极大的便利，使人们“足不出户就可畅游知识的海洋”，但是信息技术手段也可让人轻而易举地复制他人的知识成果或信息产品，而且可以不留痕迹。这种行为也是一种不道德行为，应受到社会舆论的谴责。

以上这些行为是当前主要的违反信息道德行为的表现形式。而且，随着这些不道德行为对社会造成的危害程度不断加大，它们也有可能转变为信息犯罪，除了受到社会舆论和良心的谴责外，还有可能受到法律的制裁。

三、幼儿园教师信息道德建设的对策

信息对社会的作用，取决于使用者的道德标准和道德信念。同样一条信息，有人用它来造福人类，也有人用它制造灾难。因此，对信息使用者进行道德建设十分重要，加强幼师信息道德建设更为重要。进行幼师信息道德建设，是全社会、学校、幼儿园教师共同的责任。那么，幼儿园教师自身应该如何加强信息道德建设，以适应幼儿园教育信息化和管理信息化的要求？

（一）在从事信息技术应用工作的过程中提高遵纪守法的自觉性

法律是道德的底线，道德是法律的基础。遵纪守法是国家对于公民最基本的道德要求。现在的问题是，由于与信息有关的法律的建设、完善和宣传大大滞后于社会信息化的进程，部分幼师不知道我国有哪些与从事信息活动有关的法律法规应该遵守。不知法就谈不到守法。幼儿园教师必须尽快改变自身这种状况。

根据我国与信息使用有关的法律法规建设的现状，这些有关教育信息的法律法规是首先应该了解并遵守的：《中华人民共和国保守国家秘密法》、《中华人民共和国计算机信息网络国际联网管理暂行规定》、《中华人民共和国计算机信息系统安全保护条例》、《中华人民共和国计算机信息系统保密管理暂行规定》、《中华人民共和国互联网信息服务管理办法》、《中华人民共和国互联网电子公告服务管理规定》、《中华人民共和国教育网站与网校暂行管理办法》。

需要指出的是，现有不少学校的网络保密意识都是很低的，对电子公告版的管理制度还不健全，稍有不慎就会出现漏洞。甚至一些网站为了增强吸引力，不顾国家利益，擅自将一些不该发布的小道消息在网上发布，这是十分危险的。

（二）幼师应该积极参加信息道德的建设，提高自身的信息道德修养

信息道德有赖于传统道德发展，有赖于我们对于信息道德的不断的实践和探索。作为教师，只有积极地参加到这种实践和探索之中，才能不断地提高信息道德的修养，才能使得自己以及自己的学校在信息道德建设上走在时代的前列。国内外教育科学工作者和学校的领导对于信息道德的建设已经做出了许多有益的探索。作为幼儿园教师，应以此为准则，加强自我的信息道德修养。

美国计算机伦理协会提出了“计算机伦理十诫”，即你不应使用计算机去伤害别人；你不应干扰别人的计算机工作；你不应窥探别人的文件；你不应使用计算机进行偷窃；你不应使用计算机作伪证；你不应使用或拷贝你没有付钱的软件；你不应未经许可而使用别人的计算机资源；你不应盗用别人的智力成果；你应该考虑你所编的程序的社会后果；你应该以深思熟虑和慎重的方式来使用计算机。

国内在信息道德建设方面也进行了多方面的探索。2001 年 11 月 23 日我国团中央、教育部等部门向社会发布了《全国青少年网络文明公约》，其内容可归纳为“五要”和“五不”：要善于网上学习，不浏览不良信息；要诚实友好交流，不侮辱欺诈他人；要增强自护意识，不随意约会网友；要维护网络安全，不破坏网络秩序；要有益身心健康，不沉溺虚拟时空。

2001 年我国颁布了《公民道德建设实施纲要》，其中指出：我国计算机互联网作为开放式信息传播和交流工具，是思想道德建设的新阵地。要加大网上正面宣传和管理工作的力度，鼓励发布进步、健康、有益的信息，防止反动、迷信、淫秽、庸俗等不良内容通过网络传播。要引导网络机构和广大网民增强网络道德意识，共同建设网络文明。

参考文献

1. 刘珍芳. 对提升幼儿教师信息素养实践的思考［J］. 教师博览，2014（3）：5.

2. 汪基德，朱书慧，张琼. 学前教育信息化的内涵解读［J］. 电化教育研究，2013（7）：27.

3. 刘丹，刘凤娟. 信息化环境下幼儿教师信息素养的研究［J］. 中国教育信息化，2014（10）：59.

4. 王卫军. 教师信息化教学能力发展研究［D］. 兰州西北师范大学，2009（5）38-39.

5. 张永芳，张良山. 信息技术对学前教育影响的重心转移研究［J］. 才智，2014（23）：90.

6. 教育部基础教育司组织编写. 幼儿园教育指导纲要（试行）解读［M］. 南京：江苏教育出版社 . 2002.

7. 王星，等. 电脑上网［M］. 重庆：电脑报电子音像出版社，2011.

8. 张帆. 中文版 Word 2010 文档处理实用教程［M］. 北京：清华大学出版社，2014.

9. 向导工作室 . 24 小时学会 Word 2010［M］. 北京：人民邮电出版社，2011.

10. 马汉达. 计算机系统维护技术［M］. 北京：清华大学出版社，2013.

11. 张兴华等. 计算机基础与应用［M］. 北京：北京大学出版社，1992.

12. 吴向东. 质变与重构信息时代的科学教育探索［M］. 广州：中山大学出版社，2005.

13. 战德臣，聂兰顺. 大学计算机：计算与信息素养［M］. 第 2 版. 北京：中国高等教育出版社，2014.

14. 安宝生. 学校信息化管理［M］. 北京：科学出版社，2005.

15. 谢希仁. 计算机网络［M］. 第 6 版. 北京：电子工业出版社，2013.

16. 李辉. 计算机安全与保密［M］. 北京：清华大学出版社，2013.

17. 孙波. 计算机网络技术［M］. 成都：机械工业出版社，2013.

18. 前沿文化. Office 2010 电脑办公［M］. 上海：科学出版社，2013.

19. 朱宏峰. 基于案例的网络安全技术与实践［M］. 北京：清华大学出版社，2012.

20. 张豪锋，等. 教育信息化与教师专业发展［M］. 北京：科学出版社，2008.

21. 张进宝. 国际教育信息化发展报告（2013—2014）［R］. 北京：北京师范大学出版社，2014.

22. 韩骏，李中华. 区域教育信息化基础环境建设［M］. 北京：北京师范大学出版社，2012.

23. 任友群，等. 教师教育信息化的理论与实践［M］. 上海：华东师范大学出版社，2009.

24. 王继新. 信息化教育概论［M］. 武汉：华中师范大学出版社，2006.

25. 樊文芳. 教育信息化环境下的教师专业发展与培训［M］. 北京：科学出版社，2015.

26. 刘儒德. 信息技术与课程整合［M］. 北京：人民教育出版社，2004.

27. 何克抗. 现代教育技术［M］. 北京：北京师范大学出版社，1998.

28. 刘俊强. 新课程教师教学技术和媒体运用能力培养与训练［M］. 北京：人民教育出版社，2004.

29. 邹檬，姜忠元，焦景林. 现代教育技术［M］. 北京：科学出版社，2004.

30. 王志明. 幼儿园教育活动与研究［M］. 苏州：苏州大学出版社，1995.

31. 方其桂. 多媒体 CA 工课件制作案例教程［M］. 北京：清华大学出版社，2005.

32. 潘天士. 课件制作理论与技巧［M］. 成都：机械工业出版社，2004.

33. 李振宇. 多媒体课件设计理论与实践［M］. 北京：清华大学出版社，2005.

34. 郭兴吉. 教育信息技术与 CA 工教程［M］. 成都：四川大学出版社，2005.

35. 朱长利. 多媒体课堂——网页设计师必修［M］. 北京：电子工业出版社，2006.

36. 朱耀庭，穆强. 数字化多媒体技术与应用［M］. 北京：电子工业出版社，2006.

37. 何幼华. 幼儿园管理创意设计［M］. 上海：华东师范大学出版社，2006.

38. 鲍建国，王洁. 课堂教学视频案例的研究与制作［M］. 上海：上海教育出版社，2005.

39. 赵建华. 计算机支持的协作学习［M］. 上海：上海教育出版社，2006.

40. 王素荣. 教育信息化理论与方法［M］. 北京：社会科学文献出版社，2006.

41. 林泳海. 幼儿教育心理学［M］. 北京：商务印书馆，2006.

42. 简楚瑛. 学前教育课程模式［M］. 上海：华东师范大学出版社，2005.

43. 莫雷. 教育心理学［M］. 广州：广东高等教育出版社，2005.

44. 祝智庭. 信息技术在课堂教学中的作用——模式理论框架与案例研究［J］，中国电化教育，2001：23-24.

45. 吴永玲. 小组合作学习的初步尝试［J］. 特殊儿童与师资研究，1995（1）. 35. 37.

46. 李国栋. 关于网络多媒体课件素材库建设的思考［J］. 教育信息化，2003（4）：31-33.

47. 法易网：http://www.fayi.com.cn/

48. 破洛洛网：http://www.poluoluo.com/

49. 办公族：http://www.officezu.com/a/powerpoint/6607.html

50. 土木论坛-贴吧：http://bbs.co188.com/thread-135072-1-1.html

图书在版编目(CIP)数据

幼儿教师信息技术应用/盘华，杜铁主编．—武汉：武汉大学出版社，2016.1(2020.9 重印)
应用型学前教育专业系列教材/蔡迎旗主编
ISBN 978-7-307-17204-3

Ⅰ.幼…　Ⅱ.①盘…　②杜…　Ⅲ.幼教人员—计算机辅助教学—高等职业教育—教材　Ⅳ.G434

中国版本图书馆 CIP 数据核字(2015)第 272247 号

责任编辑：鲍　玲　　责任校对：李孟潇　　版式设计：韩闻锦

出版发行：**武汉大学出版社**　(430072　武昌　珞珈山)
(电子邮箱：cbs22@ whu.edu.cn　网址：www.wdp.com.cn)
印刷：湖北金海印务有限公司
开本：787×1092　1/16　印张：29　字数：670 千字　插页：1
版次：2016 年 1 月第 1 版　　2020 年 9 月第 3 次印刷
ISBN 978-7-307-17204-3　　定价：60.00 元